# 明治大正史　世相篇

柳田国男
佐藤健二 = 校注

角川文庫
23869

# 目次

# 凡例

*基本とした底本は、一九三一年一月二〇日に発行された朝日新聞社版『明治大正史第四巻 世相篇』である。そこに理解しやすさを勘案しつつ、成城大学民俗学研究所に所蔵されている「赤字書き入れ本」（柳田国男の自筆ではないが、その書き入れを写したものであると推定される）の訂正や補筆を参考にして、校訂をくわえた。また筑摩書房の『柳田國男全集』第五巻の「校訂表」、および講談社学術文庫版、中公クラシックス版も適宜参照した。

*「赤字書き入れ本」の修正は、第十一章の二「家の力と移住」までで、それ以降についてはは誤植に属するものも残されている可能性が高い。いくつかではあるが、誤脱と思われる部分を訂正している。

*底本の表記は旧字旧かなだが、基本的には新字体と現代かなづかいになおし、読みにくい漢字等々にはふりがなを補うか、かな書きとする方針を採用した。

*初版はふりがなを、やや親切に、また印象では精粗があるものの、かなり多めにくわえている。初出だけにかぎらず、かといって同じ語すべてにふるという方針でもなさそうであるが、朝日新聞社の担当者が手がけたものかと思われる。本書では、

原則として底本にあるふりがなを活かし、あらためて現代の読者の読解に有益だと思うものをおぎなった。読者の便宜を考え、初出のみには限定していない。書き入れ本で修正されているものや、より適切であると校訂者が判断した読みについては、適宜修正した。

＊改行に関しては、時代を異にする現代の読者の読みやすさを考え、話題や論理の流れにそって区切りを増補している。読点についても、同様の観点からくわえる方向で調整した。

＊注釈において、いまではわかりにくくなったことばの解説、意味のとりにくい本文への注解、背景として踏まえておいたほうが理解しやすい知識、さらに話題に関連して著者らが参照した可能性が高い新聞記事や文献、また柳田国男自身の作品論考の情報などをおぎなった。読みながら参照できるよう、基本的にページ見開きの単位で配置し、章ごとに番号をふりなおしている。

＊本書には、たとえば「女子供」「雲助」「支那」「女工」「賤民」「土方」「土人」「蛮地」「僕婢」「盲」「人足」「人夫」等々、今日の人権感覚や歴史認識からみると、不適切に感じられる語も含まれている。しかしながら著者の記述を時代のことばのなかで理解するため、歴史文献の復刻として、当時の表記そのままとした。

第二の故郷

# 自序

『明治大正史』[1]の編纂が、わが朝日新聞によって計画せられるよりもずっと以前から、じつはこういうふうな書物を一度は書いてみたいということが、内々の自分の願いであった。そのためにはすでに多少の準備[2]をしているような気もちでもあった。

ところがさていよいよ着手してみると、新しい企てだけに案外な故障ばかり多かった。日限《にちげん》はそうおうに取ってあったにもかかわらず、なお非常に印刷所を待たせて、

**1 明治大正史**　朝日新聞社が一九三〇年一〇月から一九三一年三月にかけて刊行した全六巻のシリーズで、柳田のこの『世相篇』は第四巻にあたる。他に『言論篇』『外交篇』『経済篇』『芸術篇』『政治篇』がある。**2 すでに多少の準備**　おそらく『郷土誌論』（一九二二）で述べている「年代の数字に大きな苦労をせぬこと」「固有名詞の詮議に重きをおかぬこと」「材料採択の主たる方面をたがえること」「比較研究にもっとも大いなる力をもちいること」［全集3：一二二頁］などの歴史記述の方法の検討などがここに含まれるだろう。この『世相篇』もまた歴史記述としては、年号や固有名詞に過度にたよることなく、常識・習俗という新しい材料をつかい、比較の視点を重視しつつ、大きな変動を描きだそうとしている。

しかもこのような不手際なものしかできなかった。病気その他の若干の申しわけはあるが、ようするに自分にはまだ少し荷が重すぎたのであった。残念な話だと思う。ただしこの経験は少なくともついで試みる人には参考になると信ずるゆえに、釈明をかねてひととおりこれを述べておきたい。

打ちあけて自分の遂げざりし野望をいうならば、じつは自分は現代生活の横断面、すなわち毎日われわれの眼前にでては消える事実のみによって、立派に歴史は書ける[3]ものだと思っているのである。それをたまたま試みた自分が、失敗したのだから話にならぬが、自然史の方面ではこれはつとに立証せられたこと[4]で、少しでも問題にはなっていないのである。ことに一方の人間史の側では、これにくらべるとはるかに豊富なる過去の観察が、少しは偏しているかしらぬが、記憶されまた記述されていて、われわれの推測に心づよい支援をあたえてくれるのみか、さらに化石学にも相当する知識の領分[5]が、また自然史よりは何倍かひろいのである。

資料はむしろありすぎるほど多い。もし採集と整理と分類と比較との方法さえ正しければ、彼に可能であったことがこちらに不可能なはずはないと考えたのである。

この方法はいまわずかに民間におこりかけていて、人はこれを英国風に Folklore などと呼んでいる。一部にはこれを民俗学ととなえる者もあるが、はたして学であるか否かは、じつはまだ裁決せられていない。今後の成績によってたぶん「学」といいうる[6]だろうと思うだけである。

しかもそういう人たちのなかには、もっぱらその任務を茫洋《ぼうよう》たる古代歴史の模索に局限しようとする傾向がみえるが、これに対しても自分は別な考えをもっている。

そのひとつは古代史にしてなおこの方法によって究めえべくんば、新代史《しんだいし》[7]はいよいよその望みが多かろうということ、遠き上古にすらこれを応用する必要があるならば、近くしてさらに適切なる現代の疑問にも、ぜひとも試みてみなければならぬということであった。

3 **現代生活の横断面……歴史は書ける**　「現代生活の横断面」とは、いま観察できる現在の事実を比較することで、そうした方法をつうじて、縦断面である変動や歴史をとらえることができる。 4 **自然史の方面ではつとに立証せられた**　目の前に存在している生物のさまざまな種の観察、また採集と整理と分類と比較をつうじて、その進化の歴史を研究し、あきらかにしていることなどを指す。
5 **化石学にも相当する知識の領分**　古文書・古記録として残されている文字資料や考古学的な発掘資料などを比喩的にしめすか。民俗学の説明と対応させるならば、目にみえる物質文化研究の領域とも解釈できる。 6 **今後の成績によってたぶん「学」といいうる**　こうした現状認識は、『民間伝承論』（一九三四）でも主張されている。「あるていどの協同が得られるまでは、民俗学という語は日本語にならぬほうがよい。それにこの学問は今日はまだ組織だった「学」ですらもないのである。」［全集8：一六頁］ 7 **新代史**　上古（古代初期）の歴史に対して、新しい時代の歴史、すなわち近代史・現代史のこと。

いまひとつは正反両様の証拠のともにしめしがたく、たとえば日本人は希臘《ギリシア》よりきたるという説[8]までも、成り立ったり闊歩《かっぽ》したりするような区域[9]において、この無敵の剣を舞わすことは、なにか巧妙なる一種の逃避術のごとき感がある。だから邪推をする者には故意に事実の検閲を避け、推理法の当否を批判せられるのを、免れんとする者のごとく解せられるので、これはこの新たなる研究法[10]の信用のため、かなりおおいなる損害といわなければならぬ。それを防止するためにも自分はいま一方の片扉[11]を、ぜひとも押しひらく必要があると思った。

それでこのひとつの機会を逸すまいとしたのである。

問題は、しからばどうしてその資料をあつめ、また標本[12]を調製するかであった。

自分が新聞のありあまるほどの毎日の記事を、もっとも有望の採集地と認めたことは、けっして新聞人の偏頗心《へんぱしん》[13]からではなかった。新聞の記録ほど時世を映出するというただひとつの目的に、純にしてまた精確なものは古今[14]ともにない。そうしてその事実は数十万人の、いっせいに知りかつ興味をもつものであったのである。ちょうどひとつのプレパラートをひとつの鏡から、一時に覗くような共同の認識が得られる。これを基礎にすることができれば、結論は求めずとも得られると思った。そのために約一年の間、全国各府県の新聞に眼をとおして、莫大《ばくだい》の切り抜きをつくっただけでなく、さらに参考として過去六十年の、各地各時期の新聞をも渉猟《しょうりょう》[15]してみたのである。

ところが最後になっておいおいとわかってきたことは、これだけ繁多《はんた》に過ぎたる日々の記事ではあるが、現実の社会事相《じそう》はこれよりもまたはるかに複雑であって、新聞はわずかにその一部をしかおおうていない[16]ということである。記録があればもっとも有力であるべき若干の事実が、偶然にこのなかから脱しているということであった。

**8 日本人は希臘よりきたるという説**　法隆寺の胴張り（中央部が一番太い柱の形）の起源が古代ギリシアの建築にあるとする伊東忠太の学位論文（一八九三）の仮説で、和辻哲郎『古寺巡礼』（一九一九）で有名になった。　**9 成り立ったり闊歩したりするような区域**　古代研究という領域のこと。その時代は、だれも現実に経験したことがないうえに、「正反両様」すなわち、肯定にせよ否定にせよ、どちらも説の証拠をしめすことがむずかしいため、推理の当否の議論や判断から逃避しているかのように思われてしまう。　**10 この新たなる研究法**　先述の「Folklore」「民俗学」「この方法」を指す。　**11 いま一方の片扉**　古代史ではない、もう一方のほうの研究、すなわち近代史・現代史の研究。　**12 標本**　歴史記述の素材となる資料・データを、対象とすべき全体からの標本（サンプル）ととらえる見方は、自然科学との共通性をうかがわせる。と同時に、あとに出てくる「ひとつのプレパラート」の比喩ともひびきあっている。　**13 偏頗心**　かたよった心、えこひいき。　**14 数十万人の、いっせいに知りかつ興味をもつもの**　新聞に対するこの認識は、のちにベネディクト・アンダーソンが『想像の共同体』で新聞を「毎日の礼拝」「一日限りのベストセラー」ととらえたことと重ねあわせることができる。　**15 各地各時期の新聞をも渉猟**　ここでいう全国各府県、各時期の新聞に目を通して、切り抜きもしくは抜き書きを作成したのは柳田国男自身ではなく、助手としてこの作業にあたった中道等と桜田勝徳である。桜田は、「おもに明治時代の新聞と当時の朝日の地方版を読み」、資料集めを進めたという［『桜田勝徳著作集』第七巻、名著出版、一九八二：五一四―三九頁］。

新聞はけっして前代の史官のように、伝うるに足る事蹟の選択はしないのだが、それでも生活のもっとも尋常平凡なものは、新たなる事実として記述せられるような機会が少なく、しかもわれわれの世相はつねにこのありふれたる大道のうえを推移したのであった。そうしてその変更のいわゆる尖端的なもののみが採録せられ、他の碌々《ろくろく》としてこれと対峙《たいじ》する[17]部分にいたっては、むしろ反射的にこういう例外のほうから、推察しなければならぬような不便があったのである。

そこで結局はこれ以外のものの、現に読者も知り自分も知っているという事実[18]を、ただ漠然と援用するのほかはなかった。つとめて多数の人びとが平凡と考え、そんなことがあるかといわぬような事実だけを挙示して、出処を立証せずに済む[19]という方法を採るのやむなきにいたったのである。いま少し時日があるなら標本をつくることはできたのであるが、そうしてみたところでただわかりきったことを、ていねいに述べるという結果にしかならぬ。この点が将来なんとか考えてみなければならぬ問題で、とにかくに最初の計画[20]はここで頓挫した。

新聞はもちろん無限の暗示であったが、直接の資料として引用しえたものはただわずかであった。その他の資料もあまりに同時代人の熟知していることを、異国後代の読者に書きおくるように、くだくだしく記述する気にはなれなかった。

もういちど自然史と比照することを許されるならば、かの方面では松とか笹とか雀とかいうような朝夕見なれきったものでも、ていねいにその状態を叙説《じょせつ》すると、精密だと評せられるまでに学問は進んでいる。これに反して従来の世間話からわずかに一歩しか進んでいない世相研究においては、もしもそんなことをすれば馬鹿馬鹿しいといって、耳を傾ける者がひとりもなくなるであろう。自分がこの著においていくぶんか論評式の筆をつかったのは、こうでもしなければこのありふれた世上の事実に、あ

**16 その一部をしかおおうていない**　柳田は書かれた記録がのこっていない時代を人類学や考古学が「有史以前」と称することに対し、「豆手帖から」（一九二〇）という新聞連載において「鳥居龍蔵氏らはよく好んで有史以前という語を使う。自分はそれよりも世人がいま少しく、有史以外を省みんことをねがう者である」［全集3：七〇六頁］と「有史以外」ということばで身近にある日常生活の領域をさししめす。新聞がおおっていない領域とは、そうした日常生活の歴史である。**17 他の碌々として　これと対峙する**　尖端的なものに対して、それと向きあって立つ日常的なもの、すなわち「生活のもっとも尋常平凡なもの」を指す。「碌々として」は、平凡でたいしたことをなしていない状態をいう。**18 読者も知り自分も知っているという事実**　あたりまえとなっている知識・常識。すでに言及された「尋常平凡なもの」「ありふれたる大道」と対応すると同時に、以下の文章にあらわれる「つとめて多数の人びとが平凡と考え」ること、「そんなことがあるかといわぬような事実」「わかりきったこと」「同時代人の熟知していること」「朝夕見なれきったもの」「ありふれた世上の事実」「眼をひらき耳をかたむければ視聴しうるもの」という説明とも呼応する。**19 出処を立証せずに済む**　根拠となった文献や事実をひとつひとつあげないで記述を進めることが許される。**20 最初の計画**　新聞に報じられている記事によって世相史を書くという計画。

らためて読者の注意をひくことができないからの窮策《きゅうさく》であって、けっして資料のとぼしいのを補おうというためではなかった。

資料はむしろ過多というまでに集積していた。ただ方法がつたないゆえに甲乙丙を分類比較して、その進化の径路を一目に明瞭ならしむる[21]ことをえなかっただけである。それができないというのはフオクロアとしては失敗である。

次になお一事《いちじ》つけくわえたい[22]と思うのは、この書が在来の伝記式歴史に不満である結果、故意に固有名詞をひとつでも掲げまい[23]としたことである。したがって世相篇は英雄の心事[24]を説いた書ではないのである。

国に遍満する常人という人びとが、眼をひらき耳をかたむければ視聴しうるもののかぎり、そうしてただ少しく心をひそめるならば、必ず思いいたるであろうところの意見[25]だけを述べたのである。これをもって一個《いっこ》特殊の地位にある観察家の論断を、ひとに強いるものとみられるのは迷惑である。自分はすこしでも達識者の誇りをいだく者ではないが、それでもこれよりはやや奇抜なる見解をいだいている。しかし名を歴史を講ずるにかりて、それを押し売りするようなことは、ずるい話だと思ったからしなかった。

明治大正の新たなる世相は、たったこればかりかと難詰する[26]人もおそらくはあろう。それも万々承知であり、ことに最近のいわゆるモダンぶり[27]には、自分もそうおうに

悩まされている一人である。それを略したのは自分が不調法であるのと、すでに多数

**21 甲乙丙を分類比較して、その進化の径路を一目に明瞭ならしむること**　現在の資料・データの分類と比較から、歴史的な変動のプロセスを明らかにすること。のちに「周圏論」として論じられる、分布の地図への図示等から変化・変遷の順序を推定する技法もそのひとつである。**22 一事つけくわえたい**　「一事」は、ひとつのことがら。ひとつつけくわえたいと思うのは、の意。**23 固有名詞をひとつでも掲げまい**　歴史に名をのこした英傑・有力者の所業や言説などの伝記式の叙述や、何年の何月何日にいかなる大事件があったかという年代史的な記述をまったく採用せず、「木綿」「朝顔」のような普通名詞の事物に注目し、「火の分裂」などのできごとの経験を重視して、この『世相篇』を書いたことを指す。自序の注2でとりあげた『郷土誌論』（一九二二）の方法意識と呼応する。『伝説』（一九四〇）の頁柱にも「固有名詞の力」という語句をかかげ、伝説のいわゆる「合理化」運動にくわわった人びとは「近世の史学にかぶれて、固有名詞と年月日を重んじすぎていた」［全集11：四八六頁］と批判する。**24 英雄の心事**　英雄がこころに思ったことと現実におこなったこと。**25 国に遍満する常人……思いいたるであろうところの意見**　「常人」とはふつうの人びとで、国にあまねく存在する庶民、すなわち民俗学でいう常民のことで、すこし注意すれば「必ず思いいたるであろうところの意見」とは、一般人がもつ常識。みなが日常において見聞きしている常識のみを素材にして、の意。**26 難詰する**　欠落をあげて問いつめる。批判する。**27 最近のいわゆるモダンぶり**　『世相篇』が刊行された昭和初期はまた、「エログロナンセンス」と評される猟奇・猥雑な出版物の氾濫において特徴づけられる。そうした風俗も視野にははいっていたと思われるが、「モダンぶり」のことばで直接に意識していたのは、「モボ（モダンボーイ）」「モガ（モダンガール）」の新語の流行に象徴される都市風俗である。自分はあまり調べておらずべつに専門家がいるから、と述べたときに念頭にあったのは、『世相篇』の前年に刊行された今和次郎らの『モデルノロヂオ：考現学』（春陽堂、一九三〇）であろう。

の通または大家があるのと、議論が簡単に決しそうもないのと、三つの原因にもとづいている。

いまひとつは都市があまりに多くの問題を提供しているので、これを制限する意図もあった。人間の数なり利害の大きさからいえば、もう少し田舎の事物を多く説いてもよいのであったが、田舎では書物は町からたずさえかえるみやげのように思っている人がおおい。それゆえに自然に話がそのほうに傾きがちなのである。これに対立していまひとつ、都市の人に読ましめるための地方書があってよいと思う。なににもせよ問題がこれでもまだ散漫で[28]、細かな地方の生活事情にはおよびがたく[29]、いたずらに一箇《いっこ》暗示の書のごとくなってしまったのは、著者の最初からの志ではなかったのである。

この書の編纂については中道等[30]、桜田勝徳[31]の二君がおおいなる援助をあたえられた。それが十分なる成績をもって、二君折角の好意に答ええなかったのは、ことに自分の遺憾に思うところである。

昭和五年十二月

柳田国男

**28 まだ散漫で**　なおまとまりがなく拡がって。**29 細かな地方の生活事情にはおよびがたく**　それぞれの地方のさまざまな生活の事物をとりあげることができず。**30 中道等**　中道等（一八九二〜一九六八）は八戸の郷土史・民俗学者。一九二二（大正一一）年から青森県教育会嘱託として『青森県史』の編纂に関わった。その後上京して『日本経済大典』や『東北文学研究』などを刊行した「史誌出版社」を興したが、振るわずに譲渡したという。郷土出版社から『津軽旧事談』（炉辺叢書、一九二五）、『奥隅奇譚』（一九二九）などの書をまとめている。『川崎市史』や『十和田村史』等の郷土史の編纂など多くに関わった。**31 桜田勝徳**　桜田勝徳（一九〇三〜一九七七）は漁労文化を研究した民俗学者。慶應義塾大学文学部史学科在学中に柳田の民間伝承論の講義に触れ、一九二九（昭和四）年に卒業した。しばらくして「朝日新聞社で明治大正史の編纂が始まり、先生が世相編の執筆をされることになって、そのお手伝いをやることになり、同社調査部に与えられた私の机と、上野図書館新聞閲覧室と、柳田先生の書斎の三地点をあちこちするような資料集めの時期から執筆、校正など本ができあがるまでの間に、学校時代の講義とはまたちがった民俗の勉強をした」（『定本柳田国男集月報』四、一九六二：二五頁）という。

# 第一章　眼に映ずる世相

## 一　新色音論

以前も世の中の変わり目ということに、だれでも気がつくような時代はなんどかあった。歴史は遠く過ぎ去った昔の跡を、尋ね求めて記憶するというだけでなく、それと眼の前の新しい現象との、つながる線路《すじみち》[1]を見きわめる任務があることを、考えていたひとは多かったようである。

ところがその仕事は、じっさいは容易なものでなかった。この世相の渦巻《うずまき》のまったき[2]姿を知るということは、同じ流《なが》れに浮かぶ者にとって、

**1 線路**　線路は、もともと江戸時代の物理学入門書において二点をむすぶ直線の意味でつかわれ、一八七〇年代以降に鉄道が整備されるなかで、車両が走る軌道が意味の中心になった。二〇世紀はじめには「ものごとの進むすじみち。方向」の意味でもつかわれた。ここでの文脈にそって深読みをすれば、変化をはさんでそれ以前といまという二点をむすび、移行の軌跡を考えるという主題を強調したものか。**2 まったき**　全き。形容詞「全し（まったし）」の連体形で「全体の」の意。

そう簡単なる努力ではなかった[3]のである。鴨長明《かものちょうめい》とか吉田兼好とかいう世捨人《よすてびと》は、たしかに自分ばかりは達観することができたようであるが、まだその方法を教えてはおかなかった。

われわれは新たにこれを学ぶべき必要を感ずるのである。全体にもの遠《とお》い法則[4]を仮定してかかり、もしくは込《こ》みいった調査[5]を計画するものは、大衆にも向かず、またいつも次から次への変化には間にあわぬような憾《うら》み[6]がある。なにかこれ以外にいま少しく平明《へいめい》な、だれでも入っていかれる実験法があって、だんだんに歴史を毎朝《まいあさ》の鏡《かがみ》のごとく、われわれの生活に親《した》しいものとすることができるのではないか。

それにはまずいろいろの様式を試みてみなければならぬ。

江戸《えど》がはじめて東海《とうかい》のほとりに生まれたころ、時代は当然にまたひとつ廻転をしようとしていた。ひさしい兵乱《へいらん》に倦《う》みきった日本人は、ひとしく目をみはってこの若《わか》い平和の都府《とふ》の新しい世の姿をみたのであった。多くの文人《ぶんじん》が筆を載《の》せて、その間《あいだ》を往来していたなかに、あるひとりは奥州《おうしゅう》の田舎者の江戸見物に托《たく》して、『吾妻《あづま》めぐり』[7]と題する小さな一冊の観察記《かんさつき》を書いている。もちろん、三百年前の人の心もちは、いま思うとおかしいほどに悠長であった。当時関東において流行《はや》るものはなになに、庭木には椿《つばき》の花、飼鳥《かいどり》には鶉《うずら》、上下貴賤となく何方《いずかた》にいってもこれを珍重する。鶉の風《ふう》雅《が》なる声音《こわね》と椿の花《はな》の艶色《えんしょく》と、いずれを優《まさ》れりとせんかということをながながと説いが感じ、差異の意味をいかに認識しうるかを問題にし、そのむずかしさを指摘している。「同じ流れに浮かぶ」は、後出の「同じ空気に住む」という表現と重なりあう。この自覚なき「自明性」の主題化を、柳田は「反省」の語で語るが、それはフッサールの現象学的還元（自然的態度のエポケー［判断停止］）や、アルチュセールの「認識論的切断」、真木悠介（見田宗介）の『気流の鳴る音』が論じた「世界を止める」などの方法の効果とも呼応する。

**3 同じ流れ……簡単なる努力ではなかった**　変動のなかを生きている人間が、変化をどのように自ら

**4 もの遠い法則**　日常とかけはなれた決定のルール。一九三〇年代に社会科学の領域に大きな影響力をもっていたマルクス主義の下部構造決定論や発展段階論など、演繹的で抽象的な説明の枠組みを指すと考えられる。『木綿以前の事』に収められた「女性史学」の講演（一九三四）に「政治上のいつでも大きな問題は、結局は貧乏物語に帰着する。貧の原因は複雑をきわめていて、その根本の法則というものを、突きつめたところにもっていこうとする人もすでに多い」［全集9：六一〇頁］とある。

**5 込みいった調査**　統計調査・国勢調査・社会調査など、調査票の作成・配布・集計をつうじておこなわれる調査。『民間伝承論』（一九三四）では「ある学会なり学者なりが質問要項をつくり、それによって全国的にもとめた返事で万事つくせりということはいえないのである」［全集8：九六頁］と述べている。いわゆる世論調査は、戦後になってから政府機関や新聞社、諸団体で実施され、技法としても発展していくが、細民（貧困者）調査は明治時代から内務省においておこなわれ、大正時代になると諸自治体の社会局などがさまざまな生活調査を実施した。また国勢調査も一九二〇（大正九）年にはじまる。調査員の動員などがおおがかりで、集計・分析に時間がかかるので、もっと簡単にだれもが実践できる方法はないかという議論につながる。

**6 憾み**　不満足、残念に思うこと。

て、それでその書の一名を『色音論《しきおんろん》』ともいっているのである。

これはあるいは一種文章の趣向[8]にすぎなかったのかもしれぬ。いかに無事素朴を尚《たっと》んだ[9]武家時代の社会でも、そう簡単には統一せられていたのではない。個人心意の動きのその表層にあらわるるものは、同じ空気に住むあの当時のひとの感覚《かんかく》にはやはり相応にめまぐろしかったに[10]相異ない。椿と鶉とただ二つの微々《びび》たるものによって、文化の特徴を代表させることの、不可能であったことはわかっている。

しかもこの二物の流行なるものは、とにかくに新しい現象であった。最近に過去の部に編入《へんにゅう》せられたいままでの状態と、各自が直接に比較することのできる事実であった。おそらくはなんびとの指導説明をもまたず、かつ多くの[11]仲間《なかま》の者とともどもに、だまってその径路を理解しえた変化であり、すなわちまた実験の歴史でもあったのである。

この方法はつねに全般にゆきわたらぬ非難[12]があるが、なお努力をもってこれを必要なる区域に推しひろめていくことができる。そうして少なくとも各自把握《はあく》した現実の区域においては、外部の文明批評家の論断[13]を、鵜呑《うの》みにしてしまうみじめさを免れるのである。

三百年前《ぜん》の『色音論《しきおんろん》』は気楽《きらく》であったが、眼に見耳に聞いたものを重んじた態度だけはよい。あらためていまいちど、これを昭和のもっとも複雑なる新世相の上に、試みてみるのはどうであろうか。

これがこの書の編者の第一の提案《ていあん》である。

次にはわれわれの実験《じっけん》を、とくにいずれの方面にむかって進めようかが問題になっ

**7『吾妻めぐり』**　一六四三（寛永二〇）年に板行された、徳永種久の江戸名所見聞記風の著作で、当時の風俗が「鶉をあつめかけならべ、椿をあまた植えならべ、鳥のなく声花のいろ、声と色とのあそいに、心をよせぬ人もなし」などと七五調の文で記録されている。柳田は、別名である『色音論』にことよせて、眼を通じてとらえ、耳を通じて考えることとの、方法としての重要性を主題化しようとした。　**8 趣向**　意匠。味わいやおもしろさが強まるように工夫すること。技巧。　**9 尚んだ**　尊んだ。高尚なものとして、うやまって重んじたの意。　**10 めまぐろしかった**　めまぐるしかった、と同じ。動きがはげしくてあわただしい。　**11 実験**　想像ではなく実地に経験すること。体験。自然科学では、人為的にさまざまな条件を設定し、その条件のもとで対象となる現象を調べ、影響関係を確かめることを指すことが多いが、柳田は経験と比較観察の要素を強調するだけで、実験室環境や人工的な条件設定には重きをおいていない。　**12 全般にゆきわたらぬ非難**　全体に普及しないという欠点を責められること。　**13 外部の文明批評家の論断**　こうした外からの批評・解釈・断定は、すでに論じているような「なんびとの指導説明をもまたず、かつ多くの仲間の者とともどもに、だまってその径路を理解しえた」という内在的・内発的な理解や、「眼に見耳に聞いたものを重んじた態度」の実験重視と、しばしば対立する。それゆえ、外部からの断定の「鵜呑み」は、主体的で内在的な理解の抑圧であり、見るにしのびないと説く。

てくるが、それには必然的に、歴史は他人の家の事蹟《じせき》を説く[14]ものだ、という考えを止めなければなるまい。

ひとは問題[15]によって他人[16]にもなれば、また仲間のひとりにもなるので、しかも疑惑と好奇心[17]とがわれわれに属するかぎり、純然たる彼らの事件というものは、じっさいは非常に少ないのである。時代が現世《げんせい》に接近するとともに、この問題の共同はひろくなりまた濃厚になってくる。そうしてその関係のもっとも密なる部分に、国民としてのわれわれの生き方《かた》が、どう変化したかの問題があるのである。

順序は、それゆえにできるだけ多数の者が、いちようにかつ容易に実験しうるものから、入り進んでいくのが自然である[18]。

いかに平凡であろうとも衣食住[19]は大事実である。各人の興味と関心《かんしん》はすでに集注し、また十分なる予備知識はゆきわたっている。あらためてこれを歴史として考えてみる

**14 他人の家の事蹟を説く**　「事蹟」は事実の痕跡で、物事や事件があったことを証拠だてるもの。「他人の家の」という形容は、自分たちとは関係のないことを強調したなぞらえだが、あるいは「私」と対置される「公（おおやけ）」の原義が「大きな家」であったことを暗示しているか。すなわち歴史を、自分とは関係のない過去の痕跡をただただ解説することと考えてはいけない、と論じる。　**15 問題**　問い。問いの立て方。アルチュセールの「プロブレマティーク（問題構成）」概念を連想してもいい。

**16 他人**　その事にかかわらない、無関係な人間。当事者でない状態、ひとごと。柳田は、歴史におい

て純然たる他人ごとはじつは少なく、われわれが共同に問うべき問題は、広範に存在していると説く。

**17 疑惑と好奇心**　そのまま信じずに疑うことと、おもしろく思って興味をもつこと。柳田はのちに「国史と民俗学」（一九三五）において、「史心」と「史力」［全集14：一〇〇頁］の重要性を指摘するが、疑惑と好奇心は、その史心の核をなすものである。ちなみに史心とは、現象の起原や変化の原因に興味をもち、問いを立て、探究を生みだす人間固有の精神活動を指し、史力とは歴史をめぐる疑問に対し、根拠にもとづいて説きあかし、解をあたえうる人間の能力・力量を指す。**18 順序は……自然である**　ここでいう「順序」は、実験を進める手順を指す。あるいは、問題ととりくむ順番の意。『郷土生活の研究法』（一九三五）の資料の分類を論じた部の冒頭で、「なるべく採集者の近づいてゆく自然の順序に従おうとしているのである」［全集8：二六三頁］と論じているのと呼応する。**19 衣食住**　この衣食住は、『世相篇』冒頭の章のならびとも符合している。すなわち、第一章「目に映ずる世相」が主として衣の領域をあつかい、第二章「食物の個人自由」が食の領域でのできごとを論じ、そして第三章の「家と住心地」が住の生活について述べる。衣食住は、平凡だが重要な事実であるという認識と対応している。**20 社会のため……自分の入用である**　「入用」は必要に同じ。社会のためと自分のためを、対立させず「同時に」とならべているところが特徴的である。『郷土生活の研究法』（一九三五）の本文の最終節が、「学問の実用」と「自ら知らんとする願望」を同時にかかげていることを思い出す。そこで柳田は「学問が世を救うべきものであるならば、いまはまたこの方式のお国学びが入用になってきているのである。つまりは学問に対する世間の注文が、新しい時代にはいってまたひとつ加わったのである。それはなにかといえば「人が自ら知らんとする願い」である。われわれはぜひともこれに答えなければならぬ」［全集8：二六二頁］と論じて、社会での必要と自分の必要とを重ねている。さらに『世相篇』の結びの「われわれの考えてみたいくつかの世相は、ひとを不幸にする原因の社会にあることを教えた。すなわちわれわれは公民として病みかつ貧しいのであった」という一文とも響きあう。

ことは、社会のためであって同時《どうじ》にまた自分の入用《にゅうよう》である。[20]

仮に文化の時代相が、そのまったき姿《すがた》をこのなかに映《うつ》しだしていないとしても、少なくとも国民生活の主力は、終始これにむかって傾けられ、したがってその痕跡《こんせき》はなにより顕著《けんちょ》である。なんびとも知りきっている莫大《ばくだい》なる事実が、いまだ整頓せられずにこの方面には転がっている。新たに報告せらるべき材料などはほとんどない。

われわれは単にもういちど、指《ゆび》ざして仲間《なかま》の問題にすればよいのである。

そういうなかでも眼はなんべんものを見なおすことができる。ひとりが見損《みそん》じていれば万人が訂正してくれる。これが当代の新色音論《しんしきおんろん》の、とくに重きを色彩と物のかたちのほうに、おかなければならぬ理由であった。

## 二　染物師と禁色

新聞はときどきおもしろい問題に心づかせてくれる。大阪では近いころ「今沢市《いまさわいち》」[21]などと評判して、ひさしいあいだの盲人が目あきになった話がある。八年ぶりとかに見た世の姿《すがた》でなにが一番にめずらしく感じるかと尋ねてみると、女たちの衣装《いしょう》のはなやかになったのには驚くと答えたそうである。見えぬとはいっても町に住む盲《めくら》ならば、いくどとなく美しい色《いろ》の話を聴《き》いていたことであろう。そうして心のうちにそれを描《えが》いていたことと思うが、それですらひさしぶりに目をひらけば、意外に打たれずにはおられなかったのである。

　これはたったひとりの奇抜《きばつ》なる経験で、もちろん有力な参考とはいわれぬが、仮にわれわれが目を閉《と》じて、逆に浦島太郎の昔の日を思い出してみても、やはり同じような変化を説くことになるであろう。

　明治大正の六十年たらずの歳月は、非常に大きな仕事をこの方面[22]でもなしとげている。それがあまりにも当《あた》り前と考えられていたために、だれもこの盲人のような心もちにはなりえなかったのである。

　色は多くの若人《わこうど》の装飾に利用せられる以前、まずそれ自身の大いなる関所《せきしょ》[23]を越えてきている。色彩にもまたひとつの近代の解放があったのである。

**21 今沢市**　「今」は「現在における」の意で、現在のひとを過去の人物になぞらえるのに使う。「沢市」は明治時代につくられた浄瑠璃『壺坂霊験記』の主人公の座頭で、観音さまの霊験により目がみえるようになる。歌舞伎・講談・浪曲などの演目ともなって人気をあつめ、庶民にひろく知られていた。「今沢市」もおそらく新聞等で報じられていた話題だと思われるが、「大阪では近いころ」がいかなる記事を典拠としているのかは不明である。『東京朝日新聞』の一九二八年三月一九日朝刊に「アメリカの沢市」の見出しで、二十五年ぶりで視力が回復したアメリカ人が、妻の老いた姿におどろいたという記事がみられる。また『読売新聞』の一九三〇年七月七日朝刊は「「今沢市」教育」の語を見出しにかかげ、東京盲学校の新たな取り組みを紹介している。
**22 この方面**　衣装の色彩の領域。

われわれがひさしく幻《まぼろし》のなかにばかり、写《うつ》しだしていた数かぎりもない色《いろ》あいがいまはことごとく現実のものとなったのみならず、さらにそれ以上に思いがけぬ多くの種類をもって、われわれの空想を追いこすことになったのである。この変化はけっして単純なる程度の進み[24]ではなかった。

日本は元来はなはだしく色《いろ》の種類に貧しい国であったといわれている。天然《てんねん》の色彩のこのようにゆたかな島として、それはありえないことのようであるが、じっさいに色をいいあらわす言葉の数はとぼしく、少しちがったものはことごとく外国の語《ことば》を借りている。[25]そうして明治の世にはいって後まで、そういう借りものまでを取りあつめても、つかっている数は四十にも足りなかった。しかも緑《みどり》の山々の四時《しじ》[26]のうつろい、空と海との宵暁《よいあかつき》の色の変化にいたっては、水と日の光に恵まれた島国だけに、また類《たぐい》もなく美しく細《こま》かくかつ鮮《あざ》やかであったのである。

この二つの事実[27]の矛盾《むじゅん》しないわけは、われわれが眼に見、心に映《うつ》しとる色彩の数と、手で染め身に装《よそお》うことのできたものとのあいだに、きわめていちじるしい段階《だんかい》[28]があったということで説明しえられる。むつかしい言葉ではあるが、私たちはこれを天然《てんねん》の禁色《きんじき》といおうとしている。その禁色が近代の化学染料期[29]になって、ことごとく四民《しみん》に許されるようになったのである。

禁色は一方にはまた国の制度[30]でもあった。

たとえば黄の一色だけは王者《おうじゃ》の服《ふく》、紫《むらさき》は定まって上流の官人《かんにん》に許すというように、その位《くらい》に列せぬ者が用いることを非法としたのは、古い国々の常の例であったが、その動機はいまでもよくわかっている。つまりは中世《ちゅうせい》以前の社会においても、その時代の文化能力の許すかぎり、できるだけ多くの天然《てんねん》の色彩を、取りおろして人間の用いうるものとしようとした念慮《ねんりょ》は、今日と異なるところがなかったのである。染法《せんぼう》はわれわれの祖先がもっとも熱心に、外国から学ぼうとした技術のひとつであ

**23　それ自身の大いなる関所**　「関所」は、街道や国境にもうけられた、人や物資の移動を検問する制度。色それ自身の大きな関所とは、このあとに論じる天然および人文の二つの「禁色」のこと。**24　程度の進み**　度合いのちがい。量的で連続的な変化のこと。本文ではむしろ、この変化は質的なものであり、連続しておらず、「解放」ととらえられるような断絶・飛躍があったと論じている。**25　外国の語を借りている**　くれない（呉の藍、中国の呉からきた染料）、からくれない（唐もしくは韓紅）や、べんがら（ベンガル地方産出に由来）、えんじ（燕の国の顔料）など、外国をしめす語句を含んだ色名をイメージしたか。**26　四時**　春・夏・秋・冬の四つの季節。一日中の、朝・昼・夕方・夜の四つの時をいうこともある。**27　二つの事実**　天然の色彩がゆたかであることと、色の種類をあらわす言葉にとぼしいこと。**28　段階**　区切られた差異。局面のちがい。**29　化学染料**　植物・動物・鉱物などを素材とする天然染料と異なり、有機化学合成でつくられた染料。合成染料。一九世紀半ばのアニリン染料の発明以降、さまざまな色が開発された。**30　禁色は……国の制度**　古代の律令制では礼服の色に地位身分（位階）による規定があり、上位の色の着用が禁じられていたことを指す。人文の禁色と論じている内容のひとつ。

った。高価なる染料はその目的のために、辛苦して遠く求められ、これが金銀珠玉《きんぎんしゅぎょく》についでの主要なる貿易品であった。得がたく染めがたい新種の色彩が、尊貴《そんき》の特徴となったのは自然の結果であって、これを常人の模倣することを禁じたというのは、むしろその工芸のいくぶんか民間に普及しはじめたことを意味するのである。

京都の富の独占が少しずつゆるんでから、いわゆる雑戸《ざっこ》[31]の分散がはじまった。種々の職人《しょくにん》は田舎を渡りあるいて、農民のあいだに生計の路を開くようになった。染物師《そめものし》はそのなかでも比較的新しい出現であって、[32]近世ようやく店の数を増加したあとまで、なお村々の手染《てぞめ》と対立して、その全部に取ってかわることはできなかったが、それでも在来の禁色《きんじき》の制度を、ついに無効に帰せしむるには足《た》りたのである。あるひとつの色《いろ》が庶民《しょみん》の常用《じょうよう》に許されなくとも、彼らはその専門《せんもん》の知能《ちのう》を働《はたら》かせて、べつに第二の、それよりもめずらしく、また上品なものを工夫することができたのである。この点が黄金《おうごん》や宝玉《ほうぎょく》などとはことかわり、色彩の文化のながく一部の独占に属しえなかった理由であって、仮に他のいくつかの条件さえ備わっていたならば、必ずしも明治の新世紀にはいるをまたずして、色はいくらでも通俗化していくことができるはずであった。

これを制抑《せいよく》[33]していた力はべつにあった。

あまり多くのひとの心づかぬあいだに、その力が徐々《じょじょ》として解《と》けてきていたのである。

## 三　まぼろしを現実に

いわゆる天然《てんねん》の禁色《きんじき》にいたっては、この人間のつくりもうけた拘束にくらべると、はるかに有力なものであった。いまでもその力はまだ少しばかりのこっている。[34]われわれが富と智能との欠乏のために、どうしても自分のものとすることのできな

**31 雑戸**　律令制で特定の官庁に属し、手工業のさまざまな技術をもつ集団。雑戸の分散とは、そうした技術をもつ人びとの隷属がゆるみ、その工芸が民間に普及しはじめたことを意味する。**32 染物師は……新しい出現であって**　染め物を業とする「染物屋」「染屋」「紺屋」の語の用例として、『日本国語大辞典』があげているのは、近世以降のものが多い。なかでも藍染めの紺屋は、木綿の普及とともに生活に大きな変化をもたらした。「紺屋のあさって」「紺屋ごかし」「紺屋の白袴」「紺屋の地獄」「こうやの地震」など慣用のさまざまな警句表現の発達や、各地の「紺屋町」の形成は、この職業の日常生活への浸透を記録している。**33 制抑**　とどめおさえること。抑制。**34 いまでもその力はまだ少しばかりのこっている**　ここで柳田が、その力の残存を指摘した「天然の禁色」がなにを指すかはいまひとつ明確ではないが、つづく文章における「なおはばかって」や「禁止するまでもなく」の語に暗示されるように、色に「強いて富もうとしなかった」いわば内面的な色の規制ではないかと思う。その一端は、葬式の喪服において色ものをはばかることや、礼服における黒の選択などにもあらわれている。

かった色というものは、つい近ごろまではその数が非常に多かったが、仮に技術がじゅうぶん手軽《てがる》にその模倣を許すとしても、なおはばかってこれを日常の用に供しようとしなかったものがいくらもある。とくに制度を立てて禁止するまでもなく、多くの鮮麗《せんれい》なる染色模様などは、はじめからわれわれの生活のそとであった。質素は必ずしも計算の結果[35]ではなかった。江戸《えど》期の下半分《しもはんぶん》には衣類倹約の告諭《こくゆ》がなんどか出ているが、これに背《そむ》くような人たちは、村方にはなにほどもいなかった。東《とう》北《ほく》などのある藩では百姓の衣類の制式《せいしき》を定《さだ》めている。他の多くの土地にはそのような掟《おきて》はないけれども、やっぱり農民はそれ以上のものは着なかった。これは貧乏のためなりと解《かい》するのも理由はあるが、彼らはまれに豊《ゆた》かなる場合《ばあい》においても、多くは飲み食いのほうへばかりその余力を向けている。

好みを世間《せけん》なみにして目に立つことを厭《いと》うた[36]ということもあろう。あるいはまた感情の安らかさを保ったために、つとめて年ひさしい慣習を受けついでいたとみることもできるが、その慣習のもとにさかのぼってみると、なにかいま少し深いわけ[37]がありそうである。

手《て》染《ぞめ》の染草《そめくさ》[38]は大部分は山野《さんや》に採《と》り、もしくは園《その》の片端《かたはし》に栽《う》えたものであったが、その品種はすでにゆたかであり、またその処理の技術も驚くほど進んでいた。必ずしも澄《す》んだ明るい色《いろ》あいがだせぬというためでなく、わざわざ樹《こ》蔭《かげ》のようなくすみを掛け、縞《しま》や模様《もよう》までもできるだけ小さくしていた。そうしてこれがまた衣裳《いしょう》以外の、種々なる身《み》のまわりのいちようの好みであったことは、以前《いぜん》は町方《まちかた》も村《むら》と異なるところがなかった。

つまりわれわれは色に貧《まず》しかったというよりも、強《し》いて富もうとしなかった形跡があるのである。

これが天然《てんねん》の色彩《しきさい》のこのとおり変化《へんか》多き国に生まれ、それを微細《びさい》に味《あじ》わいまた記憶《きおく》して、時節到来《じせつとうらい》すればことごとく利用《りよう》することのできた人民の、以前の気質《きしつ》であったということは不思議なようであるが、見方《みかた》によってはこれもわれわれの祖先の色彩に対する感覚が、つとに非常に鋭敏であった結果とも考えられる。

色の存在は最初ひとつとして天然《てんねん》から学び知らなかったものはないのであるが、そのなかには明らかにながくとどまって変わらぬものと、現滅《げんめつ》の常なきもの[39]との二種が

**35 計算の結果**　損得を考えたり、効果を予測したりして生みだされたもの。計算ずく。 **36 厭うた**　きらった。好まずに避けた。 **37 なにかいま少し深いわけ**　天然の禁色がたんに慣習的にうけつがれただけでなく、その根もとに、後段で述べている「色に貧しかったというよりも、強いて富もうとしなかった」や、また色の感動が「あまりに痛切なるために、忌みてそのもっとも鮮明なるものを避けていた」など、実感的で倫理的な禁欲があることを指す。 **38 染草**　染料をとるための草。 **39 現滅の常なきもの**　あらわれては消え去ってしまうはかないもの。

あった。

　地上に属するものとしてはものの花《はな》、秋の紅葉《もみじ》も春夏の若緑《わかみどり》[40]も、美しいものはすべて移りうごくことを法則としていた。蝶《ちょう》や小鳥の翼《つばさ》の色のなかには、しばしば人間の企ておよばざるものがきらめいていたゆえに、古くはその来去《らいきょ》をもって別世界の消息のごとくにも解《かい》[41]していたのである。火の霊異《れいい》の認められていた根本の要素には、もちろんあの模倣しがたい色と光があった。これに近いものはむしろ天上《てんじょう》のほうに多かったのである。

　虹《にじ》の架橋《かけはし》は洋海《ようかい》[42]の浜に居住する者の、ことに目を驚かし心をときめかすもので、支那でも虫扁《むしへん》をもってこの天象《てんしょう》を表示する文字をつくるように、日本ではこれを神蛇《しんだ》のすぐれておおいなるものと思っていた。そのほかおまんが紅《べに》[43]などと名づけた夕焼《ゆうや》けの空の色、またはある日の曙《あけぼの》の雲のあやのごとき、いずれもわれわれの手に触れ近づきみることを許さぬということが、さらに一段とその感動を強めていたのである。

　いわゆる聖俗《せいぞく》二つの差別は、当然おこらなければならなかった。移してこれを日常の用途に、あてようとしなかったのも理由がある。

　だからわれわれは色彩の多種多様ということに、最初からけっして無識《むしき》であった[44]のではなく、かえってこれを知ることがあまりに痛切なるために、忌《い》みてそのもっとも鮮明なるものを避けていた時代があったのである。

人がこの点にもっとも多感であったのは、おそらく童子《どうじ》から若者《わかもの》になるまでの期間であろうが、だれしも一生涯には二度か三度、とうてい拭《ぬぐ》い消すことのできぬような印象を受けていて、それがたいていは異常なる心理の激動とむすびついていた。それが各自の体質のうえに、いかなる痕跡《こんせき》をのこすものであったか。はたまた遺伝によってどれだけの特徴を、種族のなかに栽《う》えつけるものであるか、これはなお進歩すべき生理学の領分《りょうぶん》であるけれども、少なくとも日本の国民が古くたくわえていた夢《ゆめ》と幻《まぼろし》[45]と

**40 若緑**　新芽や若葉などのみずみずしい緑色。新緑。**41 その来去をもって別世界の消息のごとくにも**　蝶や小鳥のゆききを天上の世界からのたよりのようにも。柳田は「夢と文芸」（一九三八）において、すでに仏教の浸透以前において『あの世を空の向こうにあるものと思っていた時代から、ひとの魂が羽翼あるものの姿を借りて、しばしば故郷の村に訪い寄るという信仰があったものと思われる』［全集16：五〇六頁］と説く。**42 洋海**　海。海洋。**43 おまんが紅**　夕日で空が赤くなること。「天（あま）が紅」という表現もあるが、同じく夕焼けの赤い雲を意味する。古語では「たそがれどき（黄昏時）」を、「おまんがとき」ともいった。「おうまがとき（逢魔が時）」の変化した語句で、おまんが紅も、そうしたたそがれどきの意味が映りこんでいるのかもしれない。また、たぶん流布の経緯や由来が異なる別ものの単語ととらえるべきかと思われるが、「おまんが紅」は享保（一七一六～三六）のころ、江戸の京橋中橋にあったお満稲荷で売っていた紅粉の商品名でもあった。**44 無識であった知識をもたなかった。**　ものごとを正しく見分ける能力がなかった。**45 夢と幻**　「ゆめ」は、現実・実在の意味の「うつつ」に対し非現実・非実在を意味し、「まぼろし」は実在しないのにその姿が実在するように見えるもの。想像と幻影。

の資料は、すこぶる多彩《たさい》のものであったらしい証拠がある。

言葉にはこれをあらわす手段がいまだそなわらず、たんに一箇のアヤ、[46]という語をもって、心から心に伝えてはいたが、ひとは往々にして失神恍惚《しっしんこうこつ》の間《かん》において、[47]いたって細緻《さいち》なる五色《しき》の濃淡配合《のうたんはいごう》をみていた[48]のである。絵がはじまり錦《にしき》[49]を織《お》るの術が輸入せらるるや、ただちにこれを凡俗《ぼんぞく》の生活に編みこむことをあえてせず、一種崇敬《すうけい》の念をもって仰ぎみていたのも、必ずしも智能の等差なり貧富の隔絶《かくぜつ》なりではなかった。仏法《ぶっぽう》がその宣教《せんきょう》の主力を、堂塔《どうとう》の金碧荘厳《きんぺきしょうごん》[50]においたのも、いわばひとつの無意識なる巧《たく》みであった。

天然《てんねん》に養われたるこの国民の宗教心は、つねにこのたぐいの異常色彩《いじょうしきさい》によって、目《め》ざめまた必ず高く燃えたつようにできていたのである。

こういう二とおりの色のわかち[51]が存するかぎり、たとえ技術はこれを許すとしても、人は容易に禁色《きんじき》を犯《おか》そうという気にはならなかった。昂奮はたとえば平野《へいや》の孤丘《こきゅう》のごときもので、それがなかったならば人生はもちろんさびしい。しかもしばしばその上に登りたつことも、堪えがたき疲労でありまた前進のさまたげであった。それゆえにわれわれは花《はな》やかなる種々の色が、天地のあいだに存することを知りながらも、各自は樹《き》の蔭のようなややくもったる色を愛して、常の日の安息を期していたのであった。

それが固有の染料のおのずからの制限だけでなかったことは、たんなる白という色

**46 アヤ**　「あや」は多義的なことばで、漢字表記も「文・紋・綾・彩・奇・怪」など多彩で、多くの意味の結び目を有する。もともと、ななめに線が交差する綾織りの模様をいったが、やがてその美しさや見事さを指すようになり、さらに、入り組んだ仕組み、物事の筋目や理由、ことばや文章の装飾的ないいまわし、音楽の節まわしの妙などをも意味するようになった。**47 失神恍惚の間において**　「失神」は正気をうしなうこと、ぼんやりした放心状態。「恍惚」は一九七二（昭和四七）年の有吉佐和子の小説『恍惚の人』によって老人性認知症の喪心状態を象徴するようになるが、ここではものごとに見とれたり聞きほれたりしてうっとりすること。失神・恍惚をかさねあわせて、その美しさやみごとさを平常の意識のはっきりした状態ではないなかで享受し、の意。**48 往々にして……五色の濃淡配合をみていた**　「五色」は青・黄・赤・白・黒の五種だが、「多種多様」「あらゆる」の意味でも使われる。ぼんやりした意識のなかでみたさまざまな色とは、『今昔物語集』等にみられる、浄土に往生しようと願う者が、臨終にさいして仏像の手から自分の手にかけわたした「五色の糸」の話題ともつながる。**49 錦**　数種の色糸で生地の地質と文様をはでやかに織り出した織物。奈良時代に中国から輸入され、仏事の装飾などに用いられた。豪華な織物の代表とされ、江戸時代には華やかで高級なものを意味するようになり、「錦絵」「錦手」「錦鯉」「錦塗」など多くの複合語を生みだしていく。**50 金碧荘厳**　金碧は、金色とあおみどり色、また黄金と碧玉。荘厳は、金碧をつかって仏像や仏堂を美しくおごそかに飾りつけること。**51 二とおりの色のわかち**　「わかち（別ち）」は区分。二とおりとは、聖なる「異常色彩」と「常の口」の凡俗の色彩のちがい、あるいは「興奮」と「安息」の区別であり、また「花やかなる種々の色」と「樹の蔭のようなややくもったる色」の別である。この区分がうすれていくことが、後述の「褻と晴との混乱」となる。

の用い方《かた》をみてもよくわかる。

現在は台所の前掛《まえか》け[52]にまでも使われるようになったが、白は本来はゆゆしき色[53]であった。日本《にほん》では神祭《かみまつり》の衣《ころも》か喪《も》の服《ふく》以外には、以前はこれを身につけることはなかったのである。婚礼と誕生とにも、もとは別置《べっち》を必要としたゆえに白をもちいたが、それすらも後には少しずつ避けようとしていた。つまりは眼に立つ色のひとつであり、清《きよ》過ぎまたあきらか過ぎたからである。

こういうやや不自然なる制限の解除《かいじょ》せられたことは、ひとつには異なる外国の風習の、利あって害なきことを知ったからでもあるが、それよりも強い理由《わけ》は褻《け》と晴《はれ》との混乱[54]、すなわちまれに出現するところの昂奮というものの意義を、だんだんに軽くみるようになったことである。じっさい現代人は少しずつつねに昂奮している。そうしてやや疲れてくると、はじめて以前の渋《しぶ》いという味《あじ》わいを懐《なつ》かしく思うのである。

## 四　朝顔の予言

こんどは方面をかえて、衣服調度《ちょうど》以外のものを考えてみるに、花を愛するの情もまたおおいに推しうつっている。

桜はひさしい前からの日本の国の花であったが、春ごとに山に咲いてこれを見にでるのが花見であった。躑躅《つつじ》、藤《ふじ》、山吹《やまぶき》の咲き栄《は》える四月はじめには、これを摘《つ》みとって戸口に挿《さ》し、または高い棹《さお》の尖端《せんたん》にかざって、祭をするのが村々の習《なら》わし[55]であった。秋のはじめにはまたひとしきり、野山《のやま》の錦《にしき》[56]の織《お》りだされることがあるが、そのときにもこれを盆花《ぼんばな》[57]に折りとって、精霊《しょうりょう》の眼を悦ばせようとしたことは、冬のとじめ[58]に常磐《ときわ》の緑《みどり》を迎えてきて、門《かど》に祭をするのと同《おな》じであった。栗《くり》や櫟《くぬぎ》のような眼《め》に立《た》たぬものは別《べっ》として、おおよそ鮮麗《せんれい》なる屋外の花の色どりは、つねにわれわれの心を異様にし[59]、

**52 前掛け**　エプロンと同じく衣服が汚れないよう、主に腰から下をおおって着用する紐付きの布。まえだれ。ただここでは、同じく女性の家事労働において着物が汚れるのをふせぐために用いられた「割烹着」という明治の発明品の色もまた白であったことを思い出してよい。　**53 ゆゆしき**　「忌忌しき」。神聖でおそれおおい。触れてはならない。白は清浄で、特別な力をもつとされた。　**54 褻と晴との混乱**　日常と非日常の区別された秩序の乱れ、興奮の日常化と意味の変容は、世相篇の変動論を理解しようとするとき、有効な補助線であるが、単線的な「世俗化」論ではないことにも留意が必要である。　**55 高い棹の……村々の習わし**　一般に「卯月八日」と呼ばれている、花見、花かざり、山遊び、先祖供養等の要素をもつ民間の年中行事で、四月八日におこなわれる。棹の先にかざる花を、天道花、夏花という。　**56 野山の錦**　草木の紅葉。野の草や樹木の葉の緑が秋に赤や黄に変わること。　**57 盆花**　盂蘭盆（うらぼん）に、山や野に生えているのを摘んできて、精霊棚に飾る花。「ぼにばな」とも。キキョウ・ミソハギ・オミナエシ・ヒガンバナなど、それぞれの地方でさまざまな品種に「盆花」の別称がある。　**58 とじめ**　おわり。「とじめる（閉）」という動詞の連用形の名詞化。そのあとの「常磐の緑を迎えてきて、門に祭をする」とは、正月の新春に門松をたてる習俗を指す。

祭を思いまた節供《せっく》を思わしめたのであった。ひとが美しいと感ずるほうが前であったか、もしくは祭の気分のために美しく感じられたのか、それさえもいまだ確められていないのである。

花木が庭前に栽《う》えて賞せられるようになったのは、酒が遊宴《ゆうえん》の用に供せられるにいたった[60]のと、経過においてほぼあい似ている。天《あま》の岩戸《いわと》の物語に伝わっているごとく、おもしろいというのはもと共同の感激[61]であった。そのおりの幸福がながく記憶せられるために、資力《しりょく》のある者は少しずつ花の木を庭に掘り植えた。前栽《せんざい》というのは、農家では蔬菜畠《そさいばたけ》のことであるが、上流の家では野の草を庭に咲かせようとすることを意味していた。そのうちにおいおい唐様《からよう》の植物が渡ることになって、邸内の色彩も単調ではなくなったけれども、それでもなおひさしいあいだ、これをもって普通民家の眼の楽しみとするにはいたらなかったのである。江戸で三百年前に椿《つばき》の花が流行した[62]ということなども、とうてい今の者には想像しえられぬほどの大事件であった。

椿もこの国の固有の木ではあったが、元来は山や神様の杜《もり》に咲くべきもの[63]で、ひとは季節の宗教的意味を考えることなしに、この花を眺《なが》めることはなかったのである。それが輸入によりまたは新しい培養《ばいよう》をもって、次々に変《か》わり種《だね》[64]のできたということさえ不思議であるのに、町では単なる愛玩用《あいがんよう》のために、家並《いえなみ》にこれを栽《う》えようとしてい

**59 異様にし**　興奮させ。感動させ。**60 酒が遊宴の用に供せられるにいたった**　第七章で、この世俗化のプロセスをテーマ化している。**61 おもしろいというのはもと共同の感激**　「おもしろい」の語源には諸説があるが、そのひとつに「面白」すなわち顔がかがやく、目の前がパッと明るくなる感覚の表現だという説がある。「天の岩戸の物語」が例にあがっているのは、岩戸にこもった天照大神が外のお祭り騒ぎを不審に思い、岩戸をあけて覗きみる、その光によって、集まって楽しんでいた神々の顔が白く照らされた、そうした状況の叙述に「おもしろ」が登場するからである。この説は、『古事記』『日本書紀』の記述にはなく、『先代旧事本紀』巻第二の岩戸のくだりの注に「衆面明白（もろもろのおもてあかく）」と出てくる（苅部直氏のご教示）。**62 三百年前に椿の花が流行した**　一六二〇年代に将軍主催の茶会の花に、曙椿（ありぼのつばき）が活けられたことなどにうかがわれるように、そのころから武士・公家・僧侶など上流階級を中心に椿のブームが起こったという。寛永年間（一六二四～一六四四）には、『百椿集』『百椿図』などと題した椿に関する著作も増え、愛好者も多くなり、園芸品種も数を増やしたとされる。**63 元来は山や神様の杜に咲くべきもの**　柳田は、一九二八（昭和三）年一月三日に「椿は春の木」というラジオ放送をおこない、北緯四十度以北の地に、南方の植物である椿の森が点在することを話題にし、「それが南からきた移住民にとって、なつかしいうれしい色」であるがゆえに「ところどころの椿崎、椿山には、必ず神を祭ってあったのかと思います」［全集12：二二五頁］と述べている。そして北限の椿の群落を「天然記念物」と呼ぶのであれば、「人間の心をも引きくるめての「天然」であったので」［同前：二二六頁］あり、むしろ椿を大切にした信仰が記録された「史蹟」と考えるべきではないかと問題提起している。**64 変わり種**　変種。椿のさまざまな改良品種。「侘助（わびすけ）」「太郎冠者（たろうかじゃ）」など名前もゆかしいさまざまな品種がつくられていた。白・桃・紅などの花色だけでなく、斑入り・絞りの色合い、一重・八重・牡丹咲き等々の花形の種類も多く、椿の品種改良は茶の湯の文化などともからんで特異な発達をとげた。

たのである。当時の田舎者が驚いたのも無理はない。しかし驚くとはいってもすでにそのころから、これをおもしろいと感ずる者がしだいに多くなって、椿が行きづまれば山茶花《さざんか》とか木瓜《ぼけ》とか、末《すえ》には漢名《かんめい》しかない多くの木の花もわたってきて、わずかな世紀のあいだに日本の園芸は美しいものとなった。

そうして一方の流行《りゅうこう》の下火《したび》[65]は、いつとなくその外側の、庶民《しょみん》の層へ移っていったのであった。これを海外交通の開けたというただひとつの理由から、解説しようとしたのがいままでの歴史家であったが、以前とても入る途《みち》は塞《ふさ》がっていたわけでない。

第一にはひとがかようの物を求むる心、それよりも力強い原因とみるべきは、花を自在に庭の内に栽《う》えてもよいと考えたひとの心の変化であった。ちかごろの外国旅客の見聞記《けんぶんき》[66]のなかには、日本人の花好《ず》きに感心している記事が毎度《まいど》ある。十坪《つぼ》、二十坪の空地しか持たぬ小農の家でも、居《い》まわりには必ずなにか季節の花をつくっている。よくよく自然に対する優《やさ》しい感情をもった人民だといっているが、その観察はじつは半分しかあたっていなかった。[67]

花に対するわれわれの愛着は以前から常に深かったが、その動機は徐々に推し移っていたのである。今でも老人のある家などで、菊や千日紅《せんにちこう》やダリヤを咲かせるのを、仏《ほとけ》さまに上げるためと思っている者が少しはある。畠に綺麗な花が一つもないか、町でも花屋《はなや》が来ぬ日[68]などがあると、なんにも供《そな》える花がないといってさびしがることが、秋はことにいちじるしい。流行をはじめた人たちは娯楽であったかもしれぬが、それが普及するには別にまたこれだけの理由があった。俳諧寺《はいかいじ》一茶《いっさ》の有名な発句《ほっく》に「手向《たむ》くるやむしりたがりし赤い花」というのがある。すなわちかわいい小児《しょうに》でさえも仏《ほとけ》になるまではこの赤い花を取ってあたえられなかったのである。

この気もちが少しずつ薄くなって、はじめて閑《ひま》ある人びとの大規模なる花づくりが[69]

**65 一方の流行の下火**　「資力のある者」「上流の家」など上層でのさかりが過ぎ、勢いが弱ったあと。

**66 外国旅客の見聞記**　そのひとつに、植物学者で一九世紀のプラントハンターとしてもっとも著名な一人であるフォーチュン（Robert Fortune）の探訪記がある。一八六〇年に来日し「日本人の国民性のいちじるしい特色は、下層階級でもみな生来の花好きであるということだ。（中略）もしも花を愛する国民性が、人間の文化生活の高さを証明するものとすれば、日本の低い層の人びとは、イギリスの同じ階級の人たちにくらべると、ずっと優ってみえる」［『江戸と北京』廣川書店、一九六九：九三頁］と書いている。

**67 自然に対する……半分しかあたっていなかった**　「日本人の花好き」「自然に対する優しい感情」などといった比較文化論的な解説を、「半分しか」正しくないというのは、「花を愛するの情」あるいは花に対する「愛着」の動機の歴史的な変容、すなわち時代の変化を見落としているからである。それは「仏さまに上げるため」という、天上の別世界のために入用であるという気もちがうすれていくという変容である。

**68 花屋が来ぬ日**　振り売り（行商）の花屋がまわってこない日。

**69 大規模なる花づくり**　花卉栽培の大規模化・産業化。亀戸の梅屋敷や向島の百花園など、商家の富豪が庭園をつくり、花の名所として庶民に公開されるものもでてくる。鑑賞用の栽培品種の増加や愛好者人口の増大は、植木屋のような職業を当時の都市郊外（染井など）に生みだしていく。

盛んになった。そうして近世の外《そと》からの刺戟もおおいにこれを助けたのである。しかも西洋の草花《くさばな》の種《たね》が、ほとんどその全群をつくして入りこんできたのは、明治年代の一大事実[70]であって、今日《こんにち》百に近い片仮名《かたかな》の花の名は、大部分がその遺跡であった。

これも簡単にもっとも模倣しやすい外国文化であったからと、かたづけてしまうこともできぬわけは、初期の勧農寮《かんのうりょう》の政策[71]では、積極的にこれを奨励しまた援助しているのである。ことに北海道の米国式農政《べいこくしきのうせい》[72]において、新たに荒漠《こうばく》の地を開こうとする者に異国の鮮《あざ》やかなる色彩を供給しようとしたのには同情があった。おそらくは当時、農村の生活が、すでに花づくりによってその寂寞単調《せきばくたんちょう》を慰《なぐさ》められている事実が知られていたのであった。

そうして、これが大きな世相変化の境目《さかいめ》だということまでには、心づかなかったのである。

花を栽えようという人びとの心もちは、もちろんこの以前からもまちまちになっていて、まただんだんに観賞のほうに傾こうとしていた。最初もっともひろく国内に人《じん》望《ぼう》があったのは、だれでも記憶するごとく千日紅《せんにちこう》、百日草《ひゃくにちそう》という類のさかりの長い花であった。花のすがたには別段の見《み》どころはなくとも、欲しいと思うときにいつでも得られるのが重宝《ちょうほう》であった。それがおいおいと新種《しんしゅ》の増加《ぞうか》によって、次々《つぎつぎ》にめずらしい花《はな》が絶《た》えず、待《ま》つとか惜《お》しむという考《かんが》えがうすくなって、ついに季節の感じとは縁《えん》が切れた。

家の内仏《ないぶつ》[73]に日々《にちにち》の花を供《そな》えるようになったことは、近代の主婦の美徳のひとつではあったが、そのためにたった一輪《いちりん》の花を手に折っても、かつて彼らの抱《いだ》きえた情熱は消えてしまった。新たに開きはじめた花の蕾《つぼみ》に対して、われわれの祖先が経験した昂奮のごときものはなくなり、その楽しみはいつとなく日常凡庸《ぼんよう》のものと化した。

これがわが民族と色彩との交渉の、やがて今日のごとく変化すべき端緒《たんしょ》だと、自分などは思っている。

**70 西洋の草花の種……明治年代の一大事実**　一九〇七（明治四〇）年に刊行された『実用農芸大観』（大日本農業奨励会）という書物の「草花の部」に「近来舶来種の輸入盛んにして、本邦固有の草花はある一部を除くのほかはほとんど世人によりて忘れられんとするに似たり」［：七二三頁］との記述がある。舶来種として、ペチュニア、コスモス、セロシア、マリーゴールド、バーベナ、スイートピー、ポピー、パンジー、チューリップ、ダリヤ、シクラメン、カーネーションなどの名があげられている。

**71 初期の勧農寮の政策**　明治政府の勧農政策において、多くの農業試験場を設置し、内外の植物を収集・栽培し、各府県に配ったことなど。**72 北海道の米国式農政**　北海道開拓使が東京にもうけたいくつかの官園で、寒冷地北海道に適する農作物や家畜等の試験がなされ、米国産の農作物が多く栽培された。**73 内仏**　居室に安置して拝む仏像。持仏。仏壇。浄土真宗では、仏壇に安置された本尊、阿弥陀仏の軸を「お内仏」といい、また仏壇自体もそう呼ぶ。

そのなかでもことに日本の色彩文化のうえに、大きな影響をあたえたのは牽牛花《あさがお》であった。他の多くの園《その》の花は鮮麗《せんれい》だというだけで、たいていは単色でありその種類もわずかであったに反して、この蔓草《つるくさ》ばかりはほとんどあらゆる色を出した。ときとしてはまったくつくるひとが予測もしなかった花が咲き、そうでないまでもわれわれの空想を、極度に自在に実現させてくれたのである。

　これが大部分日本の国内の、しかも百年あまりの自力になった[74]ということは、考えてみれば愉快なことである。牽牛花《あさがお》の歴史を説くひとは支那からの輸入のようにいうが、じっさいはあたたかな南部の海浜などに前からあり、持ってきたのはただその種《しゅ》実《じつ》の薬用《やくよう》と、それを書きあらわす漢字《かんじ》とだけであったらしい。

　現在はもはや改良も行《ゆ》きどまって、かろうじて葉や花の畸形《きけい》に変化を見せようとしているが、その以前にはいちど色彩の珍《ちん》を競《きそ》おうとしたことがあった。ちょうど江戸《えど》期の末ごろから、明治の前半期までのことであったかと思う。いわゆる玄人たち[75]はもう省みなくなってからも、変わったいろいろの花が地方に普及し、ひとは思い思いの交配《こうはい》や撰種法《せんしゅほう》をもって、いままで見たことのない色を出そうとした。そうして一部分は成功をしたのであった。

　当時人工の染料は発明日あさく、在来の技術にもまだ多くの束縛があったあいだに、柿《かき》とか黒鳩《くろばと》[76]とかの名もつけにくいめずらしい色、または紅　紫《むらさき》青水色《あおみずいろ》の艶色《えんしょく》のみか、絞《しぼ》り染分《そめわ》けなどの美しい仕上《しあ》げまでが、一時は工芸家[77]よりも数歩前へ出ていたのである。どうしてこの種の植物ばかりが、とくに人間の空想に従順であったか、いまとてもこれを説明しうる者はない。もちろん半《なか》ばは偶然の遭遇に帰してよいが、はやくこの事実に心づいて、注意と情熱とを傾けたのはわれわれであった。

やがて出現すべかりし次の代の色彩文化のために、この微妙の天然《てんねん》を日常化し、平凡化しておいてくれたのは無意識であったろうが、少なくともかつて外見《がいけん》や、陰鬱《いんうつ》なる鈍色《にびいろ》[78]のなかに、無為《むい》の生活を導いていた国民が、ひさしく胸の奥底《おくそこ》にひそめていた色に対する理解と感覚、それがどれほどまで強烈なものであるかを、朝顔の園芸が十分に証明した。そうしてあらかじめまた今日の表白《ひょうはく》[79]のために、少しずつ準備をさせていたのである。

**74 百年あまりの自力になった**　百年かけて自分たちがつくりあげた。朝顔の園芸ブームは、文化・文政期（一八〇四～一八三〇）、嘉永・安政期（一八四八～一八六〇）などなんどかおこった。武士・商人・植木屋・文人などが「連」（同好会）を組織して花の育成を競うとともに、朝顔のさまざまな図譜を刊行し、情報を共有した。　**75 いわゆる玄人たち**　専門家。ここでは植木屋などの専門業者や、珍を競った趣味人たち。　**76 柿とか黒鳩**　両方とも朝顔の色で、「柿」は赤褐色、「黒鳩」はうす紫がかった灰色。　**77 工芸家**　陶磁器、染織品などの工芸品の制作を業とする人。ここでは染色の技芸が念頭にある。　**78 鈍色**　濃いねずみ色。「にぶいろ」「どんじき」とも読む。　**79 表白**　表明。表現。色のおもしろさを述べあらわすこと。

## 五　木綿より人絹まで

これを模倣のごとくまた出藍《しゅつらん》のほまれでもあるかのごとく、[80]自分までが考えてかかることは間違いである。機会が相応しなかったゆえに発明はよその国に委《ゆだ》ねたというばかりで、色彩の進歩にむかっては立派にわれわれも寄与しうる素養《そよう》があったのである。

他の万般《ばんぱん》の学術も同じことであるが、その利用を完成しうる能力と、これを創始《そうし》した智慮《ちりょ》とは二つのものである。つとに自然にめぐまれまた練習させられているわれわれが、ゆくゆく世界の色相《しきそう》[81]観《かん》を導きうるかどうかは、いまはすこしでも予定せられていない。少なくとも現在の実状よりは、ずっと前のほうへ進みうるであろうことは、歴史の学問がこれを希望させてくれるというわけは、われわれの知りまた考えるべきことが、まだいくらものこっているからである。

境遇がわれわれの技芸の発達のために有利であったことは、将来はいざ知らず、過去においても悦ぶべきものがいくらもあった。たとえば色に対する日本人の趣味性のごとき、一方には以前の精神生活の影響によって、渋《しぶ》さの極致《きょくち》ともいうべきものまでを会得《えとく》したころに、ちょうどアニリン色素[82]などの応用がおこってきたのである。色の二つの種類の境目《さかいめ》[83]が紛乱《ふんらん》しはじめた時期まで、季節信仰を超越したようなあまり多くの花物《はなもの》は入ってこなかった。朝顔の栽培がよい頃合《ころあい》に流行したように、木綿《もめん》の輸入なども遅すぎもせず、また早すぎもしなかったようである。

綿《わた》の種《たね》は山城《やましろ》の都《みやこ》の初の世に、三河《みかわ》の海岸から上陸したという記録があるが、どこに栽《う》え、なにものに利用していたのか、まだなんびともこれを指示しえない。第二の輸入はずっと時をへだてて、いわゆる南蛮《なんばん》貿易のころであったろうが、それもややひさしい期間、案外に普及していなかった。諸国の農民が真剣《しんけん》に綿《わた》を栽培しはじめたのは、江戸期も半《なか》ばを過ぎて、綿年貢《わたねんぐ》の算法《さんぽう》が定められた享保度《きょうほど》[84]のわずか前からのことと察せられる。

以前も少しずつは名を知られ、また相応にもてはやされていたものが、急にこのよ

**80 模倣……かのごとく**　教えられ真似したものであるかのように。「出藍のほまれ」は、弟子が師よりもすぐれているという評判・名声だが、ここでは教えられてそれを乗りこえたものであるかのように思うのは、の意。　**81 色相**　色あい。色のぐあい。色調。　**82 アニリン色素**　アニリン染料。ベンゼンから誘導される化合物アニリンを原料とした染料の総称。初期の化学合成の染料は、いずれもアニリンを素材としていたため、ほぼ合成染料と同義につかわれている。　**83 色の二つの種類の境目**　本章注51の「二とおりの色のわかち」参照。　**84 享保度**　享保時代。享保年間（一七一六～一七三六）。

うに生産を増加することになった理由は、おそらく紡織《ぼうしょく》技工の進歩よりも、これもまた染色界の新展開にあった。

葉藍《はあい》耕作の最初のおこりは不明であるが、少なくともこれが実用には専門の紺屋《こうや》が予期せられていた。家々《いえいえ》の手染《てぞめ》においては、この材料は処理することがややむつかしかった。麻《あさ》やさよみ[85]の類《たぐい》にも染められぬことはないが、ことに木綿《もめん》においてもっとも藍染《あいぞめ》の特徴を発揮しているのをみると、紺《こん》を基調とする民間服飾《ふくしょく》の新傾向は、まったくこの二つの作物の提携から生《う》まれているのである。紺《こん》の香《か》と木綿の肌《はだ》ざわり、歴史は短かかったかもしれぬが、なつかしい印象をのこしている。

これ以外にも鬱金《うこん》[86]とか桃色《ももいろ》とか、木綿でなくては染められぬ新しい色が、やはり同じころから日本の大衆を悦ばせだしたことは、諸国の小唄《こうた》[87]類にいまもってその痕跡《こんせき》をとどめている。

いかにわれわれの内部の色彩感覚が成育《せいいく》しておろうとも、麻《あさ》を着ていたのではこれをじっさいにあらわしてみることができなかった。ちょうどひとつの関《せき》の戸《と》が開かれたようなものであった。いずれの民族でも同じかと思うが、木綿着用《ちゃくよう》の歴史には記念しなければならぬことが多い。山本修之助氏の集めた佐渡《さど》の民謡《みんよう》のなかに「シナのはだそで脛《すね》こくる」[88]という盆踊唄《ぼんおどりうた》がある。シナというのは級《しな》の木の皮《かわ》で織った布《ぬの》、もとは通例は肌《はだ》にも麻《あさ》をつけたが、土地によっては湯具《ゆぐ》にまで級布《しなぬの》を用いたのである。肌《ひ》膚《ふ》がこれによって丈夫になることも請《う》け合《あ》いだが、そのかわりには感覚はあらあらしかったわけである。

ところが木綿のふっくりとした、少しは湿《しめ》っぽい暖かみで、身をつつむことが普通になったのである。これがわれわれの健康なりまた気持なりに、なんの影響をもあたえないでいられた道理《どうり》はないのである。日本の若《わか》い男女が物事《ものごと》に感じやすく、そうしてまたいちように敏活であるのも、あるいは近世になって体験した木綿の感化ではないかと、私たちは考えているのである。

少なくとも日本人はこの木綿の採用にあたって、一回のとつおいつ[89]を経験している。はたして一千年来の麻《あさ》の衣《きぬ》を脱《ぬ》ぎすてて、この新来の衣料に身をまかせるのがよいものかどうかは、容易に決しがたい問題であったのである。海洋国の夏はことに多湿

**85 さよみ**　「貲布」「細貲」。科布（しなぬの）。シナノキの皮の繊維をつむいで織った布。古代には調の布としておさめられ、中世まで民間でも衣料に用いられた。のちには、かなり目のあらい麻布を指すようになった。　**86 鬱金**　あざやかな黄色。ショウガ科の多年草ウコン（ターメリック）の根茎で染めた。　**87 諸国の小唄類**　「小唄」は邦楽の一種目で、時代により意味と曲風が異なる。江戸時代の小唄は、俗謡の短かい曲の総称で、ここでいう「諸国の小唄類」は柳田が、「民謡」と論じた領域の意。柳田は、民謡の文句に託された日常的な感覚や知識を、論考の素材に多くとりあげている。　**88 こくる**　強くこする。こそぐ。けずる。　**89 とつおいつ**　ああすればよいかこうすればよいかと思い迷うこと。「取りつ置きつ」が変化した語。

であった。肌《はだ》と着物とのあいだにいくつもの三角な空地[90]をつくっておいて、たびたび扇《おうぎ》の風を送りこまなければ、汗《あせ》を放散《ほうさん》させて清涼《せいりょう》を味わうことができなかった。それには腰《こし》の強い麻《あさ》の糸を、織って着るのほかはなかったのである。木綿《もめん》は温柔《おんじゅう》なかわりに足手《あして》にまつわりやすく、主として春と秋とを外《そと》で働く者にも適《てき》しなかった。新鮮なる染色の効果を愛する人たちは、それくらいな便不便《べんふべん》は省みざらん[91]としたのであるが、なお極端に糊《のり》をこわく、また洗濯のたびごとに打ちひらめて、旧来の麻《あさ》の感触を少しでも保持していたのである。縮《ちぢ》み[92]という一種の織り方《かた》が、とくに日本においてさかんに行なわれたのも国柄《くにがら》であった。

こうしてようやくのことで不断着《ふだんぎ》の買い入れを可能ならしめ、ついに全国の木綿反《たん》物《もの》を、工場の生産品たらしむる素地《そじ》をつくったことは、考えてみれば手数のかかることであった。

麻《あさ》の第二の長処はひさしく持《も》つということであったが、これものちには不人望《ふじんぼう》の種《たね》となっている。

色が目に立ち記憶しやすくなれば、飽《あ》きておりおりは更《か》えようとするのも自然で、それにはかえって木綿のはやく弱るのが、うれしかったひとも多いようである。好《この》みの年齢に応じてそれぞれにちがわなければならぬ習《なら》わしは、まったくこのときからはじまったのである。大体に日本人くらい、多量の衣裳《いしょう》を持っている民族もないといわれているが、もとは単純なだれにでも用に立つ品を、多く持つのだから貯蓄《ちょちく》にもなったが、末にはせっかくの宝《たから》を衣櫃《きぬびつ》[93]の底で、腐らせるような場合もないではなかった。それよりもさらに無益なる古くからの惰性は、絹織物に対する過度の尊敬であって、ためにいくぶんか木綿の利用法を、無理な方向に導いていった形がある。かつて中華民国《ちゅうかみんこく》[94]では爪を長く延《の》ばす風《ふう》があった。爪はけっして美しいものでないが、毎日働く者には爪を長くしていることができない。すなわち働かずともよいひとの記号として、爪の長いのが好《この》ましがられたのであった。絹は爪などよりはむろん美しいが、これもやはり働かぬときの衣料《いりょう》であったゆえに、なにか格別によく見えたのである。

染色が自在にわれわれの実用に供せられるようになったのちまで、なお染絹《そめぎぬ》を上《じょう》

**90 空地**　空間。すきま。すきまをつくるために、木綿の浴衣などでは、糊をつよく効かせた。**91 省みざらん**　気にかけずにいよう。**92 縮み**　縮織り。よりの強いヨコ糸を用い、織り上げた後に温湯の中でもんで処理してしわ寄せをしてちぢませた織物。**93 衣櫃**　衣服を入れておく大型の箱。衣装箱。**94 中華民国**　清朝を倒した辛亥革命後の一九一二年から中華人民共和国の成立まで、中国を代表する政府が採用した国名。一九四九年、中国共産党との内戦に敗れ、台湾に逃れた国民党政府は、この国名を現在も使用している。

臈《ろう》[95]の代表のごとく、考える気風《きふう》は失せてしまわなかった。そうして好《この》みは往々にしてその模造のほうにおもむいたのである。

金巾《かなきん》[96]の輸入はその品物が少しばかり、またその名前の半分が絹に近かったゆえに喜ばれた。いわゆる唐糸《とういと》[97]は持《も》ちが悪いことを知りつつも、たんにその細手《ほそで》[98]のゆえをもって普及した。明治二十九年の棉花関税の全廃[99]はなくとも、以前の太短《ふとみじ》かい日本棉などは、しだいに片隅《かたすみ》に押しやらるべき運命をもっていたのである。

紡績の工芸が国内に発達してくるとともに、木綿の着《き》ごこちは公然《こうぜん》として変化した。もはや洗濯物の糊の強《こわ》さ柔《やわ》らかさを、深く詮議《せんぎ》する者はなくなった。衣服はこのとおりいつもやや湿《しめ》って肌《はだ》につくものと相場《そうば》がきまってしまった。女性の姿《すがた》のしおらしさが、遠目《とおめ》にも眼につくようになったのもこのころから、またその細《こま》かな内々《うちうち》の心づかいが、掬《く》みとらるることになったのもこのころからであるが、そのかわりにはいくぶんかひとに見られるのをもっぱらとする傾きを生《しょう》じ、かつやや無用にものに感じやすくなってきたことも事実である。

## 六　流行に対する誤解

なにを一国の国風《くにふう》と認むべきかは、そうたやすく答えられる問題でない。

たとえば衣服と民族とのあいだに、かつてひとつの約束が存在したにしても、それはこの際をもって[100]完全に帳消《ちょうけ》しとなり、のこるはただ人並《ひとなみ》のものが着たいという願《ねが》いのみである。そうしてずっと以前にもこれと同じ変化が、またときどきはあったかもしれぬのである。

麻《あさ》の織物は最初その天然《てんねん》の繊維《せんい》の、いくらでも細《ほそ》く利用しえられるのが長処であって、技芸はこれにもとづいてじつに驚くほどの精巧の域に達していたが、後にはかえってそのために、新しい生産経営には向かなくなったのである。家々《いえいえ》の婦女の勤労が、今とはまったく異なる評価法に支配せられていた時代には、彼らはその生涯の記念塔を刻《きざ》むような情熱をもって、神《かみ》と男たちの衣《い》を織るべく、一線《ひとすじ》ずつの苧《お》[101]をつないでいたのであるが、これを市場《しじょう》に托《たく》するようになれば、その価はたしかに骨折《ほねお》りに償《つぐの》わな

**95 上臈**　身分や地位の高いひと。貴公子、貴婦人。 **96 金巾**　堅くよった糸で織った、目の細かい薄地の綿布。使用糸の太さで呼び方もさまざまあり、用途も敷布・裏地・肌着などはばひろい。ポルトガル語の canequim に由来する。 **97 唐糸**　機械紡績による綿糸の旧称。機械紡績糸がもと外国から輸入されたことに由来する。 **98 細手**　糸のつくりが細いこと。「厚手」「古手」など、手は同じような種類・品質であることをあらわす。 **99 明治二十九年の棉花関税の全廃**　一八九六（明治二九）年三月二九日に制定公布された「輸入綿花海関税免除法律」のこと。 **100 この際をもって**　「紡績の工芸が国内に発達し」、「全国の木綿反物」が「工場の生産品」となって普及する時代になって。

かった。

新たなる衣料《いりょう》はこれにくらべると、じつにおかしいほど得やすかったのである。だから麻《あさ》しか産しない寒い山国でも、しだいに麻作《あさく》を手控《てびか》えて木綿古着を買い、または古綿《ふるわた》を買いいれて打ちなおさせ、それから買縞《かいじま》[102]の荷《に》がまわるようになって、ついにめいめいの機道具《はたどうぐ》を忘れるにいたったので、最初からこうなることを予期して、乗りかえた者はなかったのである。

これをもしひとつの機運と名《な》づけるならば、原因は遠くさかのぼって村々のひとの心理にあった。門《もん》を叩《たた》かれてようやく戸を開いたのではないのである。強《し》いて思いを構《かま》える[103]までもなく、われわれの色の歴史は不思議なように、文化の時代相を映発《えいはつ》している。

はじめて日本に木綿の日が東雲《しののめ》したときには[104]、新しい色といってもかぞえるほどしかなかった。ひとはいま考えたら笑いたいくらいの単純なる色を、染めて着てうれしがっていたのである。そういうなかにも正紺《しょうこん》[105]の香《か》はなつかしがられ、縞《しま》は外国から入ってきた流行らしいが、それにもわれわれの好《この》みはくわわって、絹の色糸《いろいと》などがつつましやかに織りこまれ、ここでより見られない発達をとげたのであった。絹の縞織《しまおり》などはおこりは古いかもしらぬが、のちにはむしろ木綿の趣味に追随《ついずい》する観《かん》があった。ところが新たに縞《しま》を知らぬ国々と交際してから、かえって木綿を絹らしく見せようとする努力がはじまったのである。それからまた一方には、毛織物とも近づこうとして苦労をした。

メンという語を頭《あたま》に載《の》せたいろいろの織物[106]は、すべてこの際《さい》をもって出現したのであるが、そのなかでも綿《めん》フランネル[107]などがことにたくさんの逸話《いつわ》をもっている。無地《むじ》や染模様《そめもよう》にいくつもの理想をいだいておりながら、肝腎《かんじん》の染料が思うようには得られなかった。仮に粗末な品で間《ま》にあわせようとしたために、すぐにぼやけて浅《あさ》ましい色になり、地質《じしつ》の良くないのとあい助けて、なんのためにこのようなものを着ているのかと舌打《したう》ちするようなものをよく見かけた。それがほどなく外国の補給《ほきゅう》によっ

**101 苧**　麻やカラムシの茎の皮の繊維でつくった糸。皮をはぎ、繊維のない部分をこそぎおとし、爪先で細く裂き、つないだものを、灰汁で長く煮て水にさらし、また雪にさらして白くするなど、糸とするまでに手間がかかった。**102 買縞**　注文して織らせた縞の織物でなく、店で買う既製の縞織物。かいしま。**103 思いを構える**　考えてそなえる。計画する。**104 日が東雲したとき**　陽がのぼり明け方の光がさしたとき。夜明けがおとずれたとき。**105 正紺**　藍で染めた紺色。硫化ナトリウムを溶液に加えた化学的な染料での紺に対して「正紺」という。**106 メンという語を頭に載せたいろいろの織物**　「綿繻子」「綿段通」「綿チリメン」「綿博多」「綿銘仙」「綿ビロード」「綿結城」「綿綸子」「綿フランネル（綿ネル）」など。**107 綿フランネル**　布の表面を起毛させて、フランネル（柔軟で表面をすこしけばだたせた毛織物）に模して織った綿布。軍服の素材から発展した「紀州ネル」や、伊予木綿を基盤にした「伊予ネル」などが有名。

て、まずひととおりの色だけはそなわったものの、じつはまだ自分の能力ではなかったのである。世界大戦時代の貿易杜絶《とぜつ》によって、その弱点が明白にあらわれ、国内の生産者がともどもにあわてた光景は、まったくなにかの判《はん》じもの[108]のようにも思われた。それが朝野《ちょうや》の苦心の結果、大正四年の染料医薬品製造奨励法[109]などとなって、とにかく一時を間《ま》にあわせたのみならず、つまずきながらも結局は染料国産の、前途を拓いていく機縁《きえん》となったことは、ちょうど今日の思想界とも似ているのである。

モスリン[110]工業の急速なる発達の跡は、その一種の中間性《ちゅうかんせい》[111]において、人力車《じんりきしゃ》などの経過と共通した点が多い。もっともこの方《ほう》は最初は模倣であったが、即座《そくざ》にわれわれはこれを日本向《む》きと化し、のちにはまたほかで見られない特産として認めさせた。そうしてこれがどの程度までに、国の生活の実際と調和しうるかを、遅くなってから発見したことも同じである。

原料がはたして国内の生産を期しうるかどうか、それをいずれとも決しえないままで、着手したことは無謀のようであるが、そんな事には構《かま》っていられないということのみは、すでに木綿のほうでも経験している。とにかく、自分でつくってみなければ損であり、また精確には国内同胞の要求に追随《ついずい》することもできなかったのである。

もちろんこの要求はやや気《き》まぐれに、始終変わってゆくものであった。わずか行《ゆ》きすぎてふりかえってみると、流行《はやり》の弱点などはだれにでも心づくものである。たとえばモスリンが塵埃《ちりほこり》に化しやすく、衣類を一年半季の112消費物として、家《いえ》の予算を組む習慣を強《し》いられることは、後には明白になってきたのであるが、少なくともわれわれはこれによって、また新しい経験を積《つ》み添《そ》えた。一言《いちごん》でいうならば獣毛《じゅうもう》も着らるること、古来一疋《いっぴき》でも羊を飼った覚《おぼ》えのない百姓でも、その毛《け》を取り寄せて織らせて着ることのできる世の中に、もうなっているという意識である。これが将来なにを着るべきかの問題を決するために、重要なる参考資料であることはいうまでもない。以前は玩具《がんぐ》に近かった毛糸の利用普及、それよりもさらに顕著《けんちょ》なる厚地《あつじ》毛織物の生産増加、ことに染色応用の技術進歩が、ことごとく過去

108 **判じもの**　隠された意味を当てるなぞ解き。109 **大正四年の染料医薬品製造奨励法**　第一次世界大戦におけるドイツからの染料の輸入途絶が染織物工業に及ぼした影響の大きさを踏まえ、補助金を交付する染料会社を設立して、国内生産を育成するための法律。一九一五（大正四）年六月二一日公布。その結果、日本染料製造という会社が一九一六年に創立される。『東京朝日新聞』一九二四（大正一三）年五月二七日の「染料の話」という記事は、日本染料製造の営業成績はあまりかんばしくないが、技術上の進歩にはみるべきものがあり、「内地に多量需要される十数種の染料のごときはドイツ品に比し、たいして遜色なきものとなった」と評価している。110 **モスリン**　梳毛（そもう）紡績でつくられた毛糸で平織りにした薄地で柔らかい風合の布。綿糸で織られたものは綿モスリンという。111 **一種の中間性**　外来と国産の両方の要素をあわせもつこと。折衷的で過渡的な役割を果たしたこと。112 **一年半季の**　半季奉公の。半年の約束で働く。すなわち、春秋でいれかわる。

数十年の、唐縮緬《とうちりめん》[113]文化を苗床《なえどこ》[114]としていたことを考えると、これはたしかに無益なる実験ではなかった。

問題はただその次々の実験の途中、やたらに理想的だの完成だのという宣伝語を、真《ま》に受けることがよいか悪いかで、いわゆる生活改良家は少しばかりその説法《せっぽう》がそそっかしかったように思われる。

絹と人造絹[115]との新旧両端の織物も、ともにこの意味をもってもう一ぺん試験せられるだろう。絹が忘れるほど古い昔からあるゆえに、だれにも向くということのいえないごとく、一方《いっぽう》もまた最後に出たのだから、あらゆる階級の註文に応じているとまではいいえない。

しかも新たに発明せられたものはもとより、ひさしく伝わるものにもおのおの用途はあるはずだから、われわれはまずその領分《りょうぶん》を画定する必要をみるのである。全体に季節・境涯《きょうがい》[116]その他、これほど千差万般の身の望《のぞ》みをもちながら、少しくありあわせのものを着るという辛抱《しんぼう》が強すぎたが、じつはいままでは色と形と、その価《あたい》とよりほかのことを考える者が、足《た》りなかったのだからいたしかたはない。

色は、そのなかでも最近百年間の国民共同の研究問題であった。

それが明治に入って天然《てんねん》と人文《じんぶん》との、二つの禁色《きんじき》を解放せられたのだ。自由はわれわれを眩惑《げんわく》せしめたのである。それをいまごろになって元《もと》の穴《あな》へ、ふたたび押しこむなどということはできるものでない。むしろもう一歩を進めて、あらましこの問題を片づけ、それから少しずつ他の点におよんだほうがいい。和田三造画伯の色彩標本は五百だそうだが、それを千五百にも増加したら、もうたいていは索引によって順ぐりに引きだすことができるだろう。幸《さいわ》いにわれわれは隠《かく》れた永年の演習によって、いくらでも新しい色を空想しうるだけの能力を養われていた。そうしてこれを実際のものとする学術は、向こうのほうから近よってきたのである。世界の国々との色彩の交易《こうえき》においても、すでに多くのめずらしいものを供給した。われわれは必ずしも輸入超過を苦しんでいない。ただときどきは過度《かど》の謙遜《けんそん》をもって、日本もまた他の太平洋の島々のごとく、始終欧米服飾《ふくしょく》の趣味流行に、引きまわされているもののごとく考えることを、弱点とするばかりである。

**113 唐縮緬**　羊毛などを鋼鉄製の針でくしけずり、長繊維だけを直線状に平行にそろえた「梳毛」でつむがれた糸で織った薄く柔らかい毛織物。メリンス。モスリン。 **114 苗床**　苗（発芽まもない植物の移植前の状態）をそだてる場所。 **115 人造絹**　人絹。人工的な模造の絹。レーヨン。植物体の中に含まれるセルロースを取り出し、化学薬品で溶解した後に繊維状に再生した化学繊維。 **116 境涯**　ひとがこの世を生きていくうえで、それぞれがおかれた立場や地位。

## 七　仕事着の捜索

ヨウフク[117]という語がすでに国語であると同じく、いわゆる洋服もまたとくに日本化しているのである。

なまじいにその文字の成《な》り立《た》ちを知り、この着物の伝来をつまびらかにした者が多い結果、いつまでもわれわれはこれを借りものだと思う癖《くせ》を去ることができない。はじめて朝廷が礼服の制《せい》を改定《かいてい》せられたさいには、あるいは寸分《すんぶん》もたがわずいずれかの一国の風《ふう》を移すこと、たとえば大和《やまと》の都《みやこ》で唐式《とうしき》を採択《さいたく》せられたごとくであったかもしれぬが、なお本元《ほんもと》の正しい着方《きかた》までを学《まな》びとることは容易でなかった。下《した》に鼓動《こどう》する心臓《しんぞう》の問題は別にして、たんに外形のうえからいっても、槍《やり》や弓術でつくり上げられた骨格がこれを引っかけたのだから、同じ形とは見えなかった。

いわゆる鰐足《わにあし》[118]が非常に気になったそうである。あるいは牧師《ぼくし》のようにいつもフロックコート[119]を着ているひとがある。朝から燕尾服《えんびふく》[120]を着てあるく礼儀もあった。すでにそのころよりして一種洋服《ようふく》に近い衣物《きもの》と、いうほうが当《あ》たっていたのである。

それでも晴《はれ》の衣裳《いしょう》ははじめから窮屈なもののときまっていたから、たえず手本《てほん》に照らして訂正することもあったろうが、これが常着《つねぎ》であっては借物《かりもの》でとおせる道理がない。

おおいに自己流《じこりゅう》を発揮していくほうが当《あた》り前である。われわれはむしろ今日の程度にまで進んで身を矯《た》めて新服《しんぷく》[121]に調和させようとした、無邪気さに歎服《たんぷく》[122]してもよいと思っている。

あるいはひとによってはやや進みすぎた決断のように、感じていた者もあるか知らぬが、いわゆる洋服の採用をうながしたものは、時運《じうん》[123]でありまた生活の要求であった。兵士が顕著《けんちょ》なるひとつの例であるが、つまり明治四年においてすでに[124]新たなる仕事《しごと》着《ぎ》をさがしていたのである。兵士の仕事着《しごとぎ》はもう古いものが用いられなくなっていた。ちょうどちかごろの勤労者も同じように、仮に独立して工夫《くふう》をしてみたとしても、やはり上下《じょうげ》二つになる衣袴《いこ》[125]を考えだすのほかはないのであった。

117 **ヨウフク**　あえて「洋服」をカタカナ表記にしたのは、すでに日常語もしくは方言として定着し、漢字の「(西)洋」を意識せず、音で理解していることを協調する意図があったか。 118 **鰐足**　人の歩くときの足先の向きが斜めになること。 119 **フロックコート**　男子の昼間用礼服。上衣はダブルで、丈(たけ)はひざまで及ぶ。上衣とチョッキは黒ラシャの無地、ズボンは縞物を用いる。 120 **燕尾服**　男子の夜用礼服。上衣もズボンも黒ラシャの共布。上衣の前丈が短かく腹までで、背のすそはツバメの尾のように割られている。イブニングコート。 121 **身を矯めて**　体のかたちを直して。身体を矯正して。 122 **歎服**　感服。感嘆。感心して敬服すること。 123 **時運**　時のめぐりあわせ。自然にまわってくる運命。 124 **明治四年において**　一八七一(明治四)年、兵部省より「御親兵並ニ鎮台兵軍帽服」が布達され、軍務につくものの正衣や略服が制定された。

これにはもちろん洋《よう》の字のつくものを[126]、新しいと喜ぶ心もちが手伝っている。あるいは晴着《はれぎ》に洋服を用いんとした人びとの、感化ということも考えられぬことはない。

しかしたんなる模倣《もほう》でない証拠には、最初から必要なる変更をくわえていたのである。たとえば学生が制服に足駄《あしだ》をはき、ズボンに帯《おび》を巻いて手拭《てぬぐい》をはさんだりすることは、三[127]、四十年前からいまもつづいている。地方の郵便集配人には、足だけは和服のものがはじめから普通であった。兵士でも警察官でも、もっとも真剣《しんけん》な働きのさいには、しばしばこれに近い改良[128]が必要と認められていた。夏の旅人《たびびと》にはときどきは臍《へそ》から下《した》だけの洋服を着てゆくものがあり、にわか雨のぬかるみのなかでは、靴を下げて素足《すあし》で通るひとさえあった。

じっさい日本の気候風土、ことに水田の作業を主とする村々においては、晴着《はれぎ》以外の目的《もくてき》に寒い大陸の国の服装を学ぶことは、なによりもまず足が承知をしなかったのである。すなわち生活の必要がこれを日本化させたというよりも、たんに落想《らくそう》[129]を外国人から得た新たなる仕事着《しごとぎ》と、いったほうがむしろ当《あ》たっているのである。

婦人洋服の最近の普及とともに、この推定はいちだんと明白なものになった。あえてことごとしく動作を敏活にするためなどという説明をそえずとも、親しく現在の実景《じっけい》を見たほどのひとならば、これが小児服《しょうにふく》同様にただ愛らしくする目的にいでたものと、考える者などはおそらくはあるまい。働こうという女たちに働くべき着物もあたえず、今まで棄てておいたのがすまなかったといってもよいのである。

もちろん女の仕事着《しごとぎ》も元《もと》はたしかにあった。

日本はなかなか女のよく働かされた国で、それが不要なほど悠長《ゆうちょう》な暮《く》らしは少なかったのである。ところが理由あって中央の平坦部《へいたんぶ》などには、その仕事着《しごとぎ》がはやくすたれてしまった。西洋の田舎でも、女がよい服よい靴の古びてしかたのないものを、畠で着ているのをよく見かけるが、ことに日本には女によぶんの晴着《はれぎ》が多く、そのなかの一等《いっとう》悪いのが、おろして間《ま》にあわせに用いられたのである。これには団体の作業が少なくなって、めいめいの出立《でた》ちをやかましくいわぬ[130]ようになったことも、原因のひとつにかぞえられるが、それよりも大きな理由は衣服が得やすくかつどしどしと古く

**125 上下二つになる衣袴**　上半身の部分（上衣）と下半身の部分（袴）が二つに分かれている衣服。
**126 洋の字のつくもの**　「洋学」「洋医」「洋館」「洋犬」「洋釘」「洋才」「洋室」「洋髪」等々。 **127 足だけは和服のもの**　郵便集配人の足の制服として、創業時から「脚絆（きゃはん）」が着用されていた。
**128 これに近い改良**　軍隊で多くもちいられた「ゲートル」などは、その一例。 **129 落想**　おもいつき。着想。 **130 団体の作業が……やかましくいわぬ**　「団体の作業」とは、「早乙女（さおとめ）」と呼ばれる植女（うえめ）の集団が、紺がすり・赤だすき・白手ぬぐい・菅笠という揃いの身づくろいで、唄をうたい田植えをおこなうことなどを指す。稲作に関する神事に由来する集団の行事が少なくなると同時に、服の決まりにかまわなくなったことを指摘している。「でたち」には、仕事着の意味がある。

なることであった。

今日の女の常着《つねぎ》は以前の晴着《はれぎ》であった。すなわち、上﨟《じょうろう》のよそゆきの衣《きぬ》の型《かた》であった。しかもこれを裾引《すそひ》いていられる女性は、じっさいは町にも少なかったので、すなわち襷《たすき》[131]を応用して長い袖をまくり上げ、褄《つま》[132]を折りかえして重《おも》くるしい帯《おび》を蔽《おお》うたのみならず、さらにいろいろの見にくい身のこなしを忍んでまでも、このなりでなお働こうとしたのは殊勝《しゅしょう》であったが、いまから考えると無理な苦労であった。

ヨウフクの発見はいたって自然である。

保守派の長老たちの人望《じんぼう》をえがたいのは、この突飛なる躍進を賛成せぬばかりか、強《し》いてこの事情を述べようとすると、しからばいまいちど昔の仕事着《しごとぎ》にもどれと、いいそうな顔をすることである。それが諾々《だくだく》として服従しうることか否かは、実物を一見すればすぐにわかる。

まず最初には男女年齢の差別があまりに少なく、いちように色が鮮《あざ》やかでない。それに名称がなにぶんにも古くさい。各部分をくらべてみるとそうたいして最新式の仕《し》事着《ごとぎ》とちがわぬのだが、上着《うわぎ》のいたって短かいのを腰《こし》きり[133]だの小衣《こぎぬ》[134]だのといい、下《した》にはく袴《はかま》をモンペだのモッピキだのといっている。袖無《そでな》しというのは中世の手無《てな》し[135]と同じだが、東部の町ではもう小児か年寄りにしか着せていない。前掛《まえか》けは町に保存せらるるただひとつの仕事着《しごとぎ》であるが、これは細長く前《まえ》に垂《た》れ、村にあるものは横広《ひろ》く腰をまとうている。これに手甲《てっこう》[136]をつけ脛巾《はばき》[37]を巻き、冬は大幅《おおはば》の布《ぬの》を三角に折って頭にかぶり、足には藁靴《わらぐつ》を穿《は》くのが通例であった。

夏の仕事着《しごとぎ》には裸《はだか》という一様式もあったが、女はもちろんそんな流行を追わなかった。袖無《そでな》し単《ひとえ》と腰巻《こしまき》[138]との単純なとりあわせは、ことに盛装する女性にうとまれているようだが、あれが一番にいまの流行と近い。色と模様とわずかばかりの裁《た》ち方《かた》をあらたむれば、これを日本の新しいヨウフクだと、名のってもべつだん差しつかえはなか

131 **襷**　和服の袖をたくしあげて活動しやすくするために、両肩から両わきへ背中で斜め十文字形になるようにかけて結ぶひも。もともとは、神事奉仕の物忌みのしるしとして肩にかける清浄なひもであった。132 **褄**　足首のあたりまである長い着ものの、裾の左右両端の部分。長着ではたらくとき裾をまくりあげて、帯のうしろにはさんでとめ、足を動きやすくした。尻端折（しりはしょり、しりっぱしょり）という。133 **腰きり**　衣服の丈などを腰のあたりまでにすること。134 **小衣**　麻などの布でつくった、半袖または袖なしの短かい仕事着。こぎの。こぎん。135 **手無し**　上半身に着る袖のない衣服。袖無し。多くは防寒用で内着に用いたが表着にもする。古くは「肩衣（かたぎぬ）」ともいった。武士の「陣羽織」、庶民の「じんべえ」「ちゃんちゃんこ」なども、その一類である。136 **手甲**　手の甲をおおい保護するもの。武具では多く革だったが、労働用・旅行用は多く紺の布製だった。137 **脛巾**　外出・旅行のときなどに、すねに巻きつけひもで結んで、脚を保護し動きやすくするもの。わらや布でつくられ、後世の「脚絆」にあたる。138 **腰巻**　時代や状況によって異なる衣装や事物を指すが、ここでは女性の肌着の一つで、腰から脚部にかけてじかにまとう布の意。

新仕事着の着こなし

ったのである。

じっさいまたこの仕事着《しごとぎ》のほうにも、あきらかに各時代の新意匠はくわわっていたのである。たとえば木綿が出現すれば次々にこれを採用し、紀州《きしゆう》ネルがおこればこれを腰巻《こしまき》にも角巻《かくまき》[139]にもしたのみならず、花やかな染色が多くなるとともに、その好《この》みによってめいめいの年頃《としごろ》を見せようともしたのであった。守って変わらなかった一点は労働本位と、古くからある肩と裾《すそ》、襟《えり》と袖口《そでぐち》などのわずかなる飾《かざ》りであった。すなわちこれからもなおいくらでも改良することができたのである。新しい洋服主唱者にもし不親切な点があるとすれば、強《し》いてこのひさしい行《ゆ》きがかりと絶縁《ぜつえん》して、自分らばかりで西洋を学びえたと、思っていることがややそれに近い。そうして多数のために問題を未決にしておくのが、どうもまだ本当ではない[140]ようである。

未決の問題はいつでも足もとにある。

靴は外国でも働く女たちがつねに困っている。ひとりその入費が高くつくというだけでなく、これを人並《ひとなみ》に間ちがいなく穿《は》いておろうとすると、いかに簡単な衣服を着ても、やはり十分に働くことができぬからである。これも木靴《きぐつ》を再現するわけにも行くまいから、あるいはゆくゆく日本に来てみて、鼻緒《はなお》のついたものを学ぶようになろうも知れぬ。こちらでは靴のゆがみつぶれを案外に気にしていないが、なにしろこのとおりの土と水気《みずけ》では、とうていあんなものをだれでもはくというわけにいかない。男ばかりが護謨《ゴム》の長靴などを穿《は》いて、女はどうともせよと棄てておくらしいのは悪いと思う。

そのうえにもうひとつ気になるのは、住宅のほうとの関係である。靴《くつ》はその本国《ほんごく》では脱ぐ場所がおおよそ定《き》まっている。そうして極度《きょくど》のなれなれしさを意味していたところが、われわれの家では玄関《げんかん》の正面で、これと別れるように構造ができている。一日のうちにも十回二十回、脱《ぬ》いだりつっかけたりする面倒《めんどう》をいとうては、休処《きゅうしょ》と仕事場《しごとば》との聯絡《れんらく》はとれぬので、それがまた世界無類の下駄《げた》というものが、かように発達した理由でもあったのである。

衣服ばかりが単独に洋化するわけにはいかなかった。大工《だいく》の技芸も根本からあらたまるか、そうでなければあがり口《ぐち》に手洗《てあら》い場《ば》をもうけるか、われわれの清潔癖《せいけつへき》が緩和するか、もしくは指でつまんでものを食べる慣習でもやめぬかぎり、靴はとうてい常人の仕事着《しごとぎ》に、従属する資格をもたぬのであった。

139　**角巻**　四角い形をした毛布の大きな肩掛け。背の高さに応じて三角に折って着る。東北や越後などの寒冷地で、外出のさいに女性が防寒用として用いた。　140　**本当ではない**　本来あるべきすがたではない。

全体にこれはこういうものなのだと、あきらめさせる訓育がよく行なわれてきたが、そのなかでは働く者にこの暑苦しさを我慢せしめることがことに無理《むり》であった。それゆえにさすがにこの点だけは背《そむ》く者が多いのである。汗の悩《なや》みは日本の女たちの、ながいあいだの試錬《しれん》であった。それは幸いに靴の一点をのぞいて、いまはまず解除せられようとしているのであるが、男はまだおおいに苦しめられている。厚地綾織《あつじあやおり》類の詰襟《つめえり》[141]の汚染《しみ》をみるとせめて日本が北緯《ほくい》四十度以上の大陸国でもあったらばと、悔《くや》む者も少なくはないと思うが、これにもなにかは知らずひとつひとつの理由はあったので、ただその思案がすみずみにおよばなかっただけである。

われわれの仕事着はまだ完成していない。単に材料と色と形とが、自由に選り好みすることを許されているというまでである。

## 八　足袋と下駄

明治三十四年の六月に、東京では跣足《はだし》を禁止[142]した。主たる理由は非衛生ということであったが、いわゆる対等条約国の首都の体面を重んずる動機も、十分に陰《かげ》にははたらいていたので、げんにその少し前から裸体と肌脱《はだぬ》ぎとの取《と》り締《し》まりが、非常にきびしくなっているのである。これがあたかも絵と彫刻の展覧会に、もっとも露出の美[143]を推賞しなければならぬ機運と、ならび進んだのは不思議なる事実であったが、これよりもさらにおおいなるひとつの問題が、いまなお解決せられずにのこっているのである。

われわれが足をつつもうとする傾向は、じつはもうひさしい前からあらわれていた。ある地の法令はたんにこれを公認し、またいくぶんかこれを促進したというにすぎぬので、ひとが足を沾《ぬ》[144]らして平気《へいき》でいてもよいか悪いかは、むしろ新たに東京の先例によって、考えさせられることになった次の問題である。

最初の跣足《はだし》禁止は足と地面とのあいだに、なにか一重《ひとえ》の障壁《しょうへき》をもうければよかったので、あるいは草鞋《わらんじ》[145]の奨励といったほうが当《あ》たっていた。草鞋《わらんじ》は通例、足のうらよりもずっと小さく、それで泥溝《どろみぞ》をあるいて大道《だいどう》に足形《あしがた》をつけていく光景が当時の漫画界

**141 詰襟**　えりに折返しがなく立っていて、胸もとでつまっている洋服。軍服や学生服に多い。たちえり。**142 跣足を禁止**　「跣足」は「せんそく」とも読む。すあし。履きものをはかずにいること。素足で地上を歩くこと。『東京日日新聞』『東京朝日新聞』『読売新聞』は、一九〇一（明治三四）年五月三一日にそろって、警視庁令としてペスト予防のために「跣足禁止令」が発布され、東京市内において屋外を跣足で歩けば罰せられると報じている。六月五日から実施された。とくに車力・馬丁・人力車夫・職工などに、裸足（はだし）で往来を歩くものが多かった。**143 露出の美**　この表現で押さえられているのは、西洋美術における「裸体画」の芸術的価値であろう。**144 沾**　「濡」と基本的に同じ。『全訳漢辞海』第四版（三省堂）は、『しめり気をおびる。ぬれる」と注している。

の題材とさえなっていた。こういう人たちででもないと、もうそのころには跣足《はだし》では歩かなかった。しかも傘《からかさ》は頭《あたま》しか隠さず、蓑《みの》[146]はすでに流行におくれ、雨《あめ》だけは依然として横吹《よこぶ》きにふっていたのである。裾《すそ》をからげて脛《すね》を天然《てんねん》の雨具《あまぐ》とする以外に、これぞという便法も発明せられずして、大正おわりの護謨《ゴム》長《なが》時代までやってきた。だから手拭《てぬぐい》はほんとうは足拭《あしぬぐい》であり、洗足《せんそく》のたらい[147]は家々《いえいえ》軒先の必要器什《きじゅう》であり、跣足《はだし》禁止はまだ少しでも根本の解決ではなかったのである。それがたちまちにして今日の足袋全盛となったのは、けっして法令の力ではないのである。

武家階級の上下《じょうげ》を一貫して、素足《すあし》はもと礼装の一部であった。ひとがこれでなくては存分に走りまわれなかったこと、それから革足袋《かわたび》[148]がほんらい沓《くつ》の一種であったことを考えると、べつに意外な話でもないかしらぬが、のちに木綿のやわらかな足袋が、家々ではふつうに用いられるようになっても、なお病身または老年を理由にして、毎《まい》冬殿中《ふゆでんちゅう》足袋御免《たびごめん》[149]を願いでなければならなかったのである。

いっぽう庭前に控えているくらいの身分の者[150]は、当然にそんなものは許されていなかった。すなわちひとり田《た》に働くひとたちだけでなく、一般に足袋は仕事着《しごとぎ》の品目にかぞえられなかったのである。察するに寒い冷《つめ》たいが最初の理由でなく、やはりまた木綿のものめずらしさ、あるいは肌《はだ》にふっくりとせまる嬉《うれ》しさともいうべきものが、偶然にこれをわれわれにむすびつけ、のちには習《なら》いとなって、無いことを不幸と感ぜしめるまでになったのであろう。

出井盛之君の『足袋の話』[151]は、われわれにこの問題を考えさせた最初の本であるが、あれから以後も工場は東西に競《きそ》いおこり、機械と工程《こうてい》とは次々に改良をくわえられ、統計にでてくる年産額のすばらしさは、ほとんど人間に足がいくつあったかを、もういちど考えさせるくらいである。

ひとは昔のままでも、足の生活だけは少なくとも変化した。

**145 草鞋**　わらじ。足形に編んだ藁の台の、つま先の鼻につけた二本の緒を、左右の「乳（ち）」や後ろの「かえし」に通して、足に巻きつけて履く草履状の履きもの。「一重の障壁」とは、足と地面とのあいだを隔てる仕切りの意味で、草履と草鞋に共通する藁製の台座のことである。鼻緒をはさむだけの草履は一時的で短距離の外出向きで、長距離の旅や山道には、長い緒でしっかりとむすびつけ、足に一体化した草鞋が歩きやすかった。**146 蓑**　茅（かや）・菅（すげ）などの茎や葉、または藁や棕櫚（しゅろ）などを編んでつくった雨具。**147 洗足のたらい**　「たらい」は、水や湯を入れて用いる平たい大型の容器。それが「軒先の」必需品であったのは、外を歩けば足が土やほこりで汚れるため、家にあがる前に足を洗う必要があったからである。**148 革足袋**　鹿やヤギなどのなめし革・染め革・燻革（くすべがわ）などで仕立てた足袋。武士が用いた。**149 殿中足袋御免**　高齢もしくは病弱を理由に、足袋をはいて殿中に出入りすることを主君に許されたこと。**150 庭前に控えているくらいの身分の者**　農民　**151 『足袋の話』**　出井盛之（いでいせいし）の著作『足袋の話：足袋から観た経済生活』（多鼻会、一九二五）。

足袋はすなわち仕事着《しごとぎ》の一部になったのである。これもはじめにはただ余分な古物の利用であったろうが、ほどなく専用のはだし足袋、地下足袋《じかたび》152などという名があらわれた。護謨《ゴム》や金色《きんいろ》の小《こ》はぜ153の興味が、これを誘うたようにも考えられているが、結局はやはり靴の間接の感化とみられる。

ちかごろ交際しはじめた西洋の諸国が、いま少し南のほうにあったならこうはならなかったろう。帽子・襟巻・手袋《てぶくろ》・耳袋《みみぶくろ》、およそわれわれの採用した身のまわりはほとんど例外もなくみな防寒具《ぼうかんぐ》であった。防寒具の完備はもちろん冬をおもしろくしてくれた。しかし足《あし》を沾《ぬ》らすことを気にすること、足袋の役だつ仕事を好《この》むということは、かなりわれわれには大きな事件である。

わが国の水田はどしどしと排水していくが、これから出てゆく先には沼沢《しょうたく》が多い。足を沾《ぬ》らして働くような土地だけが、わずかに日本人の植民にはのこされているのである。

男女の風貌《ふうぼう》はこの六十年間に、二度も三度も目に立ってかわった。それはたんなる御化粧《おけしょう》の進歩ではないのである。

男のほうでも男らしさの標準《ひょうじゅん》というものが、だれ定《さだ》むるともなく別なものになった。そうしてつねに現在のものが正しく、ふりかえってみればみな少しずつおかしい。肩《こ》を一方だけ尖《とが》らせて跨《また》いであるくような歩《ある》き方《かた》もあった。袖を入《い》れちがいに組んで小走《ばし》りする摺足《すりあし》もあった。気をつけて見ると、いずれも履きものの影響が大きかったようである。

下駄は最初から、けっしていまのように重宝《ちょうほう》なものではなかった。『著聞集《ちょもんじゅう》』[154]には小《こ》馬《うま》を足駄《あしだ》だといったひとの話があるが、駄《だ》というからにはなにかもとづくところはあったのである。とにかくにわずか一筋《ひとすじ》の鼻緒《はなお》をもって、これを御《ぎょ》していくのは練習を要《よう》することで、この足の指の技能にかけては、独歩《どくほ》のほまれは日本人に属している。

一方《いっぽう》にはまたいろいろの意匠と改良があった。下駄屋は比較的新しい商売であった。それが江戸《えど》期の末のころになって、さかんに商品の種類を増加し、さらに明治に入ってから突如《とつじょ》とし生産の量をくわえた。桐の木の栽培はこれがためにおおいにおこり、しかも国内の需要をみたすことができなかった。褻《け》にも晴《はれ》にも一度でも公認せられたことのない履きものであったが、その普及はこのごとく顕著《けんちょ》であったのは、やはりまた足を汚《よご》すまいとする心理のあらわれであった。

藁沓《わらぐつ》・藁草履《わらぞうり》の衰運はこのさいをもってはじまり、いよいよ簡単なる護謨《ゴム》靴《ぐつ》の進出

**152 はだし足袋、地下足袋**　丈夫な布で形を仕立てゴム底で直接戸外ではけるようにつくられた労働用の足袋。**153 小はぜ**　真鍮などでつくられた、足袋のはき口のあわせ目をとめる、爪型のうすい金具。

**154 著聞集**　鎌倉時代になった説話集成である『古今著聞集』のこと。

にお うて、その最後をとじめられた。[155]個々の農家においてはまたひとつ、金《かね》で買うべき品物の数をくわえたのである。

全体に藁《わら》の履きものを下賤《げせん》なもの、貧乏くさいものと考《かんが》えるのは誤解であった。

これはひとつには粗製でも間《ま》にあう場合には、強《し》いて体裁《ていさい》をかまえなかったことと、またひとつには無頓着《むとんちゃく》に、古く破れたものをおりおりは穿《は》いてでたためで、現在はすでにこの工芸は衰えたけれども、土地によってはまだ精巧なる作品を存している。ただおおいなる不利益は産物が都市に属せず、また工場の大量産出に適《てき》しないことであったが、麻布《あさぬの》などとちがうのは、生産の労費はほかのいずれの品よりも低い。村《むら》にこの技術のつづかなかった理由は、主として古風《こふう》であり町の流行でなかったということと、人が独立して各自の必要品を、考ええなかったということにある。

そうしてこういう例は他の方面にも多いようである。われわれの衣服が次々にその材料を増加し、色や形の好《この》みは目まぐろしく移ってゆきながら、必ずしもまるまる前のものを滅ぼしてもしまわず、新旧雑処して[156]のこっていたということは、乱雑なようだがまた好都合なことでもあった。かりに各人が自分の境遇、風土と労作との実際にてらして、遠慮なく望むことまた困ることを表白《ひょうはく》しうるようになったとしたら、もういちどあらためてこういうものの中から、真に自由なる選択をして、末にはめいめいの生活を改良する望みがあるからである。

## 九　時代の音

私の新色音論《しんしきおんろん》は、つい眼で見るもののほうに力を入れすぎたが、これはまことによんどころないことであった。

音は色容《いろかたち》のごとくかつてあったものを、ながく以前のままで保留してはいない。現在の新しい世代《せだい》を代表する音のなかにも、たしかに若干《じゃっかん》の元《もと》からあるものを含《ふく》んでいるのだが、これを聴《き》き分《わ》け、また人びととともに味《あじ》わうということはむつかしく、したがってその善《よ》し悪《あ》しについて、選り好《ごの》みをすることができない。それほどわれわれは新たにあらわるるひとつひとつの音のために、心を取られてしまいやすかったのである。

ひとが天然《てんねん》のこころよいものの音《おと》を記憶して、学び伝えようとしたものはわずかであった。楽器はその構造が単純であって、多くの約束によってかろうじてその聯想《れんそう》をつなぐばかりであった。ひとの音声はいくぶんかそれよりも自由で、やや適切なる模倣をなしえたかと思うが、のちのち内容が複雑になってくるとともに、しだいに分化

155　**最後をとじめられた**　命脈が尽きた。　156　**雑処して**　入り交じって。

して符号《ふごう》のような言葉だけが激増したのである。

色とはちがって人間がなんの目的もなしに、つくりだした音というものも非常に多い。しかもその大部分は今までの音よりも、めずらしくまた力づよくひとの心を動《うご》かしたのであって、いわゆる騒音《そうおん》の世界がわれわれを疲らすものであることは、まだちかごろまで心づく者がなかったのである。

耳を澄《す》ますという機会は、いつのまにか少なくなっていた。[157] 過ぎ去ったものの忘れやすいはいうまでもなく、次々あらわれてくる音の新しい意味をさえも、むなしく聞き流そうとする場合が多くなった。

香道《こうどう》[158]が疲るる嗅覚の慰藉であったように、音楽もまたこれら雑音の一切を超脱せんがために、欲求せられる時代となっているが、これによってひとの平日の聴感を、遅鈍にすることなどは望まれない。のみならずそのいろいろの音響にも、ひとつひとつの目的と効果とがあるので、それを無差別に抑制しようとするのも、理由のないことであった。古来詩人の言葉で天然《てんねん》の音楽などと、形容せられているものの音のなかには、じつは音楽ではなくてそれよりもさらに楽しいものがある。

都市のざわめきはわずらわしいもののように思われているが、かつてはそのあいだにもわれわれの耳をさわやかにし、季節の推移を会得せしめるものがいくつかあった。衢《ちまた》[159]を馳《は》せちがう車のとどろきや、機械の単調なるおもくるしい響きまでも、ひとによってはなお壮快の感をもって、喜び聴こうとしているのである。

闇がわれわれを不安に誘うごとく、静寂はつねになにものかの音を恋しがらせる。ことに人間の新たにつくりだしたものは、たとえ染色《そめいろ》のように計画のあるものではなくとも、とにかくに相互《あいたが》いの生活を語りあっている。ひとは即座《そくざ》にそれがなんであるかを解し、もし解しえなければ必ずいまの音はなにかとたずねる。すなわち音は欠くべからざる社会知識であった。

それを批判もなくまた選択もなしに、一括して憎み、または避けしめようとするのはあやまっている。ゆくゆくこれもまた綿密に整理せられ、色と同様にこの共同生活の立場から、おのおのの価値を定められるときがくると思う。

全体にひとつの強烈なる物音が、注意を他のすべてから奪いさるという事実は、色の勝ち負《かま》けよりもさらにいちじるしいものがあった。

**157 耳を澄ます……少なくなっていた**　このあと「色の勝ち負けよりもさらにいちじるしいものがあった」という章句までのあいだのまとまりで展開している柳田の議論は、一九六〇年代末に騒音論とはまったく別な発想において、カナダの作曲家マリー・シェーファーによって提起された「サウンドスケープ」という概念や、「聴く」ことをめぐる現代的な反省、またサウンドエデュケーションという主張などと、深く関連するものを含んでいる。**158 香道**　一定の作法のもとに香木をたいて、そのかおりを鑑賞し楽しむ芸道。**159 衢**　巷。道がわかれるところ。街のなかの道路。

それゆえに企《くわだ》てていわゆる一種異様《いっしゅいよう》のひびきを立て、これによって容易《ようい》に中心《ちゅうしん》の地《ち》位《い》をえようとする濫用が、ときとしてはあったようである。ことにちかごろまでの日本人は、一般にその誘惑に対して弱かったとみえて、明治に入ってからもまことにめずらしい経験をしている。

よほど以前にも私はこれを社会心理の一問題として提供しておいたが、それにはまだ別の解釈をしめした学者もなかった。平和なる山の麓《ふもと》の村などにおいて、山神楽《やまかぐら》あるいは天狗倒《てんぐだお》し[160]と称する共同の幻覚《げんかく》を聴いたのは昔のことであったが、後には全国いちように深夜《しんや》狸《たぬき》が汽車の音を真似《まね》て、鉄道の上を走るという話[161]があった。それは必ず開通のあと間もなくのことであった。また新たに小学校が設置せられると、やはり夜《や》分《ぶん》になにものかが、その子供らのどよめきの音を真似るといった。電信が新たにつうじた村の狢《むじな》は、人家《じんか》の門にきてデンポーとよばわった。そのほか造《つく》り酒屋《ざかや》ができると、季節はずれに酒造《さけづく》りの歌《うた》をうたう者があり、芝居が済《す》んでしばらくのあいだは、やはり空小屋《あきごや》のなかで囃子《はやし》拍子木《ひょうしぎ》の音をさせるという毎夜のうわさがあった。

こういうたぐいの話はけっして一地方だけではなく、しかも一家近隣がつねにともどもにこの音を聴いたと主張するのであった。新しくめずらしい音響の印象は、これを多数の幻《まぼろし》に再現するまで、深くこまやかなるものがあったらしいのである。

われわれの同胞の新事物に対する注意力、もしくはそれから受けた感動《かんどう》には、これほどにもおのれを空《むな》しゅうし、推理と批判とを超越せしめるものがあったのである。その後あまりにも頻繁なる刺戟の連続によって、この効果はすこぶる割引《わりびき》せられることになったが、なお言論のごときは音声のもっとも複雑にしてまた微妙《びみょう》なるものである。[162] これがいままでそういう形式を知らなかった人びとを、実質以上に動かしえたのもやむをえなかった。

ゆえに音楽の流行がもしわれわれの音の選択、すなわちとくに自分の求むるものの

**160 山神楽あるいは天狗倒し** 「山神楽」は『妖怪談義』の「妖怪名彙」の「ヤマバヤシ」の項で「山中で深夜どこともなく神楽の囃子（はやし）がすることがある」［全集20：三八二頁］とある話題と対応しよう。同論考の「タヌキバヤシ」の項にも「山かぐら」「天狗囃子」の単語がみえる。「天狗倒し」の語も『妖怪談義』に散見するが、語彙としては『分類山村語彙』（信濃教育会、一九四一）が「深山でよく経験する異様の物音、大きな樹木の伐り倒されたと同じひびきがして、のちにその地に行ってみるとなんの痕跡もないという」［：三六八頁］と解説している。**161 深夜狸が……走るという話** 『読売新聞』の一八七六（明治九）年一月七日の朝刊に、高輪東禅寺のやぶのなかの狸は、以前は夜に品川道を通る駕籠の「ホイカゴ」のかけ声のまねをしていたが、近ごろでは「夜中の二時ごろになると「ピイがらがらととん」と陸蒸気（おかじょうき）の通る音の真似をいたします」という記事がある。昔からの風習・思想を変えぬ「旧弊家」たちの頑固を、狸にことよせて皮肉ったものだが、該当するうわさ話があったのだろう。柳田が「全国いちように」と述べたのは、狸が汽車の音をまねるという世間話が各地で採集されていたことにもとづく。こうした共同の幻覚は『山の人生』［全集3：六〇四頁］でもとりあげている。

みに耳を傾けさせる習慣を養うてくれるならば、それはたしかにこの生活を平穏《へいおん》ならしめる途である。

そうでないまでもこの世にはすでに消え去ったる昔の音が多く、今なお存在してややかすかに、もしくはこれより新たにおこらんとするものがあって、あるものははなはだこころよくまたあるものは無用にしてしかも聞きぐるしく、もっとも美しいのは必ずしも高く響いているものでないということを、知らしめるだけでも一つの事業であろう。

聡明《そうめい》は決して現在のとくに強烈なるものに、動かされやすいという意味ではないのである。昔は縁《えん》の下《した》に蟻《あり》が角力《すもう》を取る音《おと》を聴《き》いたという話がある。それほどでなくとも心を静めて聞けば、まだまだおもしろいいろいろの音がのこっている。聞きなれて耳にとどまらなくなったのは、叢《くさむら》の虫、梢《こずえ》の蟬《せみ》だけではなく、清《きよ》らかなるもののいまやまれになったのは、野鳥《やちょう》のさえずりのみでもないのである。

新たに生《う》まれたもののいたって小さな声にも、心にかかるものは多い。ある外国の旅人《たびびと》は日本に来てことに耳につくのは、樫《かし》の足駄の歯の舗《ほ》道《どう》にきしむ音だといった。しかり、これなどはたしかに異様である。そうしてまた前代の音ではなかった。

162　**言論のごときは……微妙なるものである**　柳田は一貫して、「声」としてのことばの現在に深い関心をもち、方法として鍛えあげてきた。ここでいう「言論」は、直接的には「演説」のような不特定多数の聴衆にむけた言説の様式を意味しているが、それだけにとどまらず、普通の人びとの日常的な対話や議論における声の様態にも柳田は注目しつづけた。その延長で『国語の将来』(一九三九)［全集10］の国語教育論が語られ、戦後日本における「民主主義」の受容の不十分さへの批判が生みだされた。

# 第二章　食物の個人自由

## 一　村の香　祭の香

音と色彩とがこのわれわれの疲労にはかまわず、とめどもなくその変化を重ねてゆこうとしているに反して、ひとり現代のものの香《か》[1]のみは、不思議においおいと整理せられる傾きがある。

町に住《じゅう》する者の五感《ごかん》のなかでは、鼻だけがいつもやや過分の休息を許されているようである。これは必ずしも嗅《か》がなければならぬものの数が、少なくなってきた結果ともいわれぬので、あるいはむしろそうたくさんの香《か》は嗅《か》ぎきれぬために、自分からしりぞいてその能力を制限することになったともみられる。鼻医者と鼻の病気が急に多くなってきたことも、なにかこれと関係がありそうに思われる。

なんにもせよ鼻の恰好《かっこう》だけは一般に少しずつ好《よ》くなったけれども、その内部のはた

1 香　鼻でとらえた対象のにおい、味わいなどの様子。かおり。

らきにいたっては、あべこべに悪くなる一方で、ひとは目耳《めみみ》のごとくには鼻の鋭敏を自慢《じまん》にせぬのみか、あるいはそれが未開人にかぎった特徴ででもあるかのごとく、負けおしみをいう者があるために、いよいよこの方面には研究も進歩もなく、いたずらに古風《こふう》なにおいのみが鼻について、いっそうその経験を粗末にする者が多いのであった。

しかしわれわれが以前、この鼻の感覚[2]によって、いかに大切なる人生を学びまた味《あじ》わっていたかは、いまでも田舎をあるいてみればすぐにわかる。

たとえばいわゆる日本アルプスなどの山案内人《やまあんないにん》[3]は、尾根の曲《まが》り目《め》に立って、この沢《さわ》にはひとがはいっている、この沢《さわ》にはだれもいないということを、一言でいいあてる者がいくらもいる。わずかな小屋《こや》の煙が谷底《たにそこ》からのぼって、澄《す》みきった大気《たいき》のなかにまじっているのを、たやすく嗅《か》ぎつけることができるからである。

こういう鼻の経験を器械により、または推理や計算によって、補充《ほじゅう》することは不可能に近い。そうするとけっきょく文明人のある者は、この点だけでは前よりもおろかになったといえるので、静かに考えてゆくと、これと類を同じゅうする喪失《そうしつ》[4]は、まだほかにも多くありそうである。

鼻の能力を衰えさせた原因のひとつは、煙草《たばこ》であろうと考えられている。

近世の煙草はきつくもなったが、それよりもだいいち分量がいちじるしく多くなった。その煙をわれわれはことごとく鼻《はな》から吹《ふ》きだすことに興味をもっている。ひとの嗅覚《きゅうかく》はたえずこれによって刺戟せられ、ついにほかのいろいろの微々《びび》たる雑臭に対しては、いつのまにか応接の余裕を失っているらしいのである。煙草の魅力が東方の諸民族において、とくに心の奥ふかくはいってゆく理由があったことは、これを想像するひとがあるというのみで、いまだ精確には説明せられていないが、とにかくに最初はこの一種の強烈なる香気の統一によって、あまりにも煩劇《はんげき》[5]なる感覚の急迫《きゅうはく》から、し

**2 鼻の感覚**　色（目の視覚）と音（耳の聴覚）とを論じた第一章につづけて、第二章がにおい・かおり（鼻の嗅覚）を導入部に、味わい（舌の味覚）の食生活を主題化し、第三章の住まいすなわち住生活の身体感覚につなげていく。この順序が、眼耳鼻舌身の五感の序列にしたがっているのは、暗示的である。　**3 日本アルプスなどの山案内人**　登山者などに道を教え先導する案内の職が近代に生まれた。地元にくわしい猟師や薬草取りが、明治中期に本格化する近代登山の黎明期の現地ガイドとして探検や登頂の手助けをし、陸地測量事業のための測量官を山奥までみちびいた。登山道の整備や山小屋の設置などに尽力した案内人も多く、上高地の上條嘉門次、北アルプスの小林喜作、南アルプスの竹澤長衛などは、今日にその名を残している。　**4 これと類を同じゅうする喪失**　文明人がかつての嗅覚の鋭敏さを失ったと同じく、身心の感覚が以前よりにぶくなり衰えていること。風景を論じた第四章「風光推移」の「八　野獣交渉」の節に「われわれの環境に対する喜悦満足は、名もなにもない空漠たるひとつの気もちとなり、それがこのごろのようにいくつかの欠けたものを生じて、はじめてあれはなんだったと尋ねなければならぬようになった」など、同様の喪失の指摘がある。　**5 煩劇**　繁劇。わずらわしく、非常にいそがしいこと。繁忙。

ばしの休息を得ようとしたものが、のちにはかえって全体の鼻の趣味を、支配せられてしまうことになった。

この点は他の多くの香味料《こうみりょう》などが、ひとを他の一面にはなはだ鈍感ならしめたのも同じことであった。それゆえにひとはその祖先以来の生活に、深い由緒をもつ、かずかずのものの香から、なんの思い出もなく[6]別れていったのである。たまたま愛着の忘れがたきを感ずる者があっても、これを語りあうだけの方便をもたなかったのである。たとえば村の薫《かお》りのいま多くのひとに知られているものは、堆肥《たいひ》や下水《げすい》などのやや強烈に過ぎたる二、三だけであるが、これはただ日中の活躍する時刻に属するものであった。文章でいうならばちょうどコンマ[7]のごときもので、別にこの簡単な符号《ふごう》のような臭気に区切られて、ほかの多くの内容あり変化あるものが、季節ととものうて、この間《あわい》を移り進んでいたことを忘れたのである。

それを指おってかぞえあげることも、村に生まれたひとならばできる。たとえば盆《ぼん》と春秋の彼岸《ひがん》のころに、里《さと》にも野山《のやま》にも充《み》ちわたる線香《せんこう》の煙は、幼《おさな》い者にまで眼に見えぬあの世を感じさせた。休《やす》みや人寄《ひとよ》せの日の朝の庭を掃《は》ききよめた土の香というものは、妙にわれわれの心を晴《はれ》がましゅうしたものであった。作業の方面においても、碓場《うすば》・俵場《たわらば》[8]の穀類の軽いほこりには、口ではあらわせないかずかずの慰安があり、厩《うまや》の戸口でしおれてゆく朝草《あさくさ》のにおいには、甘い昼寝《ひるね》の夢《ゆめ》の聯想《れんそう》がゆたかではあったが、やはりなんといっても雄弁なのは火と食物との香であった。冬の林で焚火《たきび》をしていると、旅人《たびびと》までが蛾《が》のようによってくる。飲食《のみくい》はこれにくらべるとはるかに親《した》しみがたい[9]が、それだけにまたわれわれをして孤独《こどく》を感《かん》ぜしめ、家《いえ》への路《みち》を急がしめる。無始《むし》の昔[10]以来、人類をその産土《うぶすな》[11]につないでいた力はこれであった。

**6 なんの思い出もなく**　以前のありようを心に思いうかべることなく。次にある「これを語りあう」手段をもたずに、という語句とあわせて考えるならば、個人のたんなる経験というより、生活をともにする者たちの体験として問題にしているので、思い出してなにかを考える機会をともにもつことなく、と解してもよい。**7 コンマ**　横書きの文章につかわれる読点。カンマ。文章の構造や語句相互の関係を明らかにし、読みやすくするために、文の意味の切れめにつける符号。**8 碓場・俵場**　「碓場」は精米する場所、米つき場。『居住習俗語彙』（民間伝承の会、一九三九）には、臼をつかって搗く作業をおこなうウスニハ（臼庭）をウスバともいうとあって、農家の表入口に近い土間のことだとある。「俵場」は管見の通行の辞書には項目がたてられていないが、秋にその年の新藁で俵を編む「俵編み」が農家の必要な作業であったことから、その作業場の意とも理解できる。藁は、やわらかくするために石のうえに載せて杵や槌で打つ工程が必要であり、土間でおこなわれた。二つの語をかさねて、土間の意と解すべきか。**9 親しみがたい**　へだてなく交わりにくい。心やすいものではない。**10 無始の昔**　どこから始まったかわからないほどの昔。かぎりなく遠い過去。**11 産土**　そのひとの生まれた土地。出生地。故郷。語源についてはいろいろな解釈がしめされており、ウブス（生す）とナ（土・地）がむすびついた説、産屋（うぶや）との関連を指摘する説などがある。

鼻《はな》はようするに、この力を嗅《か》ぐためにそなわるといってもよい。

そうしていろいろのこれを統一する技術が、無意識に村では進んでいたのである。食物はもとは季節のもので、ときを過ぐればどこにもないと同様に、隣で食う晩はまたわが家でも食っていた。これはひとり沢《さわ》に採り、畠に掘りおこすものがひとつだというばかりでなかった。遠く商人《あきうど》の売りにくる海のものでも、買うて食おうという日には申しあわせて買いいれる。臨時の獲物《えもの》は豊《ゆた》かなるがゆえに頒《わか》たれたのみでなく、どれほどわずかであっても、こっそりとは食わぬことが、人情というよりはむしろ作《さ》法《ほう》[12]であった。

ひとを仲間とよその者に区別する、最初《さいしょ》の標準はここにあった。竈《かまど》[13]が小さくわかれてから後も、村の香はまだひさしくひとつであった。ことに大小の節《せち》[14]の日は、土地によっては一年に五十度もあって、その日にこしらえる食品は軒並《のきなみ》に同じであった。三月節供《せっく》の乾貝《ほしがい》や蒜膾《ひるなます》、秋は新米《しんまい》の香《か》に鮓《すし》を漬《つ》け、甘酒《あまざけ》を仕《し》こんで祭の客の来るを待っている。とくに香気の高くあがるものを選んで用意するということもなかったろうが、ちょうど瓶《かめ》をあけ鮓桶《すしおけ》をこれへという刻限《こくげん》までが、どの家もほぼ一致していたために、すなわち祭礼の気分は村の内にただよいあふれたのであった。

この感覚は地方によって、むろん少しずつの差異があったろうと思うが、それをくらべて見るおりはまことに少なかった。しかも各人にとってはあまりにも顕著《けんちょ》であり、また普通でもあったゆえに、たんになになにの香とその物の名を指すばかりで、とくに五色のごとき総称《そうしょう》をもうけずにいるうちに、時代は少しずつその内容をかえ、かつ混乱[15]をもってその印象をかすかならしめた。

いまでもみそ汁《しる》とか香《こう》の物[16]とか、ただ日本人のみが語りあうことのできる若干の嗅覚はあるが、だいたいにおいては空漠たるただひとつの台所の香になってしまった。そうして、家々の空気はたがいに相異《あいこと》なるものと化して[17]、いたずらにわれわれの好奇心だけを刺戟する。

これが鼻によって実験せられたる日本の新たなる世相であった。

**12 作法**　立ち居ふるまいのしきたり。世のならい。柳田は、ここで第一章の「禁色」とおなじく、ひとの内面に作用する規範を問題にし、「わかちあい」「共有」の倫理に根ざす慣習であったことに注目している。　**13 竈**　身代・所帯の意。独立の生計をいとなみ起居をともにする世帯。　**14 節の日**　年中行事がおこなわれる日。物日（ものび）。　**15 混乱**　これは第一章で論じた「褻と晴との混乱」を意味する。すなわち、村の日常の食物のかおりと、祭礼のときに準備する馳走のかおりとの混乱であり、区別の喪失である。　**16 香の物**　みそ漬け、ぬか漬けなどの漬物。たくあん。「香」は女房ことばで味噌（みそ）を意味した。　**17 家々の空気はたがいに相異なるものと化して**　村の香の統一が失われ、世帯ごとの家の香がことなるものとなって。家々がちがったものを食べるようになって。

## 二　小鍋立と鍋料理

食物文化の、色や音響と違っている特徴は、以前に大いなる統一があって、後しだいに分立のいきおいをしめしていることである。流行がふたたび各人の趣味を征服しえず、またとくに一種の強烈なるものによって、音のごとく他の群小を威圧《いあつ》しえないことである。なんでも食わねばならぬという大きなる必要から、あらたに時代の標準というものをもうけてみることのむつかしい点である。従《したご》うて品種[18]は年とともに激増《げきぞう》して、いよいよ一般の観察がくだしがたくなるのである。

しかしだいたいからいって、明治以降《いこう》の日本の食物は、ほぼ三つのいちじるしい傾向をしめしていることはあらそえない。

その一つは温《あたた》かいものの多くなったこと、二つには柔《やわ》らかいものの好《この》まるるようになったこと、その三にはすなわちなんびとも心づくように、概《がい》して食うものの甘《あま》くなってきたことである。これに種目の増加を添えて、四つといってもよいのかしらぬが、このほうはむしろ結果であった。ひとの好《この》みがまず在来のものの外へ走って、それが新たなるいろいろの方法を喚《よ》びこんだので、おそらくは強いて押しつけられたものはなかったろうと思う。

料理の記録はかなり古いものが伝わっている。これとくらべてみただけでも三つの変化はたしかにわかるが、現代生活の横断面をみわたしても、ほとんど土地ごとにこの趣向《すうこう》の各段階[19]が認められる。

そうしてまたこの方角からでないと、どういう順序を踏《ふ》んで改まってゆくのかを、考えてみることができぬのである。

昔も飲食《のみくい》の温かいというのは馳走《ちそう》[20]であった。神《かみ》や仏《ほとけ》への供物《くもつ》のなかでもなにか一色《ひといろ》だけは湯気《ゆげ》の立つものを供《そな》えようとしたのだが、儀式手続きに時間がかかるために、晴《はれ》の食物はどうしてもこれを冷《さ》ましがちであった。あつもの[21]を進めるということは料理人の辛苦《しんく》で、同時に亭主《ていしゅ》の心《こころ》いれのしるしでもあったから、できるものならば昔もこれを望んだはずであるが、かえって尊敬する賓客《ひんきゃく》の前には、その誠意《せいい》があらわしにくかった。

**18 品種**　種類。ここでは食物の種類。このすこしあとの「種目の増加」の指摘とも対応する。**19 現代生活の横断面を……趣向の各段階**　「現代生活の横断面」をみるという比較の重要性は、「序」でも指摘されている。「この趣向」とは、三つのいちじるしい傾向」「三つの変化」と集約されている、日本近代における食物の変化の三つの方向性を指す。「各段階」は、この三つのそれぞれが、いかなる変化の段階にあるのかが、土地土地で多様であることを意味する。**20 馳走**　心をこめたもてなし。ごちそう。**21 あつもの**　「羹」と書き、直接には野菜や魚肉を熱く煮た吸い物の意だが、温かい汁物の全体を指す。

その理由はいたって単純で、つまりわれわれは共同の飲食[22]ということを、温かいということよりもなお重んじたのであった。同じ火、同じ器《うつわ》をもって調理《ちょうり》したものを、主客上下《じょうげ》が相饗《あいにえ》[23]しようとするには、早くからの支度《したく》が必要であった。これを[24]たがいに気にせぬようにならなければ、客《きゃく》に暖《あたた》かい小鍋《こなべ》のものを、勧《すす》めることができなかったのである。

これは住宅の変遷において、考えてみるべき問題であるが、家で食物を調理《ちょうり》する清《きよ》い火は、もとは荒神《こうじん》[25]さまの直轄する自在鍵《じざいかぎ》[26]の下《した》にしかなかったのである。その特別の保障ある製品でないと、これをたべて家人《かじん》共同の肉体と化するに足《た》らぬという信仰が、存外近いころまで村のひとのこころを暗々裡《あんあんり》に支配していた。だから、正式の食物はかえって配当[27]がめんどうなために、冷たくなってからようやく口に届いたのであった。炭櫃《すびつ》[28]や十能《じゅうのう》[29]が自由に燠《おき》[30]の火を運搬するようになっても、なおこの考え方はひさしく続いていた。

それが最初にまず大きな器《うつわ》から取り分けて、別に進めるものを涼《さま》すまいとする心づかいより、鍋とかユキヒラ[31]とかいうものがだんだんに発明せられ、結局今日のごとき鍋料理の隆盛をみるにいたったのである。炭焼き技術の普及が、これを助けたことはむろんであるが、それよりも根本の理由は、家内食料の相異およびそれを可能ならしめたる火の神道《しんとう》の譲歩[32]であった。

若き女性はこの小鍋《こなべ》[33]というものの出現に対して、大いなる興味を抱いたらしい。あるいは彼らの本性《ほんせい》に適したといってもよいか。とにかくに、やがて利用せられていちだんと竈《かまど》の分裂を容易にしたことは、ずいぶんと古い記録《きろく》にもみえている。たとえば継母《けいぼ》に憎《にく》まれたまう小さな姫君《ひめぎみ》が、

**22 共同の飲食**　「同じ火、同じ器をもって調理したもの」をともに食べるという規範。一味同心。**23 相饗**　古くは、一一月の卯（う）の日に、その年の新穀を諸神に供え、諸神と天皇とが共に饗宴をおこなう祭。あいんべ。相嘗。ここでは、主も客も上も下もいっしょに酒食をともにしようとする、の意。**24 これを**　同じ火でつくることの儀礼的な重視を。**25 荒神さま**　かまどの神。火を防ぐ神として、かまどの上にたなをつくってまつられる。**26 自在鍵**　自在鉤。梁（はり）から吊り下げて、いろりなどの上に設置してつかう道具で、鍋・釜・鉄びんなどを鉤にかけてつるし、横木によって自在に上げ下げできるようになっている。**27 配当**　割りあててくばること。盛りつけ。配膳。**28 炭櫃**　角火鉢。四角い箱に木を組み、内部に金属板などを張り、灰を入れた客用・座敷用の火鉢。すみびつ。**29 十能**　炭火を運んだり、火をかきおこしたりに用いる台所道具。金属製の容器に木の柄を付けたもの。**30 熾**　熾火（おきび）の略。赤くおこった炭火。**31 ユキヒラ**　行平。行平鍋の略。陶製の平鍋で把手（とって）・注口（つぎぐち）・蓋をそなえたもの。金属製もある。**32 火の神道の譲歩**　共同の飲食をささえている、ひとつの火と器でこしらえた食物をわかちあう信仰心がしりぞいていくこと。これが「大いなる統一」をゆるがし、「竈の分裂」を可能にしている。のちの段落の「火の神信仰への叛逆」という章句とも呼応する。**33 小鍋**　小さい鍋の意だが、とりわけ一八世紀後半から広く用いられるようになった、一人前ずつ別々に料理を供するのに用いる鋳物製などの浅い小形の鍋をいう。小鍋を用いて手軽な飲食物を調理すること、また食べることを「小鍋立（こなべだて）」という。

鶯よなどさは啼くぞ乳《ち》やはしき
小鍋やほしき母や恋しき

という歌を詠《えい》じたという物語《ものがたり》は、すでに『袋草紙《ふくろぞうし》』[34]という歌書《かしょ》のなかにある。東北《とうほく》にはいまでも時鳥《ほととぎす》をコナベヤキと呼ぶ地方があるが、そこでもむかし姉妹《あねいもと》が鍋で焼いた食物を争うて、腹《はら》が裂けて死んだという童話《どうわ》などがのこっている。

江戸《えど》期の多くの女訓《じょくん》[35]の書《しょ》をみても、ひとに嫁《とつ》ぐ者のもっとも慎《つつし》むべき所行《しょぎょう》のひとつとして、必ず小鍋立《こなべだて》をしてはならぬということが書いてある。すなわちいわゆる深窓《しんそう》の佳人《かじん》のあいだにも、いつのまにかこのような趣味《しゅみ》が入っていたので、それが必ずしも上﨟《じょうろう》[36]だからはしたないというのではなかったことは、つい近ごろまでおこなわれていた武蔵杉山《むさしすぎやま》の田遊《たあそ》び歌《うた》[37]にも、鳥《とり》や害虫《がいちゅう》とともに村から追いはらうべき悪徳のひとつとして、やはりこの小鍋立を挙げているのである。

女が集まってめずらしい食事を企《くわだ》て、ことに男のおらぬ日に留守《るす》ごとをするということは、いまなお普通の家ではおもしろいことと考えられていない。のちにはたんなる奢侈《しゃし》の弊《へい》、もしくはわがままの振《ふ》るまいを非難したのでもあろうが、その感情のおこりはもっと複雑で、ただ老輩《ろうはい》たちはこれを言葉にあらわしえなかった。つまりは家庭における食物統一の破壊、おおげさにいうならば火の神《かみ》信仰への叛逆《はんぎゃく》を怖《おそ》れたのであった。

歴史はいうまでもなくこの見解の当不当には論及しない。[38]

しかも事実としてぜひ知らなければならぬことは、かつてそれほどやかましく戒《いまし》められていた小鍋の独立が、いまでは普通となり、ときとしては主婦の気《き》ばたらきと認められること、しかもある時代にはなぜにさしも禁断《きんだん》せられ、またいかにしてしだい

**34**『**袋草紙**』平安時代の歌学書。和歌故実の百科全書とも、説話文学の先駆ともいわれている。**35 女訓**　女子としてのいましめ。女子に対する教訓。江戸時代に「女訓」の語を冠した初等教育用の書物が多く出された。『木綿以前の事』（一九三九）に収められた「餅と臼と擂鉢」という一九三三（昭和八）年の社会経済史学会の講演をもとにした文章に「白川楽翁（松平定信）の女教訓書をみると、まだあの頃までは小鍋好みは悪徳であった」［全集9：四九五頁］とある。**36 上臈**　貴婦人。格式の高い家の女性。**37 武蔵杉山の田遊び歌**　神奈川県の鶴見にある杉山大明神（現在の鶴見神社）の境内で正月におこなわれていた田祭りで歌われた「神寿歌（かみほぎうた）」のことか。この祭は一八七二（明治五）年頃におこなわれなくなったが、現在は復興され、民俗芸能としておこなわれている。しかしながら、現行の歌詞には「小鍋」への言及がみあたらない。『信州随筆』に載せられた「眠流し考」（一九三六）に「武蔵の杉山神社の正月の田遊び祭」で鳥追いのついでに唱えた言葉として「田螺（たにし）螻蛄（けら）から家々の口争い、女房の小鍋食いまで追い払えといっている」［全集9：九六頁］とあるので、柳田としては印象ぶかかったのであろう。新井恒易『農と田遊びの研究』（上、明治書院、一九八一）が集めた諸国の資料をみると、愛知県設楽町の高勝寺や、鳳来町の大日堂の田遊び歌の女房衆に言及した「鳥追い」の歌詞などに、「小鍋やき」の語があらわれることは確認できる。

**38 当不当には論及しない**　正しいか正しくないかについては論ぜず言及しない。

にその作法があらたまっていったかを、解説する者すらないことである。すなわち、日本の風俗はすでにおどろくべく変化しているので、固有の国風《こくふう》は少なくとも食事については、そう明確にはこれを指示することができぬのである。

現在の実状においては、小鍋の利用にかけてはわれわれはまず世界無類である。あるいは日本料理をいうとただちにいわゆる鋤焼《すきやき》の美を喋々《ちょうちょう》[39]する者も多いが、これはもちろん牛《うし》鶏《にわとり》の食用が、このころはじまったことも知らぬような、西洋の半可《はんか》通《つう》[40]に調子をあわせた言葉である。しかも一方には秋田県などの貝焼《かやき》[41]から、こちらは町の大道《だいどう》の鍋焼《なべや》きうどん[42]にいたるまで、あらゆる銘々《めいめい》料理[43]の方法は全国にいきわたり、味と材料との際限もない増加がある。これが僅々《きんきん》[44]五、六十年内の発明であり、また普及であることを信じえない者の多いのは、むしろ自然というべきである。

この変化のおこりだけは仮にわかったとしても、鍋が今日のような発達をみるにいたった理由までは説明していない。

それを断定に陥《おちい》らざる程度において、なお少しずつ考えてゆこうと思うが、第一に心づくのは飲物との関係である。茶が常人の家庭にはいってくるまでは、水はわざわざ暖めて飲むようなことはなかったろう。鑵子《かんす》[45]がいつでも囲炉裏《いろり》の鍵《かぎ》にかかっているようになったのもその以後で、これが温《あたた》かな飲料の親しまれたはじめではないかと思う。

それから問題になるのは酒を燗《かん》する慣習のもとである。『平家物語《へいけものがたり》』に有名な話[46]がひとつあるがこれはむしろ座頭《ざとう》の琵琶《びわ》[47]のもてはやされた時代に、あたかもこういう流行がめずらしかったことを、意味するものとも解しえられる。酒の用途のだんだんの拡張[48]を述べてからでないと説明はむつかしいが、とにかくに、ひとが温《あたた》かいものを喜

**39 喋々**　しきりにしゃべること。おおげさに話すこと。**40 半可通**　よく知らないのに知っているかのようにふるまうひと。通人ぶった未熟者。**41 貝焼**　秋田の名物料理で、「かいやき」がなまったもの。帆立貝などの殻を小さな鍋にし、肉・野菜・豆腐などを煮る料理。貝殻を器につかわず、なべで煮る場合にも貝焼というようになった。**42 町の大道の鍋焼きうどん**　鍋焼きうどんは、一人用の土鍋でつくった煮込みうどん。屋台で冬の夜に街頭を売り歩いた、という。『読売新聞』の一八八〇（明治一三）年一二月二六日朝刊に「近ごろは鍋焼きうどんが大流行で夜鷹そばとては食うひとが少ない」とあり、一八九七（明治三〇）年一一月一六日朝刊には「姫さまの鍋焼饂飩」の標題のもとに、高貴な家の令嬢に縁談があってまとまりかけたが、令嬢が年来あまりに鍋焼きうどんをひとり好んで食していたために破談になったとの記事がある。**43 銘々料理**　ひとりひとり別々に調製する料理。**44 僅々**　わずか。**45 鐺子**　弦（つる）の付いた湯釜。青銅・真鍮製で茶をわかす。**46 『平家物語』に有名な話**　『平家物語』巻六にでてくる、天皇が執着し愛した紅葉の落葉を庭掃除の下人が焚いて酒を温めたことにまつわるエピソード。怒るかと思われていた天皇は、「林間に酒を煖めて紅葉を焼（た）く」という白楽天の詩の情景に言及し、だれがその風流をこのものたちに教えたのかといって叱らなかった。**47 座頭の琵琶**　江戸時代、座頭が人家の門口に立ち、琵琶に合わせて経文や祭文その他の祝いの文句などをうたって、金品をもらい歩いた。**48 酒の用途のだんだんの拡張**　第七章「酒」で述べている役割や飲みようの変化。

ぶ風《ふう》は、最初からいまのように濃厚でなく、中《なか》ごろ酒茶の常用に誘導《ゆうどう》せられて、とくにふうふうと吹《ふ》いて食うようなものを、ごちそうと感ずるようになったらしいのである。

次に考えられるのは女性の関与、すなわち小鍋を愛したひとたちの感化である。料理は昔から正式のものは男の作業であった。たんに小規模なるただの日の食事のみが、主として婦人によって用意せられたのである。それが打ちくつろいだ火処《ひどころ》の近くであったゆえに、当然に温かい食物《たべもの》は多かったわけで、母《はは》や妻娘《つまむすめ》などの親切を聯想《れんそう》することが、おそらくそういうできたての食事の、うまさうれしさを倍加《ばいか》したかと思う。

衣服がよそゆきの趣味をもって、漸次《ぜんじ》に常着《つねぎ》を改良したとは正反対に、飲食はいつでも勝手《かって》元《もと》[49]から発達している。

昔織田信長の料理人が歎息した[50]ように、われわれの献立《こんだて》は退歩したけれどもうまくなった。古例《これい》を無視した自由なる材料選択、それから手《て》料理《りょうり》の無造作な試み[51]が、徐々として本膳《ほんぜん》[52]に影響をあたえたからである。かつてはいくとおりもの熱い吸物《すいもの》を勧めて客人に家にあるがごとき親しさを味《あじ》わしめたと同じく、今度は新たにはじまった炉火《ろか》の分裂に乗じて、座敷へ台所の一片を運搬することになったので、それにはまた陰《かげ》にあってこの方法の完成に助力した者の、細かな才智《さいち》が間接にひとを悦ばしめているのである。

われわれの食物の温《あたた》かくなったということは、いわば料理の女性化の兆候《ちょうこう》である。ゆくゆくこの問題の全部をあげて、彼らの管理に委《ゆだ》ぬべき傾向を語るものといってよい。

## 三　米大切

次には日本の食物の一般に柔《やわ》らかくなってきたこと、これにもあるいは婦人の力が、くわわっているのではないかと考えられる。

というわけは温かい冷たいにかかわらず、総体に鍋で煮るものが年とともに増加しているのである。上代《じょうだい》はわれわれもほかの島々の土人と同じく、鹿《しか》や兎《うさぎ》の乾《ほ》した肉をかじったことがあった。獣《けもの》はひさしからずして常食とするには足《た》りなくなったが、そ

**49 勝手元**　台所のほう。台所に関係のあること。**50 織田信長の料理人が歎息した**　『常山紀談』五六にでてくる「坪内某」という「料理包丁の上手」と織田信長の味の好みに関するエピソードのことか。**51 手料理の無造作な試み**　ふつうの日の食事の簡単で手軽な作り方、食べ方。**52 本膳**　日本料理におけるもてなしの正式な膳立てにおいて、客の正面にすえる主となる膳。一の膳。汁・なます・煮物・香の物・飯を配する。

の次には魚や貝を、やはり煮焚《にた》きをせずに、乾《ほ》しただけで食べていた。もっとも驚くのは熨《の》し鮑《あわび》[53]のあのくしゃくしゃするものを生《なま》のままで嚙んでいた。いまではわずかに進物《しんもつ》の記号として用いられるのみであるが、これが儀礼のさいの通例の酒の肴《さかな》であったことは、知っておりながらも真《まこと》とは思えぬようである。

榧《かや》とか勝栗《かちぐり》とかの食積《くいつみ》[54]の飾《かざ》りものも、以前は普通の食品であったがゆえに、こうして式の日には取りだされるのである。胡桃《くるみ》・榛実《はしばみ》等のいろいろの樹果、その他生米《なまごめ》なども嚙《か》みくだいていた。われわれの祖先の歯を粗末にしたことは非常なものであったが、それでいて入歯《いれば》・金歯《きんば》[55]の必要はいまのひとのほうがより痛切にこれを感じているのである。

歯の弱くなったことは結果か、はた原因であるか、ただしは全然これらのものとは関係がないか、掛《か》かりのひとというものがもしあるなら、なんとか答えなければならなかったのである。

それよりもさらに大きな米嚙《こめか》みの問題は、毎日の米の飯が柔《やわ》らかくなってきたことである。

強飯《こわいい》という言葉はすでに足利《あしかが》期の記録にも見えているから、強《こわ》くない飯というものが、もうその時分にもあったわけであるが、同じ柔らかいという語でもいまとは程度が違っていたと思う。現在の御飯《ごはん》なるものは漢語《かんご》で書くならば粥《しゅく》、古くはカタカユといったもので、イヒとはまったく別だということである。

すなわち、これもまた鍋応用の一例であって、軍陣行旅《ぐんじんこうりょ》56のさかんであった時代、甑《こしき》や蒸籠《せいろう》を運ぶことがわずらわしいために、自然にこの簡便な調理法《ちょうりほう》が、普及すること

**53 進物の記号**　祝儀の進物などに「のし」をつけた。本格の熨斗（のし）は、方形の色紙を細長く変形の六角形に折りたたみ、なかに伸したアワビの細片をつつんだもの。熨しアワビの代わりに昆布や紙をもちいたりする。近年はその図案が印刷されている熨斗紙（のしがみ）が、贈答のさいに使われる。**54 食積**　正月かざりのひとつ。三方の上に米を敷き、それにかち栗・干柿・かや・昆布などを盛ったもの。蓬萊ともいう。つみは「つまむ」ことで、めでたい食物を列席者一同がつまんで食べる点で、共同の飲食でもあった。**55 金歯**　金をかぶせた歯のことだが、『東京朝日新聞』の一九二六（大正一五）年五月一六日の論説で柳田は「金歯の国」［全集27：八二頁］と題して、この流行の風習の背後にひそむ心理的・技術的・医学的要因を論じている。また『木綿以前の事』に収められる昭和初年の彰風会の講演「昔風と当世風」でも、金歯だらけに疑問を呈し、柔らかくまた甘くなったという食べ物の変化とあわせて論じ［全集9：四五五頁］、同書所収の「女性史学」では、「歯医者は近世になってはじめてあらわれ、金歯がきらきらと光りだしたのは、ほんの二十年三十年来の現象である」［：六〇六頁］とその現在性を強調している。**56 軍陣行旅**　軍を陣立てての移動・旅。軍としての遠征。ここで『食物と心臓』（一九四〇）の「軍陣という大行動なども、昔からその白米を食う重要なる機会であったろうと思う。籠城に糧のとぼしい非常の場合は別として、兵士が遠く征するのに米以外のものを食って、辛抱するということは絶対になかったろう。そうして中世に武を用いた時期がひさしくつづいて、武家だけは必ず米をもって養われなければならぬ階級となったのである」［全集10：三九七頁］という議論を思い出してよい。

になったものと思われるが、それも最初のうちは水分をやや少なく、粒がはらはらと口のなかでわかれて、嚙《か》まねば処理しえないのを本式としていたのが明治にはいってからさらにいちだんと御強《おこわ》には遠くなって、舌《した》と腭《あご》とで押しつぶしても呑みこまれるようになった。

これにはまた新しいいくつかの原因がきたりくわわったのである。釜《かま》と竈《かまど》との構造についても、日本人らしき微細《びさい》な新案のあとは認められるが、それよりもなお適切に飯の進化を語るものは、茶碗《ちゃわん》と杓子《しゃくし》との最近のかたちの変わりであった。

陶器《とうき》の白々とした光《ひかり》が、われわれの台所風景を明るくしたことは、べつに説いてもよい興味あるひとつの事件であった。これが在来の木製の御器《ごき》と代わってからのちも、まだしばらくのあいだは茶碗《ちゃわん》は壺形《つぼがた》に近かった。ところが朝顔形《あさがおがた》と称しておいおいと平《ひら》め[57]になり、さらにその程度も通りこして、ますます皿形《さらがた》のほうへ進んでいこうとしているのは、すなわち飯がしだいに盛りやすくなってきた証拠である。杓子《しゃくし》も以前のものは洋食の匙《さじ》などと同様に、十分に中をくぼませたものであったのが、いまはその痕跡《こんせき》をかすかにのこすのみで、ほとんど一枚の平たい板片《いたきれ》となりかかっているのである。飯が強飯《こわいい》のごとくぽろぽろとこぼれやすいか、もしくは現在のカユのようなものであったなら、こうした杓子《しゃくし》は役に立たなかったはずである。ちょうど豆腐《とうふ》の程度に切って載《の》せてよそうように変化して、はじめてこの篦式《へらしき》のものを普通とすることができたので、これが新しいということはすなわちいまの飯《めし》の固有でないこと[58]を意味するのである。

いかなる影響が個人生活の内部、および外《そと》のほうの交通のうえに出現しているか、考えてみようとしたひともまだ多くないらしいが、少なくとも白米の皮をできるだけ厚く剝《む》いて、[59]糊《のり》を多くつくって粒《つぶ》と粒《つぶ》との結合を十分ならしめる必要は、これひとつの原因からでも生《う》まれてこなければならなかったのである。

米を余分に精《しら》げ過ぎた弊害だけは、もうよほど前から注意せられていた。それがなぜにいけないかの理由[60]も、このごろはほぼあきらかになったようにいっている。

しかももし新たなる不幸のもとを、こういう関係のなかに尋ねようとすれば、生活方法の変化は決してこればかりではなかったのである。第一に米の消費量が、以前は

**57 平めに**　ひらたく。平らなかたちに。　**58 固有でないこと**　もとからあるものではないこと。本来そのかたちではなかったこと。　**59 皮をできるだけ厚く剝いて**　玄米の外側の糠層や胚芽を搗きとって白くして。　**60 米を余分に精げ過ぎ……なぜにいけないかの理由**　脚気（足のしびれ・むくみや全身の倦怠感等をともなう疾患）の原因が、精白した米を常食することによるオリザニン（ビタミン$B_1$）不足に由来することは、一九一〇年代には確定する。ビタミン$B_1$は胚芽部分に多く含まれており、白米への精米はそれをけずってしまうからであった。

今日のように多くなかった。稲を栽培しなかった土地はすでにひろく、米は通例城下《じょうか》と湊町《みなとまち》とよりほかへは、輸送せらるる途《みち》がついていなかったのである。畠場《はたば》や山間《やまあい》でこれを常食に供しえなかったのはもちろん、田を耕す村々《たがや》でも米の飯はしじゅう控《ひか》え目であった。

四十年ほど前に独逸人《ドイツ》のエッゲルト[61]が、政府のために調査をしたさいには、米は全国を平均して、全食料の五割一分内外を占めているといった。兵士その他の町の慣習をもちかえる者が多くなるとともに、米を食う割合はしだいに増すことであろうと説いている。その予言《よげん》はたしかに適中《てきちゅう》した。兵営ははやく脚気病《かっけびょう》の予防などのために、挽《ひ》き割《わ》りの麦《むぎ》を混食させる方針をとったにもかかわらず、一般にその混用の歩合《ぶあい》が少なくなり、目にみえて飯は白くなったのである。

米しか食わないひとの数がまた激増して、粗悪な外国米が山奥にも運び入れられることになった。この変化のほうがじつは精白《せいはく》過度よりも大きなことである。米は日本人の主食物だということを信じて疑わないひとは以前からそうおうにあった。そういうひとたちばかりが、日本の生活問題を論じようとしたこと、それと一方には米の飯はおごりであり[62]、従《したご》うて米が食えるのは幸福だと思うような、質朴《しっぽく》なる考えとが合体して、しじゅう注意をこの一点にあつめ、非常にわれわれの食料問題を窮屈にしたことは事実である。

米以外の食品の研究と改良とが、まったく進まなかったのもその結果であった。

麦は種類を取りかえて、まだ若干《じゃっかん》の需要をつなぐことを得たが、[63] その他の穀類《こくるい》の効用は閉塞《へいそく》してしまった。せっかく発展しかけた畠地の農業は退歩した。さもなければぜんぜん自給の望みのない特殊農となって、食物のために高い運賃を払わされたのである。

明治以来の文化統一は、こういう人びとにはずいぶんの圧迫であった。[64] 日本のように米と親しみが深く、米の宗教的価値をさえ認めていた国の住民が、ひ

**61 エッゲルト**　Udo Eggert（一八四八～一八九三）一八八七（明治二〇）年に日本政府の招聘で来日、帝国大学法科大学のお雇い外国人教師として、理財学を教える。柳田が参照したのは、その著書『日本振農策』（博文館、一八九一）か。 **62 おごり**　奢り。ぜいたく。奢侈。 **63 麦は種類を……需要をつなぐことを得た**　挽き割り麦（臼で挽き割って粒を小さくした）や、押し麦（外皮をとって蒸気で蒸し、ローラーでつぶして乾燥させたもの）などの普及を指す。 **64 明治以来の文化統一は……圧迫であった**　柳田は『稗の未来』（一九二九）という小冊子において、自分もまた一九二〇（大正九）年の東北旅行まで稗が田で育てられている事実を知らなかったと述べ、「稗の歴史については、だれもかれもみな一向に無学である。（中略）麦類ことに裸麦の進出、とうもろこしその他の新種の食用作物の増加が、少なくとも西部日本では稗を忘れさせた。私でなくても田に稗をつくったことを、記憶しない農夫も多いのである」［全集10：七―九頁］と、白米重視の文化統一が雑穀の地位の低下をもたらした「ついに稗を食う人びとをして、その毎日の食を楽しくする手段を、講究する張り合いもなからしめた」［同：一二頁］と説く。

とがありあまった結果とはいいながら、思いきって高原《こうげん》の水《みず》の手《て》[65]もとぼしいところに、あらたに永続する村を拓いたということは、じつは容易な事業ではなかったのである。

それゆえにこそとくに米の消費には注意をはらい、たとえば一年の定まった日にかぎり、もしくはいろいろの潤沢《じゅんたく》なる材料を加味して、できるだけその楽しみをながくしようとしたので、米を中心とした多くの調理法《ちょうりほう》が、味や温かさやときどきのものめずらしさをもって、他の一面の不満足を補充《ほじゅう》した点に、初期の家刀自《いえとうじ》[66]らのひと知れぬ気《き》ばたらきもこもっていた。みそうず[67]・雑炊《ぞうすい》[68]・ごもく飯《めし》[69]の類の、名前はいかにも下品に聴《きこ》えるが、いずれもある時代の食料問題の、もっとも親切なる解決であった。

必ずしも飢饉《ききん》や貧困のせっぱつまった窮策とはいわれぬのである。国の栄養の未来を説く者は、かねてこの方面の改良をも考えてみる必要があった。ところが米の交易《こうえき》の突如《とつじょ》たる隆盛にでくわして、ひとはまずその解放の喜びに酔うてしまったのである。

米さえ食っていればというひとつの幸福に安んじて、かえってその利用法を疎略《そりゃく》[70]にした形のあることは、木綿やモスリンの流行ともやや似ていた。そうして問題は決してヴィタミンBだけの消長ではなかったのである。

## 四　魚調理法の変遷

白米が白くなり過ぎた主たる原因は、鮨米《すしまい》の誘惑であったように考えているひとがある。しかし米の飯はわれわれの理想のゆきどまりであったゆえに、強いてこの上のおごりを企てようとすれば、それを白くでもしてみるよりほかはなかったろう。じっさいまたよく磨《と》がれた米の飯の光《ひかり》は美しいものであった。

それが害だということに心つかぬかぎり、自然に白くなるには手本《てほん》も要しなかったと思う。もっとも、鮨米《すしまい》だ酒造米《しゅぞうまい》だと称して、むやみに杵《きね》の数を多く当てはじめた[71]時代が、ちょうど房州砂《ぼうしゅうずな》[72]がさかんに売れ、飯の白いのを賞玩する風習の、おこりであったことも事実だから、まるまる関係がなかったともいいきれない。いずれにせよ寿司《すし》が今日のようになったのは変遷であって、決して明治以前から、いまの通りのものを

**65 水の手**　飲用水等として生活空間に引く水、またはその水路。給水路。田に水を引く口。　**66 家刀自**　一家の主婦。「刀自」は女性の尊称。　**67 みそうず**　味噌水。味噌を入れてつくった雑炊。　**68 雑炊**　ごはんに水を足し、野菜、魚、貝、肉などを入れて、塩、しょうゆ、みそなどで調味してさらりと煮たもの。おじや。「雑炊」は近世からの宛て字で、もともと「増水」と書いた。節米のためにも用いられた。　**69 ごもく飯**　五目飯。炊き込みごはん、または混ぜごはんの一種。「五目」は必ずしも五品目ではなく、数多くの材料を用いての意味。関西では、かやく飯という。　**70 疎略に**　おろそかに。ぞんざいに。十分に手をつくさずいいかげんに。　**71 杵の数を多く当てはじめた**　より白く精米した。かつては玄米を白げるのに杵で搗いていた。　**72 房州砂**　千葉県館山市北条付近から産するみがき砂。器具の研磨や塗料材としてつかわれるほか、玄米の精白に用いられる。

食っていたのではないのである。

鮓《すし》の変遷だけは幸いにまだ各地の実例が伝わっているために、たんなる比較によって容易にその径路をうかがうことができる。他の多くの食品においては、もはやこれほど忠実に以前の慣習を残している地方はないのである。鮓《すし》は『土佐日記《とさにっき》』にもすでに見えているごとく、[73]最初はただ魚類を保存する方法のひとつであった。ただにその方法のもっとも巧妙にして、またぜいたくなるものというに過ぎなかった。海川《うみかわ》の獲物《えもの》はしばしば豊富に過ぎて、一回の消費にあまる場合があった。これを遠くのひとに販《ひさ》ごうという考えのなかったころから、貯えて他日の用に備えようとする念慮はおこりやすかった。

その簡便なる方法には干魚《ほしうお》があって、もとはこれひとつが運送に適していた。塩物《しおもの》は[74]多分その臭味《くさみ》を防ぐために、次に発明せられた改良であったろうが、これも加減が覚えにくく、また概《がい》してもとの味を割引《わりびき》しなければならなかった。鮓《すし》だけはひとりその醱酵《はっこう》する力によって、別に新たなる風味香気《こうき》をつけくわえたのである。

いわゆる鶚鮓《みさごずし》の昔話[75]が全国に流布しているのをみると、もとは偶然の発見にもとづくものかもしらぬが、少なくとも飯《いい》をその保存に利用したのは考案の結果であった。現在はすでに地方の技術となり、あるいはただ二、三の旧家《きゅうか》の口伝《くでん》に属して、詳細を知ることもできぬが、最初は魚《うお》と穀類《こくるい》との自然の酸によって、ひさしきを経てようやく熟するを待った[76]ことだけはあきらかである。

それが醸造酢《じょうぞうす》の外部からの供給によって、寿司《すし》の製法はここに一変した。早鮓《はやずし》という名前はまずこれに向かってあたえられたかと思うが、のちにいま一段と迅速《じんそく》なる作り方《かた》があらわれた[77]ために、この分はもう古風《こふう》になろうとしている。現在の巻《ま》き鮓《ずし》・握《にぎ》り鮓《ずし》はいわば米の飯の一種の食法《しょくほう》であって、その趣向はむしろ握《にぎ》り飯《めし》のほうに近いようである。これが簡便と新しい趣味とによって、全国を風靡《ふうび》したのはおもしろい事実であるが、少なくとも鮓《すし》の製法の改良とはいうことができなかった。

**73『土佐日記』にもすでに見えているごとく**　紀貫之の仮名文の旅行日記の九三五（承平五）年正月十三日の項に「ほやのつまのいずし」の語がでてくること。飯鮓（いいずし）・魚鮓（いおずし）は、なれずしの一種。**74 塩物**　塩漬けの魚。塩引き。冷蔵技術のない時代、魚を内陸に運ぶためには、乾物か塩引きが必定であった。生魚・鮮魚を「無塩（ぶえん）」とよぶ方言が日本各地にみられるのは、塩物が普通であったことを意味する。**75 鶚鮓の昔話**　ミサゴは水辺にすむタカの一種で、この鳥が捕ってきて岩陰や岸の砂石のあいだに貯えておいた魚に、海水がかかって自然に発酵して、鮓の味になったという物語。**76 魚と穀類との自然の酸に……熟するを待った**　ここで述べられているのは、いわゆる「なれずし（熟鮨・馴鮓）」の製法。塩づけした魚に飯などをくわえて漬けこみ、自然発酵させてつくる。**77 早鮓という名前……一段と迅速なる作り方があらわれた**　「早鮓」は、もともと醸造酢でしめた魚と熱い飯を交互に重ねて一夜押しをさせて発酵させる、新たな製法を指していた。一夜鮨。しかし、のちには飯を醸造酢で味つけた巻き鮓やちらし鮓までをそう呼ぶ地方があらわれ、やがて握り鮓を指す用法も生まれた。

鮓《すし》の要件は馴《な》れるという点にあった。[78]外《そと》から酢《す》を注いで味《あじ》をつけるようになってからも、これまであったものは漬《つ》けると称して、器《うつわ》に詰めこみ押《お》し石《いし》を載《の》せ、何日かの日数を重ねて米と魚との変質するを待ったのである。それが普通の飯や膾《なます》とくらべて、どれだけの養分と消化力の相異があるかは、調べてみたひとがまだないというのみで、とにかく二者[79]は食品としてはまったく別のものであった。

民族の嗜《し》好《こう》はながいあいだの習慣によって、容易に改めることができぬという説は、日本には必ずしも当てはまらぬことが多い。

都市はむしろ新奇なるものの味を、次から次へとたずねていく傾向をもっているが、ことに専門の飲食店が、これを日々の商品として取りあつかうようになると、その変化が急速なようである。鮓《すし》は古い言葉だからこれこそは固有であろうと思っていると、もう知らぬ間に内容のほうがちがってしまって、なまじいに[80]元の名を相続《そうぞく》したばかりに、かえって前に存したものを忘れさせている。衣食住の現在のしきたりのなかには、これに似た例はまだいろいろある。

刺身《さしみ》と名《な》づけて魚を生《なま》で食うこと、これなども牛鍋《ぎゅうなべ》・鰻飯《うなぎめし》などとともに、いまや日本料理の主要なる特徴のように考えられているが、やはりまたひとつの新世相であった。

いわゆる早鮓《はやずし》の流行が刺身《さしみ》と提携《ていけい》してあらわれたろうということは、まだ断定するのには早いかもしれぬが、少なくともこの二つは同じ歴史の偶然なる原因によって、ほぼ同じ頃からだんだんに頭を挙げてきたという関係をもっている。関東《かんとう》の海《うみ》の辺《ほとり》で、取りたての鮮魚《せんぎょ》を割《さ》いて食う風《ふう》は、あるいはずっと古くからあったとしても、江戸《えど》がもし三百年の修養を積んで、のちに帝都となるだけの勢力をそなえていなかったら、とうていこの素朴きわまる調理法《ちょうりほう》が、総国《そうこく》一般の食卓を支配するにはいたらなかったろう。

現に『徒然草《つれづれぐさ》』には鎌倉人の鰹《かつお》の食い方《かた》が乱暴だといって笑っているのである[81]。この著者は法師《ほうし》であり、また京生《きょうう》まれであったゆえに、おそらくはともに魚《うお》の味を談ずるに足らず、じっさい試みてみれば刺身ほど旨《うま》いものはなかったのかもしれぬが、以前は海《うみ》に近い若干《じゃっかん》の邑里《むらざと》を除いては、その実験は企《くわだ》つべからざるものであった。

78 **馴れる**　なじんで熟成する。熟（な）れる。交じりあってととのう。　79 **二者**　魚と穀類を自然発酵させてつくる馴れずしと、醸造酢を外から注いで味つける早ずし。　80 **なまじいに**　無理に。うかつにも。なまじ。なまじっか。　81 **『徒然草』には……笑っている**　『徒然草』第一一九段か。鎌倉の海の鰹は、土地の年寄りのいうことには、身分の高いひとに出すような魚ではなかった。しかし、最近になって「そうなきもの」（二つとない、最上のもの）として鎌倉でもてはやされているのは、まさに末法の世だからか、という記述。

塩か干物《ひもの》にしてようやく魚類を運びこむ地方では、これは生涯《しょうがい》にいくどかの旅先の思い出であり、もしくはひさしく話にばかり聴《き》いて、いわゆる風采《ふうさい》を想望《そうぼう》する[82]ところのものであった。だから早便《はやびん》の運送[83]が開け、さらに冷蔵装置の完備するやいなや、各地いっせいに競《きそ》うて、その模倣に着手したので、すなわちこの流行にはかねて思《おも》わせぶり[84]とも名《な》づくべき、念入《ねんい》りの支度《したく》があったのである。生魚《なまうお》がうまいか否かは毎回の事実[85]であって、決して定《さだ》まったる法則ではない。しかるに現在はすでに案外な田舎にまで、これを欠くときは饗応《きょうおう》でないかのごとき心もちがゆきわたっている。鮨《すし》もこの点では同じことであるが、ともにその故郷をもって有力なる背景と頼んでいるのである。

第二の原因もこの二つの食品[86]にとって、ともどもに好都合なものであった。それはなにかというと醬油《しょうゆ》の発明であって、これがまた鮓《すし》と刺身《さしみ》の流行を助けているのである。

醬油の歴史はやや明治以前にさかのぼるが、最初はもちろん生魚《なまうお》の味を佳《か》ならしめん[87]がために、考案せられたものでもなんでもなかった。動機はむしろ反対の精進《しょうじん》料理、すなわち寺方《てらかた》の嗜好品《しこうひん》として国外から学んだものと思われるが、日本はこの種の調味料《ちょうみりょう》の醸造《じょうぞう》に非常に便宜の多い国であったとおぼしく、ひさしからずしてこれがひとつの特産となり、西洋に輸出せられてソースの原《もと》になったという話もある。

ちょうど甘酒《あまざけ》が酢《す》を発見させたように、最初はただもろみ[88]の中の水を掬《く》んで、塩気《しおけ》の代用に供したのであろうが、後にはとくにこのために多量の粕《かす》を搾《しぼ》るようになった。そうして明治年代がもっともこの生産の躍進した時期[89]であった。酢《す》の醸造《じょうぞう》技術も近代に入ってから、いよいよ精妙になったことは事実であるが、こちらは天然《てんねん》の果汁《かじゅう》[90]など

**82 風采を想望する**　その見かけを慕い、心に思いえがく。刺身とはどんなものかを想像して期待する。**83 早便の運送**　明治における鉄道による早い輸送のこと。『読売新聞』一八八六（明治一九）年の「刻みスルメ」をめぐる記事に、「むかしは多分に売りさばけしも、当時（現在）は汽車の便りあり、地方に生魚が廻るより、刻みスルメの売れ方悪しく」とあり、すでに生魚の流通に鉄道がかかわっていたことがわかる。しかし、『東京朝日新聞』一九〇三（明治三六）年二月二四日の「生魚の輸送と貯蔵」の記事には「鉄道には生魚輸送車の設けなく、また市場においても生魚冷蔵庫の備えなきをもって」とあるので、氷蔵冷蔵の装置が輸送車に整備されていたものではないらしい。冷蔵を事業とする帝国冷蔵の開業は日露戦争後の企業拡大のなかで、一九一〇年代には漁業地で中小冷蔵庫・製氷会社の設立がブームとなる。その合理化のなかで、一九二〇年代以降、冷蔵技術が水産業および水産物流通と深くむすびついていく。**84 思わせぶり**　なにか意味がありそうな見せかけ。相手に期待をいだかせるそぶり。**85 毎回の事実**　そのときどきで違うこと。**86 この二つの食品**　鮓と刺身。**87 佳ならしめん**　すぐれて良いものにする。**88 もろみ**　酒や醤油などの製造工程で、醸造してまだ糟（かす）を濾していない状態。醪・諸味とも書く。**89 明治年代がもっともこの生産の躍進した時期**　明治三〇年ころまでは家内工業の色彩が強かった醤油産業も、日清・日露戦争後には設備の大型化・機械化がはかられ、大豆や食塩等の海外原料の使用等を含め、産業化が進んでいく。第一次大戦後の好景気のなかで消費も拡大し、生産量も飛躍的に増大した。

にも優品《ゆうひん》があったために、膾《なます》の賞玩《しょうがん》が刺身《さしみ》や洗《あら》い[91]よりもずっと前だったのである。

しかしこれとても必ず流行の初期はあったので、巧みに鮮魚《せんぎょ》の美《び》をこれによって味《あじ》わいえたひとは羨《うらや》まれ、一時は在来の干《ひ》魚《うお》・塩魚《しおうお》の類を、いまの酢《す》の物のごとき地位に押しおとしたこともあったはずである。幸いなることはこれがみな新種食品の追加であって、鮓《すし》の改良のごとく、いままであったものを滅してはしまわなかった。ながく併存し、またしだいに譲《ゆず》りあって、おのおのの用途を割拠《かっきょ》している。

四周《ししゅう》を洋海《ようかい》とする日本国ではあるが、北と南とでは魚の種類も味もちがっている。

新たに缶詰《かんづめ》[92]の製法がおこれば、缶詰の魚にもまた一隅《いちぐう》の領分《りょうぶん》を付与することができた。

自由な選択はつねに消費者の幸福に帰着する。

ただその間《かん》におりおりの偏見の存するのを悲しむのみである。

## 五　野菜と塩

香《こう》の物はいまでも日本の村の香《か》の、ことに顕著《けんちょ》なるひとつにかぞえられているが、これがやはりまたある時代の新嗜好《しこう》であり、かつ偶然の発明であったともいえるのである。

われわれの蔬菜《そさい》のめざましい改良は、いたってちかごろになってからの事実であって、わざわざその記憶をよびかえす必要もないくらいであるが、いわゆる山東白菜《さんとうはくさい》[93]のめずらしい名が知られたころから、わずか二十年たらずに入ってきた菜の新種[94]、ことにその消費量と作付地積[95]は、驚歎に値するほどの累進であって、その以前はただいくつかの大都市の周囲を除《のぞ》けば、普通の田舎では量も質もともに貧弱なものであった。種類はそうおうにあったが、それがみな近世の輸入で、径路伝来《でんらい》もたいていは知られている。古くおこなわれていた蔬菜《そさい》類も外来らしいが、これは菜《さい》[96]と呼ぶのも似あわ

**90 天然の果汁**　ユズ、スダチ、カボスなど、その香りや強い酸味を調味料として使う柑橘類の果汁のこと。　**91 洗い**　調理法のひとつ。コイ・タイ・スズキなどの肉の生身を、冷水や氷で洗い縮ませたさしみ。洗膾、洗魚。　**92 缶詰**　加工調理した食材・食品を金属缶に詰めて、長期保存できるように密封し加熱殺菌した保存食。食品衛生法で製造時の熱殺菌が義務づけられており、刺身など一般的に生食するものは缶詰にできない。一九世紀初頭にイギリスで発明され、アメリカで工場生産されるようになるが、初期は探検・軍需などの特殊な用途に限定されていた。日本では明治一〇年代のイワシ油漬缶・鮭缶の製造から応用が本格化し、日清戦争後の台湾開発、日露戦争後の北洋漁業の発展等のもとで、大正昭和を通じて、パイナップル、蟹・鮭・鱒、マグロ油漬の缶詰の輸出が産業化していく。

**93 山東白菜**　山東菜。ハクサイの系統で非結球性。明治初年に中国の山東省から日本に導入された。

**94 わずか二十年たらずに入ってきた菜の新種**　はくさい、たまねぎ、メロン、トマト、スイートコーン、ピーマン、アスパラガス（オランダきじかくし）、いちご、カリフラワー（花椰菜）、ブロッコリー、キャベツ（甘藍・タマナ）など。今日の主要な野菜が、数多く含まれている。　**95 地積**　土地の面積。　**96 菜**　食用とする草。野菜。青物。

しからぬような豆とか瓜とかいうものが主であって、なかでも容貌《ようぼう》のとくに異国味を帯びた茄子《なす》[97]などが、もっとも早く栽培せられていた畠作物《はたさくもつ》であったことは意外である。たんに作物種目の歴史だけからみると、日本人は沙漠《さばく》大陸の北狄《ほくてき》などのごとく、多分の青物《あおもの》を要せずして、生息《せいそく》しえた民族のようにも考えられるが、これは大ちがいでこの島がことに天然《てんねん》の植物にゆたかであった結果、ひさしく農業としてこれを生産することを要しなかったというまでである。

そうして香の物《こうのもの》の起原もまた、この事実のなかに含まれているのである。

日本はこのおびただしい人口増殖のあいだにおいて、なおかつれっきとした天然物《てんねんぶつ》採取《さいしゅ》の国であるということは、ひとが考察をおこたっている大きな事実であった。海川《うみかわ》の生産はわかりきったことだが、そのなかでも種々なる植物を択《えら》びとって食用に供していることは異人《いじん》にはめずらしがられている。陸上の採集[98]はいまは娯楽のようにも考えられている。じっさい凶年《きょうねん》でもないかぎりは、これを食料の予算に組む者もないのだから、娯楽とみられても是非がないようなものの、これがまったく得られない場合を想像してみると、やはり必要なる食物ではあったのである。

春の若菜《わかな》の七種《くさ》は儀式かもしれぬが、田では芹《せり》、山では蕨《わらび》、その年々の量はけっして少しではない。それから土地によって蕗《ふき》を採り地竹《じだけ》[99]の筍《たけのこ》を採る。いろいろの灌木《かんぼく》の芽《め》[100]には懐《なつ》かしがられる風味《ふうみ》があり、嫁菜《よめな》や餅草《もちぐさ》[101]などは町のひとまでが摘みに出たがる。すなわち野菜の、文字がしめしているように若菜《わかな》は雪のやや融《と》くるを待って、春の野《の》に出でて採《と》るものであった。いまでも雪国《ゆきぐに》の村のひとたちには、これが一種の行《こう》楽《らく》とむすびついている。したがって野山《のやま》に遊んで採《と》ってくる青物《あおもの》の数は、ホナとかミズとかシドケ[102]とかいう類の、いたって普通のものだけでも、十種《しゅ》を越え、それには次々の季節があって、初夏のころまでにいくどか採《と》ってきて貯《たくわ》えるのである。

こういう地方の一部の事実は、以前の全国の生活を推測せしむるに十分である。ナという日本語は、もと副食料のすべてを包括《ほうかつ》していた。とくに蔬菜《そさい》のためにはククダチ[103]という語があるのだが、後にこれのみをナというようになったのをみても、いかにその消費が大切《たいせつ》であったかが推測せられるのである。ククダチはすなわち茎立《くきた》ち

**97 茄子**　インド原産の野菜。なすび。日本ではすでに『正倉院文書』に記録があり、八世紀には中国から伝来していた。江戸時代にはすでにさまざまな品種が育成されていた。**98 陸上の採集**　山菜採り。山野に自生している植物などを採集すること。**99 地竹**　根曲竹（ねまがりだけ）。北海道、本州中部以北の深い山に生える。**100 灌木の芽**　「たらの芽」（タラノキの若芽）や「コシアブラ」「ウコギ」などのこと。**101 娵菜や餅草**　「娵菜」は山野・路傍に自生するキク科の草で若葉を食用とする。「餅草」はヨモギの異称で、若葉の香りを愛でて餅に入れるところから、そう呼ばれる。**102 ホナとかミズとかシドケ**　「ホナ」は東北地方の山地で初夏に食べる山の青物のこと、「ミズ」は山野の湿地に生える山菜のウワバミソウでやわらかくみずみずしい。「シドケ」はワラビの異称。**103 ククダチ**　「クク」は茎。茎立（くくたち）。スズナやアブラナなどの菜類を指す。

で、野山《のやま》の青物《あおもの》がおおよその茎《くき》を抽《ひ》く[104]ころをみて、採《と》ることになっていた名残《なごり》であろう。

ひとが前栽《せんざい》の畑《はた》に菜《な》を蒔《ま》くようになってからも、やはり今のように葉ばかりはあてにしなかったというよりも、改良以前の蔬菜《そさい》は茎《くき》ばかりよく伸《の》びたのであった。しかも季節があって望みのときに収穫《しゅうかく》しえなかったゆえに、まずこれを塩蔵《えんぞう》する必要をみたのである。東北《とうほく》の諸県においては、野菜にも無塩《ぶえん》の野菜という語があってわれわれを喫驚《びっくり》させるが、実際ながい冬季には塩した青物《あおもの》しか得られなかった。すなわちあの方面の人たちがいまも食っているごとく、野菜塩蔵《えんぞう》の本来の目的は、これを塩出《しおだし》して煮て食うにあったのである。

他でも漬物《つけもの》を煮て食おうとする土地がおりおりある。

これを笑うわけにゆかぬのは、香《こう》の物《もの》のような食品を最初から計画して、つくりだしたということは想像しがたいからである。漬物《つけもの》の醗酵《はっこう》現象は今日でも説明が十分でない。あの風味と香気は数千百回のくりかえしのうちに、偶然でなければ実験しえないものだと思う。なんにもせよ鮓《すし》が魚の味を格別にし、醤油が刺身の殺伐《さつばつ》さを割引《わりびき》したごとく、生《なま》で野菜を食う趣味は中《なか》ごろから誘導せられた[105]ものであった。瓜《うり》とか蕪《かぶら》とかのかねてから生食《せいしょく》せられるものを、最初同一の手段をもって塩蔵《えんぞう》することにしたのが、あるいはこの試みを大胆ならしめたかもしれぬが、なんにもせよ、ひとはかなりひさしいあいだ止《や》めていた草食《くさくい》を、測らずもこの特殊の醱酵法《はっこうほう》によって、再興する気になったことはほぼ確かである。

それからして漬物《つけもの》の興味ある研究が進んだ。関西のほうでは香々《こうこう》は大根《だいこん》にかぎられている。すなわちこの香を賞美するひとたちが、しだいに適用を茎立《くくたち》以外のものにおよぼしたのであった。沢庵《たくあん》[106]はいかにもこの名《な》の和尚《おしょう》などの考えだしそうな大改革であった。塩蔵《えんぞう》の蔬菜《そさい》が水づいてながく保たぬのを防ぐために、あるいは鮓《すし》の理法《りほう》を応用したとみてもよかろうか。

すなわち大根《だいこん》をじゅうぶんに乾《ほ》してのち、塩《しお》に多量の米糠《こめぬか》をくわえて、一方には味と色とを添え、同時《どうじ》にこれによって残りの水分を吸収させて、この特殊の醱酵《はっこう》を完成せしめようとしたのは手柄《てがら》であった。これも手軽《てがる》に支那から学んできたいわゆる五山《ござん》芸術《げいじゅつ》[107]の片割《かたわ》れと、いっておいてもひとは承知するが、そういう証拠もまだ出てこぬのみならず、糠《ぬか》を漬物《つけもの》に入れるだけの智慮[108]ならば、もっと広い区域におこなわれていたのである。

**104 茎を抽く**　茎を出す。「抽」には、引きだす、芽を出すという意味がある。**105 中ごろから誘導せられた**　途中から生みだされた。**106 沢庵**　乾燥した大根を、米ぬかと塩を混ぜた床に入れ、かなり重量のある石で重しをかけて漬けた、大根の代表的な漬物。長期間の保存が利く。江戸初期の臨済宗の僧の沢庵宗彭（そうほう）の創案ともいわれている。

これは新村博士《はかせ》[109]の領分《りょうぶん》になるが、関西《かんさい》のどぶ漬《づけ》、東国《とうごく》でいう糠味噌《ぬかみそ》のことを、以前はなぜかジンダと呼んでいた。糂粏《じんだ》[110]甕《がめ》のひとつも物は持つまじきなどと、しばしば禅《ぜん》門《もん》の世棄人《よすてびと》[111]が揚言《ようげん》しているのは、すなわち彼らまでがこの甕《かめ》だけは控《ひか》えていて、これにときおりの瓜《うり》・茄子《なすび》を私有しようとした事実を語るものである。

趣味は意外の方面から、俗衆《ぞくしゅう》のあいだにも流伝《るでん》した。ことに沢庵《たくあん》の色と香気、それからあの一種別様の触覚《しょっかく》は、新たに日本人の愛着《あいちゃく》を引いて、ついに今日の牛肉の味噌漬《みそづけ》にまで進出した。漬《つ》けるはもとより液体に浸《ひた》すことであったろうが、かなり早くから粕漬《かすづけ》・奈良漬《ならづけ》の類がおこり、おいおいに日本をこの無類の漬物国《つけものこく》にしてのけたのである。根原《こんげん》は国民が食物の香《か》に鋭敏で、しかも英国人《えいこくじん》のごとく牛《ぎゅう》の焼肉《やきにく》を生涯食おうというほどの、辛抱《しんぼう》強い保守主義者でないとともに、せっかくこの通りいろいろの新種蔬菜《そさい》を採用しながら、それをほとんどみな漬物桶《つけものおけ》に打《う》ちこんで、生《なま》で食いつつ柔《やわ》らかでよいなどというような不徹底な妥協家《だきょうか》であったことを意味するのである。

この結果のいちばん大きかったものは、過去にあっては塩の消費の増加である。

塩は種族によってその需要量の差等《さとう》[112]がはげしいといわれているが、日本は正しくその一方《いっぽう》の大関《おおぜき》であった。たんに鹹《しおから》いものを好む習性を養われただけでなく、こうして腹《はら》に入れない多分の塩を、家々が求めていたのである。内地には以前若干《じゃっかん》の塩井《しおい》[113]が散在して、附近の住民だけはその恩恵に浴していたが、他の大区域にわたっては、それぞれ運び切れぬほどの塩を、外海《そとうみ》に仰がなければならなかったのである。沖縄《おきなわ》では今でも桶《おけ》を担《にな》うて海の水を汲《く》みに出る風《ふう》がある。本土《ほんど》も古くは松風《まつかぜ》・村雨《むらさめ》[114]という類の女たちが、ずっと山奥からも浜に通《かよ》ったものらしいが、それではたまらぬので北海《ほっかい》の寒い果《はて》まで、かなり不完全な製塩法がおこなわれていた。

自給割拠が他の衣食については許さるる場合にも、これだけはぜひとも遠くから買わなければならぬ。塩の糧道《りょうどう》[115]を絶たれて苦しむ者は、決して甲斐《かい》の武田《たけだ》[116]ばかりでなか

107 **五山芸術**　「五山」は、中国南宋の官寺制度を模して設定された、鎌倉末・南北朝時代に京都・鎌倉の五山のことで、そこで活動していた禅僧たちが中国から学んできて発展させた技芸の意。 108 **智慮**　かしこい考え。深くものごとを考える知力。知慮（ちりょ）。 109 **新村博士**　言語学者で語源・語誌の研究に造詣が深く『辞苑』『広辞苑』の編者としても知られる新村出（しんむらいずる　一八七六～一九六七）のこと。柳田とは、ほぼ同世代の学者で、終生にわたり親交があった。 110 **糂粏**　米ぬかに塩をくわえて発酵させたもの。ぬかみそ。 111 **禅門の世棄人**　禅定の門すなわち仏門にはいり、俗世との関係を絶った隠者、僧侶。 112 **差等**　等級のちがいがあること。差があること。 113 **塩井**　塩水が出る井戸。塩水のわく泉。 114 **松風・村雨**　汐汲（しおくみ）のこと。塩をつくるために海水を汲むひとの意。「松風」も「村雨」も、須磨に流罪になった在原行平の寵愛を受けたという海女の姉妹の名とされてきて、『松風村雨』は、その姉妹の伝説に想をえて主題とした謡曲・浄瑠璃・歌舞伎・音曲の作品群の通称としてもつかわれる。 115 **糧道**　食糧をおくる道。とりわけ兵糧（軍の糧食）を運びいれる道のことをいう。

った。そうして他のいろいろの用品のごとく、気まぐれなる行商人《ぎょうしょうにん》を当てにしてもいられなかった。今日いうところの正式の商業機関、すなわち問屋《とんや》・仲次《なかつぎ》・取引先《とりひきさき》というものが定《さだ》まり、町に常店《じょうみせ》[117]の堂々たるものがおこった最初は、塩のためだったといっても過言ではない。

海《うみ》と山地《さんち》とのあいだをつなぐ通路《つうろ》の主要《しゅよう》なる系統《けいとう》は、このさいに決せられている。これはまったく漬物のいたすところ[118]であった。

明治の世もなかばになって、政府ははじめて塩専売の権を収公《しゅうこう》[119]し、ついですみずみの小規模なる製塩業を廃止させた。その専売益率《えきりつ》は相応に高いけれども、たいていの土地ではこの責任ある供給に安堵《あんど》しているのは、以前このためにいまいっそうの苦労をしていたからである。しかも日本のような国柄《くにがら》において、ながく現制度の運用を続けてゆくことは、なかなか容易の事業でないということまでも、この漬物の問題がわれわれをして考えさせるのである。

## 六　菓子と砂糖

このあいだ栃木県のある村に、生まれてからずっと住んでいる九十歳《さい》の老女《ろうじょ》の、好物《こうぶつ》は魚とバナナだという話を聴《き》いて、私はまたひとつの世相の変に驚いたのである。

バナナは日本人がその実物を見はじめてから[120]、まだようやく三十年にしかならない。いまでこそ年に千数百万円を台湾一島《いっとう》からでも積《つ》み出《だ》し、他にも送ってこようとする土地が方々《ほうぼう》にできたが、以前はただ熱い国の住民の、かわった食料としてのみ知られていたのである。

それを都会の夜店《よみせ》などに糶売《せりうり》[121]するのをめずらしいと見ているうちに、もう村々のひとが、好《す》き嫌《きら》いの問題にするまでになっていた。われわれの消費生活は、とくにこの方面においてめざましい躍進をしているのである。

おもしろいことには遠い欧羅巴《ヨーロッパ》の諸国においても、ほとんど同じころからこの果実《かじつ》

116 **甲斐の武田**　ここで言及されているのは「敵に塩をおくる」ということわざのもととなった、広く世間に伝えられた故事。駿河の今川・相模の北条との戦いでの「塩止め」（塩の禁輸）によって苦しんでいた甲斐の武田信玄に、越後で対立していた上杉謙信が日本海側の塩を送ったこと。117 **常店**　一定の場所で常にきまった商品を売る店。定見世。118 **漬物のいたすところ**　問屋・取次等のネットワークが形成され、ものを運ぶ道が整備されてきたのも、塩と漬物がもたらしたものであったの意。119 **収公**　領地や権利を官府が取りあげること。明治政府は日露戦争の軍費調達を念頭に、国内の塩の安定自給の基盤整備と税収入確保の両面から、一九〇五（明治三八）年六月に、塩の専売制度を実施した。120 **その実物を見はじめてから**　バナナが台湾から日本にはじめてはいってきたのは、一九〇三（明治三六）年といわれている。121 **糶売**　たたき売り。大通りや露店で独特な口上で客をあつめバナナを売る。啖呵売（たんかばい）。

の輸入が始まりまたさかんになっている。なにか偶然の一致《いっち》する原因が背後《はいご》にはあるので、たんなる流行の場合よりも、問題の意味はさらに深そうである。もっとも芭蕉《ばしょう》の実には、われわれの好奇心をそそるべき、十分以上なる異国趣味があった。味や色・形、いずれの点においても、かつて想像にも上《のぼ》らなかっためずらしさをそなえていたのである。これが人間の自然に求めていた食品であり、さらに価が低くだんだんに得やすくなった以上は、一朝《いっちょう》にしてこの異常な普及を見るのも不思議はないか知らぬが、全体にちょうどわれわれの果実《かじつ》に対する考え方が、変わろうとしていた際でもあったのである。

前に衣服の条《じょう》でもいったごとく、奇妙にいままで知らなかったものの価値を、即座《そくざ》に理解するような機敏さを、日本人はもっている。それがひさしく養われてあたかも熟したのか、ただしはかねてそのような素質があったのかは決しかねるが、とにかくにこの新しい文化は遭遇《そうぐう》であって、たんなる原動力の功を奏したのではなかったのである。

いたって微々たる誘導によって、ほとんどすべての日本《にほん》の果実《かじつ》は改良している。この点は蔬菜《そさい》その他の年々作物よりも、かえって進歩の度は早かったようである。たとえば、柑橘《かんきつ》は二千年の歴史をもつ日本の産物ではあるが、これが今日《こんにち》のごとく優《ゆう》種《しゅ》を競《きそ》うようになったのは、わずかに近世の温州《うんしゅう》[122]の輸入から、あるいは明治の末《すえ》ごろのネーブルの刺戟と名《な》づけてもよい。桃《もも》でも梨《なし》でも同じ名の物が、昔からあったというだけが事実で、ほとんど見ているあいだにその味《あじ》わいまでが別のものになった。柿《かき》はこれらとくらべると改良がはるかに古く、すでに足利《あしかが》期のおわりには『柿系《かきけい》図《ず》』[123]の戯著《ぎちょ》などもあって、その食法《しょくほう》などもいろいろとあの頃にはじまっているが、なお木練種《こねりしゅ》[124]の増加は最近のことで、これひとつはたしかに国内において、世界無類のものを完成したと誇ってよい。量の側からいってもあらゆる樹果《じゅか》の増産、これにくわうるに外国種の移植、柘榴《ざくろ》、林檎《りんご》、無花果《いちじく》という類の、以前は唐木《からき》として一隅に秘蔵《ひぞう》せられたのが、たちまち商品となって町に溢れるにいたったものをもってすれば、よくもこれだけの物を生産する余裕と、消費する能力とが潜《ひそ》んでいたものと、いまさらに驚歎するばかりである。

それが必要のものか、はた他のなにものかと重複しているかの問題は別にして、とにかくこのひとつの現象を度外に置いた、国力消長の論はできなくなっているのであ

**122 温州**　温州みかんの略。

**123 『柿系図』**　萩野由之編『新編御伽草子』（誠之堂書店、一九〇一）の下巻に収められた『柿本の系図』という短かい戯作を指す。柿を擬人化して「御所がきのこねり」を祖に「つりかき」「木さわし」「八王子」「生干入道」「さわしかき」「筆かき」「ころかき」等々の品種を系図に仮託してならべている。

**124 木練種**　「木練（こねり）」とは、木になったまま熟して甘くなること。そうした種類の柿の総称。

る。

菓子という語《ことば》がこの大変化のあいだにあって、いまなお平然《へいぜん》として初期の名称を保持していることは、考えてみれば滑稽《こっけい》なことである。菓子はその文字が示しているように、以前は山野《さんや》に実《みの》るコノミのことであった。クダモノというほうの柔《やわ》らかな果実《かじつ》が、いまだ多からずまた珍重《ちんちょう》せられざりし時代には、ひとはこれを摘んで小さき飢《う》えを凌《しの》ぎ、あるいは徒然《とぜん》を散《さん》じていた[125]のであった。

栗《くり》とか椎《しい》の実《み》とかが、通例の甘き菓子であった。甘いという趣味は解しなかったのではないが、それが今日にくらべるといちじるしく淡《あわ》かったのである。

母の乳の味を忘れかぬる童子らには、まず第一には甘酒《あまざけ》があり、なつかしい仏誕会《ぶったんえ》の甘茶《あまちゃ》[126]があった。甘蔓《あまずら》の煎《せん》じものは他の日の食物にもあわせ用いられていた。飴《あめ》はあきらかに支那から輸入した製法であったが、これも効用としては、もって小児《しょうに》を養うべしといっていたのである。今日のいわゆる菓子のことを、いちようにアメという方言はいまでもひろくおこなわれている。これが改良せられていろいろの新種を普及せしめてから、われわれの甘味《あまみ》ははじめて大いに濃厚となったが、それは決して古い昔ではなかった。

砂糖が生薬屋《きぐすりや》[127]の店に売られていたのも、ひさしいあいだであった。それがちょうど近ごろのサッカリン[128]と同じに、なかば霊薬《れいやく》のごとく常人に考えられていたことが、かえって他日の浪費を反動せしめている。南の島々の黒《くろ》砂糖の産地においては、まったく飴《あめ》と同じにこの産物を愛用する者がいる。本土《ほんど》のなかにもこれを一等の茶《ちゃう》受けとして、掌《てのひら》に載《の》せて嘗《な》める者が多かった。白人《はくじん》が異種《いしゅ》の国々と通商をひらく際に、よく酒精《しゅせい》を利用したことはひとのしばしば説くところであるが、砂糖もまた同工異曲《どうこういきょく》であった。

ことに露骨《ろこつ》なのはこの商人らの宣伝として、砂糖の個人あたり消費量は、国の文化の計量器だと唱《とな》えたこと[129]である。日本人はすなわち無邪気《むじゃき》にも、その断定を受け入れたのであった。食物の販売を業とする者が、こういう好機会を利用せぬはずはない。ことに精白《せいはく》の技術がわれわれを歎異《たんい》せしめた際において、菓子がことごとく砂糖をも

125 **徒然を散じて**　空腹をまぎらわせて。退屈をわすれさせて。126 **仏誕会の甘茶**　「仏誕会」は釈迦の誕生を祝う灌仏会。桶の中央に安置した誕生仏の像に甘茶を掛けて祝う。参拝者にも甘茶がふるまわれた。甘茶は、アマズラとよばれる蔓草を茶葉にし煎じてつくる飲料。127 **生薬屋**　薬草など薬種のまだ刻まず調剤していない「生薬（しょうやく）」を売る店。薬種商。128 **サッカリン**　合成甘味料で一八七九年にアメリカで発明された。サッカリン（saccharin）。蔗糖（しょとう）のおよそ五〇〇倍の甘さをもつ。129 **砂糖の個人あたり消費量は、国の文化の計量器だと唱えた**　『東京朝日新聞』一九二八（昭和三）年一二月一八日の「話題と解説」には、「「砂糖の消費量は文明のバロメーター」という砂糖屋のスローガン」があったことが記されている。同記事は、日露戦争直後から二〇年のあいだに日本国民の砂糖の消費量が三倍になったと報じている。

って独占せられたのは自然である。

氷《こおり》砂糖はようするに砂糖を結晶せしめる発明であった。金米糖《こんぺいとう》ないし薄荷糖《はっかとう》は、ただ砂糖をある形に押しかためただけの菓子であった。何々糖《なになにとう》という名の新菓がかぞえ切れぬほど簇出《ぞくしゅつ》[130]した。中に砂糖がどれだけ入っているかは、嘗《な》めてわからぬ者はないのであるが、なおそのうえにも雪《ゆき》のごとく、太白《たいはく》[131]を振りかけたのが砂糖餅《さとうもち》であった。鹿《か》の子《こ》絞《しぼ》り[132]や麝香《じゃこう》[133]をもって上臈《じょうろう》の記号としたのと、動機においてはぜんぜん同じであった。

かくして文化の進度を表白《ひょうはく》したのは愚《おろ》かであったが、事実はそのころから少しずついわゆる世が開けたのだから、あるいはいまもってこの出鱈目《でたらめ》の法則[134]を信じている者があるのである。

しかもさすがにこの流行はながく続きえなかった。

おおよそ明治と大正のあいだを堺《さかい》として、菓子の好《この》みははっきりと変化した。たんに一般の食品に甘味《あまみ》の一進級《しんきゅう》をうながしたのを名ごりとして、菓子そのものはふたたび『土《と》佐《さ》日記《にっき》』の山崎駅《やまざきえき》の名物[135]のほうへ、いくぶんかもどっていこうとしている。すなわち穀物の粉末《ふんまつ》を使用することが、一段と多くなってきたのである。

もうひとつの大きな変化は、果実《かじつ》がいずれも必然的に甘くなり、それがまた多く消費せられるようになったことである。桃《もも》、柿《かき》、梨《なし》、林檎《りんご》の甘味《あまみ》も本質はひとつだということ、雪《ゆき》とふり掛けずとも砂糖は砂糖だということが、実物をもって証明せられるようになって、ひとは自然にいくぶんか間接なる順序によって、このいわゆる砂糖文化を受用するにいたったのである。しかもこうして供給が二通《ふたとお》りになると、消費者自身より外にはこれを通計して、どれまでが必要でどれだけが重複するかを決しうる者がないために、結局は電灯ができてかえって洋灯《らんぷ》の油を多く使い出したように、われわれの飲食もいちように砂糖勝《が》ちになってきた。下戸《げこ》と上戸《じょうご》の酒餅優劣論《さけもちゆうれつろん》なども、知らぬ間《ま》に酒と甘いものとの競争になってしまった。

日本は概して飲水《のみみず》の清涼なる国として知られているのに別に清涼飲料というものがさかんに用いられるのも、主たる動機はここにあったらしい。すなわち、一方の罎詰《びんづめ》

**130 簇出**　むらがるように生まれたこと。族生。**131 太白**　精製した純白の砂糖。**132 鹿の子絞り**　絞り染めの一種。くくり染め。**133 麝香**　ジャコウジカから得られる香料。芳香がきわめて強い。**134 この出鱈目の法則**　砂糖の消費量は文化の発展をはかる指標であるという説。**135 山崎駅の名物**　『土佐日記』で京都の山崎に着いたときに見かけた店の看板にあらわれる「まがり」という唐菓子のこと。遣唐使などによって中国からもたらされた唐菓子の多くは、米や麦の粉をこねてさまざまな形をつくり、油で揚げたものであった。ここでは、穀物粉を材料に菓子がさまざまに工夫されたことが指摘されている。

の酒と対抗して、こちらは罎詰《びんづめ》の砂糖水[136]を飲もうというのである。

趣味は実際のところまだわれわれを拘束している。しかも他日の自在なる取捨選択は、もっぱらこの区域においてのみおこなわれうるので、その意味からいうと菓子と新果物《しんくだもの》とは、あらかじめ人類のためにこれだけの余地を、切り開いておいてくれた功《こう》労者《ろうしゃ》だったともいえるのである。

## 七　肉食の新日本式

鶏卵《けいらん》の消費はかなり以前からさかんになっていた。

菓子の製造にこれを利用することももう少しずつ始まり、病後老人小児方《しょうにがた》に至極《しごく》妙《みょう》などという宣伝も、大きな町ではめずらしいことではなかった。しかしそれとは聯《れん》絡《らく》があるかどうかは知らぬが、滋養衛生《じようえいせい》という四つの漢字《かんじ》を、ぜひとも菓子の肩書《かたがき》に添えなければならぬようになったのは、明治もやや半《なかば》になってからの新しい現象[137]であった。いまでも実直なる製造者がこの風《ふう》を守《まも》っている。彼ら自《みずか》らが固くこれを信《しん》じたというよりも、そう書かなければ非衛生と認めらるることを、承知しているのかと思われるのがいやであったのである。

衛生という言葉の内容が、よほど今日とは異なっていた[138]のである。

わずか五十年足《た》らずの肉食率の大激増[139]も、まったく原因をこれに存したのであった。われわれは決してある歴史家の想像したように、宍《しし》[140]を忘れてしまった人民ではなかった。牛だけははなはだ意外であったかも知らぬが、山の獣《けもの》は引き続いて冬ごとに食っていたのである。

家猪《いのこ》[141]も土地によっては食用のために飼っていた。都市にはこの香気を穢《けが》れと感ずる

**136 罐詰の砂糖水**　柳田がここで論じているのは、明治後半から清涼飲料として庶民に親しまれたラムネであろう。ガラス玉で栓をする、独特な形状のガラス瓶で普及した。**137 菓子の肩書に……新しい現象**　『東京朝日新聞』や『読売新聞』のデータベースをみると、「滋養」などの文字を菓子の売り文句とする広告が、明治二〇年代から日立つ。**138 衛生という言葉の……異なっていた**　新聞の記事をざっと眺めてみると、「衛生」という語が「コレラ」等々の伝染病の予防対策とむすびついている一方で、「養生」や「滋養」などの健康の増進の文脈で用いられる場合もある。一九二〇年代から三〇年代にかけて「栄養」の語がおおう領域を、一部に分担していたのである。**139 肉食率の大激増**　五〇年間を観察したものではないが、細野猪太郎『東京の過去及将来』（金港堂、一九〇二）によると、「明治八年より三十三年まで近々二十五個年間に仮に人口倍加したりしとするも、肉食の増加は驚くべき進歩をなし、優に六倍の比例を呈せるは注意すべき事実なり」[：二八九頁]とある。このあと日露戦争などを通じて軍主導の食肉増産などが起こり、朝鮮半島からの牛の輸入などもくわわり、さらには豚肉の生産・消費もあいまって、明治初年の肉食忌避とはまったく異なる状況が生みだされていく。**140 宍**　肉。食用となる獣の肉。イノシシやシカなどの肉をいう。**141 家猪**　豚のこと。「かちょ」とも読む。

風《ふう》が、しだいに普及していたのも事実であるが、一方にはいわゆる薬喰《くすりぐい》[142]の趣味は、おおいに新たな信徒《しんと》をくわえていたので、ただ多数の者は一生のあいだ、これを食わずとも生《い》きられる方法を知っていたというに過ぎぬ。だからはじめて新時代に教えられたのは、多く食うべしという一事《いちじ》であったともいえる。

これはいたって容易なる教育で、もちろんたちまちにしてひとはこの味を学ぶことの遅かったのを悔《くや》んだのであるが、最初はただ無邪気《むじゃき》なる模倣であった。すなわち率直に泰西人《たいせいじん》[143]なるものの精力年功《せいりょくねんこう》[144]の優越《ゆうえつ》を認めた者が、原因をとくに顕著《けんちょ》なる食料の相異に求めた結果なることは、長崎《ながさき》を本山《ほんざん》とした蘭学者《らんがくしゃ》等の態度を見ても察せられる。すなわち彼らを敬慕《けいぼ》すると、はた嫉視《しっし》するとを問わず、将来これと対立して同等の成績を挙げようとするには、まず同じものを食って身の力を養わなければならぬという論理であったので、これほどはやくよりわれわれは、食物と心意性情との相関《そうかん》する理《り》[145]法《ほう》を認めていたのである。

牛肉愛用の露骨《ろこつ》さは、すこぶる砂糖のそれとよく似た点があった。

われわれの会食《かいしょく》には、鹿《しか》を捕《と》った日の山小屋《やまごや》のごとき壮快さがあった。すなわち毎日は定《き》まって食わぬかわりに、いざ食うとなるとたいへんな分量を食った。これには鍋料理の楽しみということが、半分以上の誘惑《ゆうわく》であったかもしれない。とにかくに以前の盛相飯《もっそうめし》[146]、もしくは椀《わん》や小皿《こざら》に限局《げんきょく》せられた窮屈なる膳部《ぜんぶ》の分配[147]を無視して、勝手《かって》に鍋の中のものを欲しいだけ取るという点に、まったく西洋《せいよう》からは学ばなかった新自由が味わわれたのである。

給仕の方法なども、このさいをもって一変したようである。

そうしていろいろの手続《てつづ》きと装飾を略し、実価を低くして大衆の入込《いりこ》み[148]に便ならしめた点も、また今日の簡易食堂の先駆をなすものであった。いわゆる牛屋《ぎゅうや》[149]の繁昌にも限度はあった。銀鍋《ぎんなべ》・金鍋《きんなべ》の馬鹿《ばか》げた設備[150]をしたころあたりを絶頂として、衰えもしないが新《あら》たに開かる店はなくなった。しかもその成績のなおひさしくのこっているのは、ひとり国人《くにびと》の味覚にひとつの新標準をつけただけではなかった。

この過渡期の奇抜なる展開がなかったら、日本はこう容易に西洋風《ふう》の牧畜国とはな

142 **薬喰**　寒中の保温や滋養のためにイノシシやシカなどの獣肉を食べること。 143 **泰西人**　西洋人。
144 **精力年功**　活動力と年来の熟練。 145 **相関する**　たがいに関連する。 146 **盛相飯**　ひとりひとりの器に盛り切りの飯。物相飯。 147 **膳部の分配**　食物や料理の器への盛り分け。 148 **入込み**　雑多なひとが区別なく入りまじること。 149 **牛屋**　牛鍋屋。 150 **銀鍋・金鍋の馬鹿げた設備**　『東京朝日新聞』一九一七（大正六）年一一月一四日の「鉄箒」のコラムに「金鍋というものが、道頓堀辺の一牛肉屋ではじめられて、大評判であったのは、わずか三年ほど前のように記憶するが、今日では大阪中の牛肉屋は、ほとんどみな銀の鍋ならざるはなき模様だ」とある。

れなかったはずである。他の多くの外国料理の材料とともに、肉もまたいずれかの方面から、輸入しなければならなかったろう。鍋が流行したおかげに豚などもたちまち普及し、また改良した。

ことにめずらしいひとつの事実は、馬肉《ばにく》がこの序《ついで》をもってたちまちに食品のひとつとなったことである。これはただ安いから当然のように考えられているが、わが邦以外にはそういうほうへ進んだ例は聴《き》かぬ。馬はいかなる農家でも肉用に肥育《ひいく》する者はない。さりとて老《お》いきわまってこわくなってからでは食えない。その中間の頃合《ころあい》を見はからって転換することが、日本独得の畜産業《ぎょう》であったともいえる。

支那でも狗《いぬ》だけはその方式で飼っていたことが、以前の書物には見えている。日本は雞《にわとり》などでも明治の世になるまで、この両用の目的をかねては飼わなかった。あるいは闘雞《とうけい》が普通の日の娯楽になってから、はじめてシャモの味などを知ることになったのかもしれぬ。とにかくに一時は雞《にわとり》を食おうとするひとのために、互いに遠方の馴染《なじみ》のないものと、取り替えさせる職業さえできたのであったが、今ではもう野菜作りなどと、ほとんど同じ気持の生産になってしまった。狗《いぬ》とよく似た番兵的《ばんぺいてき》任務の、必要がなくなったのも原因であろうが、主たる理由は肉需要の増進、ことに今まで食っていた山の肉が乏しくなったことであった。

足利《あしかが》時代の日記《にっき》類を読んでみると、鳥は雁《がん》・鴨《かも》・菱食《ひしくい》から雉《きじ》・山鳥《やまどり》・鳩《はと》・鷺《さぎ》にいたるまで、じつに多くの種類と数とを、食える家では食っていたのもある。鹿《しか》や兎《うさぎ》の類もまたさかんに捕っていた。ただ家畜には手をつけなかったというのみで、われわれは決して精進《しょうじん》ではなかった。

それがこういう動物の飼い方にまで変わったのは、ひとつは鉄砲《てっぽう》の暴威が野山《のやま》の種《たね》を尽くしたの[151]と、いまひとつは食物に季節がなくなったからであった。

料理の歴史を書いた人たちは、たいていは家元のほうから史料をもらうゆえに、じっさいおこなわれてもおらぬ標準のものばかりを説こうとする。いつの時代にも本式をやかましくいうひとはいるが、頭数《あたまかず》からいうとまことにわずかに一部である。すなわち自己流こそほんとうのわれわれの食事であった。

洋食はまったく牛鍋《ぎゅうなべ》商売の手引《てび》きのもとに、やっと日本に御目見《おめみ》えをしたといって差しつかえがない。膳《ぜん》に庖丁《ほうちょう》を載《の》せる[152]だけは新機軸であっても、食べ方《かた》こしらえ方《かた》にいたってはこちらのもので、いわゆる一品《いっぴん》料理の出現は悠々自適[153]であった。これも洋

**151 鉄砲の暴威が野山の種を尽くした**　柳田は『後狩詞記』（一九〇九）で「鉄砲は恐ろしいものである」と述べたが、その理由として渡来してからわずか三〇年もたたぬうちに、数千の小名主の半分を殺し、半分を主家をなくした浪人や百姓身分に落とすとともに、山にはよほど獣たちが少なくなり「狩という国民的娯楽を根絶した」［全集1：四三二頁］と説く。**152 膳に庖丁を載せる**　食卓にナイフを置く。**153 悠々自適**　心のおもむくまま、自分の欲するまま。

服と同じで当人だけは一廉《ひとかど》西洋だと思っておっても、じつは発端からもう十分に日本化していたのである。

毎日の衣食は生活のもっとも心安い部分、ひとが無頓著《むとんちゃく》になってもよいほとんど唯一の時間であった。それがひとつひとつよそ行きになっては、遣りきれるものではない。だから国風《くにふう》はまれに権力をもって強制せられる場合の外《ほか》、いつもこの通《とお》りだらしなく、また気まぐれに移り動いていたのである。

それでも西洋料理というものにはまだ少しずつ統一の試みがあった。自《みずか》ら何国風《なにくにふう》の名のりをあげて、模倣は完全だという証明をしようとした店もだんだん生《う》まれたが、一方《いっぽう》支那料理にいたっては、これぞという料理場《ば》もないうちから、はやすでに街頭に進出していたのである。

支那が元来は日本以上に、食法《しょくほう》の複雑な国であった。その上に版図《はんと》が広大であるために、地方地方の技術はまちまちであった。それを概括してその中のもっとも簡易なる一小部分を切れ切れにわずか似せてみたのである。

全体にわれわれの共同感覚はまだ強いゆえに、ちょいとしたひとつの、こちらにない特徴をとらえても、多勢《おおぜい》のひとがすぐに合点《がってん》をした。たとえば牛を多く食うのを洋食のこつと心得たごとく、一般新料理の欠くべからざる要件は、脂気の多いことだと解するのも普通であり、ひいてはこれを流行の滋養衛生と、結びつけて考える誤りも根強くひろまった。旨《うま》いという語の内容もいちじるしくその影響を受けている。

味覚の段階は急激に上のほうへ伸びた。これを組み合わせて新たなる諧調《かいちょう》に導《みちび》くことは、ますますむつかしいことになった。食物の好《す》き嫌《きら》いは以前からもうあらわれていたが、それが一家の内でも折々はまとまらなくなって、いっそう外《そと》に出て自由なる選択をする必要が増加したのである。

そういうなかにも、いろいろの経済事実は干渉している。たとえば飯には竈《かまど》を要し磨《と》ぎ洗《あら》いの準備があるから、比較的家庭とは切り離しにくい。生魚《せいぎょ》はこのころになって非常に供給を豊富にしたが、なお保存に不便なので商品としては立ちおくれる。町の飲食物がまずその影響を感じて、変化してきたのも自然なことであった。鮓《すし》が眼の前でできあがるいまの形になったのも、やや早いけれどもその一例であった。立って摘まんで頬張《ほおば》ってゆくほどではなくとも、全体に無造作なる料理がもてはやされることになっている。

子供を相手《あいて》の担《にな》い商《あきな》いのほうでも、飴《あめ》や新粉《しんこ》の細工物《さいくもの》は通りこして、御好《おこの》み焼《やき》などという一品料理の真似事《まねごと》が、154現に東京だけでも数十人の専門家を生活させている。もちろん衛生には非常に注意をするというが、彼らの言《げん》によれば材料は馬だそうである。小児《こども》が路頭《ろとう》で馬を食う時代になったのである。

## 八　外で飯食うこと

飯事《ままごと》[155]と称する児童の遊戯は、おそらく日本でばかりとくに発達した行事《ぎょうじ》であろう。これは屋外の食事が盆《ぼん》とか春の節供《せっく》とかの定《き》まった日に、非常な快楽をもって企《くわだ》てられた名ごりであって、子供が忘れかねていまでもその模倣をくりかえしているのである。それほどまた手数のかかった重々《おもおも》しい支度《したく》でもあった。庭竈《にわかまど》[156]を築《つ》いて多勢《おおぜい》の食物を煮る日などは、いまでも大人《おとな》たちがすぐに昂奮する。

理由は他人のなかで食事をするということが、本来は晴《はれ》であったからである。晴《はれ》にはたいていは酒を伴い、笑い楽しむ種《たね》も多かったかわりに、男の仕事なので浪費も大きくたびたびあっては必ず貧乏をする。それで小児《こども》がいつまでも記念するほどに、その機会を制限していたのである。

しかしそのようにせずとも外《そと》で食うことは楽しかった。内々《うちうち》の必要には家の竈《かまど》で調理《ちょうり》したものを、携《たずさ》えて出ていって便宜の清水《しみず》[157]について食った。古くは駄餉《だしょう》[158]といい、のちには弁当《べんとう》といったのがこれで、腰に弁当《べんとう》をつけるということは、連日、外《そと》に出て働くという意味であった。明治に入ってから腰弁《こしべん》[159]という語が、一種の群れだけを指すことになったけれども、腰には結《ゆわ》えぬだけで弁当は馬車のひとも持ちあるいた。弁当《べんとう》のほうは家の食事よりも、いくぶんか簡素でまた常に冷《つめ》たかった。

常人の兵粮《ひょうろう》は握《にぎ》り飯《めし》ときまっていた。

これをヤキメシと呼ぶ土地が多いのは、たぶん焼くだけは外《そと》の火を使ったのであろう。それからおいおいに外《そと》で食う機会が多くなった。第一には遠くの地に一家《いっけ》ができ、もしくは一家《いっか》同様という知人ができて、略式に常の食事を分配してくれる。客と称してその実は三月《みつき》・半歳《はんとし》、臨時に他家《たけ》の家族となることも新しい慣習であったと思う。

その次にあらわれきたりしものが茶屋《ちゃや》160であった。

**154　衛生には非常に注意をする**　露店で売られることが多かった「お好み焼き」は、しばしば子供に疫痢の災難をもたらした。『東京朝日新聞』一九二七（昭和二）年三月一九日は「お好み焼きを食べて幼い姉妹が急死す」という事件を報じている。『読売新聞』一九三一（昭和六）年一〇月二五日にも「あぶないお好み焼き」の記事がある。　**155　飯事**　子供が自然物や玩具などを用いて、食物調理などのまねごとをする遊び。ままごと遊び。　**156　庭竈**　家の入口の土間につくった新しいかまど。一月一日から三日までのあいだ、庭竈を築いて火をたき、家中の者や奉公人たちが集まり、餅や酒を飲食して遊んだ正月の行事があった。奈良地方の風習。　**157　便宜の**　都合のよい。　**158　駄餉**　旅行中あるいは野外での食糧。だこう。弁当。「餉」は乾飯（かれいい）のこと。もともとは旅する馬につけて送る飼い葉を意味した。　**159　腰弁**　腰弁当の略。弁当を腰に下げて毎日出勤するような下級役人や安月給取りのこと。　**160　茶屋**　路傍あるいは社寺門前などで湯茶などを供してひとを休息させる店。

茶屋《ちゃや》は文字の通り道傍《みちばた》に茶を鬻《ひさ》いだのであるが、手軽《てがる》に温《あたた》かな飲物が得られるようになって、弁当《べんとう》の意義がよほど変わった。それから一歩を前へ煮売茶屋《にうりぢゃや》[161]というものの、できたのもまた自然である。講釈師《こうしゃくし》ばかりは水戸黄門などの頃から、こんな機関があったようにいうが、じつは明治のわずか前からの世相で、世があらたまりひとの往来がしげくなって、急に同業が田舎にも殖《ふ》えたのであった。煮《に》売りの副物《そえもの》が容易に得られる以上は、もはや山中《さんちゅう》へ猟《りょう》にでも入らぬかぎり、わざわざ焼飯《やきめし》の中の梅干《うめぼし》を掘り出すにもおよばないわけであるが、なお古風《こふう》なひとたちは茶屋《ちゃや》の世話《せわ》になることを欲しなかった。倹約ばかりが動機ではなかった[162]のである。

一方《いっぽう》には料理茶屋[163]というものが、数はいたってわずかの町場《まちば》だけに限られていたが、これより少し前方《まえかた》からできていた。これも最初は街道《かいどう》の脇《わき》のものであったことは、坂《さか》本《もと》・橋本《はしもと》などの屋号《やごう》がこれを語っている。やはり一種の煮売屋《にうりや》には相違ないが、料理は、もと正式の食物調製《しょくもつちょうせい》を意味していた。たぶんは改良旅館[164]の先例を追うたのであろうが、希望者を臨時の賓客《ひんきゃく》として、これに本膳《ほんぜん》の食事を供したのである。

晴《はれ》である以上は盛装《せいそう》した給仕者《きゅうじしゃ》と、酒とを伴うのも不思議ではない。客《きゃく》という言葉が金を遣《つか》うひとという意味をもったのもこれからで、茶屋《ちゃや》は決して最初から、遊興の場処ではなかったのである。他のいろいろの茶屋《ちゃや》は旅行とも昼の弁当《べんとう》ともまったく関係がないから詳しくは説かぬが、とにかくに茶屋《ちゃや》の亭主《ていしゅ》の吸物《すいもの》の温かさが、感謝せられた原因は同じであった。つまりは腰弁当《こしべんとう》の不自由を補充《ほじゅう》するの途が、こうして当代《とうだい》の簡易食堂にまでたどりつく、路次《ろじ》の情景というに過ぎなかったのである。料理茶屋《りょうりぢゃや》款待《かんたい》の重苦《おもくる》しい設備には、金を惜しまぬ人びともやや窮屈を感じだした。165 だから明治の改良はいつも御手軽《おてがる》166 ということであった。その以前からも惣菜料理《そうざいりょうり》だの、

161 **煮売茶屋**　宿場などの、煮売りを兼業とする茶屋。魚・野菜・豆などを煮たものと飯の簡単な食事と、湯茶、酒などを供した。

162 **倹約ばかりが動機ではなかった**　食べものにおける火の共同の重視（火の神道）があった。

163 **料理茶屋**　いつでも客の注文に応じて酒食の提供ができる茶屋。道中の茶屋などから発展したものか。調理の設備がないために、料理は事前に注文しておく必要があった「寄合茶屋」（主に商人仲間や町うちの会合に使用された）に対して、そう呼ばれた。料理屋、割烹。

164 **改良旅館**　一八九〇年代前後から新聞広告に「改良旅館」の文字がみられる。一八九二（明治二五）年六月二五日の『東京朝日新聞』に、「大日本旅館改良組」結成の記事があり、「大いに旅館改良の率先をなさんため」との目的を掲げているので、一地方だけでなく課題として共有されていたのであろう。『読売新聞』の紙上に「改良旅館 旭楼」としていくつもの広告を掲げるなかに「空気新鮮飲料水清潔室内は電気灯を点じ」等とあるので、外国人旅客を意識し、ホテルへの脱皮を意識した動きであったか。

165 **款待の重苦しい設備……感じだした**　『読売新聞』一九一四（大正三）年八月八日の「婦人と時勢」の評は、茶代の苦労の廃止等の「宿屋の改良」を論ずるなかで、「概して食物の贅沢すぎ、また分量の多すぎる」ことに困惑するひとも多く、西洋のように部屋と寝具を貸すだけで食事は自由もまた便利ではないかと提案している。

166 **御手軽**　面倒な手数をかけないこと。簡便にすること。

有《あ》り合《あ》わせ御《お》茶漬《ちゃづけ》だのという看板《かんばん》が、方々《ほうぼう》にぶらさがりはじめた。茶漬《ちゃづけ》は民間では褻《け》の食事を意味した。方言《ほうげん》で朝飯《あさめし》を茶漬《ちゃづけ》という土地もあれば、また昼飯《ひるはん》をそういう村もある。すなわち一切の形式を抜《ぬ》きに、内《うち》で食う通《とお》りのものを食わせようというので、これで安ければ弁当《べんとう》は無用になるわけである。

弁当《べんとう》の原理は影膳《かげぜん》[167]などともよく似ていた。家でも今時分これと同じ飯を、集まって食っているだろうという点に、無形《むけい》の養分は潜《ひそ》んでいたのである。すなわち、あるひとつの共同飲食の分派だということが、眼に見えぬ塩気《しおけ》ともなっていたのである。ところが主人の想像しえない留《る》守《す》事《ごと》は普通になり、小鍋は自由に部屋《へや》ごとの火鉢の上へ運ばれ、同時に各人の好み嫌《きら》いは多くなって、煮豆《にまめ》・佃煮《つくだに》のごとき知らぬ火で煮たものが、なんの方式もなく入りこんでくる。村やひとつの部落の内《うち》はもとより、同じ屋敷《やしき》の一つ棟に住む者にも、覗《のぞ》いたり隠《かく》したりする食物ができてきた。

家《いえ》の統御《とうぎょ》の力は弱くなったのである。

こうなれば簡便なる一膳飯《いちぜんめし》[168]の商売が立派になり立つのは当然の話で、従《したご》うて個々の家族の私有財産、すなわち小遣《こづか》い[169]の問題がまた面倒《めんどう》になって来るわけである。一膳飯《いちぜんめし》はもと不吉な聯想《れんそう》[170]があって、御幣《ごへい》を担《かつ》ぐ者にはいやがられていたが、もうそんなことは構《かま》うひとがなくなった。明治は多くの街道《かいどう》の煮売茶屋《にうりぢゃや》を、おいおいに一膳飯屋《いちぜんめしや》に改造したのである。

定価で食わせる以上は食い放題《ほうだい》というわけに行《ゆ》かぬ。それでいろいろの盛《も》り切《き》り飯《めし》が、しかも麺類《めんるい》などと同じく温めて売られるようになった。どんぶりという器《うつわ》が飯椀《めしわん》に代わって、天《てん》どん・牛《ぎゅう》どん・親子《おやこ》どん[171]などの、奇抜な名称が全国的になったのも、すべてこの時代の新現象である。おもしろいことには弁当《べんとう》が家《いえ》で無用になると同時に、別にこればかりを当《あ》てにする生活がおこり、一方《いっぽう》にはまたその製造を業とする者が栄えている。すなわち仲間ではますます相背馳《あいはいち》する趣味が、ひろく外部に向かっては一致しようとしているのである。

古来百をもってかぞえたわれわれの食物は、わずかな例外をもって大抵はその形を

**167 影膳**　陰膳。旅行などで不在のひとが飢えないように祈って、留守宅でそのひとのために供える食事。**168 一膳飯**　食器に盛り切りにして売る飯。一膳飯屋で食べさせる飯。**169 小遣い**　生活費とは別に、ちょっとした買い物や娯楽のためにつかえる金銭。特定の目的を持たないで、自由に使用できる金。各自が得た内々のもうけという点で、私有財産であった。**170 不吉な聯想**　死者に供する飯、枕飯の意。神または死者に盛り切りの飯を供したところから。**171 天どん・牛どん・親子どん**　丼ものが新聞で報道されるのは、ほとんどが詐取などの犯罪がらみで日常にいつから入ってきたのかの証明はむずかしい。『読売新聞』一九〇四（明治三七）年六月二九日に、浅草での天丼二人前の出前詐取事件を報じている。親子丼は『東京朝日新聞』一九一五（大正四）年一月一二日の大相撲の雑話欄に、徳川侯が毎日召し上がるとのうわさ話を載せる。新聞のデータベースの検索結果は手がかりだが、それ以前にすでに、丼ものが庶民の日常に親しいものになっていたことがわかる。

自由食堂の光景

存している。それに明治大正の新料理が、さらに何百種という変わったものを附加したのである。

材料からいっても調理法《ちょうりほう》からみても、日本のように飲食の種類の繁多《はんた》な国は、世界おそらくは無類であろうと思う。これがなんでも自由に選択しえられることは、生活技術の大いなる強みであって、いまでもわれわれは幸福であるわけだが、これが日々《にちにち》の商品となってしまうと、そう片端《かたっぱし》からなんでもかでも、つくって気まぐれなる選《よ》り取《ど》りを待っているわけにゆかない。

だから売るほうではなんらかの方便《ほうべん》を設《もう》けて、できるだけひとつの物に多くの需要を集めようとする。これが流行のつねに移り動き、いつでもわれわれがよその押《お》し売《う》りを、事実において受けている理由でもあれば、町の便利がなにかといえば感歎《かんたん》せられ、これに引きくらべて村の生活が損なように、考えさせられる理由にもなっている。

われわれの台所には革命《かくめい》があった[172]。

しかもその動乱はまだ続いている。

個々の食物調製者《しょくもつちょうせいしゃ》の煩労《はんろう》は少しも軽くなっていない。公衆食堂、共同炊事の必要はすでに認められているが、パンを主食とする社会のように、その実現は容易でないらしい。温かい飯と味噌汁《みそしる》と浅漬《あさづけ》と茶との生活は、じつは現在の最小家族制が、やっとこしらえあげた新様式であった。これを超脱してまたこの次の案を夢《ゆめ》むべく、あまりにその印象が深く刻《きざ》まれているのである。

**172　われわれの台所には革命があった**　朝日新聞社編『明治大正史』全六冊の予約募集の八頁の『内容見本』（一九三〇年九月）に、この「食物の個人自由」の章の冒頭の一節が「本文組見本」として載せられている。細かい表現は変わるが、文章の基本的な骨格はすでにできあがっていたことがよくわかる。見本に組まれた文の最初の小見出しが「煙草・茶及び香の物」であるのは、本章一・二・五節にあらわれる主題を暗示しているように思う。そして章全体に仮につけられた題名が、「台所の革命」であったことが象徴的である。

# 第三章　家と住心地

## 一　弱々しい家屋

小泉八雲氏が日本を見てあるいたころには、まだわれわれの都市は雑然たる木造《もくぞう》小屋《ご や》の集団であった。岐阜提灯《ぎふちょうちん》[1]のように風雅《ふうが》であるかもしれぬが、またそれ以上に丈夫でもなさそうじゃないかと、一種の同情をもって彼は批評している。[2]これが千年以前のもとのままだということは想像があやまっているが、こういう家にでも住めぬことはないという心もちだけは古かった。そうして遠国《おんごく》のひとの批評を聴いて、はじめて

**1　岐阜提灯**　骨となる竹ひごが細く、薄手の美濃和紙を貼ってつくられている。木造という構造と障子紙等々の素材がかもしだす、家屋の弱々しさを象徴するたとえとして出されている。**2　彼は批評している**　小泉八雲は「日本文明の真髄」において、日本の都市の家屋を次のように論じている。「日本の都市はいまなお千年前のままで、かの岐阜提灯のように風雅であるかもしれぬが、それ以上に丈夫とはいえぬ。木造の小舎の雑然たる集団にすぎぬ。」〔『小泉八雲全集』第四巻、第一書房、一九二九：三一二頁〕

なるほどと心づくまでに、そういう風雅《ふうが》な岐阜提灯《ぎふちょうちん》式になじみきっていたのである。

遠い祖先がこの国に渡ってきて住んでから、もう何千年だかかぞえられぬほどここに住み、さらにいま一段とゆたかなる村を開くべく、地つづきなればこそ気軽《きがる》[3]なる決意をもって、嶺《みね》を越え岬《みさき》の鼻《はな》をめぐり、しだいにこの島の北と東に散《ち》らばってからも、なお永いあいだ暖かい南のほうの生活を忘れなかったのである。

だから半年近く雪の底に埋もれるような山里に住んでいても、やはりこういう浅々《あさあさ》と囲った家[4]に住んで、無邪気《むじゃき》でまた剛強《ごうきょう》[5]なる祖先の趣味を受け継ぐこともできたので、家はこういう風に建てるものとばかり思っていた。住心地《すみごこち》の善《よ》し悪《あ》しを考えてみるまでには、もうだいぶこの風土《ふうど》と親《した》しんでいたのである。

改良は多くは偶然でないまでも、むしろ外側《そとがわ》の事情によって促《うなが》されていたのである。

小泉氏以上に理解ある外国の観察者はめったにない。暑いといっても団扇《うちわ》[6]の風《かぜ》より外《ほか》の方法は知らず、寒《さむ》いといっても戸を立てて、腹《はら》と背中《せなか》をあぶって寝るのが関《せき》の山《やま》[7]で、どうしてこの湿気のひどい温度の変わりやすい土地に、外界《がいかい》となんの差別もない生活を続けつつ、火事と風雨と闘《たたか》ってくることができたかを、訝《いぶか》り思うのももっともなことである。

しかもこの原因を国民気質《きしつ》の悠長《ゆうちょう》さ、もしくは感覚の遅鈍《ちどん》に求めようとしたならば、少しでも正しい推論は得られまい。またそうしようとしたひとも、いままではなかった。

家の構造だけにはいまでもわれわれの予想以上に、前代生活の拘束[8]があった。衣服や食物などは自分の気に入らぬとなると、すぐ変えてしまう便宜もあるけれども、家ばかりはそう容易に選択を左右《さゆう》することはできなかった。少なくとも家が昔《むかし》からあれば気に入らぬ勝手《かって》[9]のままで住んでいる。または自分で建てた家でも、辛抱《しんぼう》をしなければならぬ点が発見せられたとて、世間体《せけんてい》というものには不知不識《しらずしらず》のあいだに導《みちび》

**3 北と東に散らばって**　北と東に移住地が拡がって。柳田はここで『海南小記』（一九二五）『雪国の春』（一九二八）で仮定したように、あるいは後に『海上の道』（一九六一）で展開するように、暖かな南・西から稲作や鉄の技術をたずさえて寒く厳しい北・東へと開拓移住が拡がってきたイメージで語る。　**4 浅々と囲った**　簡単な仕切りでくぎられた。　**5 剛強なる**　勇ましく力強い　**6 団扇**　細く割って拡げた竹を骨に紙を張って扇面をつくり、柄を持ってあおいで風を起こす生活用具。打羽。　**7 外界となんの差別もない**　家の外とあまり変わらない。　**8 家の構造だけには……前代生活の拘束**　柳田はこの章において、都市の住居が「小屋」「仮屋」の無自覚な伝統の上に立つことや、藁屋根ゆえの室内の暗さや寒さを指摘し、寝る場所や正客応接の空間の物的な条件、屋敷が外界の自然環境のなかでどんな位置を占めてきたかなどの現状を、前代生活からの拘束として論じていく。と同時に、その拘束が、長屋生活への順応、屋根材の変化と部屋の分立、炉・竈の分化、家内部の明るさの増大、火鉢やこたつが可能にした個人化など、柳田自身が「火の分裂」と概括する多重の構造変容と調和手段の発明において、新たな「住心地」を生みだし、解放されていくことを論じる。　**9 勝手**　建物の中の部屋や設備のありさま。また、住まい方。

かれている。その拘束の種類が昔も今も多かった。それにわれわれは快《こころよ》くついてゆくだけのいろいろの調和手段を知っていたのである。

大正十二年の震災は、関東地方の都市と農村において、古い新しいいろいろの家を破壊して、それにからまる旧来の行きがかりを一掃《いっそう》してくれた。涙なくしては想起できぬ歴史ではあったが、より良き将来を期すべく人びとはこの機会を利用したのであった。

そこでいままでは夢《ゆめ》にも考えられなかったほど、たくさんの雑多な住宅様式が期せずして試みられ、その裏面《りめん》には少なからざる犠牲をも支払ったが、とにかくにひさしく潜んでいたわれわれの空想が、いくぶんか無分別にまで発露《はつろ》することになった。住心地《すみごこち》とはどういうものかを、前からも後からも仔細《しさい》に点検してみることができた。消え去るなにものの惜しむべく懐《なつ》かしむべきかを感じ知るとともに、心おきなくいままでの住居の暗く寒かった部分を、批評[10]することもできたのである。

これはもちろん時代のちょうど待っていた機運であったろう。だから他の地方の平穏《へいおん》なる町も改造せられ、村でもじっとして局外《きょくがい》からは見ていないのだが、そこではこの思い切った取《と》り崩《くず》しができず、したがってまた急速なる決断がつきかねた。やはり手本《てほん》を求め先例を追い、もしくは資力《しりょく》のある者は、かえって純然たる洋風を採《と》[11]ることを安全だとも思っている。じゅうぶん自由には住心地《すみごこち》の問題を考えてみることができなかったのである。

　これがはたして失敗であったろうかどうか、予言する力はまだわれわれにはないが、少なくともいままで受けていた拘束と、その解放《かいほう》がどれほど骨《ほね》の折れたものであったかとを、せっかく回顧してみる機会を失おうとしていることは、歴史の領分《りょうぶん》においてこれを説くことができるのである。

　石でつくった巌丈《がんじょう》な古い建物は、西洋の都市でもじっさいは始末に困っている。とうていその全部を記念物としてただ保管《ほかん》していることがむつかしいからである。現在の新家屋などでも、いまにまたもっと改良せられるときが来ることであろう。動きの取れない形をきめる前に、われわれがじつはどういう住心地《すみごこち》を求めていたのかを、一応《いちおう》は考えておく必要があったのである。

**10 住居の暗く寒かった部分を、批評する**　生活改善や台所改善の動きのことか。そうとらえれば、前段の「より良き将来を期すべく人びとはこの機会を利用した」という改造の契機と呼応する。じっさい関東大震災のあとに、不良住宅改善の諸事業が活性化する。震災義捐金をもとに内務省が一九二四（大正一三）年に設立した財団法人・同潤会は、衛生・採光・水道ガス設備を備えた集合住宅などの建設・供給の事業をおこなっていく。**11 純然たる洋風を採る**　明治維新以降、石を使った洋式建築はお雇い外国人などが設計したが、高い技術をもつ日本の大工は、木造建築の伝統の側から洋式建築を解釈して、自由な折衷や創造をくわえ、のちに「擬洋風」と概念化される新たな洋式の官衙（かんが）、学校、病院などを地方に建設していく。

## 二　小屋と長屋の修錬

最初にだれにでもすぐ心つくことは、家には二通《ふたとお》りの種類がはやくからあって、それが日本では入り交《ま》じっていたという事実である。

一方は通例大きくて念入り、他の一方は粗末のものであったが、これを貴賤貧富の差等《さとう》から来ているものと、見ることはできぬのであった。同じ一戸《いっこ》の通例の百姓[12]でも、やはりこの二種《ふたいろ》の建物を持つ必要は多かった。山で働く人びとは猟や杣《そま》・炭焼《すみや》き[13]のために小屋をつくり、遠くの野《の》を拓《ひら》いてつくっているものは田屋《たや》[14]の入用があった。すなわち天智天皇のかりほの菴《いお》[15]である。あるいは古いころに夏と冬と、家を二通りにしていたのがはじめであったかもしれない。

極度に立派にはなったが今日の事務所というものも、この仮菴《かりいお》の系統に属すべきもの[16]であった。宮殿《きゅうでん》・城閣《じょうかく》もこれが発達したものであり、また共同の信仰のためにひとが入用ごとに建てていた宮社《みやしろ》なども、後《のち》にはもっとも大切な記念物にまで固定したが、やはり作業の必要にもとづいた点は同じである。目的が限られていたので普通の生活には、そう大層《たいそう》なものは望まなかった。我慢《がまん》と間《ま》にあわせ[17]は当然のことと考えられた。

それを一方の住居《すまい》のほうに代用する風《ふう》がはじまって、しだいに多数の小家屋は、いわゆる岐阜提灯式《ぎふちょうちんしき》になったのである。

小屋の用途は以前もなかなか多かった。たとえば女房《にょうぼう》が産《さん》をしたり、その他火を別《べつ》にする者[18]はすべて小屋に入った。祭の支度をする者ももちろん精進屋《しょうじんや》[19]を設けて何日かを過した。旅行者も元《もと》はひとの家に留まらなかった。貴人の歓迎せらるるものは新たにその宿泊所を建てたが、これをもやはり仮屋《かりや》と名《な》づけている。用が済めば解《と》いてしまうか、そうしなければすぐに荒《あ》れてしまった。軍陣《ぐんじん》には幕《まく》を打って[20]野宿《のじゅく》をすることも多かったろうが、やはり逗留《とうりゅう》すればこの仮屋《かりや》を設けたのである。

小屋はようするに働く人びとを、一時集めておく宿舎《しゅくしゃ》のことであってコというのは

12 **通例の**　普通の　13 **杣・炭焼き**　「杣」は木材の切り出しや製材、「炭焼き」は木を焼いて炭をつくること。　14 **田屋**　田の番をするための仮小屋、または出作り（遠くの田畑の耕作）の一時居住の小屋。　15 **かりほの菴**　農作業のために仮につくった粗末な小屋。「刈穂」に「仮庵（かりいほ）」を掛けている。天智天皇のとは、百人一首にもとられた「秋の田のかりほの庵の苫（とま）をあらみ」の歌を指す。　16 **この系統に属すべきもの**　作業の必要にもとづいて仮屋（かりや、仮の建造物）を建てる伝統。　17 **間にあわせ**　一時しのぎ。　18 **火を別にする**　「別火（べっか）」という単語があるように、食物調理の火を別にすることは、神事を行なう者、服喪にある者、月経や出産の穢れにかかわる者を区別して大事にあつかうことであった。　19 **精進屋**　神仏に参る前に肉食を絶つなど身を清めるためにこもる屋舎。　20 **幕を打って**　幕を張って。

たぶん小《ちい》さいという意味でなく、単に若者《わかもの》たちともいうべき語であったろうと思う。農業・漁業の大きな作業団《さぎょうだん》にも、かつては鉱山・山林と同じく小屋があって、それを常設に集会させたのが長屋《ながや》であった。

大小の都市の新たに興《おこ》ったものには、ことにその長屋をつくるべき必要が多かった。それを小泉八雲氏などは、眼を丸《まる》くして驚きみたのであった。大都《だいと》[21]の小屋生活は遠く室町《むろまち》以前からはじまっている。

諸国の大名《だいみょう》には京都を常の住地としたような者もあったが、もとは長番《ちょうばん》[22]に上っているのだから、その居所《きょしょ》はやはり仮屋であった。主人ばかりはその構造を故郷の屋形《やかた》[23]に近くして、住心地をよくしようとしたかも知らぬが、家来《けらい》は多人数だからみな割長屋《わりながや》[24]の辛棒《しんぼう》をさせた。江戸《えど》でも最初のうちはその交代《こうたい》が頻繁であって、しじゅう国元《くにもと》からひとを喚《よ》んで使っていたゆえに、彼らの休息所は極端に狭《せま》かったのである。もとは男ばかりだから生育《せいいく》[25]の混雑はおこらなかった。それがおいおいと旅行を節約し、家族を呼び寄せて一家《いっか》の暮《く》らしを立て、後に御定府《ごじょうふ》[26]と称して世襲《せしゅう》しているようになっても、そのために別にじゅうぶんに住宅を給《きゅう》することはできず、また女子供までがいつのまにか、これでどうにか我慢するように馴《な》らされたのである。一方は格子窓《こうしまど》で堀の石垣《いしがき》に臨み、一方は玄関と勝手口《かってぐち》が袖垣《そでがき》[27]ひとつで仕切《しき》られている。こういう御長屋《おながや》が明治の末まで、まだ方々《ほうぼう》にのこってひとが住んでいた。われわれも一度はこれが東京の家《いえ》の風《ふう》かと思っていた。

地方の小さな城下町《じょうかまち》などにも、これとよく似た生活の展開があったことは、根小屋《ねごや》という言葉の多く存するのを見ても察せられる。根小屋《ねごや》はすなわち城山《しろやま》の根《ね》に集まって、領主《りょうしゅ》の使命に服した小屋の者の居地《きょち》である。しかし士族の歴々《れきれき》は実際のやや広い邸宅を給せらるること、江戸《えど》の大名や御家人《ごけにん》などと同じで、ただわずかにその下《した》に働く小者《こもの》だけが長屋にいた。勤番《きんばん》[28]を原則とした江戸の武家屋敷《ぶけやしき》のように、窮屈な生活をする者は少なかったのである。

ところが一方の町屋《まちや》[29]の住居だけは、いずれの都市でもだいたいは同じで、ひとは大部分が甘んじてこの長屋の暮らしをしていたのであった。

そのおこりはこれも労働の統一のためであったと思う。町にももとより大屋《おおや》[30]という

**21 大都**　大きな都。大都会。**22 長番**　毎日勤務に服すること。**23 屋形**　館。貴人や大名・豪族、有力武士などの屋敷。**24 割長屋**　軒の家の棟木の下を壁で前後に分け、それぞれをさらに仕切った長屋。棟割長屋。明治以後も都市、の人口集中の結果、長屋形式は増え、最下層の都市住居として昭和になってからも残存した。**25 生育**　子どもを産みそだてること。**26 御定府**　幕閣の要職にある大名や、旗本・御家人などで参勤交代をせず、江戸に定住していること。諸藩の藩士でも江戸屋敷常勤の家柄のものを定府と呼んだ。**27 袖垣**　建物に取り付けて設けられた幅の狭い垣。目隠し用。**28 勤番**　江戸または大坂の藩邸に交代でとどまって勤務すること。**29 町屋**　商家の多くある地域。

ものはあって、相応の地面《じめん》を請《う》けて永住しており、これには武家と違ってできるだけ表間口《おもてまぐち》[31]を狭《せま》く、なるべく多くの軒《のき》を一町《いっちょう》に列《つら》ねさせようとしたのだが、新たに興《おこ》る町の労働はそれだけではとうてい足りなかった。それで地内《ちない》にたくさんの割長屋《わりながや》を設けて、それぞれ自分の監督する働きびとをこれに入れておいたのであった。

地主がおいおいに自由な職業になって、この長屋の者を引率しなくなり、人入《ひとい》れ・寄親《よりおや》[32]の業は別人の手に属し、親方自身も小さいのは長屋におり、隣へ見ず知らずの者が集まってくるようになったが、なお表向《おもてむ》きだけは店子《たなこ》の身分を、大屋《おおや》が管轄することになっていたのは、あきらかに以前の小屋《こや》生活のなごりであった。

飛行機の乗合航空が盛んになったら、いまに町の空からこの生活の痕跡《こんせき》を見る[33]ときがくるだろうと思う。

東北《とうほく》などは一帯《いったい》に地割《じわり》[34]がゆたかで、また独立した表間口《おもてまぐち》を持つ小民《しょうみん》も多かったように思われるが、東京は最初から面積に合わせて[35]ひとが多く、またあとからもますます入り込んだために、横丁路地木戸《よこちょうろじきど》どぶ板《いた》の生活が盛んであった。大抵の表店はひあわい[36]に細い通路があって、町の長屋はことごとくその奥に固まってあった。すなわちいわゆる雑然たる木小屋《きごや》の集合であったのである。

たくさんの辛棒人《しんぼうにん》[37]はこの中から立身《りっしん》した。

後にはここでも職業がまったく自由で、だんだんに累代《るいだい》の長屋の衆《しゅう》というものもできてきたが、なお半分まではいたって不完全なる家庭[38]であったのである。京都の記録を見ると、こういう住居もまた小屋であった。ところが小屋掛《こやが》けを臨時のものに限ることとなり、末には御救い小屋《おすくごや》[39]などという名前のものもできて、従うて小屋の者は一種の賤民《せんみん》[40]を意味するようになった。そうして長屋・御長屋《おながや》は市民大多数の、普通の家

**30 大屋**　大家。もともとは大きな家の意味だが、村では一族の中心あるいは地域のいちばん元となる家を指し、都市ではやがて貸家の持ち主や代理人をあらわすようになった。**31 表間口**　一軒の家屋の道に面した正面の幅。**32 人入れ・寄り親**　「人入れ」は雇い人を周旋することで、「寄り親」はもともと親子関係になぞらえた主従・庇護の関係を意味したが、ここでは奉公人の身元引受。**33 飛行機の……生活の痕跡を見る**　柳田は『豆の葉と太陽』に収録された「空から見た東北」（一九二九）で飛行機のうえから東北地方を見て得た、新たな印象を書く。津軽の建て網の大がかりな設備をみて、労力を資本に代えた実験とともに、その成果は「干鰯が稲を肥やし、魚灯が村を明るくした原動力」［全集12：二一六頁］でもあったと論ずる。あるいは奥州の狭い谷に点在する炭焼小屋の煙に、「炭を買い炭を使うような社会」［同：二一七頁］の拡大と、鋳物師もいかぬ山奥の樹林開拓の困難とを思いやっている。**34 地割**　土地の区画。**35 面積に合わせて**　面積とひきあわせて検討すると。**36 ひあわい**　廂間。廂（ひさし）が両方から突き出ている、家と家との間。ひあい。**37 辛棒人**　辛抱人。忍耐づよく、よく働くひと。がまんして働くひと。**38 不完全なる家庭**　独身の世帯であったこと。後段の「独身者の巣」などの指摘とも関連する。**39 御救い小屋**　飢饉・災害などで家を失い食に困った窮民を収容・救済するために、臨時に設けられた施設。**40 賤民**　いやしい民。普通より低い身分。

屋のごとく考えられるようになったが、じつは中に住む者の習慣のほうが変わったのである。

最初は出稼《でかせ》ぎの仮《かり》の宿《やど》りであった者が、永留《えいりゅう》してついに還るべき途を失ったので、すなわち長屋の生活は忍耐そのものでもあったのである。

市民の村人《むらびと》と異なる特徴がもし有りとすれば、第一にはこの狭隘なる一時的の仮住《かりず》まいと調和して、我慢を苦《く》にしなくなった修錬である。田舎の小屋のほうももちろん片端《かたはし》は変化しているが、いくら日本は国が小さくとも、まだこのようにまで固まっているには及ばなかった。

だからその変化の方向を異にしているのである。

町で借家《しゃくや》暮らしが当《あた》り前のようになり、引越《ひっこ》しを着換《きが》えと近く考えるようになったのも、大工《だいく》の技芸がもっぱら狭い面積を巧妙に、また気が利《き》いた利用をするほうに傾いてきたのも、本来はただひとつの原因からであったが、後にはこれがまた学んでもよい趣味のごとくなって、さまでの必要のない者までが、好んでこの拘束を受けるようになってしまった。

江戸が東京と改まって、都市住民の大きな入れ替《か》わりがおこなわれた際には、移住者の心理はすでに一変していたはずであるが、なおかつて働きに出てしばらくの腰掛《こしか》け場処を求めていた時代のしきたりが、依然として続いていた。

この点では町屋《まちや》は窮屈なものとあきらめて、他の屋外の見物《みもの》・食物《くいもの》などをもって、その不自由を償《つぐな》わんとしたのであった。

しかしさすがにこれを永住の家とするからには、小さくとも門《もん》と坪庭《つぼにわ》41だけは独立したものを持ちたいと、思うひとたちが多くなった。風呂《ふろ》は銭湯《せんとう》のほうがかえってよいといいつつも、便所《べんじょ》だけは家々に附属させる必要を感じた。それでいままでの区域にはなんとしても住み切れなくなって、おいおいに都市が周囲へ延長したのである。最初にはこれも旧来の割長屋《わりながや》のいくぶんか大《おお》ぶりなものを、裏町《うらまち》の通りに面して建てていたのであるが、交通がしだいに改良せられるに乗じて、いつとなく郊外の空地《あきち》をねらうようになった。郊外生活は新たに町に移った者の、草木と青空《あおぞら》とを忘れかねる情から、出発したものがもちろん多いが、なおそれ以外にも何代か市街の真中《まんなか》に、住み馴れていたひとも飛び出してきた。そうして働く場処だけを元の地にのこそうと苦心しているのである。

これはようするにいままでの集合生活が、ただ避くべからざる拘束に過ぎなかったことを意味する。ひとは許されてひさしぶりに、本来の住心地にもどろうとしているのである。

**41 坪庭**　屋敷内の、建物に囲まれたような庭園。中庭。

## 三　障子紙から板硝子

　部屋《へや》という語《ことば》も今日は家の各室の名になっているが、これもかつては小屋《こや》を意味し、もしくは小屋の一種であったことがあるようである。貸して労働者を住まわせる小家《こいえ》を、部屋という土地がいまでもあり、木部屋《きべや》[42]・味噌部屋《みそべや》[43]という語《ご》はなおひろくおこなわれている。屋敷は都会の長屋などと同様に、もとは数多くの部屋を分立させていた。これと主屋《おもや》とのあきらかなる差別は、大きい小さいという以外に竈屋《かまや》[44]の附いているか否かであった。部屋の主《しゅ》たる用途は寝るというだけであって、食事は集まってする習《なら》いであったゆえに、そう大きなものでなくともよかったのである。

　建築が進んで大きな木材を使《つか》いこなすようになったころから、若干の部屋だけは一棟の下《もと》に編入せられ、のこった部分はみな独立してしまった。近世の分家《ぶんけ》というもののなかには、たんに炊事・食事の場《ば》を別にしたというだけのものが多かったのが、後々《のちのち》土地を分配して経営まで二つにするようになったために、新宅《しんたく》はもはや部屋ではなくなり、へやはただ家の中のある区画という意味に帰したのである。

　今日の村の小家《こいえ》には、この種の労働小屋《ろうどうごや》のただ少しばかり進化したものが多い。

ここにも町と同様の忍耐があり、住心地《すみごこち》の妥協があったことは事実であるが、こちらは最初から独身者の巣《す》として、設けられたものではなかった。村では独身者はすなわち婚姻しうる者であった。それゆえに部屋は同時にまた婚舎《こんしゃ》[45]であり、やがては数多くの小児《こども》を育てあぐる家でもあった。ただし幸いなことには田舎《いなか》の子には外《そと》というものがあった。そうして親たちも昼だけはしじゅう外にいたゆえに、部屋の小さいことは格別の拘束でなかったのである。

町でも長屋の子はいつも外へ出て遊べといわれた。わずかな空地でも近くにある場合はもちろん、道路の上でも、独楽《こま》[46]や紙鳶《たこ》[47]をもって、遊ぶのが権利であった。それがおいおいに不安になり、戒《いまし》められるようになったのである。公園や寺社の境内《けいだい》がつねに子供の遊び場になるのも、やはりまた小屋が日中《にっちゅう》の住居《すまい》までは用意していなかった結果であったが、これは彼らにとって悪い影響ばかりもあたえておらぬようである。なんにもせよわれわれは、外を住居の一部分のごとく考えて、育《そだ》ってきた国民であ

**42 木部屋**　薪（たきぎ）の類を入れておく小屋。**43 味噌部屋**　味噌・醬油・漬物などを貯蔵しておく小屋。**44 竈屋**　かまどが据えてあるところ。**45 婚舎**　夫婦もしくは夫婦になるべき男女が共に夜を過ごす部屋または建物。婿入婚は婚舎が嫁方に、嫁入婚では婿方にある。**46 独楽**　木や鉄でつくった円形の胴に心棒を通した玩具で、手やひもで回転させて遊ぶ。**47 紙鳶**　凧。骨組みの竹に紙を張った玩具で、糸を引きながら空高くあげて遊ぶ。

った。

それにはまず毎日のように晴れた空、柔らかな空気に感謝しなければならぬのである。北の半分では雪降《ふ》るあいだ、南の半分では梅雨《ばいう》のころが、とくに小児の窮屈がる季節であったが、同時にまたその親たちの住心地の改良を思うときでもあった。

しかし改良とはいってもただ家の大きさをくわえただけでは、目的を達することがむつかしかった。町では拡張はほとんど不可能であったけれども、家を明るくする技術だけはまず講じていたのである。

はじめて日本が西洋の旅人《たびびと》のいう紙窓《かみまど》の国[48]になったときの、農民の悦びは想像することができる。

家はもと寒風を遮《さえぎ》るためにも、木戸《きど》・蓆戸《むしろど》[49]をおろさなければならぬ造りであった。窓を大きくまた低くしようとすれば、吹き降り[50]を凌《しの》ぐことができなかった。夜でなくとも内《うち》を夜《よる》にする[51]ことが、家の効用を達するただひとつの途《みち》であった。炉の火を高く焚《た》けば家の中が明るくなり、それがまた火の神の神壇《しんだん》[52]の拝《おが》まれた由緒《ゆいしょ》でもあったが、冬でなければそういうことは望まれない。しょうことなしに雨の降る日は寝るという、おかしな慣習さえ普通になっていたのである。

明《あか》り障子《しょうじ》の便利はよほど前から知られてはいたが、紙が商品にならず経済がその交易を許さぬあいだは、農家ではこれを実地に応用することができなかった。奇妙な因《いん》縁《ねん》でこれがまた小児の手引《てびき》によって、おおいに小家へも入ってきたのである。近世の草双紙《くさぞうし》の絵を見ると、きまってこういう家の障子には、いろはになどの清書《せいしょ》の紙が貼《は》ってある。[53] それが明治の中ほどになるまで、なお多くの村の実際の光景であった。そうして子供が学校に行くようになって、はじめてまたこの端居《はしい》[54]というものが必要になってきたのである。

家が明るくなったということは、予想以上のいろいろの結果をもたらした。第一には壁《かべ》や天井《てんじょう》の薄《うす》ぎたなさが眼について、知らず知らずにこれを見よくしよう

**48 西洋の旅人のいう紙窓の国**　山田珠樹訳註の『異国叢書 ツンベルグ日本紀行』（駿南社、一九二八）の長崎出島の家屋の描写に、「すべての家は木材および粘土で建てられ、瓦でおおわれ、紙の窓【障子か？】がついていて、藁の敷物が敷いてある。最近に会社の使傭人がバタヴィアから硝子窓入の框を持ってきたので、部屋は明るくなるし、外の景色を眺めることができるようになった」［：六六頁、【 】内の注も原文］とある。ツンベルク（Carl Peter Thunberg 一七四三〜一八二八）はスウェーデンの植物学者・医学者で、一七七五（安永四）年に出島のオランダ商館付きの医師として来日した。**49 蔀戸**　木や竹でつくった枠に筵（むしろ）を張っただけの粗末な戸。**50 吹き降り**　強い風といっしょに雨が降ること。**51 内を夜にする**　戸や窓を閉めきって吹き降りをしのぎ、結果的に家のなかを暗くする。**52 神壇**　神をまつる壇。祭壇。**53 清書の紙が貼ってある**　文字の手習いでつかわれた紙が、そのまま障子紙として再利用されていること。**54 端居**　涼しさを求めたりして、縁側や縁台など家の端の方に出てすわっていること。

鳥影の映写幕

という心もちのおこってきたことである。障子に日の影《かげ》[55]の一ぱいにさす光は、はじめて経験した者には偉大な印象であったに相違ない。ちょうど同じころから勝手元《かつてもと》[56]の食器類に、白く輝くものがおいおいに入ってきたことは、必ず相映発《あいえいはつ》するところがあったろうと思う。いわゆる白木の合子《ごうし》[57]は清いのは最初の一度だけであった。はじめて染まったものは永久のしみになってのこった。粗末でも塗物《ぬりもの》の拭《ぬぐ》うて元にかえるものを、農家が使おうとしたのも同じ刺戟《しげき》からであろう。

茶釜《ちゃがま》・鑵子《かんす》の類を磨《みが》き抜くことは、今日は主婦の常の作業であるが、これなどもとくに必要が多くなったことと思う。これからいろいろの什具《じゅうぐ》[58]の形と好《この》み、よそで見たるものと同じのが欲しくなることも、しだいに多くなってきたわけである。

家を機会あるごとに少しでも大きくし、押入《おしい》れ[59]を仕切ったり椽側《えんがわ》[60]を添えたり、内からも外からも見た目をよくしようとしたのも、じっさいはまたこのころからのことであった。これはとにかくに改良には相違ないが、そのおかげに以前の小屋が簡素なる本式の住居となり切《き》って、これでもどうやら住めるという小満足に達したことが、ちょうどまた町の長屋のひとと同じであった。

すなわち貧農《ひんのう》がひとつの定まった世態[61]となったのである。

一方、日本の常の住屋というものには、別に昔からのひとつの型《かた》があって、もとはほぼ各種の階級に共通していたらしい。こちらは格別よその国々と比較して、自《みずか》ら卑《ひ》下《げ》しなければならぬような粗末なものではなく、あらゆる生活の要求に対する準備があり、また外観の壮麗ということも考えていたのだが、なにぶんにも国民の総数に対して、これに主《あるじ》たる者の数はわずかであり、個々の部落においては多くは孤立していたために、思い思いの意匠《いしょう》がくわわって変化しやすかった。

それからいったん格式《かくしき》[62]となり家の自慢の種《たね》となると、不便を忍んで原《もと》の姿を守ろうとするきらいもあった。衰える家では改造の費《ついえ》が多いために、ひどく住み荒らして、そのままにして置くものもあった。

だいたいに木材《きざい》が太く軒が厚く、土間《どま》と広敷《ひろしき》[63]とがむやみに広いのを特徴としていたが、これはともに働きともに食うひとの、数多かった時代の住心地にもとづいたもので、いったん部屋の者が分散して独立の小前[64]になってしまうと、がらんとしただけでも寂寞《せきばく》[65]の感は深かった。

**55 日の影**　日の光。太陽光。**56 勝手元**　台所。**57 白木の合子**　削っただけで木地のままの蓋つきの椀。**58 什具**　日常つかう家具や道具。**59 押入れ**　ふとんなどをしまっておく物入れ。**60 椽側**　住宅などで部屋の外側に設けた細長い板敷の部分。廊下、上がり口などをも兼ね、日本家屋特有のもの。雨戸やガラス戸の内側に設けたものと、外側に設けた「濡れ縁」とがある。縁側。縁（えん）。**61 世態**　世のありさま。世の中の状態。**62 格式**　身分や地位をあらわすもの。家柄。**63 広敷**　台所やそれにつづく板の間。**64 小前**　小前百姓の略。特別の権利、家格などを持たない一般の平百姓。

これにも光線の欠乏[66]ということははじめからあって、わずかに大規模なる囲炉裏《いろり》の火によって、暗さと湿気に対抗する勢力の中心をつくっていたのであった。障子紙《しょうじがみ》の採用はこういう家々にとっても、最初は簡易なる改造のように考えられたが、じっさいはこれが重大なる変動の因《ちなみ》[67]になっている。

しかも歓迎してよいか否かにはかかわらず、来《こ》ずには済《す》まない変動でもあったのである。大きな建物のすみずみが明るくなったということは、家にいくつもの中じきりを設けてもよいということを意味する。有るだけの柱《はしら》と柱とのあいだに、ことごとく鴨居《かもい》[68]・鴨居《しきい》[69]を取りつけて、板戸《いたど》・唐紙戸《からかみど》[70]を立てておくようにしても、それが片方《かたほう》に引っ込んでいる者の、幽閉《ゆうへい》ではないことになったのである。

板硝子《いたガラス》はひさしく日本の国内に産せず、遠くから輸入したものを大切《たいせつ》に切ってつかったが、もうそのころよりこれを障子の一枠《わく》に嵌《は》めこんで、黙《だま》ってそのあいだから外を見ている者が田舎にも多くなった。紙が硝子《ガラス》に移って行ったのは、外がただ一団《いちだん》[71]の明るい感じから、忽然《こつぜん》として個々の具体的なる物象に進化したことにもなるのである。

家の若人《わこうど》らが用のない時刻に、退《しりぞ》いて本を読んでいたのもその片隅であった。彼らはおいおいに家長《かちょう》も知らぬことを、知りまたは考えるようになってきて、心の小座敷《こざしき》もまた小さく別れたのである。

夜は行灯《あんどう》[72]というものができて、随意にどこへでも運ばれるようになったのが、じつは決して古いことではなかった。それが洋灯《らんぷ》[73]となってまた大いに明るくなり、次いで電気灯の室《へや》ごとに消したり点《とも》したりしうるものになって、いよいよ家というものには我《われ》と進んで慕《した》い寄る者の他《ほか》は、どんな大きな家でも相住《あいず》み[74]はできぬようになってしまった。

自分は以前の著書において、[75]これを火の分裂と名づけようとしていたのである。

**65 寂寞**　ものさびしく、ひっそりしているさま。じゃくまく。**66 光線の欠乏**　家屋のなかの暗さ。**67 因**　きっかけ。よすが。縁。**68 鴨居**　部屋の開口部の上部にわたされた横木で、引戸・障子・ふすまなどをはめる溝をつけた。**69 鳴居**　敷居。部屋の開口部の下部の床面にわたされた横木で、引戸などの建具をすべらせる溝などをもつ。**70 唐紙戸**　襖（ふすま）。**71 一団の**　ひとまとまりの。**72 行灯**　木・竹・金属製の角形または円形のわくに紙を張り、なかに油皿をおいて火をともす。もともとは字義通り持ち運びができる灯火であったが、その機能は「提灯」に移り、もっぱら室内に置いてつかわれた。**73 洋灯**　ランプ。石油を燃料とし、ねじの操作で綿糸製の芯を上げ下げして明るさを調節し、ガラス製の火屋（ほや）で火を囲う構造の灯火具。菜種油の行灯、ろうそくの燭台にとってかわる、新たな光を提供した。**74 相住み**　同じ家にいっしょに住むこと。**75 以前の著書において**　『雪国の春』（一九二八）の「雪中随筆」の一節が「火の分裂」［全集3：六四九頁］と題されていることを指す。

## 四　寝間と木綿夜着

火の分裂はすなわち炉《ろ》の威力の衰微《すいび》であった。

秋もやや深くなるころから、背戸《せと》[76]の薪《まき》の山をほつほつと崩して[77]、これを大きなひほど[78]に打《う》ちこんで燃《も》やした時代には、家に住むかぎりの者は集まってその傍《そば》を囲《かこ》まずにはいられなかった。炉《ろ》端《ばた》の正面を横座《よこざ》[79]といって、これには当然に家の主が坐った。この一枚だけ莫蓙《ござ》[80]が横に敷かれたゆえに横座である。通例はその右手《みぎて》が客座《きゃくざ》であって、客のないときには家の者もまじり坐ったが、他の一側の上席《じょうせき》だけは儼然《げんぜん》たるかか座として、嫁にも娘にも代わっておることを許さなかった。あるいは杓子とり[81]とも称する食物分配の権能《けんのう》はこの座から発動し、嫁にその杓子《しゃくし》を渡すことが相続《そうぞく》であった。横座と相対する下《しも》の座は木尻《きじり》[82]であって、これにはもとより敷物は敷いてない。薪《たきぎ》の尻のほうを向けて置くから木尻であった。古風な大家《たいけ》では夜なべの時刻にも主人はその横座にきたり臨んだものであったが、それは必ずしも安気《あんき》[83]なる任務でなかった。

最初にこの囲炉裏《いろり》の煙を厭《いと》うて、まず引っこんだ者は彼らであった。すなわち第二の小さな上《かみ》の炉《ろ》というものができたのだが、これは広敷《ひろしき》とは違って天井《てんじょう》が低いために、大火《おおび》[84]を焼くことはできなかった。炭《すみ》の入用はこのごとくにしておこったのである。

熾掻《おきか》き[85]が杓子とはちょうど正反対に、しだいに中窪《なかくぼ》みの十能《じゅうのう》[86]に進化してきたのは、火を運ぶ必要が多くなってきたからである。土《つち》で築《きず》いた今日の竈《かまど》というものも、以前から使われてはいたのであろうが、主人の影《かげ》が見えぬと炉辺《ろへん》はさびしくなり、同時に燃料の節約のために、多くこのほうを利用するようになり、それからまた消炭《けしずみ》[87]が多くできることになった。いわゆる小鍋立《こなべだて》の準備はこのごとくにしてなった。必ずしも焜《こん》炉《ろ》[88]と堅炭《かたずみ》[89]の発明をまたなかったのである。

火鉢は土地によっておか炉[90]ともいう方言《ほうげん》がある。オカは高いところのことであって、

**76 背戸**　せど。家の後方。

**77 ほつほつと**　少しずつ。ぼつぼつと。

**78 ひほど**　岩手あたりの方言で、囲炉裏のこと。「ほど」は火床。

**79 横座**　敷物を横にしいた囲炉裏の奥正面の席。主人がすわる。亭主座。

**80 莫**　い草の茎で織った敷物。貴人の座席を意味する「ござ（御座）」という表現の敬意は、その敷物である畳などに用いられるなかで失われていった。

**81 杓子とり**　杓子を握って自分の思い通りに管理すること。杓子は汁や飯などをすくう道具で主婦権を象徴した。

**82 木尻**　炉ばたで、最下位の者がすわる席。

**83 安気なる**　気楽な。

**84 大火**　激しく燃える火。強火。

**85 熾掻き**　「熾」は熾火（おきび）の略。赤くおこった炭火。「掻く」は集め寄せることで、熾の火を動かす道具。

**86 十能**　第二章の注29を参照。

**87 消炭**　薪や炭などの火を途中で消したときにできる炭。軽くて柔らかく、火がおきやすい。

**88 焜炉**　鉄や土で作った移動のできる小さな炉。風の通りがよく、炊事などに用いる。七厘（しちりん）。

**89 堅炭**　火力の強い堅い木炭。

**90 おか炉**　東北地方で長火鉢、箱火鉢のことをいう。

これを上《かみ》の間《ま》までも持ち運びえたことが、他日これほどの住居《すまい》の変遷を、引きおこすものとはなんびとも予想しなかったが、とにかくにこれができたばかりに、珍客はまず炉の傍《かたわら》へは請《しょう》じられなくなったのである。

木綿《もめん》の普及はここにもまたひとつの大きな影響をあたえている。

これがなかったならばおそらくはこたつというものもできなかったのである。炬燵《こたつ》という妙なものの起原は、いまなお説明せられていないが、とにかくにこれが上《かみ》の小さな炉に薪《たきぎ》を焚《た》かぬようになり、十能・せんば[91]が燠《おき》の火を運ぶようになってから、後《のち》のものなることは推測することができる。それが火鉢と結託《けったく》して置炬燵《おきごたつ》となり、さらに進んでは番所《ばんしょ》ごたつ[92]、ねこ[93]という類の小発明も継《つ》いでおこったことは、江戸期も終りのころの文学にすでに見えているが、ひろく農村のあいだに採用せられたのは、むろん明治の四十年間の事蹟《じせき》であった。

そうしてこれが一家《いっか》の生活ぶりに新たなる差別を立てたことは、あるいは食物などよりはさらにいちじるしいものがあったのである。以前は冬の夜も帯《おび》を解《と》いて、炉の火で腹《はら》と背《せ》なかをとっくりと炙《あぶ》って、それからその着物を引きかついで寝るのが常であり、あまり寒ければ炉の周囲に出てきて寝たが、ひとりはしばしば起きて木を添える者があって、夜《よ》一夜《ひとよ》[94]休めなかったという話も多かった。炬燵は年寄《としよ》りや病身の者を安く睡《ねむ》らせる便法であったが、その恵沢《けいたく》は一部にしかおよびえなかった。

そうしてこれあるがためにわれわれの寝臥《しんが》法《ほう》[95]も変化したのである。

古来の日本人の寝臥法は、絵になっている上流のわずかなものを除くほか、あまりに平凡なためかこれを記述した書物がない。こういう晴《はれ》でない事柄《ことがら》は語るを避けた結果、一般にひとに知られることを恥《は》じているようだが、これがかえって舶来《はくらい》の寝床《ねどこ》に近かった[96]のみならず、かつはいままでの住宅とも調和していたのである。木綿が冬の夜着《よぎ》[97]となって、固有でまた自然なものは下品《げひん》なように考えられて、なんの改良をも加えられなかったのは残念である。

寝間《ねま》[98]の大切になるのは秋の末からであった。ちょうど苅《か》り入れた新藁《しんわら》を乾《ほ》してよくすぐり、それをいっぱいに敷きつめて、夜の床《とこ》は香《かぐ》わしくなる。その下には二尺三尺の深さまで、籾殻《もみがら》[99]を積んであるのが普通であったが、これも年《とし》ごとに古いものと入れ

**91 せんば**　炭火をすくって運ぶ用具。北陸以西の方言。豆などをいる用具「煎盤（せんばん）」の変化か。　**92 番所ごたつ**　番屋ごたつともいう。底板のある瓦製の置きごたつで、自由に移動することができる。　**93 ねこ**　炭火を入れて手足をあたためる道具。行火（あんか）・火箱の方言。　**94 夜一夜**　夜どおし。一晩中。　**95 寝臥法**　横になって寝る寝方。　**96 かえって舶来の寝床に近かった**　柳田はここで、後段においてその構造を具体的に説明する、藁を寝具として活用していた旧来の様式について語っている。それらは固定的な寝床であった点で、舶来のベッドに類似していた。　**97 夜着**　夜寝るときにかけるふとんなど。夜具のひとつ。大形の着物のような形で、厚く綿を入れた。　**98 寝間**　夜寝る部屋。寝室。寝床。

替えたのである。藁に寝ていた記憶のある者は、いまでもまだ決して少々《しょうしょう》ではないのだが、よほど、素朴《そぼく》なひとでないと、それが煎餅蒲団《せんべいぶとん》[100]よりははるかによいものだということを、思い切って説く者がないくらいに、いまでは綿《わた》の敷物《しきもの》[101]が普通になってしまった。

しかしのこっている寝室の構造を見てもわかるように、元《もと》は決して貧乏人だけの、よんどころ無しの辛抱《しんぼう》[102]ではなかったのである。

家の幹部になる者の休処《きゅうしょ》[103]は、たいていは中央の突《つ》きあたりにあった。その入口の正面を背《せな》にして、いわゆる横座の主《ぬし》はこれを防護していたのである。ここのしきりだけにははじめから戸があって、下《した》の框《かまち》[104]が五、六寸も高くなっていたものが多い。跨《また》いで入るのは侵入者を食い止める方便《ほうべん》でもあれば、同時にまた中から藁の飛び出さぬ用意でもあった。あるいはまた折れ曲って入口を横手《よこて》につけ、表はかえって板壁《いたかべ》になった例もある。だから妻子の寝る室はたいていは薄暗いのであったが、藁を床《とこ》にしているあいだは暗くてもまずはよかったのである。

ところが木綿《もめん》はもっとも湿気《しっけ》を引きやすく、また汗の香を移しやすいものであった。寝間の構造位置などは元のままにしておいて、たんに夜具《やぐ》だけを新しいものに変えようとしたために、ここは村々の衛生吏員《えいせいりいん》などの、なによりも気にしなければならぬ場処になったのである。

この種の考えない二重生活は、家屋に伴《ともな》うては他にもまだいろいろあるように思う。それほどにも建物はわれわれを拘束し、または徐々として意外な生活慣習を、成長せしむるものであったのである。

## 五　床と座敷

私室《しつ》を納戸《なんど》といっている方言《ほうげん》はひろい。納戸は文字の通りに、もとは物置《ものおき》のことであろうが、じっさい寝間《ねま》はまたその用途をも兼ねていたのである。伊豆《いず》の島々や但馬《たじま》の一部分では、村でもこの室を帳台《ちょうだい》という例がある。帳台は古い語《ご》であった。そうしてもっぱら身分《みぶん》ある人びとの寝所のことのようにも考えられていたのである。

二条城《にじょうじょう》その他の本式の書院造《しょいんづく》りを見ると、上段主公《じょうだんしゅこう》[105]の座の一方の片脇に、低い櫛形《くしがた》の窓があって次の間《ま》に通じている。それを武者隠《むしゃかく》しなどと称して護衛《ごえい》の士《し》を置くとこ

99 **籾殻**　稲の実の外皮。玄米にするときに外されて残る。卵・果物などを箱詰にする際の込めものにも使う。　100 **煎餅蒲団**　入れ綿が少なくて薄い、堅くて粗末なふとん。　101 **綿の敷物**　ふとん。　102 **よんどころ無しの**　そうするより外にしようがない。やむをえない。「よんどころ」は拠りどころの変化。　103 **休処**　休息所。　104 **框**　外枠の木。　105 **主公**　主君。

ろだというひともあったが、じっさいはその次の間《ま》がすなわち帳台の間《ま》なのであった。その低い窓のような入口は、むしろ外襲《がいしゅう》に備えた構造のように思われる。武装した者が潜《くぐ》ってこの穴《あな》から入ろうとするあいだには、若干の支度をととのえる余裕があるからで、内外の相違はあるが、防禦に用立ったというまでは一致《いっち》している。

ちょうど農村の旧家の寝間《ねま》の閾《しきい》[106]が高く、あるいは三尺の板敷《いたじき》を折れまがって入《はい》るように、表《おもて》を囲《かこ》うてあるなども目的は同じであった。佐渡《さど》ではこの由来《ゆらい》に関して親隠《おやかく》しの昔話が伝わっている。すなわち蟻通《ありどお》しの物語[107]も同じように、老人を山に棄てさせた時代に、孝行な者が親をこのなかに匿《かく》していたというのである。あるいはまたこの入口の小高い下框《したがまち》のことを、戯《たわむ》れに恥隠《はじかく》しと呼んでいる土地もあった。これがなかったらしばしば藁《わら》しべを蹴散《けち》らして、藁に寝ていることが暴露するからというのであるが、この説明もやはり新しいものであった。武者隠《むしゃかく》しの伝説が半分ほどこれと似ているのは、あるいは偶然ならぬなんらかの関係があったかもしれぬのである。

ここまで考えてくると、座敷の行《ゆ》きどまりの一区画を小高くして、いまは掛物《かけもの》・置物《おきもの》・生花《いけばな》などを鑑賞する場処を床《とこ》といっているが、もとはその用途がまったく別であって、やはり寝床のトコであったことが想像せられるのである。

どうしてこのような裏《うら》から表《おもて》への大変革[108]があったかは、主として建築術の歴史がこれを説明する。

以前尊敬する寄寓者《きぐうしゃ》のために、新たに仮屋《かりや》を建てて提供した時代には、それは多くの提供者の家に接近した離《はな》れ座《ざ》敷《しき》のような別棟であった。おいおい工芸が進んで巨大なる棟木《むなぎ》や柱が利用せられ、ひともまた複雑の技巧を楽しむようになって、家族の若干の部屋が母屋《おもや》と併合したごとく、客舎もまたあらかじめ常設のものを、その大きな家のなかに作り添えた。

それほど後代は珍客の来訪が、頻繁《ひんぱん》になっていたのである。もちろんこの設備があるために、同じ待遇をいくぶんか拡張したということはある。以前ならば単に炉辺の客座の上《かみ》まで、請《しょう》じ入れてよかったひとを、奥座敷があるばかりにそちらへ通したということはあろう。しかし、とにかくに客のために設けた室であるゆえに、留まっているあいだは客のほうがそこでは主人であった。いまでも旅館においてはこの気持を味わうことができるが、つまり滞在者に横座《よこざ》権《けん》

**106 閾**　部屋の境の戸・障子・襖の下にある溝のついた横木。敷居。しきみ。鴨居。**107 蟻通しの物語**　七曲りの玉の穴に糸を通すという難問を、蟻の腰（足とする話もある）に糸をむすんで穴に入れ、出口に蜜をぬっておけばよいと、ひそかに隠していた老親が教えてくれたという話。柳田は『村と学童』（一九四五）に収めた「親棄山」で、この「七曲（わた）の玉の緒、一名を蟻通しという話」［全集14：四八四頁］についてくわしく論じている。**108 裏から表への大変革**　家のなかの内向き私的な設備が、外向き公的な使われ方をするものに変化したこと。

を譲るのである。上客《じょうきゃく》が強《し》いて床柱《とこばしら》[109]の前へ、押し上げられるわけはそれからでてくる。亭主《ていしゅ》の横座のうしろが寝間であったごとく、主賓《しゅひん》は床の柱に凭《よ》[110]ることを当然としたのである。

ところが客殿《きゃくでん》は全部《ぜんぶ》畳を敷きつめた座敷となり、綿《わた》の蒲団をその上に延《の》べて寝るようになって、床《とこ》の特別の装置は不要になった。それでもこれを取り除けてしまうと、客を優遇している趣意が見えなくなるゆえに、しだいにこの区画をいまいちだんと高《こう》尚《しょう》なる目的に使用することにはなったのである。

軸物《じくもの》を壁に掛けることも、俗人の家ではちょうど生花《いけばな》と同じころに、すなわち室町《むろまち》時代からはじまったようである。花を花瓶《かへい》に挿《さ》す日は最初は七月の七日《なのか》ときまっていた。これも一種の盆花《ぼんばな》[111]であったから、掛絵《かけえ》[112]も宗教画に限っていたのであろうが、ほどなく種々の風流《ふうりゅう》がこれにくわわって、器物や植物との興味ある配合《はいごう》がおこなわれ、富める者はその数十組を陳列するようになって、急にこの時代の骨董熱《こっとうねつ》は高くなったのである。生花《いけばな》見物のためにする装飾を、室礼《しつらい》[113]ともいっていた。床《とこ》が台子《だいす》[114]と連《つら》なってこの目的に供せられることになったのは、ちょうどその設備が無用になった直後である。茶事と誹諧《はいかい》[115]とがこのやや頓狂《とんきょう》なる思いつきを、尻押ししたことはいうまでもなかろう。

ふすまが中じきりの唐紙戸《からかみど》を意味するようになった理由は、私にはまだはっきりとは説明ができない。がとにかくにひとつの屋棟《やのむね》の下に、しばしば二人の主人ができ、二か所の寝床が設けられるようになると、屏風《びょうぶ》だけでは分堺《ぶんかい》がなお十分でなかったので、それが間《ま》というものの今日のごとく割拠[116]する、最初の原因になっているのである。

それよりも大きないまひとつの変化は、家中《いえじゅう》がすべて畳《たたみ》になったことであるが、これもまた根本は客舎の併合と、それにもとづく坐礼《ざれい》の改定とからきている。

客舎が単純なる臨時の小屋《こや》であったうちは、それを給与せられた客の席はきまっている。すなわち普通の住居における主人の座、囲炉裏《いろり》の正面から庭のほうに向いていればよかったのである。ところが客間《きゃくま》ができてからはいろいろのひとがこれへ通され、しだいに貴賓の款待《かんたい》を同輩のあいだにまで及ぼそうとしたために、互いの斟酌《しんしゃく》・会釈《えしゃく》ということが繁《しげ》くなり、結局いわゆるよきほどのところへ、坐《すわ》らなければならぬひとも多くなった。畳は元来歌《うた》がるたの絵[117]のように、一人が一帖ずつ控えていればよいも

**109 床柱**　床の間のわきの化粧柱。違棚との間の柱を特に重んじ、これをさす場合が多い。銘木を用いる。 **110 凭る**　よりかかる。もたれる。 **111 盆花**　第一章の注57を参照。 **112 掛絵**　絵の掛けもの。画幅。 **113 室礼**　御簾・屏風・几帳など各種の調度品で間仕切をすること。 **114 台子**　正式の茶の湯に用いられる棚で、風炉・茶碗・茶入れ・建水などの諸道具を載せておくもの。 **115 茶事と誹諧**　茶事は茶会をひらくこと、誹諧は誹諧連歌の意で連句の会を催すこと。 **116 間というもの……割拠**　居間、客間、応接間、床の間、次の間、茶の間、中の間など。

のであったが、後には連中が多くなると、周囲だけには敷き連ねて置くようになり、さらにこの辞譲《じじょう》[118]の作法が面倒になってから、しまいは中央部までもみな畳にしたのである。

これには盃酌《はいしゃく》[119]の際における亭主の進退なども関係していたのであろう。

本当の貴賓ならば正座《しょうざ》[120]のひとはみな平坐《へいざ》[121]であり、これに対する者はみな跪坐《きざ》[122]であった。日本では両膝をあわせて下に突き、足は指先のみを揃《そろ》えつけているのが、長者《ちょうじゃ》の前に侍《じ》する者の常の作法であった。すなわち御用あらばすぐに立てるという形なのである。この形は受ける側《がわ》にも、いくぶんか気ぜわしなく感ぜられるゆえに、女性だけにはいま少し打ちくつろいだ現在のような坐り方があったが、男が主客ともに前面はひざまずき、後《うしろ》は指を伸ばして足の甲《こう》を下《した》につけるようになったのは、まったくこの款待《かんたい》の拡張からであった。

すなわち客もあぐらをかくに忍びず、亭主もかしこまっているにも及ばぬというほどの交際が、もっとも発達した結果といってよいのである。

こういう坐り方には板敷《いたじき》はことに不便であったろう。とにかくに客間は座敷ともいうほどで、はやくからこの座が敷きつめてあった。しかもその他の部分も、廊下《ろうか》・勝手《かって》以外は、ことごとく畳を敷くべきものと思うようになったのは明治である。いわば畳の、もと敷物であったことを、忘れていこうとする過程である。

現在は客無き日にも敷き放《はな》しを普通とするのみか、金のある者はその上に絨氈《じゅうたん》や虎《とら》の皮《かわ》を延べて、さらに坐蒲団《ざぶとん》と称する第三の畳を敷いている。そうして靴を脱いだ手で、すぐに御菓子を摘《つま》まなければならぬ不便をさえ忍んでいるのである。

こういうのは古くからの拘束ですらもない。

## 六　出居の衰微

畳は本来はたたむことのできるものであったはずである。

それが床《とこ》と称《しょう》する藁の中子《なかご》[123]を入れるようになったのは、やはり座蒲団が褥《しとね》[124]の転用であると同じく、寝具《しんぐ》との関係があったらしいのである。現在は刺し固《かた》めて板のようになっているけれども、これに何寸《なんずん》かの高さをつけてあるのは、たんに室内の入用《いりよう》なるところどころに、移して敷くものであった名残《なごり》に他ならぬ。牀《ゆか》に高低があれば休むの

117 **歌がるたの絵**　小倉百人一首の歌がるたの人物が置畳（おきだたみ）の座にすわっていること。

118 **辞譲**　謙遜して他人に座をゆずること。　119 **盃酌**　盃をやりとりし酒をくみかわすこと。酒盛り。

120 **正座**　正客（しょうきゃく）がすわる場所。　121 **平坐**　あぐらをかくこと。楽なすわりかたをすること。　122 **跪坐**　両膝をつき、足は爪先立てて、そのうえに腰をおろす坐り方。　123 **中子**　芯。中身。

124 **褥**　寝るときに下に敷く敷物。敷き布団。

に楽《らく》であったのみならず、以前の上靴《うわぐつ》であったたびを脱がずとも、足を投げ出してあぐらにおる便《べん》があったからだと思う。

足袋《たび》が木綿《もめん》になってからは、かえってこれを穿《は》いて畳を踏みあるくほうが、まだいくぶんか気もちがよいように感じているが、それでもこの敷物をたんなる板の間《ま》と同一視しえざるかぎり、気になることはなかなか多いのである。

なかでも問題になっているのは塵埃《ありほこり》の始末で、そのために今日の煤払《すすはら》いなどは、じっさいは畳をたたく音をもって終始しなければならぬことになっている。日本の文学がしきりに浮世《うきよ》の塵《ちり》を歎いていたころ[125]には、まだまだわれわれの塵は単純であった。乱れて飛ぶものの繊維《せんい》はいくぶんか長かった。

今日では毛や木綿のいろいろの織物、紙とか炭屑《すみくず》とかのすべてが、砕けて粉《こな》になって多くの微生物を宿《やど》し、ちょうど細《こま》かな畳の目に落ちついて、また朝夕の蒲団の煽《あお》り[126]にただようのである。それが少しずつ沈んでくる時刻が、生憎《あいにく》われわれの寝るとき、または食うときである。膳《ぜん》の高さというものがおもしろいほど低くなってきたことは、あるいは十二分にこの塵埃《ちりほこり》を受けてたたえようとする趣意のごとくにも考えられたが、こちらはさすがに少しずつ、またその寸法を加減しようとするようになった。

ひとり畳の高さばかりが、現に寝台というものに足のあることを知りつつも、これをどう改めようと思う者もないのは、まったく近年に入って敷きつめて牀《ゆか》のごとくにしたからであった。つまりこの物がちょうどその形のように、牀《ゆか》にしてはやや余分であり、敷物《しきもの》としては少し足らぬという、中途半端《ちゅうとはんぱ》の地位にあるためといってよかろう。

客間が右に述べたごとく発達してから、出居《でい》の生活というものが日本では衰えた。出居《でい》は地方によって奥座敷をそういうところもあり、あるいは店の間《ま》・茶の間《ま》にもこれを宛《あ》てた例もあるが、いずれもじっさいは元《もと》の意味に当たっていない。出居はその文字のしめす通り、出て外のひととともにいる場所であった。寒いさかりには炉《ろ》の側《そば》にも寄せて語るが、通例はもっと端近《はしぢか》[127]の明るいところに、円座《えんざ》[128]などを敷《し》いて相対《あいたい》したのである。客間は準備がなくてはそういう単純なる訪問者を迎え入れることができず、茶の間にはまた内々《うちうち》の心《こころ》づかいがあった。小さな家では多くは戸口《とぐち》の立ち話でも用を弁《べん》じたが、門構《もんがま》え[129]のあるくらいの家ならば、これが事務でもあり新たなる刺戟でもあり、また社会との連鎖にもなっていたゆえに、出居《でい》という一隅《いちぐう》[130]がもとは大切なものに考えられたのである。

**125 浮世の塵を歎いていたころ**　『新続古今和歌集』（一四三九）に栄仁（よしひと）親王の「このままにすまばすむべき山水ようき世の塵に濁らずもがな」の歌がある。**126 蒲団の煽り**　ふとんの上げ下げ。たたんだり、敷いたりすること。**127 端近**　家のうちで端にちかいところ。あがりはな。**128 円座**　蒲の葉、菅・藁・い草などの茎を素材に渦巻き形に円く編んだ敷物。**129 門構え**　家の外構えの出入り口に門を設けること。**130 一隅**　ひとつの部分。片すみ。

それで一名《いちめい》を表《おもて》の間《ま》、貴族にはこれを会所《かいしょ》[131]といった時代もあった。ところが尋常の家々では外に働くときが多いのだから、むろん毎日ここを使うわけでもなく、常は女が縫物《ぬいもの》をしたり、または子供が手習《てならい》をするという類《たぐい》の、主人以外の者の事務にも用いられて、少しずつその最初の目途《もくと》が不明になり、次いで座敷という部分が発達するにつれて、有《あ》れども無《な》きがごときものにこの出居はなってしまったのである。商人がこれを見世《みせ》の拡張に利用し、医師その他の居職《いじょく》[132]の者が、ここを仕事場《しごとば》にする場合を除き、他の多くの家ではこの一室が無意味になった。外から来る者は強《し》いて上らせて座敷の客として款待する者と、できるならば取次《とりつぎ》[133]から還してしまおうとする者との、いずれかに片寄《かたよ》せられることになった。日本の接客法がある者には濃厚に過ぐと評せられ、他の観測者にはまたやや冷淡のようにも解せられる原因は、主として出居の衰微からきているかと思われる。

近ごろのいわゆる文化住宅[134]だけは、少しずつこの欠点に心づきはじめたのであるが、やはり大部分は出居を不用として、これを省略するほうへ進んでいる。村でも新しく建てたものには、最初からこれを廊下同然に看做《みな》しているものが多い。婦人がおいおいに社交の能《のう》に長じてくると、茶《ちゃ》の間《ま》と表《おもて》、常居《じょうい》と出居《でい》との隔《へだ》てはなくしてもよいか知らぬが、後者と座敷の差別にいたっては、ないと必ず混乱を招くべきものであった。玄関は本来客室の出入口として、とくに設けられたものであった。これもあるいは長屋《ながや》生活の影響であろうが、それを外観の中心とするようになって、家はあべこべにこの臨時設備の附属物のごとくなってきたのである。

貴人来臨が生活の大重要事件であったのは、武家《ぶけ》時代でも主として前期に属している。たんに有閑階級が出遊《しゅつゆう》[135]を好み、旅館がまだいたるところに備わらなかったという以上に、これは部下の者の御目見《おめみ》え見参《けんざん》[136]と対立した、一種誓約《せいやく》の方式のうちであったらしいのである。それゆえにひさしからずしてその風《ふう》は順次に廃《すた》った。唯一かつそのために発達した奥座敷《おくざしき》の構造のみが、いつまでもその利用の延長をうながしていたのである。

一方には故旧《こきゅう》・親族のおりおりの往来、これも起原はひさしく土地によってはこれをチョウベ（朝拝《ちょうはい》[137]）という者もあって、まだ生命のあるひとつの慣習のようであるが、

131 **会所**　集会する場所。商人・役人などの事務所。132 **居職**　自宅に居て仕事ができる職業。出職に対して。133 **取次**　玄関のこと。134 **文化住宅**　大正から昭和にかけて流行した居間中心の洋風住宅。玄関脇に洋風の応接間をつけたものが多い。135 **出遊**　外に出て野山に遊ぶこと。遠地におもむくこと。136 **御目見え見参**　主人はじめ高貴なひとに謁見することで、中世には「見参」「御対面」などと呼ばれ、室町時代末期には「御目見」の語が用いられた。主従関係・身分格式の確認の意味があった。137 **朝拝**　『日本方言辞典』（小学館）によれば「里帰り・帰省」「親類縁者の家に宿泊すること」「もてなすこと」。もともとは、元旦に天皇が大極殿で諸臣の年賀を受ける儀式で、平安中期に廃れている。

こちらは臨時に家族の一員となるという意味しかなかった。

この二つが後には混乱して、座敷へ通した以上はいつの場合にも歓楽宴語《えんご》[138]し、家《いえ》中《じゅう》をひっくりかえらせ、子供をまごまごさせるようになっているのは拘束であった。

今日の間取《まど》りは部屋《へや》であれ座敷《ざしき》であれ、いずれも新たに外から附けくわわった部分が、前からある住居《すまい》を侵食した形になっている。出居《でい》の生活はあらためて非常に必要になってきたけれども、これに代わるべき応接間《おうせつま》というものには、いまはまだ多くの客間式分子《きやくましきぶんし》を留めているようである。

これにはわれわれの住心地《すみごこち》の問題が、少なくとも一地方の協同でないと、解決しえなかったということも考えてみなければならぬ。

色とか味とかは思い思いの趣味によって、このとおり入りまじっている。けれども家屋にはこれを供給する者の手がきまっていた。大工の雛形《ひながた》[139]はいたって徐々に変わってゆくもので、それにもいくつかの棟梁《とうりよう》の系統が分かれていた。滅多《めった》に教えられた寸法割合《すんぽうわりあい》から離れてゆくと、じっさいは危険にたえなかったのである。

それゆえに甲と乙との府県のあいだには、おもしろいほどに様式の相異があって、しかも同じ土地だけでは、どの家もほぼ御揃《おそろ》いにできていたのである。いよいよ不便がはなはだしくなって改造をしようということになっても、その変化はまことに知れたものであった。どこにいってもそうは大胆で自信のある設計家という者はいないから、安心して手本《てほん》に取るようなものが得られなかったのである。それで結局はむしろ外国の永い経験を、そのまま引き継《つ》ぐほうがよいという案も出るのであるが、他の生活方法はまだこれと調和せず、[140]また材料の制限もいろいろあった。そうしてわれわれはこの上新しい忍耐を強《し》いられようとはしないのである。

家が全体に他の何物よりも古風で、衣食その他の進歩を邪魔しているのは、いわば悔《く》いなきものの定まるのを待っているのである。今日は幸いにしてすでに若干の自由に空想しうる建築家があらわれて、次々にその製作を実地に試みるようになったが、品はただひとつで型《かた》を定むるまでにいたらず、すぐに後から来るものに代わられているのは、すなわち流行のまだ容易に始まらぬことを意味する。

いわゆる和洋折衷[141]の例はもうよほど多くなったが、これは折衷[142]ではなくてじっさいは、寄せ集めてくらべているだけである。

**138 宴語**　くつろいで話すこと。　**139 雛形**　模してつくる手本。　**140 他の生活方法はまだこれと調和せず**　坐り方との関係における机の高さや椅子の用途、寝台の要不要、履物をどこで脱ぐか等々、さまざまな問題がある。　**141 和洋折衷**　和風と洋風とをほどよくとりあわせること。　**142 折衷**　相反する両方のよいところをとってほどよく調和させること。

## 七　木の浪費

家を建てる材料の問題については、いままでもかなり苦労をし、また迷った。そうして衣食のようには機会に恵まれていない。

しかし大体からいうと、日本のように植物のよく繁茂《はんも》する国で、木《き》萱《かや》[143]を主として使ったのは自然であり、また選択の余地のないことであった。ただその利用法が、以前はいくぶんか注意深くなかったといえるのである。

最初の屋根を葺《ふ》く方法からいうと、これがむやみにひとの手《て》をかけさせるものであった。板葺きはちょうど今日のぶりき屋根[144]と同じに、もっとも単純な思いつきであっただけでなく、損所を補修することも容易なようであるが、それはただ板の価《あたい》がきわめて安かった場合の話である。枌板《そぎいた》[145]の工芸ができるだけ木を薄くそぎ、おいおいにまたその形を小さくしたことは経済にもかない、かつ作業にも便《べん》であるうえに、それを葺き重ねたところは美観でもあったが、それだけに手数は多くかかった。釘で打ちつけると割れ腐り、石で押えるとすべり落ち、それを横木《よこぎ》で留めると雪がおろしにくくなる。おまけに風に損じ火におびやかされる、危険はもっとも多いのである。それにもかかわらずこの式はながく伝わり、それを押える樹の枝や平石《ひらいし》、丸石《まるいし》、海近くにあっては蠣《かき》の殻《から》などと、土地それぞれの特色とさえなっているのである。主たる理由はこれに代わって用いらるべき材料の、発見しがたかった点にあるといってよかろう。

茅屋《かやや》[146]はいたって造作《ぞうき》[147]もないもののように思われたが、これとても萱野《かやの》のかねて用意せられたものがなくては、そういつでも新たに建てるわけにゆかぬ。すなわち古くから土地の経営法と、併行《へいこう》して伝わってきたのである。葦《あし》や麻稈《あさがら》や桑や竹のような、ありあわせのものをもって一部を補充するようになっても、もうその分だけは萱野《かやの》が減じておって、再び総茅葺《そうかやぶ》きにもどすことはむつかしいのである。

ことに各戸がめいめいにその用意するというは望まれぬことであった。一部落の内が順次に葺きかえ、または火に遭うて復旧するものを助けるには、ユイという組織を必要としていた。すなわち一年の萱《かや》をある一家に使わせることを承認するのみか、さらに集まって苅りかつ運ぶことを、相互いに約束していたのである。

ユイの結合が崩れてしまうよりも前から、もうこの萱生地《かやおいち》の存続がむつかしくなっ

143 **木萱**　木と萱。萱は、すすき・すげなどの総称。草木。144 **ぶりき**　錫をメッキ（鍍金）した薄い鉄板。オランダ語の blik を当初「ブリッキ」と音訳した。「鉄葉」「錻力」とも書く。145 **枌板**　木を薄くそぎけずって作った板。屋根などに用いる。146 **茅屋**　茅で葺いた屋根、またはその家。147 **造作**　手間や費用がかかること。面倒。

ていた。しかも民家が瓦《かわら》をもっておおうことは、普通は制度として許されなかったゆえに、小屋には思い思いの仮葺《かりぶ》き[148]がはじまったのである。京都の南から大和《やまと》へかけては、稲藁《いなわら》を多く用いている。あるいは美観のためにこの材料を択《えら》んだかと思うほどに、いまでは家の輪廓と巧妙に調和させているが、こういう手のかかる葺き代《しろ》[149]を最初から好んだわけはない。

その他の多くの府県の小麦稈《こむぎから》[150]、ないしは大麦の藁をもって葺いているものは、あきらかに萱野《かやの》を麦畠《むぎばたけ》に開かねばならなかった結果である。上手《じょうず》に葺き上げると外形はさして違わぬが、こちらは茅屋《かやや》のていねいに葺いたものが、四、五十年を保つに反して、まず三年もすれば朽ちはじめた。従《したが》うてユイをかわすべき余地はなくなった[151]のである。山々《やまやま》の冬の仕事の少ない村から、屋根屋《やねや》[152]という者が暮《くれ》にかけて巡業した。手の足《た》らぬ家では日傭《ひよう》[153]を入れた。そうしてその真黒になった古麦藁《ふるむぎわら》は、通例は堆肥《たいひ》などに宛てていた。

屋棟《やのむね》[154]の葺合《ふきあ》わせは草屋《くさや》にはことに面倒であった。東国《とうごく》には土を載せて萱《かや》の端《はし》を押え、雨でその土の流れるのを止めるために、しゃが[155]、いちはつ[156]の類の根《ね》の多い植物を栽《う》えているものがあるが、他の地方では別にぐし[157]を藁苞《わらづと》で押えて、竹を横たえてこれを綴《と》じ合わせる方法が発達し、屋根葺きの工芸もだんだんに専門にあるいは箱棟造《はこむねづく》りといって板で包み、また杉皮《すぎかわ》をもって巻き立てたものもあるが、明治に入ってからはだんだんに瓦のぐしが増してきた。

　これはひとつには外観の美のためでもあった。瓦の総葺《そうぶ》きは常民に禁じていた時代にも、棟《むね》と庇《ひさし》とだけにはこれを認めたゆえに、東海道の宿駅《しゅくえき》などには、ほんの中《なか》ほどのわずかの部分しか、萱を用いておらぬ家も多かった。総瓦《そうがわら》が自由になって萱野《かやの》はたちまちに開きつくされ、[158]一方にはまた家の形がまるで変わってきた。草屋《くさや》はできるだけ早く雨を流し、湿気を含ませておかぬために、もっとも傾斜を急にする必要があった。こういう家では軒《のき》が低くたれて、玉水《たまみず》[159]のしぶきが

148 **仮葺き**　まにあわせの材料で屋根を葺くこと。149 **葺き代**　葺く材料。150 **小麦稈**　小麦の実をとったあとの茎。むぎわら。151 **ユイをかわすべき余地はなくなった**　結（ゆい）は、一時に大量の労力が必要となる屋根葺きなどの作業において、提供する労力を対等に交換しあってたすける自治的な相互扶助のしくみ。ここでは、一方に四、五十年もつ茅葺きの屋根があり、他方の家の藁屋根は三年のサイクルでの葺き替えが必要となると、扶助の相互性の均等がくずれてしまうために、結の作業としては成りたたず、専門の屋根屋を雇ってやらざるをえなくなると、いうこと。152 **屋根屋**　屋根葺きを業とする職人。153 **日傭**　日傭取（ひようとり）。日雇い。154 **屋棟**　屋根のもっとも高いところ。頂上。155 **しゃが**　アヤメ科の多年草。射干。者我。156 **いちはつ**　アヤメ科の多年草。一八。鳶尾。火災を防ぐという俗信がある。157 **ぐし**　屋根の棟。頂き。竹の串でさしかためることが語源。158 **萱野はたちまちに開きつくされ**　萱の需要がなくなったので、萱野は開発されて麦畑などに変わり。159 **玉水**　あまだれ。軒先から落ちるしずく。

戸に迫《せま》ったが、瓦はこれと反対に載《の》せてずらせぬように、とくに緩《ゆる》やかに屋根をこしらえたので、従うて軒先を深く、窓を明るくすることも容易であった。

板や杉皮を葺いた庇《ひさし》は新しいものではないが、明治は村々の茅屋《かやや》・藁屋《わらや》が、競《きそ》うてその庇を取りつける時代であった。竹樋《たけとい》[160]・とたんの樋《とい》[161]をその端にめぐらして、ひとが雨垂《あまだ》れの簾《すだれ》をくぐらずとも自由に入ってこられることになったのはそれからであり、これに伴《ともな》うてまた椽先《えんさき》というものが、多くの小家の普通になったことが、新時代のひとつの変化であった。

椽《えん》は草屋《くさや》にあっては通例は雨戸より外《そと》になって、濡れてじっさいは多くの用に立たなかった。軒の庇が高く明るくなると、はじめて家のなかにこの板敷が設けられるようになり、畳を敷きつめた障子の中の不自由さを、いくぶんか緩和する結果になったことは、これがどういう風に利用せられているかを見てもわかる。年寄《としよ》りたちにはいまでもその椽側《えんがわ》がめずらしくて、始終《しじゅう》これに出て日を浴びようとする者が多い。子供も心安く多くはここに集まってくる。路を通る者が立ち寄って腰を掛けようとする。すなわち一部分は出居《でい》の機能をも恢復しているので、これが主としてまた瓦というものの影響であった。

壁の普及は瓦よりは少し古かったかと思うが、これも庇《ひさし》が開いて軒先が遠くなってから、一段とその効用があらわれてきた。以前は雨が注《そそ》いで土を飜《こぼ》しやすく[162]、いわゆるあばら屋《や》[163]の隙間は、かえって板よりも多かったのである。しかしよく塗《ぬ》ればこのほうがむろん風を防ぐから、寒い土地には適したろうと思うが、じっさいはむしろ意外に北へ行くほど板壁が多くなっている。ひとつには材料のなお乏《とぼ》しからぬため、いまひとつはこれが外《ほか》からきた技術であったからで、すさ[164]を切り込んで泥をまとめるというほどの簡単なことでも、なお偶然には思いつくことができなかったのである。

左官《さかん》という名前はどうしてはじまったか知らぬが、この一派の職人が土着して、家はやや温かくなりまたようやく立派になった。そうしてわれわれは他日鉱物《こうぶつ》の家に住む準備を、少しずつしていたのである。

いまひとつの効果は窓が自由に、いかなる大きさにも、開けられるようになったことである。板で壁を張っても窓は作れぬことはないが、じっさいはその大きさと位置とが限られていた。障子・硝子《ガラス》戸の進出と手をたずさえて、窓の形はおもしろいほどまちまちになった。そうしてまた小座敷《こざしき》の数を多からしめたのである。瓦《かわら》と土壁《つちかべ》とは当然にまた火事を防いでいるはずであるが、まだじっさいにはその成

160 **竹樋**　竹を二つ割りにし、節をとって水を通すようにしたとい。たけひ。161 **とたん**　亜鉛でメッキした薄い鉄板。162 **飜しやすく**　りずり取りやすく。崩しやすく。163 **あばら屋**　荒れはてた家。164 **すさ**　壁土に混ぜてひび割れを防ぐ繊維質の材料。藁などを刻んで壁土のつなぎにする。

績を認めさせてくれない。

いわゆる屋上《おくじょう》制限の早くおこなわれた都府、土《ど》蔵《ぞう》・塗籠《ぬりごめ》[165]を建て並べている市街が、それからなんどともなく一望の赤土《せきど》[166]と化している。地方の大火というものは一段と繁《しげ》くおこっている。消防の組織の密になったこと、機械の精巧になったのも明治大正の特色であるが、一方には火をおこす原因もまたたしかに多くなったことは、事後《じご》の調査によってこれを知るばかりである。

これには一種の隠《かく》れたる小屋《こや》心理《しんり》、すなわち家は焼けるものだという考え方も働いていたようである。

小屋が本当の仮屋《かりや》であった時代には、事実これはまた必要時の薪《たきぎ》でもあった。それからやや落ち着いて住むようになっても、強いて火を誘《さそ》うて焼く者[167]がなかったというだけで、町ではほとんど家の火を防ぐ者はなかった。いつでも警鐘《けいしょう》[168]を聴いて方角《ほうがく》と風の力を察《さつ》し、少しく危険があればまず立退《たちの》きの支度をした。葛籠《つづら》[169]や籠《かご》、長持《ながもち》[170]はことごとく運搬用にできており、車力《しゃりき》[171]の大八車《だいはちぐるま》[172]なども、火事の用に発明せられたといっている。

田舎でも一軒焼《いっけんや》けで済むのはまずめでたいの部類で、後に見《み》舞《まい》や手《て》伝《つだ》い[173]をもって埋めあわせをしたことは、今日の保険も同じであった。災害の種類も数は多いが、火事ほどいさぎよくひとが諦《あきら》めるものもまれであった。それが都会においてはすぐに代わりの得られる商品であったからである。だから不意を食って家財まで丸焼《まるや》けになった場合のところを、とくに不幸として歎いていたのである。

町火消《まちびけ》しに格別の骨折りをさせることは、大金《たいきん》のかかる仕事であった。必ずこの一軒は焼くまいと思えば、急場《きゅうば》に臨んで算盤《そろばん》を弾《はじ》いてみる必要があったので、多くの借《しゃく》家人《やにん》らはもちろんそんなことをしなかった。

総別[174]家の焼けることに関心せぬ者[175]が、町にはいたって多かっただけではなく、一部にはこれを景気と解する者も少なくはなかった。大火があれば一時ながら、たくさん

165 **塗籠**　周囲を厚く壁土で塗りこめ、明り取りをつけ、戸を設けて出入りできるようにした部屋。塗蔵。166 **赤土**　不毛の地。167 **強いて火を誘うて焼く者**　すすんで火をつける者。168 **警鐘**　火災のさいに危険の予告・警戒のため小形の釣鐘を打ち鳴らした。半鐘。169 **葛籠**　衣服を入れる蔓や竹で編んだかぶせ蓋の箱。柿渋や漆などを塗ったものもある。170 **長持**　衣服・調度などを入れて運搬したり保存したりするための蓋のある長方形の大きな木製の箱。箱の前後にかつぎ棒を通す環がついている。171 **車力**　大八車などをひいて荷物運搬を業とするひと。零細業者が多く、車所持の有力商人に雇われていたものも少なくなかった。172 **大八車**　江戸時代前期から関東の城下町などで使われた、荷物運搬用の大きな二輪車で、二～三人で引いたり押したりする。語源は、八人分の仕事の代わりをする（代八車）とか、車台の長さの八尺に由来する（大八）等の説がある。明暦の大火（一六五七年）の諸処の普請の用で、江戸の大工が考案・作製したともいわれる。173 **手伝い**　家の普請などで集落の者や近所のひとが無報酬で手助けすること。174 **総別**　総じて。だいたい。175 **関心せぬ**　関心をもたない。気にしない。

の失業者を済《すく》うことができる。江戸などはことに火消しすなわち仕事師であるゆえに、とかく火災を大きくしたがって困るということが、百年前になった『羽沢随筆《うたくずいひつ》』[176]には書いてある。つまりは家が焼けやすいというよりも、焼かぬという覚悟をもって建てられた家が少なかったのである。

現在は引越《ひっこ》しをおもしろがり焼けることをなんとも思わぬ類《たぐい》の借家人《しゃくやにん》はおいおいに減少するかと思うが、そのかわりには所有者の家に対する愛着を、いくぶんか淡《あわ》くする保険という制[177]がおこなわれている。

率は高くて無事ならば損になるが、火事の安心が必要以上にさえなった。時としてはこの家でも焼けてくれればと、思うような人情を誘《さそ》うこともある。いわゆる超過保険[178]や重複保険が常に警戒せられながら、なお自家放火[179]という奇怪《きかい》なる犯罪を、根絶することもむつかしいのである。

家の平和な炭薪《すみたきぎ》の入用も、あるいは一国の林《はやし》の成長を追い越すかと恐れられたが、一方、このほとんど経常的な火災の消費が際限を知らぬようになって、ついに多量の建築材を海外から補充しなければならぬことになり、それでいて国内の相場はなお安くないために、せっかく太《ふと》くなった木を細く薄く挽《ひ》いて、華奢《きゃしゃ》な弱々《よわよわ》とした家を建てるようになった。

この外観は決して明治以前からのものでないのである。

## 八　庭園芸術の発生

家の目途《もくと》[180]は他の衣食の二つのごとく、狭い個人的なものでなかった。単にめいめいの寒暑雨露をしのぎ、夜の休息を求めるという以外に、別に衣食でいうならば負《おぶ》い絆纏《ばんてん》[181]や母の食物のように、ある愛する者のうえにもその効果を覆いかけ

**176『羽沢随筆』**　この随筆は三村清三郎ほか編の『日本芸林叢書』第一〇巻（六合館、一九二八）に収録されている。河内国丹南藩の留守居役であった岡田助方による江戸の世態風俗の変化を論じた昔がたりで、羽沢は岡田の俳号。町火消について「近頃は消し防と号して、一家も多く延焼するようになすを専らとす」［：四頁］とある。**177 保険という制**　火災保険。関東大震災のあと二年ばかり、新聞では「火保問題」という語が目立つ。**178 超過保険**　約定の保険金額が、保険の対象（家屋や家財など）の実際の価額（保険価額）を超えている損害保険契約。超過した部分の保険金は無効である。『東京朝日新聞』一九二六（大正一五）年七月二一日の「鉄箒」は「保険と放火」を主題に、震災後に保険金詐取を目的とする放火が激増したことに触れて、保険会社の勧誘員がむすぶ超過保険契約が、この犯罪を誘発していると指摘している。**179 自家放火**　『東京朝日新聞』一九三〇（昭和五）年六月四日夕刊に「自家に放火し 寄らば斬るぞッ」というセンセーショナルな見出しで、千葉県松戸の米穀商の息子が座敷に積み重ねた空き俵に放火し、捕縛された事件を伝える。また同紙の一九二五（大正一四）年七月二九日夕刊に「自家に放火」の見出しで、府下三河島の青物商が自分の家の裏手便所側に放火した事件を報じている。**180 目途**　目的。

ねば[182]ならなかった。

いまでも来客とか遠く観る人びとのために、多少の曲従[183]を忍んだ例は多いが、以前はその範囲がまたはるかにひろく、顔も合さぬ孫・曾孫《ひまご》の彼方《かなた》までも及んでいた。末《まっ》裔《えい》が知らぬ遠くの世の判断《はんだん》や趣味に拘束せられたに対して、先祖もまた数々の、自分には入用《いりよう》のない準備をしている。しかも未来の幸不幸は決定しがたかったゆえに、しばしばこれを察するために神秘なる方術《ほうじゅつ》に依ったのである。家相《かそう》[184]とか風水《ふうすい》とかいう名は新しくとも、そういう隠れたる法則を知ろうとする念慮のみは自然であった。

ひとを広々としたひとつの盆地《ぼんち》に置いて、自由にどこなりとも好《す》きな場処を屋敷に択《えら》べと言ったら、少なくとも日本人だけのあいだでは、ほぼその選定が一致していたろうと思うことは、いまでも諸国の実例によって想像しえられる。

たとえば岡を北後《きたうしろ》に負うた家は、その他の向《む》きよりも早くできている。泉《いずみ》の露頭《ろとう》に近い上手《かみて》のほうの屋敷は、多くは下流《かりゅう》にあるものよりも存分な地取《ちど》り[185]がしてあって、その縄張《なわば》り[186]のひとつ前であったことを思わしめる。ひとが多くなってそう望み通りの地処が得られなくなってのちも、なおできるだけ最初の条件に近いものを求め、さらに少しずつ新たなる発明をもって、その不備《ふび》の点を補おうとしているのである。山は燃料を採《と》り水を引《ひ》き、風を除《よ》け日を受《う》けるという便宜以上に、これを後《うしろ》に控《ひか》える[187]ことは用心のためにも必要であった。家の正面に田をつくって、門《かど》から出てゆく一筋の径《こみち》がその間を通っているなども、単に管理がやすく秋の稔《みの》りの光景を楽《たの》しみうるという以上に、最初はこれを要害[188]として、近よって来る者を防ぎ守る目的のほうが主であったかもしれない。

そういう殺伐《さつばつ》を極めた害敵・掠奪者《りゃくだつしゃ》は、もうとくの昔から押し寄せてこなくなっても、ひとはなおこういう様式の家を見《み》つき[189]がよいといい、主人もまたこれに満足して、一方新たなる交通手段の不備を意に介《かい》しない例が多いのは、つまりわれわれの住心地《すみごこち》が非常に複雑なる構成をもっていて、自身も意識せざるいろいろの古い分子が、いまでも遺《のこ》っている結果といってもよかろう。

つまりは何《なに》と何《なに》との条件が、われわれの安住に必要であったかということは、いま

181 **負い絆纏**　子どもを負うときに着る着物。負子（おいこ）半纏。ねんねこ。182 **覆いかけねば**　ゆき渡らせなければ。183 **曲従**　道理をまげて従うこと。184 **家相**　『読売新聞』等の明治大正期の紙面広告には、『家相図解全書』『家相宝典』『実地経験家相方鑑全書』『通俗家相学講話』『家相と恐るべき因縁話』等々の書名をみることができる。同紙の一九三一（昭和六）年一月九日の「鬼門とはコケ脅し「新家相」こそ大せつ」の伊東忠太に取材した記事は、時期から考えて柳田に参照されたはずはないが、当時の状況について「家をたてる時、あるいは家を借りるとき、いまでもまだ家相とか方位とかいうことをわれわれは相当重く見る傾きがあります」と書いている。185 **存分な地取り**　じゅうぶんな広さの区画設定。186 **縄張り**　敷地に縄を張って建物の位置を定めること。187 **これを後に控える**　山が屋敷後方の近くにある。188 **要害**　とりで。要塞。189 **見つき**　外観。みかけ。

ではまだ知れていないのであった。そういう行《ゆ》きがかりは一切断ち切って出てきたつもりで、なにかまだ欠けて補わなければならぬものがあるような感じ、それが近世の新築計画者の悩《なや》みであった。思い思いの郊外の文化住宅などには、その悩みがよくあらわれている。

以前も町をつくりもしくは平野《へいや》に村を拓《ひら》いた人びとが、やはりこれと似たいろいろの妥協もしくは折衷を試みようとしていた。関東・北陸の諸県の山にやや遠い低地で、屋敷の背後の森[190]がよく発達し、ことに陰鬱なる杉《すぎ》・樅《もみのき》の類を高く茂らせているなどは、おそらく単なる風除《かぜよ》けというよりも、かつて高地《こうち》に拠っていた折《おり》の、心安さを忘れえぬ結果であろう。

あるいはいささ小川[191]のせせらぎの音なども、なんでもないようであってまたひとつの心の頼りであった。すなわち水は常に流れているということを、耳で確かめていた数百年からの習わしが、こうして井《い》を掘り水道を伏《ふ》せる[192]時代まで、なおわれわれをして泉《いずみ》の響《ひびき》を愛せしめたのである。これが明らかに心づかれたならば、かえってなんとも思わなくなるかも知らぬが、元来日本人はいずれの民族よりも水を多く使う国民であった。壺《つぼ》で頭に載せて運ぶ[193]ような分量では、ほとんど辛抱しきれない性癖をもっている。門《かど》[194]を流るる水のよしあしにはかかわらず、とめどもないほどにこれで物を洗っていた。

高く登って遠望することは、決して嫌《きら》いでない快活な質《たち》であったが、土に遠ざかって住むことはこのためにもできなかった。二階・三階のはなはだしく乏しかったのは、制禁の力でもなくまた材料の不足からでもなかった。火事や地震の不安ということよりも、土を踏む機会の乏しくなることを厭《いと》うたのである。

それにはまた草木の生長ということに、経済以上の深い関心をもっていたことも考えられる。

わずか数尺の坪《つぼ》の内《うち》を囲《かこ》って、そこに栽《う》えようとした樹《き》の種類も、またその形さえも定まっていた。最初はこの垂れた枝を梯《はし》195として、天《そら》より降り来る神を祭ろうとしたのがおこりであったと思っているが、そういう信仰行事は絶えて後々まで、庭前に緑の松の伸び栄えてゆくことを、家の瑞相《ずいそう》196と結びつけて考える習わしはなおのこり、こ

**190 屋敷の背後の森**　屋敷を取りかこむ樹木の垣や林を、東北地方などで「いぐね（居久根）」という。宅地続きの自分の持ち山をそう呼ぶ場合もある。**191 いささ小川**　川幅の狭い流れ。小さな川。**192 伏せる**　埋設する。**193 壺で頭に載せて運ぶ**　頭上で物を運ぶ習慣は朝鮮半島、東南アジアやアフリカなど世界的にみられる。日本でも埴輪の造形や上代・中世の絵巻などにのこり、通常の運搬法であったことがうかがえる。飲料水などは甕・桶に入れ、米俵・たきぎなどは直に、藁や手拭いでつくった頭当てのうえに載せた。**194 門**　屋敷の前。出入り口の表の通り。**195 梯**　通路の階段。はしご。**196 瑞相**　めでたいきざし。

れによって心を慰めていた者は多数であった。しだいに鉢植え[197]の盛んになったのもそのため町の長屋《ながや》の窮窟なる生活がはじまって、またひとつのわが邦の特長にかぞえられるようになった。今日はその技術もおおいに進んで、なお全国都鄙《とひ》[198]をめであった。今日はその技術もおおいに進んで、枝ぶりの好《この》みやこれをながめている態度に、一貫した庭園芸術の流れがうかがわれる。すなわちこれもまたわれわれの住屋《じゅうおく》に、とうてい欠くべからざる条件のひとつであったのである。

197 **鉢植え** 植物を植木鉢で栽培すること。

198 **都鄙** 都会と田舎。

# 第四章　風光推移

## 一　山水と人

山が一般に緑深《みどりふか》く、その外線《がいせん》[1]は急に複雑になった。

伐《き》ることももちろん昔よりは烈《はげ》しいのだが、ひとが遊ばせておくような土地は、そうのこっておらぬ[2]のである。水面は川も沼も、できるだけ狭《せま》くしようとするために色が濃く光が強く、また物の影は多く映《うつ》るようになってきた。自然は新たにその美しさを増してきたことも確かである。

ただ人間にはもう長い旅というものがなくなって、これを知らずに[3]通っていく日ば

**1 外線**　山の外側の輪郭線。『豆の葉と太陽』の「島」（一九三四）に「多くの風景論者が形を重んじ外線を気にかけながら」〔全集12：三二〇頁〕とあるのと同じく、外形の意味。 **2 伐ること……のこっておらぬ**　一面では薪炭としての利用、他方でスギやヒノキを人工的に植林する林業が、明治大正において発達したことを指す。 **3 これを知らずに**　自然の新たな美しさを知らずに。

かり多いのである。

旅は安楽におもしろいものとなっていくかわりに、同じところへ二度来るひとが少なく、静かに立ってみていようという心もちは減《へ》った。遊覧《ゆうらん》[4]を目的として出てあるくひとがすでにこれである。それ以外にはただ忙《いそが》しい用事をかかえて織《お》るように東《ひがし》し西《にし》する者が繁《しげ》く[5]なってきただけである。

風景の味《あじ》わい[6]はおおいに淡くなったといえる。

せっかく美しくなったものが、まだわれわれの旅の情を養う[7]というまでには用いられていない。そうして年を隔てて故郷の土を踏む者が、あの禿山《はげやま》の貧しい赭《あか》い光でも、なお消え去って再び見られないことを歎くのである。大小あまたの石がごろごろとしていたころの、幼時の川の岸ばかりをなつかしい[8]ものに思うのである。

これにはまた人びとの心に潜《ひそ》んでいる古い趣味の束縛、すなわち自然に対する態度の不用意《ふようい》ということが考えられる。いわゆる環境が世代とともに改まっていかなかったら、それに包《つつ》まれたる人生は荒《あ》れているのである。そうしてながく荒らしたままに悲しんでいることは、われわれにはできなかったのである。

新しい生活には必ずまた新しい痕跡がある。線と色彩《しきさい》[9]とは当然に変わっていくべきであった。

俗悪《ぞくあく》という言葉がたいていは自分たちの勇《いさ》んで[10]はたらいている事業を、嘲《あざけ》り罵《ののし》る結果になったのは、たぶんは風景を人間のつくるものとは考えずに、どうしてそれが快《こころよ》く眼に映ずることになるのか、元《もと》を尋ねようとしなかったからであろう。才情[11]豊《ゆた》かなる旅の文芸家は、いつの時代にも気《き》まぐれなる批評を濫発《らんぱつ》[12]している。そうして季節や時刻やまたときどきの気分によって、自分にもあてはまらぬ法則を立ててみようとしている。これがわれわれの天然に対する立場を、無益に二《ふた》とおりまた三《み》とおり以上にも分けたのは、考えてみると惜《お》しいことであった。

自国固有の芸術は古いもの、外《そと》から入ったものだけが新しいという誤解も、半分以

**4 遊覧**　見物してまわること。　**5 東し西する者が繁く**　東奔西走する者が多く。行ったり来たりする者が絶え間なく。　**6 風景の味わい**　風景が視覚でとらえられる色・形だけでなく、音・香り・味などをそなえ、五感で感じるものであることについては、本章の「八　野獣交渉」の冒頭で論じている。　**7 旅の情を養う**　旅でのしみじみとした思いをはぐくみ育てる。旅人の心情をよい方向にみちびく。　**8 大小あまたの石が……なつかしいものに思う**　柳田は『豆の葉と太陽』の「川」（一九三六）で、故郷をふりかえり「私の故郷の市川のごときは、明治の初年に一時川舟が登りおりをしていたそうだが、ほどなくそれがまことゝは思われぬ程度に、一面の石川原になってしまった」とふりかえる。当時の記憶の「駒ヶ岩」という伝説をまとった大岩は、すでに砂のなかに埋もれていた。「こういう経験はただ固有名詞だけを変えて、だれでも故郷を外に出ているひとなら、たいていはひとつずつは抱えていることと思う」［全集12：三二六頁］と述べる。　**9 線と色彩**　外形といろどり・色あい。　**10 勇んで**　勢いこんで。気勢をあげて。　**11 才情**　才知と思いやり。　**12 濫発して**　むやみに言いはなって。数多く発して。

上はまたこれを原因にしている。文学にもじつはたくさんの粉本《ふんぽん》[13]があった。ことに言語は絵具《えのぐ》などのごとく、自由に溶《と》かしまた塗《ぬ》ることのむつかしいものであった。歌にならない人間の感覚というものは、画に描くことのできぬ風景よりもさらに多かった。それで旅行がいくらでも自由になって後まで、名所《めいしょ》[14]というものが幅をきかしていたのである。画のほうには床《とこ》の間《ま》や掛物《かけもの》の寸法とか、その他これによく似たわれわれの予期[15]が多かった。そのために新たに生まれた美しいもののなかから、なんでも持ってくるということができなかったのである。

洋画[16]も最初のうちは唐画《からえ》[17]が大陸の風物《ふうぶつ》を種《たね》にしたと同様に、なるべくこれと調和した題材だけを選んでいたのであったが、そのうちに技術と心がけとが独立して輸入せられることになって、いわゆる埃箱《ごみばこ》の隅《すみ》でも描いていいという流儀《りゅうぎ》が、卒然としてはじめて頭をもたげることになった。画家のこれがために新たに受けた好奇心の刺戟《しげき》、これに導かれた才能の覚醒《かくせい》はすばらしいものであったが、それよりもさらに大きな事実は、徐々に実現してきた風景観の解放であった。

昔の旅人が詩歌文章に写しだすことができて、伝えておいてくれたものは一部であったということもわかってきた。

弥次郎兵衛《やじろべえ》喜多《きた》八《はち》[18]という類の漂浪者《ひょうろうしゃ》[19]の、素朴単純なる旅の昂奮のなかには、多くの名状《めいじょう》しえなかった感銘があったことも心づかれた。こういう変化に満ちたる国土も少なく、日本は美しい天然の国だという観光団[20]の常套語《じょうとうご》が、空《くう》な辞令でないことだけは知った。写真も素人《しろうと》のいくぶんか無細工《ぶさいく》なものが、画以上にさかんにこの発見を進めていこうとしているので、ひとはとにかくに非常に風景というものを心安く、かつ自由に楽しむことができるようになった。

それはいずれもみな明治大正の世の、新しい産物といってよいのである。

ただし欠点をしいて挙げるならば、これほど親密にわれわれの生活に織りこまれているものを、まだ多くのひとは自分のものとまでは思っていない[21]ことである。衣食や

**13 粉本**　手本となるもの。参考にする模範。**14 名所**　古歌などに詠まれて、昔から知られている地。歌枕。**15 予期**　期待。**16 洋画**　西洋画。西洋で発達した材料・技法で描かれた絵画。**17 唐絵**　中国の絵画、およびこれにならって日本で制作された中国的題材の絵。「やまと絵」と対比していう。**18 弥次郎兵衛喜多八**　十返舎一九の滑稽本『東海道中膝栗毛』の旅の主人公二人の名をつなげたものだが、よく知られ「弥次喜多」とも略される。滑稽な失敗談とともに街道筋の諸風俗をえがく。**19 漂浪者**　各地をさまよい歩くひと。放浪者。**20 観光団**　団体で観光する人びとを意味するが、この語自体は、明治末から昭和にかけての国際的な観光の局面で使われた。『東京朝日新聞』『読売新聞』ともに一九〇九（明治四二）年から翌年にかけて、韓国・ロシア・米国・清国・オーストラリアなどからの観光団の動向をくわしく追いかけて報道している。またハワイ移民が日本を訪れる「母国観光団」の語もよく使われている。**21 自分のものとまでは思っていない**　この批判は、第一章での「歴史は他人の家の事蹟を説くものだ、という考えを止めなければなるまい」という提案（第一章注14参照）とも呼応している。

住宅を楽しくするように、これを人間の力で統御することが、できないもののごとく諦《あきら》めている者がまだ多い。従《したが》うてなにが新たに生まれた美しさで、なにが失われた大《たい》切《せつ》のものであるかを、ほんのわずかなひとだけに考えてもらおうとしている。

しかして単なる無関心[22]のために、不必要に未来の幸福を壊《こわ》そうとしているのである。とくに進んで風景をつくり立て、もしくは選び定める技術は拙劣であったにもかかわらずこういう破壊力のほうはひとが増すとともにいよいよ猛烈《もうれつ》になった。それを争わんとする者はほとんどみな、昔からの趣味に囚《とら》われたひとばかりで、この仲間《なかま》はまた生まれて成長するものをさえ憎んでいるのである。

そこで風景の批評は混乱することになった。旅《たび》を夢中でして、名所ばかりを尋ねている者が、いつの時代になっても数多いのは、そんな面倒な観方《みかた》[23]を学んでいる余裕がないからである。

## 二　都市と旧跡

いわゆる、鉄《てつ》の文化の宏大なる業績を、ただ無差別に殺風景《さっぷうけい》と評し去ることは、多数民衆の感覚を無視した話である。[24]

たとえば鉄道のごとき平板でまた低調な、あらゆる地物《ちぶつ》[25]を突き退《の》けて進もうとしているものでも、遠くこれを望んで特殊の壮快が味《あじ》わいえたのみならず、土地のひとたちの無邪気なる者も、ともどもにこの平和の攪乱者《かくらんしや》、煤《すす》と騒音の放散者《ほうさんしや》[26]に対して、感歎の声を惜《お》しまなかったのである。これが再び見なれてしまうと、またどういう気もちに変《か》わるかは期しがたいが、とにかくにこの島国ではところどころの大川を除くのほか、こういう見霞《みかす》むような一線《ひとすじ》の光をもって果《は》てしもなくひとの想像を導いていくものはなかったのである。

木曾《きそ》の水力電気[27]はこの谷《たに》の年ひさしき伝統を破ってあるいは山霊《さんれい》を泣かしめているかもしれぬが、これが平野《へいや》の経済活動の、またひとつの水源になったという意識はど

**22 しかして**　そして。**23 面倒な観方**　この見方は「風景をつくり立て」「選び定める技術」と対応する。山河旧跡の美を変貌させる猛烈な破壊力にあらがいつつ、新たに「生まれて成長する」風景のよさも正しく味わうような、見方・考え方を指す。**24 鉄の文化の宏大なる業績……無視した話である**　柳田は、鉄道が峠道の没落や旅の意味の変容を生みだしたと批判する一方で、旅をまた自由にしてくれたことを高く評価する。「白いリボンに譬えらるる山路の風情、村を次から次へ見くらべていく面白味、または見らるる村の自ら装わんとする身だしなみ、また時代によって心ならずも動かされていくありさま、こんなものを静かに眺めていることは、「汽車の窓」にしてはじめて可能である」「全集12：三四〇頁」と、いわば「要望なき交渉」がもたらす新たな風景の見方に「風景の成長」（一九三三）で注目している。**25 地物**　地上に存在するもの。山・森・川などの自然物と、建物などの人工物を含む。**26 放散者**　広くまき散らすもの。**27 水力電気**　水力発電による電気。

れだけ奥在所《おくざいしょ》[28]の人びとに心づよい印象をあたえたかしれぬのである。いままでなにひとつこの類の変化を受けなかった土地とくらべて、どちらがより多く満足しているかということは、あらためて聞いてみる必要もないくらいである。

都市は永遠にここに住みつこうという意気込《いきご》みの者が、多くなっていくとともに活き活きとしてきた。

一つひとつとしては失敗であった建築でも、それが集まったところはまた別に一種の情景をなしている。あるいは片隅に倦《う》み疲れたような古家がのこり、もしくは歯の抜《ぬ》けたように空地《あきち》が入りまじり、それから見苦《みぐる》しいものをしいて押し隠して、表《おもて》ばかりを白々《しろじろ》と塗り立てた偽善ぶり[29]を、憎もうとする者もあるだろうが、同情ある者の眼にはこれも成長力のあらわれであり、かつこのうえにもなお上品なる趣向を、はたらかせうべき余裕である。[30]

正直《しょうじき》にいうと明るい昼間の光で見れば、まだまだ目障《めざわ》りになるものがいろいろあるのだが、少なくとも夜の灯火《ともしび》[31]の色の美しさだけは純《じゅん》である。これだけはたしかにこの世紀に入ってから、ひとが老いたる天然に寄贈した、親切なる贈り物ということができる。

この魅力は多くの若い訪問者に向かっても、かなり強烈にはたらきかけている。ひとはこれあるがためにながく遊ばんとし、また寄り合ってさらにこの土地を修飾しようとする。そうしていろいろのかつて愛せられた情緒を、無造作《むぞうさ》に忘れ去ろうともしている。すなわち都市の風光もまた推移しつつあるのである。

ところが、一方には町がいたって古いという誇《ほこ》りを、大切にしていることもまた一般の風《ふう》であった。やや衰えゆく都市がその記念物を保護し、これを力として遠近《おちこち》のひとを招き寄せんとする以外に、他の大急ぎに町を新たにせんとする者までが、やはり旧跡の自然に旧《ふる》くなっていくことを、罪悪のごとくにも考えているのである。この矛《む》盾《じゅん》はなかなかおもしろいことで、じっさいは市民の生活にとって必要なものが、いまはまだ求められずにいるということを暗示するのである。

これは必ずしも廃墟《はいきょ》の寂寥《せきりょう》たる詩趣を、熱閙《ねっとう》[32]の底に味わいたいというような無理な願いからではない。旧跡もまたひとつの飾《かざ》り[33]、ひとつの修養の機関[34]として、別にこれを新たなる都市構造のなかに、組み入れておく必要があったのである。だから旧跡は

**28 奥在所**　山奥の田舎。**29 表ばかりを……偽善ぶり**　震災後に数多く建設された「看板建築」を指すか。中小の商店の木造建築の、通り筋の表だけの装飾で、通りに面した前面の外壁だけを洋風に変えたもの。「街路建築」とも呼ばれた。**30 余裕である**　余地がある。「同情ある者」の「趣向」の一例として、震災後の今和次郎らのバラック装飾社の試みなどをあげることができるかもしれない。**31 灯火**　照明のために点じた火。**32 熱閙**　ひとが混み合って騒がしい状態。**33 飾り**　装飾。立派なよそおい。**34 修養の機関**　知識を高め、徳性をやしない、人格を高める媒体あるいは仕組み。

保存せられつつも、毎日次々と時代化しているのである。[35]

以前の城下町《じょうかまち》のもっとも花《はな》やかなる目標、ひとがその地に近づくにつれて、ことになつかしく笠《かさ》の端《はし》に振り仰《あお》がれた[36]ものは、城の白壁と御天守《おてんしゅ》[37]であった。多くの紀行や広重《ひろしげ》[38]の板画などを見ても、これが松の木のあいだからちらちらと見える光景は、まずもってその都市の意気《いき》[39]を示すものであった。自分は低い小家に住む者でも、なにかというと御城《おしろ》を自慢の種《たね》にした。後《のち》には防禦の本来の役目よりも、むしろこちらが重要であったかもしれない。

廃藩置県[40]の事業が完成したさいに、膳所《ぜぜ》とか水口《みなくち》とかいう近江《おうみ》の古城の、もっともよく旅人に知られていたものが毀《こぼ》たれた。[41]彦根《ひこね》も同じ運命に定まっていたのを、おりしも行幸があって惜しいからのこせと仰《おお》せられ、[42]それゆえにいまも汽車の窓《まど》から美しく仰ぎみられている。

その他の諸城は明治二十二年のころまで、陸軍省がこれを管理していたが、入用のなかったものはその期間にだいぶ荒れた。

それを以前の縁故《えんこ》ある者に払い下げることとなって、いくたの歴史をもった静岡・小田原・津・福井、奥羽《おうう》では白河・若松・山形・秋田、西では岡《おか》などを含む四十三城が民有になった。旧藩主のなお資力ある者はこれを自分の持地《もちじ》[43]にしたが、他の多くのものは公共団体がこれを引きうけている。故老《ころう》の感慨は再び新たなるものがあったのだが、じっさいその管理は難事業であった。わずかな歳月《としつき》のあいだに石垣は崩《くず》れ濠には塵土《ちりつち》が多く埋まって、これを真実の廃墟《はいきょ》にしておくよりほか、いたしかたのなかったものも多かったのである。

都市の公園経営は、たいていはこの旧城址の利用に端《たん》を発している。岡の高《たか》みにこれだけの土木をおこす[44]ということは、まことに因縁がなければ企てられぬことであった。ことに偶然とはいえなかったのは、ここが地方の歴史の中心であったことで、いわゆる一木一草《いちぼくいっそう》の末にいたるまでが、期せずして過去の大事件を記念

**35 時代化している**　古びていく。過去のものとなっていく。**36 振り仰がれた**　顔を上にむけて見た。**37 御天守**　城の本丸に築かれたもっとも高い櫓。天守閣。**38 広重**　歌川広重（一七九七～一八五八）は、江戸末期の浮世絵師で『東海道五十三次』『名所江戸百景』など風景版画のシリーズで広く知られた。**39 意気**　気概。いきごみ。心ばえ。**40 廃藩置県**　明治初年、全国の藩を廃止し府県を置き、明治新政府の直轄支配とした改革。**41 毀たれた**　取り壊された。膳所城は琵琶湖に突き出た土地に築かれた水城で、風波による破損の修理に莫大な費用がかかり、全国のどの城よりも早く廃城・解体が進んだ。水口城も、城の建材の大半が公売に付され、石垣の多くは当時の近江鉄道の建設に利用された。**42 行幸……仰せられ**　一八七八（明治一一）年の天皇行幸のさいに随行していた参議大隈重信や井伊家の縁につながる天皇の従妹などが彦根城の保存を奏上したことで、天皇が宮内卿をつうじて県に保存すべき旨を命じたという。**43 持地**　私有地。もちち。**44 土木をおこす**　木材や土石を使う工事事業をはじめる。

することになったのは、いわば今日の郷土感の種《たね》を播《ま》いたものであった。城下でない多数の邑里《ゆうり》[45]もこれを学び、競うて丘上の土を均《なら》したのは奇観であったが、それがまたながく忘れていた前領主の住地であったり、もしくは小規模なる史蹟であったりしている。

しかしものめずらしさのながくつづいたのは、少年《しょうねん》だけであった。年を取った者はそう頻々《ひんぴん》と、こういう高いところに登ってみる機会がない。学校や衛生事務の片手業《かたてわざ》[46]に、これを保管していたのでは手《て》が届かない。やはりよい加減に荒れてさびしくなり、そうでなければ酒を飲む場処[47]になっている。

しかし少なくとも、古くからあるものをのこすということも、やはり故郷を美しくする手段《しゅだん》のひとつであることは、この経験がまずこれを教えてくれた。

東京などはなんどかの大火を経て、家ばかりか古い樹がほとんどなくなった。かつてこの地方の文化移動を暗示した幾本かの大銀杏《おおいちょう》は、わずか一本《いっぽん》がのこって[48]それも衰えている。それ以外にあるものは二、三の山手《やまのて》の神の森と城の築造に関係あるものだけになった。もっと樹の少ないのは大阪であって、ここには今日の洋風建築より上へ出ている緑《みどり》がほとんどない。

石は運送が容易になって家々にこれを用いているが、それでも両都ともに三世紀の昔に、持ちこんで削《けず》りなした桝形《ますがた》[49]の石ほど、大きなものはひとつも来なかった。これがなんびとに汗をかかせ、はたなんびとに扇《おうぎ》を使わせたかの問題までは考えぬとしても、少なくとも土地の美観というものは多勢の意思を集めて、はじめて成り立つということだけは教えてくれた。

## 三　海の眺め

港の盛衰とその風光の変化ほど、外から来てみる者の心を動かすものはあるまい。かつては遠浅《とおあさ》の砂の上に碇《いかり》の綱《つな》をたるませて、なにを待つともなく腹這《ば》うていた友《とも》船《ぶね》50の悠長な姿《すがた》が、海の景色《けしき》といえばよく画かれたものであったが、いまはそういう景色を見るのは路の絶えた岬《みさき》の陰、もしくは地図に名も出ぬような入江の口《くち》ばかりで、

**45 邑里**　村里。**46 片手業**　片手間しごと。本業のあいまにする仕事。**47 酒を飲む場処**　春の花見で酒宴をひらく場所など。**48 わずか一本がのこって**　柳田が参照したのは、本多静六編『大日本老樹名木誌』（大日本山林会、一九一三）だろうか。この本に掲載された公孫樹（いちょう）の老樹のうち、社寺公園以外の地にあるのは、墨田の坂田家の「御殿公孫樹」だけであった。**49 桝形**　城郭の入口につくられる防禦用の空地で石垣で囲われている。柳田はその石垣の石の巨大さに言及している。**50 友船**　つれだって航行する船。江戸時代の御城米積船は単独で出港することが許されず、同行する船があった。

少しく聞えた土地には、じっとしている船はほとんどいなくなった。

汽船の寄航はまことに慌《あわ》ただしいもので、それに用意するために小舟《こぶね》の数は非常に増していて、いつでもことありげに右往左往している。発動機船[51]の入ってきてからはまだようやく二十年ほどにしかならぬが、急にそのころから漁村と港とは接近した。つまり港に近く住む漁村のみが、多くの便宜を得るようになったのである。出漁の材料は港に来て買われるのみならず、朝《あさ》ごとの魚市《うおいち》もここに立つのを普通とするゆえに、じじつ漁夫らのここに暮らす日は多い。港の水面は土地の船をもって覆われている。そうして旅人の船はさっさと過ぎていって、ここを泊《とま》りとする者が少なくなった。[52] 湊《みなと》の情景はもう以前とはよほど変わっている。

新たに漁港を修築しようという計画は、ひさしい以前から各処に発表せられているが、これによって直にある港の繁華を、分け取りすることは[53]容易でないらしい。だいたいに交通が進んでから、栄える港の数はいちじるしく少なくなっている。すなわち他の広々とした海辺《うみべ》の村は、いちようにやや静かになりすぎたのである。

ことに小家《こいえ》がちで草木が深く、風の強く吹く浜ぞいの村は、わずかな歳月のあいだにも荒涼の観を呈しやすい。海は見馴れているので、そのほうには窓もあけず、内輪《うちわ》は農家などよりも安楽であろうとも、見たところはいつも佗《わび》しげな生活をしている。二、三の別荘地や海水浴場、もしくは家の前を車が走るような、街道に面した場所は別として、他の多くの漁村はさびれている。

これにはもちろん働き場《ば》が遠くにあって、ひとが外に出ている時が長いということもあろうが、ひとつにはまた住民の土地に対する愛欲[54]が、まだ農村ほどには培《つちか》われていないためであった。彼らのさかりの男はたくさんのよい土地を知っている。自ら楽しむ方便もありすぎるといってよいかもしれない。しかし女や子供や働けなくなった老人には、あるいはだんだんにこれが忍べなくなりそうに思われる。

町のにぎやかで明るい生活ぶりは、いつでもその対象を農村にとって考えられるが、農村も平野《へいや》の交通の便宜を得ている者は、一部はすでに町であり郊外の生活である[55]。そうでなくてもいろいろの埋《う》め合《あ》わせのあることを知っている。その収入がいくばく

**51 発動機船**　エンジン（内燃機関）で動く船。はいから船、とんとん船、ぽっぽ船などの方言がある。明治末期に石油発動機、第一次大戦後にディーゼル機関が漁船に導入され、やがて沿岸の小型漁船の動力化も進んでいく。**52 旅人の船は……少なくなった**　エンジン搭載の船の普及は、旅の移動の時間を短縮し、宿泊の必要を減らした。**53 分け取りする**　分けあって自分の取り分とする。**54 愛欲**　執着。仏教のことばで、むさぼり慕うこと。**55 一部はすでに町であり郊外の生活である**　たとえば『武蔵野』（民友社、一九〇一）で雑木林の美を語った国木田独歩は、自分の住んでいた「渋谷の宇田川から十町も出てみれば、もう古今集や太平記の中の武蔵野が横たわっているようによく話し、また自分もそう信じていたらしい」が、じつはすでにそこの「住民の多数は市街によって生計を立て、寄るとさわるとの立ち話も東京のことばかりであった」［全集12：二六三頁］と、柳田は述べている。

かいまよりも豊《ゆた》かであったなら、必ずしも外《ほか》を羨《うらや》まずに住む術《すべ》も知っている。

港と縁の薄くなった砂浜《すなはま》の村々こそ、精確にちょうど町と裏表《うらおもて》な生き方《い》をしているのである。この両端の趣味を少しでも相近づけようとすると、それが港の町の荒《あら》っぽい生活になって、しかもなお一部の者にしかおよばない。現在はむしろ互いに知ることが少なくて、比較を絶《ぜっ》していることを幸福とするありさまである。

これは直接に風景の問題でないが、いわゆる有識階級には昔から引きつづいて、海《あま》部《べ》の感覚を承け継いでいる者が、農夫のそれよりもはるかに尠《すく》なかった。あるいはまったくないといってもよかった。

彼らのあいだには内陸に入ってきて、邑里《ゆうり》の人びとに混じようとする者もなかったらしい。いずれ一度は大海を渡って、到着した者の末《すえ》であるだろうが、日本人の多くは海の生活を異郷視していた。その原因はあるいは信仰《しんこう》であったかもしれない。海の辺《ほとり》には漁民でない者も多く村をつくっているが、彼らはどういうわけか一般に海の生活技術を学ぶことが遅《おそ》かった。ほとんど渚《なぎさ》の線《せん》まで耕作をしている者が、海を畏《おそ》れ憚《はばか》る情のみ強くて、親しみはもっていないようにみえた。山を隔てて住んでいるひとたちは、もちろん出てくれば非常にめずらしがるが、同時にまたおかしいほどこわがっている。川でも湖でも、船に酔《よ》うひとははなはだ多く、舟を操《あやつ》る者はいたって少ない。

日本に海洋文学の発達しなかったことを、訝《いぶか》り怪《あや》しむ外国人は多い。まるで生まれなかったわけでもないが、全体に海をよそよそしく気味《きみ》の悪いもののように取り扱ったものが多くて、その壮麗を讃歎したような作品は、捜《さが》しても見つからぬのである。海人《あま》の子・あまおとめは歌にもしばしば詠《よ》まれているけれども、それは多くはただ憐《あわ》れまれている[56]。

世の中はかくても経《へ》けり象潟《ささがた》や蜑《あま》の苫屋《とまや》をわが宿にして

こういう種類の三十一字のみが、いくらともなく感吟《かんぎん》せられた[57]のである。須磨《すま》や明石《あかし》の物語[58]にもあるように、海辺《うみべ》に住むということは流謫《りゅうたく》[59]であり仮寓《かぐう》[60]であった。いつも憂愁《ゆうしゅう》の情をもってこれを眺めていたのである。海の風景の写《うつ》し方《かた》と愛し方の、ただ一隅《いちぐう》に偏したのも当然の結果であった。

ところが海の風景は明治に入ってから、じつにはなばなしいばかりに変化してきた。山の奥でも鉄道や鉱山の開け、または林業のさかんになったところは外貌《がいぼう》が改まったが、海はそれよりもさらに活き活きとしてきた。全体に動くものが多くなって、じっとしているものが少なくなった。

**56 憐れまれて**　同情されて。ふびんに思われて。**57 感吟せられた**　感じ入って歌われた。**58 須磨や明石の物語**　『源氏物語』第一二帖「須磨」第一三帖「明石」のこと。**59 流謫**　罪によって遠方に流されること。るたく。**60 仮寓**　かり住まい。

船は風待《かざま》ち潮待《しおま》ち[61]の日ばかり長くて、ほとんど半生《はんせい》を睡《ねむ》り暮らすようであったのが、いまは繋船《けいせん》[62]ということが不幸な現象になった。漁業にも季節のほかに天候の制限があって、沖《おき》に出ぬ日は何日もつづいたものが、快活なるポッポ船[63]がはじまってから、近くが不漁ならば遠洋へも乗りだす。浜《はま》がさびしくなったほどに、いつも海上に働いているのである。

農村とちがうのは水面が大通《おおどお》りであるゆえに、いっさいの見物《みもの》はことごとく眺望に入ってくる。船が巨大になることは水平線の遠くなることであった。千里《せんり》の対岸から大洋を横ぎって、近よってくる異国の船、それから全国民が税を払い力瘤《ちからこぶ》を入れてつくらせた軍艦や飛行機・飛行船、構造からいってもまた金高からいっても、都府のいかなる大建築よりも優《まさ》ったものが、絶えず眼の前に消えてはまたあらわれる心地よさは、わずか半世紀の前の代のひとの夢にも想いえなかった新現象である。

帆船は柿本人丸《かきのもとひとまる》[64]の時代からすでに美しい海上の一点景であった。日本でその布《ぬの》を真《まっ》白《しろ》なものにきめていたのは、なにか偶然でない深い理由があったと思うが、これが濃淡の緑色《みどりいろ》にくっきりと跡《あと》つけていくところは、凪《なぎ》にも荒天《こうてん》にもこれを上下《うえした》に操《あやつ》る者の苦心を、遠くにおりながらも同情しうるようであった。

しかしいったいに昔の白帆は単調であって、瀬戸《せと》[65]では風のよい日には海に満つるほど走っていても、それがみな同じ形の同じ方角になりやすかったが、いわゆる三角帆[66]

の西洋流が混用せられてからは、形は雑駁《ざつぱく》だが変化はおもしろくなった。おりには帆布の色もめずらしいものになっている。

それに第一、帆《ほ》の数がたいへんに多くなった。そうして沖を通る大船《たいせん》のなかには、かぞえきれぬほどの帆をかけたものもあるのである。望遠鏡はもういたって得やすくなっている。

文化は都市のものとはまた様式をかえて、この清朗な海の上にも、ひしひしと迫《せま》ってきているのである。

それから夜《よる》の火《ひ》の美しさなども、海上はまた別種の趣《おもむ》きをみせるようになった。港はもとその灯火の水に映ずる光をもって、蛾《が》のごとく夕方の船を引き寄せたものであったが、現在はそれがかえって岸から見るもの[67]になった。

**61 風待ち潮待ち**　航行可能な順風や都合のいい順潮を港で待つこと。**62 繫船**　係船。船を港につなぎとめておくこと。**63 ポッポ船**　発動機船。第十一章注91を参照。**64 柿本人丸の時代から**　『万葉集』に柿本人麻呂の「海人（あま）小舟（おぶね）帆かも張れると見るまでに鞆の浦廻（うらみ）に波立てり見ゆ」の歌がある。**65 瀬戸**　幅の狭い海峡。**66 三角帆**　マストを軸に回転が容易な帆で、風をはらんで翼の形となった三角帆の向きを変えれば、逆風でもジグザクに前進できた。**67 かえって岸から見るもの**　集魚のために灯される漁り火が多くなったこと。後段の「焚き入れの漁業」「火のはなやかさ」と対応する。イカ漁での松明（たいまつ）利用の歴史は古いが、大正時代には、石油ランプ、カーバイトランプ、アセチレン灯などに変わった。

各種燃料の供給が自由になって、焚《た》き入《い》れの漁業はいたるところにさかんになった。日本海のほうはいま少し古くから、ことに夜舟の漁《いさ》りが多かった。烏賊《いか》のさかりには津軽《つがる》の海峡から、北は宗谷《そうや》の近くまでも遠方の釣舟が集まってくる。そうして広々とした闇の海に、入り乱れて火を焚いている。その風景は旅をする人びとにも、山の花《はな》ざかりを仰ぎ見るようななつかしさであるが、ましてその漁法を解しこれが家々の秋の稔《みの》りであることを知るものには、ちょうど農民が田の黄金色《こがねいろ》に対するような、心地よさを伴うていることと思う。港に住む者もやはりこの火のはなやかさを眺めて、めいめいの身の喜びとすることができたのである。

海の明るくなったことは灯台《とうだい》の力も大きかった。闇《やみ》や曇《くも》り夜の心さびしい時刻を、これで慰められるのは海を行く者だけでなかった。町の光のようにその底《そこ》に沈《しず》み入って、陶酔しうるという一点は欠けているかわりに、虹《にじ》でも星でも夕暁《ゆうや》けの雲の彩《いろど》りでも、海で見る風景は常にはるかに壮大であった。それを時代がまたたくさんにつけくわえてくれたのである。昔ながらの天然ではなかったのである。

## 四　田園の新色彩

平野の色彩の新たにその複雑さを増したのも、ことごとくまた無意識なる人間の力であった。ひとが自ら楽しむべく野山《のやま》に遊ぶ姿なども、期せずしてすでに風景の美しさを添えているのだが、それまではまだお互いのことと考えてもよい。

村の改造にいたっては心あってこれを企てたとしても、なおこれ以上には緑の天然と、しっくりと調和させることはできなかったろう。以前の村里はその住民の常着《つねぎ》のように、くすんでもっとも目に立たぬものであった。あるいはその存在をできるだけ軽微に見せることがむしろ安泰《あんたい》をはかる途であった時世もあった。

最初このなかへ入《はい》ってきて、突き抜けて大きな甍《いらか》[68]を聳《そび》やかしたものは、いわゆる平民仏教の道場《どうじょう》であった。その他の宗派《しゅうは》ではいくぶんか俗と遠ざかり、山の蔭《かげ》だの森の中だのに居を構えたものであったが、真宗《しんしゅう》だけは勇猛にこの茅屋の群れにまじった。そうして遠くから陽炎《かげろう》のその屋根の上に立つのを、望み見るようになったのである。これが普通の小村にまでできそろったのは、江戸期もおわりのほうへ近くなってからである。

その次には新分限者《しんぶげんしゃ》[69]の白壁石垣、村でただひとつの土蔵屋根などと評判するものができて、四周《あたり》の小家には気の毒ではあったが、一里《さと》の見つき《み》[70]は小さくした御城下《おじょうか》[71]のよ

68 **甍**　瓦ぶきの屋根。　69 **新分限者**　新興の金持ち。　70 **見つき**　見かけ。　71 **御城下**　城下町。

うになった。瓦屋はほどなく類をよぶもので、これでかたまったのはいくぶんかけばけばしいが、それでも寒い国ではこれが大きな効果をおよぼしている。瓦は尋常のものは凍《こお》る土地には用いられなかった。後に一種の赤色《せきしょく》のもの[72]を発明して、はじめて日本海側の緑の深い地方に新たなる軽快味を点綴《てんてつ》することになったのも明治であった。それまでは村の屋根は、ただ鳶《とび》色から灰色までの段階しかもっていなかった。

松の老木を目標としたことは古かったが、花をそのあいだに栽え交《ま》じえたのは、また多くは明治であり、それが大正に入って樹《こ》高くなった。桃李《とうり》[73]などの果樹の畠も、いまでは明るい村々の脚光《フットライト》である。木芙蓉《もくふよう》・夾竹桃《きょうちくとう》・百日紅《さるすべり》の類の、真赤な夏の花を好んだのも流行であったが、いまでは日本半国の田舎《いなか》の、それが夏景《なつげ》色《しき》の基調とさえなっているのである。

しかしなんといっても大規模なる風景の改造は、もっぱら田園のほうにおこなわれたのであった。野を拓いて麦生《むぎふ》[74]にすると、はやそれだけでも色の調子は強くなるのであったが、ついでそのあいだに菜種《なたね》の花を咲かせることになり、さらにまだこれでもかといわぬばかりに、田にはところどころに紫雲英《げんげそう》[75]をつくりはじめたのである。げんげは土地によってはただはないといって通用する。それほど農村では印象の深い花であった。

都市の郊外などに少しの草花を育てる前、田舎はもういちように花園に化せんとした[76]のであった。これに引きつづいておいおいに自由なる作物の選択と配合がある。なかにはいくぶんか元よりも減じたものがあると、それがまた綾模様《あやもよう》[77]のめずらしい新柄《しんがら》になった。麻畠《あさばたけ》の雨に漂《ただよ》う風情《ふぜい》などは、もう忘れられようとしている。

蕎麦《そば》も古くからの秋の景物《けいぶつ》であって、『芭蕉七部集』の連句のなかには、

　また泣き出だす酒の醒《さ》めぎは
　眺めやる秋の夕ぞただ広き
　蕎麦《そば》まっしろに山の胴中《どうなか》[78]

というようなおもしろい吟詠《ぎんえい》もあったが、いまはその蕎麦畑が大部分は桑《くわ》に変わっている。

桑はちかごろのつくり方は、小枝《こえだ》がちで土に近く[79]、その若緑《わかみどり》は一帯に淡々《あわあわ》しい[80]。海

**72 赤色のもの**　石州瓦。高温で焼成され、冷害・塩害に強く、来待（きまち）石の釉薬で赤褐色になる。**73 桃李**　桃とスモモ。**74 麦生**　麦が一面に生えている場所。**75 紫雲英**　中国原産のマメ科の二年草で、稲を刈った後の田に作り、すき込んで肥料にしたり家畜の飼料とする。げんげ。レンゲソウ。**76 化せんとした**　変化しようとした。**77 綾模様**　入り組んだ模様。**78 胴中**　ただなか。まんなか。「蕎麦まっしろ」は蕎麦畑の白い花がまさに盛りの意。**79 小枝がちで土に近く**　蚕の飼料として採取しやすくするため、桑をあえて低木に仕立てることが多かった。**80 淡々しい**　色がうすい。あっさりしている。

や湖水の近くまで栽《う》えられたものは、水《みず》の光に映じてことに柔らかな感じをくわえたようである。

日本の田畠が細《こま》かくつくり主《ぬし》を分かち、それが思い思いの品種の早晩《そうばん》[81]をきめることも、色彩をにぎやかにしたほうのおもしろさだけは認められる。稲でも麦でも刈《か》り入《しお》[82]がまちまちになって、色にいくとおりもの階段のあることはわれわれの娘たちの衣《きぬ》の好みをさえ思わせる。それが偶然に野草林樹、水や雲の色彩ととりあわされるところは、土地もまたおしゃれだなと考えさせられるほどである。

大体に均《なら》し平《たい》らげられて、遠く望むことのできるようになったのが特徴である。開墾はしばしば隣村の灯火を互いに見るようになって、心《こころ》の交通もまた繁くなった。森の伐りのこされて多くの喬木[83]を抱《かか》えていることが、このうえもなく嬉しくなった。最初はただ神霊の所在《しょざい》を侵さぬように、土を封《ほう》した[84]のがもりであったろうが、それにこのとおりの村の信仰の記念物が立ったのである。周囲のただの林や雑種地[85]が畠になって、かえって古い森の美しさはくわわったようである。

汽車で通ってみてもところどころに見かけられるが、わずかな木のあいだを透《とお》して一方の青田《あおた》や、または、村々の煙や花などの見えてくるのは、まったくこのごろになっての変化であったが、われわれはけっして古いものがなくなったような気はせぬのである。

ひとが少しでも旅の者の眼を怡《よろこ》ばせようと企てたり、または自分の趣味をひけらそうとしなくても、現実によくなった風景はいくらもある。それと同時にせっかく苦心して、改造したつもりの事業にも見苦しいことが多い。つまりは嬉しい満足した気もち、のびのびとした安らかさを味わったということが、われわれの風景を愛する元であることを、忘れたひとが多い結果であって、責任はたぶんつくね芋山水《いもさんすい》[86]を、押《お》し売《う》りした者にあるのであろうと思う。

## 五　峠から畷へ

並木《なみき》はその名を街路樹《がいろじゅ》と改めてから、少しばかりその活躍の区域を小さくしたようである。町に栽《う》えられたものはいまようやく大きくなりかけているが、一方には天を突くばかりであった海道《かいどう》の松の樹は、もう一本ずつ枯れていこうとしている。以前の旅の日

**81 早晩**　早蒔きと遅蒔き。**82 刈り人**　刈り取るのに適当な時期。刈機。刈旬。**83 喬木**　丈の高い木。**84 封した**　盛った。**85 雑種地**　明治期の地租課税の地目のひとつ。田、畑、宅地、塩田、鉱泉地、池沼、山林、牧場、原野以外の土地。**86 つくね芋山水**　文人画の趣味。画中の山や岩が、ヤマノイモの塊に似ているとあざけっていう。

の情合《じょうあ》いを記憶する者がまだおっても、これから栽え継いだのではいったんは絶えなければならぬ。だれが管轄していたかはたしかにはしらぬが、並木はこれをつくりたてる忍耐よりも、ながくその美観をつづけることがむつかしかった[87]ので、これには次から次へ追いついていく弟《おとうと》のようなものを、始終育《そだ》てていく心がけが必要であった。

雷火《らいか》や大嵐《おおあらし》の予期しがたかったように、並木の伐らるる日も突然にやってきた。たいていは道路のつけかえや取り拡げが理由で、そのさいは惜しんでもはやどうすることもできなかった。その申しわけには桜などは[88]少し心細かった。

しかし、並木を征伐した発頭人《ほっとうにん》[89]は、なんといってもやはり時代であった。

道路の様式が昔ながらに不変であり、幅《はば》もいままでのままで差しつかえのないあいだでなければ、立っていることのできぬのが並木であった。そうしてまたいつかは伐ることに、最初から定まっていたのである。

松は徳川幕府のとくに贔負《ひいき》にした樹であって、それでこのごろのごとく普通になったのだが、じっさいまたいろいろの長処をもっている。高く抽《ぬき》んでて枝振《ぶ》りのおもしろいことが、平地をよく使った近世の官道《かんどう》には向いている。自然の松林を道に開いて、ありあわせで間《ま》にあわせえたのも便利であった。それよりも意味があるのはこの木の寿命《じゅみょう》の長いとおりに、道路も改めまいとした遠大の方針で、いわば平和主義の表現であったともいえる。

江戸以前の武家《ぶけ》はよく路《みち》をかえ、またしばしば路の側《かたわら》の木も伐らねばならなかった。一里塚《いちりづか》に榎《えのき》を栽えたのは信長《のぶなが》からだという説もあるが、じつはずっと昔から榎《えのき》は並木であった。伐《き》って薪《まき》にしてすぐによく燃えるので軍陣《ぐんじん》の篝火《かがりび》に適したから、路傍《ろぼう》に栽えておくのが便宜であったように、解《かい》しているひともあるがそれはどうでもよい。とにかくにこの木にさまざまの道《みち》の神の信仰がついていたのは、むしろひさしく並木に栽えていた結果のように思われる。奥州の大道には赤松のかなり古《ふる》いのもあるが、ところによっては川楊《かわやなぎ》を栽えつらねている。これなどは燃料の用意などよりも、むしろ成長の早いことをめでたものと思う。

そのうえにひとつの動機は水《みず》に親《した》しい樹というにあった。垂柳《しだれやなぎ》も同じことであるが、この木のあるところは清水《しみず》の得やすい地であった。茶屋が生《う》まれた前は泉が旅人の休《やす》み場処であった。道路は自然に開けたものは多くこの泉《いずみ》の所在をつないでいる。高清水《たかしみず》・粕清水《はこしみず》などの駅の名のおこりは、すなわち茶屋よりはひとつ古いのである。西行法師の「清水流るるやなぎ陰《かげ》」なども、それが遊行柳《ゆぎょうやなぎ》のである。

**87 つくりたてる忍耐……むつかしかった**　幕府や諸藩は街道の並木植栽に力を注いだが、維持管理は十分ではなく、一八世紀半ばから法令をたびたび発している。　**88 桜などは**　成島柳北の隅田川堤、町の地主有志による江戸川両岸、江北村の同志が植えた荒川堤の桜など、明治に栽植された桜を意味するか。　**89 発頭人**　張本人。首謀者。

物語[90]となった以前は、やはりこの川楊《かわやなぎ》のほうであったかもしれない。とにかくにこれは格別に高く延びる木で、そうしてまた木肌《きはだ》の黒と葉の緑とが、美しく映《は》える木でもあった。

山城《やましろ》の京《きょう》のはじめのころには、官道の傍には果樹を栽えよという布令《ふれ》があった。これはなつかしいことだが、並木として遠く栽えつらねたわけでもなかったろう。いまでも山越えの路にはおりとして栗《くり》・胡桃《くるみ》や山梨《やまなし》の老樹があって、やはり旅人はその陰に入って憩《いこ》うている。並木の必要なのはこういう山路《やまみち》ではなかった。

広い平野を横ぎるときに、ことに風除《かざよ》け日除けの恩恵は大きかったのである。長い畷《なわて》の退屈を破るためにも、一本《いっぽん》一本に癖《くせ》のある松の木は似合わしかったが、それよりもさらに必要なのは霧の日吹雪《ふぶき》の日《ひ》に、これを目標として路を辿《たど》ることであった。東《とう》北《ほく》では広い野路《のみち》の雪に迷うて死んだ者があって、それから道しるべの並木を栽えさせたという話もある。

風景はかりにつくったひとの趣旨ではなくとも、こういういろいろの経験があって、はじめて並木は頼《たの》もしいもの、またなんとなくなつかしいものという、われわれの感じは養われたのである。

道を行くものにはかねて精神の糧《かて》も入用であった。

以前は道連《みちづ》れというものが、なによりも大切《たいせつ》な旅行機関で、それがないときには大きな男でも不安を抱いた。すなわち信仰の、ことに対象を求むるときであったゆえに、数多くの祠《ほこら》・辻堂《つじどう》、石《いし》の神仏《かみほとけ》が出現したのであった。ながい年月にはそれがあまりわずらわしくなったので、明治の初年にはこれを取り片づけよという命令が出た。[91] そうして大部分は整理せられたのであったが、やがてまた新たにたくさんの馬頭観音《ばとうかんのん》、道祖神《どうそじん》[92]や観音《かんのん》が刻《きざ》まれて、新道の左右には並木はなくなっても、これだけはもう完備したのである。

それが旅する人馬の安全のためだけでなく、また必ずしも多《おお》くのひとに見《み》られようという目的《もくてき》でもなくて、とくにわれわれの心がもっとも感動しやすく、また共鳴しやすくなっている時をねらって、この常設の晴《はれ》の場所に、そういう記念物を持ちだしてたのである。

**90 西行法師の……遊行柳の物語**　西行の和歌は「道のべに清水流るる柳かげしばしとてこそたちどまりつれ」で、この歌に詠まれたかつての街道の「朽木の柳」の精が、能の曲目『遊行柳』にあらわれる。**91 明治の初年には……命令**　一八七六（明治九）年一二月、教部省は布達第三七号を出し「山野或いは路傍に散在せる神祠仏堂（祠は山神祠・塞神祠の類、堂は地蔵堂・辻堂の類）」の監守する者もない小さくみすぼらしい社祠は最寄りの寺社へ合併もしくは移転する処分を命じている。**92 馬頭観音、道祖神**　いずれも路傍に祀られた石碑。馬頭観音はもともと観音菩薩の変化身のひとつだが、近世以降、物流が活発化するなかで運搬手段として重視され、使役された馬の供養とむすびつけられた。道祖神は、村境の路傍にあって疫病や悪霊の侵入を防ぐ「さえの神」であったが、行路安全・縁結び・豊饒の神ともされた。

おくのであった。前後三回の国際戦役[93]において、子《こ》を失った親などが近代にはこれを利用した。

その前には手習《てならい》の師匠《ししょう》のための筆塚《ふでづか》[94]、さては土地から出た力士《りきし》の石碑、馬が死んだり、行《ゆ》きだおれがあったり、虫や疫病の害を攘《はら》うために、大念仏《だいねんぶつ》[95]を催したという記念もあれば、熊野《くまの》や羽黒山《はぐろさん》に参詣をしてきたということを後に伝えようとする行人塔《ぎょうにんとう》[96]もあった。

石はじっさいは多くなりすぎて目障《めざわ》りである。ひとの手が豊《ゆた》かで石屋がいなかった時代には、石塔のかわりをしたものは塚[97]であった。塚はよい具合《ぐあい》にひとが忘れるころまでに、小さくもなりまた低くもなっていた。たまたま形はのこっても、伝説はたいてい快活に変化している。そうして平野《へいや》の路を行く者の、またひとつの親切な目標ともなっていたのである。

旅が発達したように風景もまたこういう風に改まっている。

ひとりいままでなかった輪廓と色彩とが生まれているだけでなく、これを見るひとの立場《たちば》もまたちがってきた。日本は全体に山の土《つち》が流れて、低い平地の多くなった国であるが、これを通過している道路もまた平たくなっている。岡《おか》の斜面に沿《そ》うていく路があれば、古いのは必ずやや高みのところにあり、次にできたのはその根方《ねがた》を過ぎている。そうして最近にはまた田の中を突《つ》っきる路が多くなった。

ひとつの山水《さんすい》をいろいろの角度《かくど》、またいろいろの高さから見るという楽しみが減じてきたが、そのかわりに山を越える場合には新たな峠路《とうげみち》のほうが曲《まが》り方《かた》が多くなった。[98]飛行機が空《そら》から自由に見て通るようになると、また面目が一変してくることと思う。ひとつの国土だから一とおりしか見ようがないかと思うと、時代はまだいくようにもこれを新たにする術《すべ》をもっていた。明治大正の六十年間に得たものは、たしかに失うてしまったものよりも多いのである。

## 六　武蔵野の鳥

関東は平野つづきで山が遠く、全体に広い眺望が得られなかった。

**93 前後三回の国際戦役**　日清戦争、日露戦争、第一次世界大戦（シベリア出兵など）を指す。**94 手習の師匠のための筆塚**　筆子塚のこと。近世庶民の教育機関であった寺子屋や家塾の師の遺徳をしのんで、教え子（筆子）が立てた供養碑。**95 大念仏**　大ぜいが一堂に集まって念仏を唱える行事。**96 行人塔**　苦労して参詣してきたことを記念する石塔。行人は苦行をするひと。**97 塚**　塚について柳田は早くに「塚と森の話」（一九一二）でとりあげている［全集24：九五―一二四頁］。**98 新たな峠路……多くなった**　柳田は「峠に関する二、三の考察」（一九一〇）で「昔の山越は深く入って急に越え、今の峠は浅い外山から緩く越えることは事実である」［全集6：八八頁］と、車馬の便宜のために勾配を嫌ってより平坦に曲がりくねって新道が開かれることを論じている。

かつて大町桂月君が唱導した多摩《たま》原頭《げんとう》の二大観、百草《もぐさ》の松蓮寺《しょうれんじ》の岡と荒幡《あらはた》の新富士《しんふじ》山《さん》[99]なども、わずかに数十の村の数をよむうちに、もうその向こうは欅《けやき》の並木《なみき》に隠されてしまうのである。

欅《けやき》は武蔵《むさし》の昔からの特徴であった。

江戸から四方に放射した十いくつかの街道は、いずれもその両側に屋敷林をもった農家を住まわせ、それが表通りに欅の木を栽えたゆえに、自然にそれがひとつづきの並木になっていた。草《くさ》の武蔵野にはこの開墾の時がはじめであったろうが、この樹は東日本の古い有用樹であった。奥州では一般につき[100]というのも同じ木らしく、北武蔵《きたむさし》にはまた都幾《つき》を郷名《ごうめい》とし、川の名[101]としている地方もある。

郊外住居の展開をはじめてから、おいおいにこの並木は伐り倒されて、都府《とふ》との聯《れん》絡《らく》はまったく断《た》たれてしまったが、それでもわずか出ていくとまだ幾線《いくせん》かの欅の列が見られるのである。これも伐ることはさかんに伐っているのだが、幸いに目的がなおつづいているおかげに、その跡にはやや年若《としわか》の相続者がのこっていて、若葉と秋の葉と、年に両度の美しい色がくりかえされている。扶桑木《ふそうもく》の伝説《でんせつ》[102]で語《かた》るように、朝日《あさひ》の早《はや》くさし夕日《ゆうひ》の長《なが》くのこるのが、またひとつの忘れがたい風情《ふぜい》をなしている。冬の風のこの木の梢《こずえ》に鳴る音は、はやく町のひとの文学にも出ているが、これがまた広漠たる大都の中へ向けて、ひさしく春《はる》ごとの鳥の声を運んでいた軌道でもあった。

以前は江戸の周囲には藪《やぶ》が多く、また大きな屋敷があった。そのなごりはところどころに近いころまでのこっていた。大小の鳥類はそれを飛石《とびいし》のようにして、市民の小さな庭にまでも遊びにきたものであった。下手《へた》な素人《しろうと》猟師が郊外の村々を飛びまわって、鳥を町中へ追いこんでくれるともいっていた。追いこまれていまでもいるのか知らぬが、とにかくに入《はい》ればもう出られぬように、この町《まち》はなってしまっている。

針金《はりがね》が高低十文字に家々の空《そら》に張られてある。[103] これもまた一種の新式の並木《なみき》であったが、鳥類の移動にはおおいなる妨害であった。全体に野山《のやま》にも鳥はいなくなった。われわれはもと鳥の声を愛する点にかけては、いずれの種族にも劣らぬ国民であったけれども、年に数百万という剝製《はくせい》の小鳥[104]が、輸出せられていくことを喜んでいたため

**99 かつて大町桂月君が……荒幡の新富士山**　大町桂月の『関東の山水』（博文館、一九〇九）に「平原の中にも丘陵あり。眺望のすぐれたるは荒幡の新富士を第一とす、百草園これに次ぐ」［：三七二頁］とある。 **100 つき**　槻。ケヤキの古名。樹勢がさかんでしばしば大木になる。 **101 川の名**　都幾（とき）川は埼玉県西部を流れる。 **102 扶桑木の伝説**　扶桑は伝説の巨大な神木で、はるか東方の海上に立ち、そこから太陽がのぼるといわれた。 **103 針金が……張られてある**　電柱を支えにした電線や、市電の架線などを指す。 **104 剝製の小鳥**　『東京朝日新聞』の一九〇五（明治三八）年一一月三〇日朝刊に「剝製輸出なるものは近時大いにおこなわれ従って政府が輸出者より収得する金額も少なしとせず」とあり、「剝製者の濫猟」は鳥類の繁殖にゆゆしき事態をもたらしていると警告している。

に、たちまちにしてこういうさびしい国にしてしまったのである。

椋鳥《むくどり》はいちばん無頓着な鳥であった。町に若干の喬木があって、家々の屋根がまだ低かったうちは、どこへでも群れてきてわずかな空地《あきち》を見れば下《お》りた。それが高い建物が立って硝子《ガラス》や石が光り、電線が繁く火花《ひばな》が散り、車の音がしきりに軋《きし》るようになってからは、さすがののんき者《もの》もここに近よることだけは断念した。

燕《つばめ》が帰ってこなくなってからも、[105]まだ漸《ようよ》う二十年にしかなるまい。これも家々が硝子の窓を建て、梁《うつばり》への通行を断《た》ちきってしまって、明白に彼らを拒絶したからであった。この鳥が新たに架《か》けられた電信線に列んでいるのは、明治の新風物のひとつと認められて、画工はそれが平凡になりすぎるまで、一生懸命にこれを画《え》にしていたが、もうそういう軽業《かるわざ》もできなくなってきたのである。のこっているものは昔巣をつくっていた材料の路の泥ばかりで、それを呉服店《ごふくみせ》の紅絹《もみ》[106]の上に落としたという江戸風《えどふう》の発《ほっ》句《く》なども、註をつけなければ、われわれにはわからぬようになってしまった。

烏《からす》はモールスの[107]『日本《にほん》その日《ひ》その日』に、飛んで来て人力車の提灯《ちょうちん》の蠟燭を取って食ったとある。東京ではちょうど西洋の鴿《はと》のようなひとに馴《な》れた生活《せいかつ》をしているともある。奥州の旅行では川で女が魚を洗っている舟に、わずか三、四尺離れて一羽の烏《からす》が、じっとその様子を見ていたとも誌《しる》している。奥州の烏はいまでもまだそんなかもしれぬが、東京ではもう鴿《はと》と烏とは似ていない。第一に数がぐっと減《へ》っている。三馬の『浮世風呂』には初烏《はつからす》の声《こえ》がかあかあなどとあって、町の元朝《がんちょう》は雞《にわとり》よりも烏の声に明けたことは、明治になっても同様であったが、そんな律義《りつぎ》な昔風を守っていると、烏は正月早々《そうそう》から飢えなければならなかった。

鳶《とび》が舞《ま》うことは東京でも晴天の兆《きざし》であった。彼らのなかにはたしかに若干の市《し》に育《そだ》ったものがあって、毎日欠かさずにこの空ばかり飛んでいた。河岸《かし》の材木屋の丸太《まるた》のてっぺんには、烏が来ていなければ鳶が羽《はね》を休めていた。町の掃除の役の片端《かたはし》は彼らが引きうけていたのである。死んだ鼠を路上に抛《ほう》りだしておくと、鳶が舞い下りて持っていく[108]のが普通であった。いまではもう罷《や》めたが、鼠を棄てておく習慣だけはまだ止まない。

いまでもまだ目につくのは雀《すずめ》と鷗《かもめ》とだけになった。

105 **燕が帰ってこなくなってから**　柳田が砧村に転居したのは、一九二七（昭和二）年だったが、その後何年か、成城の「新式の住宅地」には燕が巣をかけている家がまったくなかったと『野草雑記・野鳥雑記』［全集12］で何か所か証言している。106 **紅絹**　無地の紅染めの絹。紅花を揉んで発色させることからともいう。107 **烏は……蠟燭を取って食った**　「モールス」は一八七七（明治一〇）年に東京大学に招聘され、やがて大森貝塚を発見するエドワード・S・モースのこと。その著『日本その日その日』（科学知識普及会、一九二九）の第十五章「日本の一冬」で、日本で烏がいかにひとに馴れているかを論じ、「烏が一羽下りて来て、車輪にとまり、紙の提灯に穴をあけてその内にある植物性の蠟燭を食ってしまった」［：九〇頁］と書く。

雀は市街では服装がひどく汚《よご》れている。西洋の雀とくらべて白い毛がはるかに多いゆえにことに汚《よご》れめが目に立つのである。それから性質もいっそうこせこせとしてきたが、それでも行き処がないのかまだどうにかして住んでいる。元来が家雀《いえすずめ》または村《むら》雀《すずめ》ともいわれているくらいで、人家があるためにこれまでに繁殖したのだから、新しい文化と調和する力も強いのであろう。

鷗《かもめ》は船の路を伝うてさしたる難渋《なんじゅう》もなしに、いまでも大洋とのあいだを往来《ゆきき》している。これがいざ言問《ことと》わんの都鳥[109]だというが、船と大川の岸に住む者のほかは、市民は最初からそう大きな関心をもっていなかった。

それよりもしばしば想い出されるのは鳥ではないが蝙蝠《こうもり》の来なくなったことである。以前の町の夕方の静《しず》かであったことは、あの絹糸《きぬいと》のように細い蝙蝠《こうもり》の声を、記憶しているひとの多いのを見てもわかる。これも画になって、橋やしだれ柳とともに、いわゆるたそがれ時の心《こころ》ぼそさ、待《ま》ちつ待たれつする者の情緒を、かなり力強く暗示したものであったが、もはやその符号は通用しておらぬ。

蝙蝠の群《む》れの衰微したことは、都市ばかりの現象でないようである。

彼も帰っていく故郷のないことは雀と同じだが、暗い処を愛する性があったばかりに、世[110]が明るくなると住むことができぬのである。橋の裏《うら》が金属になり、倉庫が石《いし》や煉瓦《れんが》になると、第一にあの爪《つめ》をもって引っかかっていることを許されない。木と動物の棲息《せいそく》との関係は、伐られて木材となってから後も、こうしてなお意外につづいていたのである。

ひとが無意識に天然の均衡《きんこう》を破っていた結果は、以前にもすでにおりおりはあらわれた。蝙蝠がいなくなって蚊《か》がうるさくなり、狸《たぬき》が多く捕られて野鼠《のねずみ》が跳梁《ちょうりょう》するなどは、もう多くのひとが心づいている。このごろは蛇《へび》を集めて薬に売る職業がさかんになった。これもやがてまた鼠《ねずみ》や蛙《かえる》などの繁昌を招くことになるかもしれぬ。

横浜では明治の初年、はじめて洋館なるものができたさいにたくさんの小鳥が飛んできて硝子戸に突きあたり、落ちて死んだという記録がのこっている。蠅や虻《あぶ》などがいまもって窓に苦しんでいるとおり、こんな明るい透明な空《そら》と同じ物が、突如として進路を遮断《しゃだん》した意外さは、いわゆる外国文化の比ではなかったのである。

それでもいつのまにかそれを承知したものか、もはやその不幸がくり返されなくな

**108 死んだ鼠を……鳶が舞い下りて持っていく**　柳田は『野草雑記・野鳥雑記』に収められた「鳶の別れ」（一九二六）で、この「斃鼠処理法」〔全集12：一六〇頁〕は江戸に「まだ一本の電線もなかった」時代の伝統であり、現代ではいかに勇敢な鳶でも、いかに無毒の鼠が道に落ちていようと、これを拾いに降りてくるやつがあろうか、と論じている。**109 いざ言問わんの都鳥**　「都鳥」はユリカモメの雅称で、『伊勢物語』の「名にし負はばいざ事とはむ宮こ鳥わが思ふひとはありやなしやと」の歌で知られる。**110 橋の裏が……煉瓦になる**　鉄橋がつくられ、石造・煉瓦造の建物が増える。

ったのは調和である。ことに開港場の海の突角《とっかく》[111]の光は、あのころとしては強烈なる誘導であった。諸国のさびしい岬《みさき》に灯台の立った当座《とうざ》、闇の空を飛ぶものがこの火に眼がくらんで無数に落ちて死んだのもめずらしい歴史であった。

こういう多感なものが新しい不安に襲われて、いちじるしく生殖を制限せられたのもやむをえぬことで、われわれが美しい大きな都市に住みながら、なにか大切なよい物をなくしたような心もちが去らぬのは、眼よりもむしろ耳のほうに原因があった。すなわちこの新たな騒音の苦《く》になりだす前から、すでにひと知れず整理せられていた音は多かったので、夏の日中《ひなか》をふれてゆく苗売《なえうり》、円朝《えんちょう》の話に出てくる近江の蚊帳売《かやうり》、その他いろいろの物売りの声[112]の、なんの入用もないのに恋しがられるのは、すなわちまたわれわれの鳥を愛するの情と似たものであった。

## 七　家に属する動物

しかしちかごろの飼鳥《かいどり》の流行をもって、すぐにこの空隙を充《みた》すがためにおこったように、考えてみることだけは事実に反する。

第一にこういう趣味に遊びうる者はわずかで、しかもその多数は必ずしも野外の鳥の声に、耳を傾《かたむ》けようとしていたひとたちではなかった。珍奇《ちんき》を賞するという心もちが、最初から飼鳥の歴史には伴うている。昔もいまのように輸入ということが[113]、鳥の愛玩には伴うていたのである。

　そうしてわれわれの里《さと》の周《めぐ》りに、以前豊《ゆた》かであったものは、通俗なる鳥の声だけであった。小児はいまでも雀などを籠に入れたがるが、こちらは捕虜を生かしておいた上代の風習に近い。国内の鳥でも後には山の奥から、まれなる種類のものを捕えてくることがあり、鶯《うぐいす》や繡眼児《めじろ》のようなありふれた鳥でも、おいおいに啼《な》きをくらべて[114]優種を珍重しはじめることになったが、そういう場合にかぎって、必ず屋外の凡庸なるものを軽蔑した。つまり人間の技能のくわわった特別のものを愛したので、この点はむしろ野鳥《やちょう》を疎外した大建築物などの芸術と似ている。ことに最近の飼鳥養殖にいた

**111 突角**　つきでた突端。**112 物売りの声**　品物を背負い、あるいは天秤棒でかついで、商品名をふれ呼びながら売り歩く「振売」の商人が都市には多かった。蚊帳売は近江商人が多く「もえぎの〜か〜や〜」と呼び歩いた。「円朝」は落語家の三遊亭円朝のことで、落語でも金魚、ところてん、苗などの振り声が風俗として取りあげられている。坪井正五郎に「響き音楽」（『東洋学芸雑誌』一〇五号、一八九〇）というロンドンの街の売り声を記録した論考がある。**113 輸入ということ**　一九世紀前半の文化・文政期（一八〇四〜三〇）には、飼鳥のブームが起こり、鳥屋でもさまざまな小鳥が売られた。在来の野鳥のほか、文鳥・カナリヤ・インコ・オウムなど輸入された鳥も多い。**114 啼きをくらべて**　小鳥を籠に入れて持ち寄り、その鳴き声をくらべあわせて優劣を競う「鳴きあわせ」がしばしば催された。鳴き声・羽色などの優劣を競う「小鳥あわせ」もあった。

っては、よほど蓄《ちく》音機や絹織物《きぬおりもの》の製造に近いものがあったのである。

馴《な》れるということは、またひとつの別な意味があった。家畜というもののおこりはこれから出ている。

雞《にわとり》がもと今日いうところの飼鳥の部類ではなくて、いわば一種の家族であったことは、消えやらぬわれわれの記憶である。かつてこの動物が任じていた信仰上の役目、祈願《きがん》や卜占《うらない》との深い関係は、なんだ馬鹿げた、と考えるひとが多くなっても、朝ごとに時を告《つ》げるという約束だけは、現に効果があって他の方法ではかえることができなかった。このただひとつの因縁《いんねん》があるために、飼われていた雞も総数にしては多かったのである。

ところが引きつづいて外国から入ってきた種類[115]のなかには、かずかずの珍種もあり特長もあったので、まずこの方面から飼鳥趣味が割りこんで、とうとう豚《ぶた》や牛馬とともに、再び捕虜の屠《ほふ》らるるを待つ境遇にもどっていったのである。

肉用卵用の雞は時を告げる役までは勤めない。夜分《やぶん》が明るくなり、家の中が暖かくなったためでもあろうが、初夜《しょや》真夜《まよ》中《なか》の早鳴《はやな》きは普通になってしまって、ひとは不吉《ふきつ》だなどともうこれを嫌わぬようになった。そうして時計《とけい》は十分に雞以上の役目を果しているのである。

猫《ねこ》は雞とはちがってそのはじまりは流行であったらしい。籠《かご》には入《い》れておかぬが、いくぶんか飼鳥のほうに近いのである。単に以前は飼っていたという記録が少ないだけでなく、日本でばかり尻尾のないほうを本式とし、また三毛《みけ》猫の雄《おす》をことに珍重するなどということは、ともに原因の近代にあったことを思わしめる。

それから家屋の建築の変わり、すなわち天井《てんじょう》ができ押入れが多くなって、鼠が屋内で繁殖するようになり、蛇や鳶では退治しかねたこと、ちかごろになっては養蚕の普及、さてはペストが鼠の蚤からだということなども手《て》伝《つだ》って、あるいは多すぎるかと思うまでに、家々の猫の数が激増したようである。狗《いぬ》とどこまでも仲の悪いわけは、一方に税がもうけられて[116]こちらはただで生きていられる。なにか動物を愛してみたいというくらいなひとに、狆《ちん》や洋犬が見放されたのは哀れである。

狗《いぬ》は支那では食用としていたためでもあるか、雞犬《けいけん》[117]と称してはやくから各家の有《ゆう》で

115 **外国から入ってきた種類**　日本の鶏の外来種との交雑の歴史は古く、平安時代に渡来した小国鶏などが知られているが、江戸時代に大軍鶏、大唐丸、チャボ、烏骨鶏、蘭丸、コーチンなどが新たに入ってきた。明治時代にも、投機目的で多くの洋鶏が導入された。　116 **税がもうけられて**　畜犬税は、一九〇三（明治三六）年、警視庁の畜犬取締規則により賦課された税。『東京朝日新聞』の一九〇二（明治三五）年一〇月三一日の「東京府畜犬税実施」の記事は、翌年度予算に地方税として一頭あたり年一円の畜犬税を加えた案を提出、府参事会で異議なく可決されたと報じている。　117 **雞犬**　ニワトリと犬。人間に身近な家畜の意。「鶏犬相聞こゆ」は村里が家つづきになっていることを指す。

あったが、日本ではひさしい後まで村《むら》の犬《いぬ》[118]というものがあって、したがってまた無価値であった。もっとも食物のなるべく多い処、愛するひとの傍に寄ってくるのは当《あた》り前で、夜も定まった寝床があったであろうが、飼主《かいぬし》はと問うと、ないと答うべき犬は多かったのである。

それが猟などの必要からおいおいと一人を主と仰ぎ、他人に馴れないものができて、おいおいに犬の種類は改良した。改良はいつでも前からある者の不幸であったが、ことに日本犬は原始的であったためか、負けてわずかのあいだにみな雑種になってしまった。

家に飼犬がはやると、村の犬は顧みられない。のら犬《いぬ》といったところが野犬《のいぬ》[119]ではないのに、年々不用となって手袋《てぶくろ》の皮などにする数が、驚くほどに多いのである。犬がはたして家畜というものならば、これはじつにだらしのない放牧《ほうぼく》であった。

鼠などはあまりそのいたずらが烈《はげ》しいために、早くわれわれの愛情を失ってしまったが、いまでも家との関係は時として村の犬よりも深い。

猫や桝《ます》落とし[120]の古い方法でなかったことは、鼠を殺すことをいやがるひとの、多いのを見ても察せられる。家に鼠のいなくなるのを不吉《ふきつ》とし、あるいは騒ぐのはなにかの前兆というなどは迷信ではあろうが、新たに生まれたにしてはあまりにひろくおこなわれている。正月だけはねずみという語《ご》を忌《い》んで、よめ子《ご》といっている土地は多い。

普通は五日か《か》六日の日の晩に、よめ子にも年を取らせると称して、節《せち》の食物を器《うつわ》に入れて、鼠の通路に置いて食べさせる習慣もある。

犬猫のすでに家庭に属しているものはもちろん、雞にも牛馬にもこれと同じことをするのを考えると、最初は家畜と家にいる動物とのあいだに、そうたいした分《わ》け隔《へだ》てはしていなかったのである。

これが屋上の烏《からす》や軒覗《のきのぞ》く雀、鳶《とび》や梟《ふくろう》どもにも明日《あす》の天気を相談しようとした理由であって、こういう鳥は別に美しい羽《はね》の色でもなく、声とてもけっしてよい音楽とはいわれぬにもかかわらず、来ると嬉しく影を見ないとなんとなくさびしく思われた因縁は、一言でいうならば彼らがわれわれの友《とも》だちであったからである。

都会はじっさいまた鳥類以外にも、多くの古い友だちを失わせる土地であった。

**118　村の犬**　だれか個人が飼っているのではなく村人が共同に飼養している犬。柳田国男は『孤猿随筆』の「旅二題」（一九三九）の「有井堂」で、子ども時代の故郷に「黒」と呼ばれた「村の犬」がいたことを回想している［全集10：三一六頁］。**119　野犬**　明確に飼い主が特定できる家庭等で飼養される「飼犬」がひとつの類型とすると、家庭犬であったものが捨てられたり迷い犬になったりして、市街地を徘徊し残りもの等を食料源として暮らす「のら犬」がもうひとつの類型、三つ目の類型がひととはほとんど接触をもたず、山野、丘陵地に自活し、ひとの生活に依存せず自ら狩りをおこなう「野犬」である。**120　桝落とし**　鼠を捕える仕掛けの一種。桝をふせて棒でささえ、その下に餌を置き、鼠が触れると桝が落ちてかぶさるようにしたもの。

## 八　野獣交渉

風景はもと今日の食物と同じように、色や形の後《うしろ》に味《あじ》というものをもっていたのみか、さらにこれに伴うて、いろいろの香《か》と音響の、忘れがたいものをそなえていたのである。

それを一枚《いちまい》の平たく静《しず》かなるものにする技芸[121]がおこって、まずそのなかから飛び動くものが消え去った。それでも昔の画《が》には法則のように、必ず画中《がちゅう》のひとがあり、もしくは花鳥《かちょう》という配合の約束のごときものがあったのだが、後《のち》にはそれさえも無用のように認められることになった。

個々の感覚を他と切り離して、別々にはたらかせることは修養の要《い》ること[122]であった。俗人にはおそらく無声の詩を想像することがかたかった[123]。そのためにわれわれの環境に対する喜悦満足は、名もなにもない空漠たるひとつの気もちとなり、それがこのごろのようにいくつかの欠けたものを生じて、はじめてあれはなんだったと尋ねなければならぬようになったのである。

学校の子供の話の種《たね》は変わってきた。

そうしてまた土地ごとにちがっているのである。

村では大人《おとな》もまた毎日の雑談《ぞうだん》[124]の話題は、この複雑なる天然の表現以外に、そう別なものを求められぬ時代があったが、明治大正は世間話《せけんばなし》の莫大なる材料を供給したのである。しかし幼《おさな》い者にはその大部分は解釈が面倒であったから、なおしばらくのあいだは自分の周囲の事実、ことに古くからの天然の友だちの野鳥や獣の話をよくしたのであった。この友だちにはいたずらであって、いつも大人たちに憎まれているものもいれば、またむやみであり頓狂《とんきょう》であるものもいた。それが彼らの生活をめぐる風景のなかにおりおりあらわれて、笑ったり驚いたりする話の種をつくったのであった。

ひとと動物との間柄《あいだがら》がやや疎遠になって、かえってその噂[125]は高くなったようである。

**121 一枚の平たく静かなるものにする技芸**　直接の意味は絵に描くことで、後段の「昔の画」という語と対応している。さらに含意としては、あるいは一時期流行した「絵はがき」にしたて、または「写真」に写して複製されて流通するという技芸までも暗示されている。**122 個々の感覚を……修養の要ること**　五感が連動しながら作用して対話が成立している自然な感受の状態に比して、たとえば視覚だけ、あるいは聴覚だけで対象を把握し、交流を成立させることはむずかしかった。具体的には、声に出して享受していた詩や歌を黙読の視覚だけで味わうとか、電話の声という聴覚だけで見えない相手と自然に話すといった経験が、新たな状況での一定の慣れや修練を必要とするものであったことを指摘している。**123 かたかった**　むずかしかった。**124 雑談**　とりとめのない、さまざまの話。古くはゾウタンとも読んだ。「冗談」ということばとも意味および発音において隣接する。ザツダンの読みが一般化するのは明治中期以降。

猟《かり》して捕《と》るということはひとつの戦闘であったが、その結果はほとんど全部が勝利談、そうでないまでも敵方の敗北談《はいぼくだん》であった。これが往古以来単純なる人びとの、もっとも聴《き》くことを悦ぶ歴史でもあった。

しかしそれ以外にも友としての動物の話は多い。たとえば狼《おおかみ》は野獣のことに兇暴なるものであったが、これすらもかつては夜路にひとを送り、[126]産《さん》の時に見舞をやったら[127]礼にきたという話も多かった。猿《さる》は敏捷であるがよくひとの真似をして失敗し、兎《うさぎ》は智慮が短かく、鼬《いたち》は狡猾でよく物を盗んだ。狐《きつね》は陰鬱で復讐心が強く、狸《たぬき》も悪者《わるもの》ながらすることがいつもとぼけているという類の概括も、けっして昔話《むかしばなし》の相続ばかりではなかった。[128]誤っていたにしてもとにかくにだれかの実験であった。

だからこういう話にほんのわずかでも、つけ添《そ》えまたは訂正すべき事実に出遭うと、少年《しょうねん》は細《こま》かに観察したのみならず、また必ず記憶して群《む》れに語ったのである。これがどれだけの心の滋養分を含みまた衛生になったかということは、やはり食物と同様にこれを確かめたひとが少ないのだが、とにかくにこれが彼らの第四番目の生活技術[129]であった。

出でて故郷と外界との関係を会得《えとく》する以前、まず天然のなかに自分を見いだすの途《みち》が、いつでもこういう様式をもって開かれていたのである。

小児が覚えていく言葉を注意してみても、順序はやはり衣食住の次に、この一つひとつの環境の破片が入《はい》ってくる。そうしてよそのひとの概念よりも先に、家とその周囲の動物が学ばれるのであった。

野獣・野鳥の物語がすでにローマンス[130]に化したということは、われわれにとっては大きな事件であった。明治に生まれて大正に老いたひとたちは、たいていは眼《ま》のあたりにこの推移の跡を経験している。狼は最近種《たね》が絶えたといわれたが、それは反対の証拠のあることで、現に今年も三重県南部の山ではこれを捕っている。ただ多くの土地では実物の鑑定《かんてい》を要するまでに、その知識が朧《おぼろ》になっているのである。

**125 噂**　そこにいない人間や、直接に確かめていないものごとについて、あれこれ話すこと。確かでない風説。**126 夜路にひとを送り**　道行くひとの前後についてくると考えられた狼が旅人を守ってくれるという伝承。転ばずに歩けば必ずしも害を加えないが、転べば食いつくという話もある。**127 産の時に見舞をやったら**　『山の人生』に「山に繁殖する獣は数多いのに、ひとり狼の一族だけに対しては、産見舞という慣習が近頃まであった」［全集3：五四八頁］と述べている。**128 昔話の相続ばかりではなかった**　幼かったころに親たちから聞いた話をくりかえしているだけではなく、自分たちの見聞や経験がこめられていること。**129 第四番目の生活技術**　環境という自然、植物、動物といった「多くの古い友だち」「古くからの天然の友だち」と生活のなかで交流しつきあっていく技術。衣食住の三つに続く。**130 ローマンス**　現実ではありえないような空想的で冒険的な話。前に出てきた「噂」と対応する。

羚羊《くらしし》はかつて奥羽の諸山において、角《つの》を鰹《かつお》の釣針にするほど捕り、東京近くの山でもわずか三十年前までは角《つの》をパイプにして売るほども捕ったひとがあった。今日は登山者のこれを見かけたという記事すらもまれである。鹿も二、三の霊場《れいじょう》に保護せらる以外、撃《う》って取ったという計数さえ小さくなっているが、五十年前にはそれがある季節の食物のうちにかぞえられていた土地も多い。

野猪《いのしし》は鹿にくらべて子の生まれ方が多いためか、いまなお猪害を患えている山村もある。

ことに離島では出ていく口がないから、ひとが多くなるとただちに猪鹿《ししか》が邪魔になった。

対馬《つしま》では元禄年間の野猪殲滅《せんめつ》事業[131]が有名であるが、奄美大島《あまみおおしま》ではいまちょうどその計画に取りかかって、今年は少なくとも千五百は捕ると意気《いき》ごんでいる。あるいは家《ぶ》猪《た》の遁《に》げこんだ末かもしれないが、めずらしく繁殖させたものである。内地のほうにはそんなところは絶対にない。いたとはいっても三頭か五頭《とう》の群れが、不意《ふい》にあらわれて撃たれるくらいのもので、猟師などはもう大部分が廃業してしまい、のこりはわずかな小物《こもの》を狙《ねら》うか、または素人銃猟家の案内などをして暮らしている。近年に天城《あまぎ》山《さん》の御猟場[132]で、ひさしぶりに猪狩りをしてみたところが、勢子《せこ》[133]の熟練がすっかり落ちていて、出てくる獣をみな助けて返《かえ》した。こういうことがあるいは再び繁殖を促すことになろうかともいわれている。

鳩《はと》や雉《きじ》・山鳥《やまどり》もみな同じことだが、以前は動物の社会には週期《しゅうき》的の盛衰があった。なにかよい事情があるとしばらくのあいだに繁殖し、やがてその害がひどくなってさかんに捕獲せられ、たちまち減少してまた次の機会を待ったのである。

それがある小島《こじま》のように種《たね》も絶えるようになったのは、けっして狩猟家と鉄砲のみの罪ではない。つまりは人間の土地利用が、おいおい彼らの生息《せいそく》を不可能ならしめているのである。

ちょうど家々の鼠と同じように、いわばわれわれの敵意が強くなったのである。しかも最近の狩猟制度が、それ以上にわれわれと鳥獣とのあいだを、疎隔させたことも事実である。銃猟は結局他処《たしょ》の紳士たちの、税を払って楽しむ遊戯になってしまった。土地に生まれた者はその捕獲にすらも関係なくなった。

**131 元禄年間の野猪殲滅事業**　陶山（すやま）鈍翁は一六九九（元禄一二）年に対馬藩の郡奉行になり、農作物を猪の食害からまもるために、「猪鹿追詰」という絶滅計画を立て、約一〇年をかけて全滅させた。　**132 天城山の御猟場**　御猟場は天皇の狩猟場で宮内省が管轄する施設。天城では御料林であったところが一九〇二（明治三五）年に御猟場に編入され、その三年後くらいから『東京朝日新聞』には陸軍・海軍大将が同行した猪狩り・巻狩りの記事が散見する。　**133 勢子**　集団での狩猟で鳥獣を駆りたて、撃ち手の待つところに追い込む役割。

魚《うお》と虫《むし》とはまだ友だちだが、鳥獣はおおいに少年《しょうねん》の興味の領分から逸出しようとしている。天然記念物の保存法[134]が、かろうじてその根絶を防止する以前から、彼らはもうとくにわれわれの「風景」のなかにはいないのである。

134 **天然記念物の保存法** 法制上の天然記念物とは、文化財保護法によって指定された動物・植物・地質鉱物などをいう。日本での保護法制は、植物学の三好学らの提唱が一九一一（明治四四）年に「史蹟及天然記念物保存ニ関スル件」の建議案が貴族院で可決、一九一九（大正八）年の「史蹟名勝天然紀念物保存法」の成立という形で整備された。

# 第五章　故郷異郷

## 一　村の昂奮

ひとたび世間《せけん》へ出てしまったひとの故郷観は、村生活の清さ、安らかさ楽しさに対しての讃歎《さんたん》[1]が先に立ち、これについではあとにのこった者の寂寞無聊《せきばくぶりょう》[2]に対しての思いやりがあった。初期の都市生活の心細さが、ひとをひさしいあいだ家を懐《おも》うの遊子《ゆうし》[3]にしていたのは頼《たの》もしいが、こうしてあまりにも故郷に重きをおきすぎた結果は、都市はいつまでもどちらつかずの住民をもって充《み》ちていたのである。書生《しょせい》[4]にはことにそういう人たちが多かったようである。

彼らが愛読していた雑誌『国民之友』は、夏休みで故郷に帰りゆく若《わか》いひとに向かって、秋風に乗《じょう》じて再び上京せよ、田舎を東京化するがために帰るなかれ、東京を田

1 **讃歎**　感嘆してほめること。 2 **寂寞無聊**　ものさびしく退屈なこと。 3 **遊子**　旅人。 4 **書生**　学生。明治中期には、他人の家に世話になり家事を手伝いながら勉学する食客の意味で使われる。

舎化するために帰れよ、といったことがある。[5]しかもこういう気風も結局は無益であったのは、故郷はときとして広い世間よりも早く変わっていたからである。町に寂《さび》しい日を暮らすひとたちに、なんの断《ことわ》りもなく田舎は進んだ。それが東京化ではなかったまでも、少なくとも心の故郷《ふるさと》は荒《あ》れたのである。それを知らずに帰去来《ききょらい》の辞[6]は口《くち》ずさまれていたのである。

故郷の山河《さんが》は明らかに美しく良くなっていた場合にも、なおけっして以前のままとはいえなかった。多くの記憶の裏《うら》ぎられていること[7]が普通には零落《れいらく》の感《かん》をさえ抱《いだ》かしめたのである。

考えてみれば無理な話であったが、なによりも気に入らなかったのは勢力の中心の移っていることであった。かつて優《すぐ》れていたもののいまは振わぬことである。消え去って還らぬものの美しく想わるるは自然であるが、時としては昔のきたなさのとおりで、待っていなかったものまでが意外に思われた。農村衰微《すいび》の声[8]はことにこういう寂《せき》寞《ばく》なる人[9]びとに強く響いたが、村が経済的には衰えなかった場合にもなお、われわれの古い故郷は退歩[10]しなければならなかったのである。

村の故郷の新たなる変化は、一言でいうならば昂奮の増加であったが、これには出てはおりおり還ってくる人たちの、刺戟もまた参加していたのである。

以前は町とちがって、常《つね》の日は故郷は睡《ねむ》っていた。田植《たうえ》や収穫の日のおおいなる緊張、盆と正月と祭の支度、めったにおこらない吉凶《きっきょう》の行事《ぎょうじ》、そういうかぞえるほどしかない大事件を除いては、その後はただ快《こころよ》い疲労と、静かな回想とがかえってひとの心を沈《しず》ませていた。勇気や冒険や計算のなにも要らぬような平和の日だけが長くつづいていた。旅に働いてもどってくるひとたちは、これを第一に故郷のありがたみのなかにかぞえていたのである。

**5『国民之友』は……いったことがある**　『国民之友』は徳富蘇峰が一八八七（明治二〇）年に創刊した総合誌。当該の記事は、一八八九（明治二二）年七月一二日発行の第五六号巻頭の無署名の「青年学生はなんぞ故郷に帰らざる、なんぞ田舎に遊ばざる」であろう。夏期休暇に臨んで、都会の驕奢・虚飾・鉄面をはなれ、故郷に帰って命の洗濯をせよと檄し、下宿の二階にたてこもり、小説におぼれ、トランプ遊戯に時を費やすは罪人なり、と断じている。**6 帰去来の辞**　陶淵明が官吏の職を辞して故郷に帰る心境を述べた文章。冒頭の「帰りなんいざ、田園まさに蕪（あ）れんとす、なんぞ帰らざる」の一節が有名。**7 多くの記憶の裏ぎられていること**　覚えている故郷がさまざまに変わっていること。**8 農村衰微の声**　柳田は『東京朝日新聞』に無記名で論説を数多く書くが、一九二五（大正一四）年三月一七日の「国民教育革新の機運」と題した論説のなかで「世上多くの農村衰微論」［全集26：三二九頁］に言及している。同新聞の一九二三（大正一二）年三月二二日の記事「農村衰微を愬（うった）う」が、横井時敬を会長とする農民聯盟の「農村衰微の実情を訴え農村救済の急を叫ぶ」運動を報じていたことなどを踏まえたものだろう。また柳田は『都市と農村』（一九二九）の第二章でも「農村衰微の実相」［全集4：一九七―二一〇頁］を論じている。**9 寂寞なる**　なんとなくさびしい。うらさびしい。**10 退歩**　進歩の逆。前より悪くなること。

ところが新時代の文化は文字により、[11]また形式[12]をもって入ってきた。いつも羽織袴《はおりはかま》[13]の改まった用意《ようい》をもって、迎えなければならぬ事務ばかりがつながってきたのである。多くの制度はいままでの不文《ふぶん》[14]のしきたりを、承け継いだようなものであったが、言葉が新しいために別物《べつもの》のごとく感ぜられて、わかったひとたちまでが重々しくこれを取り扱いだした。議論は事務の練習のためにも、毎日少しずつしなければならぬことになり、それには勉強して公式の語《ことば》を使用した。

これが常人の家の中の用語と融和[15]してしまうためにも三十年はかかった。少なくとも公務に携《たずさ》わった一部のひとだけは、町以上の連日の昂奮を味わっていたのであった。小学校・郵便局・病院その他の営造物、各種の会・組合・青年団など、いずれもこれと同じ手順《てじゅん》をくり返して出現した。もちろん町村は有望に多事であったのだが、とにかくに人心は動いていた。こういう絶えざる取《と》りこみのなかへ、還って休養を得んとした者は失望したのである。

そのうちに新町村の結合ということがはじまった。

明治二十二年の市町村制[16]以前にも、弱い小さな部落の独立を止めさせようという方針は立てられていたが、いよいよこの時になってこれを全国いっせいに実行することとなった。いつからあるともしれぬ十七万幾千の村と町とを、大まかに一万二千ほどにまとめてしまった。その結果は大体においてよかった。

しかしとにかくに大字《おおあざ》[17]は対立するものであった。隣同士《となりどうし》に並んでいる村で、以前ひとつであったのを分割したというものは一割《いちわり》もなかった。上《かみ》とか下《しも》とか東とか西とかあっても、じっさいはたいてい成り立ちの時と事情とを別にしている。つまり飛《と》び飛びにあった旧《ふる》い村々の間隙《かんげき》へ、あとからおいおいにはめこんでいったのである。それゆえに隣村は互いに肌合《はだあ》いがちがい、また若干の反撥心《はんぱつしん》があった。それを地域によって一団体としたのだから、兵隊のようにいかなかったのも無理はない。

**11 文字により**　布告や公示の文、あるいは新聞などの印刷物を通じて。**12 形式**　事務上の手続き。儀礼のやり方。**13 羽織袴**　羽織と袴を身につけた、かしこまった正装。**14 不文の**　文書に書きあらわされていない。**15 常人の家の中の用語と融和**　柳田は『国語史 新語篇』(一九三六) において、明治になっての政治や実業の談義が女性のもの言いのなかにも漢語をもちこみ、日清・日露の戦役後には「多くの生硬なる公文用語」までが常人の口にのぼるようになったと指摘する。「法律家というよく弁ずる人の言葉つきが、村の口きき連中の茶話の日本語となり、軍人が還ってきて青年の新語が豊富になるという類の効果」[全集9:一七五頁] が短かい歳月で村や家の生活に及んだと説く。**16 明治二十二年の市町村制**　市制及町村制は一八八八 (明治二一) 年四月に公布され、翌一八八九 (明治二二) 年四月に施行された。この施行に臨んで、「町村合併標準提示」(内務大臣訓令) が出され、三〇〇から五〇〇戸を標準とする大規模な町村合併が全国的におこなわれた。「明治の大合併」といわれる。**17 大字**　昔の村。行政区画のひとつ。複数の小字 (こあざ) を含む比較的広い地域をさすが、明治以前にすでに町や村としての名をもっていた土地も多い。

地界《じざかい》の論争などは合併によって無用になったが、なによりも面倒であったのは共有地の問題であった。あとからつくった大字《おおあざ》は、必ず活力はあったけれども、不利な点は草薪《くさたきぎ》を刈る場所の少なく、入会《いりあい》の権利のいつも不安なことであった。部落はその一つひとつに、公財産権のいちじるしい不釣合《ふつりあい》があった。これを平均に新団体の恩恵とすることが、なによりもひとに説きにくい改良であった。

部落有林の整理[18]にはまた二十年以上の歳月が費やされた。

そうして株式会社と同じようなやり方で、土地を提供せぬ者には金を出させ、また労力を出させて植林をしたり、それでも損だという者には割もどしをしたりして、とにかくにその大部分を町村のものにしたが、それをまとめるまでには手《て》前勝手《まえがって》と邪推、警戒と懸引《かけひき》とが連発して、簡単にいうならば故郷はひとが悪くなった。

土地の問題だけには村のひとも鋭敏であった。したがってこれには若干の緊張を感じない者が、ひとりもなかったといってよいのである。

またひとつの厄介《やっかい》な問題は、どこを新町村の中心にするかということであった。ほかから来て見る者には地形《ちけい》から判断して、だれにも争えない一点があるように思われたが、それは部落のなかではたいていはもっとも新しいものであった。はじめ結合の計画はほかにおこり、道路もまたわざわざこれを支持しようとしていたゆえに、どうしても他へは動かすことができなかったけれども、現在役場《やくば》のある所は大多数が新町《しんまち》[19]であって、したごうてそこの住民はほうぼうの寄せあつめであった。本村《ほんむら》・元郷《もとごう》[20]は原則としてはるかに山の根方《ねかた》などに引きこんでできていた。これを沿革にはかかわらず、交通の便利なところへもってくるということは、また大きな昂奮を必要としたのである。

それがなんでもなかったように落《お》ちついてしまうには、ひとの家なら二代《だい》、年なら明治大正の六十年ほどもかかったのもぜひがない。

ちょうど東京が全国の努力をもって田舎化《いなかか》されようとしたごとく、さびしい新村の首府《しゅふ》も勉強して各部落の意を迎えたが、それと入《い》れちがいに農家のほうも新しくなった。町にばかり新しい空気を吸う者を、固《かた》まらせておくまいという考えから、競《きそ》うて彼らと同じ書を読み、同じ講話を聴こうとした熱心が、いつとなく生活ぶりの一致《いっち》となり、しかも流行はことごとく小さな町を通って、背後《うしろ》の大きな町から流れこんだの

**18 部落有林の整理**　町村合併のもとでも部落がもつ従来からの入会林野の権利は慣例的に認められていたが、これを町村所有に移し、町村財政を強化する方針は早くからあり、部落有林野統一政策を生みだす。一九一〇（明治四三）年一〇月の内務・農商務両省次官の共同通牒「公有林野整理、開発ノ件」が整理統一の必要性を訴え、翌年の市制及町村制の改正による財務規定にも反映された。治水事業もまた部落有林の整理開発を促進した。　**19 新町**　新しく開かれた町　**20 本村・元郷**　昔からの村、もともとの集落。

である。

## 二　街道の人気

もちろん故郷の生活は静かだとはいえなくなってきた。街道[21]は自然に住民を遠くへ誘導したと同時に、また意外な土地のひとをよび寄せている。ひとの移住の計画的になったのは、地理の知識がややたしかになってから後のことで、以前は植物の種子のごとく、偶然に運ばれまたはただ浮動していたものが、落ち着くというのを普通にしていた。それには遠方をつないでいる比較的真《まっ》すぐな新《しん》道《どう》が必要であったが、それにもました条件は、土の潤《うるお》いまたは養分に該当するものであった。

最初、村々にたったひとつの異分子《いぶんし》は、寺の坊主《ぼうず》であった時代がある。僧侶は修《しゅ》行《ぎょう》をするから生まれた村には住まなかった。小僧で村の寺に入った者でも、大きくなると出ていって還らなかった。つまり遠くのほうが働きよかったのである。昔話にもたびたび出てくるが、無住《むじゅう》の山寺[22]《やまでら》に一夜《いちや》の宿《やど》を借りたのが縁《えん》となって、それから引きとめられて、長くいることになった者は旅僧《たびそう》であった。多くは無口《むくち》であったが世間のことはよく知っていた。

次にほかから入ってきた者は医者であった。これも代々の名医となる以前に、元祖《がんそ》は多くは遠くからやってきて、はじめから村のひとであったのは存外《ぞんがい》に少ない。寺小《てらこ》屋《や》のおこりも古いものではなかった。百姓もひととおりは字を知ったほうがよいと、心づきかけたのは江戸期もやや末のころであった。これには頼んで町のひとをつれてきたり、または風来《ふうらい》[23]のやや素性《すじょう》の良いのを引きとめた。そんなのがまたいくらでもあるいていたのであった。

土地によっては、住民はなお算筆《さんぴつ》[24]にうとく、いつまでも外部から書役《かきやく》[25]を雇うているものがあった。代書[26]・口《くち》きき[27]・通弁[28]のような事務が多くなって、医者と同じようにこういう者が重宝《ちょうほう》がられた。算用師《さんようし》[29]などともいって一種の職人であったが、もちろん医者なり僧なりに兼ねてもらう場合も多く、小さな村ではそういろいろの役を別にする

**21 街道**　全国に通じる公道、主要な陸路。**22 無住の**　住職がいない。**23 風来の**　どこからともなく来た。**24 算筆**　計算と読み書き。**25 書役**　文書の草案を作ったり、事項を記録したり、帳簿を作成したりする役職。書記。**26 代書**　本人に代わって書類や手紙などを書くこと。**27 口きき**　弁舌が巧みで談判や相談に慣れ、紛争などを中に立っておさめるひと。顔役。**28 通弁**　通訳。村の外との交渉に必要なことばに通じている。**29 算用師**　算用は勘定あるいは会計、すなわち金銭や物の数量を計算し決算すること。さんにょう。方言ではさらに広く計算、ものごとの工夫なども意味した。算用師はそうした技能をもつひとのことだが、現代の辞書にはないことばで、地名や苗字にのこっている。

にもおよばなかったのである。

これらのかぎられた必要ある人びとのほかは、異分子はながく止住《しじゅう》すること[30]を得なかったのみならず、またすこぶる警戒せられていたのである。普通の職人は年《とし》のうちに二度か一度、定まったときに来るだけで十分であった。商人も顔《かお》なじみの者が得意《とくい》と称する家々を、買いそうなところに廻ってくるだけであった。御師《おし》[31]や大夫《たいふ》[32]や祈禱師《きとうし》の類は、かすみ[33]と称して広い区域を縄張《なわば》りにしていた。それをある季節に慌《あわ》ただしく廻ってあるくだけであった。その他は出処《でどころ》の不明な詳しく身上話《みのうえばなし》を尋ねなければならぬようなひとが、近世になるほど数多くやってきたが、旅行の趣意があきらかになるまでは、村人は容易に同情しようともしなかった。いつも最少限度の応答をして、早く追い返そうとしていたのである。

しかしこうしてはるばると来るほどの者は、必ずなんらかの交渉をもたらさずにはいなかった。それに多少の興味をひかれ、または因縁《いんねん》[34]を結ぶことになると、もちろん時刻には飯を食わせ日が暮れれば宿を貸した。遠い在所《ざいしょ》[35]の旧家というもののなかには、勝手《かって》[36]の片隅にこの類の旅人の、五人十人と飯を食わぬ日はないといわれていたものがあった。彼《かれ》らの半分以上《はんぶんいじょう》は引《ひ》きとめれば止《と》まるひとであったが、めったには止《と》まれとはいわれなかった。

旅人《りょじん》の款待《かんたい》保護と居住権の許与《きょよ》とは別のものであったのである。

宿を貸すということはひとつの家庭の消費であったが、村に住ませるのは土地の力の負担に帰するからである。勤労の自給自足はもとは徹底したもので、こうしてほかからの手助《てだす》けを仰《あお》ぐということは、それだけ農業の生産をもって養うべき口《くち》[37]を、増す結果になるのを憚《はばか》ったのである。

それが新しい世代に入ってくるとともに、この統制の力を保持することが困難になり、またその必要もしだいに薄くなった。種類は列挙しえぬほどに多くの人びとが入りこみ、それを異分子とさえ目《もく》[38]することができなくなった。ちょうどこの境《さかい》に家を出ていた者が、還って浦島《うらしま》の子《こ》[39]の驚きをするのも当然であった。

もっともそういうなかにも教員・医師や警察吏のように、ぜひとも入ってきてもらうべき人びとも増加したが、別にそれ以外にただ自分だけの責任をもって、居所を生まれの地のほかに定めようとした者の増加、これが近世の顕著なる特色であった。

**30 止住する**　とどまり住む。居住する。　**31 御師**　熊野社、八幡宮、伊勢大神宮などの神社に所属する下級の神職あるいは社僧で、御祓札や暦を売り歩いたり、参宮のガイドをしたり宿坊の便をはかったりした。　**32 大夫**　御師の称号。　**33 かすみ**　持ち前。顧客の所在範囲。神主や修験山伏などが祈禱をおこない、守札を配る縄張り。　**34 因縁**　関係。よすが。　**35 在所**　都会を離れた地方。　**36 勝手**　台所。　**37 口**　人口。ひとの数。　**38 目する**　認める。　**39 浦島の子**　仙郷滞留の浦島伝説の主人公。長期間その土地を離れていたために、事情がわからずとまどうひとのこと。

村にはただわずかの見捨地《みすてち》[40]というものはあったが、それに小屋掛《こやが》けするの[41]は不幸なるひとばかりであった。これ以外の地処にはみな主《ぬし》があって、しかも自分ひとりの考えでその利用を改めることも許されなかった。ところが湊《みなと》よりも城下町《じょうかまち》よりも、もっと自由な居住地がつい鼻《はな》の先に展開して、ここにはほぼ無条件に旅人でも足を止めることができた。

それは明治の新路《しんみち》の片脇《かたわき》であった。

道路がわれわれの故郷を改造した力は、大きすぎるというほどに大きかった。古い話だからただ簡単に述べておくが、官道《かんどう》、すなわち国普請《くにぶしん》[42]の往還というものは、これを開鑿《かいさく》するばかりが行政庁の事業ではもとはなかった。必ずその両側に若干の間隔をもって、これを管理する民家を配置しなければならなかった。これが前代の公式の駅《えき》逓法《ていほう》[43]であったのである。

最初は地子《ちし》の免除と人馬《じんば》の賦役[44]とが、ちょうど向きあいになっていくぶんか、住民に有利であったのが、後には二者は関係のないものになって、馬の徴発《ちょうはつ》ばかり繁《しげ》く[45]、さらに助郷《すけごう》[46]までにその迷惑はおよんだのであった。だから以前あらためて新道《しんみち》をつけかえるということは、並木を惜しまずともじっさいはできることでなかったのである。

明治の新政《しんせい》は第一次に官府の旅費支給法を変えた。どんな御用の車馬でも定規《ていき》[47]の支払いだけは受けたから、街道はまず地方民の仕事場《しごとば》と化したのである。したごうていかに広々とした耕地でも原野でも、それを突っきって新路線を開いておけば、それへはいつとはなくどこからともなくひとが寄ってくる。それを昔風《むかしふう》に官府も奨励《しょうれい》すれば、四近《しきん》[48]の人びともこれだけはあまり気《き》にしなかった。村々現在《むらむらげんざい》の町場《まちば》というものは、その三分《ぶん》の一はこうして生まれ、他の三分の一はこのために成長した。のこりは鉄道を産婆《さんば》[49]にしたといって、たいていは当たっておろうと思う。

村のいくぶんか人手《ひとで》を剰《あま》していたものは、この町場を最初の手軽《てがる》なる移住地にしたのであった。

以前も農家の激労に服する家族が足りぬ場合に、街道端へ出て茶屋《ちゃや》をしてみようということはあったが、そんなのは大きくは発達していない。茶屋で煮売《にう》[50]りや小《こ》なから[51]

**40 見捨地**　江戸時代の土地制度において、免除の証文のある朱印地と除地以外の無年貢地のこと。墓地・死馬捨場・道・川・溝・小堂祠・稲干場・土取場などである。**41 小屋掛けする**　仮小屋をつくる。仮住まいをする。**42 国普請**　国役普請。国役金で実施した土木工事。**43 駅逓法**　運輸の方法。**44 地子の免除と人馬の賦役**　市街地・宅地にかけられる地税の免除と、運輸に支障をきたした場合に近傍の郷村に課された伝馬・人足の提供。**45 馬の徴発ばかり繁く**　近郷からの人馬の徴発は当初は臨時のものだったが、参勤交代等の交通需要の増大にともなって恒常化した。**46 助郷**　応援の人馬を提供する宿駅近傍の郷村。**47 定規の**　規則で決まった。**48 四近**　四方の近辺。周囲。**49 産婆**　出産を助け、妊娠時から出生児の世話までを業とする女性。転じて、誕生の世話役。

酒《さけ》でも売るような亭主《ていしゅ》は、いま少し外界の教養を必要としたのであった。農とまったく絶縁をしてしまわぬと、馬や人足《にんそく》にも引きだされる場合が多く、それを代理に勤めさせようとすれば、結局はやはり街道を股《また》にかけた専門家[52]すなわち雲助《くもすけ》[53]を、近所に連れてきて住まわせておく必要があった。

しかるに交通業が自由職業になるとともに、新旧街道の両側は、あらゆる生計方法の共進会[54]ともなった。土地で農業の分家《ぶんけ》を出すは不可能だと決すると、分家は断念せずに他の職業をここへ出て試みる。

資本の力ある者がまず考えだしたのは造《つく》り酒屋《ざかや》に醤油屋・油屋《あぶらや》など、これが今日の小工場の前駆者《ぜんくしゃ》[55]になっている。それから運送店とそれに縁の深い肥料雑穀商《ざっこくしょう》もあらわれたが、多数はそれだけの力もないために、少なくとも一軒ずつはいろいろの小売店をはじめた。いわゆる小間物《こまもの》[56]はことに歴史の古いあきないのひとつであった。最初は小規模ながらも安全な仕事であったろう。これほど知人《ちじん》の多い身元《みもと》のよくわかった小《こ》商人《あきんど》は、昔にはこの辺にいなかった。

それから土地が見込《みこ》みのややある処ならば、歯科医、薬剤師、時計屋、自動車屋という類は、ほとんどあるかぎりの次三男《じさんなん》の理想、あらゆる能力が試みられる順序《じゅんじょ》であるが、それらは同時にまたよそからも来て競争した。

ことに単なる労力の供給にいたっては、通例は外部に待つものと定まっていた。かりに地元《じもと》に労力は剰《あま》りかつ町場《まちば》のほうが楽であっても、雑役《ざつえき》はもと農民の好まざるところであったからである。したごうて移住はこの区域だけでは完全に自由で、店受《たなう》け[57]・寄親《よりおや》[58]などの沙汰[59]さえもなかった。

いわゆる客商売《きやくしようばい》が客しだい、繁昌しだいであることはいうまでもない。村がおいおいに町《ちよう》となっていく原動力は、結局は早く来てこの中心区域を占《し》めた人びとの、気質《きしつ》と手腕とにあるのだが、その傾向だけはまず全国を通じてみられる。すなわちなんともいたしかたのない若干の僻隅《へきぐう》[60]のほかは、必ず大か小かこのいわゆる経済的中心はもうできていて、たとえその成長を祈らぬまでも、これを抑制することは少なくとも不可能になっているからである。

**50 煮売り**　飯と、魚・野菜・豆などの煮たおかずを売ること。**51 小なから**　小半。一升の半分をさらに半分にした量、すなわち二合五勺。転じて、少量の。**52 街道を股にかけた専門家**　馬方のように荷馬で貨客の運送を業とする者などを指す。**53 雲助**　宿駅で交通労働に専従する人足を確保するために抱えた、住所不定の道中人足。**54 共進会**　もともとは殖産興業のため、産物や製品を展覧し優劣を品評する会。明治一〇年代の製茶共進会をはじめ、さまざまな物産を主題に全国で開催された。競進会。**55 前駆**　さきがけ。先駆に同じ。**56 小間物**　紅・白粉・櫛などの化粧品、裁縫用具、文具などこまごまとした日用品の総称。**57 店受け**　借家人の身元や店賃の保証。店請。**58 寄親**　奉公人の身元引受人。親子関係になぞらえて寄親・寄子という。**59 沙汰**　人物の選り分け。取り計らい。**60 僻隅**　僻地。都から遠く離れた片隅。

村が責任を負いえない人気《にんき》[61]というものがあることも、ひさしく出ておって外《そと》から故郷をみる人びとには、多くの場合には不可解の事実になっている。人気《にんき》はようするに世間《せけん》を見る眼、もしくは知らぬひとに対する態度のことであろうが、それならばすでに現実に変わっているのである。以前こそはこれがただひとつの御揃《おそろ》いであったかもしれぬが、現在は各人各様のものになっている。

ことに街道に沿うて自分もほかから入りこみ、あるいは後再び同じ道筋《みちすじ》を辿《たど》りつつ、次の地に移っていってもよいと思う者が多ければ、その態度が上調子《うわちょうし》[62]の空々《そらぞら》しいものになるのは当然というべきで、かえってこれを土地の人気とみるほうが誤っている。[63]村は今日の新文化に対しては、いつの場合にも買方《かいかた》[64]であった。そうして街道は単にそのひとつの飾窓《かざりまど》[65]というにすぎなかった。村でつくり上げたものは有形無形ともに、まだいままではここに陳列していないのである。

## 三　異郷を知る

こうして天下の公道を伝《つと》うて、おいおいに故郷へ入《はい》ってきたひとのなかに、多くの好《この》ましい友人がいたと同じく、新たに学んだ世の中の見方にも、むろんありがたいと思うべきものがいろいろあった。少しでも排除する力をもっていないひとたちが、ただ無差別に外《そと》から来るものを忌《い》み嫌ったのは、損ではないまでも無益なことであった。

われわれが故郷を成長するひとつの生体《せいたい》として、愛し見まもることができるようになったのも、じつはまた教えられた技術であった。故郷を自分が失うた幸福な過去と、ごっちゃにするような者は論外《ろんがい》であるが、現に止《とど》まって村とともに活《い》きたひとですらも、これを鏡《かがみ》の影《かげ》[66]のようにはっきりと知ることはむつかしかったのである。

それが今日ではさしたる経験のない者でも、ほぼわが村の形勢を説くことができる。わが村を解《かい》するようになったのは他《ひと》の村を見たからである。隣でないものとも比較することが許された結果である。

すなわち故郷意識の変化は、当然に異郷興味の増加に伴うてあらわれたのであった。この傾向は疑いなく都市の生活者によって導かれたものであるが、都市もこうなるまでには相応の修行《しゅぎょう》[67]をしている。もちろん自分の隣に他国者の住むということだけは、気づかずにはいられないけれども、それが最初のほど[68]は途法《とほう》もなく縁遠く、またなん

61 **人気**　その地方の人びとが集まってつくりだす気風。世間のそれをよしとする感情。じんき。
62 **上調子**　落ち着きがなく、うわべだけで中味がないこと。　63 **土地の人気……誤っている**　土地固有の態度・気風ととらえること自体が間違っている。　64 **買方**　買う側。買い手。　65 **飾窓**　商品などを陳列する窓。ショーウインドー。　66 **鏡の影**　鏡に映った姿。　67 **修行**　実践。さまざまなことを実際に経験し、努力して学ぶこと。　68 **ほど**　内。ころ。

となく気のおける[69]ようにも考えられた。この互いの冷淡は、以前の田舎暮《いなかぐ》らしにくらべるとさびしかったが、相手がこれだから遠慮なく競争ができると、思ってみるようなひとの悪さ[70]もあった。

　そうしてわずかある同郷人がことに親《した》しくまた頼《たの》もしくも思われたのであった。いわゆる同県の先輩の成功には力瘤《ちからこぶ》が入り、これだけ担《かつ》いでおれば世渡《よわた》りは安全なように感ずるとともに、いつも余分の好意を期待せずにはいなかった。

　しかしこれも一種の孤立感の変形であって、以前ややしばらくのあいだ法則化して行《おこ》なわれていた藩閥の結合などとは、まったく類推して考えることのできぬもの[71]だということが、おいおいと覚《さと》られてきたのである。藩閥はまず勢力を補強する必要があって、そのために私恩《しおん》を因縁ある者のあいだに売りはじめたのであった。ところがこちらには格別これという目当《めあ》てもないのに、しきりに助けられたい者のほうから相助《そうじょ》を迫ったのであった。

　府県は親分《おやぶん》の活躍する区域としては、少しばかり広すぎたことも事実である。せっかくここでは同郷だなどといってみても、還っていくとやはり他人《たにん》であった。それで結局は郷友会《きようゆうかい》[72]なども、淡《あわ》い人情をもって集まって酒を飲むだけのものになってしまった。失望はまことにやむをえなかったのである。

　士族は今日の軍人と同じように、とくにいわゆる仮設敵《かせってき》[73]の必要な職業であった。隣《となり》に他人というものの住みうることを、少しも考えてみぬような経歴をもっていた。江戸は彼らの唯一の社交地であったが、なお以前には仲間でばかりかたまって住んでいて、ほかへ出たときは切口上《きりこうじょう》でしかものがいえなかったのである。

それが突如として遠近雑居する世の中にであったということは、大きすぎるほどの実験であった。ひとが相隣《あいとな》りしまたともに働くということは、理論を超越した現実の感化であった。無邪気な好奇心はまず動いて、ながく垣根越《かきねご》しに[74]ばかり話していることはできなくなった。それに全国を通じて境涯《きょうがい》の変化のよく似たものが多かったのみか、互いに認めてもらいたいと思う長処《ちょうしょ》もまた一致していたのである。

明治初期ごろの南北の大都市、ことにいくつかの官庁でも置かれたものは、宛然《えんぜん》として[75]異郷知識の互市場《ごしじょう》[76]のごとき観があった。町の商家も由緒の古いものになると、交

**69 気のおける考えることのできぬもの**　うちとけられない。気詰まりな。 **70 ひとの悪さ**　意地の悪さ。 **71 藩閥の結合……**　藩閥は権力・勢力を補強する目的で私的に恩を売り利害で結びついたものだが、県人会など同郷意識の興隆は、町住まいの孤立感を基盤に明確な目的なしに親しみをもって相寄りそった「相助」であって、基本において異なると論ずる。 **72 郷友会**　郷友会の語は、明治二〇年代から新聞等にも散見される旧藩士や軍人を核とする集まり。『東京朝日新聞』の一八八九（明治二二）年一月二〇日の社説は、郷友会を「藩閥党」と同様に論じている。 **73 仮設敵**　軍隊の演習などの際に仮に仕立てた敵。仮想敵。 **74 垣根越しに**　垣根をへだてて。 **75 宛然として**　あたかも。まるで。 **76 互市場**　貿易を行なうための貨物の集散所。開港場。

際をわずかの親戚のあいだに制限して、容易に外来のひとに許さぬ風《ふう》のあったことは農村も同じであったが、こういう地位身元の明白な外来人たちには、知らぬ顔をしてはいられなかった。

そこでいままでは遊歴文人《ゆうれきぶんじん》[77]や行脚僧《あんぎやそう》[78]のような、対等以下の遠慮がちな人たちからばかり、気楽《きらく》に聴いていた世間話《せけんばなし》[79]というものが、急に適切なる意味をもつものとなり、話題も興味も日を追うて増加したのである。

新聞はちょうどそういう都市人の新傾向[80]に追随しつつ、同時にまたすこぶるこれを促進している。

なにか変《か》わった話はないかという言葉は、世間話《せけんばなし》を好む者の昔からの常套語《じょうとうご》ではあったが、その内容のほうがいつのまにか進化したのである。もちろんこの好奇心の拡張というのも、まだ相手が自分たちと同種でないことを認めた結果であって、これが必ずしも心と心との接近とはならず、したごうてただちに共同の市民観《しみんかん》を築き上げたともいわれないが、少なくとも相互の理解は進み、またその理解が必要だということだけは、都市の生活様式がまずこれを経験させてくれたのである。

田舎は外来者の量も少なく、またその種類も重要でなかったから、自身で同じ経験をする機会は少なかったけれども、これも街道を下《くだ》りに遠くからやってくるものを、なんでも見《み》のがすまいと注意していたおかげに、案外はやくから学び、かつかぶれるこ[81]

とができた。そうしてまたいずれの方面からみても、悪い流行ではなかったのである。

強いて細《こま》かな観察をすれば、ほかを知るということと、ほかから知られるのと、ことが別々になっていてお互《たが》いでない[82]のが、気にかかるただひとつの点である。田舎《いなか》の世間通《せけんつう》[83]は簾《すだれ》などの中から、外を覗《のぞ》いているような姿がある。こちらは隠そうというつもりはなくとも、見られる機会だけがまだ後《あと》にのこされているのである。この点はとくに国外との関係において、模倣の不自然であったこと[84]をよく示している。日本のように欧米の国の生活の台所《だいどころ》や寝間《ねま》までを、詳しく知ろうとしている国民はまずないかと思うが、それでいてまたこれほどの誤解と、いい加減な当て推量を甘んじて受けているものもめずらしい。そんなら見せるさといってみたところで、見せるは見られるとはちがうから話がまたよそゆきになる。[85]

**77 遊歴文人**　各地をめぐり歩く、詩文・書画に携わるひと。**78 行脚僧**　諸国をめぐって修行する僧。雲水。**79 世間話**　世間のうわさや流行・事件など世の中のさまざまなできごとについての話。**80 都市人の新傾向**　都市に生きる人びとの無邪気な好奇心の拡張を指す。**81 かぶれる**　影響を受けて、その風に染まる。感化され、熱中する。**82 お互いでない**　同じでない。双方向でない。田舎が外のことを知ることのほうが多く、外の世界が田舎のことを知ることが少ないこと。**83 世間通**　世の中を広くよく知っているひと。**84 国外との関係……不自然であったこと**　日本が外国の進んだ文化をよく見てそれを真似たのに対し、日本のことはあまり外国から知られることがなく、ときに誤解されたこと。

つまり交通がいまもなお都市のごとく、自然には伸びていっておらぬのである。

今日になってみると信じがたいような歴史だが、いわゆる内地雑居[86]の問題が四十何年前に論じられたころには、国民の警戒は非常なものであった。雑居をしたために亡《ほろ》びるような弱い国なら、このままいたところでながくもたないという類の、やや過激な意見さえ飛びだして、やっと決断はついたのである。ところがわれわれが予想していたほどに、異人は雑居にはやって来なかった。いまごろまだ観光局[87]を国でつくって、ホテルの客を誘引しようという有様である。しかも一方には、われわれの彼らに対する好奇心は、こんな機会がもとで極度にまで燃えたのであった。

思想や感覚の驚くべき現在の雑居には、別に有力なる原因もくわわっているだろうが、とにかくにこの己《おのれ》を空《むな》しゅうした一方的の興味は、自由な都市式の対等の往来よりも、むしろ暗処《あんしょ》にいてひとりみようとしたような、余計の警戒[88]ぶりが癖《くせ》になってしまったのである。これは小児《しょうに》のハニカム[89]とか、またはワニル[90]とかいう情とも関係があるもので、かりに一時の考えちがいがくわわっているにしても、根本の原因は深く国民の気質の底にあると思われる。たんに日本人が自ら卑下《ひげ》しやすく、なんでも新奇のものの優勢を認むるに敏なるがためと、断定しようとすることは戒めなければならぬ。

## 四　世間を見る眼

国民の気質《きしつ》が歴史を決定したのは、ワニルだけではない。しかしそれを説くことはまだ私にはむつかしいから、ここにはもうひとつだけ、とくに異郷知識とは関係の深い、オコルということを考えてみて次へ移ろう。

最近に上山草人《かみやまそうじん》[91]がひさしぶりに日本へもどったとき、なんだか東京人の眼がたいへんに怖《こわ》くなっているといった。それが一部の文士などのあいだに問題になったそうである。こういう感じには個人の立場《たちば》がはたらくから、よほど重《かさ》ねてみないと事実[92]としては取り扱いにくいが、それはわれわれにはありそうに思われる変化である。

**85 見せるは見られる……よそゆきになる**　無意識の態度や様子まで含めて「見られる」のと違い、意識して「見せる」のでは、どうしても交流や理解が改まったものになってしまう。**86 内地雑居**　外国人を特定の居留地だけにでなく自由に居住させること。明治二〇年代の条約改正交渉過程で、さまざまな問題が出され、新聞紙上でも議論された。**87 観光局**　一九三〇（昭和五）年、国外からの観光客の誘致を図る機関として鉄道省に国際観光局が設置された。**88 暗処にいて……警戒ぶり**　自分は見られないところにいて、一方的に外を用心深く覗いているような態度。**89 ハニカム**　はずかしそうな表情や身ぶりをする。**90 ワニル**　恥ずかしがって尻ごみする。方言としても、「人見知りする」「ためらう」「ふざける」などさまざまなニュアンスをもつ。

眼つきの険《けわ》しさはひとしだいまた遭遇しだいのもので、いちようにこわいの優《やさ》しいのということはないはずであるが、じっさいは土地によって少なくとも外来者にはそう感じられる。そうして日本では攘夷《じょうい》の論《ろん》[93]がようやく熄《や》んだころなどは、さぞかし白《はく》人《じん》にはおそろしく見えたろうと思われるのだが、初期の観光者のいくつかの日記には、意外にも非常に柔和《にゅうわ》な容子《ようす》をしていると書いてあるのである。いまでも農村のやや交通の衝《しょう》[94]を離れた部分に行けば、同じ印象は得られることと思うが、そうでなくとも少年と老人、女は全体に怖《こわ》い眼をしているなどと、報告せられる覚えはないことと思う。

　言葉だけではこの気もちを精確に伝えがたい。やはり写真を使わぬと外国人などには呑《の》みこめぬかもしらぬが、こわいといったところで害をくわえようという意味ではない。たんにやや鋭《するど》くひとを見るというだけのことであった。

　いままで友人ばかりの気のおけない生活をしていた者が、はじめて逢ったひとと目を見合《みあ》わすということは、じっさいは勇気の要《い》ることであった。知りたいという念慮は双方にあっても、必ずどちらかの気の弱いほうが伏《ふ》し目になって見られるひとになってしまうのである。

　通例、群《む》れの力はひとりよりも強く、仲間《なかま》が多ければ平気でひとを見るし、それをまたじろじろと見返すことのできるような、気の強い者もおりおりはいた。この勇気は意思の力、または練習をもって養うことができたので、古人《こじん》は目勝《めがち》[95]と称してこれを競技のひとつにしていた。すなわち、今日の睨《にら》めっくらのおこりである。

農民は一般にこのわざには不得手《ふえて》なものと認められていたが、それでも途上《とじょう》に知らぬ二人が行き会うと、必然に勝ち負けはおこらざるをえなかったのである。大体に周囲に知るひとの多い者は、一人《ひとり》で歩《ある》いていても気が強かった。旅からきた者のほうがしおらしい眼をしていなければならなかった。

ところが諸国の人間の入り交《ま》じる都会では、この主客の地位は定められなかった。それでも早くから来ているほうが自信が多いわけだが、そんなことはひとにわかるは

**91 上山草人**　新劇・映画俳優。一九一九（大正八）年に渡米し、中国人役などで多くのハリウッド映画に出演、一九二九（昭和四）年に帰国した。上山は、『東京朝日新聞』同年一二月二六日に載った「私の土産話（補遺）」で「十一年ぶりに帰国して草人最初の印象は、日本人の眼が実に輝いていて鋭いということでした」と述べた。この話を同紙の一九三〇（昭和五）年二月二七日の『微笑』と『恐い眼』」という論説で広津和郎が取りあげ、「上山草人氏の話に拠ると、日本に帰ってきてもっとも著しく感ずるのは、日本人の眼が恐いしいうことだそうだ」と論じたが、柳田が直接に参照したのは、こちらの記事か。**92 よほど重ねてみないと**　そうした印象を数多く集めてみないと。「重出立証法」という名で論じられた柳田の方法論を暗示している。**93 攘夷の論**　幕末に台頭した、外国との通商に反対し撃退を主張した排外思想。**94 交通の衝**　大通り。要路。**95 目勝**　酒席の遊戯のひとつで、無言でにらみ合い、さまざまの表情で相手を笑わせる。目比（めくらべ）、にらめっこ、にらめくら、ともいう。目勝（まか）つという動詞は、そのように相手に気おくれせずにらみつけるの意。

ずもなし、また自分ばかり得意《とくい》でいる者も、町にはずいぶんと集まっていたのである。気が強くなくては町には住まれぬと思い、向こうが見たからこっちも見てやったなどと、いわゆる負けぬ気になっていたものであった。最初はただ近づき[96]でないひとを、仔細《しさい》に見て知りたいという目的でもあったろうが、それには若干のひとを怖《おそ》れまいとする努力を要したゆえに、相手にとって無遠慮ともまた侵害とも感じられたのである。貴様《きさま》はなんでそのように俺《おれ》の顔を見るぞ、見たがどうしたなどという問答《もんどう》は喧嘩になりやすかった。つまりは元来があまりひとを見《み》たがらず、はにかんでしばしばひとに見られてばかりいた者が、思いきって他人を知ろうとする気になったときに、その眼は赤子《あかご》のごとく和《なご》やかには見なかったのである。多数の東京の男の眼がもし険《けわ》しくなっているとしたら、それは新たに知識欲の目《め》ざめたことを意味するだけで、必ずしも喧嘩も辞《じ》せずというまでの、強い反抗心の表示ではなかったろうと思う。

しかもその喧嘩とても、大部分は変則なる一種の社交術にすぎなかったのである。ひとが世に立ち名を認められ、または新たなる若干の他人を見知るためならば、なにもそのような迂遠《うえん》にして、しかも危険なる手段を執《と》るにおよばぬと覚《さと》って、現に近年はその数がいちじるしく減じているが、明治、大正年間のこれがひとつの都会の特徴であった。起原は古《ふる》かろうが、必要はおそらく後にくわわったのである。もっともいまのこっているのは脅迫や襲撃、その他計画の陰険で動機の複雑な、したごうて怨《えん》恨《こん》のながく消えないものばかり多いが、普通流行していたのはもう少し愛嬌《あいきよう》[97]のあるものであった。

第一にその機会が祭礼や芝居相撲《しばいずもう》、なかでも花見《はなみ》には喧嘩はしなければならぬもののようになっていた。

すなわちたいていは酒を飲む昂奮《こうふん》の日であって、その問題というのがいずれもでき合《あ》いの、後には酒のうえとでも解するよりほかはないものであった。そういっては悪いが、いつも仲裁人のいくらでもいそうな場処が多かった。見物《けんぶつ》はもちろん男女ともに群れをなしていた。五分《ぶ》か七三[98]かの差があっても、一方が全敗する喧嘩も少なかった。若干の怪我人《けがにん》と、まれには死人も出ぬくらいでは真剣《しんけん》でなかったが、本来はそれだけの危険を価《あたい》に払って、求めていた次の効果[99]があったのである。

飯《めし》よりも喧嘩が好きだという男、あるいはひとの喧嘩をかわって買うという者もあったそうだが、それがもしたんに自分の男《おとこ》を上《あ》げ、勇気を証明するだけの動機であったなら、たぶんその利己主義を賤《いや》しまれずにはいなかった[100]であろう。それよりも大切

**96 近づき**　知り合い。**97 愛嬌**　好ましさ。微笑ましさ。**98 七三**　七対三。七分三分。**99 求めていた次の効果**　後段の「社会上の効果」「新たなる知人を増していく喜び」のこと。

なのは、社会上[101]の効果、すなわち新たなる知人を増していく喜びであった。巧《たく》みな仲人《ちゅうにん》[102]の双方から尊敬せられ、礼をいわれた理由もそこにあった。喧嘩は事実においては求めていたひとつの機会で、仲直《なかなお》りの盃《さかずき》[103]はすなわちいままで他人であった多人数を、ただちに冷淡以上の関係につなぎあわす力であった。講談や小説が同情を一方に傾け、他の一方を完全な鷺坂伴内《さぎさかばんない》[104]とするゆえに、おいおい仲裁の方式を無意味に考えるようになったが、いまでもじっさいの喧嘩は多くは酒盃《しゅはい》と談笑とをもって終結している。

不自由千万《せんばん》な話には相違なかったが、これ以上手短《てみじ》かに相互の価値を認め、目勝《めが》ち目負《めま》けの不愉快な対抗を打《う》ちきって、ひとを平等の交際に入らしむる方法の、他には見つからなかった時代があったのである。

こういう廻りくどい社交術の、さすがに田舎《いなか》にはやらなかったのは幸いである。村にも闘争というものは絶無ではなかったが、これには仲裁はなくて総員の裁断があるだけであった。すなわちなんびとにも明白な双方の常《つね》の関係というものがあって、新たに改定を受くべき余地は乏しかったので、したごうてそれを目的に喧嘩の機会を待つという必要もなかった。

ところが少数ながらも異分子《いぶんし》が来りくわわり、もしくは外部との交渉が生じてくると、抵触がおこりやすくてこれを処理する方法が立ちにくかった。

一方には旧来の秩序維持主義を守っていこうという多数と、仲裁を顔役《かおやく》[105]の出場《しゅつじょう》に待とうとする者とが、まずその主張をまちまちにするのであった。しかも都市にいるように仲裁適任者は必要がないから村の中にはおらず、じっさいは似《に》て非《ひ》なる者が顔を出すことが多かった。この結果はどうしても喧嘩を陰性にし、潜伏の期間を長くした傾きがあった。それをいまひとつは勝たなければすなわち負《ま》け[106]だという心もち、これがはなはだしく論争を真剣ならしめて、いよいよ住民の昂奮期間を長くしている。

昂奮の持続はたんに休養の敵《てき》であるのみならず、同時にまた昂奮そのものをも稀薄にして、いよいよ生活の興味を鈍《にぶ》らせる懸念《けねん》があるのである。

## 五　地方抗争

都市はいつのまにか驚くほど大さくなっていた。

**100 賤しまれずにはいなかった**　見下げられた。軽んじられた。**101 社会上**　社交上。**102 仲人**　仲裁人。なかだち。**103 仲直りの盃**　和解のために、ともに酒を飲むこと。和睦の酒宴。**104 鷺坂伴内**　笑われ役の悪者。道化役。浄瑠璃・歌舞伎の演目『仮名手本忠臣蔵』の登場人物から。**105 顔役**　その土地、または仲間に勢力や名望のある有力者。**106 勝たなければすなわち負け**　オール・オア・ナッシングの理解。文中でいう、五分や七三の勝ち負けがない。

これでは大きすぎると思うくらいの成長ぶりをしめした。それでいて、そのいままでの役目が依然として単純であったのである。主としては消費の標準を示そうというのが、ひとも官府《かんぷ》も一致しての計画であったけれども、以前とちがうのは田舎から取り寄せて使おうとせずに、できるだけ自分の手《て》でつくって、かねて余分のものを地方にも頒《わか》とうとする企てにあった。国を動いているいっさいの産物も、いったんはここに集めて入用の分をとどめ、のこりはその整理と配分とをこちらの考《かんが》えできめてやろうというのが、いわゆる経済都市のみずから任じた抱負《ほうふ》であった。新しい交通系統はまずこれを支援《しえん》したのである。

ついで諸国の田舎《いなか》から移ってきた者も、ひとりとしてこの計画に加担しておらぬ者はなかった。

消費の緩急《かんきゅう》と適不適は土地ごとに不同であるにしても、これを総括して指導する者は大小の都市であった。個々の生産力との釣合《つりあ》いまでは考えられない。[107]買うことはできなくとも欲しい品物は来ている。これがわれわれの貧窮《ひんきゅう》感を、第一次に痛烈ならしめたのである。都市は搾取《さくしゅ》者だという類《たぐい》の無理な憎《にく》しみが、ところどころに叫ばれたのも、この結果をみてからであった。

町には産しえない商品を農村が統制して、対抗してみようとしたのも窮策《きゅうさく》であったが、これも多くの場合にはあべこべに利用せられて、結局は双方の弱い者だけの苦しみになっている。町にはまた町のほうで、最近袂《たもと》を別《わか》ってきた故郷人の無情を、怨《うら》もうとしている者が多くなってきたが、この対立ばかりはどう考えてみても誤解であった。

都市を総国民の力で支持していこうということは、最初からの約束であったといってもよい。そのためにめいめいが故郷のあまりの勤労を分けて、安んじてこれへ送りこんだのであった。現に国外に対してはいまでもその建設と偉大なる膨脹《ぼうちょう》とを、自慢にしようとする者さえ多いのである。じっさいまた都市を大きくしすぎて支持に困難を感ずるということを、ただちに失敗とみるにはまだ早いかもしれない。村でも湊《みなと》[108]でもいくどかこういう階段を通って、弱って衰えてはまた改造せられている。都市の新しい試みは彼らの思う存分であって、まだ一度も批評せられ牽制せられたことがないのである。住民には故郷の因縁ばかりなお深く、ひとを他人とみ、その親愛の地を互いに無視しあう風《ふう》は、近く出てきた地方人ほどさかんであった。

つまりは相結び相知るの必要が、いまはまだ十分に感ぜられていないので、改造もまた前進の途上にある[109]のである。

**107 第一次に**　いちばんに。ともかくもまず。**108 湊**　海・湖や河の船着き場である津や泊は、商品流通の進展にともなって、しだいに都市的要素を帯びた港・湊に発展した。

そういう不用意なる大小の都市のあいだにも、早晩《そうばん》に生存のための競争があらわれてきている。汽車がその大多数を聯絡《れんらく》させてしまうと、ただちに気づかれるのは町と町との間隔《かんかく》のあまりに短かいということであった。単なる消費と分配との町ならば、そういくつもの中心は要《い》らぬということになって、力のやや劣ったものが苦悶をしはじめた。一部はなんらかの特殊生産を見つけて、新たに自分の領域を拓《ひら》こうとしているのだが、他の多くはむしろこのわずかな距離の差を利用しても、隣に接する都市の繁華《はんか》を奪い取ろうとする。模倣《もほう》はこの趣旨から急激におこなわれているのである。以前の城下町《じょうかまち》などがそれぞれにもっていた気分はそのために破れ、特色ある周囲の風景と縁が切れて、いよいよもって多くの町はいずれかひとつあればたくさんということになり、競争は必死《ひっし》に陥った。これに中央の商業が干与《かんよ》すると、いっそうすみやかに地方旧市の矜持《きょうじ》は崩壊するのであった。現在の彼らはその事業の中心を取次《とりつぎ》[110]においている。自分でつくりもうけまたは保持して世に示そうとするものが、ことのほかに乏しくなっているのである。

人口がひとり非凡に増加するというだけで、これほど各自の文化をもたぬ都市は類《るい》が少ない。あるいは大学その他の学校をも争いとったけれども、これとても単なる繁栄の刺戟であったゆえに、これを自分のものとしては愛護《あいご》[111]していない。他のいくたの官署兵営もしくは、道路鉄道の引っぱりだこにいたっては、ことに見苦しい闘奪《とうだつ》[112]が多く、その惨劇《さんげき》[113]はいまもなお持続しているのである。

この風潮はいちじるしく全国の小割拠をうながし、ひいては都市問題の、外部からの共同討究を妨げたように思われる。ことに新時代の公《おおやけ》の施設がほぼおわり、都市が一《ひと》わたりその分取《わけど》り[114]に満足して後、同種の競争のこれよりもはるかに小規模なものが、ひろくすみずみの町村まで波及したのには弱《よわ》った。政党の諸弊《しょへい》[115]と政治道徳の弛廃《しはい》[116]が、これと因果関係を有するものは多いといわれる。都市は元来の成《な》り立《た》ちがこの類《たぐい》の人《じん》為《い》をもって、かろうじて維持すべき繁栄によっているのみならず、現在はその過多をさえ認められている。

こういう刺戟がなかったら滅びたかもしれぬものも若干あった。それが各自の死活問題として、躍起したのには理由があった。

**109 改造もまた前進の途上にある**　このあたりの都市と故郷の、からみつつもきしみ合う関係において生ずる問題の改善については、『東京朝日新聞』一九二九（昭和四）年一二月一〇日に掲載された柳田の論説「都市生活意識」［全集28：二〇三―五頁］で、当時の小売商制度改革をめぐる審議会答申をめぐって論じている。小売商は「諸国の田舎から移ってきた者」の大きな受け皿であった。住民の総意を「ねむらせて置こうとするような姑息な改善案」は、破綻の延期にすぎないと批判する。　**110 取次**　商品売買の仲介。　**111 愛護**　大切にまもること。　**112 闘奪**　ぶつかりあって奪いとること。　**113 惨劇**　悲惨。悲劇。　**114 分取り**　各自が分け合って取ること。分配。　**115 諸弊**　さまざまな弊害。　**116 弛廃**　ゆるみすたれること。

少なくとも農村にはその急務はなく、現に多数はまた失望してなお立っているのであるが、これを興隆の策として模倣した動機は、第一にはいうまでもなく衰微意識であった。これには療法はおのずから別にあったことが、このごろになって少しずつわかってきた。第二には町村のいわゆる経済中心、商家と外来者でつくった新区画の希望が、一般に公認せられてきたこと、第三にはこれと権衡《けんこう》をとった[117]地主たちの地価欲であった。地価は売るひとか抵当に入れるひとかのほか、騰《あが》ってもじつはむだなのであるが、もうそのころから村の住民は二心《ふたごころ》[118]になっていた。それで農村がいつかは市になることをさえ夢《ゆめ》みたのであった。

そのうえにいまひとつ、自分などが名《な》づけて均霑努力《きんてんどりょく》[119]というものがはたらいている。これにはいわゆる県出身の先輩も参与し、ことに代議士を心がける[120]人びとが、いくぶんか問題をつくりだす傾きもあった。日本では土地貧乏《ところびんぼう》[121]ともいって、住村に幸不幸の大なる差があることが、早くから知られていた。

最初はもちろんその不幸を償《つぐな》うなにものかがなければ、そこをわが居村として選定するはずはなかったのだが、時代の経過とともに損ばかりのこるような例があらわれてくる。さりとて立ち去って他に求めることもできぬゆえに、なんとかして坐《い》ながらこれを有利にしようと心がけたこと、これが近代の農事改良[122]の基調であった。人心はすなわちすでに動いていたのである。いちばん気《き》づかったのは憲法の平等治下において、知らずに国恩の一部分を棄権したことになってはいないかという点で、それにはちょうど幼童《ようどう》の菓子を分《わ》かつごとく、始終他の兄弟のなにを得たかを、互いに見のがすまいとしたのであった。それを報告しまたは誇張し、まれにはある力によってこちらのみ得《とく》する方法もあるかのごとく、示唆《しさ》する悪者《わるもの》もあったのである。それが地方人の政治意見を、目《め》の先《さき》のものにしたことは争えぬが、おこりはまた一種の愛《あい》郷《きょう》の純情であった。

時代と環境との二つのものが、指定する生活方法は一種《いっしゅ》しかないことを、つまりは信じない者が多くなったのである。そうして改造して成功を収《おさ》めた者もあるが、多数はただ動揺を招き、また若干の消しえない怨恨《えんこん》をもって、ながく隣の他郷を睨《にら》まなければならぬことになった。

政府は原則としては一視同仁《いっしどうじん》[123]、機会均分[124]の方針を執《と》っていた。

117 **権衡をとった**　つりあった。118 **二心**　同時に相反する二通りの心を持つこと。ここでは、故郷を愛する心と都市の活力に期待する心。119 **均霑努力**　各人が平等に利益を得るようにすること。120 **心がける**　めざす。ねらう。121 **土地貧乏**　所貧乏。場所によって恩恵・損害の差があること。122 **農事改良**　農業改善。明治中期から大正・昭和にかけて各地で農事改良組合が結成され、共同苗代、肥料改良、生活改善事業などに取り組んだ。123 **一視同仁**　だれかれの差別なく、すべてのひとを平等に見て仁愛を施すこと。124 **機会均分**　機会を平等に分けること。機会均等。

しかもこの一視[125]はやや無謀なる概括であって、日本という国がこれだけ複雑な、地形と生理[126]とをもって構成されていることを思わなかった。だから都市を模倣しやすく、ゆくゆく町になるという気風《きふう》の地だけが凱歌《がいか》を揚げ、しかもそのなかの土地生産はまた衰え、農は職業として自立しがたくなった。旅客・別荘・停車場の類[127]をもって、繁栄しているという村で、喜ぶ者はただわずかだが、こうした地方抗争[128]に敗北した故郷において、ただなんとなしに捉《とら》えそこなった幸福があるように、思いつづける人びとの不安は永かった。そうしてまた相互の理解を遅らせている。

## 六　島と五箇山

地誌は日本では小学校でよく教えている。地名と地形とを合わせ知りたければ、精確な陸地測量部の地図もあるのだが、奇妙《きみよう》に各村では村といえばわが土地と同じようなのが、全国に一万あまりあるものと思いこんでいる。これが地方の抗争しやすかった有力なひとつの原因であった。

市にも町にもこのめいめいの特殊事情を、ほかから知られていない悩《なや》みは常に多かった。同じ町にも、日向《ひゆうが》の油津《あぶらつ》[129]のように、軒の雨垂落《あまだれお》ちを堺《さかい》にしているのもあれば、または作州《さくしゆう》の勝山《かつやま》[130]のように、深山幽谷を含んだものもある。村にはその種類がさらに

五、六とおりもあって、普通に考えられている型《かた》は地積《ちせき》[131]からいうと小部分であった。その一村中にもいろいろの部落があるのだが、それよりもさらに省みられなかった数百の部落は、遠く煙波《えんぱ》[132]を隔てた大海《たいかい》の上に横《よこ》たわっているのである。この島々の勿忘《わすれな》草《ぐさ》の歎《なげ》き[133]は、昔から哀切《あいせつ》なものがあった。しかも新しい時代に入って、慰められるところはほとんどなかった。

　第一には船の通《かよ》いの以前は手舟《てぶね》であり便船であったものが、ほかから寄航する定期船に変わった。船が大きいだけに回数がかえって少なく、また停まっていることが短かくて、去ってのちがさびしかった。小島の往来は結局自主《じしゅ》でなくなっているのである。

　第二には沖を過ぎて顧みないいろいろの大船と、ひそかにもたらさるる新文化の消息、これがまたなく[134]浪の荒《あら》い日を無聊《むりょう》[135]にしたのであった。内陸の村にも競争のなかなか容易でないものは多いが、島は多くの場合には最初からの断念であった。

125 **一視**　同一視。どこも同じだと見ること。 126 **生理**　生活のすじみち。生の営み。なりわい。
127 **旅客・別荘・停車場の類**　観光事業。 128 **地方抗争**　地方同士の競争。 129 **日向の油津**　宮崎県日南市の油津で、古くから津（港）として栄え、路地が狭く、家が建ち並んでいる。 130 **作州の勝山**　岡山県真庭市の勝山の城下町で、出雲街道の宿場町。 131 **地積**　土地の面積。 132 **煙波**　かすんで見えるほど遠くまで波が続いているさま。 133 **勿忘草の歎き**　中世ドイツの伝説に由来する花の名にかけて「私を忘れないで」の思い。 134 **またなく**　たぐいなく。またとなく。又無しの連用形。 135 **無聊**　楽しみなく退屈なこと。ぶりょう。

岬《みさき》の外側《そとがわ》にも交通のこれと似たものはあり、また地《じ》の島《しま》といって陸と相対するものでも、島となれば心細いのはひとつであるが、これらはまだいろいろの脱出の機会があった。沖《おき》に孤立している離《はな》れ島《じま》においては、こういう大きな不利を知りつつも、なお個人が島の運命をほかに開こうというおりが乏しくて、普通はおりきれぬほどまで人口が多くなっていた。

島の村はこの内外《うちそと》の圧抑《あつよく》[136]に悩んだのである。

人の包容がほとんど不可能になったころから、少しずつ出稼ぎの移住ははじまってきた。故土《こど》[137]に対する島のひとの愛着は強い。ゆえに計画は最初みな出稼ぎであるが、ちょうど米国《べいこく》などへの移住とは正反対に、事実は還ってこぬ者が少なくはなかった。緩《ゆる》やかな世間《せけん》を知った者は故郷との比較が苦しく、また還ってみても元《もと》の穴はすでに塞《ふさ》がれてあるからである。

島は出ていった人びととの聯絡《れんらく》が十分でない。それで自分たちの境遇を正しく知ることが、これまではややむつかしかったのである。彼らの均霑《きんてん》努力は平凡なものであった。主としては交通方法の少しでも改良せられること、あるいは航海補助金の名目を増すことなどであったが、これだけではまだ前途の希望には足りなかったのである。

ちかごろ、ようやくのことで考えられてきたのは、島でなければできないという仕事はなんだろうということであった。島は幸いなことには日本は南のほうに多い。それを利用した野菜の早《はや》づくり、果樹《かじゅ》の栽培ということが第一着で、次《つぎ》には畜産のほうでは種畜《しゅちく》[138]の育成《いくせい》とか、また蚕《かいこ》の種紙《たねがみ》[139]の製造というような、細《こま》かなひとの手と注意とを要する作業を、伊豆《いず》でも沖縄《おきなわ》でもおいおいと離島に托そうとしている。こういう任務はまだいろいろのものがのこっているらしい。

漁業は需要が少ないために、島では一般に進歩していない。船は資本《しほん》を要するようになってから、これも島人の経営から離れていった。しかし将来の国民の仕事場は、海のほうへでないと拡張しがたいから、この方面では有利なる競争ができるわけで、問題はただ島が自主的にその特徴を発見するまでに、なおどれだけ無益な苦悩をくり返さねばならぬかである。

島とほとんど同じような孤立状態に、おかれていた山村も多かった。五箇山《ごかやま》はただ肥後《ひご》深山《しんざん》の平家谷《へいけだに》だけではない。雪に閉《とざ》された白山《はくさん》の西麓《さいろく》にも、また越中の奥《おく》にもあれば、[140]同じ名はなくとも地形の同じ土地はまだ数十を列挙しうるのである。その共通の特長は数千尺の嶺《みね》を越《こ》えて、冬季は出ていかぬと家の生計の立たぬ

**136 圧抑**　無理に抑えつけて自由にさせないこと。抑圧。　**137 故土**　生まれ育った土地。故郷。　**138 種畜**　繁殖や品種改良のために飼養されている雄の家畜。種牛、種馬など。　**139 種紙**　交尾させた雌の蛾を置き、蚕の卵を産みつけさせた紙。蚕卵紙。養蚕農家に販売された。

こと、外から求めるものの数が多くて、内から運びだすものが労力以外に、いままではなにひとつもなかったことである。

こういう山村の経済は改めがたかった。

林業・農業の態様《たいよう》が変化せぬかぎり、家を維持するためには村外の事業を必要とする。そうしてこれと相呼応して互いの欠乏を補足している土地が、いまはまだどこかにあるのである。旧藩の垣根《かきね》の目《め》の細《こま》かであった時代にも、この種背後の地《ち》方交通《ほうこうつう》は妨げられなかった。それを条件として成り立った山村も多いのみならず、江戸の労力需要も大部分はこれをあてにしていたのであった。

ところが、[141]最近の職業紹介事業などは、まずこの由緒ある雪国《ゆきぐに》からの出稼ぎを、閉鎖せんと企てたのであった。割拠《かっきょ》主義の影響は意外な方面にあらわれようとしている。かつて故郷の田園にあって、異郷人を警戒しまたは軽視していた習性が、そのまま都市にまでもってこられて、さらに新たなる不幸の種を播《ま》こうとしている。

県と県とのあいだにあっては、かえって旧制の時代以上に相反目する例さえある。相互の地理知識が精確でないのみならず、時としては自分の古くからの生活ぶりすらも、思いだすおりを失おうとしているのである。

**140　五箇山は……越中の奥にもあれば**　熊本県八代の山奥の平家谷が五つの地域をあわせて「五家荘」と呼ばれ、かつて福井県大野郡に町村制の施行期に五つの村を合わせた「五箇村」がつくられたこと、また富山県にも五つの谷を含む「五箇山」という地方があることを重ねているか。**141　最近の職業紹介事業……閉鎖せんと企てた**　一九三〇（昭和五）年一一月八日の『東京朝日新聞』は「東京へ来たら餓死します」のリードを掲げた記事で、農閑期に出稼ぎで上京してくる労働者食い止めの策として、東京市がポスターを作成して各府県に配り、東京府市での失業状態の深刻さを知らせるパンフレット一万五千冊を各地方に送付したことを伝えている。「疲弊し切った農村は出稼ぎの道までふさがれてしまった」と書く。

# 第六章　新交通と文化輸送者

## 一　人力車の発明

交通機関の発達については、いろいろおもしろい話の種《たね》も多いが、それだけにひとがもういくたびか話し合っている。そのなかではとくに人力車《じんりきしゃ》[1]の盛衰のあまりにも急激で、しかもその経過がはじめからおわりまで、明治大正の世相を代表しているようにみえるなどが、いまいちど考えてみてもよい問題のように思う。

人力の名称はたしかに車力《しゃりき》[2]から出ている。以前にさかのぼれば脚力《きゃくりき》[3]・強力《ごうりき》[4]を通って、

**1 人力車**　車夫が引き、客を乗せて走る二輪車。和泉要助・高山幸助・鈴木徳次郎らの共同発明で、一八七〇（明治三）年に東京府より製造と営業の許可を得た。石井研堂は『増訂 明治事物起原』（一九二六）で「明治維新後、新たに出て公私の便益をなせるものを挙ぐれば、人力車のごときは、必ず五指中に入る」と評し、「非常の勢いにてたちまち海内に広まれり」と説く。東京府下の人力車数は「明治三五年を最多の頂点とし、それより年々減少の趨勢」と書き、その原因として市電が発達し、人力車の賃金が高く感じられたことをあげる。

足利《あしかが》時代の力者《りきしゃ》[5]までは行《ゆ》けるだろう。力《りき》はすなわち力業《ちからわざ》をする者ということであった。しかしそのじっさいは横浜あたりの、異人《いじん》の馬車を見てからの思いつきであったことは、初期の車の横長《よこなが》く、床《ゆか》が平らであったのを見ても想像せられる。馬のかわりをひとというなどは、いまならだれでも進歩とは思うまいが、あのころには輓馬《ばんば》はけっして得やすからず、人足《にんそく》は余るまであった。

わずか一年か二年に道路のあるかぎり、いわゆる人力車が全国の隅《すみ》まで普及していったのは、たんに物めずらしいというためでもなければ、乗らずにいられぬひとが多くなったからでもない。つまりはこれだけが、あの時代の手《て》ごろの職業であったのである。最初にはもちろん雲助《くもすけ》の失業者が入《はい》ってきたが、士族でもただ腕力《わんりょく》しか持ちあわせないものは、零落《れいらく》してこれにくわわっていた。村でも屈強《くっきょう》な者からおいおいに出て、これに働いた。そうして比較的気のきいた労働と認められていたにもかかわらず、これには格別の資格というものも要《い》らなかった。

当時ただひとつの自由業であったのである。

宿《やど》[6]とか輓子《ひきこ》[7]とかいう階級や組織の立つまでは、たんに土地土地の組合のようなものがあるだけで、故参《こさん》[8]が兄分《あにぶん》になって若い者を引きたてていたが、これとは独立した者が行く先々の路傍《みちばた》にも住んでいた。その数がおいおいに増して競争が烈しくなると、ねぎったり吹《ふ》きかけたりする馬《うま》・駕籠《かご》以来の旅の情景が、再びおもしろいように復活してきたが、大体に賃銀表を定めておく傾向に進んでいって、競争は主として腕前《うでまえ》と車のよし悪しでするようになった。

人力車がほどなくさかんな製造業となり、目まぐろしいばかりの改良がつづいたのは、その結果としか考えられない。

はじめに雨降《あめふ》りの用意に馬車の幌《ほろ》が応用せられ、合羽《かっぱ》の取りはずしを簡便にする工夫をしてから、日覆い・顔隠しの透《すか》し幌《ほろ》[9]というのができ、それが関東《かんとう》のほうでは普通になってしまった。車体もいろいろと寸法を変えていって、同じ形が三年とつづいたことはなく、それに輸入の塗料を使って雲竜《うんりゅう》・武者絵《むしゃえ》[10]などの紙鳶《たこ》のような画が、しばらくは街道を賑わしたこともあったが、それもあまりにけばけばしいとなって、今度は無地蠟塗《むじろうぬ》り[11]だ、蒔絵《まきえ》[12]だ、定紋《じょうもん》[13]つきだと、昔の大名《だいみょう》道具のような真似《まね》をした。車の心《しん》

**2 車力**　大八車などをひいて荷物の運搬を業にするひと。**3 脚力**　手紙や荷物の運送などに従事する者。飛脚。**4 強力**　荷を背負って修験者などに従う下僕。**5 力者**　剃髪して公家や武家や寺院の力仕事をした従者。輿かつぎ、馬の口取りなど。**6 宿**　車屋が雇って抱えておく車引き。横山源之助『日本の下層社会』（一八九九）は「やどとは一名部屋住み車夫と呼ばるる者」で「挽子に当たる」［岩波文庫、一九八五：四一頁］と書く。**7 輓子**　引子・挽子に同じ。雇いの車引き。**8 故参**　古参。古株。**9 透し幌**　薄地の布の幌で、雨天の時など外をながめられるようになっている　**10 雲龍・武者絵**　雲に乗って昇天する竜を描いた絵と、武者の姿や戦うさまを描いた絵。**11 無地蠟塗り**　模様なしの蠟色（ろいろ）塗り。油分を含まない蠟色漆を塗り、研ぎだして光沢を出す。

棒《ぼう》[14]にはいくつかの鳴輪《なりわ》[15]をはめて、ちゃらんちゃらんと威勢を添え、大きな掛け声で道を明《あ》けて走った容子《ようす》は、まだ宿場《しゅくば》情景のなごりをとどめていたのが、後には自転車と同じような喚鈴《よびりん》[16]を鳴らしたり、または自動車の喇叭《らっぱ》を信号に採用したりして、だまって通っていくものになってしまった。鉄輪《てつわ》[17]がいったんは護謨《ゴム》の平輪《ひらわ》[18]になり、やがてまたころころした空気入りのものに統一せられ、いよいよ遠路《とおみち》は走れぬ[19]車になった。わずかな期間に用途までが変わってしまったのである。

最初はこれでも唯一の旅行機関であった時代もあった。遠い在所《ざいしょ》の田の中の細路《ほそみち》まで、人力車の便ありと称して入《はい》っていったこともあった。二十里、二十五里を日着《ひづ》き[20]にするような、剛健《ごうけん》な車屋はいくらもいた。ところどころの立場《たてば》[21]で継いだりかえたりして、急げば前引《さきび》き・後押《あとお》し[22]を雇い添え、旅程は以前の早駕籠《はやかご》よりも、またよほど早くなっていた。

それがまず定期の乗合馬車《のりあいばしゃ》[23]に客を取られついで鉄道が開通するとともに、もはや街道の並木《なみき》の陰を、走る姿は見られなくなったのである。全盛期はむろんこの時をもっておわったのだが、それでもなおしばらくは駅の周囲、都市の内外には多すぎるほど飛びまわっていたことがあった。それを自動車の出現が瞬《またた》くうちに、ことごとく歴史のなかへ送りこんでしまったのである。

流行も転変も、ともに異常に早かった。

かつてはこのように人力車の需要がさかんでは、いまに樫材《かしざい》の供給が絶えるであろうと患《うれ》えたりあるいは馬をもう少し利用する途はないものかと、考えてみたりした者はあったが、いずれもこういう結果は予想することができなかった。時代に適応するひとの考案なるものも、存外に遠見《とおみ》は利《き》かぬものであった。相乗《あいの》り[24]という大きな車の発明《はつめい》なども、あの時代としてはずいぶん小賢《こざか》しい智慧《ちえ》であった。これも疑いなく西洋人の生活から、真似てみたいと思いそうな部分を真似させたのであったが、それが艶《なま》めかしいもののように、考えられる時代はたちまち過ぎてし

**12 蒔絵**　金属粉・色粉を漆で描いた模様に蒔き、定着させた日本独自の漆工芸。**13 定紋**　家紋。**14 心棒**　車輪の回転の軸となる棒。車軸。**15 鳴輪**　鈴の輪。以前は馬の首などにつけた。**16 喚鈴**　警音器のこと。**17 鉄輪**　鉄製の車輪。**18 護謨の平輪**　石井研堂『増訂 明治事物起原』（一九二六）によると「明治四二年は人力車のゴム輪の大流行を極めし年」［：三二五頁］で、全体の約十分の一がゴム輪になった、という。**19 遠路は走れぬ**　長距離用でない。**20 日着き**　その日のうちに目的地に到着すること。**21 立場**　街道の休息所で馬や駕籠の交代を行なった。明治以降は、馬車や人力車の休息所・発着所。**22 前引き・後押し**　先に立って車を引っぱるひとと、車を後ろから押して助けるひと。先引き・後推し。**23 乗合馬車**　多人数が一緒に乗る馬車。一八七二（明治五）年の宿駅制度廃止以後、各地に登場し長距離を運行するものも多かったが、鉄道の発達とともに駅周辺の近距離輸送を主に担って増加した。明治末期から、自転車の急増や乗合自動車の出現によって減少していく。**24 相乗り**　二人で乗ることのできる人力車。相乗り車。

思いおもいの交通

まった。こんな重いものをのろくさく輓《ひ》いているような、気のきかぬ強力《ごうりき》が第一にいなくなった。上方《かみがた》ではまだいたってだらしのない[25]者が、少しずつこの二人乗りを利用しているうちに、はや東京では箱屋《はこや》[26]しか乗らぬようになり、やがて流行から遠いものになった。

過渡期《かとき》の文化の折衷案《せつちゆう》のなかには、こうした浅《あさ》はかな後《うしろ》めたいようなものが、いつも当時だけはたいそうにもてはやされ、背後にはまたこれを煽《あお》るような力もはたらいていた。日本は幸いに早くこれを乗《の》りきって、次のひとつに移って前のものを忘れてしまうが、痕跡《こんせき》は必ずしもそう容易には消えない。

たとえば東洋の諸港はいずれも人間が溢《あふ》れて、ちょうど明治の初期のように労力がゆたかにある。寄親《よりおや》[27]・車宿《くるまやど》[28]のごとき上前《うわまえ》[29]や損料《そんりよう》[30]で食おうという心がけの者も多い。われわれが人力車を考案して輸出してやったことを、感謝するような者も少なくはないだろうが、それはけっして愉快なる記念ではなかった。そうしてまだ相応に長い期間、これを日本人の発明心のよい一例として、諸処《しよしよ》方々に引きまわしているのを、見ずに通ることはできなかろうと思う。

日本は牧畜の利用の昔から少なかった国である。したごうて、ひとが牛馬のかわりをしているのだという感じは、多くの車引きたちは抱かずにおわったらしい。女や年寄りには一種の介抱《かいほう》人または保護《ほご》者のつもりで乗せていく者も多かった。のどかに車上の客と世間話をしながら、長旅をつづけている人力車などを、以前は田舎ではよく見かけたものであった。両者の関係は一時《いっとき》の主従ですらもなく、また金持《かねもち》と貧民《ひんみん》とでもなかった。

ところが異人種の寄り合った土地では、こういう交際のおこなわれようはずがない。ことに白人《はくじん》などは牛馬のほうに馴《な》れている。ひとが車を牽《ひ》くことは、そのかわりとしか考えない。足で蹴らないまでも、心の鞭《むち》は常に当てている。だからわれわれはまことにとんだものをはやらせて、隣の国のひとに気の毒をかけている[31]のである。

## 二　自転車村に入る

紐釦《ぼたん》を装飾として麦酒《ビール》の空罎《あきびん》を花瓶とする類の好尚は、国が遠いだけにややしばら

**25 だらしのない**　けじめがはっきりしていない。きちんとしていない。**26 箱屋**　御座敷に出る芸者の供をして、箱に入れた三味線を持っていく男衆。**27 寄親**　流動性が高い職人や労働者に対し、身元引受や周旋をおこなった。**28 車宿**　人力車や荷車などを所有し、車夫をかかえておいて、客の求めに応じた。**29 上前**　上米。仲介者がかすめとる代金や賃金の一部。手数料。**30 損料**　衣類や器物などを借りたとき、それが損ずる代償として支払う金銭。借用料。**31 気の毒をかけている**　気の毒な思いをさせている。

くつづいていた。人力車は国内の生産であったけれども、めずらしいあいだは実用以上に珍重せられ、むしろ閑《ひま》なひとのほうがその乗心地《のりごこち》をよく解していた。これが旅行を便利にした効果は、はじめからただ一部分にすぎなかったといってもよい。

いまの自転車なども最初はやはり娯楽品として輸入せられている。三十年ほど以前に自転車全集[32]などの出たころには、自転車の達人《たつじん》は名流のなかから輩出した。嗜輪会《しりんかい》[33]という類の団体が、ちょうど今日のゴルフの倶楽部《くらぶ》であった。これを必要品のうちにかぞえだしたのは官吏であろうが、それもなお当分は医者・弁護士の抱《かか》え車などと、同じ列にみられていた。二、三人の女学生が長い袂《たもと》を翻《ひるがえ》して、乗ってあるいていたのが目につくと、それがすぐに「魔風恋風」[34]の口絵《くちえ》などになった。

田舎に曲《きよく》乗り[35]の見せ物などがまずやってきた。素人《しろうと》にでも乗るだけはさしてむつかしいことでないとわかってからも、普通の素人たちはまだあまり乗らなかった。いわゆる愛輪家《あいりんか》は、大半は遊民[36]であった。

輸入が激増してくると自然に国内にも製造がおこり、最初は部分品を取り寄せて組み上げる職人から、しだいに実用向きという工場にまで発展した。それが一方には修繕交換などの業務となって地方にも分散し、ちょうど伯楽《ばくろう》[37]が馬の知識を普及したように、だんだんに地方の話題《わだい》を豊富にしていった。

県の自転車大会とか競走会とかいうものが、多数の見物人をよんだ時代が十年あまりもつづいていたが、これには常に取次《とりつぎ》商の、ひと知れぬ苦心が参加していたのであった。趣味という言葉はこんなものにも鼓吹《こすい》せられたのは、いまから思ってみるとおかしい話である。それが多分は古物《ふるもの》の始末や、国内産出力のもって行き場《ば》でもあったろうが、ほんのわずかな期間にだれでも乗るものに化したのである。

町では主として小店員をして、これを利用させることになったのは勘定に合った。商家の見習いはじっさいは使い走りに日を送っていたので、これが路草《みちぐさ》を食わぬことになると、入用の人数を半分にすることもできたからである。その他の多くの職業に

**32 自転車全集**　松居松葉（真玄）『自転車全書』（内外出版社、一九〇二）のことか。『萬朝報』の「自転車欄」に連載したもの。松居は坪内逍遙に師事した劇作家・演出家。**33 嗜輪会**　一九〇〇（明治三三）年一一月二五日に女子の自転車乗りが「女子嗜輪会」を組織し、初の例会を開催したとの記事が『読売新聞』同年一二月一二日にある。「魔風恋風」のモデルといわれる柴田（三浦）環もメンバーであった。**34 魔風恋風**　『読売新聞』紙上で一九〇三（明治三六）年二月二五日から九月一六日まで連載された、小杉天外の通俗小説。連載第一回において、自転車に乗って走る女主人公の挿絵が添えられた。「鈴（ベル）の音高く、あらわれた」自転車に乗っていたのは、「海老茶の袴、髪は結び流しにして白リボン清く、着物は矢絣の風通、袖長ければ風になびいて、色美しく品高き十八九の令嬢」と描写されている。**35 曲乗り**　自転車の曲芸的な変わった乗り方。**36 遊民**　世俗を離れて人生の楽しみを追うひと。**37 伯楽**　馬や牛の仲介・売買を業とするもの。博労。馬喰。ばくろうの読みは、はくらく（伯楽）の変化。

おいても、途上に費やし棄てた勤労はみな省《はぶ》かれ[38]、ひとは遠くへ出て働くことができるようになった。日返《ひがえ》りの道程《みちのり》が倍にも延びて、旅館の必要がよほど減じてきた。計算のうえから自転車を使うのを利とするひとが、見ているうちにその数を増してきて、土地によっては女髪結いや産婆までが、これに乗って村を廻るような世の中になった。

　農家も多くはまたじっさいの用途から、このごろでは自転車を買い入れたことは同じだったが、その勘定[39]はあまり細《こま》かくなかった。村のつくり方は大体に耕地を居《い》まわり[40]に控えて、できるだけ往復の時を省《はぶ》くように、早くから努力せられている。たまたまかけはなれた仕事場が少しあるにしても、そこは自転車などの使えない路であった。五人三人と同じ家から、連れ立って出て働くのも特徴のひとつであったが、それにはこの個人主義《こじんしゅぎ》の乗物は不向《ふむ》きであった。いまひとつは農具材料・収穫物などの、持って帰り持っていく物が非常に多い。農の作業の三分の一は運搬《うんぱん》であった。便利には相違ないが、自転車はこういう点まで考えて、発明せられたものではなかった。だから村々ではしまっておく時間が多く、家に働く者の数だけ備えつけることができなかったのである。

　地方の税のなかでは自転車税ほど簡明[41]なものも少ない。これで持主《もちぬし》の受けている利便も、暮《く》らし向《む》きの余裕も測知せられる他《ほか》に、負担がいやなれば[42]これを止《や》めるのに、畜犬税《ちっけんぜい》[43]ほどの未練《みれん》もないのであった。車そのものには税を払うまでの義理はなくとも、標準とするには手《て》ごろのものであった。そうしてその計数も精確に知れていて、こういう話をするさいにも都合がよい。東京四周《ししゅう》の平地の多い県などでは、おのおの何万という農民が自転車税を課せられている。田畠の生産物の収入が低下してくると、まず第一着《だいいっちゃく》にはこの税の高いのに心づかれる。次には節約をしようとして隣どうしの共《きょ》用《よう》が試みられる。じっさいそういう組合までが、成り立ちうるような使い方でもあった。

めずらしい事実は日本だけにかぎって、後車《あとぐるま》[44]をつけた自転車のさかんになっていることである。これをリーアカー[45]などと舶来のように考えているが、これもまた一種の人力車にほかならぬのであった。以前の手車《てぐるま》がそうたくさんの荷を運ばずとも、用は足りていたような土地であって、しかも少しずつはなにか持って歩かねばならぬひとが、自転車を乗りまわしている場合でなければ、後車《あとぐるま》は名前はあってもそう重宝《ちょうほう》に利

**38 途上に費やし棄てた勤労はみな省かれ**　移動の時間が節約され。**39 勘定**　利害・損得などの計算。見積もり。**40 居まわり**　住まいの近辺。**41 簡明**　簡単明瞭。**42 いやなれば**　嫌になれば。「いやなる」の已然形。**43 畜犬税**　一九〇三（明治三六）年、警視庁の畜犬取締規則により犬を飼っている者に賦課された。**44 後車**　あとに続く車。こうしゃ。**45 リーアカー**　リヤカー。自転車の後ろに連結して荷物運搬に用いる車。海外から輸入されたサイドカーと、従来の大八車の利点を融合して、一九二〇年代に発明された。

用される必要がない。

ところが日本は風呂敷《ふろしき》の国、紳士や奥さんまでがなにか持物《もちもの》がないと、徒然《とぜん》[46]に感ずるような国風である。以前はこの人たちは突袖《つきそで》[47]をして歩《ある》いたのだが、そのかわりには御供《おとも》がついていた。おそらくは何百年となき昔から、朝夕《あさゆう》路上を動くひとは、棒にとおすか背に負うか、ないしは手に下《さ》げるか頭に載せるかして、ただ身ひとつでは歩かなかったのである。これが自転車のまず御供《おとも》でも連れていたようなひとに用いられ、ついで実用に向けられると、早速にリーアカーを要した理由のひとつであろう。

これも市中にはやったのは簡単な小形であったが、ひろく農村に入ってからは路いっぱいの大ぶりなものになった。この操縦《そうじゅう》だけは輸入でも伝授でもない。元来ひとごみのなかを器用に通る技能を、よく練習していた国民ではあるが、これでまた新たにむつかしい実験を添えた。走る力と前を行くものの動き方、通れるか曲れるかの寸法の目分量、ほとんど尻に眼があるかと思うほどの気ばたらきをもって、新たに間《ま》を測り、ほどあいを考えることなどは、学校以上の重要な教育であった。

田舎者は以前手拭馬《てぬぐいんま》[48]などといって、町へ出てくるとまごついて笑われていたが、現在は自動車でもまた精密な機械でも、かえって町のひとよりは恐れ気《げ》なくその取り扱いを覚えこむようになった。すなわち市民の資格は非常に得やすくはなったのだが、そのかわりにはせっかく村にいても、早くからこういう骨の折れる練習をしなければならなかったのである。

## 三　汽車の巡礼本位

村に自転車が入《はい》ってきてから、若い者がとかく出《で》あるいて困《こま》るということを、こぼしている年寄りは多いようである。これは旅行の用具を居職《いしょく》[49]に応用すれば、いつでも必然におきるべき結果であって、規模《きぼ》の大小はあるが汽車とてもやはり同じことである。

鉄道の歴史はいつも専門家の手になり、その専門家はみな営業人であったゆえに、外側《そとがわ》から影響を考えてみることができなかった。いかなる列車に乗りこんでみても、必ず二とおりの感謝するひとが、向《む》かいあいまた並んで腰かけている。すなわち一方は汽車がなかったら、どれほど難儀《なんぎ》をしてあるいていたろうと思うひとと、他の一方は汽車が通じたから出てきたというひとで、いまでもどうやら後《あと》のほうがずっと多

**46 徒然に**　手持ちぶさたに。**47 突袖**　たもとの中に手を隠し、袖の先を前に突きだすしぐさ。気取ったり、のんびりしているときの動作。**48 手拭馬**　田舎に住む夫婦が町中へ来ると、互いにはぐれないように手ぬぐいを双方で握っていたこと。**49 居職**　自宅にいて仕事に従事する職業。いじょく。

い。なくては済まなかった一とおりの幹線が敷設《ふせつ》しおわると、次にあらわれたる各地方の均霑《きんてん》努力は、たいていは他の地の前例を参酌《さんしゃく》[50]して、この未来の新旅人の数を予算している[51]。

いわゆる資源の開発がはたして計画のとおりであったものの多いと同様に、ひとが釣り出されて遊覧《ゆうらん》の客となったことも、また非常なる大きな数であった。しかもいままでは籠居《ろうきょ》[52]を甘んじていた人びとが、こうして世間を知ったために損をしてもいないとすれば、これはとにかくに総国民の生活幸福の増進のなかに、加算せらるべき一要項であったには相違ないが、そのかわりには旅行がやはり自転車の出《で》あるきと近いものになり、汽車はすなわち昔からの旅行機関のかわりではなくなったのである。

巡礼《じゅんれい》は日本ではおもしろい形に発達している。最初熊野の道者《どうしゃ》[53]がやや衰えて、しだいに伊勢の二宮《にぐう》[54]をもっぱらとするようになったのも、単なる信仰の発達からとはみられぬのであるが、この経過はもう参考としがたいまでに、その痕《あと》[55]がかすかになっている。近代は少なくとも何十か所という霊場の数をつなぎあわせて、わざと目的を散漫にしようとした形が見えるのである。参拝の大きな意義はむしろ道途《どうと》[56]にあった。ついでに京見物・大和廻《めぐ》り、思いきって琴平《ことひら》・宮島も掛けてきたという類《たぐい》の旅行も、信心《しんじん》として許されたのであった。もっともこのあいだに交《ま》じって孤独の行者《ぎょうじゃ》の巡礼で衣食する者もいた。六十六部《ろくじゅうろくぶ》の納経者[57]と称して、生涯をある一寺の門前に送った者もいたが、他の大部分は今日の汽車も同じように、団《だん》体《たい》でともにあるく点に目的の中心をおいていたのである。

地方によっては名山の登拝を、成年式[58]のように考えている例もあった。だれでも一生に一度はなどといって、年《とし》ごろが来ると無理をしてもこの群れに参加した。遠くなければ娘《め》の子[59]さえも出ている。つまりはこういう特殊な方法で、もういちど内《うち》の結束を締《し》め直そうとしたもので、世間を知ろうということは二の次《つぎ》、三の次であった。

この行楽の興味は忘れがたかったものとみえて、明治に入っても巡礼はけっして衰微していない。四国には哀れな遍路《へんろ》はおおいに減じたけれども、そのかわりには春のよい時候などに、さかりの男女の群れが楽しげに歩《ほ》を運んでいる。瀬戸内海の島と沿岸には、三日《みっか》路《じ》[60]、一日がかりの新霊場の組合わせができ、関東・東海にも地方かぎ

**50 参酌**　照らし合わせてよいところをとる。斟酌。　**51 予算して**　見積もって。　**52 籠居**　家にひきこもって表に出ないでいること。蟄居（ちっきょ）。　**53 道者**　連れだって社寺・霊場へ参詣・巡拝する旅人。同者、同社とも書く。　**54 二宮**　内宮と外宮。　**55 何十か所……つなぎあわせて**　四国遍路・佐渡遍路の八十八か所や、観音巡礼の三十三所めぐりなど。　**56 道途**　途中。　**57 六十六部の納経者**　全国六六か所の霊場に法華経の経典を一部ずつ納めて巡る修行者。六部。仏像を入れた厨子を背負って、鉦（かね）や鈴を鳴らし、米銭を乞うて歩いた。　**58 成年式**　成人式。　**59 娘の子**　女性。女（め）の子。　**60 三日路**　三日かかる道のり。

りの三十三所、八十八か所が多く、佐渡などは島かぎりの道者が毎年あるいている。これから信仰を抜き、仲間の選択を自由にすれば、すなわち今日の名所巡《めいしょめぐ》りになるのである。

この旅はたぶん旅愁《りょしゅう》[61]というもののいまよりもはるかに深かったころに、これをうしつらし[62]とした者がだんだんに考案したものであろうが、いまでは汽車の中などはことに群れの力をかりて気が強くなり、普通故郷にある日にはあえてしがたいようなわがままをつづけている。なんのことはない移動する宴会《えんかい》のようなものが多くなった。この流儀は少しずつひとり旅をする者にも移っていって、できるだけ自宅と同じような生活をすることを、交通の便だと解している者もまれでない。寝たり本読んだり知らぬ間《ま》に来てしまったということが、いかにも満足に思われるひとばかりを、たくさんに汽車では運んでいるのである。旅行は少なくともその目的と効果とにおいては、五十年前よりもずっと単純になっている。

遊覧本位[63]は日本の交通機関を、いくぶんか不経済なものにしていることも事実である。年内ある季節の溢《あふ》れるような乗客のために、用意せられた設備が半季[64]は遊んでいる。ことに北陸・奥羽の雪深い地方では、利用の激減《げきげん》と維持費の増加のために、二重の食《く》いこみを予算する必要があるのであった。雪の障碍《しょうがい》ではわが邦のような経験をしている国は他にはないと思う。この柔らかな水気《みずけ》の多い温帯の雪が、山と降り積んで鉄路を塞《ふた》ぐわずらわしさは、船来の参考書にはあまり書いてなかった。余分の隧道《トンネル》や年中雪覆《おお》い[65]のほかに、やはり常識的の除雪人足を、寄せあつめて掘り取らせるのがなによりも有効で、そのために雪を豊年の兆《きざし》とする労働者が、新たにまた一群だけできたのである。しかしこういう永久の失費[66]は免れぬにしても、一方この機関が日本の半《なか》ば以上の地域にわたって、新たな生活様式を付与した力だけは偉大なものであった。暖かな南のほうから移っていったためか、われわれの雪中生活にはいままではまだ研究が十分でなかった。

ことに山奥では若干の稼ぎ人《にん》が、寒さにひるまぬ慣習を養われているほかは、多数は古くからの冬眠《とうみん》を普通として、部落からほかへの交通はほぼ絶えていた。旅人もこれを予知して早く境を出てしまうか、そうでなければどの家かの炉端《ろばた》に、雪崩《なだれ》のなくなるまで待っていなければならなかったのである。

これが全国いちようの教育制を布《し》いて、子供をまず引きだしたのは英断であったが、じっさいはまだ天然と風土の制限を、破ってしまうまでの方法は立っていなかった。

**61 旅愁**　旅先でのわびしい思い。旅のうれい。　**62 うしつらし**　憂し辛し。いやでつらく苦しい。
**63 遊覧本位**　遊覧を中心とした考え方や行動。　**64 半季**　一年の半分。　**65 雪覆い**　積雪や雪崩などの害を防ぐため、鉄道や道路を覆うように設けた構造物。　**66 失費**　事を行なうのにかかる費用。ついえ。ものいり。

夏だけ来てみると、別に異なる点も目につかぬが、木《こ》の葉《は》が散ってしまえばもうまるで他の種族のように、都市では想像もできぬ古い生活に返っていたのであった。ところが汽車は雪害《せつがい》には自分もさんざん悩みながらも、とにかくこのあいだへ新たなる一《いち》道《どう》[67]の生気を送りいれたのである。

これだけはかなり大きな変化であった。

すでに自然の閑散《かんさん》に倦《う》みきっていた住民は、この外部の刺戟《しげき》を善意に解して、冬でも働きうる機会がきたと悦《よろこ》んだ。じっと暮らしている用意をした者までが、おいおいに暖地《だんち》[68]の活社会に入り交《まじ》ろうとして、雪の底はにわかに活《い》き活きとしてきた。雪舟《そり》がさかんに動き、スキーが新たに入ってきて、ひとの往来《ゆきき》も自然に多く、いまごろようやくのことでほかに知られる事実も少なからず、最近何回かの総選挙でもわかったように、日本ははじめて真冬《まふゆ》でも共同しうる国となったのである。

これは電信・電話などの力もあるが、主としては汽車の大きな効果であった。しかも同時にまた遊覧団体の気《き》ままなる移動だけでは、まだ国内の各地方を接近させることができぬことも、考えられてきたのであった。

## 四　水路の変化

汽車が毎日の作業《さぎょう》として、ひどい山間《やまあい》の交通まで開拓しているうちに、水運のほうの不信用はかえって少しばかり昔よりもくわわってきた。

いままで大きな船の遠方通いにのみ熱中して、近くを忘れていたという欠点もたしかにあるが、ひとつには海も荒《あら》かったのである。そうしてこれと闘うだけの元気が、かつて養われようともせずにいままではやってきたのである。帆船《はんせん》時代のさかんな航海には、われわれの考えられないのんきな長所があった。ちょうど長崎の外国貿易が年に一度であったように、われわれの船便は暮春《ぼしゅん》[69]の海の穏やかなころからはじまって、秋の末の風の変わりやすいころをもって切り上げて、湊《みなと》も船方《ふなかた》もその後は遊んでいたことは、寒国《かんこく》[70]の農業とも似ていたのである。

日本海上は中世以来の古い船路《ふなじ》であったが、冬はひどく荒れて波と空《そら》ばかりになった。年に二度とは通えぬのみか、少しおくれると越冬さえしていた。気《き》永《なが》でなければ船便は利用できなかった。それが幸いにして汽船[71]の世となったから、随意にいままでの水路を使えるものと悦んだのであったが、これには記録に見えておらぬいろいろの

**67 一道の**　一筋の。一条の。 **68 活社会**　活動している実際の社会。実社会。 **69 暮春**　春の終わり。晩春。 **70 寒国**　寒さのきびしい北国。 **71 汽船**　蒸気機関で推進させる船。帆船に対して、機械力で推進させる船の総称。

故障があった。そうしてこれを排除しようとしているあいだに、汽車のほうがぐんぐんと進出したのである。

少しは必要以上にも陸のほうに頼《たよ》りすぎたかもしれない。地図をひろげて見たひとは一応はみな不審《ふしん》を抱くであろう。こういう島国の自由な海を控《ひか》えながら、鉄道はほんのわずかな例外をもって、全部沿岸線に併行してまず敷かれている。横に内陸を貫《つらぬ》いて両側の海を近くするはわかっているが、それよりも南北の縦《たて》の線のほうが大切に取り扱われている。どうでも隣の島へ渡らねばならぬという場合にも、廻《まわ》りまわって突角《とっかく》まで出ていってから、海を渡船場にしてでないと、思いきって船には乗らなかった。こんなにまでしなければ始末《しまつ》がわるいほど、はたして日本の海が荒れたかどうかは疑問である。この結果としてたくさんの港は無用になった。浜におころうとしていたいくつかの産業は退《しりぞ》いた。いまでも汽車に恨《うら》みを含む寂《さび》れた津《つ》というものは多いのである。

もっともかりに前々どおり海を利用していたとしても、港は必ずしも衰えずにはすまなかった。

帆船の時代には、風が吹き止《や》めば浜に漕ぎ寄るから、よんどころなしの寄航地《きこうち》も多く、一つ風《かぜ》でも曲り角《かど》から先は役に立たぬゆえに、岬の突端はたいていはみな風待《かざま》ちの湊であり、それがために土地も栄えたのであった。汽船の時代が来ればそんなところに上陸はしたくない。少しでも中央の用のある部分に接近してから碇泊《ていはく》してもらいたいのである。だから近世にはいよいよ忘れられた湊が多く、岬《みさき》はほとんどみな島以上の僻村《へきそん》にもなったのである。

海の交通には陸上とちがった特色がある。

それはいくぶんか峠の両方の麓《ふもと》にある二つの駅に似ていたかもしれぬが、こちらはたんに必ず通る出入口というのみであったが、海のほうにはもういちだんと濃い人《にん》情《じょう》が結ばれていた。色町《いろまち》[72]のまず港におこった理由などもひとつであった。毎年同じ宿を来訪《きとぶら》い[73]、一生を同じ航路で老いおわった船頭は、以前はその数が非常に多かったのである。だから一方の文化は敷浪《しきなみ》[74]のごとくに打ちよせて、痕《あと》をその浜の土に印《しる》さずにはおかぬのであった。

東廻《まわ》りの航路[75]は新井白石以後だというが、それでも紀州[76]・志州[77]と伊豆の鼻、安房《あわ》[78]と石巻《いしのまき》などの近かったことは、むろん七島[79]相互より以上であった。船の数が第一ははなは

**72 色町**　遊郭、芸者屋、待合などのある町。花柳街。**73 来訪い**　来てたずね。おとずれ。**74 敷浪**　あとからあとから寄せてくる波。頻波。**75 東廻りの航路**　東廻りに江戸に達する航路。奥羽地方の諸港を出帆して太平洋沿岸沿いの航路で江戸へ回航するか、下総銚子へ入港して以後は川船で利根川・江戸川経由で江戸へ達する。**76 紀州**　紀伊。大部分はいまの和歌山県、一部は三重県。**77 志州**　志摩。いまの三重県東部。**78 安房**　房州。いまの千葉県南部。**79 七島**　伊豆七島。

だ多く、したごうてひとの関係もつながったからである。公《おおやけ》の記録には載せられていないが、熊野の住民の沿岸貿易は、かなりひろくまたひさしかったように思われる。秋田・津軽と北陸各地との交通などは、いまでもいたって鮮明な痕跡《こんせき》をとどめている。それが汽車にはじまって海を尋常の障壁《しょうへき》のごとく見なければならぬということは、損失以上に寂しいことであった。

それでもやがてはまた瀬戸内海や松浦《まつら》の諸島のように、おいおいに手船《てぶね》[80]の交通は復活していくことであろう。かりにいままでの路を取りもどさぬまでも、発動機船[81]の利用はさらに新たな港をつないでいくことと思う。伊勢湾の沿岸などはこの船はもう少しずつ貨物自動車の役を勤めるようになり、すでに外海に出て熊野の多くの入江《いりえ》にもおよぼうとしている。伊予[82]や天草島ではこれに乗って、おりおりは支那海まで出ていくような冒険家ができている。これは日本人の洋海[83]利用の未来を心づよいものにしてくれる兆候といってよい。

湖水の航路も現在はなおおおいに衰えているが、これも一部分だけは恢復しそうに思われる。近江《おうみ》[84]の大津は汽車の勢力に帰して、湖岸は鉄道をもって巻《ま》くばかりになっているが、常陸《ひたち》[85]の霞ヶ浦などはまだ一方だけは水運で結ばれている。

しかし川舟の交通ばかりは、汽車と拮抗《きっこう》して負《ま》けないというものはひとつもなかった。

河川の改修では水筋《みずすじ》を整理してくれたが、堤防が高くなって町《まち》と岸《きし》とが分かれたものが多い。そうして片脇を車の道が通るようになると、町の形がまず変わってしまって、もう以前の働きはできなくなるのである。日本の労働ではもっとも歴史の古いひとつ、綱《つな》で早瀬《はやせ》の舟を引き上げる[86]絵様《えよう》は、もう今日とは調和しがたくなった。奇抜なるプロペラ船[87]はこれにかわって、諸方[88]の流れに試みられているが、これもやがてはまた写真《しゃしん》になって、次の時代に伝わるだけではないかと思う。

## 五　旅と商業

鉄道が山脈《やまなみ》の諸所に太《ふと》い穴をあけ、自動車が高い嶺《みね》を昇り降りする時代に、一方にはまだ千年以前からの負搬法《ふはんほう》[89]がそのままに伝わっていて、ときどきはそれらがひとつの峠の口に落ちあうこともある。日本の世相のことに意味深く、考えさせられる点は

**80 手船**　自分で所有する船。持ち船。**81 発動機**　エンジン。**82 伊予**　予州。いまの愛媛県。**83 洋海**　海洋。**84 近江**　江州。淡海。いまの滋賀県。**85 常陸**　常州。いまの茨城県。**86 綱で早瀬の舟を引き上げる**　船に綱をつけて川岸を上流に向かって引いてゆく。**87 プロペラ船**　スクリューを使わずに航空機用と同じプロペラを空中で回して進む船。水深が浅くて船の喫水が制限される河川などの作業船、遊覧船に使用された。**88 諸方**　あちこち。**89 負搬法**　運搬法。

こういうところにあるのである。

それを詳《くわ》しく説くことは好事《こうず》に失するが[90]、そのなかのひとつのボッカ[91]というものは話してみる価値がある。いわゆるアルプス諸君[92]なら見たひとも多かろうが、美濃・飛驒・信濃[93]の山間の村から、魚・塩・米の類を求めに北海の低地と通うのは、汽車のないかぎりはこの方法によっているのである。

ボッカの出立《いでた》ちは絵巻物の高野聖《こうやひじり》[94]などと近い。高い荷物に日覆いを張って、掛緒《かけお》を両胸《りょうむね》に掛けて笈《おい》に負うている。手に持つ杖の短かく末が太く、とんと野球のバットのようなものを、本《もと》を撞木《しゅもく》にしてその上に荷物を支え、立ったままで路傍に息《いき》を入れる。[95]所得しだいでは二十貫[96]近くまでの物を負うて、一日に必ず嶺を越える。登山の強力《ごうりき》もこの仲間から出たものであろうが、いまでもボッカたちの故郷では、小さな娘までがこうして物を運んでいる。

普通の荷持《にも》ち[97]とちがう点は、計算の損益が自分に帰することであった。山から担《かつ》ぎだすのはもとは麻糸《あさいと》が主《しゅ》であったが、それをつくり主《ぬし》から値《ね》をきめて引きとり、町で交易してくる海の物や雑貨も、ときどきの相場に口銭《こうせん》[98]を見て註文者《ちゅうもんしゃ》へ渡した。小さいながらに独立した商人でもあったのである。

牛方《うしかた》・馬方《うまかた》もこれと同じ方式をもって、遠い運送を自分の事業とした時代が、ひさしいあいだつづいていたのである。

土地に問屋《といや》が多くなって、坐《い》ながら消息を通ずるようになると、彼らはおおいに雇われて今日の駄賃《だちん》づけ[99]になってしまった。原因はようするに文字の力、すなわち記録や書信によってほかの世間を知りえた者が、かえって現実の旅行者を統御《とうぎょ》したことであるが、ひとつにはまた販路のひろく開けた結果が、とうていひとりの人足の力だけでは、供給しきれなくなったからでもある。それゆえに船はもっとも早くから、この背後の指令者をもつことになっていた。

寺や大名《だいみょう》たちが勘合《かんごう》[100]の印を握って、支那の海岸に交易をさせたところにはじまって、船方《ふなかた》はすでに荷主のために、単なる使いあるきの役を勤めたにすぎなかったが、それでもまだ若干のほまち[101]物、すなわち自分買《じぶんあきな》いというものを黙認せられていたほかに、事情のよく通じない遠方の湊まで行くと、個々の運送人の判断と交渉に、一任しなけ

**90 好事に失する**　ものずきに過ぎる。 **91 ボッカ**　歩荷。山で荷物を担いで運ぶのを仕事とするひと。 **92 アルプス諸君**　登山家のこと。日本の近代登山は日本アルプスに始まる。 **93 美濃・飛驒・信濃**　濃州・飛州・信州で、今の岐阜県南部・北部・長野県。 **94 高野聖**　諸国をめぐって勧進して歩いた高野山の下級僧。仏具、衣服、食器などを入れた笈を背負っていた。 **95 路傍に息を入れる**　道ばたで休息する。 **96 二十貫**　約七五キログラム。 **97 荷持ち**　荷物を持っていくひと。 **98 口銭**　手数料。 **99 駄賃づけ**　馬で荷物を運び、駄賃を取る労働者。駄賃馬稼ぎ。駄賃取り。 **100 勘合**　割り符。室町時代の対明（みん）貿易で、正式の使船に明が発行した渡航許可証。 **101 ほまち**　運送契約外の私の荷物または他人依頼の荷物を運送して、内密の収入を得ること。帆待。外持。

ればならぬ問題も多かったので、こういう沖乗《おきの》り[102]の船頭ばかりは、どこに行っても大切にせられ、また相応に経験を積んだいわゆる腹《はら》[103]のある人物であった。

ところが陸上の交通はこれに反して、便宜上いくらでも仲次処《なかつぎしょ》がもうけられまた監督も可能であったゆえに、しだいに逓送《ていそう》[104]の距離を短かくすることとなって、どんな男にもその役は勤まり、したがって山越しその他の特殊なる場合を除くほかは、はやく行商の事業は衰えてしまったのであった。

狭《せま》くてひとの多い島国では、カラバン[105]はおおいに発達する機会を得なかったのである。牛・馬も伯楽《ばくろう》が遠く売買をする場合でなければ、もう今日ではこれを牽《ひ》いて旅行をする必要がなく、したがって牛宿《うしやど》・馬宿《うまやど》は絶えてしまおうとしているが、かつてはこの設備をもって市場《いちば》の中心としたこともあった。村の若者らの才能あるものが、これを世渡りの練習とも、また運命を開くべき遠征《えんせい》とも考えて、知らぬ他人のなかへ突進していったのも、つまりはこの農業ではみられない転送《てんそう》の利得という興味があったからで、いまでも一種のやや無遠慮でしかも率直なる態度が、牛馬を追う者のあいだだけに認められるのは痕跡《こんせき》である。

伝馬《てんま》[106]が街道の問屋の統制に帰してから、村の交易業は卒爾《そつじ》[107]として受動的なものになった。わずかに菜大根を町に担《かつ》ぎだすほかは、商人はほとんどみな町から来る者となって、またひとつの世間を知る機会を失ったのである。

現在村々を巡《めぐ》っている行商のなかには、ぼて振り[108]と称して朸《おうこ》[109]の両端に籠を下げたもの、いまひとつ古風なのには大きな布《ぬの》の袋を肩にして、家々の産物のはした[110]を買いあつめようとする者がある。資力が乏しいので三百旅人《たべと》[111]などと軽蔑しつつも、いつも不用意にこの輩《ともがら》を儲《もう》けさせていた。繭《まゆ》の仲買[112]などの秤《はかり》の棒と矢立《やたて》[113]とを腰にさして、白い股引《ももひき》[114]で押しまわしたのも同類であった。

自転車の往来《おうらい》が村の中に繁《しげ》く、町場《まちば》は東西南北にありすぎるほどできても、農人がこれを利用はせずにあべこべに利用せられていたという状態にも、もとづくところは

**102 沖乗り**　山などを目当てに沿岸を行く地回り（地乗り）に対して、目標物のない沖合を航海すること。**103 腹のある**　度量がある。胆のすわった　**104 逓送**　順々に送ること。**105 カラバン**　キャラバン。隊商。**106 伝馬**　逓送用の馬。**107 卒爾として**　突然に。**108 ぼて振り**　品物をかついだりさげたりして、呼び声をたてて売り歩くひと。振売り。**109 朸**　物をになうのに用いる棒。物にさし通して両端を二人でかつぐものも、一人で両端に物をかけたり草や薪の束に突きさして担うものもある。**110 はした**　端物（はもの）。はしたもの。中途半端なもの。**111 三百旅人**　「三百」は銭三百文のことで、転じて安物や価値の低いものの意。「旅人」はよそもの、青森や新潟の方言で他郷からきた行商人や、金属・紙くず・ボロを買い歩く商人などを指した。**112 仲買**　生産者と問屋の中間にたって売り買いの仲立ちをするひと。**113 矢立**　墨壺と筆入れの筒と筆をひとつに合わせた携帯用の筆記具。出先でも使える商人の筆記具の代表。万年筆の普及で使われなくなる。**114 股引**　細いズボン状の下ばき。職人の仕事着にもなった。猿股。パッチ。

深いものがあるのであった。販売・購買の組合事業がおきると、これらの弊風《へいふう》[115]の若干は整理せられるが、それと同時に村がまたいちだんと奥のほうへ、引きこんだものになる感じは抑えられない。そうしてこれが本来の村の生活だと、思わなければならぬのはさびしいことであった。

いわゆる遊覧旅行の発達、都市と名所との繁栄のおこりは、この方面からも考えてみることができる。

村にほかから訪《おとず》れてくるものが、全体に世の進みとは反比例に、少しずつ単調に傾いてきたのである。行商のもっとも快活であったものは、村々から互いに通うてくる牛方《うしかた》・馬方《うまかた》で、多くは山ひとつかなたを談《かた》り、海と奥山とのなかばめずらしい生活を教えてくれるのは彼らであった。彼らは戦場からもどる兵士と同じく、いつも耳を傾けて聴くひとを予想して、出先《でさき》の印象を採集していたのであった。

その次には世故《せこ》[116]と人情とに馴れつくしたともいうべき、本物《ほんもの》の旅人《たびと》が入《はい》ってきていた。彼らの出処《しゅっしょ》についてはなんの語るべきものもなかったかもしれぬが、そのかわりには諸国を股《また》にかけて、地方のあるかぎりの変化に通じていた。そうして元来があるかないかの薄元手《うすもとで》[117]をもって、その日その日の生計《くちすぎ》[118]を立てているのだから、口だけはもっとも達者に、いくらでも土地のひとの機嫌を取りむすぶことができたのである。うそもよく吐《つ》き油断のならぬことも知られていたが、そうそうは騙《だま》すべき必要もじつはなかった。高野聖《こうやひじり》の横着《おうちゃく》は諺《ことわざ》にまでなっているけれども、それでも何百年のあいだ引きつづいて田舎を巡っていた。彼らの商品は笈《おい》の中に、片寄せて置かれるほどの軽物《かるもの》[119]と小間物《こまもの》であったが、この二種《ふたいろ》だけは早くから商売として成り立った。

呉服《ごふく》も近代の三越《みつこし》・白木《しろき》[120]の前駆者が、江戸のあの附近で三百年前には、大道《だいどう》の側《わき》に露店を出していた。これを呉服聖《ごふくひじり》[121]といったのはやはり高野《こうや》の徒《と》であったらしい。ひじりという旅人には無数の種類があり、その下級なものは物乞いであった。しかも直接土地を管理する農民以外に、衣食の資料を抱《かか》えている者はなかったことを考えると、「給え」[122]といってこなかった旅人は、もとはひとりもなかったはずである。

問題はただなにをそのかわりにあたえたかであって、勧進《かんじん》[123]も祝《いわ》い言《ごと》[124]も形はないが、また一種の商品として受け入れられたのである。遊芸の門《かど》づけ[125]などが村をあるいて生

115 **弊風**　悪い風俗習慣。116 **世故**　世の中の風俗、習慣などいろいろな世間の知識。117 **薄元手**　わずかな資本。118 **生計**　「くちすぎ」とは口過ぎで、毎日の食物を得ること。転じて、暮らしをたてること。糊口。119 **軽物**　絹布類。麻・木綿の布より目方が軽いの意で、ぜいたく品と考えられた。120 **三越・白木**　三越と白木屋。白木屋は当初、きせるを中心に小間物を扱い、呉服・木綿類に手を拡げた。121 **呉服聖**　呉服行商人。その姿が笈（おい）を背負った高野聖に似ていた。122 **給え**　恵んでください。123 **勧進**　社寺や仏像の建立、修理などのための寄付。124 **祝い言**　幸いを祈ることば。斎言。125 **門づけ**　人家の門口で芸能を見せ、金品をもらい受けること。

活しえた理由も、それがちょうどこのあたりに払底《ふってい》していたからである。以前の田舎《いなか》渡《わた》らい[126]は後世の押《お》し売《う》りとはちがって、努《つと》めて求めらるるものを持ちこもうとしていた。ほかから学ぶところの多かったのも道理である。

漂泊者の歴史は、日本では驚くほど古くはじまっている。

中世以後彼らの大部分は聖《ひじり》の名を冒《おか》して、[127]宗教によって比較的楽《らく》な旅をしてみようとしたが、じっさいは他の半面は工《こう》であり、また商《しょう》であった。そうして行く先々《さきざき》の土着民に、土を耕さずともまだいろいろの生活法のあることを、実証してみせたのも彼らであった。もうかれこれ一千年にもなろうが、その間始終なにかか[128]新しいことを、もってきて吹きこんだ感化は大きかった。

村と村とのあいだに交易の旅行がはじまったなども、多分はこういうひとから学びとった技術であろう。

数からいうならば国民の八割九割までが、昔ながらの農民であった時代もあるが、この生活は全国いちように固定していた。倦《う》むことはあっても自ら改まるという機会は少なかったので、これにときどきの意外な刺戟をあたえて、ついに今日みるような複雑多趣《たしゅ》の農村にしたのは、原因は他にありえない。

すなわち日本の文化の次々の展開は、一部の風来坊《ふうらいぼう》[129]に負うところ多しといっても、けっして誇張ではなかったのである。ところが世の中が改まっていくごとに、彼らの職業はよさそうなものからおいおいに巻き上げられた。町が数多くなるとすぐにそのなかへ編入せられて栄えた。

町の商工業の書物になっている発達史などは、ことごとくその背後にいままでの漂泊者から、大事な飯《めし》の種《たね》を奪ったことを、意味しておらぬものはないといってもよかった。それはもちろん国全体からみて、幸福なる整理と認むべきであるが、少なくとも村々の社会教育においては、補充《ほじゅう》を必要とすべき一損失であった。由緒《ゆいしょ》あるわれわれの移動学校は堕落して、浮浪人はただ警察の取り締まりを要する悪漢《あっかん》の別名のごとくになった。

そうして旅行の価値というものが、内からも外からも安っぽくなってしまったのである。

126 **田舎渡らい**　行商などをして地方を回り歩くこと。127 **名を冒して**　名を自分のものとして名乗って。128 **なにかかか**　なにやかや。あれこれいろいろ。129 **風来坊**　どこからともなく来たひと。落ちつかずさまようひと。風来人。漂泊者。

## 六　旅行道の衰頽

西洋の書物にはよく書いてあるが、日本ではまだ渡《わた》り職人[130]という者の、帰結について考えてみたひとはないようだ。

職人の旅をすることを修行《しゅぎょう》といっていたが、彼らはひとつの土地にじっとしていたほうが、たしかにためになることが知れている場合にも、やはり歩《ある》きまわっていたのだから、慣例というのほかはなかった。いちばん大きな最初の理由は、生きるに十分なだけの仕事が、家にいては得られないことであったろうと思う。都市のまだほうぼうに建設せられなかった時代には、われわれの職人たちは親方もともに働いていた。江戸期に入ってからまず地方に土着しはじめたのが金屋《かなや》[131]であったが、それでもその一部だけはいまもなお巡業を本則《ほんそく》[132]としている。石屋《いしや》[133]はそれから以後に少しずつ村をつくりはじめたが、まだ完全に土地に居《い》なじんだ[134]ともいえぬものが多い。木地屋《きじや》[135]のごときは明治の世になってから、ようやく各地に小さな部落をつくりはじめた。大工《だいく》や左《さ》官《かん》[136]の旅あるきということも、しばしば将来の居住地の選定を目的とするものがあり、居《い》村《むら》はあっても半分はそこに寝なかった。桶屋《おけや》[137]の職というものはことに新しいので、行く先々で珍重せられてはいたが、彼らの仕事場の区域はことにひろかった。したがってまた話のおもしろい世間師《せけんし》[138]でもあった。

近世はじめて生まれた傘《かさ》・蝙蝠傘《こうもりがさ》[139]の直し、または茶碗の焼継《やきつ》ぎ屋[140]という類のものには、需要がかぎられているだけにじっさいはなお漂泊しているので、町でも滅多に常《じょう》店《みせ》[141]というものを開くことができない。しかし一般にこういう人たちの定住には、故障の少ない世の中となったゆえに、たいていはどこかに家庭があって、国勢調査ではその町村の職業別にかぞえられている。旅から渡ってくる職人にくらべると、この限地的な[142]漂泊者は見聞の伝うべきものが少なく、後には土地のひとと同じ心もちで、とも

130 **渡り職人**　ひとつの場所や雇い先に定住せず仕事を求めて移動する職人。131 **金屋**　鋳物、打ち物など金属を扱う職人。鋳鉄製の鍋・釜などの穴を修理する鋳掛屋（いかけや）は、大正時代まで町・村を巡業していた。132 **本則**　原則。たてまえ。133 **石屋**　石を切り出したり細工したりする職人、また石材を販売する職業。石切り。石工。石材屋。134 **居なじんだ**　長くいてなれ親しんだ。135 **木地屋**　轆轤（ろくろ）などを用いて盆・椀などの木地の挽物をつくる職業。木地引き。轆轤屋。136 **左官**　壁を塗る職人。塗り大工。137 **桶屋**　日用具である桶を生産・販売し、修繕する職人。城下町などに集住して桶屋町をつくった。138 **世間師**　広い世間を知り世情に通じているひと。世慣れて悪賢いとの意味もくわわった。出稼ぎなどで各地を旅する経験が増加するなかから、農村社会のさまざまな頼みごとを引き受けて世話をする人びとが生まれた。口利き、公事（くじ）師とも。139 **蝙蝠傘**　割り竹の骨に油紙を張った和傘に対して、金属製の骨に布・ナイロンなどを張った洋傘のこと。140 **焼継ぎ**　欠けた陶器を釉（うわぐすり）で焼きつけてつなぐこと。141 **常店**　決まった場所で営業する常設の店。142 **限地的な**　一定の限られた空間のなかで動く。

どもに世間を眺めるようになるのであった。

こういう職人たちのおいおいの定住ということが、村々の世間知識のほかからの補給を、またいちじるしく制限することになっているのであった。

最後にもうひとつ、明治の文化が旅の内容を改めて、地方相互の知識交換を不便にした例をいうならば、それは旅館というもののあまりにも単純になったことである。宿屋という商売は以前からもひとつであったか知らぬが、旅をする者の夜寝《よるね》るところは、以前は野宿《のじゅく》・辻堂を除いても、少なくともなお三とおりはあった。これは主として宿主と旅人との関係の相異だから、あるいは上中下の階級別と認めてもよい。そのひとつは第三章にも述べてある御仮屋式《おかりやしき》、もしくは本陣風《ほんじんふう》とも名づくべきもので、自分の住家の一隅を貸与しておきながら、亭主御目《おめ》どおりを願い出るというような、謙遜をあえてする泊《と》め方である。大名・貴人が早くその例を開いて、維新のさいなどからおいおいと、これを鬚《ひげ》のある全階級に拡張しはじめた。言葉に訛《なまり》のあるほどの遠国人は、ことごとくこの待遇を予期してくる。はじめはかぎりある本街道《かいどう》筋だけであったのを、しだいに村々の宿屋までが、大小となくこれを模するようになった。いわゆる茶代[143]の問題の発生地であって、費用の方面から相応に旅行の発達を妨げている。

第二に衰えたものは問屋《といや》式もしくは定宿風《じょうやどふう》とも名づくべきものであった。これがちかごろの安宿なるものと、接近してくるまでには沿革があった。主たる理由は同じひとのそうたびたびは廻ってこぬこと、すなわち定宿[144]の名の無用になったことであるが、同時にまた宿主がその旅人に対して、興味を抱くことが少なくなったことも考えられる。以前は商取り引きの関係は宿主共同の作業として、臨時の家族のごとき感じをあたえていた。職人や瞽女《ごぜ》・座頭《ざとう》[145]のような個人的の仕事でも、寝宿を貸すということが加担のように思われたのであった。こういう宿泊者はその境遇に応じて、たいていはころあいのなじみを行く先にもっていたのである。

湊の問屋が年ごとの渡海の船員を迎える場合などは、優遇はするけれどもこの程度の泊り客にすぎなかった。遊女の船の津にとくに発達したなども、もとは定宿のひとつの形にすぎなかった。つまりはある期間だけの家族とすることが目的で、報酬はたぶん所得の分配であったと思う。この組織が茶屋風《ふう》に移っていく[146]と、旅を毎日の生活としている者などは、日返《ひがえ》り以上の遠くへはまわりがたくなるのである。

**143 茶代**　旅館などで、宿泊料・飲食代のほかに、心づけとして与える金銭。チップ。**144 定宿**　いつも決まって宿泊する宿。**145 瞽女・座頭**　漂泊の芸人の意。「瞽女」は三味線を弾き、唄をうたったりして門付けをする盲目の女芸人。「座頭」は剃髪（ていはつ）した盲人で、琵琶・箏・三味線・胡弓などを弾いて歌を歌い、語り物を語った。**146 茶屋風に移っていく**　茶店・休息所のように変化していく。

第三の様式も衰えてはいるが、これはまだ少しばかり町中《まちなか》にさえものこっているそうである。かりに善根宿《ぜんこんやど》[147]式または摂待《せったい》[148]風とも名づけておくが、おこりは必ずしも信心ばかりからではなかった。家の格式もしくは慣例によって止《や》める必要もないとてつづけているのが普通だから、なにか特別の祈願でもないかぎり、新たにこれをはじめる者はまず少なかろう。しかも村には利益のために、客商売をすることは不可能だから、だれでも一夜の宿を乞うという者は、こういう家ばかりを捜さなければならなかったのである。これは家族の一員にするというよりも、むしろ被保護者の関係であった。

小さい家ならば家内の飯を分けるが、召仕《めしつかい》の多い家ならば彼らの火にあたり、彼らの食う物を食わなければならなかった。しかもこういう気のおけない火と食物とが予想しえられなかったら、多くの廻国者《かいこく》は最初から断念しなければならぬのであった。

今日の宿屋には紹介を要したり、女房が世話を焼いたりする定宿風はまだ少しあるが、座敷の待遇はいずかたもまずいちようになっている。まさか大名のようにはいばろうとせぬ客でも、やはり手を鳴らして命令をするだけの覚悟をしている。したがって旅行は支那人の婚姻と同じく、金を溜めなければ企てるものでないことになり、いかなる宿主でも金以外の好意・利益を、旅人に期することはできなくなったのである。

ひとが親類をもたない村里《むらざと》に入《はい》ってみることは、たいていは不可能になってしまった。街道は常に自動車の煙埃《えんあい》[149]をもって霞むほどの往来があっても、脇道は知った顔しかあるいていないようになった。たまたま来る他所者には、油断のならぬような用件ばかり多くて、異郷の事情を心静かに語るひともなく、またわが土地をほかのひとに語りうるまで、知って出ていく者もめったにはないのである。

安宿・無料宿泊所の急迫した需要以外に、ひとが晴《はれ》[150]ではなしに相逢うて話をするような機会を、なんとかして新たにもうけてみないと、この旅行道のおおいなる衰頽によって、いったん失うたものは補塡《ほてん》する途がないことは、町も小さな市も村とかわるところがない。しかもわれわれは好奇心をまだ多く剰《あま》しているゆえに、中央の消息ばかりがただ急劇《きゅうげき》に流れこむことになったのであった。

147 **善根宿**　諸国行脚の修行者、遍路、または行き暮れた旅行者などを無料で宿泊させる宿。　148 **摂待**　旅僧や貧しいひとへのお布施。門前・往来に湯茶や食物を出して通行の修行僧や参詣人にふるまったり、宿泊させたりすること。　149 **煙埃**　すなぼこり。　150 **晴**　正式・公式。よそゆき。おおやけ。非日常。ハレ。

# 第七章　酒

## 一　酒を要する社交

酒はわれわれの世に入ってから、たしかにその用途がひろくなってきた。以前もなくてはならぬものだということは、飲まぬひとにも認められていたけれども、その趣意[1]はいつのまにか変わっているのである。町が酒飲みを多くしたのと、理由はだいたいに同じものであった。手短《てみじ》かにいうならば知らぬひとにあう機会、それも晴れがましい心がまえをもって、近づきになるべき場合が急に増加して、得《え》たり賢《かしこ》し[2]とこの古くからの方式を利用しはじめたのである。明治の社交は気の置ける[3]異郷人と、明日《あす》からすぐにもともに働かねばならぬような

1 **趣意**　趣旨。目的。思うところ。意味。 2 **得たり賢し**　これ幸い、都合がいい。ちょうどいい、ありがたい。 3 **気の置ける**　なんとなく打ち解けられない。気づまりで遠慮がある。「気の置けない」の逆。

社交であった。

いわゆる各藩の志士が膝をまじえ、手をとって国事を談じたころ[4]にも、酒の必要はすでにおおいに認められたのであったが、まだその時分には気がせわしかった。それが太平になってから万障御差繰《ばんしょうおんさしくり》[5]が容易となり、また相手が次から次へとかわったのである。もちろんこのなかには空虚なる口実《こうじつ》も多かったろうが、根本はひとがたがいに知り、すみやかに全国感覚の統一を図《はか》[6]ろうという志にあったので、いわば世間知識の授業料の覚悟をもって、この第三生活費の膨脹《ぼうちょう》をいとわなかったのである。欠点がもしあったとすれば、強いてこのことばかり保守主義を奉じて、べつに方法がないかどうかを、問《と》わなかったことくらいなものだろう。

考え方の順序だけは少なくとも逆になっていた。

われわれは凡庸《ぼんよう》の年ひさしい沈滞にだれていて、なにか新たなる努力に取りかかり、もしくは生活のとくに厳粛《げんしゅく》な部分の、めったにくりかえさぬものを実験しようというには、酒をつかって気をかえる必要はときどきあった。祭礼その他の晴《はれ》の日の式というものは、それ自身が昂奮の力をもっていたのだけれども、なお一時に多数のひとの気もちをそろえさせるべく、酒によってある種の異常心理[7]をつくりだす恒例になっていたのである。

酔えない人間には無用の企《くわだ》てのようだが、酔えばまずたいていの者はおもしろくなるものにきまっていた。天の岩戸の昔がたりにもあるように[8]、おもしろいというのは満座の顔がそろって、一方の大きな光に向くことであった。すなわち人心の一致することであった。

その語が今日のごとき、あるひとつの内容をもつにいたったのは経験である。

**4　各藩の志士が膝をまじえ、手をとって国事を談じたころ**　明治維新の前後。藤田省三『維新の精神』（みすず書房、一九六七）は、その時代の「横議」「横行」「横結」を、討議・行動・連帯の新たな水平性において評価している。**5　万障御差繰**　万障お繰り合わせ。さまざまな差しつかえを調整して都合をつけること。**6　第三生活費**　生計にしめる飲酒に必要な費用の意味だが、一九三〇年前後の新語辞典の類を引いてみても項目がなく、一般につかわれたことばかどうかについては確かめられなかった。しかし賀川豊彦『貧民心理之研究』（警醒社書店、一九一五）に「生活費といえばまず、家賃、米代、副食物代、薪炭費、理髪入浴代、電車代、医薬代等である」［：一一九頁］との記述があり、これを食生活に限定してみれば、主食費が「第一」で副食費を「第二」に、それ以外の酒購入等の費用を「第三」に位置づけたとの解釈が可能である。**7　ある種の異常心理**　非日常の興奮。晴の日と同じ満座の「人心の一致」。「人造の興奮」。同様のことを「酒の飲みようの変遷」（一九三九）では、中世以前の酒はいまよりずっとまずいものだったが、「それを飲む目的は味よりも主として酔うため、むつかしい語でいうと、酒のもたらす異常心理を経験したいためで、神々にもこれをささげ、その氏子も一同でこれを飲んだのは、つまりこの陶然たる心境を共同にしたい望みからであった」［全集9：五二五頁］と説く。**8　天の岩戸の昔がたり**　『古事記』上巻「天の石屋戸」、『日本書紀』巻一神代上第七段「天岩窟」にある、天照大神の岩戸隠れのエピソードだが、「おもしろ」の解釈については、第一章の注61を参照。

ところが新しい時代は一致をもってはじまっていたのである。ひとが闘《たたか》うつもりで集まってきた者などはひとりもなく、しかもあらたまった気もちはすでに町《まち》・田舎《いなか》にみなぎり、世の中はほとんど毎日の晴《はれ》[9]であった。それへ出てゆくひとはみな緊張していた。すなわちいまさら酒によって人造の昂奮をもよおすべき必要はもうなくなっていたのである。

計画といわんよりもむしろ惰性《だせい》であった。つまりは日ごろいくぶんか親しみの薄い者が、逢うと飲まずにはおられぬような、またひとつの習癖がつけくわわっていたのを、わざと古いほうの理論で解説しようとしたのであった。

酒の濫用《らんよう》は明治がはじめではなかった。

昔もなんら昂奮の用もない者が、時と場合は無頓着《むとんちゃく》に飲んでいた。あるいはその昂奮があまりに痛切であるがゆえに、それをまぎらすために酒を飲む者さえ多かった。

明治のいわゆる附合酒《つきあいざけ》[10]は、もう一体[11]によほどこちらへ近くなっていたようである。

地方では酒の利用がすでに年を重ねて、酔後の反動がかなり忍びがたい程度にまで進んでいるものがあった。つねは無口《むくち》で思うこともいえぬ者、わずかな外部からの衝動にも堪えぬ者が、抑えられた自己を表現する手段として、酒徳《しゅとく》[12]を礼讃する例さえあったのである。こういう人たちが新時代の社交に入ってきて、働かなければならなかったのは気の毒であった。

酒で寿命《じゅみょう》を縮めたといわれるひとが、にわかに増加したのも残念な世相であった。好きでもない者が勉強して、[13]仲間にくわわったのも少々ではない。たんに相手を酔《よい》どれとする策略に、巧みにこぼしていた[14]酒も相応に多いらしい。こうして日本の酒消費量は、いまや人口の増加とともに、驚くほどの数字をしめすことになったのである。

独酌《どくしゃく》[15]はたしかにまた明治大正時代の発達であった。

元来は酒は集飲を条件としておこったもので、いまひとつ以前は神とひととともにひとつの甕のものに酔うという点が、おもしろさの源《みなもと》をなしていたのである。今日の眼からみれば、じつに煩瑣《はんさ》ないろいろの酒令《しゅれい》[16]というものがあって、それがまた容易に得られぬという楽しみの理由でもあった。伊勢貞丈翁の研究によれば、酒の作法はあまりにも複雑であって、武家《ぶけ》簡略の主義に合わぬゆえに、足利時代にはこれを省略して三三九献《さきくこん》[17]にしたといっている。察するに、座席の次第や辞令の交換などがいちいちあって、末座に唾を呑んで待っている者にまで、盃のとどくのは容易でなかったのだ

**9 晴**　晴れがましいさま。はなやかなこと。あらたまっていること。よそゆき。正式。表向き。非日常。**10 附合酒**　仲間との義理で、飲みたくもないのにいっしょに飲む酒。**11 一体に**　おしなべて。総じて。**12 酒徳**　酒の利福。酒に自然にそなわっている優れた特質・品性。酒のよき力。**13 勉強して**　努力して。熱心にはげんで。気がすすまないながら精を出してつとめて。**14 巧みにこぼしていた**　自分は飲まずに費消していた。**15 独酌**　ひとりで酒をついで飲むこと。

ろう。

全体にたったひとつのみごとな盃から、順に一同が飲むということが法則であった。遊里《ゆうり》の生活が盛んになったころから、それでも附けさし[18]とか思いざし[19]とかいう風がはじまって、おりには順序のなかほどを飛ばすこともあったが、そうすると必ず中間《ちゅうかん》の省略せられた者が怒《おこ》った。ことに問題が婦人に関したために、しばしば盃論《さかずきろん》のすえに打ち果たしたなどと、殺伐な逸話が生じたのである。

いまでも酔人にはいや迷った杯だの、いまひとつ検《あらた》める[20]などと古風なことという者があるが、すでに徳利《とくり》があらわれまた陶器の小さな猪口《ちょく》[21]が、銘々の膳のうえに白く光るようになれば、宴会はすなわち大いなる解放であった。しこうして独酌はさらに破天荒にこれを自由にしたものである。こういう連中が古来の民俗を説いたり、ないしは節酒[22]の可能を主張したりするのは、ほんとうはおかしいことであった。この類《たぐい》の衛生手段や利用法こそは、まったく明治以来の新発見といってよいのである。

酒は飲むとも飲まるるなということを、今でも秀句《しゅうく》のごとく心得ていうひとがあるが、じっさいはひとを飲むのがすなわち酒の力であった。客を酔《よ》い倒《たお》れ[23]にしえなかった宴会は、決して成功とはいわなかったのである。

味とか色とかの美しくなったのは、だれにも知られている近世史であって、昔は酔うという目的以外に、味や色香《いろか》を愛してたしなむ[24]ということがなかった。これがこの

**16 煩瑣ないろいろの酒令**　酒令は、主に酒の宴席において行なう遊戯などの規則を指すが、柳田のここでの強調はむしろ「酒礼」すなわち酒宴での礼式・作法を中心としている。作法のこまごまとしたわずらわしさとは、「酒の飲みようの変遷」（一九三九）において、次のように説明しているものに対応する。「最初は順流れまたは御通しとも称して、正座から左右へ互いちがいに下ってゆき、後には登り盃とも上げ酌などともいって、末座のひとを始めにして、上へむかってまわるようにして変化を求めたが、いずれにしてもその大盃の来るまでのあいだ、上戸はのどを鳴らし唾をのんで、待ち遠しがっていたことは同じである。」［全集9：五二二頁］　**17 三三九献**　三三九度。『貞丈雑記』巻之七「酒盃の事」に「ささ九献の事」の記事があり、「酒は三三九度呑むを祝いとする故なり」とある。**18 附けさし**　つけざし。自分が口をつけたものをそのまま相手にさしだすこと。飲みさしの杯や吸いさしの煙管（キセル）など。親愛の気もちをあらわすものとされ、遊里などで遊女の情けの深さをしめすしぐさとされた。**19 思いざし**　そのひとにと思う相手に杯をすすめること。相手を決めて酒をつぐこと。**20 いまひとつ検める**　正しいかどうかを吟味する。もういちどあらたにやりなおす。柳田は「酒の飲みようの変遷」（一九三九）において、盃洗という器の存在にふれて「これで盃をすすぐことをアラタメルといったのも、もとは別の盃にするという意味」であったと説明し、「本来は同じ盃の中のものを、分かち飲むほうが原則だったからあらためなかった。それを今日はみごとに飲みほすのをアラタメルのだと思う者さえある。これほどにもまず以前のしきたりを忘れてしまっているのである」［全集9：五二三頁］と述べている。**21 猪口**　ちょこ。酒をついで飲む陶器や金属製の小さな器。上が開き下がすぼんだかたちの杯。正式な酒宴では塗りの杯を用いるに対して、略式の普段づかいに、燗をする小形の徳利と対で用いられる。**22 節酒**　酒を飲むのを控えめにすること。飲む量を適度に減らすこと。**23 酔い倒れ**　酒に酔って正体がなくなること。酔いつぶれること。「えいたおれ」ともいう。**24 たしなむ**　適度に口にする。常日ごろから親しむ。

通りの進歩を見たのは、飲む側からいうと問題の混乱であった。しかもいったんこの酔中の趣きを解しえた者には、いかなる味や色でも懐かしくなることは、クヴァ[25]やアブサン[26]の例を見ても知れるとともに、たとえば壮士がわが太刀《たち》を装飾するごとく、できるならばこれをもっと美《うつく》しく、うまいものにしようとは願ったので、それが今日の清酒改良[27]を、ここまで完成した力であることはあらそえない。

　宴会の改良などもおそらくはこれと同じことで、結局は前よりもいちだんと酒がうまく、酔いが愉快になるように努力するわけになるだろう。和漢古今を通じて、酒の美徳をたたえた文学は数が多い。そうしてその作者はみな酒飲みであった。

　ことに日本では酒盛《さかもり》の効果を十分ならしむるために、主人に代わってひとを酔わしむるの術は発達していた。そのひとつは歌謡《かよう》となって、ながく佳《よ》い声と楽器とにともなわれていた。酒の無用をかねて知っている者までもが、これに催されて[28]ときどきは酔人の群れにくわわった。それを金言[29]のごとくに酒を売る者が援用することは、巧妙ながらもややずるい宣伝法[30]であった。

　第二の技術も、日本ではなおおこなわれている。それは少しも酔わずに大酒《おおざけ》の飲めることで、これが選手のごとく、また一郷の英雄のごとくに尊重せられた理由は、主として敵手を酔い負《ま》けしめる力であった。本人にとってはすこしでもありがたいことでないにかかわらず、修錬を積みかさね、また素質を発揮して、ひとに褒《ほ》められるような席上へよろこんで出てきた。これが酒宴の興《きょう》というものを添えたことは、ときとしては美人の歌にも越えた。

そうしてともどもに飲酒を、経済以外の事業[31]に化せしめたのである。

**25 クヴァ**　クヴァス、クワスか。そうだとすれば、各家庭でライ麦と麦芽を発酵させてつくる、ロシア・東欧で常用される微炭酸・微アルコールの飲料。野草やハチミツ、果物、野菜などを加えたさまざまなクワスがつくられている。荒畑寒村『ロシアに入る』（一九二四）の「チタの滞在」の章に「クワスに酔っ払ってさかんにメートルをあげる」の記述がある。**26 アブサン**　ニガヨモギ（アブサン）を用いた緑色のリキュールで、アニス・茴香などの香りを有する。北原白秋の『邪宗門』（一九〇九）の「狂人の音楽」に「草場には青き飛沫（しぶき）の茴香酒（アブサント）冷えたちわたる」とある。**27 今日の清酒改良**　清酒は透きとおって濁りのない酒のことで、「どぶろく」などの濾（こ）さない濁り酒に対する呼称である。明治初期の酒は糖分がほとんどなくて酸味も強く超辛口であったが、大正末から昭和にかけて酸度が低く糖分の多い甘口の酒もあらわれて、濃い酒・うまい酒への酒質の改善の指導もおこなわれた。清酒の品質について、甘口・辛口が評価の軸となったこと自体が、大きな変化のひとつのあらわれでもあった。**28 催されて**　誘いだされて。せきたてられて。**29 金言**　模範とすべき言葉。処世へのいましめや教えとすべき内容をもった名言。**30 酒を売る者が……ずるい宣伝法**　この「ややずるい宣伝法」の指摘が具体的になにを指すかはむずかしいが、「凡人文芸」（一九三四）において、酒盛りにおける女の歌の大切さにふれて「酒は酒屋によい茶は茶屋に」という古い流行り唄を覚えて歌っていた老婆を思い出し、「酒が自由になると酒宴はどこでも開かれる。そうして無検束にその酒を販（ひさ）がんとする女性が、わざと別種の歌を唱えて、古風な酒盛りから男たちを離反せしめた」［全集9：五三〇頁］と述べていることと対応しようか。

## 二　酒屋の酒

珍客に酒を勧《すす》むべしとする社交法は、主として酒の貯蔵ということを条件にしている。

これも以前からまるでなかったことでないが、近代に入ってとくにその効果を収めているのである。われわれの群飲制度の他のひとつの拘束は、大きな盃の順流《じゅんなが》れを待っているように、造りこんだ新酒の熟《じゅく》するまでのもどかしさであった。村々の祭の日が秋の九月になっていたことは、酒がなくては神を迎えることができぬからであったが、同時にまた田の穀物の苅り入れられるまで、飲めない日数の長かったことを意味している。

以前の酒づくりは、ことのほかに簡易であった。麹《こうじ》[32]に二日と甘酒[33]に二夜をおくると、のこりの三日四日のあいだには、もう甕《かめ》にふっくりと湧《わ》いていた。ちょうど遠方から太鼓の音が響いてくるように、このかすかな酒瓶の音に耳を傾けることが、すなわち家々の祭《まつり》を待つ心であった。当日の用意は新《にい》しぼり[34]の器を替える香《か》によって整うたのであった。それを神さまに供えてどこおりなく祭を終わってから、酔うて倒れるまでたらふく飲まぬようであったら、酒ということはできなかったのである。

大きな祝宴は同じくまた醸造をもって準備せられた。かつては葬礼の家でも米をつき酒をつくることを必要な支度にしたことは、古い記録にしるされて伝わっている。もとはまずこれだけの順序を履《ふ》まなければ、手軽な濁《にごり》酒《ざけ》にも酔うことはできなかった。独酌《どくしゃく》のいまだおこらなかったのはいたし方もないのである。ただし正月もまたおおいに酌みかわす月ではあったが、これに第二回の酒造りを企てること[35]は、だんだんに少なくなってきたように思われる。

これは祭礼の日のように家々に用意はせずとも、普通は年を祝われる大家《たいけ》の出居《でい》[36]において、一同がふるまわれることになっていたからかと思う。とにかくある大きな家庭だけは、秋の酒造りの甕《かめ》の数を倍にして、あらかじめこの初春の楽しみに備えて

**31 経済以外の事業**　消費するとか儲けるというだけでない活動。祝祭・饗応・社交などを含む生活文化。**32 麹**　糀。米・麦・豆などを蒸して、これに麹菌をまぶして繁殖させたもの。酒・醤油・味噌などをつくるときに用いられる。澱粉質を酵素で糖化させることで甘みを得る。**33 甘酒**　米と麹とを混ぜて一晩ていどで醸（かも）す飲料。「一夜酒」ともいう。**34 新しぼり**　発酵が終わり熟成した醪（もろみ）に圧力を加えてしぼり、酒を固体分（酒粕）から分離させること。醸造業の酒生産では、このあと「火入れ」という低温加熱殺菌で酵素の作用を止め、保存性を高める。**35 第二回の酒造りを企てる**　自分の家で酒を追加でつくる。自家用に増産する。

おく必要があった。酒の貯蔵はすなわちここにはじまったのである。

今でも旧家の誇りは、味噌《みそ》や漬物《つけもの》のつくり方、その他なんびとにも比較しえられる食物の調理法に存するようだが、酒はそのなかでもことに家刀自《いえとうじ》[37]の苦心の存するところであったろうと察せられる。これには家伝《かでん》[38]がありまた覚え込んだ技倆というものもあろうが、それよりも大切に、はた不思議にも考えられたのは、いまならばなんでもない酒の霊《れい》、すなわち米を麴にしてゆく微生物の、家々の型《かた》の相異であった。これがなんびとの眼にも触れずに、古来一家《いっか》の空気のなかに浮遊したゆえに、どこにもないというような佳《よ》い酒が、ときどきはある旧家の名声を高めていたのである。泉も強清水《こわしみず》[39]などという名を帯びて、とくに酒造りに適したというものが、通例は神の社《やしろ》の片脇等にあって、社と縁の深い家がこれを管理していた。

もとは単純なる家門の誉《ほま》れであって、飲ませて金を得る考えなどはなかったのであろうが、こういう出色《しゅっしょく》ある酒は自然に多く貯えられ、ひとは古酒《ふるざけ》の香を慕うて、これを富貴《ふっき》繁昌のひとつのしるしと感ずるようになったものらしい。地方で尊敬せられる指折りの名家が、好んで酒屋のような業体《ぎょうてい》[40]にたずさわったのはおかしいようだが、これも最初はまた隠れたる信仰から出ていた。それが分家の流行する世になって、いよいよ本式に農以外の資本を、卸《おろ》して経営する事業とはなったのである。

**36 大家の出居**　富んだ家の応接間、客間。大家は社会的な地位の高い家だが、また本家をも意味する。出居の原義は「出て居る」で、外からの客を応対する場所の意味だが、家の具体的な間取りとの対応は地方によってまちまちである。中の間・次の間を指す地方もあれば、上がりはなの口の間・表の間・茶の間をいう場合もあり、また常には使わぬ奥の間の座敷を意味する場合もある。長野の一部などでは、本家そのものをディと呼ぶ。柳田国男は『居住習俗語彙』（一九三九）でディを「本来は外部のひとに接する場所の全体にわたった名であった」と解説し、本家がときにディと呼ばれたのは「本家の他には出居をもつ家がなかったという重要な事実を暗示する」［：一三〇―一頁］と論じている。**37 家刀自**　一家の主婦。**38 家伝**　家に伝わった知識。**39 強清水**　『海南小記』の「南の島の清水」（一九二一）に沖縄の酒泉伝説を論じて「本州諸国の強清水という泉に、しばしば「親は諸白子は清水」の話を伝えるのとよく似て」［全集3：三三九頁］とある。この章句は民謡「会津磐梯山」の歌詞にもあらわれるが、その由来について『山島民譚集』（一九一四）の「強清水」では、この名の泉をもつ村の「農夫の父がこれをくんで呑めばまぎれもない酒であった。それより日ごとに酔うて帰るので、その子これを不思議に思い、父に聞いてはじめてその次第を知り、自分もさっそくに飲みにいってみたが、倅が飲めばただの清水であった。よってこの泉を「子は清水」という」［全集2：五九〇頁］と解説する。『木思石語』の「武蔵野と水」（一九三二）の放送で「コワシミズというのは、一種酒を醸すに適した水質の水を意味していたらしく」と論じ、「例祭の日の神酒にかぎって、必ずこの強清水の水を用いて、つくる習わしであったことが推測せられる」［全集13：三二三頁］と説く。兵庫県の西宮神社の南東に湧出する「宮水」は、江戸時代後期から灘五郷での日本酒づくりに欠かせない名水として知られているが、水の硬度が高く、酵母の増殖を促進するリン酸やミネラル成分が豊富で、酒づくりの障害となる鉄分が少ないと分析されている。**40 業体**　生業の様子。営業のありさま。家業。ごうたい。ぎょうたい。

造酒《ぞうしゅ》がもし村々の有力者の兼営するところでなかったら、[41]おそらく今ほど普遍的な全国の商品とならず、少しは地酒《じざけ》の地方的特徴を保存していたかもしれぬが、それとても結局は時の問題であった。

江戸期の中ごろ過ぎには、はや日本の造り酒の甕《かめ》がたいへんな数に達していた。米の乏しい年にはそのなかの何割かを封印して、減石《げんこく》の強制をしたことが記録にも見えている。しかしこれらはみな主として附近の村方《むらかた》に分配したもので、樽《たる》の大きなのが自由に製造せられるまでは、[42]甕《かめ》ではそう遠方まで持ちだして売ることができなかった。居酒《いざけ》はあの頃にはもっとも下品《げひん》な飲み方と賤《いや》しめられていたのだが、それでも旅人らは行く先々の評判を聞いて、わざわざ寄り路《みち》をして所望して飲んでいった。

銘酒《めいしゅ》という言葉が上戸連《じょうごれん》[43]の心を動かしはじめたのはこのころからのことであった。そうしてしだいに、欲しければいつでも得られるものになったのである。酒の贈答は国々の銘酒が世に知られてから、一時《いちじ》わが邦のひとつの風俗とまでなったが、今日はもう必要もなくなってきた。

あのおおげさな赤塗りの角樽《つのだる》[44]などは、めったに儀式のおりにも顔を出さなくなった。そのかわりには最近の交通方法が、いちじるしく国内の輸送を容易にし、同時にいままでの地方割拠を、酒だけについては統一に導いたようである。灘が清酒《すみざけ》の発明に引きつづいて、芳野《よしの》の山の杉を四斗樽《しとだる》[45]に結《ゆ》うようになってから、海上の運搬が年とともにくわったことは有名だが、江戸には今日までまだ下《くだ》り[46]という名称がのこっている。地酒はこれに対峙《たいじ》してなおひさしいあいだ、一部の嗜好をつなぐことをえたのであった。地酒の特色は必ずしも安いという点だけでなかった。これにはまた別種の酔心《よいごこ》地《ち》があったのみならず、土地にはそれぞれの絶《た》ちがたい聯想《れんそう》も多かったのである。そ

**41 造酒がもし村々の有力者の兼営する所でなかったら**　酒造業は他の手工業にくらべ、中世・近世から酒蔵などの生産設備、杜氏等の労働者、原料米その他を準備するなどの資本を必要とした。また仕込みから出来上がりまで、また販売や代金の回収などにも長期間を要したため、経営する者は必然的に資産のある富裕者にかぎられ、土倉（倉庫業）・質屋・両替商（金融）などを兼ねることも多かった。

**42 樽の大きなのが自由に製造せられるまでは**　樽は、桶に蓋板を固着させた木製の容器で、底板をかこんで桶側（おけがわ）といわれる側面の板を箍（たが）で結いあげてつくる。桶結いの技術は鎌倉末期から室町時代に発達し、近世になると大形のものを含めさまざまがつくられ、液体の運搬・貯蔵に広く用いられるようになった。酒樽はとくに用材が吟味され、吉野のスギを最上とし、ほかにヒノキなどが用いられた。

**43 上戸連**　酒好きの人たち。酒をたくさん飲む人たち。

**44 角樽**　柄の部分を角（つの）のように大きくつくり、太い竹箍を巻いた、朱または黒塗りの祝儀・贈答用の酒樽。もともとは中に酒を入れていたが、のちにはまったくの飾り物として贈答の酒に添える、酒屋の貸樽として用いられた。祭礼や上棟式において角樽を飾る風習が、なおのこっている地域もあった。

**45 四斗樽**　酒や油などを約四斗ほど入れることができる樽。その空き樽はさまざまな用途に転用された。

**46 下り**　江戸時代の関東において、上方からもたらされた産物を一般に「下り」といった。「下り酒」「下り雪駄」など、品物の名のうえにつけて使われることも多くある。

の上に東西の大きな都市のあいだにこそ、やや完備した輸送方法[47]もあったが、これをそれから先の片田舎《かたいなか》まで延長させることは、じつは贅沢以上の難事でもあった。だから本当の酒の意義を解せずに、これを一種の社交用とみた消費者のあいだには、偽物の悪酒《あくしゅ》が際限もなくおこなわれていたのであった。

これが取りしまりにはずいぶんと政府も骨を折ったが、それよりもいっそう有力であったのは、いわゆる税源涵養《ぜいげんかんよう》[48]の政策であった。

いかに酒飲みどもは算盤《そろばん》を超越しているといっても、禁止が目的でない以上は、いまの酒税は高過ぎた。それを製造人らにできるだけ扱いやすくするためには、なるべく高価で、かつ売りやすい品を造らせる必要があった。

そこで贋物《にせもの》はかたく取りしまるかわりに、模倣はおおいにこれを奨励したのである。この十数年間の大蔵技師たちの努力[49]は、ほとんど下《くだ》りという語を無意味にしたといってもよい。全国の津々浦々には、灘酒《なだざけ》とよく似た味と色とを持つものが、いくらでもできるようになって、地酒《じざけ》はすなわちその影をおさめん[50]としているのである。酒ほど貧富のあいだに均一に、消費せられている商品は見られぬようになった。これが銘酒《めいしゅ》の明治以後の経過である。

これに加えていまひとつ、大きな結果をみた改革は罎詰《びんづめ》であった。四斗樽《しとだる》はただに輸送の不便なのみならず、元手からいっても小店には不向きであった。それがこうして簡便に小分けをすると、[51] 路傍の駄菓子屋《だがしや》でも陳列して置くことができて、いかに偏卑《へんぴ》の山の中の村でも、酒が絶えるということはなくなったのである。そのうえに罎《びん》[52]というものには、いまでもまだ若干の異国趣味がのこっていて、おまけに空手《からて》[53]で来ても買っていくことができる。以前貧乏徳利《びんぼうどくり》の発明せられたときにくらべ

**47 やや完備した輸送方法**　樽廻船のこと。一八世紀前半に、下り荷物をあつかう江戸の荷受け問屋仲間の組合から酒問屋が独立して、菱垣廻船とは別に、酒樽専用の迅速で簡便な輸送システムをつくりあげた。**48 税源涵養**　租税徴収の源泉となる、個人または法人の営業収益や所得・財産を養い育てること。**49 この十数年間の大蔵技師たちの努力**　酒税は日露戦争後から昭和一〇年代まで、地租・所得税等を押さえて国税収入の第一位をしめる基幹税であった。一方で「腐造」（火落ち菌による酒質の変調）の多発などによって造酒量が減少する現実もあった。そのため税源涵養の観点からも、酒造技術の改良進歩が求められた。税務監督局は醸造の技術改良に関する国立醸造試験所等での講習会や、清酒の火入れや貯蔵に関する指導をおこなった。**50 影をおさめん**　影をひそめること。おもて立ったところから姿を消そうとしている。**51 簡便に小分けをする**　輸送・販売用に酒を小分けにして一升瓶に詰めること。中身が透けて見えるガラス製の一升瓶は、一九〇〇（明治三三）年前後から灘・伏見などの大手酒造会社で偽物と区別する品質保証の意味もこめてつかわれ、瓶詰めの清酒が生産出荷されるようになった。一九二〇年代になってガラス製造において機械吹きの標準化された一升瓶の大量生産が可能になり、回収再利用を含めた酒流通の構造の形成につながっていく。**52 罎**　ガラス製のビン。一升瓶。**53 空手で来ても**　なにも持たずに来ても。徳利などの容れ物をもってこなくても。

ると、中が見えるだけその刺戟はたしかに多い。飲んだときの喜びはすこしでも増加せずに、飲めない日の苦しさがだんだんに忍びがたくなってきた。

これらはいずれもみな日本固有の古い習俗ではなかったのである。

## 三　濁密地獄

以前の酒造税法には祭祀用儀式用のために、旧慣によってつくる酒はそのまま[54]という附則があった。現在はもはやかような条項を要しないまでに、宮も藁屋《わらや》[55]もいちように罎《びん》の酒を傾けている。じっさいこの旧慣の有無ということは、そう簡単には証明しうることでもなかったのみならず、買うにも買えないような特別の酒を、ぜひともつくって飲むという土地も、そう方々《ほうぼう》にはあるわけでもなかった。

しかしもし永いあいだのしきたりということが、かりに批評もなしに同情してよいものならば、日本にはまだ一年内のある季節をかぎって、ぜひとも手づくりの安い酒を、腹の破れるほども飲まなければ、承知のできないような土地があったのである。東北その他の濁酒密造《だくしゅみつぞう》は、自他のともに認むる犯罪ではあるけれども、しかも都会でときおり発覚するような、脱税の利益に誘惑せられた、新工夫の悪事ではなかったように思われる。

だれにも気がつくのは毎年の違犯事件が、主として奥州《おうしゅう》のもっとも貧しい田舎《いなか》、もしくは山陰《さんいん》の、ことに引っこんだ山の村におこなわれていることである。

これには隠匿《いんとく》の成功する割合が、比較的多いからということも考えられるが、じっさいはすでにひさしい以前から疑われていて、税吏は専門のように、とくに定評ある地域を警戒しているのである。この地方の検挙事件には悲惨なる事実がつねに繰りかえされている。ほとんど不思議なように前の懲罰《ちょうばつ》には懲《こ》りないで、毎年同じ地に同じような違犯がおこなわれんとしている。あるいはあらかじめ罪をきるひとを定めておいて、共同してつくっているという話もあり、女や小児までが戦闘のような態度をもって、発覚の防止に働くという噂《うわさ》も伝わっている。

これが他の点ではただの村民であって、ほとんど濁密[56]以外の罪を犯しえない人びとだということを考えると、単なる寛恕《かんじょ》以上に、これを違犯者たらしめる原因[57]もまた尋ねてみなければならなかったのである。

濁酒密造の注意すべき特徴は、隠すほうの技術ばかりが年とともに進歩したことで

**54　旧慣によってつくる酒はそのまま**　祭祀・儀式のために自分たちで醸す慣習の酒には課税しない。一八九六（明治二九）年三月公布の旧酒造税法の第三六条に「神社において古例により明治一三年以前より引き続き酒類を製造するときは一年の製造石数一石以下の場合にかぎりすべて無税とす」とある。

**55　宮も藁屋も**　神社も藁葺きの家も。立派な社殿でも粗末な民家でも。

**56　濁密**　濁酒密造。

ある。現在はもはや以前のようなゴンド被《かぶ》り[58]ではなくて、あるいは穴蔵を掘ったり深山の奥に隠したり、非常な智慮と労苦をこのために払っているにもかかわらず、つくるものといってはまったく昔のままの、酒ともいえないほどの粗末なる濁酒で、売って金にしようという見込みなどはないものであった。これが僻村《へきそん》のゆたかでないひとたちによってつくられるというのは、おそらくは町で売る酒の高すぎてまた良すぎることに、かたくなな反感をもったのがはじめであろう。

じっさい樽詰《たるづめ》、罎詰《びんづめ》の酒類はこの辺までもってくると比較を絶するほど高くなる。かりにその供給を潤沢にしてやったところが、これで一方の誘惑を退けることはむつかしい。酔うのを主眼とする古風からいうと、うまいけれどもこれは酒の部には入らないのであった。上酒諸白《じょうしゅもろはく》[59]の百年以来の流行は、無理に全国の酒の趣味をつり上げたけれども、なおある一部の小民の間からその旧慣を奪い去ることはできなかった。それを今日の酒造税法が無視したために、憫《あわ》れむべき多数の犯人をつくらねばならなかったのである。

この統一の犠牲は大都市のなかにもあった。なにかいま少しく安価に酔えるものはないかという希望が、現に白馬《しろうま》[60]の醸造を今日までも持続させたのだが、準備や手続きの繁瑣《はんさ》なわりには、格別な利得を製造主にあたえず、税の負担が安物だけにきつくこたえて、これで満足する者がだんだんに少なくなった。これに代わってあらわれたものが、電気ブラン[61]という類の混成酒《こんせいしゅ》であった。

警察ではとくにそのなかの粗悪有害なものだけを禁制しようとしているが、色や器や名前などは、次から次へ変えていくことができるから、とうていひとつひとつその害を調べてみるわけにいかぬ。メチール酒精《アルコール》[62]のごとき驚くべきものでも、酔うなら飲んでみようかという者がいるかぎりは、なんらかの形をもってこの飲料は世におこな

**57 違犯者たらしめる原因**　法令に反して罪を犯さざるをえない原因。柳田は、濁酒密造は法にそむくのだから「自他のともに認むる犯罪」ではあると認めつつ、むしろ法自体が旧慣を満たす生活感覚を理解せずに切り捨てたがゆえに「憫れむべき多数の犯人」を生みださざるをえなかったのではないか、と問題提起する。この議論の立て方は、「聟入考」（一九二八）で「内縁」や「私生」を「法制と社会生活の実際とが打ち合わずして」［全集17：六二七頁］生みだされた問題であり、その発生を解説しなければならないと論じていることと重なる。**58 ゴンド被り**　ごみのなかに隠すことか。ゴンドは、ごみを捨てる場所。ごみや土まじりの塵芥、藁屑などを指す方言もある。かぶりは頭からおおうこと。方言では、濁り酒を「ゴンド被り（塵所被）」と呼ぶ例もある。**59 諸白**　掛米（仕込みの原料米）と麹の両方に精白米を用いた酒。上質な酒の総称。**60 白馬**　どぶろくの異称。濁酒。しろざけ。**61 電気ブラン**　浅草雷門の神谷バー自家製の混成酒の名称。ブランデーをベースに白ワイン、キュラソー、ジンなどをくわえてつくった、甘く強い酒。「電気」は文明の最先端をあらわすことばだった。明治四〇年代から大正中期にかけて流行し、浅草名物として有名であった。**62 メチール酒精**　メチルアルコール。木材の乾留で得られ、工業的には一酸化炭素と水素から合成してつくるアルコール。毒性があり飲用すると頭痛・めまい・嘔吐の中毒症状をおこし、昏睡・呼吸困難・失明の危険がある。

われ、すなわち犯罪に陥らなければ、ひるがえって自分の身の破壊を甘んずるのである。

酒が飲む者を忘我の境に誘うことは、近ごろはじまった悪徳でもなんでもない。近ごろはじまった現象は居酒《いざけ》と独酌《どくしゃく》と酒宴《しゅえん》の連続、それから酒が旨《うま》くなりまた高くなったことと、国家が小民のなにを飲んでいたかを、ついうっかりと忘れてしまったこととである。しかも酒の濫用が今日の極端におよんでいる以上は、かりに酒造家の反対を退けて、地酒や白馬の自家醸造を自由にし、安く酔いうる途をあたえたとしても、それで大衆を幸福にする望みはないのである。

九州の南部には酒造税法の初頭から、いわゆる株焼酎《かぶしょうちゅう》[63]の製造がさかんになり、農家は自分たちの藷《いも》や米をつかって、組合によって安い飲料をつくっている。一切の販売経費を省略したうえに、原料も労力もお手のものなり、酒精分も多いから、近ごろはじまった組合醤油[64]以上の利益がある。

従うて他の地方の濁密地獄《だくみつじごく》などは夢にも知らず、立派に法令に認められた手造りを楽しんでいるのだが、そのかわりに飲み方が猛烈になって、その害がだれの目にも顕著になっている。働かずにいられぬ者の精力の衰退、子供の体質のおいおいの劣弱などが、もうこのごろでは飲む者自身にもわかるようになった。組合焼酎の便法さえおこらなかったら、こういう悲惨な結果は見ずに済んだろうといわれている。ちょうど一方の飲めないために罪を犯す者と、形は正反対であって不幸には甲乙がないのである。飲まずにいられぬという根本の原因にさかのぼって、考えてみるよりほかはなくなった。

## 四　酒無し日

関東大震災の九月一日を記念して、全国に酒無し日[65]の慣例をひろめようとする運動は、たしかにひとつの敏活なるとらえどころであった。

**63 株焼酎**　組合員による焼酎生産。清酒と異なり、江戸時代から明治初期まで焼酎の専業醸造者はおらず、近隣の仲間があつまって、そのつど資金や原料をだしあって焼酎をつくっていた。**64 組合醤油**　産業組合の事業として醤油醸造をおこなう各地域の試み。**65 酒無し日**　一九二八（昭和三）年八月一四日の『読売新聞』は「内務、文部両省、東京府市ならびに国民禁酒同盟、大日本聯合男女青年団、その他各教化団体聯合主催のもとに震災記念日の九月一日に『全国酒なしデー』を催すはず」と報じた。同月二六日の『東京朝日新聞』は、それを「酒なし日」と伝えている。以降、組織的に全国的におこなわれたらしく、一九三〇（昭和五）年八月二三日の『読売新聞』は、その年の「大示威提灯行列」の企画をしめすとともに、『全国酒なし日同盟』の委員長たる長尾半平氏指揮のもとに」などの記述があらわれる。

多くの酒飲みの心理は理論よりも、むしろこういう暗示によって動かされやすくなっているのである。しかしこの運動のやや心細い妥協点は、これによって同時に三百六十四日の酒有り日を、承認したもののように解せられることであった。酒を毎日飲むことは古い作法でもなく、日本固有の習俗ではなおなかった。たんになんびとにも故障《こしょう》をいわせない自分の勝手[66]というまでで、以前は明らかに悪癖のひとつにかぞえれ、今でも養生とか慰安とか、きかれもせぬ弁疏《いいわけ》をしている者が多いくらいである。それを当然のものとしてわずか一日の酒無し日を勧告したのは、彼らは大悦びだろうが惜しいことであった。あるいはこうしてまず一日ずつすかして[67]取り上げる策略とも見られるが、それではまた九月一日のほうが承知しないかも知れぬ。

全体に今日までの禁酒運動には、この近世の悪癖を指摘する[68]考えは少なくて、ぜひとも数千年の国風《こくふう》と闘わなければならぬ[69]ような、無用の勇敢を必要と認めたために、かえって背負《しょい》投げを食わされる[70]場合が多かった。

当初日本に来ていた親切な外国人が、われわれの酒の飲み方に眉をひそめて、なんとかしてこれを止めさせようとしたときには、外国人だけに土俗には変遷があることを知らなかったのも無理はなかったが、その後各地にその志を嗣いで起《た》った[71]ひとまでが、いくぶんか仲間の容易に同感するひとだけのあいだで、思いやりの足らぬ批判をしていた弊だけはまぬかれなかった。

その結果は禁酒を迷惑とする者の側から、あれは耶蘇《やそ》[72]だからあのようなことをいうのだと、さもこの手段を通してわれわれの信仰を、打ちこわそうとする企てかのごとき悪評をはなったのであった。

**66 なんびとにも故障をいわせない自分の勝手**　だれからも文句がつけられない個人のわがまま。他のひとからさしさわりを非難されない自分ひとりの便宜。**67 すかして**　だまして。なぐさめなだめて。**68 近世の悪癖を指摘する**　今日普通の習慣になっている毎日の飲酒が、思いのほか新たな時代に生まれた悪習であることを論じてしめす。**69 数千年の国風と闘わなければならぬ**　内容としては、酒をともに飲むことそのものの全面的な否定や、飲酒自体を悪習として止めよとの主張を指す。『東京朝日新聞』の一九一九（大正八）年六月九日の紙面に、日本禁酒同盟会が首相・蔵相・農相・内相に対し「酒造廃止を申請す」とある。「全国の酒造を全廃するのが米価調節のもっともよい方策である」と要約されているが、柳田はこうした記事などを踏まえていたように思われる。**70 背負投げを食わされる**　返し技を決められる。反論される。たとえば『東京朝日新聞』一九二一（大正一〇）年二月一三日に「小酌党の佐伯博士があくまで自説を証明するために酒害調べ」という見出しの記事がある。国立栄養研究所長だった佐伯矩が「日本酒の小酌は有害ではなく場合によってはむしろ心身の疲労を恢復し軽度の神経衰弱を癒す効能さえある」と主張したことに対し、大日本禁酒同盟会のお偉方が「もってのほかだと猛烈に研究所にどなりこんだ」のだそうで、酒害による死亡・廃疾の確率を調べる調査そのものが反論であったといえる。**71 その志を嗣いで起った**　禁酒・節酒の思いを継承して新たな企てを起こした。**72 耶蘇**　キリスト教の信者。「やそ」はラテン語Jesusの中国語音訳「耶蘇」を音読みにしたもの。近代日本の禁酒運動は、アメリカのプロテスタント諸教派の宣教師や、洗礼を受けた日本人が推しすすめたという特質をもつ。

じっさいそうであったところが差しつかえはないわけではあるが、これでは少なくとも神酒を祭の式の重要なる供物《くもつ》としている者が、警戒しなければならなかったので、そのためにあるいは無理な論理を構《かま》えて、酔人《すいじん》と愛国者とをひとつに考えさせようとするような僻見《びゃっけん》[73]までが、大目に見のがされているという傾向があった。

だから少数ながらも仏教徒のあいだに、別に独立して禁酒の運動がおこり[74]、もしくはいずれの宗派とも関係なしに、新たにこの問題の社会的意義を、考究してみようとする団体が出現して、それらが全国の聯盟《れんめい》[75]をつくりあげたということは、たとえばその協同がどれほど微弱であろうとも、とにかくに非常な大事件であった。彼らの仕事にはいやな誤解がなくなって、いずれもこれからはおおいにやりやすくなったわけである。

禁酒の団体は最近にはその数が千四百余、会員は約二十万と推算《すいさん》せられている[76]。飲まぬを主義とする者がまずこれだけはできたのであるが、効果はもとよりこれだけにとどまっていない。これが全国禁酒への進みか否かは別として、とにかくに酒の問題があらたに注意せられるようになった。酒には考えるということが禁物のように思われていたのに、考えながら飲んでいる者が年増《ねんま》しに多くなっている。どんな貧しいひとでも飲みはじめると腹いっぱいは飲むといわれ、不景気も酒の売れ高には響かぬもののように想像せられていたのが、今回はかなり響いている。造石高の制限は引きつづいて各地におこなわれ、それでも値下《ね》がりを防ぎえなかった。

第一に製造家がむやみに騒ぎはじめた。滑稽味をおびた愛酒運動というものが、一時的にもせよほうぼうに期せずしておこっている。これだけは少なくとも聯合《れんごう》した禁酒運動のきき目があらわれたものとみてよいのである。

ただし未成年者禁酒法[77]だけは、最初から一部の偽善《ぎぜん》を容認したものとして迎えられていた。多数の年若《としわか》な者を、酒を取りあつかう職務にたずさわらせ、ことに酒宴の相

**73 僻見**　かたよって道理にはずれた見識。ひがんだ考え。ゆがんだ見方。偏見。へきけん。 **74 仏教徒の……禁酒の運動がおこり**　一八八七（明治二〇）年に「禁酒進徳」をスローガンに浄土真宗本願寺派の「普通教校」（のちの龍谷大学）の学生であった高楠順次郎らを中心に組織的な禁酒活動が展開され、機関誌として『反省会雑誌』（のちの『中央公論』）が創刊される。 **75 全国の聯盟**　各地の禁酒会をつなぐ全国組織「日本禁酒同盟会」が一八九八（明治三一）年に発足し、一九二〇（大正九）年には財団法人「日本国民禁酒同盟」が設立される。後段で柳田が言及する「学生排酒聯盟」は、『時事新報』一九二三（大正一二）年六月二一日の記事によると、同月一六日、神田の基督教青年会同盟本部に各大学の学生代議員らが集まり、沢柳政太郎を会長にむかえて創立するため規約を起草、「日本全国における学生排酒団体の結合とその飲酒の弊風一掃に努め、未設の学校に対しては排酒団体の組織を勧め」るとある。 **76 禁酒の団体は……推算せられている**　『読売新聞』一九二九（昭和四）年五月一四日に「禁酒の昨今」の見出しで「日本禁酒同盟の調査によると全国に散在する禁酒団体数は目下千百三十におよんでいる。このなかの三百八十六団体は昨年度中に新設された」という記事を載せている。

手役たることを認めておきながら、飲むのが犯罪になる法律を出すということは、これもまたひとつの濁密地獄の亜流《ありゅう》であった。

だから容易に隠匿《いんとく》せられ、検挙を免れるだろうということを承知のうえで、この法は施行せられたのであった。じっさい予想の通りにその適用はいたってにぶい。犯してよろしいという禁令を出すことは、国家としては大いなる苦痛でなければならぬ。いままたこれを二十五歳までに押しひろめようとする企て[78]は、さらに不愉快《ふゆかい》なる実験を追加しそうに思われる。全体にこれは権力をもって強圧すべき行為ではないようであるが、ことに善悪の判断のもっとも鋭い年齢・地位の者に、酒にかぎって自決の機会をあたえないということは、いままで流行の弊を感じている問題だけに、いっそう将来が心もとないのである。

しかし一方からいうと惰性《だせい》はやぶりがたい。

こういう新奇の法則によって、側面から転回の機をつくろうとしているのかもしれない。犯してまぬかる者がかりにあろうとも、少なくもそれを悪事と公認してもらいたいのかもしれない。じっさい二十五歳の酒飲みが罪人ならば、軍隊にはもはや酒《しゅ》保《ほ》[79]というものは置けず、学生はその行為を酒のうえと釈明することができなくなる。そうして酒の効果は善悪ふたつともに、いつでも集団のなかにおいてもっともよく発揮せられてきたのであった。

個人に勧告するということは、たいていは無益の労であった。社会にこの問題を考えさせるためには、まず小さな個々の群れにおいて実験する必要のあることだけは認めなければならぬ。

この意味において学生排酒聯盟の将来は、世上の興味を引きつける力をもっている。この自発的の団体がどのていどに発育し、かつその結果をのちにのこすかということは、社会にとっても大切な実験である。

多くの他の禁酒会が懲《こ》りて嫌いになったような経験家をもっと反対に、これは普通の前例を拒否せんとするのである。酒で成功して世のなかへでていった若干の事実は

**77 未成年者禁酒法**　一九二二（大正一一）年四月に施行された法の正式な名称は「二十歳未満ノ者ノ飲酒ノ禁止ニ関スル法律」であった。二〇歳未満の者の飲酒を禁止し、違犯者の親権者や監督代行者の制止義務や、酒を販売・供与した営業者についての罰則等をさだめている。**78 二十五歳までに押しひろめようとする企て**　禁酒を満二五歳にいたる者にまで適用すべきだという意見は、未成年者禁酒法の制定運動の段階からあった。『東京朝日新聞』一九二六（大正一五）年二月一二日には「都下教化十二団体の聯盟になる二十五歳禁酒法期成同盟」のイベント開催を報じ、同年一一月二六日記事は「二十五歳禁酒法」が第五一議会で衆議院を通過したものの、会期終了で貴族院の審議を経ることができずに廃案になったため、同法期成同盟は新しい標語を定め国民運動をおこして、輿論を喚起する予定だと書いている。**79 酒保**　軍隊の兵営、艦船、軍学校等にもうけられた日用品・飲食物・酒などを提供していた売店。

よしあろうとも、今度はひとつ酒なしに、五十年の人生を生きてみようというのである。はたして前代人の臆測があやまりであって、酒はなくとも必要なるときどきの昂奮が爽快に感じえられ、多数共同の元気はすぐに燃えあがり、情操は純になって些々《ささ》たる個人の利害は棄てられ、素朴無邪気にたがいの腹の中を打ちあけることができ、ないしは沈垂した疲労気分を転じて、たちまち次々の他郷知識を求めていくことができるものかどうか。

それが幸いにして然《しか》りと答えられるならば、すなわち全社会の禁酒が可能なのであり、まだそう確実に答えられぬとなると、禁酒はやはり酒無し日のごとく一部の割拠をもって満足しなければならぬのである。

しかも、この実験は個人ではほとんど不可能であった。

村やひとつの部落が申し合わせをして、はじめて禁酒をすることができた[80]というのは、すなわちこの消息を語るものである。飲酒は、本来は群れの事業であったからである。個々の禁酒者の増加だけでは、じっさいはこの問題は解決しえられない。

## 五　酒と女性

次に女性がこの問題の討究に参加することは、母としてまた妻として利害も深く、効果もおおきかるべき道理であるが、妙に今日では、まだこれを余計な差出口《さしでぐち》のごとく考える傾きが多い。[81]

これも最初の宗教的禁酒運動家と同じように、ともすれば女だからそういうのだと曲解せられて、概括《がいかつ》して同情のない説のなかに押しこめられていた。あるいはもと家々《いえいえ》の差出口がじっさい烈《はげ》しかった結果、かえって逆宣伝の具に供せられたのかもしらぬが、とにかくに現在ではわずかな奥様たちをのぞいて、大多数は自身も口をさしはさむ権能《けんのう》はないように考えている。しかも眼前の諸弊害によってもっとも多く悩み、

**80　村やひとつの部落が……禁酒をすることができた**　『東京朝日新聞』一九一二（明治四五）年三月一六日に「全村こぞって禁酒」の見出しで、茨城県那珂郡檜沢村が「村民集会協議」のうえ、二八九〇人の村民全員が禁酒することを決めたと報じている。理由として、県から「模範村」として表彰された名誉を後世に伝えんとしたことを挙げた。おなじく同誌の一九二二（大正一一）年五月一六日の「禁酒の村が生まれた」の記事は、鳥取県と福島県の三つの事例を紹介している。新聞は「未成年禁酒令」の影響と論じているが、「境内に集まって評定」「神明に誓い」とか「早起き会」を組織したりなど、神社とのかかわりが記述からもうかがえる。この本の刊行後の記事であるが『東京朝日新聞』一九三三（昭和八）年七月九日の「禁酒村の成績」という記事によると、前年の七月に日本国民禁酒同盟が「五年間禁酒」の運動を提唱したが、「六十八の禁酒村がいかに増えたか」まだ全国的にはわからないと説いているので、この時点でいくつもの村が「禁酒村」を掲げていたことがわかる。**81　差出口のごとく**　差しで口は、分をこえて口出しをすること。さしいでぐち。ここでは、女性が禁酒問題の討議や研究に関与することを、立場をわきまえない言動であるかのように、の意。

もっとも多くわずらわさるる者も女性らであって、この絶縁はとうてい完全でありえないのである。

これもわれわれから見ると女性の酒に対する態度が、やや不自然に冷淡になった結果であって、それがまたひとつの新時代の所産かと思われるのである。婦人は昔とてももちろん男のようには飲まなかったが、酒を飲む場処には必ず出ていた。これはもちろん見張《みは》り役《やく》でもなければ、またたんなる宴席の色彩として招《しょう》じいれられたというような、一時《いちじ》の思いつきからはじまったものでもなかった。よってくるところはいたってひさしいが、一言でいうならば、酒はもと女性の管理するものであったからである。

刀自《とうじ》という語は、現在は杜氏《とうじ》などとも書いて、もっぱら山村から出て働く百日男《ひやくにちおとこ》[82]のことをいうようになっているが、元来はおかみさんのことである。すなわち家々の主婦が酒造りのことにあずかったなごりで、しかも朝廷にも国々の大社にも、これが必ず女の役であったことを考えると、ただ主婦であったがゆえにつくったのではなく、最初は女性でなければならぬ、もっと深い理由があったらしい。

酒殿《さかどの》[83]の神楽歌《かみあそびうた》[84]には舎人女《とねりめ》[85]ともあるが、宮中でも同じく、これを刀自《とうじ》とは呼ばれたのである。家々《いえいえ》の刀自が余分の酒をつくって、出でて売ったという話は『霊異記』にもでている。[86]それが引きつづいて、狂言の「姥《うば》が酒」[87]のころまで、なお女のする業ときまっていたのである。

地方に大きな酒庫《さかぐら》が建つようになって、仕事も名前も男の手にうつったが、村々の地酒《じざけ》には姥が手づくりが多かったばかりでなく、買うにも貯えるにも男は干渉しえなかった時代が、まだしばらくのあいだは続いていたものと思われて、いかなる酒宴においても、女の臨席は絶対に必要のものになっていた。

この慣習がおかしな変形を重ねて、いまでもまだ痕跡だけをとどめている。

**82 百日男**　秋から早春にかけて、酒の仕込みをするために、酒造家に雇われる男のこと。酒蔵で一〇〇日間くらい働いて帰村するため。この杜氏としての出稼ぎを「百日かせぎ」ともいう。**83 酒殿**　酒をつくるためにもうけられた別棟の建物。宮廷の酒殿は造酒司（みきのつかさ）が統轄し、その他神社の境内や貴族の私邸内にもうけられた自家用の造酒所も酒殿とよばれた。**84 神楽歌**　柳田はこれを「かみあそびうた」と読ませているが、『古今和歌集』の用例を踏まえたものか。かぐらうた。神楽を奏するときに歌われる神歌や民謡。**85 舎人女**　宮廷などで貴人のそば近くに仕える女性。『新編日本古典文学全集』（小学館）四二巻の「神楽歌」の「明星・酒殿歌」に「酒殿は　今朝はな掃きそ　舎人女の　裳引き裾引き　今朝は掃きてき」とある。**86『霊異記』にもでている**　仏教説話集『日本霊異記』中巻第三二話に出てくる「桜の大娘（おおおみな）」という女性が、酒を造って売ったり貸したりする家の主であったことを指す。**87「姥が酒」**　狂言の演目は『伯母が酒』。伯母が酒屋を営んでいる酒好きの男、たびたび酒をせがむが、まだ売り初めをしていないのでただ酒をふるまうわけにはいかないと呑ませてもらえない。一計を案じて鬼に化けておどし、まんまと酒をせしめるが、酔ったあげくに伯母に見破られてしまう。

御酌《おしやく》は女ということも賤《いや》しい意味ではなかった。以前は家々の主婦たちの義務《ぎむ》というよりも特権《とつけん》であった。

ただ人となりて着る物打ちはおり
　ゆふべせはしき酒ついでやる
駒の宿きのふは信濃けふは甲斐　（『阿羅野』[88] 連句）

西部日本のいくつかの島においては、いまでも酒盛《さかもり》というのは、男女入りまじってともに飲む場合にかぎり、男ばかりで飲むものには特別の名はないそうである。多くの絵巻《えまき》などにもつねに見らるるごとく、これは上下を一貫して古くからの酒宴の方式であった。これが無意識ながらも農村にはまだ伝わっているのであった。ところがただひとつ、これが不可能であったのは軍陣《ぐんじん》の生活であった。女がいなければ是非がない[89]ので、少年のとくに優雅なる者に、酒配給の任務を代理させる風習[90]もはじまった。

旅の仮屋《かりや》を設けて珍客を宿《やど》する場合にも、娘を喚《よ》びだして酌《しやく》を取らしめたという話はよくあるが、それは同時にその娘を仮屋の刀自《とうじ》たらしめることを意味したので、そうかるがるしくは参列させるわけにいかなかった。ことに客殿を家の一区画に設けて、ひんぴんと[91]座敷の酒宴を催すようになれば、いわゆる床柱《とこばしら》の前の席はだれのものかが不確かになって、主婦の任務ははなはだしくおこないにくく[92]、しだいに他の相当の者にその任務を譲ることになって、すえには台所にいて肴《さかな》の心配ばかりするように、彼女の地位は退歩してしまったのである。

つまりは家々の構造の変化が、いつとなく婦人を社交的に退却せしめようとしたのであった。

これにはもちろん近代の武家《ぶけ》気質《かんぎ》、すなわちできるだけ女の手はかけずに、仮屋式の生活に馴れておろうとするような傾向や、女はつつしみ深く陰《かげ》にいるほうがよいという考え方などもたすけていたろうが、それらはただ一部上流の表向《おもてむ》きの交際であっ

**88『阿羅野』**　松尾芭蕉門下の代表的な撰集、『俳諧七部集』のひとつ。一六八九（元禄二）年の序。『曠野』。 **89 是非がない**　しかたがない。やむをえない。 **90 少年の……任務を代理させる風習**　『民謡覚書』（一九四〇）において、柳田は「正式の酒宴には袴をはいた男の給仕人が必ず出るものになっている土地もあるが、これは軍陣などの影響であって、かえって後代の変化かと自分は思う」［全集11：三六頁］と論じている。 **91 ひんぴんと**　しきりに。次から次へと。 **92 床柱の前の席は……おこないにくく**　床柱の前は最上席で、そこにすわるのは「正客」であった。「不確かになって」は、座敷でひんぱんに酒宴がひらかれるようになると、だれがもてなすべき客なのかもわかりにくくなり、の意。このあたりの酒宴の変化について、『民謡覚書』（一九四〇）は、「厳格なる家庭で娘を奥の間に閉じこめ、主婦はしりぞいて銚子の世話だけをしているという風になったのは、必ずしも声よく歌う技能を彼女らが失ったためではなかった。賓客のほうでもいま少しくなれなれしい、心のおかれぬ酌人を欲するようになったのである」［全集11：三七頁］と説く。

て、尋常の家庭の親しい往来においては、じじつなおひさしく主婦が酒宴の事務だけは管掌《かんしょう》していたのである。

ところが出合《であ》い[93]と称する一種の宴会式があらたにあらわれて、ここにはじめて家々の奥方は、完全に酒の配給から絶縁しなければならぬことになり、彼らに代わって専門にこの事務を取りあつかう女性がでてきたのであった。

寄寓《きぐう》[94]を普通とした江戸や大阪のひとたちが、茶屋《ちゃや》とその女たちを利用したのはやむをえなかったかもしれぬが、その後におこったものなどは、あきらかに濫用《らんよう》の部であった。すなわち一家の酒ならばとくに飲みつくしたろうほどの量を、家とは交渉のない場処であるゆえに、ひとは連夜に飲みかつ遊んでいたのであった。

たんなる歴史の発見は、いまとなってはもう無益であるかもしれぬ。かりに酒管理の権能がもとは女性のものであったことが認められても、これを恢復《かいふく》すべき手段はもうないのみか、またおそらくはその勇気もあるまい。

ただ考えてみてよいのは、酒がなにゆえに家のために必要なるか、いかに配給することがもっとも社交的に有利であるかを、かつてもっともよく理解した者が主婦であり、しかも今日もっとも冷淡にまた無関心である者もまた主婦だということである。

酒が、害あって包括してこれを斥くべきものと決すれば、以前このものの利用によって収めえたる生活便宜は、今後はなにをもって代わってその効果を挙げさせるかということも、同時にまた考えておく必要があるわけである。

おかしい話は西洋式の宴会というものが、しきりにその長処《ちょうしょ》をうらやまれ、かつ模倣せられるが[95]、これと同等以上に着実でまた親切なものが、以前は日本の普通の家の、ただひとつの酒盛法《さかもりほう》であったので、それをつい近ごろになって家庭の外へ、追い出した結果が濫用にはなったのである。

とにかくに酒と家刀自《いえとうじ》との因縁は、そう簡単には打ち切れるものでなかったこと、それがいまようやくわかってきたのである。

**93 出合い**　『民謡覚書』（一九四〇）に「茶屋の出合いの酒宴がはじまってから」［全集11：三七頁］という記述があり、茶屋での新しい様式をいう。「待合（まちあい）」と同じく、もともとはみなが集まる、あるいは客を接待する場所を貸席として提供することを意味したのだろう。しかし、貸座敷も出合茶屋も待合茶屋も、芸者をあげて酒宴をもよおす場のイメージが強くなり、さらには忍んでの密会につかう場所を意味するようになる。　**94 寄寓**　かりずまい。一時的にその土地にとどまり、他人の家に住むこと。　**95 西洋式の宴会……模倣せられる**　『朝日新聞』一八八六（明治一九）年二月一一日大阪版の「交際論」と題した論説は「西洋風の宴会のごときは多人数あつまるものなれば、ここをもって交際の媒介となすは適当のことなれども、いかんせん我が国においては」数十人があつまって交際する会合すらめずらしく、しかも「いまだかつて知らざる各種の人民が相互いに交際する」ことにならないと嘆き、英国でも封建の様式からの脱却におおきな役割を果たした「倶楽部」の必要を論じている。

# 第八章　恋愛技術の消長

## 一　非小笠原流の婚姻

女性がはじめて酒というものの、神々《こうごう》しい力を味得《みとく》する機会[1]は、もとはわが邦ではかため[2]の酒よりほかにはなかった。かためはもちろん婚姻の約束を、動かぬものにするという意味であったろうが、同時にまた処女《おとめ》のために新たなる境遇を固定し、その情感の自由なる動揺を終止する結果にもなったゆえに、静かなる一生にとってはこれ以上に心の引《ひ》きしまり、また充実した瞬間は経験しえられなかった。したごうてながくこの飲料の無形の価《あたえ》を軽んずることができなかったのである。

こい[3]はその語義からいうと、本来はこの固《かた》めの酒を掬《く》みほした者の、後《のち》の意欲の種々相を総括《そうかつ》した語であるのだが、普通にはいよいよその決断に立ちいたるまでに、

**1　味得する**　よく味わって自分のものにする。味到する。

**2　かため**　契り。かたく約束すること。

若干《そこばく》[4]の用意と整理と、また希望と不安との交錯《こうさく》のごときものがあって、これもすこぶる日常の生活とちがっていた。それに適当なる名がはじめからなかったために、いつとなく同じひとつの言葉を、堺のこなたまで[5]もってきて使うようになった。そうしておいおいに酒と恋との関係を、紛乱《ふんらん》[6]せしめるような原因をつくったのである。男の側《がわ》にはこの固めの酒を運ぶまでの、ことに待遠《まちどお》でまた楽しみな期間をいいあらわす名があった。かつて妻覓《つまま》きともまた妻問《つまど》い[7]ともいったものがそれであったが、女はただこれに答うるだけであるゆえか、とくに対立した名称がもうけられていなかったのである。われわれの明治文化史は、これら世の多くの「問われ人」すなわち花嫁候補者たちの、ようやく眼ざめんとした疑惑の声に[8]夜明《よあ》けている。

　異郷人の交遊が繁《しげ》くなってきたということは、いまだ必ずしもこの妻問《つまど》いの機会を豊富ならしめず、じっさいは彼らの準備期をひさしからしめ、またそのとつおいつを[9]いちだんと複雑にしていたのであった。早婚《そうこん》のなによりも安全でありし理由は、家庭の選択が容易におこなわれうることであって、これにもはやすでに娶《めと》りうる家の数がかぎられ、縁組《えんぐ》みのもう自由でなくなった兆候はみられるのであるが、それでもまだ双方がひさしく土着している者であるあいだは、家がたがいに知ることだけはおおいなる努力でもなかった。

　大小の都会が新たに成長して、二個の寄寓《きぐう》[10]生活が相隣接するようになると、以前ややしばらくおこなわれていた婚姻の代理契約法は、これを安心して持続することが困難になり、いわばその責任の一部を、ふたたび当人たちに返さなければならぬ必要を生じて、佳期《かき》11は当然に少しずつ遅れるようになったのである。

日本の婚姻慣習の土地ごとにまた職業境遇ごとに、いろいろと分かれてきたただひとつの原因は、ひとが住所12を同じくする者以外に、娘・妹をあたえるようになったことである。部落は神祭やまた農作のためにも、集まって居住する便宜は認められたのであるが、それよりも古い動機は人《ひと》の子《こ》の数を増加しやすいこと、すなわち集まって住めば配偶《はいぐう》の見つかりやすいことであったろうと思う。女が土地に止《とど》まって婚姻によ

**3 こい**　恋。思い慕うこと。「恋う」の連用形の名詞化。もともとは、人だけでなく目の前にない対象を求め慕う心情をあらわし、求める対象がそこにないことの悲しさや寂しさをともなっていた。万葉仮名で多用された表記「孤悲」は当時の実感をよくあらわしている。　**4 若干の**　いくらかの。　**5 こなた**　こちら側。　**6 紛乱**　混乱。　**7 妻問い**　男が、恋人あるいは妻である女のもとへ通うこと。　妻覓きの「覓ぐ」は、追い求める、探し求める。　**8 ようやく眼ざめんとした疑惑の声**　この「問われ人」たちの疑惑の声とは、一九一一（明治四四）年に創刊された『青鞜』等に象徴される女性の権利獲得運動を指しているか。『読売新聞』は一九一二（明治四五）年五月五日から「新しい女」の題名で二五回の連載記事を掲げ、与謝野晶子や松井須磨子、柴田（三浦）環など取りあげた。　**9 とつおいつ**　試行錯誤。　**10 二個の寄寓生活**　夫も妻も双方が故郷から出てきた仮住まいであること。　**11 佳期**　よい時期。適齢期。　**12 住所**　生活の本拠地。

ってただちに居所を動かなかった昔風《むかしふう》は、これから出たものとしか説明せられない。多くの有為《ゆうい》[13]の男子には、妻問いはすなわち旅行であり、またしばしば新たなる移住であった。村が通例数多き名字《みょうじ》から成り立つのもそのためであり、養子・入聟《いりむこ》[14]の慣行もこれにもとづいてさかんになったようだが、やはり大多数は同じ土地に、同じ時代に生まれた男女《おとこおんな》どうしが、たがいに固《かた》めの酒を酌《く》みかわしていたのであった。それが年進んで村も狭《せま》く、もはやこのうえの家増加を希図《きと》するにもおよばぬこととなって、まずやや遠方にまで知られている家から、おいおいに子女を部落の外《そと》へ送りだすこととなった。それが自然に利害共同の区域をひろめたことにもなったろうが、武家《ぶけ》がいわゆる政略・軍略の婚姻を企てるようになったのは、むしろ応用の一種[15]にすぎなかったと思う。とにかくに以前ならば、聟《むこ》を遠方の珍客から迎えることができたほどの名門《めいもん》は、努《つと》めて縁家の選定をひろくすることになって、家筋《いえすじ》・家柄《いえがら》[16]の詮議はすなわち面倒な事務となったのである。

こうなるとかりに女に相応なる思慮分別《しりょふんべつ》が養われていても、もはや判断はなんびとかに委《ゆだ》ねなければならぬ。問われ人の智能・技術などは、用いるところがほとんどなくなった。そのうえに早婚《そうこん》を安全と考えるような傾向もくわわり、またいいなずけなどということも必要になって、女性の感覚の十分に成熟するまで、待っていることもできない場合が多く、しばしば固めの酒を親《おや》・兄《あに》がかわって飲むようなことがあった。

したがって、たとえのこっていたところで古い方式が、型ばかりになるのはやむをえなかったのである。

新たなる時代の交通促進は、ただ単純にこの選択の区域だけを、拡張したというまでであった。あるいはその誤謬《ごびゅう》と不安とを多くしたと、いうほうが当たっているかもしれない。しかも一方には以前上流のあいだにおこなわれていた婚姻式[17]を、本式と考える風《ふう》が強くなって、これによらない縁組はなんとなく安っぽくなってきた。

前代のいわゆる小笠原《おがさわら》流[18]は、一部分はもっとも不幸なる婚礼、少なくとも忍苦《にんく》の生活の開始を意味していたのだが、別にいまひとつの本当にめでたいものを、考えだすということも容易でないので、女子は依然としてすでに固めの酒を飲んでしまった後に、もういちどなんのためともしれぬ盃事《さかずきごと》[19]というものを、顔も見合わさない綿帽子《わたぼうし》[20]の

**13 有為の**　才能があって将来の見込みがある。役に立つ。**14 入聟**　明治民法において戸主である女子と結婚してその家族の一員になること。**15 政略・軍略の婚姻……応用の一種**　柳田は「よばいの零落」（一九四七）において、都市の婚姻では聟の身内など気にせず、むしろ次三男の分家しうるものを養子にもらおうとのみ考えるが、農漁村では家同士の生産作業の協働も考慮される。それゆえ「普通には相互の応援の可能な家どうし、もっと手前勝手な者は相手の助勢ばかりを目的に、いわゆる政略結婚の小型なものを希望し、特に仲立人の策謀才略」［全集17：五三二頁］がありがたがられた、と論じている。**16 家筋・家柄**　家の血統と格式。**17 婚姻式**　夫婦になるためにおこなう儀式。結婚式。

下で、くり返すようなことをしていたのである。

口へ出していうか否かは別として、これを不審に思わぬ者はおそらくは少なかったろうと思うが、そう簡単にはその疑問は釈《と》きえられなかった。これは昔から日本ではこうするものなのだということと、なぜかは知らぬがどこの家でもこうするからということとが、もっとも有効なる説明になっていたらしいが、じつはこの二つとも本来はそうでなかったのである。

今日の小笠原流はまた少し変わってきているが、いずれにしても三つ以上のいたって重要な点[21]において、以前おこなわれていたわれわれの婚姻とは進化している[22]。部落内部においてもついちかごろまではおおよそこれと同じ方法をおこのうたものであったが、それにはまた若干の欠点もあるので、ひとは明治に入ってからおいおいにこれを罷《や》めて、いまではこの遠方婚姻[23]にはじまった新式に、準拠しようということになったのである。新旧どちらが優《まさ》るかは一応はもう定まったといってよいが、変えて変えられないものでないことだけは、それ自身がこれを立証しているのである。だから歴史としてもういちど比較をしてみてもよいわけである。

変わってきたひとつは婚姻が夫《おっと》の家においてはじまるということである。すなわち嫁入《よめいり》がないかぎりは、婚姻はまだ成り立たぬもののように考える考え方である。これは民法の同居義務[24]の解釈がこれを支持するようになって、いまではほぼ動かぬものになってきたらしいが、以前は嫁入の前《まえ》にすでに聟入《むこいり》というものがあって、時としてはその中間《ちゅうかん》のとき[25]が二年三年もつづいていたのである。

主婦にはまだならない嫁というものの存在、すなわち第二の重要なる変化がこれに伴うていたことは想像せられる。嫁が姑《しゅうとめ》と同じひとつの家に住んで、角突《つのつ》き合《あ》い[26]を

**18 小笠原流**　武家故実から出た礼法の流派で、武家の正式の礼法とされた。明治期には特に女子の礼式として学校教育にも取り入れられ、かたくるしい礼儀作法を小笠原流とよぶようになった。柳田は「聟入考」（一九二九）で「婚礼などでも、書物でわれわれの知っているのは伊勢流とか小笠原流とかばかりであるゆえに、それと一致せぬときは、すぐにこんなめずらしい風習があると、自分でも思っている。いずくんぞ知らんそれは全国に共通し、古今に一貫し、まれにはまた異種民族の間にさえ、著しい類似を見いだすものである」［全集17：六三二頁］のだが、適切な比較はなされなかったと指摘する。そのために自ら恥じ、あるいは隠し、「都市の新標準」によって急いで改革してしまったのは誤りであった、と説く。**19 盃事**　約束事を固めるために杯を取り交わすこと。**20 綿帽子**　婚礼の時、新婦が前頭部をおおうかぶりもの。元来は真綿を平たくのばして作ったが、明治以降、角隠しとも称して白絹（裏は紅絹）を用いるようになった。**21 三つ以上のいたって重要な点**　婚姻が夫の家への嫁入りにおいてはじまると考えられるようになったこと、主婦にまだならない嫁という微妙な立場の女性が家のなかに存在するようになったこと、そして妻問いの方法がはなはだしく不自由になったことの三点を指す。**22 進化して**　段階をおって変化して。**23 遠方婚姻**　村内婚に対し、村外の遠い土地の人と結婚することを指す。**24 民法の同居義務**　一八九八（明治三一）年七月から施行された改正民法の第七八九条に「妻は夫と同居する義務を負う。夫は妻をして同居をなさしむることを要す」とある。**25 中間のとき**　聟入りから嫁入りまでのあいだ。

するというのは新しい現象でもないが、少なくとも以前はできるかぎり、それを避けるようにはしていたのであった。いまでも土地によっては嫁取りを堺に親夫婦が別屋《べつや》に入り、もしくは杓子《しゃくし》を引きわたす[27]を例とするところもある。そうでなければ児が生まれてのちまで、女がなお親里《おやざと》のほうに留まって、聟のほうから休息にそこへ来る土地もある。婚姻した娘の部屋は母屋《おもや》とは独立して、離れ[28]とか門長屋《もんながや》[29]とかの別棟《べつむね》になったものが多いが、それでもまだ家庭の複雑になるをいとうところでは、村内に共同の新夫婦宿所がもうけてあって、やはり早速には嫁を舅姑《しゅうと》[30]の膝下《しっか》[31]へは迎えとらなかった。嫁入《よめいり》を婚姻の第一日とする風は、疑いもなく遠方婚姻の必要から出たものである。縁家が他郷にあっては聟入《むこいり》はともあれ、ひさしく右の婚舎《こんしゃ》[32]の生活はくりかえしえないからである。しかも親里が娘の労力をひとに委付《いふ》[33]するを惜しんで、少しでもながくこれをとどめようと思うならば、聟を自分のほうに迎えておくという方法もあったのだが、それよりも早く片づけて安心をしようという念のほうが強くなると、しきりに引きとりを急いで、ついに嫁入を儀式の中心とするようになるのである。聟入はその結果としていまは型ばかりのものに化している。

もっとも多くの田舎では、いまも輿入《こしいれ》当日の朝のうちに、聟が仲人の案内で出かけてきて、嫁方の親類と見参《げんざん》[34]の盃を交《か》わし、なかには自身で嫁を伴うていく例もあるが、新しい式ではこれをさえ省略して、里帰りの日をもって聟は同行してくることになっており、親類盃《さかずき》[35]なども里の親たちが嫁入についていって、一度に済ますという場合も多くなった。同じ親々の同意というなかにも、かってはくれるほうの承諾が得にくかった時代もあるのだが、いまでは引きとるほうの心もちが大切であって、もはや主婦権の競立[36]などは考えていられなくなった。

あるいはこれもまた家庭が小さく、ひとが多くなりすぎた結果といってよいかもしれぬ。とにかくに嫁入が婚姻の要件であり、登録がこれに伴うておこなわれるものとなったために、事実の婚姻はあっても聟の親が拒《こば》めば、やはり日陰《ひかげ》者のような生活をしなければならなかったのである。

26 **角突き合い**　いさかい。仲が悪くて衝突すること。27 **杓子を引きわたす**　主婦権の委譲を「杓子わたし」という。姑（しゅうとめ）が嫁に家政をまかせること。28 **離れ**　母屋から離れた建物。29 **門長屋**　門に人の住める部屋などが付いている建物。長屋門。30 **舅姑**　語の読みとしては「きゅうこ」もあるが、柳田は「しゅうと」の読み仮名を振っている。日本では舅（夫の父）も姑（夫の母）も両方ともを「しゅうと」と呼んだからであろう。「こじゅうと（小姑）」の語に、その痕跡がある。31 **膝下**　ひざもと。身近。32 **婚舎**　夫婦もしくは夫婦になるべき男女が共に夜を過ごす部屋、または建物。33 **委付**　まかせて渡すこと。委託。34 **見参**　婚礼の際、嫁婿双方から相手方の両親のところに参上して挨拶すること。35 **親類盃**　親族の縁をかためるためにする酒宴。36 **競立**　せりあうこと。争い。

## 二　高砂業の沿革

いまひとつの大きな変化は前にも一端を述べたように、妻問《つまど》いの方法がはなはだしく不自由になったことである。

ひとが一生の安危《あんき》の固《かた》めの盃を唇《くちびる》にあてる時まで、なおはっきりとは顔さえもたがいに見ぬという婚姻が、通例としておこなわれなければならなかったことである。これには不安を抱いておとなしく盲従《もうじゅう》しえない者が、じっさいはよほど多くなっているのであるが、かりに自由に判断をすることを許されたにしても、今日の組織においてはやはり机上《きじょう》の空論[37]に近いもので、あまりに用心深ければ片端《かたはし》から否決するよりほかはないのである。

ちょうどわれわれの故郷がたがいに他を知っていると思うのと同じで、男女はただ概念によって[38]知り、かつ知られているのみである。それでも大体に差しつかえのなかった時代が、かつて一度はあったのであるが、もうそういうことは望みがたくなった。武家と村々の名家《めいか》とに支持せられていた婚姻法が、大きな弊害もなく最近まで行《おこ》なわれていたのは、二つの時代色[39]のいまはすでに薄《うす》れていこうとしているものが、これに伴われて発達していたからであった。

そのひとつは女性心意の同化力といってもよかろうか。すなわち婚姻を一種の教育手段として、新たに環境と適応していく修養[40]が、楽々《らくらく》と進められたらしいことである。多くの早婚者の智能・感覚が、遅く成長をはじめてひさしくこれをつづけたことである。彼らの恋愛生活は前には蕾《つぼみ》であったかわりに、かえって固めの酒以後において非常に美しい展開をとげている。日本の婦人には個性がないなどと、口惜しそうに評した[41]ひともあったが、それはその生活の序《じょ》の口[42]だけをみた話で、学問と感化の半分の余地をたずさえて、嫁《とつ》いできたということは大体において幸福であった。たんに夫が盗賊や悪人であった場合に、それが身の仇《あだ》となるだけが困るのであった。

第二の特色も同じ非難を受けるが、家々の庭訓《ていきん》[43]にはこれぞという異同がなくて、常

**37 空論**　現実から離れた理論。空理。　**38 概念によって**　語の大まかな意味内容によって。抽象的に。　**39 時代色**　あるものごとの時代特有の特色や傾向。　**40 修養**　精神をきたえ、道徳心をやしない、人格を高めること。　**41 日本の婦人には個性がない……評した**　『読売新聞』の一九一九（大正八）年二月八日に鳩山春子が「個性の発揮」という論説を載せ、日本婦人の日常生活における虚飾や虚礼をとりあげ、「日本の婦人には個性がないと言われても無理もない」と評し、もっと自分を明確に表現してほしいと説いたことなどを指すか。　**42 序の口**　はじまったばかりのところ。　**43 庭訓**　家庭教育。親が子にあたえる教訓。

に女性をあるひとつの標準に向かって、育て上げようとしたことであった。男子はまれには強いて奇を求めた教育法もあったが、女には世間《せけん》なみということが、いつも力強い拘束になっていて、少しでも出色《しゅっしょく》[44]の誉《ほま》れがあれば、それはむしろ婚姻の妨《さまた》げであった。だから遠方にあっても門地《もんち》[45]と資産、齢《とし》と健康と二親《ふたおや》の性癖ぐらいを確かめると、その他は推し測ってたいていは危険がなかった。

これが今日ではもう絶対に望みがたくなったのである。

家風《かふう》に合うとか合わぬとかいうことは、以前もおりおりは聴くことであったが、どれほどの喰《くい》ちがいがあるのか尋ねてもよくはわからず、じっさいはいくぶんか当世風《とうせいふう》[46]に流れすぎているほうを、非難する言葉としてしか用いられなかったのである。その当世には家風[47]と名づくべきものはほとんどない。

家々の生活ぶりには、似たところが少ないのみか、同じ一軒《いっけん》のうちでも年とともに趣味は変遷する。このなかに育《そだ》つ者が女でも男でも、おのおのひとりずつの自分になるのは当然であって、それが思い思いの社会観と計画とを抱いて、それぞれの新家庭をつくろうということになると、いままでの単なる外廓[48]からの推断が、大きな冒険になるのはやむをえぬことであった。

太平洋の対岸に渡っている者でなくても、写真をただひとつの手《て》がかりにする場合[49]が多くなったのは、まったくこの新旧二つの事情の不調和を、およぶだけ補ってみようとした努力の産物である。われわれの妻問い技術はめずらしい方面へ進化した。絵《え》姿《すがた》から若い人たちの心を読む修錬《しゅうれん》は、おそらくどこの国にもみられぬ程度にまで発達していると思うが、これがちょうどまた書物で異郷を理解しようという[50]計画にもよく似ていた。

こういう方法だけではいつになっても、婚姻といわゆる幻滅《げんめつ》とはつきもの[51]のようになることを免れない。

**44 出色の**　他よりきわだって優れた。**45 門地**　家柄。**46 当世風**　現代風。当代風。柳田は『木綿以前の事』に収めた松本女子師範学校での講演「昔風と当世風」(一九二八)で、「全体に近代の当世風の中には、愚劣なる生活改善が多かった」と批判する一方、「今日固守しているところの昔風」で老人たちが改めるわけにはいかぬ仕来りだと力むなかにも「文化文政の百年以後、はなはだしきは新たに明治の初年頃からはじまったものがいくらもある」と、昔風と当世風の固定的な理解を相対化している。そして「真成の昔風すなわち千年にわたってなお保たるべきものは、むしろ生活の合理化単純化を説くところの、今後の人びとの提案のなかに含まれているのかもしれぬ」[全集9：四五一—六頁]と期待している。**47 家風**　その家に代々伝わる習慣や行動様式。**48 外廓**　そとまわり。**49 写真を……手がかりにする場合**　仲人を介して取り交わした写真で結婚を決めること。直前の「太平洋の対岸に渡っている者」という説明は、ハワイなどのアメリカ合衆国やカナダに移住した男性と、写真や履歴書を交わすだけで会わずに結婚を決め、いわゆる「写真花嫁」として女性が渡航した、日系移民社会の現象を指す。**50 書物で異郷を理解しよう**　実際に訪ねて実感せずに、書かれたものから他郷をわかろうとする。**51 つきもの**　付物。かならず付随するもの。切り離せないもの。

日本は離婚の多い国として知られているが、それは手続《てつづ》きがあまりに簡易であって、すべての別れたい者がみな別れるからだと解釈してしまうことは少しむつかしい。別にこれ以外に辛抱《しんぼう》をしている者が、何十倍かは知らぬが、たしかにまだのこっている。もう少しよく知りよく考えてから、固めの酒というものは飲むべきであったということは、経験している者が非常に多いのであるが、それが遠方婚姻のやや無謀な拡張から、こうなっているのだとまでは考えたひとがすくない。

小さな社会の昔からもっていた任務に、適当な配偶者の選定を容易にさせるという、いたって大切なるひとつのことがあったのを、つい何心《なにごころ》もなく[52]見過していたのである。部落はいまでもまた土地によって、現実に結婚区域として認められているものがあるが、近世その機能のいちじるしく削減せられて以来、総括してこれにかわったものはほかにひとつもなかった。少しずつの新たな風習は、はじまろうとしてまた廃《すた》れた。たとえば商家や職人が長年《ながねん》の使用人のなかから、見たてて跡を嗣《つ》がせたり娘をくれたり[53]、主従の関係を超脱したのもそのひとつ、あるいは遊女に心底《しんそこ》からの誠《まこと》を見出して、無理をして夫婦になったりするのもそれであったが、いまではその気もちを同情する者さえなくなった。

そうしていまさらのように縁《えん》という語に神秘[54]を托して、ただ行《ゆ》きあたりの幸運を捉《とら》えようと念掛《ねんが》けている。失望者のしだいに多くなるのはぜひもない結果である。

つまりは高砂業《たかさご》[55]などという機関の、出現しなければならぬ世相であった。寺が葬られていく者の将来を保証せぬ以上に、媒妁《ばいしゃく》会社は結婚後の生活には義務を負わない。むしろ件数のくりかえして多からんことを、彼らは正当の業務として希望してよいのである。ここで世間のまったく知らぬ者どうしが、はじめてたったひとつの目的のために逢うのだから、その妻問《つまど》いの慌《あわ》ただしくかつ露骨で、しばしば恋愛技術の見苦しい失敗に帰するのは自然である。

支那では媒婆《ばいば》[56]は賤しむべき職務であった。単に漁色《ぎょしょく》[57]の徒に方便を供与する以外に、少しでも家庭的の効果を予期せられてはいなかった。ところが日本には以前この類のものはなかったにもかかわらず、近代になってから非常に重要な地位に押し上げられている。仲人《ちゅうにん》は親々について尊敬せられ、また往々にして仮親《かりおや》[58]の関係さえ結ばれる。

**52 何心もなく**　深い意図も配慮もなく。**53 見たてて……娘をくれたり**　養子縁組のこと。**54 神秘**　ひとの知恵でははかり知れない不思議。人知をこえた霊妙。**55 高砂業**　男女の縁をとりもち結婚の仲立ちをする職種。仲人業。媒妁会社。謡曲「高砂」が婚姻式の祝賀でうたわれたことを踏まえた表現。**56 媒婆**　清末の中国社会において、男女の仲の取り持ちを職業とした婦女のこと。**57 漁色**　分別なく女をあさり求めること。**58 仮親**　婚姻・養子縁組・成年儀礼・奉公などの際に一時的・制度的に親の役割を果たすこと。親代わり。この日本各地でのさまざまな実態については、柳田の民間伝承の会が日本法理研究会の委嘱を受けて家族制度にかかわる習俗語彙をまとめた『族制語彙』（日本法理研究会、一九四三）の「親子なり」にくわしい。

名士を媒妁者として婚姻したいという希望は、いわゆる閨閥《けいばつ》[59]の運動を凌駕《りょうが》するものがある。なにかこの高砂業なるものが、少しは上品で公共的のものでもあるかのごとき、感じをあたえるのもそのためであった。

旧来の日本の媒人《なこうど》は、双方から頼まれてなるということはめったになかった。たいていは一方だけの熱心な望みを助けて、いくぶんか困難なる縁談、時としては不可能に近いものをさえ成り立たせ、それを手柄《てがら》にもすればまた賞讃せられてもいたのである。

なかにはいま少しく巧者《こうしゃ》な者があって、双方がともに意あってこれをあらわしかねているを見てとり、進んで橋渡《はしわた》しに任じて軽易に功を奏した例もあるが、そういうのは格別尊敬《そんけい》せられなかった。他の多くの場合には媒人《なこうど》はもっとも根気《こんき》よく、ひとを説きつける技倆《ぎりょう》をもたねばならぬとせられていた。家と家との結合を主にしたものには、釣合《つりあ》いということがことに面倒だった。一方がおおいに満足するような縁談は、必ず他の一方がやや尻込《しりご》みするものであった。これに向かって婚姻の第一義を講説《こうせつ》し、親族の意見などは従《じゅう》[60]たるものだということを論証するのは、平凡のごとくにしてそのじつは骨折《ほねお》りな仕事であった。

そうしてまたそれがいまよりもはるかに困難であった時代もあるので、仲人役の声《せい》望《ぼう》の高くあがったのは、またちょうどその時代であった。

そのなかでも部落内婚姻の旧制《きゅうせい》と、遠方縁組の新主義《しんしゅぎ》とが、抵触《ていしょく》した場合がことに処理しがたかった。父兄の代理権がもっとも充実し、問われ人たちの本志が尋ねられなかった家庭では、時にこの二重の妻問いの併発[61]することがある。仲人の尽力がなにものよりも期待せられ、また感銘せられたのもこの場合であった。そのためにあるいは仲立《なかだち》の地位を踏みだして、一方の加担者としてはたらくことすらもまれでなかったが、これまでの行動はただ一箇の顔役《かおやく》[62]の、智恵なり勢力なりではできぬものであった。

これを常識といおうがまた物の道理といおうが、とにかくいまひとつ背後にこれを支持する輿論《よろん》があって、仲人はすなわち有効にそれを表現したのであった。日本にも昔は男女のあいだに使《つかい》した女を、媒人《ゆこうど》と呼んでいたこともあるが、それとこれとは名は同じでも、役目はまったく別である。東北地方で御指南《ごしなん》[63]だの幸神《さいのかみ》[64]などといったのは、

**59 閨閥**　婚姻関係を中心として結ばれた仲間や勢力。とりわけ妻の親類関係で形成されたものをいう。**60 従たる**　従属する。「主たる」の対で、副次的・二次的な。**61 併発**　同時に起こる。**62 顔役**　その土地や仲間うちで名高く人望のある有力者。もと歌舞伎楽屋のことばで、顔をきかせる役の意味で長となるひとを指したのに由来する。**63 御指南**　『婚姻習俗語彙』（民間伝承の会、一九三七）に、福島県中部地方で媒酌人のことを「ゴシナンサマ」というとある。その名は「典礼に習熟して儀式を指図しうるひと」という意味からではないかと記する。**64 幸神**　同じく『婚姻習俗語彙』によると、奥州南部領で媒酌人を「サイノカミ」といい、信州南佐久郡で「ドウロクジン」というのも同じだとある。路傍のこの神が男女和合をつかさどるという信仰から出たものかと推理している。

名前はちがってもすることはこれに近かった。いずれにもせよわれわれのいま仲人《なこうど》といっているのは、あきらかに媒婆《ばいば》の成長したものではなかったのである。

## 三　恋愛教育の旧機関

婚姻は家々《いえいえ》かぎりの私事《しじ》でありながら、これほど喋々と世間の口の端《は》に上るもののもまれであった。ひとが思いきって異風の縁組をなしえず、したごうていつも時代の習わしというものに、牽《ひ》かれ進んできた姿があるのは、ひとつにはこの周囲の批判に、夫婦を幸福にもまた不幸にもする力が、いまでもまだあるように感じているからであった。

はたしてその力がいまもあるか否かは、実験でなければこれを確めえないが、少なくとも以前はこの公論《こうろん》の機関が、村には組織立《だ》ってあって、ひろくその効果を妻問《つまど》いの時期にまでおよぼしていたのである。

いつの世の中でも青春の男女が迷わず、また過《あやま》たなかった時代というものはあるわけがない。いっさいの判断を長者《ちょうじゃ》に委《ゆだ》ぬる者は格別、すこしでも自分の思慮と感情とをはたらかせようとすれば、ぜひともなんらかの練修《れんしゅう》方法と、指導の機関とが入要であった。幸いに村に若連中《わかれんじゆう》・娘連中《むすめれんじゆう》[69]と称するやや干渉にすぎたる批評《ひひよう》者の群れがあったおかげに、われわれの自由婚姻は幸いにして多くの似合いの女夫《めおと》をつくりえたのである。

はじめて若者組《ぐみ》というものの村にできた動機は、あまりにひさしくなるためか、日本ではこれを究《きわ》めることがまだできない。

しかし少なくとも婚姻はそのひとつの目的であったと想像せられる。あるいは集群婚姻[70]の大昔《おおむかし》から、ずっとつづいているのではないかと、思われるような節《ふし》もあるが、いまは少なくとも風儀の非常に乱れた二、三の土地のほか、一夫《いっぷ》一婦《いっぷ》の法則の、熱心な守護者は彼らである。村には本来この団体がなくとも男女がともに働いて、たがいに人柄《ひとがら》を知りあうおりは多いのであるが、それを品評しまた等差[71]づけるような機会は、ただ心を許し合ったこの未婚者の集合より以外に、これを求むることはできなかった

65 **喋々と**　しきりに。口々に多く。66 **異風の**　風変わりな。普通とちがった。67 **長者**　氏族の長。一門一族の統率者。68 **入要**　入用。必要。69 **若連中・娘連中**　若者組・娘組。連中は仲間で、かつて村落部に存在した未婚の年齢集団。70 **集群婚姻**　一夫一婦の制との対比で、あるいは原始の社会の段階におこなわれていたとされる群婚・集団婚、すなわち集団内の男・女が複数の相手と性的関係をもつ婚姻形態のことを指すか。しかし、一九世紀のアメリカの進化主義の人類学者モーガンが主張した集団婚の段階は、その存在がかなり疑問視されている。71 **等差**　格差。

のである。

このために多くの村には、男女それぞれの宿《やど》というものがもうけてあった。これを寝宿《ねやど》と称して婚舎《こんしゃ》にも流用する例もあったが、いまのこっている多くのものは、単に同輩と夜業《よわざ》[72]をともにし、話をしてふかす倶楽部《くらぶ》[73]というだけであった。彼らが集まると男はいつも女のこと、女も男の話をよくするといって嘲《あざ》けられるが、はじめて世心《よごころ》に眼覚《めざ》めた若い人びとが、これより無害な方法をもってわが世を知るということは、いまとてもけっして他にないのであった。

いかなる種類の学校が立っても、現に配偶選定《はいぐうせんてい》の問題だけはまだ各自の自修に任《まか》せている。しかも人生のもっとも精確に学ぶべきもの、疑惑のとくに多いのもまたこれであった。

恋愛技術《れんあいぎじゅつ》という語はややひろきに失するが、そう名《な》づけておかぬとかえって誤解を生ずる。じっさい今日はこれを一部のひとの専門芸とみるまでに、普通の生活からは遠ざけられ、そうしてとくに奇縁《きえん》[74]に興味をもつ小説というもの以外に、この問題を説く参考書とてはないのである。

ところがこの旧制度の処女会《しょじょかい》[75]においては、単にこれこれのひととは婚姻すべからずという類の警戒的決議にとどまらず、進んでいかなる男子の愛するに足るかまでを、討究《とうきゅう》しようとしたのは勇敢であった。恋がトリスタンとイソルデ[76]のように、必ず生まれぬ前から指定せられているものならば、これは問題とするに足らなかったであろうが、もしも各自の心をもって右《みぎ》し左《ひだり》[77]すべきものなりとすれば、かねて法則をもって学んでおくことは安全であった。

それも情味のないただの理論[78]ならば、あるいは応用に失敗したかもしれぬけれども、これは実例を言葉に引きあて、または言語でも描《えが》かれない表情法をもって、いちいち実地に解説するひさしい経験の集積であった。

普通の感覚と記憶力とをもつ者が、ながくこの第一学年の印象を利用しえたことは、おそらくは文字や算筆《さんぴつ》[79]より以上であったろう。これは他の一方の男の団体もまた同じ

**72 夜業**　夜に糸繰り・苧績み・俵編み・繕いなどの手仕事をすること。夜なべ。**73 ふかす**　夜の更けるまで起きている。**74 奇縁**　思いがけないめぐりあわせ。不思議な因縁。**75 処女会**　明治三〇年代から大正時代末頃までの女子青年団体の一般的呼称。全国的連絡機関もつくられ、女子修養団体としての性格を強め、やがて女子青年団と呼ばれていく。「旧制度の」は、この制度以前の昔の処女会の意。柳田は一九二六（大正一五）年一一月一四日の『東京朝日新聞』の論説に「女子青年団」［全集27：一八九―一九一頁］の一文を書き、社会教育家や文部省がすすめる形ばかりの「処女会の全国統一」が、「郷党を本位とした団結」の自然なる成長でないことを批判し警戒している。**76 トリスタンとイソルデ**　ケルト説話に淵源をもつ中世ヨーロッパの悲恋物語の主役である騎士と王妃の名。**77 右し左す**　右往左往する。混乱してうろたえる。**78 理論**　実践を無視した純粋な知識。**79 算筆**　算術と読み書き。

ことで、おおよそ村々においてよい娘といい、またよい若者といっている評語の内容には、姿恰好《すがたかっこう》・応対ぶり、気転《きてん》・ほどあい・思いやりというがごとき、列記しきれぬほどの細密な個条《かじょう》が含まれているのも、それがことごとく家長や故老たちの、教訓にもとづくものばかりでなかったことを推測せしめる。

富がなんでもする今日のような時代でないかぎり、この異性の好みに合うと合わぬとはたいへんなことであった。ひとつの民族の気風をつくり上げる村々の道徳が、その発達の主要なる機縁を、こういう無邪気な団体の夜話《よばなし》のなかにもったとしてもそれは少しも不思議なことではないのである。

しかも若者組・娘組の婚姻に対する任務は、けっしてこれをもっておわってはいなかった。第二のいまいちだんと適切なる衆議判《しゅぎはん》[80]は、個々のじっさい問題に対しても遠慮なく下されていたのである。

たとえば分かるる心のいずかたに就《つ》くか[81]を決しかね、もしくは生田川《いくたがわ》に水鳥《みずどり》を射なければならぬ[82]ような場合はもちろん、たがいに脇目《わきめ》も振らずに相近よろうとしているさいでも、一度は是非《ぜひ》の評に上《のぼ》らぬということはまずなかった。それには必ず本人たちのいまだ省《かえり》みなかった[83]周囲の事情、おこりうべき故障のいくつかが考えつかれる。大体に、はたして末《すえ》とおるか否かということが、同情のある者にもない者にも、ともに問題の中心をなしていたようである。

中途の破綻《はたん》ということを一般に非常に憎んでいたのは、意味の深い現象であった。本人はもちろんこれを怖れたのみならず、あらかじめそういう想像を下さることをすら恥として、いろいろの誓言《せいごん》[84]をまず朋輩《ほうばい》の前に立てていた。その信用さえ確められると、たいていの自由意思は承認せられ、かつ強烈に支持せられたのである。仲人《ちゅうにん》の活躍はすなわちこの輿論《よろん》を代表し、あるいは若者の頭《かしら》と推さるる者が、自ら進んで仲人の事務に任じた例もあった。村に平穏なる婚姻の多かった理由は、こういう固《かた》めの酒以前の手続《てつづ》きが、十分に念入《ねんい》りであったからであって、かりに無意味な離別をするような者があれば、それは第一に団体に対する背信であった。

それゆえに普通は村にいることができなかったのである。

このしきたりはいたって古くからおこなわれていたものと思われるが、これが純一《じゅんいつ》

**80 衆議判**　歌合わせで、歌の優劣を判者に委ねず、詠み手全員の意見で決すること。転じて多人数での合議。**81 いずかたに就くか**　どちらに決めるか。**82 生田川……射なければならぬ**　昔、女に求婚する男二人がいて、女の親は決めかねて生田川の水鳥を射あてたほうに娘をやると約束した。二人はともに水鳥を射あて、女は板ばさみに苦しんで川に身を投げ、残った二人も後をおって死んだという説話。『万葉集』に詠まれ、平安中期の歌物語『大和物語』で流布、謡曲『求塚』や森鷗外の戯曲『生田川』の素材ともなった。**83 末とおる**　終わりまでやりとげる。添いとげる。**84 誓言**　立会人を前にして誓い約束すること。

に全村を支配している土地は、明治のはじめにはもうよほど少なくなっていた。一方新たにおこった遠方嫁入の慣例が、村の主要なる若干家庭には採用せられ、その他もおいおいとこれに倣《なら》おうと企てていた。同齢男女の団体に加入せず、またそのまったく周知せざる婚姻生活に、進んでいこうとする者が多くなった。

それがやや峻酷《しゅんこく》[85]なる論評の種《たね》となったのも自然であって、女性もあるていどまではまたこの物議《ぶつぎ》[86]に参していた。

聟が来るさうな榎《えのき》の馬場《ばば》へ
馬で来るさうな鈴が鳴る

こういう盆歌《ぼんうた》[87]などは作者は女であった。たいていは土地で立てられている名家であったゆえに、若者らも直接これに抗議《こうぎ》し妨碍《ぼうがい》するだけの勇気もなかったが、少なくとも抗議と妨碍の形式[88]だけはとり、また自分たちの承認を得る形《かたち》を要求した。

嫁入の途中に関所《せきしょ》を据《す》えたり、石を投げこんだり、石地蔵を持ってきたり、その他酒をねだり挨拶を要求する等、村によって方式はさまざまであるが、とにかくにだまっているところは少ない。聟は入聟《いりむこ》でも見参聟《げんざんむこ》でも、[89]いじめられることは非常なものであったが、他所から来る花嫁も平穏には迎えられなかった。嫁見《よめみ》と称して衣裳を出させてみたり、または障子を明けさせて正面から批評をしたりした。その見物の群れのなかにはむろん村の女が入っていたのである。

これらは一見するところ婚姻団体とは関係がないようだが、成熟した未婚者の全員が知らぬような婚姻はありえないという考え、知った以上は必ずそれを支持し、その永続を保証しなければならぬという旧慣が、なおこういう新儀[90]をすらも圏外に放置させなかったのである。

今日の青年団と新たなる処女会《しょじょかい》とは、一挙にして悪いいろいろの風儀《ふうぎ》を根絶し、粗《そ》暴《ぼう》な慣行を廃止したのはよいが、そのかわりにはやや婚姻の問題に対して、反動的に冷淡になっている。これが彼らの大事件であることは知りつつも、また共同して公に配偶の適《てき》不《ふ》適《てき》を考究しようという男気を出さず、ましてやその婚姻の好成績を相互に保証しようという力はない。

農村・漁村の配偶者難というのは、必ずしも数の不足ではないことは、今度の国勢調査でもあきらかになった[91]はずである。じっさいは土地で配偶者を得ようという計画が、女にも男にもおいおいと少なくなろうとしているだけである。

**85 峻酷なる**　非常にきびしく、情け容赦のない。**86 物議**　評議。人びとの議論、批評。**87 盆歌**　盆踊りの歌。**88 抗議と妨碍の形式**　こうした趣旨のさまざまな習俗については、『婚姻習俗語彙』（民間伝承の会、一九三七）の「若者酒」「聟いじめ」「嫁もそい」「宿の生活」などにおいて具体的に論じられている。**89 入聟でも見参聟でも**　妻の家に養子として入る聟でも、嫁方の里に挨拶にくる聟でも。**90 新儀**　新しいことがら、やり方。

## 四　仮の契り

正規の夫妻が愛情を失ってしまって、ただ経済的に共住しているという事例を、近代の小説はしばしば題材にとっているが、それは外国にもまた前代にも、じっさいはめずらしくないほどあった。

　明治の日本などのもう少し変わっている世相は、いわゆる内縁《ないえん》[92]の妻のだんだんに増加してきたことである。その原因はなかなか究《きわ》めにくいが、これにも五十年間の逐次《ちくじ》の変遷があったように思われる。

　最初はただ簡単に親たちの同意が得にくく、嫁入も入籍もともに不可能であるために、それを断念して事実上の夫婦となっている者、あるいはまたこうしていることがすなわち婚姻であるものと思いこみ、別に法律上の手《て》続《つづ》きが、晴れて夫婦となるために必要だとは知らなかった者、こういう種類のものが主であったかもしれぬが、それだけの原因ならば年とともに増加してこない。戸籍の手続きはよほどわかりやすく、登録には必ずしも同意がなくてよい。それを知りながらもなお新たにこの関係をつくるということは、考えてみる価値のある複雑な動機であった。

　男子はそういうなかにも比較的身《み》勝手《がって》な考えをもちやすかった。

以前容認せられていたいろいろの行動に照《て》らしてみても、そんな外形などはどうでもよかろうという口《くち》[93]の下に、あるいは少しでも将来の所決[94]を、あらかじめ自由にしておこうという存念が、潜《ひそ》んでいた場合もないといわれぬ。ただ変わってきたのは婦人のほうの心もち、こういう不安な自分の地位に対して、格別気を廻《まわ》さずにはいられる[95]ようになった理由である。

これにはもちろんいくつかの現代世相が常に複合して反映しているのだが、なにが基調であるかも注意すればいまにわかってくるであろう。たとえば単なる物知らずという以上に、女にも自ら憑《たの》む[96]ところができたこと、物を持っているとか芸があるとい

**91 今度の国勢調査でもあきらかになった**　「今度の国勢調査」とは、一九三〇（昭和五）年一〇月一日に実施された最新の国勢調査であろう。その速報結果を柳田がなにに拠って知ったかは明確ではない。ただ『読売新聞』一九三〇年一二月九日の「人口割合で府県会議員増加」の記事は、一道三十県で議員定数の増加をきたす見込みを報じ、地方人口も増えていることを伝えた。さらに「新日本の人口女人国三十県」の見出しで、男性よりも女性人口が多い県の名を並べ「お嫁さんを探すなら断然ここに行くべしだ」と書いている。地方の人口が減っているからでも、女性が少ないからでもないという意味で、ここでの文意に適合する。　**92 内縁**　事実上は夫婦として生活しながら、婚姻の届を欠くため、法律上の夫婦とは認められない関係。　**93 口**　言い分。もの言い。　**94 所決**　処置。覚悟をきめること。　**95 格別気を廻さずにはいられる**　いちじるしく余計な心配をしなくてよい。　**96 憑む**　たよりにする。あてにする。

うことは、自然に彼らの心を強くして、そうそうは男に縋《すが》りついていなくともよいという勇気をおこさせ、あるいはあまりにうるさければ、こちらから退《の》いてもよしというまでに、水《みず》くさ[97]くなっている者もないとはかぎらない。

それを試験婚だの友愛婚だのというと[98]、なんだか非常に新しいようにも聞えるが、そうした用意もときどきは必要だということだけは、じつは西洋人などもだいぶ以前から考えていたようである。棄《す》てられるという言葉は言葉そのものがすでに惨酷《ざんこく》で、これを極度に怖れまた歎《なげ》いた時代には、棄てられなくとも女は心細かった。親たちの愛情はこの苦悩を済《すく》うために、いままでもひさしくいろいろにはたらいていた。そうして強《し》いて入籍《にゅうせき》を迫るなどということが、さほどの効果《ききめ》はないことも経験したのである。

なんでも印象を濃厚にする言葉を、好んで用いんとする今日の人たちは、こんな柔《にゅう》弱《じゃく》で歯切《はぎ》れの悪い掛引《かけひき》までも、男女の闘争などと名《な》づけていた[99]が、じっさいはこれも仲よくながく住もうという、ひとつの策略にすぎなかったのである。

恋愛の技術が手段をほかに仮《か》りて、効果を楽《らく》に挙げようとしたために、いくぶんか不純になったという程度の変化である。

だから修養を積みまた自信のある者は、別にこれぞというほかからとってつけた武器はなくとも、愛情の力だけでもつなぎとめうると思っていた。あるいはもう少しきつく露骨に、退《の》[100]けるものなら退いてみるがいいといっていた者もあるかもしれない。いずれにしても籍《せき》[101]が入《はい》っていることなどを、あてにしなければならぬようではもう御《お》仕舞《しまい》だと、考えている者の多くなったことだけは疑いがないので、事実またこれで押しとおして、無事に一生を済ませた者も相応にあった。戸籍制度の威信《いしん》には関したけれども、法令はこの夫婦関係の現実は認めないわけにいかなかった。ましてや子供なり世間なりは、たいていは登録の有無などは知らなかったのである。

しかしただこれだけの理由では、わざと入籍をせずにおくまでの説明にはまだ少し足りない。

なにかこれ以外にいまいちだんと積極的に、いくぶんか婚姻を解除しやすい状態におこうという、いわず語《かた》らずの合意のようなものが、最初からあるのではなかったか。

**97 水くさく**　他人行儀に。情愛がうすく。**98 試験婚だの友愛婚だのというと**　これは一九三〇（昭和五）年二月四日の『読売新聞』婦人欄に掲載された「友愛結婚か試験結婚か」という厨川蝶子の「公開状」とその後の論争を意識したものであろう。**99 男女の闘争などと名づけていた**　『読売新聞』一九一八（大正七）年一一月二九日で、第一次大戦後の英仏米の女性の社会進出を論じた高等女学校長の記事は「男女間の職業上の闘争」の見出しを掲げた。また『東京朝日新聞』の広告によると、実業之日本社が発行していた『女の世界』は、一九一七（大正六）年七月特別号を「男女闘争号」と名づけている。**100 退ける**　その位置や立場から離れ去らせる。**101 籍**　戸籍。

有期の婚姻というのは想像のできぬことである。千代に鶴亀といわなかった祝言《しゅうげん》もないのであるが、しかも別離の必要がおこりやすく、またそれがおおよそは予想しうる婚姻は、昔からけっして少なくはなかった。そうでなくとも子なき者は去る[102]というように、多くのははなはだありふれた事柄を、解除の条件にしたものは近世にもあったのである。

たとえば初期の東京には田舎出《いなかで》の名士たちで、寄寓《きぐう》生活をしている者が多かった。彼らは権妻《ごんさい》[103]と称して東京の女を妻問《つまど》いし、後々いわゆる糟糠の妻《つま》がやってきても、平気な顔をして一処《いっしょ》に住ませていた。ちょうど今日の内縁の妻とは反対に、権妻には籍《せき》を入れよと要求する者が多く、またその希望があの時代の戸籍制ともなっている。[104]対等条約[105]がいざおこなわれようという前になって、あわててそんな者は表面から抹殺したけれども、その当座は市中は一種の別宅をもって充ちていた。悪い風習だったが、ずるい男はこれを模倣した。そうしてなんのためにこんなことをしているのかはわからなかったのである。むろんこれもまたひとつの内縁の妻ではあったのだが、その期間はますます短かくなって、ついには月《つき》をもってかぞえるものさえできた。明治二十四年の某新聞の社説[106]には、いうべくしておこないがたきはそれ一夫一婦の制《せい》かという論が出ている。しかしそのころからひとはようやくに公然とこのことを口《くち》にしなくなり、しだいに先例の多い悪事ぐらいに考えるようになっていた。

ところが一方にせっかく下火《したび》になったかと思うと、他の一方新領土においては、権妻のかわりに湾妻《わんさい》[107]などという語が発生して、それを使うような問題がよくおこった。湾妻は単に台湾での女房だけで、ほとんど全部が内地から行った婦人であった。つまりは島から外へ出れば、消えてもよい婚姻ということであった。関東洲でも朝鮮の半

**102 子なき者は去る**　子どもができない女は離縁してもよい、ということわざ。中江藤樹が書いた女子教育の訓話集『鑑草』（一六四七）などに見える。**103 権妻**　仮の妻。明治初年（一八六八）から二〇年頃の流行語。『読売新聞』一八七五（明治八）年一二月一五日記事に「近頃はやたらに権妻権妻ということが流行ゆえ一夫一婦の道もたたず家内の不和合も起こります」とあり、一八七九（明治一二）年二月一三日投書記事には「権妻ばやりの世の中」との記述がある。その当時の新聞には「官員」と「権妻」を結びつけた投書などが散見する。**104 籍を入れよと……戸籍制ともなっている**　明治初期の戸籍制度では、正妻以外の女性（権妻）を戸籍に記載することが可能であった。また、妻と同じく二等親に位置づけていた。**105 対等条約**　一八九四（明治二七）年に締結された日英通商航海条約。**106 明治二十四年の某新聞の社説**　そのころ発行された諸新聞を調べてみたが、穿鑿及ばず、対応する論説を確定できなかった。キリスト教の倫理の影響を受けた女子高等教育の主張や、矯風会のもとでの廃娼運動、蓄妾をめぐる議論などのなかで、一夫一婦制が論じられていたことは当時の記事等からうかがえる。甲府で一八九一（明治二四）年六月に発刊された新聞雑誌のひとつである『筆華』に、内藤耻叟が「行うべき是れ道」という論説を載せ、「一夫一婦は天道なりというは、理はきこえたるようなれども、世にこれを行い遂げる者なし」と断じて、すなわち「これ人情をしらずして空理をいう者なり」と論じたが、あるいはこれと同様の説ではなかったか。

島でも、ひとが戯《たわむ》れてそういったのかもしれぬが、おりおりは似たような言葉を耳にするのであった。現在の汽車や汽船の交通でさえも、男のあるきまわるだけは女は遠征しない。それゆえに故郷の永住の地にいる時のように、精確なる選択をすることができなかったのである。

いまの内縁と称するものの一部分にも、こういう仮の契《ちぎ》りの地方妻《ちほうさい》とも名づくべきものが、まじっていたことは推測にかたくない。しかも愛情は不測《ふしき》[108]の力であって、仮が本物《ほんもの》よりもなおいちだんと濃《こま》やかに、生涯をかたらいおおせたのみならず、旅人を行く先々の土地につないだ例は、古今ともにその数が少なくないのである。親子・花嫁までが肩を組んで、ともども移住するという植民は、今日といえどもそうたくさんにはありえない。第二の故郷の将来の元祖たちは、一度はまず乱雑なる婚姻制を経ていかなければならなかったのかもしれぬ。

## 五　心中文学のおこり

女が産土《うぶすな》の神に惜《お》しまれて、[109]土地を繁栄させるために家に留まっていたのは、ながいあいだのことであった。

それが少しずつは出ていってもよいことになって、世相が一変したのはひとり嫁入の方式のみではないのである。遊女が日本の文化のやや奇抜なる特徴として、歴史の一隅《いちぐう》を彩《いろど》ることになったなども、もとは尋常の女性の旅をせぬ習わしにもとづいている。したごうてその自然の禁制が釈《と》けて[110]くると、一方歌舞《かぶ》の菩薩《ぼさつ》[111]などと呼ばれた者の生活も、しだいに元の姿を保つことをえなくなったのである。かつて彼らは全国の湊《みなと》・津《つ》[112]・駅《うまや》[113]において、唯一の遊行《ゆうこう》する[114]女婦《じょふ》として知られていたことがあった。そうしてまた異性のもっとも婚姻しやすき者として、多くの旅人の妻問いに答えたことも事実である。

**107 湾妻**　『東京朝日新聞』一八九九（明治三二）年一一月二七日の「台湾土産（九）」に「台湾にて結婚せし妻を湾妻といえり」と出てくる。また『読売新聞』一九一四（大正三）年五月二九日の「婦人と時勢」欄は「かつて台湾に「湾妻」の語があった。今は満州に「満妻」の語がある。家族を内地に残してきた多くの男子が、妻ともつかず妾ともつかぬ、いかがわしい婦人と同居して、だらしのない生活をしている」と書く。また、同記事は植民地男子の孤独無責任と放埒を批判し、家庭をたずさえて植民地にいくべきだとも主張している。**108 不測**　測りがたいこと。思いもよらぬこと。「シキ」は呉音。**109 惜しまれて**　大切に思われて。**110 釈けて**　ゆるんで。消えて。**111 歌舞の菩薩**　そもそもは極楽浄土で如来や往生を遂げた人びとの徳を褒めたたえるため、天楽を奏し歌舞する修行者の意だが、ここでは女性の遊芸者を指す。**112 湊・津**　船着き場。港町。**113 駅**　律令制で官道に設置された設備で、公務で食糧・人馬を提供した。鎌倉時代以降に衰え、代わって宿（しゅく）が発達した。**114 遊行する**　一か所にとどまらず、動きまわる。

しかし記録の証明するかぎりにおいては、その職業は歌うこと、舞うことであった。そうして他の多くの遊芸[115]の徒と同じように、もっぱら漂泊によって、その生計の便宜を求めていたのである。それが近世の遊里[116]組織に入ってきて、忽然《こつぜん》として女性のもっとも移動しがたい者に化している。名のみは以前のままの遊女であって、境遇はすでにこのさいをもって一変しているのである。

この遊女のうかれあるきは、あるいは種性《しゅしょう》[117]と信仰との異なるものがあって、それにもとづくのではないかとも考えられている。少なくとも他の一般の家庭婦人とくらべて、趣味や感情などの両端の隔《へだ》たりがみられたのである。彼らの団体には舟を家とした者が多く、遊里の早く興ったのも国々の湊《みなと》であったゆえに、あるいは海人《あま》の女の以前の遊行性を棄てて、土着した者の末かのごとくにも推断せられているが、それにはまだ確かなる証拠もないのである。

土地によってはむしろ反対に、ただの住民の美しい娘たちが、進んで新しいほうの遊女の職業に、携《たずさ》わっている例もまれではなかった。しかし少なくともこの簡易にすぎた旅人の婚姻法は、前者に学ばなければひとりでは発明しがたいもののように思われる。二者になんらかの聯絡《れんらく》[118]のあったことだけは、かりに想像しておいてもおおいなる誤りはないようである。

とにかくにこれは配偶問題の予期しなかった必要、また悲しむべき堕落《だらく》でもあったが、その最初にはまた明らかに一種の内妻《ないさい》であり、もしくはもっともあきらめのよい地方妻《ちほうさい》であった。

街道はそのなかでもはやく往来が繁くなって、同じ過客《かかく》[119]のふたたび訪うものは少なく、いわゆる一夜妻《ひとよづま》のはかない縁が多かったが、海の湊では年を重ねて、きては長期の逗留をする船の衆というものがあった。いまでもなじみという語をもって、そういう人たちを呼ぼうとしている。多くの別離の歌謡は哀吟せられ、じっさいまた去ってふたたび来ぬ別れというものもあったけれども、消息《しょうそく》[120]はひさしく通じていた。遊女の誠《まこと》といい実意《じつい》[121]という語が、少なくとも文芸のうえにはながいあいだその痕跡をのこしていたのも、一度はそういう道徳が、彼らにも要求せられえた時代があるからであった。

いちばん最初にそれが不可能になった原因は、遊女を奉公人として、その自由を奪ったことであった。

その風はもちろん都市にまずおこって、おおいに海の果てまでにおよんだのであ

**115 遊芸** 謡、歌舞、茶の湯、生け花、琴、三味線、尺八、浪花節などの遊び・芸能。**116 遊里** 遊女屋を一定の区画に多く集めた地域。遊郭。くるわ。**117 種性** 本来の性質。生まれつき。仏教に由来する語。**118 聯絡** 関係。**119 過客** 旅人。**120 消息** 安否。動静。**121 実意** まごころ。誠実さ。

ったが、有名な南北のいくつかの湊《みなと》では、なお近年まで遊女が町中《まちなか》の自分の生家に住んで、聟を迎える方式をもって客を自分の家に住ませていたものがあった。それを法令がいっせいに強制して、[122]ことごとくこの抱《かか》え女《おんな》[123]式《しき》にしたのであった。それからまたてて[124]と称して、遊女を娘分にして家に置く土地もあったが、これもその女の数が多くなると、末には普通の抱え主と、どこにも異なる点がみられなくなったのは、ちょうどこのごろの芸妓の養女問題[125]と同じであった。

女衒《ぜげん》[126]という職業がさかんに活躍をはじめ、ついでは娘を売るという家々の悲劇がおこったことなどは、参考書が多すぎるからこんな書物には説く必要がない。単にそういうことが奈良朝以来からでも、つづいていたように考えなければよいのである。二つの大きな変化は、遊女の苦艱《くかん》[127]がくわわったことと、恋愛が愚かなる遊戯に退歩したこととである。これにはもとよりほかからの要求が軽薄《けいはく》になったという原因もあるのだが、それを迎える以上に誘導をあえてしたのは、なんの道でも金を儲《もう》けなければならなかった都市生活の荒々しさであった。

都市の遊里には、古くからの婚姻儀礼のいくつかが、いずれも馬鹿げた誇張をもって保存せられていた。これを支持する感覚が消えつくしてから、こんな外形だけの演出がめずらしがられたことは、かえって尋常《よのつね》の家の祝言《しゅうげん》において、努めてその類似を避けるような傾向をうながしている。

酒がこの種の婦人の飲むものとなって、夫婦の盃[128]の無意味になったなども、そのいちじるしいひとつの例である。いわゆる恋愛技術のかつて双方に共通であったものなどは、これ[129]には衰え去り、かれ[130]には異常に発達した。歌や艶書《えんしょ》[131]のひとの心を優雅にしたものが、いまでは賤《いや》しまれて真面目な者はこれを用いなくなった。恋する者よりほかは使わなかったいろいろの言葉と風姿は、大方巻き上げられて、しかも玩弄の種《たね》にしかなっていない。

無為と謙遜とを詮《せん》とした[132]良家の女たちは、いわばこのために二重のうわなり打ち[133]を

122 **法令がいっせいに強制して**　一九〇〇（明治三三）年発布の「娼妓取締規則」のことか。 123 **抱え女**　年季契約などでかかえられた芸娼妓や茶屋女。宮城県・山形県の方言で、正式の妻以外の愛人を指す。 124 **てて**　父の意。遊女屋の主人のこと。 125 **芸妓の養女問題**　『東京朝日新聞』一九一九（大正八）年四月五日記事は「商売づくの養女取締」の見出しのもとに、芸妓屋が前借金踏み倒しを防ぐため、雇用のときに虚偽の養子縁組届をなすものを、警視庁が取り締まる方針だと報じている。 126 **女衒**　遊女奉公を仲介し、女を遊女屋・旅籠屋などに売ることを業とした者。この語は元禄時代（一六八八～一七〇四）から使われはじめ、大正時代（一九一二～一九二六）におよんだ。 127 **苦艱**　苦しみ。苦難。 128 **夫婦の盃**　かための酒。夫婦約束のさかずきごと。 129 **これ**　此。近称指示で、家の夫婦の日常。 130 **かれ**　彼。遠称指示で、都市の遊里の風俗を指す。 131 **艶書**　恋慕の思いを書き送る手紙。恋文。 132 **詮とした**　大事にした。肝要と考えた。 133 **うわなり打ち**　後妻打ち。離縁された前妻が後妻にいやがらせをする習俗。

受けていたのであった。

ところがその遊女らも、現在はすでに疲れきっている。資本のあらゆる誅求《ちゆうきゆう》[134]に堪えかねて、ほとんどこの廃頽した遊戯にさえもたずさわれなくなっている。のこるはただ軽薄児の戯れ笑いたい念慮のみで、それが次々に新たなる遊び場を尋ね求めて、そのひとつひとつを荒墟《こうきょ》[135]にしなければやむまいとしている。

これが当代の花柳界[136]なるものの、陰惨なる運命であった。

近代都市にもてはやされた心中《しんじゅう》文学というものが、おおむね遊里を発源地としていたのには原因があった。大近松《おおちかまつ》[137]以来《いらい》の伝統としてなつかしがられた、恋と義理との葛藤《かっとう》ということも空《くう》なもの[138]になって、形ばかりの名文句《めいもんく》が飽きられる時代が来ても、まだ本物《ほんもの》の情死だけは、模倣という以上にさかんにくり返されている。活《い》きておりにくくなるという事情の、新たにつけくわわったものが多いからである。かつてはこの別天地に生を営《いとな》む者は小さな時から年老いてしまうまで、できるだけ尋常の社会から引きはなして、特殊の雰囲気のなかに籠城《ろうじょう》させようとする巧《たく》らみがあった。それがある期の繁昌《はんじょう》にそそのかされて、しだいに成長した婦人を地方から補充するようになると、すなわち遊女の気質[139]は変化せざるをえなかったのである。

以前も浮川竹《うきかわたけ》[140]とか流れの身とかいう言葉は多く用いられ、この生活にたずさわる者が、終《つい》の宿《やど》りを定めがたいことをさまざまの歌章に詠じてはいるが、これは今日からみれば真情《しんじょう》ではなくひとつの恋愛技術にすぎなかったようである。かりに彼らを永久の婚姻によって、平静なる尋常の家庭につなぎとめたとしたら、はたして、

　浜千鳥飛び行く限りありければ
　　夕居《い》る雲をあはとこそ見れ

というような風懐《ふうかい》[141]をもった者が、安んじてその晩生《ばんせい》を楽しみうるか否かは疑わしかった。こういうはなやかなる一期間の婚姻のために、若き命《いのち》の酒を傾けつくした者は、必ずその老境は無聊寂寞《ぶりょうせきばく》なものであったろうが、しかもなんびとにも想像しえられるような、そう平凡なる末路《まつろ》ではなかったのである。

ところが普通の家に育《そだ》った女たちの、泣いて親同胞《おやはらから》[142]に別れていく者になると、いつまでもただ世の常の身のよすが[143]を、考えずにはいられなかったのである。芝居によくある貧《ひん》ゆえの身売り、または欺《あざむ》かれてこの苦界《くがい》に堕《お》ちたと思う者は、もうその時から

134 **誅求**　金の取り立て。135 **荒墟**　荒れはてた城や都の跡。136 **花柳界**　芸娼妓の社会。137 **大近松**　浄瑠璃・歌舞伎脚本作者の近松門左衛門（一六五三〜一七二五）。138 **空なもの**　よりどころのないもの。無意味なこと。139 **気質**　職業や身分に特有の類型的な気風。140 **浮川竹**　川辺の竹が水に浮き沈みするように、定まりのない、つらきこと多い身の上。「浮き」を「憂き」にかけて、特に遊女の境遇をいう。141 **風懐**　おもむきある心もち。風雅な思い。142 **同胞**　兄弟姉妹。143 **よすが**　頼りとするひと。よりどころとするもの。

半分は世を棄てていた。それがわずかにのこった夢を押《お》し潰《つぶ》されて、ふたたび家庭のひとにもどることができぬと決すると、すなわちいと容易に絶望してしまったのである。

じっさいまたありふれたほかの生活とくらべて、くらべようもないほどの残虐《ざんぎゃく》な任務でもあった。

そうして社会はなお昔のとおりに、彼らをその一廓の内に遮断して、努めて混入を防ごうとしていたのである。自由廃業[144]の新たなる運動も、単に資本の足枷《あしかせ》から、いったんの救済をなしとげたというばかりで、のこりの生活はまだ必ずしも自由にはなっていない。そうして自分だけはなんでもなしうるように思っている者が、いまにいたるまでいろいろと形を変えて、依然としてその苦悩の職業をつづけているのである。

われわれの婚姻様式は、おそらくはあまりに整理せられすぎたのである。

これほど人間の往来が繁《しげ》くなり、これほど異なる境遇の者が、相隣《あいとなり》[145]して活きるようになるまで、たったひとつの以前に定められた手順だけに、よるよりほかはないとすれば、当然に種々雑多《しゅじゅざった》の内縁というものがあらわれ、その方法は年とともに、あさはかなものとならなければならぬのであったろう。そのなかでも都市は格別にひとがたがいに知りがたく、同時にまた虚構粉飾《きょこうふんしょく》のおこなわれやすい新住地であった。そうしてこれに住む者の気質も一人ひとりに変われるだけ変わろうとしている。それが心を軽くし洞察を鈍《にぶ》くし、さらにまた感覚を切《せつ》ならしむるの力ある飲料[146]をもって、交遊のただひとつの手段とすることになったのである。酒が幸福なる婚姻の敵《かたき》のごとくに解せられて、しばしば下戸《げこ》[147]をもって聟選《むこえら》みの条件にするようになったのも、考えてみれば大きな変化であった。

いわゆる一人者《ひとりもの》の理由も無限に増加していこうとしているが、これも自由にもとづいたものはじっさいは非常に少ない。求めて得られぬ者と求めかねて悪い婚姻に忍んでいる者とが、新たに勝手なる婚姻観を立てているだけである。

これらはその意見を批判するより前に、一応はまずその境涯《きょうがい》を同情しなければならない。

144 **自由廃業**　娼妓取締規則・芸妓営業取締規則などに従って警察署に届けでて、抱え主の同意なしに自由意志によって廃業すること。　145 **相隣して**　隣りあわせて。　146 **心を軽くし……力ある飲料**　酒。

147 **下戸**　酒が飲めないひと。

# 第九章　家永続の願い

## 一　家長の拘束

めずらしい事実が新聞にはときどき伝えられる。門司《もじ》では師走《しわす》なかばの寒い雨の日に、九十五歳になるという老人がただひとり、傘一本も持たずにとぼとぼと町をあるいていた。警察署に連れてきて保護をくわえると、荷物とては背に負うた風呂敷包《づつ》みのなかに、ただ四十五枚の位牌《いはい》があるばかりだったという記事が、ちょうど一年前の朝日にも出ている。[1]こんな年寄《としよ》りの旅をさまよう者にも、なおどうしても祭《まつ》らなければならぬ祖霊《それい》[2]があ

**1　門司では……一年前の朝日にも出ている**　この「一年前の朝日」は、一九二九（昭和四）年一二月二五日発行の『大阪朝日新聞附録　九州朝日』である。大阪朝日新聞社の門司支局が発行し、地域版として配っていたものかと思われる。「四十五枚の位牌を携え九十五歳の老人が漂泊の旅を続ける」という見出しのもとで、係累が死に絶えて養い手がなく、福岡にいるというただ一人の孫をたよろうと愛媛を出たが、旅費を使い果たして門司で警察署に駆け込んだ老人のことを報じている。

ったのである。われわれの祖霊が血すじの子孫からの供養《くよう》を期待していたように、以前は活《い》きたわれわれもそのことを当然の権利と思っていた。死んで、自分の血を分けた者から祭られねば、死後の幸福は得られないという考え方が、いつの昔からともなくわれわれの親たちに抱《いだ》かれていた。家の永続《えいぞく》を希《ねが》う心も、いつかは行《ゆ》かねばならぬあの世《よ》の平和のために、これがなによりも必要であったからである。

これはひとつの種族の無言《むごん》の約束であって、多くの場合祭ってくれるのは子孫であったから、子孫が祭ってくれることを必然と考え、それを望みえない霊魂がさびしかったのであろう。

血食《けつしよく》[3]という語は支那でも古くからあった。

仏法の教《おし》えではこの願を成仏《じようぶつ》[4]と教えていたが、われわれの家のほとけ様というのは、ただ怒り憤《いきどお》ったり、怨んだりしない亡霊《ぼうれい》ということで、毎年の盆と彼岸《ひがん》とには還ってきて、いつまでもこの娑婆《しやば》に愛情をのこし、始終家の者の面倒をみていたのである。

いわゆる無縁《むえん》[5]仏の血食を絶たれた者はこの世の供養がいつも十分でないので、その歎《なげ》き羨《うらや》む念が間接に家々の幸福を攪《か》き乱そうとしていた。これに対しては施餓鬼《せがき》[6]とかみたまの飯[7]とかの、ほかの聖霊へのいろいろな社会事業が、生きている者のためよりもいっそう懇切におこなわれることになった。こういう供養が届《とど》かぬと化《ば》けて出る。もしくは化けるつもりでものすごい書置きをのこし、面当《つらあ》てに死ぬ者も毎度《まいど》あった。戦争や飢饉《ききん》の後はこの不安がことに多く、じっさいまた疫病《えきびょう》や虫害などの災いがよくおこったので、それを慰撫《いぶ》するための鄭重《ていちょう》な法会《ほうえ》[8]などがはじまったのである。しかし自分たちだけはそういう目に逢いたくないために、ひとは百方《ひゃっぽう》に家の平和を祈り、また縁について一日も早く、子があり孫の生まれんことを望んでいた。

**2 祖霊**　先祖の霊。個々の死者の霊が、三三年目などの弔い上げを終えて個性を失い、先祖の霊一般に融合したもの。柳田は『先祖の話』（一九四六）で「祖霊は個性を棄てて融合して一体になるものと認められていた」［全集15：九六頁］と説く。**3 血食**　いけにえの動物を宗廟に供えてまつること。**4 成仏**　死んでこの世に未練を残さないこと。悟って仏になること。**5 無縁仏**　弔う縁者のない死者。未婚のまま死んだ子どもなどの霊。『歳時習俗語彙』（民間伝承の会、一九三九）は「ムエンサマ」を説明して、「本ぼとけは生前に家庭をもった人の霊、無縁は未婚のままで死んだほとけ」で盆だなでも別に祭っていると指摘する。柳田は『先祖の話』（一九四六）に「少なくとも国のために戦って死んだ若人だけは、なんとしてもこれを仏徒のいう無縁ぼとけの列に、疎外しておくわけには行くまいと思う」［全集15：一四九頁］と書いた。**6 施餓鬼**　無縁の亡者のために催す読経や供物などの供養の法会。施餓鬼会（え）。**7 みたまの飯**　暮れの晦日か正月に仏壇または年棚に供える飯。一本箸を突き立てた握り飯や盛り分け飯が多い。『歳時習俗語彙』に「ミタマノメシ」［：六八一―二頁］の説明がある。**8 慰撫するための鄭重な法会**　仏教に位置づけられた彼岸会（え）や盂蘭盆会、あるいは悪霊・鬼払いの節分会のことか。また法会という語感からはすこしずれるが、京都の祇園祭や博多の山笠などの祭礼も疫病退散の祈願と関連するといわれ、各地の民俗行事としてのころ「虫送り」もまた虫害の退散に関連するとされる。

いまは忘却せられた婚姻のひとつの意義、若くてひとり死ぬひとたちの悲しさというなかには、言葉にはあらわせないこの気《き》づかいがこもっていたのである。土地を利用する職業が重んぜられたのも[9]、単に食物の家永続を保障するものを産するというだけでなく、土地につかない婚姻の、末々は霊魂を祭るひとから、引きはなしてしまうという危険を防ごうとしたので、位牌の漂泊は九十五の老人にとって、ひとり身ひとつの不幸ではなかったのである。

家を富ませたいという念願の底《そこ》にも、やはりまたこの血食《けっしょく》の思想があった。立派な葬式、盛大な仏事を営んでやることが、祖先と自分たちのあの世の幸福を、いっそう深めるかという空想は、人情として当然であったろう。全体に故人がそこに立って見ているのでなければ、無用だと思うような親切が、いまでもまだ数多くおこなわれているが、故人もあらかじめそれを期待して、いくたびかその日を想像の画に描《えが》いていたのであった。

たとえば関東の田舎においては、葬列に撒銭《まきせん》[10]をする風が近いころまでさかんであったが、老人は多くはその入用のために、早くから撒《ま》くべき銭を貯えていた。白衣《びゃくえ》の看護人がある時代の殉死者のように[11]、自分の手に死んだ人の後からついていくなども、思想としては必ずしも新しい流行ではなかった。葬式だけは最後の晴《はれ》だから、立派《りっぱ》にしてくれといいのこして死ぬひとも多かった。そうすると揃《そろ》えの衣装を着た出入《でいり》の者[12]

が供《とも》をしたり、花や放鳥《はなしどり》[13]のけばけばしい籠が列《つら》ねられた。これを生きのこった者への慰藉《いしゃ》[14]とは、なんびとも考えてはいなかった。

古風はたまたまこのような機会に蘇《よみがえ》って、それを新しい文化に照らして、訂正してみようとする者がなかったのである。

それはなんでもないことだと考えるひとは多くなっても、やはり死んでいく者の切《せつ》に望んでいたことだけは、印象として消えずにのこったのである。いまはもうおらぬ親々以上が、どれほど悦《よろこ》ぶだろうかということがいつも思い出される。これが栄《さか》える家々の隠れたる大きな満足であったとともに、逆境にある人たちの口にはいい出せない苦悩のひとつであった。生きた家族ばかりの単純な結合ならば、じっさいは見にくい相続の争いなども、なんとでも解決の途《みち》はつくのであったが、温厚なる多くの家長

**9 土地を利用する職業**　農業など土地に根ざした職業のこと。**10 撒銭**　参列者などに銭をばらまく風習。**11 白衣の……殉死者のように**　一九一四（大正三）年五月一一日『二六新報』朝刊掲載の「火葬場市営論」には、「いたずらに葬列の長きを誇り、病褥に介抱もせざる看護婦を傭うて葬列にくわわらしむる見得坊」という記述がみられる。厚い看病を象徴する存在として、看護婦を葬列に動員する風がこの頃にはあったことがわかる。**12 出入の者**　大工のかしら、鳶、左官や植木屋など、その家に出入りして諸用を引き受ける職人のこと。**13 放鳥**　葬儀のとき、功徳のために捕らえておいた鳥を放すこと。ほうちょう。**14 慰藉**　なぐさめ。

は自分をただ長《なが》い鏈《くさり》のひとつの環《わ》と考えるゆえに、常に恩愛《おんあい》[15]の岐路に迷わねばならぬのであった。

早く生まれた子にたくさんの力をのこし、末々の弟たちをその従属のごとくにしてしまうことは、かりに母を異にした利害の衝突はなくとも、親の情としては自然でなかったのであるが、もとはやや冷酷なる家の法則[16]があって、資産を均分して一門の主力を弱めることを許さなかった。それが農村においてはまず少しずつ自由となって、対等に近い分家はおいおいにおこり、したごうてその間の拮抗は激しくなり、盛衰の等差はようやくいちじるしくなるとともに、ついに小農[17]は日本の名物とまでなってしまった。家はただかすかにしか永続することができなくなっているのである。

## 二　霊魂と土

祖先の記念はいまのひとが想像しているように、文字を刻んだ冷《つめ》たい石の塔ではなかった。

亡骸《なきがら》はやがて朽《く》ちゆくものとして、遠く人なき浜や谷の奥に隠して、これを自然の懐《ふところ》に返していた[18]のである。喪屋《もや》のいくにちかの悲しい生活をおわって還ると、字を知らぬひとたちはただその辺《あたり》の樹木の枝ぶりや、自然の岩石の形によってその場処を覚え、時《とき》おりの花をささげ涙を流しにいったが、それがだんだんに移り変わっていくとともに、末には忘れてしまうのが当り前のこととなっていた。いまでもこの野辺《のべ》送り[19]のなごりかと思われる土地が、山の中などにはそちこちに見出されるのみならず、地方によっては引きつづいてひとつの三昧《さんまい》[20]を使い古《ふる》しているところも少なくない。祖霊を礼拝し、かつ供養《くよう》するためには、別に臨時の祭壇をつくりもうけ、常は各人の血のなかに流るるある物をもって、永遠の記念と解していたようである。

**15 恩愛**　いつくしむ心。情愛。肉親への自然な愛情であるとともに、断ちがたい妄執でもある。

**16 やや冷酷なる家の法則**　長男子を優先する長子単独相続。分割相続による所領の細分化を避けるため、鎌倉末期の武家より起こり江戸時代に確立した相続形態。一八九八（明治三一）年の明治民法は、戸主である家長が家督を相続する形式において長男嫡子の単独相続を基本とした。一九四八（昭和二三）年の民法改正において、共同相続・均分相続が基本となる。しかし後段で論ずる農村の「自由「対等に近い分家」はすでに幕末から生まれつつあり、神島二郎は「一系型家族」に対する「末広型家族」の発生と論じた（『近代日本の精神構造』岩波書店、一九六一）。　**17 小農**　雇い人を使わず、自己および家族の労働力と自己所有の土地で営まれる小規模な家族農業。　**18 亡骸は……返していた**　沖縄をはじめとする南西諸島地域での風葬を指すか。土葬が主流であった時代、遺体を埋葬する墓を「三昧」「埋め墓」といって、三年目以降の盆にはもうそこには行かず、墓標が建てられた「詣で墓」を別に設ける形があった。柳田は「葬制の沿革について」（一九二九）で前者を仮に「葬地」後者を「祭地」と呼んで区別している［全集28：九九頁］。　**19 野辺送り**　亡骸を火葬場・埋葬場まで送ること。またその行列。　**20 三昧**　三昧場。葬場もしくは墓地。共同墓地。

寺が霊魂の管理に専任するにいたって、われわれの墓制には一部の改造がおこなわれた。法師は穢《けが》れを忌まぬゆえに境内の埋葬を許与し、もしくは常設の乱塔場《らんとうば》21を管理すべく、庵《あん》や道場を建てさせてそのなかに住んだ。石碑を常人のためにつくるようになったことは、三百年ばかりの以前からのこととみえて、それより古くは少なくとも字を刻んだものはのこっていない。

それも最初のほどは礼拝が目的であったゆえに、ひとを送っていく野辺とは別の地にあるものが多かった。土地がしだいに利用を進められて、自由な葬地を選定することが困難となり、いっとなく里近くへその場処を定めることになって、墓に対する考えはまた若干の変化をみた。かつては一種の忘却方法であったものが、後には永久の記念地と化し、ひとは競うて大小の石を立てて、おのおの祖先の埋葬所という土地を占有しなければならぬようになった。墓碑の大きさは以前から少しずつくわわろうとしていたが、急に明治に入ってより家の資力の許すかぎり、どんな巨大な石でも持ってきてよいことになり、わずかな歳月のあいだに三昧《さんまい》は狭く、土地の権利は非常に高くなって、貧しき人びとは死後にも安眠の場処が得やすからぬようになってきた。

日本にはかぎらず、墓制は一般に旧国の悩みのひとつであった。

墓を鄭重《ていちょう》にする風はじっさいは抑えがたく、その風《ふう》がいったん定まるとこれを元へもどすことはまた容易でない。最初はただ富あり権勢ある者が、地を占めて葬地の万全を期したものが、おいおいはだれもだれもその能力の許すかぎりこれに倣《なら》おうとする。ことに人煙が日に繁《しげ》く[22]、ひとの感覚があだし野[23]の光景に堪えられなくなると、できるかぎりこれを清らかなものにしようとする。さりとて遠い荒野や寂《さび》しい山に愛する者を捨てにいくのはなお忍びないので、それがいつとなく家のそばの礼拝所[24]に埋める習わしとはなったのである。

明治のはじめ、みだりに耕地のきわへ埋葬しては相成らぬという達しの出た[25]のも、この風を禁ずる目的であったが、すでに根強い慣習になっていたとみえて、いまも南九州や関東・奥羽の山村の、屋敷に接した控え地の片隅などに、前々からの葬地がのこっている。

**21 乱塔場**　墓場。墓地。卵塔場・蘭塔場。**22 人煙が日に繁く**　かまどの煙がしきりに多く。人家が多く集まって。**23 あだし野**　京都の小倉山のふもとにあった葬送の地。火葬場があった地として東山の鳥辺野・鳥辺山とともに有名であり、ものごとのはかなさを象徴する地名でもあった。**24 家のそばの礼拝所**　いわゆる屋敷墓あるいは屋敷附属の墓地のこと。**25 明治のはじめ……達しの出た**　一八七二（明治五）年の大蔵省達第一一八号に「人民所持ノ耕地畔際」に思いのまま「遺骸ヲ埋葬」することを禁ずるとあることを指す。翌年の太政官布告第三五五号の「従来猥ニ墓地ヲ設ケ候儀ハ不相成候処」も、この方針を受け継いでいる。法令はコレラ等の伝染病の予防と衛生とを念頭に「高燥」で飲料水汚染の危険性がない囲い地を指定した。政府の許可や登録を得た区画は墓地・埋葬地として認められたが、屋敷墓は一区画をなすのがむずかしかったという（森謙二氏の教示による）。

それも単なる封土《ふうど》[26]ならば崩《くず》れるまで、樹を栽えるならば成長して大木《たいぼく》となるまでに、自然の忘却は静かに訪《おとず》れてきたのであるが、石はむしろ惨酷《ざんこく》なほどに、人間の記憶を引きとめた。愛にも憎しみにも縁の絶えた家々が、空しく無縁仏の恨《うら》みを横たえているものが多くなった。

自葬[27]の禁止と永久墓地の限定とは、新時代の力を注いだ整理方法であったが、これはただ前のものを粗末にする原因になっただけで、新たに石碑の巨大なるものが乱立する傾向を制するわけにいかなかった。ことに前後三度《たび》の海外戦役[28]は、多数の戦死者の記念塔を路傍に建てしむる風習を養って、いよいよ墓の構造を見事にする必要が一般のものになり、それと同時に石碑は個人ごとに、ぜひひとつずつつくるべきもののようになってきた。

いまはとにかくになんとかしなければならぬ問題となっている。

第一にはどうしてこうなったかを尋ねる必要があるのだが、これにもやはり都市生活の影響を考えずにはいられない。江戸ではたぶん京都の五三昧《ごさんまい》[29]の、直視しがたい乱雑の状に懲りて、わざと郊外に共同の葬地はもうけさせなかった。そうしてところどころに寺町《てらまち》を区画して、少しは住民の家数に比して多すぎるかと思うほどの寺を建てさせ、おのおの若干の空地を附与してそこを両用の墓場[30]とし、それを諸国の新城下町《しんじょうかまち》も真似たのであった。菩提《ぼだい》[31]所を葬地とすれば石碑が立つにきまっている。寺では美観のうえからもまた面積の節約からも、まる二年までには必ず石にすることを勧める。それで埋葬はいよいよ無理なこととなり、三百年のあいだには市中はもうこれを忍びがたくなっていたのである。そこでぜひなく新たに共同墓地[32]をつくらせたが、これがまた五十年もせぬうちに狭くなってしまった。そうしてただ資力のゆたかなる者のみが、幅をする[33]場処と化したのである。

火葬は十数世紀以来の日本の公認葬法であったにもかかわらず、案外に普及はしていなかった。これが新たな必要に迫られて、だんだんにひろく採用せられるころには、もうわれわれの墓に対する考えも変わっていた。

**26 封土**　祭壇として盛り上げた土。人工の盛り土。　**27 自葬**　神官・僧侶などに依頼せず自分たちで葬儀を営むこと。一八七二（明治五）年六月の太政官布告第一九二号で「向後相ならず」とされ、神官僧侶に「相頼むべく候こと」とされた。　**28 前後三度の海外戦役**　日清戦争（一八九四～九五）、日露戦争（一九〇四～〇五）、第一次世界大戦（一九一四～一八）もしくはシベリア出兵（一九一八～二二）を指すか。　**29 五三昧**　埋葬場。五三昧所。　**30 両用の**　葬地用と祭地用の。　**31 菩提所**　亡きひとの冥福を祈るところ。　**32 共同墓地**　明治期の新聞では「共葬墓地」ということばが使われている。一八九〇（明治二三）年一月九日の『読売新聞』は東京府民一三〇万人の共葬墓地は「青山、立山、深川、谷中、染井、雑司ヶ谷、亀戸、橋場、渋谷の九ヶ所」と数え、その総面積を人口で割ると「七夕（勺）八才」（およそ〇・二三平方メートルで、約四八センチ四方）だと、戯れに計算している。

**33 幅をする**　幅をきかす。威勢をみせつける。

二、三の大きな都市では寄寓生活者の、遺骨を寺に托して墓をもうけぬ者がはなはだ多く、末には引取人《ひきとりにん》のないものが、少しずつ溜《たま》って、どう処理してよいかに迷っている。このなかにはもちろん悪意の委棄《いき》[34]、もしくは極度の不幸の若干を含んでいるが、他の多くの場合は第一の故郷とはすでに手を分かち、第二の故郷はいまだ選定せられず、あまりに現在の居所がよく移るために、引きとってどこに置こうという計画の立たぬ者が、困《こま》ってそのままにしているというだけのものもあるらしい。

土地と婚姻とのつなぎの綱《つな》が弛《ゆる》んだということは、当然に親々の墓処《はかしょ》に還りえない霊魂の、旅で新たに形を結ぶことを想像せしめる。ひとが数多くの位牌《いはい》を背《せ》に負いつつ、いかにその記念を次の代と結ぶべきかに、苦慮しなければならなくなった時代は到来しているのである。

## 三　明治の神道

墓と葬地を寺院に附属せしめるようになってから、急に仏道の霊魂を管理する力は長大している。[35]そのうえに近世の宗門改《しゅうもんあらた》め[36]の制度が、活《い》きた人別《にんべつ》[37]までを寺によって統括しようとしたために、いよいよここを通《とお》さなければ、先祖代々との聯絡《れんらく》は保てぬようになり、したごうて産土《うぶすな》[38]という古い思想が解しがたいものになった。

家の菩提《ぼだい》所と同じ宗旨の寺ならば、旅の空でも霊魂は托しうるということは、長屋《ながや》に仮寓《かぐう》[39]して一生をおわらねばならぬ者に、かなり心丈夫《こころじょうぶ》な慰めをあたえたとともに、一方に故郷の氏神《うじがみ》さまの祭は少しずつさびしくなっていくことを免れなかった。

春と秋との最初の満月のころに、家々の祖霊を迎えて饗応するという習わし[40]は、おそらくは日本の上古からあったもので、これをほとけと呼ぶように教えられて後までも、新しい教法《きょうほう》[41]はなおその奇異なる定期の旅行を、説明することはできなかったのである。それでも念仏を主要とする民間宗派から率先して、とにかくに盆だけは完全に僧侶の掌《つかさ》どる祭にはなったが、これと相対する正月十五日の儀式[42]ばかりは、いまもって家々の戸主と主婦、あるいは特別に選任せられた年男《としおとこ》[43]がこれをおこのうていた。そうして二つの祭はなんの関係もないもののごとく、考えられるようになってきた

**34 委棄**　権利を放棄して他人の自由処分にまかせること。**35 長大している**　成長している。増大している。**36 宗門改め**　キリシタン信仰禁圧のため、家ごとに信仰する宗旨・宗派を取り調べ、檀那寺にその帰依者であることを証明させた。領民一人ひとりについて宗門人別帳に記載した。**37 人別**　住民の数。人口。**38 産土**　産土神。生まれた土地の守護神。近世以降は氏神と混同されている。**39 仮寓**　かり住まい。**40 春と秋との……習わし**　春分の日・秋分の日を中日とする彼岸のこと。**41 教法**　仏の教え。宗門の教義。**42 正月十五日の儀式**　小正月。繭玉をかざったり、どんど焼きを行なったりする。さまざまな地方でコドシ（小年）、ワカトシ（若正月）、モチイ（望《もち》日）、ミテ（歳末）などの呼び方がある。**43 年男**　その年の干支にあたる男、または厄年の男。

のである。

橋を架《か》けにくかった内外二つの信仰の差は、われわれはもと天竺《てんじく》[44]のひとのように、完全なる輪廻転生《りんえてんしょう》の法則を承伏《しょうふく》していなかったことである。死んでたちまち別の家庭に属し、あるいは別の世界に引越してしまうという風《ふう》には、霊魂の行くえを眺《なが》めていることができなかった。眼にこそ見えないが郷土の山川草木には、親の親たちが憩《いこ》い宿って、かつて参加していた現世の生活を、なつかしげに見守っているものと思っていたのである。

しかも仏法からいうならば、それは迷える魂《たま》であった。ゆえに正《ただ》しく供養《くよう》せらるるものは盆の二夜だけ、十万億土[45]からもどってくるように教えらるるとともに、呼べばいつでも出るような亡霊は、はなはだ油断《ゆだん》のならぬおそろしい干渉者であるがごとくに、だんだんに考えさせられたのである。功力《くりき》の絶大なる代々《よよ》の仏如来《ぶつにょらい》のほかに、魔障《ましょう》[46]の懐柔を誓願《せいがん》とする十一面観世音、とくに悪道を救済する[47]地蔵菩薩などが、さかんに拝《おが》まれたのもそのためであった。産土《うぶすな》の杜《もり》には住民のもっとも声望ある家の祖霊を中心にして、祭を統一するのが古くからの習いであったらしいが、これも後には八幡《はちまん》・天満《てんまん》[48]などの、もっとも霊魂を統御する力大《だい》なりと信ずる神々を、新たに勧請《かんじょう》して主従の関係におく風が普通になった。

しかもその祭礼に奉仕する者だけは、依然として土地の旧家のもっとも祖霊に親《した》しかるべき者が、多くは引きつづいてこれに任ぜられていたのであった。こういう信仰は常に学問によって[49]琢《みが》き上げらるるゆえに、後々はむろん複雑なるいろいろの解説がおこなわれているが、それはけっして総住民の普通の考え方までを一変してはいなかった。

秋の稔《みの》りを飯《いい》に炊《かし》ぎ酒に醸《かも》して、神の社頭《しゃとう》に直会《なおらい》する[50]心もちには、隠れた家々の先祖の背後の力とともに楽しむという最初の感じだけは失わなかったかと思われる。旅をしていた人びとの故郷との因縁は、わずかにこの一縷《いちる》[51]によってつながれていた。祭のころまでには還ってこいといったり、家にもどって年を取ろうなどという念慮は、いまでもまだ片隅には根《ね》をさして伝わっているのである。

こういう解説のできないいろいろの故郷のしきたり、単に守れば心に悦《よろこ》びがあり、欠けばうらさびしいというだけの行事の連続が、宗教と名づくべきものか否かには議

**44 天竺**　日本および中国でのインドの古称。　**45 十万億土**　遠い極楽浄土。　**46 魔障の**　仏道の修行のさまたげになる魔や外道の。　**47 悪道を救済する**　現世で悪いことをした者がおちていくところから救い出す。　**48 八幡・天満**　八幡神を祀った八幡宮、天神を祀った天満宮のこと。　**49 学問によって……解説がおこなわれている**　天台・真言の両宗が推進した神仏習合のさまざまな考え方、特に本地垂迹説や権現思想などを指すか。　**50 直会する**　神事のあと神前に供えた酒や供物をおろして、ともにいただく共同飲食の宴をおこなう。　**51 一縷**　一本の細い糸。

論がある。しかし少なくとも千年以上の練行《れんぎょう》[52]を重ねた世界教[53]の力にも、まだ立ち入りえなかった一角はここにあり、それが自由伝道の現世代[54]に入って、さらに躍進してひとつの新局面を展開したというのは、とにかくに小さくない底力《そこぢから》であった。

かみという言葉は日本では非常にひろい意味に用いられ、賤しめてあるいは藪神《やぶかみ》[55]などといったもののなかには、時としては樹木・動物などもあった。人の霊が神となって拝み禱《いの》らるるということは、ほとんど当然とさえ考えられていたのである。しかもその場合は前代においては限定せられ、普通鎮守《ちんじゅ》[56]の大神の威力のみをもって、制御することが難《かた》いと思わるる霊魂を、とくにその周縁のある土地に斎《いわ》い慰めるのが例になっていた。

ところが明治時代に増加した多くの地方神は、今日の語でいう人格の崇敬《すうけい》を主とし、必ずしも霊あって祟《たた》り災《わざわ》いするという畏怖からでなく、また必ずしも禱《いの》れば福を与うという予期と感謝なしに、祀《まつ》られたものであった。

藩士が別れに臨んで旧君の始祖を社《やしろ》にした[57]などはそのいちじるしい例であったが、これはいずれも境を出ずれば神でないのだから、この点はなお以前の習わしに即《つ》いたもので、いわば人神思想の第一次の拡張であった。

それが第二次にはこの郷土の関係を離れて、人の霊を国全体の神として拝み崇めることになった。東京の招魂社[58]は西南戦争の直後に、その戦死の将士を祭ったのがはじめであったが[59]、それが今日の規模《きぼ》を確立したのは、さらに十数年後の愛国戦争[60]からである。死すれば国家の神となるべしという壮烈なる覚悟は、じっさいに兵火の衝《しょう》に立った者の精神を、どれだけ高いものにしたかしれぬのであった。

二十一年我手で育《そだ》て　三月《つき》見ぬ間《ま》に国の神

という類の歌謡は、日露戦役のころにもいくつとなくおこなわれていた。

これは古風な多数国民の心の底に、ひさしく眠っていた霊魂の観念であったが、この新国家主義の発揚とともに、たちまち産土《うぶすな》の狭《せま》い限界を脱出して、一朝《いっちょう》にしておいなる団結をつくり成したのである。ひとがいたるところの青山《せいざん》[61]を墳墓の地と考えて、

**52 練行**　仏道修練の苦行。　**53 千年以上の……世界教**　仏教。　**54 自由伝道の**　伝道に束縛のない。伝道自由の。　**55 藪神**　由緒のわからなくなった神。また、整った社殿をもたない小さな祠。　**56 鎮守**　村落など一定の地域で大地の精霊をしずめ、その地を守護する神社。　**57 藩士が……社にした**　一八七二（明治五）年から明治中期にかけて創建された、旧藩主家の先祖をまつる府県社は多く、全国で六〇社をこえる。仙台の伊達家の青葉神社、山形の酒井家の荘内神社、三重の藤堂家の高山神社、福岡の黒田家の光雲神社など、旧藩士・領民の請願によって創建されたものが多い。　**58 招魂社**　靖国神社および各地方の護国神社の旧称。　**59 東京の招魂社は……はじめであった**　『読売新聞』一八七七（明治一〇）年一一月六日の「陸軍省録事」に「先般鹿児島県賊徒征討の際戦死の者、来る一三日より一五日まで三日間東京九段坂上において招魂祭を行なわせられ、自今は同所招魂社へ合社、毎年九月四日祭典挙行候」とある。　**60 十数年後の愛国戦争**　日清戦争。

どこでも働きかつ眠ろうという気になった、これもまたひとつのおおいなる力である。

神社は宗教でないかあるかも、もういまならばたしかに問題とするに足りる。固有信仰の特徴は、経典が各人の心理に書写されていて、[62]読みようの時代とともに変わっていくことであった。しかも遺伝の数十代をかさねて、それが国民の気質の一部をなすものは、そう容易《たやすく》には消えつくすことはできない。

外国の宗教がこれを押し開き突きやぶって進んだもののように考えていたのは、いままでの歴史家の概括《がいかつ》論であった。仏教は本地垂跡《ほんじすいじやく》[63]の昔から、ただあるかぎりの昔の物を、容認することによって普及している。耶蘇教がかりに生《しよう》ある小家族の霊魂の管理から、もう一歩を前か後かへ進めようとしたら、必ず抵触か妥協かの二者一つを忍ばなければならなかったろう。

われわれの宗教生活はじっさいは複雑を極めている。

小学校の神棚は問題にせられた[61]が、家々の神棚だけは当然に認められている。そうして死者の引導《いんどう》を仏法に委託しておいて、自分は婬祠《いんし》をいのっている[65]という者が、いまもその数がもっとも多いのである。

この混乱の最初の因をなしたものは、家の移動に伴うた産土思《うぶすなし》想《そう》の分解であった。

## 四　士族と家移動

士族と呼ばれた家の数は数十万の多きに達していたが、それだけは全部、いったん故郷というものを断念すべき時代に遭遇した。以前も藩によっては数回の国替《くにがえ》があって、この経験は絶無とはいわれぬけれども、そういう場合は大急ぎで新しい土地との親和を策したのみならず、いつの場合にも群れと行動をともにしていたのであった。明治の廃藩[66]はこれと反対に、移動の強制はす

**61 青山**　もともとは樹木などが生い茂った青々とした山のことだが、蘇軾の詩や月性の「人間いたるところ青山あり」の句から、死に場所と解されるようになった。　**62 経典が各人の心理に書写されていて**　信ずべき教義や守るべき訓戒を示したものが文献としては存在せず、各人の意識や行動のなかに刻みこまれていて。　**63 本地垂迹**　神仏習合の考え方のひとつ。本地（真実の姿）である仏・菩薩が世の衆生を救うために、仮の身（垂迹）に姿をかえてあらわれたのが日本の神々であるとみる。
**64 小学校の神棚は問題にせられた**　昭和初年の滋賀県下の小学校神棚問題か。『読売新聞』一九二九（昭和四）年一〇月三〇日「滋賀県に神棚事件起こる」の記事は、思想善導運動のなかで滋賀県では町村役場や小学校に神棚を設置することになり実施したが「同地方の真宗の団体」やキリスト教団体が「騒ぎ出した」ことを報じている。　**65 婬祠をいのっている**　俗信によるいかがわしい神をまつっている。

こしもなかったかわり、各人にとってあまりにも散漫なる選択の自由があった。最初に大切なる接合剤《セメント》を抜きとってしまって、郷里の生活を意義のないものにしたのであった。それゆえにひとが一代というより短かい期間に、活気のある者から順々に離れ去って、別人は次々にその跡へ住みかわり、たまたまのこり住する者にも、わが処《ところ》という感はあたえなくなってしまった。しかも出ていった者の大多数も、いまはまだ第二の故郷を確定していない。つまり新たにこれだけの家数が、日本の移動分子として表層に浮かびいでたのである。

明治大正の新世相のうえに、これは非常の大事件であった。

そうして大体にその結果は良だったともいえる。

最初中央政府は藩を離れた武士階級の動揺を顧念《こねん》し、[67] あらかじめいろいろと画策するところがあった。書物で研究した政治家の推測では、士族はもと農民の刀を佩《は》いて[68]出でて仕《つか》えた者であるゆえに、それから刀を取り上げればすなわち農民になるものと思っていた。しかし三世紀のあいだに彼らは耕作法を忘れて、ただ農民を下《した》にみる気風のみを養っていた。そうしてまたたくさんの空地《くうち》の彼らの帰農を待っているものもなかったのである。

若干の純理《じゅんり》を追うて田園に入《はい》っていった者も、そう長いあいだは辛抱していなかった。なかには東北や北海道の希望多き新地を給せられた者も、そのわずかの幸福なる者が地主となって栄え、のこりは土地を売って次の業へ移っていった。屯田兵《とんでんへい》[69]は別に家来の鋤鍬《すきくわ》を執る者を必要とする状態であって、しかもそういう労働者は新開地には来ていなかった。

士族のいままでの不動産に近い俸禄《ほうろく》権が、一種の動産に化したこともおおいなる変化であった。これを利用する機会はもちろん都市に多く、しかも彼らの多数も最初から都市人であった。士族の商法[70]という語は、競争の不安を抱かされた者の、誇張した風説がもとであったらしい。若干の、たしかに失敗して貧しくなった者はあったが、新たなる企業のこの人びとによって案出せられ、瀬踏《せぶ》み[71]をしてくれたものははなはだ多い。

これは政府の恐れていた動揺のうちであるけれども、しかもその動揺は結果におい

**66 廃藩**　藩制を廃止すること。一八七一（明治四）年、明治新政府が中央集権化をはかり全国の二六一藩を廃して三府七二県に統一した。一八八八（明治二一）年に三府四三県一庁に整理される。**67 顧念し**　気にかけて考え。**68 佩いて**　身につけて。**69 屯田兵**　北海道の警備・開拓のために設けられた農業経営の兵士。『東京日日新聞』一八七五（明治八）年一月一五日記事は「屯田の制に倣い新たに人民を召募し兵隊に編入し永世その土地の保護をなさしむ」と、その条例規則を掲げている。**70 士族の商法**　明治維新後、旧武士の士族が慣れない事業を起こして失敗したこと。急に不慣れな商売に手を出して失敗することのたとえ。**71 瀬踏み**　実際に足を踏み入れて水の深さを測ること。転じて、まず試みて様子をみること。

て健全なものであった。かつては生涯を漂泊におわったような、常に軽んぜらるる旅人のなかからでも、われわれは新たなる生活技術のいくつかを伝受したのであった。ましてやこれは昔からひとを説く力あり、ことに自身のためにまず安泰の計を立てなければならぬ人びとの、ひろく時代を見渡《みわた》して心づいた方策であった。かりに一度は失敗をしようとも、士族の経験は十分に利用せらるべきものが多かった。良くも悪くも新文化の展開には、士族の苦闘《くとう》が無意識に貢献したということができる。

いまひとつの影響はわれわれの社会のなかに、なによりも急速に俸給《ほうきゅう》生活者[72]という一階級をつくりだしたことである。ことに官員のほうは政府が心あって、[73]とくに授産[74]の道を講じたのかと思うほど、数と階段[75]とを豊《ゆた》かにしていた。いまでも小さな事業をピラミッドでも築くように、部署整然として遂行する気習[76]などは、おそらくは人手の多かったその時代のなごりである。現在その任を嗣《つ》ぐは士族のみではないが、おおよそこのころに型《かた》をきめてしまった。ずいぶんいばりはするがそのかわりに気品高く、責任を先例になすりつけんとするかわりに、専横の振《ふ》るまいが少なかったというなどが、出身職業の異同に論なく、わが日本の官吏の喜ぶべき特徴であった。

じっさい新時代の吏政《りせい》[77]は彼らの加担なくしてはとうてい完成を期すべきものでなか

った。案外の旧弊がこれに伴うて保存せられたのも、まことにやむをえなかったことである。情実《じょうじつ》[78]という文字が、さほどの嫌忌なしにしばしば使用せられ、もしくは封建時代の御恩制度[79]が、わずか形をかえていつまでも通用し、いわゆる系統の差別[80]を他の多くの自由職業[81]に流転せしめたのは、いわば今日の行政が、多分に旧幕以来の吏才《りさい》[82]を必要とした証拠であった。ともかくも士族はおおいにこの方面で働いているのである。以前ある特権があってこれを失った農商工も、その進路はほぼ士族と同じであった。

これらの人たちの士族と共通した特徴は、農に帰って土着しなかった場合でも、祖霊に対する愛慕《あいぼ》が転住《てんじゅ》をもって必ずしも衰えなかったことである。これはたぶんその故郷との別れ方が、村を飛びだすひとのように切迫したものでなかったからであろう。彼らの境遇が突如として一変し、しかもおおむね豊富なる給養《きゅうよう》[83]を受けることができな

72 **俸給生活者**　支給された給料で生計をたてるひと。サラリーマン。　73 **心あって**　意図や思いやりがあって。　74 **授産**　就労または技能の修得のために必要な機会や便宜を与えること。　75 **数と階段**　人員の量と官位の段階。　76 **気習**　気質と習慣。　77 **吏政**　官僚制。　78 **情実**　個人的な利害や感情がからんで、公平な処置ができにくくなっている状態。　79 **御恩制度**　主人が従者の所領についての権利の存在を承認してこれに保護を与え、従者はこれに対して奉公・奉仕の義務を負うという主従関係。　80 **系統の差別**　学歴の差や学閥のことか。　81 **自由職業**　開業医、弁護士、会計士、著述業、芸術家など、高度かつ専門的な知識・才能に基づく独立自営の職業。自由業。　82 **吏才**　役人・官吏としての才能。　83 **給養**　物などを与えて養うこと。

かったということも、日本においてはまたひとつの愉快なる結果を生《う》んでいる。

明治大正の栄達《えいたつ》者[84]は、大半は貧乏士族の子弟でありまた苦学者であった。ひとり文武の官吏だけでなく、政治・学問・技術等のいずれの方面に逸出した者でも、いずれも怖《おそ》ろしいほどの背後の刺戟者をもっていた。ひとに負けないということをただひとつの先祖への供物《くもつ》[85]として、無理な忍耐をして家の名を興《おこ》したというのが、日本の立志伝のもっともありふれた形式であった。そのかわりには郷人のこれを讃歎《さんたん》して、時としては過褒《かほう》[86]にもおよんでいることは、訳《やく》してひろく読まれた英国の『自助論』[87]などと、よほどまた行き方がちがっているのである。名士には小さいながらも英雄型が多く、そうでないまでもすぐに伝《でん》などを書いて、ほかから英雄型にしようとする傾向があるのも、大体においてよい効果をもたらしている。

ただしなんといったところがこれはある一時代の特別の現象であったことは争《あらそ》えない。すなわちいまだ消え失せなかった武人の気魄《きはく》を、新たに生まれた文化に応用しえた過渡《かと》の際[88]が、もっとも目ざましい成績をしめしただけで、機会は時代とともにだんだんにその率を低下していって、たとい完全にその足跡を踏んでみたところが、はたして同じ標的《ひょうてき》まで達するか否かも期しがたくなった。

いわゆる苦学生の困苦は前よりもさらに痛烈《つうれつ》で、しかも相応に障碍《しょうがい》の多い出世法となっているのである。

## 五　職業の分解

農民はその家を重んずるの情において、しばしば武士よりも立《た》ち優《まさ》っていたにもかかわらず、それが近世に入って家を分裂し、もしくは祖先の地を離れていくという場合には、すでにその情味《じょうみ》[89]はいちじるしく恬淡《てんたん》になっていて[90]、むしろ少しでも早く以前の因縁《いんねん》をふり捨てようとする者が多かった。

少なくとも士族の家の名を背に負うて、新たなる境地を拓こうとするのとは反対に、別に新たなる家の先祖《せんぞ》になるような、希望を抱いて出る者を普通としていた。土地が生存の必須の条件であったゆえに、それを離れていくには、これだけの覚悟も当然であったともいえるが、なおそれ以外の原因としては、彼らの出村は士族の場合とちがって、常にもういちだんと幸福な生活を、捜し求めようとする動機にもとづいている

**84 栄達**　出世。高位高官になること。**85 怖ろしいほどの**　たいそう多くの。**86 過褒**　褒めすぎ。過賞。**87 訳して……自助論**　スマイルズ（Samuel Smiles 一八一二～一九〇四）の著書 Self-Help の翻訳で、中村正直訳『西国立志編：原名自助論』（和泉屋金右衛門・本屋市蔵・須原屋善蔵、一八七〇）をはじめ、博文館や冨山房などいくつかの出版社から刊行された。**88 過渡の際**　移りゆく途中。過渡期。**89 情味**　おもむき。あじわい。**90 恬淡になって**　あっさりとして。執着がなくなって。

からであった。

農民の家永続には、はやくからかなりの犠牲を必要としていた。武士の家でもこのためには子弟を勘当《かんどう》[91]したり、主人に詰腹《つめばら》を切らせ[92]たりすることさえもないではなかったが、それはよくよくの異常の変[93]であった。これに反して一方は常住に、[94]多数の族員の無理な辛抱を要求していたのであった。ひとつの家門の旧勢力を保持するには、主人の努力・苦心はもちろんであるが、さらにこれを助くる者の完全なる従順、時としては自由の制限さえも必要であった。

多くの男女が嫁取《よめとり》・嫁入《よめいり》のできない婚姻をしなければならぬことは、けっして飛騨の白川村だけではなかった。[95]彼らは僕婢ではないけれども衣食はこれと同じく、しばしば質素以上の悪い生活に甘んじていた。末には主《あるじ》となるべき聟・嫁でも、こうして共同の労に服さなければならなかったのだが、次男・次女以下にいたってはその希望すらもなかった。附近にあまった土地のまだ拓《ひら》かれぬものがあるかぎりは、もちろん機会をみて独立の計画も立てられ、または嫁・聟が縁《えん》を求めて出ていくこともしだいに許されるようにはなったが、なおのこりの者は家に留《とど》まって、下積《したづ》みの生涯を送ることになっていた。

新時代の変化はすなわちまず、この団結《だんけつ》の分解をもってはじまらなければならなかったのである。

家長にはもとより家を統御するの技能と徳義の、ひさしく養われていたものはあったろうが、主として彼を支持したのは時勢[96]であった。最初には、戦争その他の外部交渉がおこって、彼ひとりの生活ばかり前へ進み、比較の差がまず目についてきた。次には世の中が少しずつ知られてきて、別にいくらでも自由な職業の、ありそうなことが考えられてきた。山奥の村ばかりに古い組織ののこったのは、主としてこの知識の入りこみ方《かた》が遅かったことを意味する。

個々の婚舎のなかにもこの影響がややあらわれて、婦人の智慮《ちりょ》がいくぶんか男を動

**91 勘当**　親子関係や主従関係を断つこと。**92 主人に詰腹を切らせ**　柳田が武家の例として念頭においているのは、「主君押込（おしこめ）」である。鎌倉時代から武家社会にみられた慣行で、藩主の不行跡を理由に、家老ら重臣が合議して座敷牢などに監禁し、また強制的に隠居させてしまうことを「押込」といった。**93 変**　事件。非常の出来事。**94 常住に**　日常に。年じゅう。**95 多くの男女が……白川村だけではなかった**　白川郷の「妻問い婚」や「よばい」は、明治期から新聞でも話題になっていた。『読売新聞』の堀内新泉の連載「高山流水」の一九〇四（明治三七）年一〇月一六日記事は「家長一人のみ正当の結婚手続きによりて妻帯し、次はまた家長の嗣子一人のみ前例によりて公然結婚する」けれども、それ以外は公然にけ結婚できず、また分家独立もできず「長女次男以下は幾人ありても、嫁にもやらず、婿をも迎えず」の状態で、奴婢や牛馬のごとく扱われている、と説く。事実は婚姻していながら「その妻、その夫、その子と同棲することあたわず」「別れわかれの家に住み、昼は顔見ることさえ出来ず」という生活だ、と書いている。**96 時勢**　時代の趨勢。世の中のなりゆき。

かしはじめると、小さな独立した活計[97]ということが念頭に浮かんでくる。それが生産経済の改革に乗じて、家の分裂はまず故郷の地において試みられたのであった。はじめのあいだは一門団結の大きな効果を、断念するということは心細かったらしい。土地財産の分割を思いきっておこなった場合にも、親はわが子を集めて将来永遠に仲睦《なかむつ》まじく、ことに分家《ぶんけ》が誠実に本家を助《たす》くべきことを誓《ちか》わしめていた。縁組《えんぐみ》も努《つと》めて近い処を求めようとしたし、奉公に出す者もできるかぎり、遠くへはやるまいとしていたのであるが、ただそういうことが、いつまでもこれを望みえなかったのである。

百姓奉公[98]は普通に兄弟が他人となるはじまりであった。

家にはもはや分かち与うるだけの田畠もなく、本人は農を得意として静かな村の生活を好むという場合に、どこか人手の足らぬ家を見つけて、新たに主従の縁を結ばせるのであったが、隣近所《となりきんじょ》にそういう家は見つからぬほうが当り前であった。土地には必ずそれぞれの農法と慣行があって、それを呑《の》みこんでしまえばもうその土地のひとになるのである。年季《ねんき》[99]を切るといっても十五、六から二十五歳まで、これだけの特別教育をしてもらってまだ還っていこうとする者はめったにない。そのうえに目的は主人の庇護の下に、有《あ》り附《つ》き[100]をその地に求めるにあったゆえに、配偶者は必ずわが在所《ざいしょ》の幼《おさ》な友《とも》だちではなかった。

生まれた親の家の農家とは無関係の、新百姓となるのは必然といってよかった。ちかごろの年季作男《さくおとこ》の出稼《でかせ》ぎ式のものとは、名は同じであっても性質は別なもので、これが多くは村々の小前《こまえ》[101]の、さびしい生活の先祖[102]になっている。譜代《ふだい》奉公人[103]も現代はすべて独立しているが、数が少ないというのみでおこりはまたよく似ていた。ただしこれは最初から、人別《にんべつ》を引きわたして[104]しまうので、よほど幸福な場合でもじっさいは委《い》棄《き》に近かった。

つまり兄弟親子の縁の切れる分家である。それは惨酷《ざんこく》だといって徳川の法令はこれを禁じたが、なお棄児《すてご》というような非常手段[105]をもって、無条件・無代償にわが子をひとの家の譜代《ふだい》[106]にする者が、明治になってまでもまったく絶えてはおらぬのである。

家が小さくても住んでいけるという安心、農業のためだけにはそうたくさんの者が

**97 活計**　生計。なりわい。**98 百姓奉公**　農村での雇用労働。奉公の語は、もともと武家での主従関係を指したが、江戸時代にすでに主従の関係を基盤にしつつ雇用契約一般を意味するようになった。**99 年季**　奉公する約束の年限。**100 有り附き**　生活の糧。生活を安定させる道。**101 小前**　小前百姓。規模の小さい本百姓。**102 先祖**　元祖。原型。プロトタイプ。**103 譜代奉公人**　譜代下人。江戸時代、同一の主家に世襲的に属し働いた奉公人。農村では、名子・被官・庭子などといわれた。江戸中期以降、隷属性が弱まり、質奉公人、年季奉公人などにかわっていった。**104 人別を引きわたして**　籍を分けて。身分をかえて。

結合しているにおよばぬという経験が、結局は家を最小限度にまで分解させたのであったが、武家や商家にくらべて、農民にはその時がはるかに遅《おく》れてきたのである。この傾向がすでにあらわれはじめてから、それを知りつつもなお止まっていた者の、居《い》心地《ごこち》はけっして極上《ごくじょう》でなかったはずである。

それでも一方には昔からの家繁昌《いえはんじょう》の誇り、不時《ふじ》の災難のおそろしい不安などのために、出さずに済《す》むならば置きたいという考えもあり、さらに本人からいうとよい機会はまことに少なかった。農村の教育は今日とはちょうど正反対に、あまりにも農村だけにしか向かぬ教育であった。他郷に出て働くには素質《そしつ》のよいという以上は、少しは特別の準備をしたものでなければならぬ。村で惜しがられるほどの好青年でないと、第一に自分が出てみようという決心がつきかねたのであった。

こういういくつかの原因が重なって、村の家の分裂はいくぶんか抑圧せられ、人手がやや剰《あま》るほどに充ちていたのである。それが新世代の交通解放によって、いかなる偏卑《へんぴ》な土地からでも、競うて進路を外界に求めようとするにいたった。あるいは反動《はんどう》の少しく必要を超えた場合があったにしても、それは勢《いきお》いの当然と考えるほかはないのである。

今日の結果から見ていくと、事実農民には転じえられぬ[107]という職業はひとつもなかった。

企《くわだ》てでなったのと否との二種はあるが、現在あるかぎりのすべての業体《ぎようたい》[108]で、彼らが来て参加しておらぬものはひとつでもない。かつて士族の成功したほどの仕事にはみな成功し、海や鉱山や機械場などのまるきり知らなかった技術にも携《たずさ》わっているのみならず、遊女のごとき特殊な勤労にまでも、いまは彼らのなかから出ている者が少なくない。

選択は絶対に自由になっている。

しかもこの行くとして可ならざるなし、なんにでもなれるという自信が、いくぶんか職業の選択を粗陋《そろう》[109]にし、また中途からの転換を頻繁《ひんぱん》ならしめたことも争われない。彼らは以前の境遇の馴れすぎから、あるいは職業の固定を不幸とし、もしくは準備の修養をなくともよいものと考えるような、誤った経験をしているのかもしれぬが、家

**105 棄児というような非常手段**　『東京朝日新聞』の一九一九（大正八）年一一月二三日の捨子の記事は、その一例か。三田警察署長の居宅門前に棄てられた生後三ヶ月ばかりの男子の懐中の手紙には、相当の教育ある婦人の筆蹟で「汝の母は一箇月前死亡、父親の手ひとつにて育てられしも、いまやその父は命旦夕に迫れり。汝は今後慈悲深き方の手に育てられ、成長後廟堂に立ちて活動せよ」と書きおかれていた、という。廟堂は、天下の政治の表舞台で、官吏や政治家になれという意味だろう。

**106 ひとの家の譜代**　他人の家系。他家の系譜。**107 転じえられぬ**　進む方向を変えて就くことができない。**108 業体**　職業。生業。**109 粗陋に**　粗末で貧しいものに。

の存続という点から考えるならば、転業はかなり大きな不利であった。少なくとも次の代の計画、すなわち子供たちを育てていく便宜の、いくつかを抛棄《ほうき》しなければならぬ損があった。眼に見えぬ代々の祖霊の恩恵、たとえば気質・感受性の家に伝わったものを、利用する途《みち》がないのはもちろんである。

しかもこの農民分子のやや無謀《むぼう》なる進出にもとづいて、急激に日本の社会相が複雑にまた興味多くなったことも事実であって、おそらくどこの国でも文化が一新すれば、みなこうなるものともきまっているまいと思う。

いわゆる新しい生き方を論ずる資格があり、また講究する必要の切《せつ》なる者は、ちかごろになって地方から押し出されてきた、日本の都人士《とじんし》[110]以上のものはほかにはない。ひとつの職業が救済にも頼らず、また外部の援助をも仰がずして、独立して一家の生存を安固ならしめるには、はたしてどれだけの条件を必要とするかということが、新たにこういう人びとの問題となってきたからである。

農にはかぎらぬが、古くからあった産業には、そんな問題は考えずともよいものが多かった。家を支持しようという族員の協同には、しばしば職業の統一と交渉のないものがあった。たとえば一期《いっき》[111]の剰《あま》った労力を出して、漁場や炭坑の出稼ぎをさせたり、子女をあらゆる種類の年季奉公にやって、その収入を家計に補充したりする風は、農業とはまるで別のものであった。ようやく問題になっている外国移民の送金[112]なども、またそのひとつの意外なる形式であった。

これらはいずれも古くからの習わしのままに、家計には合力《こうりょく》[113]しても農業には加担しえないのであった。しこうしていまや農業はおおいに進み、農家は衰えるかもしれぬという時代が来ているのである。

家が分解して夫婦と子供だけの最小限度に達すれば、もうそのなかには農以外の方法をもって、家の犠牲になりうる者はそう多くを期しえないからである。

## 六　家庭愛の成長

家はいよいよ人口の増加とともに、次々に分かれていかなければならぬことになった。

ひとが新たなる家々の第一祖[114]となろうという意気込《いきご》みが、当然に昔の活き活きとし

**110 都人士**　都会に住んでいるひと。**111 一期**　ある決められた一区切りの期間。一定の任期。**112 問題になっている外国移民の送金**　海外出稼ぎ者の内地送金総額について、『東京朝日新聞』一九二九（昭和四）年一二月二九日の記事は、世代交替による愛郷心の低下、帰国者の増加、アメリカの株価の暴落などの要因から「移民の送金は今後減少せん」と報じている。**113 合力**　助勢。加勢。**114 家々の第一祖**　家系の初代。先祖。

た親の愛を蘇《よみがえ》らせてくれたことは、なによりも悦ばしい新世相というべきであった。日本は子供の楽土《らくど》といった外国人の批評[115]も、このごろ頻々《ひんぴん》たる親子心中の報道[116]によって、いくらかは割引せられるかもしらぬが、これとても慈愛《じあい》のやるせない一破綻ともみられる。無知と心弱さの原因は他にあるにしても、とにかくに親がこれほどまでに、思いをわが子の行末に凝《こ》らすようになったのである。

子を思う心は鳥も獣も同じだとはいうが、ひとの愛情はいうまでもなくはるかに複雑で、また時代の理智をもって染《そ》められていた。結局はわが児のためになるという教訓にも、簡単には説明ができないで、形はかなり峻厳《しゅんげん》なものがあった。それに他の多くの明らかに家の存続を目的としたものが、つけ添えられていたのである。家族の構成のいまよりもずっと複雑であったころには、秩序の道徳は法則として励行する必要があった。家の躾《しつけ》がしばしば懲罰《ちょうばつ》の制裁を伴うたのもそのためであったが、家が親子だけになればもうそうまではするにおよばず、第一に問題のおきることもまれであった。

子女をめいめいの後《のち》の生活に適するように育《そだ》てることは、以前ももちろん親々の本務ではあったが、いかんせん彼らの勤労の用途ははじめからはなはだ制限せられていたのである。ことに農家は食糧の産額が生計を拘束したゆえに、家族の員数を増減する必要がおりおりあって、いっそう教育の方法を不自由ならしめた。成長した男女の出稼ぎをしなければならぬような年は、すなわちまた年少者の年季《ねんき》奉公《ぼうこう》に出されることでもあった。

奉公はすなわち彼らの教育権の委譲《いじょう》であった。

奉公先の家風や職業の種類などは、生みの親の慈愛をもって綿密《めんみつ》に考量するにしても、それ以後の教育の効果にいたってはほとんど全責任を年の行かぬ当の本人に負わせなければならず、しかもそれがまた主家《しゅか》[117]の利害を標準とした教育でもあったのである。幸いに以前は親と名のついた者は親方でも寄親《よりおや》でもはた親分でも[118]、それぞれに親

**115 日本は子供の楽土といった外国人の批評**　「子供の楽土 a very paradise of babies」という表現〔『大君の都』上、岩波文庫、一九六八：一五二頁〕は、イギリスの初代駐日総領事であった外交官オールコック（Sir Rutherford Alcock 一八〇九〜九七）が用いてのち、訪日欧米人の愛用するフレーズとなった、という。東京大学のお雇い教授のモース（Edward Sylvester Morse 一八三八〜一九二五）もまた『日本その日その日』（上、科学知識普及会、一九二九）で、「いろいろな事柄のなかで外国人の筆者たちが一人残らず一致することがある。それは日本が子供たちの天国だということである」〔：五一頁〕と述べている。**116 このごろ頻々たる親子心中の報道**　『東京朝日新聞』一九三〇（昭和五）年八月三一日記事は「ここ三年間の悲劇の数字」の見出しのもとに、「最近不景気の片影として、いまわしい親子心中が非常に増え」、昭和二年からの三年間で三八九件に達し、「三日に一回ある」計算となることを報じている。**117 主家**　奉公先の主人の家。**118 親方でも寄親でもはた親分でも**　親方・寄親・親分はいずれも、主従・保護の関係を親子関係になぞらえて、その主人・保護者を指すことば。

としての情合《じょうあい》と義務心とをもっていたゆえに、かわってあるていどの役目《やくめ》を果たすことはできたのであるがそれでもたしかに生みの子と同じ幸福は味わえなかった。そうしてはやくから一生の境遇を指定せられていたのである。

子供を小さな時からひとにあたえるということも、民間では普通の慣習であった。それがその子の将来の生活を、希望多きものにした場合もあるが、それを最初からの目的にしたものは少なかった。たいていはあまりに多すぎるから、または養育に手がまわらぬから、ひとにその任務を引きうけてもらおうという、やや身勝手なる動機のほうが先《さき》に立っていた。家の存続を本位として教育法は、時にはこの程度にまでも子供の利益を従としていた。

東京ではちかごろ北国の貧しい村から、十何人の少女をもらいあつめてきて、遊芸業者に養成しようとしていた者が問題になった。[119] 大阪でもある工場主が地方から幼年の奉公人を多く連れてきて、虐使《ぎゃくし》していた[120]ことが発覚した。今日になっては世上の耳目を聳《そびや》かすに足る事実であるが、土地によってはこれが近年までの、もっとも通常なる移住様式であった。

たとえば奥羽のある都市には、毎年何十人という小さな奉公人を托せられて、これを引率して暖い地方へ出てくるのを職業とする老女があった。沿道の農家ではそのなかから丈夫そうなのを見立てて年季を切って抱《かか》える。そうして若干の給金を前渡して、老女はまた雑用と手数料をそのなかから取った。越後と信州とのあいだにもこの巡回桂菴《けいあん》[121]とも名づくべき職業が、このごろまでにもなおさかんにおこなわれている。

こういう方法で家族の勤労を利用しないと、一家の生計が成り立たぬといえばそれまでだが、全体に少しく利用しすぎた嫌いはあった。いわゆる人情本が親に売らるる娘をもって、孝行の標準と説くような愚《おろ》かな気風のおこったのにも由来があった。

つまりは子を宝《たから》という[122]古くからの諺《ことわざ》を誤解したのである。

現在の親にも子の孝行を期待する点は同じだが、もはや教育と利用とを混合するようなことだけはなくなった。そうして教育がいちじるしく子供本位になった。わが子の幸福なる将来ということが、もっとも大切な家庭の論題になっている。職業はいく

**119 東京では……問題になった**　『東京朝日新聞』一九三〇（昭和五）年九月一六日の蒲田署が「遊芸業者に警告」の記事に、「遊芸かせぎ人誘かい酷使事件が世間の注目を引いたので」の記述がみられ、時期的にも「ちかごろ」と対応する。ただし、その事件それ自体の詳細は確認できなかった。**120 大阪でも……虐使していた**　『東京朝日新聞』一九三〇（昭和五）年一〇月二五日に、堺市の織物工場で「幼年職工二十余名を監禁して酷使す」の記事があり、請負人が集めてきた北海道の貧しい家庭の少年を工場内に監禁して毎日一八時間の労働を強いていたことで検挙されたことを報じている。**121 桂菴**　雇人や奉公人の紹介業。口入れ屋。**122 子を宝という**　『日本国語大辞典』には「たから」の語義のひとつに「大切に扱うべきもの。主君、子どもなどにいう」との説明がある。また方言でも、いくつかの地方で「大切な子。秘蔵っ子」のことを「たから」と呼ぶ。

ぶんか反動的に、家の要求というものを度外において決せられる。というよりもできるだけ長く、その選択を未定にしておいて、当人の自由を留保しようとする。

これがまたすこぶる生活の転換、家の移動を烈《はげ》しくする結果を導いているのである。大体において家がいままでたずさわっていたもの以外で、しかもなんびとかのすでに踏んだ路を歩もうとするために、新奇でまた単純なる俸給生活業の各種が、いつでもおそろしいほどの競争の的《まと》になる。そうしてそこで失望した者をしぶしぶ第二第三の職業へ送っているので、事実においてはかなり成長した後までも、少しも職業を予定せずに教育していたことになっているのである。

職業教育のひさしくおこなわれていた日本で、このごろになって教育の実際化[123]をとなえだしたのは変なようだが、とにかくになんになるかを定めない者の教育であるから、じっさいに必要なものが漏《も》れ、無用のものが多く交《ま》じっているのはやむをえない。

ちょうど少年のもっとも熱心に、模倣しまた印象を受ける時代の教育は、いずれかというと俸給生活者の準備にふさわしかった。以前郷党のこれを必要とした理由、ついで明治初年の士族たちが、力を読書・算筆に注《そそ》いだ動機は、ともに優秀なる書役《しょやく》[124]・属吏《ぞくり》[125]の徒を養成するにあった。今日はむろんなんになるにもこれだけは学ばねばならぬのだが、どこかにまだ旧習は潜《ひそ》んでいるとみえて、成績が良い者にかぎっていままでもこれをその方面に利用したがり、したがって長く職業を定めえぬ者となるのである。

家のもち伝えた職業をつづけようとする者には、一般にこれは不便なことであるが、そのなかでも手足《てあし》をはたらかす必要のある職業[126]、ことに農業のように昔から少年期の伝習[127]を例としていたものには、往々にして小学教育の効果の、あまりに顕著なることを歎くべき場合があった。情に充《み》ちたる親たちの家庭教育は、むろん対立して一方の欠漏《けつろう》を補おうとし、時にあるいは学校教育の侵食さえも企てるかもしらぬが、別に第三種の長老教育とも名づくべきものだけは、はなはだ謙遜にして小学校と功を争おうとしない。

しかも一方が全国の一般知識を主とするに対して、これは郷党《きょうとう》[128]の特殊事情を実地について解説した、かなり大切なる旧機関であった。親が新たにそれだけの任務までを

**123 教育の実際化**　『東京朝日新聞』一九三〇（昭和五）年二月五日の論説は「学校教育の実際化」と題され、今日の教育内容の「非実用性」を批判している。同紙は、一九二七（昭和二）年五月二一日にも「教育の実際化」という論説を掲載し、高等教育の画一主義の打破を掲げている。この「教育の実際化」は、先行する実業教育や大正新教育運動、あるいは同時代の郷土教育などにもかかわる論点であった。柳田自身もまた『郷土生活の研究法』（一九三五）のなかで「教育の実際化」［全集8：二六一頁］が「学問の実用」「眼前の疑問への解答」「学問救世」と深くむすびついていることを説く。

**124 書役**　町番所や裁判所に詰めていた記録係。かきやく。　**125 属吏**　地位の低い役人。したやく。

**126 手足をはたらかす必要のある職業**　農業・漁業・手工業・商業などの実業。　**127 伝習**　知識や技術を教えられて学ぶこと。　**128 郷党**　郷里を同じくする仲間。自らの出身地。

引きつぐということはじっさいに不可能であった。農という職業のもっとも興味ある知識だけが、結局はこの期間から脱落することになった。これがまた世のいわゆる選択の自由なるものを、じつは暗々裡《あんあんり》に支配することになっているのである。

最後に孤児というものの問題を、このついでに少し考えてみる必要がある。

孤児はどこに行っても家々の伝統から不自然に遮断せられた者であることは同じだが、村にはまだ少しばかり、彼らのための機会がのこされてあったのである。

親の旧知[129]がほうぼうに分散し、ひとりではこれを扶助するまでの力がなく、またこれを育ててみるだけの興味をもつ者がないようになって、彼らの境遇はさらにいっそうの悲惨をくわえたのである。幸いに遺産があっても、土地のように管理の方法の公《おおやけ》でないもの[130]は、これを成長の後までのこしておくことが容易でない。ましてなにものをももたぬ者が無事に大きくなるということは、故郷以外の土地においては想像しえられなくなったのである。

以前も子があるばかりに死ぬにも死なれぬといって、苦労をしていた女などは多かったようだが、そういう不幸な者の孤児でも、村では成長しまた再び家を興すことがあった。

それが今日では自分が死にたいために、まず最愛の者を殺さねばならぬような、聴くも無惨なる必要を生じた[131]というのである。

孤児を慰撫《いぶ》してその生活の道を講ずるの施設[132]も急務であるが、一方にはこういう家庭の孤立を促成したはじめの原因、すなわち移動と職業選択と家の分解、およびこれに伴う婚姻方法の自由などの、今日当然のことと認めらるるもののなかに、まだなにものかの条件の必要なるものが、欠けているのでないか[133]ということも考えてみなければならぬ。

われわれの生活方法には必ずしも深思熟慮《しんしじゅくりょ》して、採択したということができぬものが多い。それに隠れたる疾《やまい》があっても、すこしでも不思議なことはない。問題はいかに

**129 旧知**　古い知り合い。**130 公でない**　公共的でない。**131 自分が死にたいために……聴くも無惨なる必要を生じた**　この鮮烈な一文は、『山の人生』（一九二六）の冒頭に記された、二つの「子殺し」の悲しいエピソードを思いおこさせる［全集3：四八七―八頁］。またそこに添えられた「われわれが空想で描いてみる世界よりも、隠れた現実のほうがはるかに物深い。またわれわれをして考えしめる」という感慨は、この章のむすびの主張とも呼応している。**132 孤児を慰撫して……施設**　身寄りのない子どもの世話をする養育院や孤児院などの救護施設。**133 今日当然のことと……欠けているのでないか**　この意識されていない規定要因を探ろうとする視点は『明治大正史世相篇』の考察のなかで、なんどかくりかえされる大切な見方である。今日あたりまえと考えられている現象や決まりが、なにか必要な条件が欠けているために、そのようにあらわれているだけであって、じつは「必然」でも「当然」でもないのではないか。であればこそ、そうではない、違うありかたもありえた。つまり、論点の見落としや視点の欠落ゆえに、そのありかたを自明なものとみてしまっているのではないか、という問題提起でもある。

にすればはやくこれに心づいて、少しでも早く健全のほうに向かいうるかである。これを人間の智術《ちじゅつ》[134]のそとに見棄てることは、現在の程度ではまだあまりに性急である。

**134 智術** 知識と技術。知恵のある計画。

# 第十章 生産と商業

## 一 本職と内職

家業と職業との二つの語には、前にはかなり明瞭な区別があった。職《しょく》はそれぞれの技術によった生《い》き方《かた》であるゆえに、多能なひとならばなんどでもかえてよかった。たとえば鉦打聖《かねうちひじり》[1]の七変化《しちへんげ》[2]などといって、七つの職業を毎日のように、ちがえてやってくる者さえあった。商業も旅商人《たびあきうど》だけは少なくとも職であった。それが医術のごとく家の秘伝のものが多くなって、だんだんに家業に近くなってきた。いまいう職人たちも各地に土着《どちゃく》すると、同じ必要から親の職を嗣《つ》ぐことになって、この差別がいっそう立ちにくくはなったが、それでもまだ農業を家《いえ》の職だといっている者

1 **鉦打聖** 鉦を打ち、和讃や念仏を唱えて、米銭を乞う時宗の俗聖。頭巾をかぶり、十徳（黒の法衣）を着る。 2 **七変化** もともと歌舞伎の所作事で、ひとりの俳優が七種の舞踊を早変わりで踊ることを指した。鉦打の七変化とは、鉦打聖がときに飴売り・竹売り・札売り・鋳掛け屋などのさまざまな職を兼ねていたことをいう。

だけはないのである。

農は職業としてみると、はなはだ雑駁《ざっぱく》なる職業[3]であった。

そうしてまたなによりも新しい職業[4]でもあった。

士農工商を四民《しみん》[5]の目安《めやす》に立てることは、明治のはじめごろのひとつの考え方であって、それがまた今日のような対立のおこりにもなっているが、漁民・船員のごとき日本の大切な家業を脱落して[6]、綿密《めんみつ》なる列挙でなかったと同様に、農に対する観察をいくぶんか粗放《そほう》ならしめている。

いちばん困《こま》ったのは百姓《ひゃくしょう》[7]が田畠を耕すひと、もしくは米をつくる職業という風に考えられることであった。

老農《ろうのう》[8]・精農《せいのう》という名は古くからあって、もとはおそらく農村の生活について深く考え、また経験している者ということであったろうが、後には個々の作物の栽培に秀《ひい》で、共進会《きょうしんかい》[9]に出て一等の賞を取るという類《たぐい》のひとに解《かい》せられたのが、われわれの困《こま》りはじめであった。

重要農産物の品目[10]が、はやく定められたということも不幸であった。

日本はなんのことはない、一時生産増進の昇天の勢いに酔《よ》うていたのであった。国が統計の総額をみて安堵しただけでなく、地方は村々部落の末までも、ひとしくこの数字をもって相競おうとしていた。業《ぎょう》はもっぱらなるに精《くわ》し[11]とばかりで、非常に専業

**3 雑駁なる**　雑然としてまとまりのない。**4 なによりも新しい職業**　ここで柳田は、冒頭の「家業」と「職業」とはかつて明瞭に区別されていたという議論の基本枠組みを再確認している。農は「家業」ではあったが、「職業」ではなかった。「職」とは前段でも論じているとおり、身についた技能を意味した。その語感を踏まえた「職業」は無形の技術と能力によって暮らしを立てることであり、家業としての「農」のように耕す土地の領有によるものではなかった。やがて「職業」の概念が抽象化し、家業をも生業として包含する普遍性において使われていくようになると、意味の明確な区別がつきにくくなった。そこにいたって、「農」は新しく「農業」という近代の職業に位置づけられたのである。**5 四民**　国民の全体。封建時代の士・農・工・商の四階級から。**6 脱落して**　漏らしていて。抜かしていて。**7 百姓**　もともとは「さまざまな姓氏を有する」公民の意味で、中世には「凡下」すなわち一般庶民を指した。江戸時代には、町人とは別に、年貢を納める農民・漁民・職人・商人らを百姓身分と考えていたが、しだいに百姓＝農民という理解が強くなっていく。近代において農業者の呼称として固定化する。**8 老農**　経験を積んだ農夫を指す語だが、明治政府の勧農政策のなかで、農業技術の普及や改良に指導者の役割を果たす在村地主の篤農を「老農」と称して、優良な種苗の交換会や農談会などに動員した。船津伝次平・奈良専二・中村直三など。**9 共進会**　産業振興のため、産物や製品を一堂に展覧し、優劣を競い品評するイベント。内国勧業博覧会とならぶ明治政府の勧業政策で、一八七〇年代末から全国各地で開催された。**10 重要農産物の品目**　ここで定められたと論じているのは、農商務省農務局の「重要穀菜試作」の品目のことであろうか。農商務省は一八八六（明治一九）年に、内務省勧農局がおこなっていた優良植物の普及事業を引き継ぎ、東京府下の民有耕地において重要な米麦・菜種の在地の老農による試作事業を実施した。大麦・小麦・油菜に始まり、翌年には稲がくわえられ、内外種の栽培比較、施肥の方法、収穫量、栽培法の検討などがおこなわれた。この事業自体は、一八九〇（明治二三）年に東京府の西ヶ原に農事試験場が開設されることで終了していく。

農の養成に苦心し、彼らの勤労と討究とを、十あまりの列挙せられたる産物に集注させた。そうして喫驚《びっくり》するほどの養蚕・製糸の発達などをみせた。果樹も養禽も莫大《ばくだい》の国の富となった。

　このあいだに一方、農の家業のなかから、いろいろのものが抜けだしていった。衣料はわが畠に麻《あさ》を播《ま》かなくなったころから、少しずつ外《そと》の物を入れていたから、これは抑《おさ》えても止《と》まらなかったかもしらぬが、それでもまだ木綿《もめん》は篠巻《しのまき》[12]で買い入れていたのである。まずこれを糸に紡《つむ》いで綜《へ》[13]て織るまでのうちに、他人を頼むのは藍染屋《あいぞめや》[14]だけであった。それだけの仕事が、いまはすべて工場に委付《いふ》せられ[15]、それに用いられていた女の手は剰《あま》って、これもまた多くは別の工場へ送られている。反物《たんもの》[16]を買うてきてから縫《ぬ》うて着《き》るまでの作業は、作業とはいっても半分は楽しみであったかもしれぬが、とにかくにまだ家庭にのこり、裁縫《さいほう》[17]は農家の少女の教育の一部になっているが、これとても材料と形がもう少し変わって、たとえば洋服《ようふく》といったようなものが仕事着《しごとぎ》になれば、それでもなお家人の手を用いるかどうかは疑わしい。[18]

　藁《わら》はたいていのところにはありあまる原料であって、夜分や雨の日の半端《はんぱ》の労力を、応用するのがひさしい習わしになっていた。履物《はきもの》[19]の大部分はこうしてつくっていたのが、いまはそんな物は入用ならば買うまでで、それよりももっと便利な護謨靴《ゴムぐつ》や地下《じか》足袋《たび》をはき、かりに藁《わら》加工品を業とするにしても[20]、方法と目的とは前の時と別になっている。

肥料や飼料に金を支払う高は、あまりに大きいので問題になりだしたが[21]、それは人

**11 もっぱらなるに精し**　他のことはさしおいてひたすらおこなえば精通する。**12 篠巻**　糸車にかけて糸を引きだす前の、綿を竹に管のように巻いたもの。**13 綜て**　機織り機の経（タテ糸）として伸ばして掛けて。**14 藍染屋**　藍で糸・布を染める職人。紺屋。**15 委付せられ**　ゆだね渡され。まかされ。**16 反物**　一反に仕上げられた織物。大人ものの和服一着分の布の巻物。**17 裁縫**　布地を裁って衣服などに縫いあげる針しごと。**18 洋服といった……疑わしい**　この柳田の非自給化・商品化の予測は大きな方向性において正しかったが、歴史は一部において予想をこえた展開をみせた。たしかに複雑な加工の工程をもつ背広や学生服等の男子の洋服は、専門のテーラーや既製品メーカーによって生産された。しかしながら、第二次大戦後に本格化しブームとなる洋裁学校は、当時の衣料不足やミシンの普及などともあいまって、女性たちの日常の洋服や子供服などをつくる家庭裁縫を過渡的に活性化させた。そうした展開を、一九三一年の時点で予想することは不可能であっただろう。**19 履物**　草鞋（わらじ）、深沓（ふかぐつ）・雪靴、草履（ぞうり）、足半（あしなか）など。**20 藁加工品を業とする**　縄ない機の製造などは二〇世紀初頭から始まり、農家に対する「藁莚織機」「製縄機械」（『読売新聞』一九〇六（明治三九）年七月一六日の広告）や「藁縄製造機械」（『東京朝日新聞』一九〇五（明治三八）年三月九日の広告）などは、その方法と目的の変化を暗示している。**21 肥料や……問題になりだした**　『読売新聞』一九二七（昭和二）年三月五日の「農家の懐は……まず肥料から」という農林省農産課の役人の寄稿は、大正一四年度の農林省調査の結果から、収穫農産物の価格の約二割にあたる肥料代を農家が支出していることを明らかにし、大正元年からの約一四年のあいだに、金額にして約三・七倍も肥料消費が激増していると論じている。

間の食物でも同じことで味噌とか醤油とか漬物とかいう類の、現に材料がありまたつくれるものでも、家内が小勢《こぜい》[22]になると面倒でかかっていられない。団子《だんご》とか強飯《こわめし》[23]とかの、裁縫と同様にまだ半分は楽しみなものだけはつくるが、好みはしだいに変わっていって、菓子と名がつけばもう買っている。

臨時に必要になるものは建築の材料、燃料の大部分の木でつくるものも、ずいぶん前から買い入れてよいものに属した。燃料の採取は初夏の草苅りとともに、かなり大きな農業の作業のうちであったけれども、それも現在は農業のほかになり、往々にして買い入れ品目のなかに炭《すみ》・薪《たきぎ》がかぞえられる。じっさいまたこれを買わずにはいられぬような純農村が、もういくらともなくできているのである。

これをただ一概に奢《おご》りの沙汰[24]のように、旧式の経営に馴れているひとは評したけれども、わずかこればかりの物を金で買ってみたところで、そのためにじっさいは生活が向上してもいない。単に農家の金銭の出納《すいとう》が、以前よりは多くなったというまで、それも現在までは経済がこれを許していたのであった。奢りは通例同じような境遇にある者の、あえてせぬことをするというだけの意味[25]であったが、今日はこれがすでに軒並《のきなみ》[26]の風《ふう》になっているのである。

しかも老人たちの言葉には表示しえなかった不安には、ひとつだけは根拠のあるものがあった。

農家はいままでは一年中を通じて、外か内かになにかしら仕事があった。
それでかろうじて簡素なる生活が維持しえらるるというまでであった。はたしてこれをある一季二季[27]の主要生産だけにかぎって、その他は手を明《あ》けていてもつづけらるるだろうかということは、以前とくらべてみる者の抱かずにはおられぬ疑いであった。たとえば夜《よ》業《わざ》[28]でつくりもうけた藁鞋《わらぐつ》や草履のかわりを、昼の畠働きの収益をもって買い調《ととの》える。夏の長日《ながひ》に織っていた冬着《ふゆぎ》の料[29]を、秋の忙《いそが》わしい[30]取り入れの物で交易[31]する。このように一年中《じゅう》の数多い入用を、わずかな種類の労働の揚《あ》がり[32]から、すべて支《ささ》えることができるかということが、彼らには心もとなく思われたのであった。

もっとも農家は仕事にむらのある[33]ことは、昔から心づかれていた。

**22 小勢**　少人数。大勢の対。　**23 強飯**　もち米を蒸した飯。小豆やササゲを入れて赤飯にする。
**24 奢りの沙汰**　ぜいたくな行為。奢侈のかぎり。　**25 奢りは……というだけの意味**　「おごる」はもともと「ほこる」とほぼ行為の外形を同じくし、他よりも優れていて異なるという自己認識を基盤にした態度であった。誇るがその気持ちの表明であったのに対し、奢るはその優越を当然と考えて行動することを指した。　**26 軒並**　どこもかしこも。ありふれた普通。　**27 一季二季**　春夏秋冬のうち、一つか二つの季節。　**28 夜業**　夜間に仕事をすること。夜なべ。　**29 料**　材料。　**30 忙わしい**　なんともあわただしい。　**31 交易**　品物と品物とを交換し合う。取り引きする。　**32 揚がり**　収入。収益。
**33 むらのある**　一様でなく、繁忙期・閑散期の差があること。

真冬《まふゆ》は雪国《ゆきぐに》でなくとも、ほとんどこれぞというまとまった用がない。最初はおそらくただ遊んでいた時代もあったのであろうが、少しでも生活をよくしたいという心が生じて、いろいろと経験を積んで延ばせる仕事を後《おく》らせ、冬の稼《かせ》ぎというものをこしらえたのであった。女のわざには家で糸引くこと、男は外に出て山川の食物を狩《かり》し漁《あさ》るなどのほかに、炭焼き・紙漉《かみす》きという類の農とは縁のないものまで、取りあつめてこなければ家業はなりたってゆかぬのであった。

それが明治になると再び上古《じょうこ》のように、たった一回か二回かの大きな骨折《ほねお》り[34]によって、元どおり一年の活計《かっけい》[35]をつづけられるということが、なにか奇跡《きせき》のように思われたにも一理はあった。

いわゆる農閑期《のうかんき》のおおいに閑《ひま》になったということは、いくつかの喜ばしい結果をもたらしている。

第一にこれがなかったら、青年は書を読んで世間を知ることもできなかった。酒はいくぶんかだらしなく飲むようになったかもしれぬが、外に出て話を聴《き》きひとと交わるにいたったのもこの期間であった。単なる空想の時刻を試験の[36]機会としたといってもよい。

とにかくに冬の出稼ぎということは前からもあった[37]が、それを出やすくまた決心しやすくしたのも、けっして道路・鉄道の開通だけではなかったのである。百万に近いという村生まれの娘たちは、用がなければこそ遠国の工場に入《はい》って、ああいう特殊の技能を学ぶことになったのである。今日の副業というもののなかには、こういう家族の外から取る収入は、普通はかぞえこまぬことになっているが、これは都市住民の内《ない》職《しょく》に対して、かりに外職《がいしょく》とでも名づくべき[38]ものであって、少なくともまだ直接には家業の分解を引きおこしてはいない。

つまり農業を純化せしめようとした運動は、一方にこんないろいろの意外な副業を発生せしめたのであった。

しかも農民の職業意識なるものは、生まれが新しいだけにじっさいはまだ不完全に

**34 一回か二回かの大きな骨折り**　年一回の米の一毛作や、年二回の収穫をする二期作あるいは二毛作。**35 活計**　ゆたかな暮らし。**36 試験の**　実験して試す。能力を試す。**37 冬の出稼ぎということは前からもあった**　江戸時代の酒造労働者（杜氏・蔵人）が、一一月から翌年二月までの酒仕込みの期間における山間積雪地からの農民の出稼ぎであったことは、よく知られている。また、冬に信越地方などから江戸に出てきた出稼ぎ者を、町人たちは田舎者とあざけって「椋鳥（ムクドリ）」と呼んだ。川柳に「むく鳥も毎年くると江戸雀」などの句が見られる。柳田は『都市と農村』（一九二九）で「酒造りの百日男」などの「冬場奉公人の起こり」を論じて「町ならば冬でも何らかの仕事があった。というよりも彼らの冬の手伝いによって、都市はもと大いに助けられていたのである」［全集4：二四八頁］と述べている。**38 かりに外職とでも名づくべき**　内職が家のなかでの副業であるのに対して、外職は出稼ぎが家の外で家計を支える副業であるという意味だが、柳田のひねった造語である。

しか発達していない。彼らのあいだには米を売る者と買う者、ある一種[39]の生産にもっぱらなる者と、なんにでも少ししかたずさわっていない者と、喰いちがった利害がただひとつの共通点、すなわち都市を離れて住むということにおいて統括せられようとしている。

そうしてなぜに家業が家の永続を支持しがたくなったかの原因を、まだ自分自分の境遇から見つけるまでにはいたらぬのであった。

地主はそのなかでもことに複雑なる家業の組織をもっている農民であるゆえに、農が職業化していくにつれて、まずその利害の抵触《ていしょく》に心づかれたのであったが、現在はまだ米の売主であるという点をもって、もっとも多数の生産者と前線をともにしている。それがこの問題のいつも合同の旗幟《はたじるし》として、採用せられるおおいなる動機ではあったが、そうでなくとも農業者の熱情は、とかく米価のほうに[40]集注せられがちであった。その理由はなんびとにもうわかっているごとく、米をつくらぬ人たちにまで供給するということが、彼らのはやくからの誇りであったところへ、さらに近代の勧業方針が、これを家業の中心にさせたからである。

## 二　農業のひとつの強味

かった。

ただし職業の純化[41]ということは自然の進みであって、必ずしも政令の力だけではなかった。

それが旧来の家業にいくつかの空隙《くうげき》をつくったことも、けっして農ばかりにかぎったことでなかった。たったひとつのちがいは他の業体においては、すぐにその空隙を塡《うず》めるものがあったに反して、農業ではそれができなかったことである。冬や夜分《やぶん》を使っていた仕事だけは、これを抜きとってほかへもっていかれても、後から補充すべきものが見つからなかった。いきおい他の期間の耕作なり牧畜なりに、その分の役目

**39　一種の**　ひとつの作物の。**40　とかく米価のほうに**　『東京朝日新聞』一九二五（大正一四）年六月一四日に「米価と政府」の論説を柳田は寄せ、「あんな変妙なる米穀法の改正を企てた政府」に、いま米価を適切に管理統制できる知恵も見識もないと批判している［全集26：三八四頁］。また『都市と農村』（一九二九）において、米価だけでなく農村が自治的に自立する「農業の商業化」が必要であり、農村人自らがそれを担わないならば、必ず外部が手を出す。「米穀法のごときは正しくその一例であって、あまりにいつまでも村の当事者が考えてみないゆえに、周囲が気をもんでこういうものを案出した形である」と指摘し、その本意は親切にちがいないが、親切がつねに名案を生むとは限らないと論じている［全集4：二二〇頁］。**41　職業の純化**　職業の専門化。「純化」は、複雑な実態を単純なものにすること。柳田は『都市と農村』の「不自然なる純農化」において、「都市の威力が村落を衰微せしめた事実」の中核に「自然に反した生産の単純化」があると論じている。「いかにも技術の進歩の上からいえば、専心に一種の生産に働くほうが、有効であることは明らかであるが、よほど古い頃から我が日本には、そういう意味の純農村はなかったのである。」［全集4：二〇三―四頁］

までを引きうけさせることになって、専業の責任がだんだんと重くなるわけである。これは普通にはそう安々《やすやす》とは望まれぬことであったが、奇妙にこの場合はそれがおこなわれて、夜なべなどはもう御免だと、いったものが少しも困《こま》らなかった。つまり日本の生産政策は成功したのである。

この事実はあるいは余分の楽観をひとに抱かせたらしいが、じっさいはまったく稀《け》有《う》の機会であった。そうなんどでも同じ結果を期待することができぬほど、一時にいろいろの好条件が集まっていたのである。

それを列記しようとすると必ず見落《みお》としがあろうと思うが、第一には農民の心が政治の革新[42]に徹底して、自分たちもいままでどおりではいられぬと、急にいっせいに引《ひ》きしまってきたことである。これにはもちろん境遇改善の強い希望が伴うていた。新たに交通の開けた外国の文化の、やや誇張した紹介も好奇心を刺戟したが、少なくも生産の方面では失望させなかった。

ちょうど智能がこれを受け入れるに適するまで、進んでおったこともひとつの便宜であったろう。瞬《また》くうちにいろいろの技術方法、ことに作物の新たなる種類を、知った数だけでも非常なものであった。それへ力を添えたのが田《た》畠勝手《はたかって》作《さく》[43]の新制度であった。たとえば米を中止して水田《すいでん》に藺《い》[44]や田芋《たいも》[45]を栽えようと、ないしはこれを畠に直して棉《わた》でも桑《くわ》でも見込みしだいに、つくってもかまわぬことになったのである。農民の事業計画はにわかに大胆に、かつ巧妙なるものに変わってきたのである。

それから知識の増加はあきらかに能率を大きくしている。器械は改良する前からすでにその利用が進んでいた。[46] 仕事に興味がおこり成績が目に見えるゆえに、そう苦しまずに多く働けるようになっている。休日《やすみび》[47]は当然にその数を減じた。そのうえにいちじるしい影響は、人口の徐々の繁殖からも来ている。ひとが増すということは直接には農場に働きうる勤労をゆたかにすることになったとともに、ほかへ出ていって食物の田畠にできるのを待っている者が、年ましに多くなって

**42 政治の革新**　明治維新。**43 田畠勝手作**　田畑に主穀以外の農作物を自由に作ること。幕藩体制下では米を年貢として重視するなかで、桑・楮・漆・茶・藍・麻・綿・煙草・紅花などの商品作物を田畑に作付けることが禁じられていた。その制限が一八七一（明治四）年九月四日の大蔵省の布達で撤廃された。運輸の便が開かれ、農業が商品経済のなかに巻き込まれていることを前提に、作物の自由を認め、生産意欲を高めようとしたものであった。**44 藺**　いぐさ。茎を畳表、花むしろ、笠、草履などにする。**45 田芋**　水田でつくる里芋。**46 器械は……利用が進んでいた**　たとえば、輪転式の足踏み脱穀機が明治末に登場するが、それは江戸時代中期に発明され普及していた千歯扱きという新しい道具の改良であった。『読売新聞』一九二三（大正一二）年三月二〇日に、大日本農会が「動力脱穀機」を懸賞募集、応募者八五名から一等～三等を選び、授賞式をおこなうとの記事がある。**47 休日**　生産の仕事をしないと村中で決めてある日。正月等の節供や盆・彼岸、さなぶり、虫送り、豊饒祈願、施餓鬼など、さまざまにあった。村ごとで異なるものだったが、年間で三〇日から七〇日ていど、休み日があったのではないかといわれている。

くることを意味していた。

いつでももっとも熱心なる買い手があって、売れぬという懸念《けねん》のないもの[48]をつくっているのだという考えは、当然に生産増加の一方に向かって突進せしめる。日本には近世何回かのおそろしい大凶作[49]がつづいておこり、農民自身までが常に欠乏の不安を抱いていた。ましてや都会にいて事情を詳《つまび》らかにしえない消費者は、始終この点ばかりを心細く感じて、じっさいは剰《あま》る年もしばしばあるのだけれども、とくに鋭敏に穀物相場の引き上げに応ずるのが、今日までの習いになっており、これがまた非常に主要農産物の生産を張合《はりあ》いのある事業たらしめ、ひいてはこればかりでも家を保《たも》つことができるという、ある時代の自信を養うことになったのである。

米の生産量は、これほど数字ばかりを気にする国でありながら、いつでもその統計がはなはだ精確でなかった。

じっさいの収穫高は表向《おもてむ》きには報告せられず、単に年々の増減の対比だけを、これによって知るくらいのものであったが、その内部の事実もながいあいだには変化している。一反歩平均一石七、八斗[50]などという村は、まずどこにもないことは公に認められているが、甲ではいまもまだその約三割増しにしか生産しておらぬに反して、乙・丙の村ではその後《ご》の努力により、それを倍近くまでも進めている場合もある。いずれにしたところが六十年前とくらべて、よほどの増加になっていることは確実で、しかもそのわりには作付の面積は大きくなっておらぬのである。

　これはもちろん開墾が進まないためではなかった。

ひとを多くするにはまず地を拓《ひら》けという方針は、維新以前からずっと引きつづいていたが、ちかごろになってその熱心は倍加した。あそこはまさかと思うような高地までも、水を揚げてみな田にしている。なかにも北海道などは、ここで稲をつくろうとするのは無謀[51]だといって、非難をした者が多かったくらいであるが、三十年をすぎるとちゃんと年産三百万石の記念祝賀会[52]を催している。

**48 いつでも……懸念のないもの**　主食としての米のこと。**49 何回かのおそろしい大凶作**　寛永の飢饉（一六四一～四二）、享保の飢饉（一七三二～三三）、宝暦の飢饉（一七五五～五七）、天明の飢饉（一七八二～八七）、天保の飢饉（一八三三～三六）など。**50 一反歩平均一石七、八斗**　この米の平均収量は、おそらく小野武夫『徳川時代の農家経済』（巌松堂書店、一九二六）に拠ったものであろう。小野は江戸時代末期の農家経済を研究する統計資料がほとんどないなか、共同研究者を通じて日本各地の故老五十余名に「一定の質問要項」を送り、答えてもらうという形での調査を一九二二（大正一一）年に実施した。その結果、全国平均で「徳川時代における水田一反歩の収量はおよそ一石八斗一升であり」［：八二頁］と記す。表にあげられた四二地点の収量は、一石二斗から二石五斗までばらついている。**51 北海道などは……無謀**　酒匂常明『米作新論（増訂三版）』（有隣堂、一八九二）の附録「北海道米作論」に、ドイツの学者の積算温度の説にもとづく「北海道の米作は断念するほかなし」という判断が引用されている。

開墾《かいこん》奨励[53]には補助金《ほじょきん》があるから、指定した以上はいったんは必ず成功する。

それで水田の総面積が、いつになってもほぼ同じであるのは、一方に道路その他の土木事業に、潰《つぶ》してしまう土地が多かったことと、不時の災害や損失のために、再び荒れるものがあったからである。陸稲《おかぼ》[54]の作付《さくつけ》はたしかに増してきているが、それを差し引いても、いままでの耕地から生産するものが、内端《うちわ》の統計表においてすでにいちじるしく増加しているので、しかもこれが他のあらゆる農産業の進歩を、すこしでも犠牲にせずして成しとげられたのは驚歎に値《あたい》する。

粟《あわ》とか稗《ひえ》[55]とかいう在来の数種には、生産のやや衰えたものもあるにはあるが、それはわれわれの入用が減じたためで、別にそのためには補充の苦労をせぬのみならず、必ずそれだけのかわりの物ができている。新種の作物の少しでも有利なものは、いずれもえらい速力をもって全国に普及した。米はすなわちそれと併行して、よくこれまでの成績を挙げたのであって、個々の土地利用の技術としては、おそらくこれ以上に鮮《あざ》やかな効果はないといってよい。

だから農という家業が、これでもなお家を保持するに十分でなかったといえば、その原因はどうしても外側《そとがわ》のほうから、採ってみなければならぬのであった。

全体に産物の種目が数多く、したごうて選択が人びとの自由であったころが農業はさかりであった。おりおりに真似《まね》をして馬鹿げた損をする者はあっても、めずらしいといわれているうちの品物なり生産方法なりには、苦心は大きいかわりにひとを羨《うらや》ませるだけの余得があった。

発明工夫《くふう》は農家には無益のもののごとく考え、ひたすら模倣をもって平凡なる安全率を保障しようということになって、たちまちにしてつくりすぎの現象を生じた。かつては必需品の供給を誇りとした土地産業が、烈しい仲間の競争をしなければならぬことになった。土地の産業ほど競争に向かぬものはないということは、経済の書物にもよく書いてある。引きこんだ地方の者が負《ま》けるにきまっており、そうでなければ勝《か》つほうの者の利益が、地代として吸い取られてしまうからである。

最近ようやくのことで生産統制の必要を認める[56]ようにはなったが、府県が互いに傷《きず》つけつつ販路の争奪をしていたのは、かなりひさしい前からのことであった。その原

**52 年産三百万石の記念祝賀会**　北海道立の農事試験場は、一九二〇（大正九）年に道産米百万石の記念祝賀会を開催し、一〇年後の一九三〇（昭和五）年に三百万石達成の記念祝賀会を挙行している。

**53 開墾奨励**　耕地拡張による食糧問題の根本解決をめざした一九一九（大正八）年の開墾助成法では、開墾資金に利子補給がおこなわれた。排水条件の改良が重視され、暗渠排水が盛んにおこなわれる。一九二三（大正一二）年の用排水改良事業補助要項では、大規模な灌漑排水設備事業に対して事業費の半額におよぶ国庫補助がおこなわれた。

**54 陸稲**　畑で栽培される稲。りくとう。

**55 稗**　稗について、柳田は一九三九（昭和一四）年に農村更生協会から『稗の未来』［全集10：五―一七頁］という小冊子を刊行している。

因は総計の数字を重んじすぎたことがひとつ、いまひとつは補助や補償の不自然な手段に誘導せられて、各自の危険をもって経験を積み、計画を進めようとせぬ者が多くなったことである。個人は生産が過剰であるか否かを、ぶっつかってみなければ知りようがない。しかも国が職業を純化しようという傾向は、いちだんとこの不意の競争に遭うて、打撃を受けやすいような農家をつくり上げていたのである。じっさい一年にただ一回の産物が、売れぬかもしれぬというのは大きな不安であった。

ところが米穀ばかりは独得の事情があって、いままではまずその不安から保障せられていたのである。元来日本人の米消費量というものは、時々《じじ》57の景気と相場しだいに、増したり減じたりする性質をもっていたにかかわらず、これを生産統計のほうから逆《ぎゃく》に推算して、平均一人に約一石というような目安《めやす》が、いつのころよりか立てられていた。そうして国内の生産総量はわずかばかり、常にその入要に不足するもののように、一般が信ぜしめられたのである。

わざとそういう策略を講じた者もなかったろうが、これが偶然にも有力なる生産の支柱となって、全国の水田耕作者はいささかのつくりすぎの懸念もなく、いままではその技術に専念することをえたのであった。もちろん一部的の供給過多から、突如たる低落《ていらく》をみることもときどきはあったが、それは常態でないから忍んで待ってさえいれば、ふたたび原位《げんい》[58]以上にも反撥《はんぱつ》しうべしと信ずる者が多く、事実またそのとおりに待っていると高くなった。

土地の売買価格[59]はこの結果として、明治の七、八年ごろに計算せられたものよりも、何倍というほどの相場が出現し、それで買い入れた人びとは、米が安いと損をしなければならぬゆえに、力をつくして米価を維持しようとするとともに、一方には小作人の分前《わけまえ》の少ないことが目に立って、地主とのあいだに紛紜《ふんうん》[60]がよくおこった。

しかし多数の自作農はそういう争いのほかにあって、坐《い》ながらにして長くこの米価の不足相場の、恩恵に浴していたのであった。

**56 最近ようやくのことで生産統制の必要を**　『読売新聞』一九三一（昭和六）年四月九日の「生産統制　わが国最初の試み」の記事は、帝国農会が白菜・キャベツ・西瓜・カボチャの生産統制にはじめて着手するため、協議会を開催することを報じている。ここに「昨年来の暴落」で「拱手傍観」していられなくなり、との説明があり、柳田がこの本が刊行された年の前年には、すでにその調整の必要が議論されていたことがわかる。**57 時々**　その時その時。その場その場。**58 原位**　もとの位置。以前の米価の水準。**59 土地の売買価格**　一八六八（明治元）年一二月の太政官布告一〇九六号の「村々の地面はもとより百姓持の地たるべし」の確認から、一八七二（明治五）年二月の「地所永代売買の解禁」（太政官布告第五〇号）、七月の「一般地所への地券交付」（大蔵省達第八三号）を経て、土地の私的所有の法的な枠組みが整備される。翌年から始まる地租改正事業のなかで収穫量に基づいて地価が決定された。**60 紛紜**　もめごと。紛争。

農業が古来の複雑な副業を投げ捨て、金で買うべき物の種目を激増し、いままでこれに宛ててあった勤労を、ただ遊ぶ時間にかえてしまっても、なおどうにか立ち行《ゆ》いていた[61]根拠はここにあったのだが、はたしてこの状態がどこまでつづくかは、もういくらずつか問題になってきはじめた。それは食物の個人自由[62]が急に目ざましく認められたというだけでない。元来が米の消費の一部分は、生活方法の如何《いかん》[63]によって整理せられうるものであった。いまは単にその嗜好を争奪せんとするものが、やや前よりも進んできたというまでである。自家の消費せぬ物を多く生産し、生産せぬ物を多く消費する農家の地位は、だんだんと商人に近くなってきたが、土地天然の拘束があるだけに、そうしてまたひさしくその用意を欠いていただけに、その不安は一時《いちじ》彼[64]よりも大きく、したごうてまた早くその脱出の途《みち》が考えられそうに思われる。

## 三　漁民家業の不安

農業があまりに政治の問題になりすぎているに反して、水産はまたあまりにも少しばかりのひとの手に、大きな問題が任《まか》せきりにしてあった。

そうしていまちょうど農業の明治後期のような、隆盛時代に入《はい》っていこうとしているのである。さほど行きづまらぬ前に少しでもこれを解決しておく途《みち》が、あるかもしれぬという大切な機会である。

両者のよく似た点はいろいろあるが、主たる一致は当業者の覚醒《かくせい》が、あたかもほかからあたえられたいろいろの便宜によって促されたこと、新しい技術と天然の知識が、おりよくもまさにそれを要望しかつ理解する者の前に、もってこられたことであった。日本ではさしもに豊富であった沿海の富を漁《あさ》りつくし、あるいは少しばかり海の人口の過多を感じなければならぬかと思うところに、徐々に勢力が対岸の半島に伸びていって、朝鮮海の出漁[65]ということが自由になった。北洋の産業は、わずかに欧羅巴《ヨーロッパ》人の海獣狩り[66]にかぎられていたのを、ひさしく北海道の漁場の不振を患《うれ》えていた人たちが、ただちにその旧経験を応用する機会に恵まれた。これはいずれも国際交渉[67]の偶然の帰

**61 立ち行いて**　暮らしてゆけて。生活して。**62 食物の個人自由**　第二章の章題である。**63 如何**　どうであるか。内容、状態。**64 彼**　商人。**65 朝鮮海の出漁**　朝鮮半島近海への中国地方・九州や瀬戸内海からの漁民の出稼ぎ漁や移住漁業のことで、明治に入って活発化した。一八八九（明治二二）年に締結された「日本朝鮮両国通漁規則」で日本漁民の出漁が公式に認められるが、関沢明清・竹中邦香編『朝鮮通漁事情』（団々社書店、一八九三）は、外交上の取り決め以前にすでに「朝鮮海に至りて漁業を営む」ものが多くあったことを指摘している。近世からの対馬沿岸への出漁の延長・発展とも位置づけられる。**66 海獣狩り**　毛皮を求めてのラッコ猟。やがて時代は毛皮から捕鯨へと拡張し、ラッコ猟の海獣船は多く捕鯨船に転用されたという。

趣《しゅ》にすぎぬのであったが、かねて計画してみたところで、これ以上に好都合なものを望むことはできないのであった。

ことに仕合わせであったことは、利害のなんびととも抵触せぬ広々とした洋上に向かって、漁民の活躍がおいおいと進んでいったことである。以前は死を賭《か》けても往来しがたかったような荒海《あらうみ》の奥まで、天気を見定めて日帰りすることができるのも、発動機[68]のいたって単純なる装置であるが、これも自身の捜しだしたものではなくて、彼らの手柄はただ急速にこれを採用し、かつ上手《じょうず》にこれを使いこなすようになったことである。

魚見《うおみ》の技能は漁運の半ば以上を支配し、これが修錬にはたいへんな苦心を払ったものであったが、ちかごろはすでに飛行機と無線電信とによって[69]、いとも簡単に通報の任務を果《は》たさせている地方もある。早晩なんとしてもこの方面に、進んでいくべき国であったとはいえるが、時勢と能力との二つの者が際会[70]しなければ、ただ待っていただけではかくまでの生産飛躍はありえなかったろうと思う。

漁村の開発が少しばかり農村より後れていたことまでが、わざと待ち合わせていたようにも考えられる。

水産のほうでは、いまがちょうど新種・新方法の自由選択時代で、ひとのこれまで手を下さなかった方面に、各自の工夫《くふう》をもって進んでいくことも、ないしは実験のすでにおわった部分に、後《あと》から参加して入り乱れて利益を争うのも、ともに関係者の心しだいという状態になっているが、大体の傾向はこれもいわゆる有望なる事業を、多数が集まって早く荒らそうとするほうに向かっているらしく、したごうて個人どうしの喧嘩も多ければ、地方相互に傷《きず》つけあう場合もあって、共斃《ともだお》れという危険は少しずつくわわってきている。

天産《てんさん》の豊富は最初に想像せられたように、必ずしもこの競争の痛苦を緩和することができなかった。一時かぎりの漁獲過剰ということは、往々にして計画を無益なものにする。これに対しては保存と配送の方法が考究せられ、一方にはまたわれわれの消費力が、なお際限なく拡張していく形勢が、よほど米穀の生産と似たところがあるの

**67 国際交渉**　一九〇五（明治三八）年に調印されたポーツマス講和条約にもとづいて、一九〇七（明治四〇）年に「日露漁業協約」が締結された。ロシア極東の沿岸全域での漁業を保障するもので、北洋漁業発展の基礎を築いた。**68 発動機**　動力を生みだすエンジン。漁船の動力化は漁業における大きな技術革新で、漁場も沿岸から沖合へと発展した。発動機漁船の揺籃期は一九〇〇年代で、沿岸漁業用の小型漁船の動力化は一九二〇年代後半から加速化した。**69 飛行機と無線電信とによって**『読売新聞』一九二三（大正一二）年八月一一日の「指導船建造奨励 飛行機も設置」の記事に、全国の水産試験場がもつ遠洋漁業指導船の補助奨励策のなかで、漁業の長足の進歩のなかで「漁業用無線電話ならびに偵察用搭載飛行機の整備奨励を為すの要あり」と農商務省が大蔵省に予算申請しているとある。**70 際会**　たまたま出会う。

で、現在はもっぱらその需要のほうを開拓することによって、一時この行きづまりを延期させているのであるが、これには米の相場を支持しているような、例の社会心理[71]はまだすこしでもはたらいていない。

しかも代用品の価値は接近しているゆえに、消費の整理・訂正はおこなわれやすく、多産は当然に市価の引き下げを促《うなが》すこととなるので、それがまた国民栄養の問題を、いとも簡単に解決してくれるとともに、さらに将来の漁政を複雑ならしめようとしているのである。

いままでわれわれは気にも止めなかったが、日本人の味覚が海川《うみかわ》の産物に対して、とくに発達していたというのは大きな事実であった。

近代は急に生魚《なまうお》を食しうる者[72]の数が増加して、あるいは少しばかり幼稚にもどったかもしれぬが、もとはいたって普通の経験が、個々の魚類の特性と価値とを判別させていた。嗜好はそのひとつひとつについて異なっていたことは、獣肉のわずかに調理の方法をもって、区分せられるような簡単さではなかった。これに蛸《たこ》、烏賊《いか》、蝦《えび》、蟹《かに》、介《かい》類の若干をくわえると、その種類の繁多なことはなにものもこれに比ぶべきものはなく、それに南北の領土の延長がくわわって、味の変化はまた地方的にもさかんになってきた。個々の水産はすなわちそれぞれの需要を有し、しかもその方法は各種動物の習性と漁法とにもとづいて、ひとつひとつ別途に講究しまた改良せられたものであった。

漁民を競争なき多数の団体に分立せしめることは、日本ならばさして困難ではなかった。ひとしく海を作業場とした作業のなかにも、塩焼き[73]や藻《も》草《ぐさ》[74]の採取はつとに別派をなし、さらに貝殻の利用[75]から人造真珠[76]のごとき、新たなる事業も大小数多く出現している。鯉《こい》や鰻《うなぎ》や鼈《すっぽん》などの養殖にいたっては、その性質がよほど農のほうに近くなったといえる。美濃の明知《あけち》[77]や伯耆の根雨《ねう》のごとく、それを独立の産業としている者も多い。川や湖沼にはすでに孵化《ふか》放流の事業[78]がはじまり、海にも過剰の漁獲物を生養する[79]

**71 例の社会心理**　有望な品種だと思うと競ってその生産や取得に集中すること。**72 生魚を食しうる**　魚を生で保存する冷蔵の技術が確立・普及する前、浜から遠くへの魚の流通は乾物か塩蔵に限られていた。新しいこと、生であることを、中世からすでに「無塩（ぶえん）」と名づけて呼ぶのは、魚の保存のための塩引が常態であったことをものがたる。**73 塩焼き**　製塩。**74 藻草**　水中の植物類の総称。昆布、ワカメ、海苔などの海藻。**75 貝殻の利用**　螺鈿などの工芸への利用が伝統的にあると思われるが、『読売新聞』一九〇九（明治四二）年五月一一日「介甲の彫刻」の記事は、水産講習所が新たに「貝殻彫刻」の新事業に取り組んでいることを報じている。**76 人造真珠**　アコヤ貝を使った真珠の養殖は、一八九三（明治二六）年に御木本幸吉により成功、一八九六（明治二九）年に半円真珠の養殖法が確立し、大正年間に真円真珠の生産技術が完成する。**77 美濃の明知**　岐阜県恵那郡明智町（現在の恵那市明智町）は、明治・大正期に養蚕と製糸業で栄えた。養蚕製糸の副産物であるサナギを餌にして、鯉の養殖業が発達した。

必要が、すでに漁業者のあいだに認められている。

動物学の知識のより精確になるとともに、漁業の半面が牧畜化してくることも想像ができる。現に今日でも明石《あかし》では蛸《たこ》の飼育場がもうけられ、牡蠣《かき》や灰貝《はいがい》[80]などはずっと以前から養殖せられている。鯛《たい》や鰹《かつお》の卵が放流せられる時代も、早晩は来るものと予期しうるようになった。こうなればむしろ一種の米《こめ》に相当する重要水産物が、なかったということも不幸とはいわれぬわけである。

漁業が農と異なっていたひとつの点は、これがはやくからひとつの職業であったことである。

網《あみ》[81]は釣《つり》よりもやや遅くおこって、しかも多くの人の協同を条件としていたけれども、これにたずさわったものは他の生産と対立して、交易によって衣食の資料を手に入れなければならなかった。のみならずその生産の技術は細《こま》かく分かれていて、釣《つり》は釣でだんだんに進歩し、潜《かつ》ぎ[82]はまたそれひとつを専門に練習していた。彼らの生活が改良するとともに、むしろ不純になって諸種の方法を兼ね学び、さらに若干の磯山《いそやま》[83]・畠をさえ耕すようになったのであった。

そうして農民と同じくいよいよ複雑なる家業の交響楽《こうきようがく》[84]を楽しもうとしていたさいに、不意に世が変わってそのなかから引きぬかれたものが、草履《ぞうり》、草鞋《わらじ》、味噌、醤油というような、片端の小さな部分でなかったのである。

部外《ぶがい》に引きわたしたのは経営そのものであった。農家でいうならば土地に該当するものであった。

以前も漁民のあいだには網主《あみぬし》[85]があって、漁獲の分前は均等でなかったけれども、それはまだ魚見《うおみ》や柁取《かじとり》の役と同じく、彼らの団体のとくに働きの多い者という程度であった。それが純乎《じゅんこ》たる[86]資本投下業となって、もはや個々の漁民の家の永続までは、考

**78 孵化放流の事業**　孵化放流の事業を推しすすめたのは、勧農局水産掛吏員の関沢明清（一八四三～一八九七）であった。フィラデルフィア万国博覧会事務局員としてアメリカの養魚や孵化の技術にふれ、帰国後、日本の水産業振興に献身した。一八七八（明治一一）年の『読売新聞』は、相模川（四月六日）、荒川（五月一〇日）、多摩川（六月二二日）にて、サケ稚魚の放流事業がおこなわれると伝えている。これ以外にも、那珂川、最上川、三面川、千歳川、琴似川などで孵化放流が試みられ、琵琶湖などでもアマゴ（アメノウオ）の人工孵化がおこなわれた。**79 生養する**　養い育てる。**80 灰貝**　アカガイに似た二枚貝で、有明海で養殖された。**81 網**　網による漁業。網を引き寄せて魚をとる「曳き網」と、水中に垣網を定置して魚を袋網に導き捕獲する「建て網」の両方を含む。曳き網にも、沿岸の浅い漁場での地曳き網のほか、沖合で網を水底に下ろして引く底曳き網がある。網の素材の技術革新も重要で、一八八〇～九〇年代に麻網から綿網への転換が進んだ。綿の網は麻にくらべて保存耐久力が一・五倍で、価格は一五～三〇％ほど安かったという。**82 潜ぎ**　海中にもぐって魚介・海藻などを採ること。海女。**83 磯山**　海辺の山。**84 家業の交響楽**　さまざまな仕事・副業が家のなかで混じり合っているさま。**85 網主**　網その他の漁具と船を所有し、網子（漁夫）をつかって魚をとる者。**86 純乎たる**　純粋な。

えていることができなくなったのである。水産企業は他の多くの者の企てえぬように、不必要にまで大きなものとなった。そうして安全率のために生産過剰の結果を忍んで、できるだけすでに試みられたる一方法に集中し、互いに利益の横取りを策するようになったのである。

漁民の自ら指導し選択しうる者は、いまはだんだんにその数を減じようとしている。彼らの家業にはまた新たなる空隙を生じた。こういう外部の資本家はなくてすむまでに、群れの組織力[87]はまだ発育していなかった。この点からみると近来の水産勃興は、なおいくぶんか時期が早かったともいいうるのである。

生産統計の総括的数字のみによって、海岸諸部落の繁栄を卜知《ぼくち》[88]することは、さらに農村よりもいまいちだんとむつかしいことである。

## 四　生産過剰

わが邦の生産政策は、いまでもまだ天然物採取時代の印象深かりし幸福に累《わずら》わされている形[89]がある。

山で茸《きのこ》を見つけ小鳥を網《あみ》していたひとたちが、家でも食いきれず、隣に分けてもまだあまったというほどの獲物《えもの》に、出くわせた時の心地よさは、いつも生涯の一つ話[90]としてくり返すものであるが、農業や水産においても、ひとはときどきはその目的のためだけに、働いているのかと思うことがある。豊作・豊漁のさいには、生産者の心理がまるで常と変わって、急に鷹揚《おうよう》なる浪費者となる傾きがあるのも、むろんその古くからの習わしのひとつであって、これを神々の恵《めぐみ》と解し、村のさびしい生活のひと知れぬ補償と感じていたことは、われわれの同情に堪えぬところであった。

昔話の長者《ちょうじゃ》の富などというものも、単に布《ぬの》なり酒なりの数かぎりもない集積[91]であった。楽しみはむしろそれが水や空気と同じく、取れどもつきぬという点にあったよう

**87 群れの組織力**　産業組合のことか。『東京朝日新聞』一九二四（大正一三）年一〇月二四日の「露領水産組合の北進産業組合組織運動」の記事は、計画中の産業組合について、組合員が全国各地に散在すること、日魯漁業等の株式会社を含むことが現在の産業組合では極めて例外的なため、水産局と農務局とのあいだで認可の可否の判断が分かれていることを報じている。産業組合法の立法精神が、小規模経営の構成員の群れとしての共助運動にあるため、「法文解釈上支障なきを理由として産業組合を大資本家の利用に委ねることは、はなはだしき不当であるとの意見多い」という様子を伝えている。結局、低利資金融資のための産業組合の併設はあきらめ、株式会社として設立された。　**88 卜知**　占って知る。未来の吉凶を定める。　**89 累わされている**　かかずらって面倒になっている。　**90 一つ話**　昔話のなかの、とっておきの話。得意になって話すこと。　**91 布なり酒なりの数かぎりもない集積**　昔話のなかの、山姥がくれた錦が切っても切っても翌朝には元の長さにもどるとか、孝行者の酒売りに酌めどもつきない酒の入った酒壺があたえられたなどの話想を指すか。

である。

この考え方は昔話の世を去ってからも、存外にながいあいだつづいていた。

初期の工場のおおいなる魅惑《みわく》も、じっさいはここに根をさしていたので、必ずしも新種・新方法の興味が、他の農業や水産のようにわれわれを激励したのでなく、単にいままで家々の辛苦《しんく》してつくっていたものが、いとも手軽《てがる》に数あまたでき上がるという事実を、仕事を奪い取られつつもなおわがことのように喜んでいる。日清・日露の二戦役がおわったころまで、あるいはいま少しく後までも、めずらしいものは舶来《はくらい》ときまっていた。国内の工場はただ平凡な商品を、多くつくるをもって楽しみとしていたようであった。

資本の不思議な力がしみじみと感動せられ、これをたずさえてくる者を尊敬したことも、けっして一片の利己心《りこしん》[92]からではなかった。

最初は家々の力を集合して、地方に小規模な製造所をもうけた人びとは、それだけでもはや能率《のうりつ》の飛躍を見、事務の簡便を知ったのだけれども、これに機械を附与《ふよ》し、またこれを改良してくれることは、たとえば野を拓《ひら》く者に食事を運び、海を望む人びとに船をつくって貸すと同じように、心賢《かし》こき新加担者として、歓迎しまた分前《わけまえ》をあたえずにはいられなかったのである。

織物・染物の売品を産しはじめ、もしくは絹糸の共同坐繰《ざぐり》[93]を開始したさいなどには、いずれも土地の旧生産者を糾合《きゅうごう》する[94]公共事業のごとくとなえざるはなかった。なかには直接に従来の家業を侵《おか》さずに、それを守り立てて他に臨むべき勢力とするごとく揚《よう》言《げん》して、[95]次に生産販売の実権を、収めていこうとする方法もあった。そのうちに若干の必ず従属しなければならぬ者を生じて、[96]資本の優越は固定してしまい、自在にその工場を有利なる場処に移さるるにおよんで、はじめて地方はそれが自分たちの事業でなかったことを知った。そうしていまもなお、切にこれにかわるべきもののまたあらわれんことを待っている。

製品の新種目が少しずつ増加し、その自由な選定がはじまったのは、工場の資本がなんどか入れかわり、しだいに地方との因縁が薄《うす》くなってから後のことであった。それもはじめのほどは農・漁・林・鉱のごとき、周囲の原料の利用法を高め、販路を開いていく機会として、感謝せられるようなものが主であったが、それでは計画が土地によって限局せられ、十分なる成長を予期することができぬので、おいおいに交

**92 利己心**　自分の利益だけを考えること。**93 共同坐繰**　外国技術の導入による器械製糸の普及は、各地に普及していた座繰器の改良も生みだした。群馬で始まった碓氷社などの座繰改良組合は、大量生産のための出荷の共同化や、品質の均一化のための共同の揚げ返し（繰り枠に巻きとられた生糸を大きな揚げ枠に巻き返し束にする作業）をおこなった。**94 糾合する**　ある目的のもとにひとを集める。**95 揚言して**　公然と述べ立てて。**96 必ず従属しなければならぬ者**　賃労働者。

通の便宜を主眼として場処の適不適を決するようになった。

土地との因縁は偶然なる行《ゆ》きがかりのほかには、単に来て働くひとの得《え》やすいという点にとどまり、それも出稼ぎや移住が容易なことになると、末にはどこでもかまわぬという以上に、むしろ青少年工の養成などに都合《つごう》のよい、大きな市街地の附近を選択することを利益とするにいたり、いよいよ工場は都市の、完全なる支配下に属して、古来の生産者とは対立しなければならぬものになったのである。

どこの国でもそうであったかしらぬが、日本では製造業者という階級は、もとはその卵《たまご》すらもなく、とくにこれに化しうる素質をそなえた者すらもなかった。あらゆる職業の者がその智恵と資本とをもちよって、わずかな期間の運不運もしくは優勝劣敗をもって、急激にいまある若干をつくり上げたので、そのなかには武家もおれば百姓もいた。しかももっとも縁《えん》の近かるべき職人だけは、たいていはこれに使わるるひととなっているのである。

こういう製造家のなにを製すべきかの考案については、伝統の拘束というものはもちろんない。なにか見込みのある事業という意味で、まず手近なる農家の副業を収容したのであったが、それがほぼ満員となるころには、一方に少しずつやや大胆なる見込みが立ってきた。

最初の落想《らくそう》はむろん輸入品目表から得ている。

すでに国内にこれだけの需要がある以上は、つくって損にはなるまいというのが普通の論理ではあったが、じっさいは地の利や特殊技能、または大量産出の便宜などがあって、和製すなわちこちらで製したものは、実費が高くつかなければたいていは品質が粗悪であった。前者には関税の保護をあたえ、後者は大目にみて、とにかくに国産愛用を公然ととなえうるまでに、立派に成績を挙げたのはえらい努力であったが、それにはまた一般消費者の大きな同情、国の生産力の開展《かいてん》するのを、花の開くをみるような愉快な心をもって始終眺めていた態度にも負うところが多いのである。

しかし輸入には本来、註文《ちゅうもん》を取るというしきたりがなかった。見本を送ってまず相手方の希望を問うということすら、遠い貿易ではそう容易にはおこなわれなかったのである。そこで当然に重きをおかれたのは、第一には輸入国民の嗜好を察知する技術、その次には刺戟に富みたる趣向によって、新たに相手方の嗜好をつくりだす方法であった。ジン[97]や煙草や赤い布片、光ある金属具を持っていけば、蛮地《ばんち》[98]では常に失敗がなかったように、東洋も最初はややむだな消費を誘導せられていたことは、明治前期の輸入表を見てよくわかる。

**97 ジン**　トウモロコシやライ麦を原料とするアルコールに、ネズの果実の香りを加えた蒸留酒。
**98 蛮地**　未開の土地。

いかにも失敬なる話といえば話だが、これは交通のやむをえない順序であって、現に日本ではいままだそれをやっている。

水夫などは好みのことに幼稚な旅人だが、それの悦《よろこ》んで買っていくものをメリケン向《む》きと称し、または印度《インド》向《む》き、南洋向《む》きなどという物を自分で考えだしては取り引きを進めていったのである。三百年間の長崎貿易なども、いまみれば和蘭《オランダ》・支那はほとんどこれに終始していた。なかには念入りの註文品というものが少しあっても、他の大部分はいわゆる貿易品であった。[99] だからこういう舶来を標準にとって国内の製造業を選定すれば、勢い少なくとも消費財貨、すなわち直接にひとの受用《じゅよう》に供せられるもののほうへ、偏傾《へんけい》[100] してくることだけは免れなかったのである。

米や魚類やその他若干の食糧品のように、需要のながく保つものはそうたくさんにはない。趣味は流行がいまのように急激でなくとも、以前から次々に移っていくべきものであった。国内製造のひとつの大きな力は、この趨勢《すうせい》を早くから見てとることであって、これが外国品に売り勝つただひとつの武器でもあったが、そのかわりにはいつでも尖端に立って見まわしていなければならぬ。

ひとのしとげた事業をいち早く倣《なら》うという以上に、むしろ多くの者のともに向かう生産に、ただ一足だけでも先へ出る必要があった。単に各自が大量生産の利を願うだけでなく、一般製造家は心を一《いっ》にして、その産額を過剰にしていたのである。国の工業がこれほどまでに隆盛になっても、ひとり特殊の新しい生産に進む者はただわずかで、のこりの大部分はみな同じことを考えて、ひさしく重複生産品の溢流《いつりゅう》のなかに、自ら陥《おちい》ってあえいでいた。

なにが国民に入用かというほうから製造を企てるということは流行しなかった。それよりも踏み明《あ》けられたひとつの途を、すみやかに進むのを安全と考えている。発明の労苦は尊重せられているが、それもたいていはこの既定圏内の、すこしの模様《もよう》替《が》えにはたらくものばかり多かった。

こういう当業者がいよいよ行きづまって、各自せっかくの企画の一部を断念し、罰金をもうけてその操業の短縮[101]を申しあわせたさいまで、なおこの単調なる生産統計の

**99 念入りの註文品……貿易品であった**　長崎貿易における「念入りの註文品」とは、おそらく東インド会社がヨーロッパの嗜好にあわせて日本に発注した古伊万里などの陶磁器を指す。「いわゆる貿易品」は、長崎貿易での主な輸入品が生糸や砂糖などであったこと、国内での需要が高かったことを暗示している。**100 偏傾**　一方に傾くこと。**101 操業の短縮**　紡績会社の操業時間の調整は、一九〇〇（明治三三）年には連合会が「操業時間短縮調査委員会」を設け、協議するにいたっている（『東京朝日新聞』一九〇〇年四月一八日記事）。一方で「紡績会社の操短は単に一部の希望／一流会社は未だホクホク」（『読売新聞』一九二五年五月二二日記事）のように、当業者間に時々での認識の違いもあった。しかし一九二七（昭和二）年には「紡績操短を連合会可決／罰金は既往制の半額見当」（『東京朝日新聞』一九二七年四月二七日記事）の報道がみられる。

増加を、社会繁栄の兆《きざし》のごとくにみていたのは惰性であった。いわゆる実業家はこれがためにまず苦しみ、ついで世間もまた少なからぬ迷惑を受けている。

## 五　商業の興味および弊害

この生産制限はじっさいに惜しいものであった。はじめからわかっていたならばその力をほかに割《さ》いて、企ててよかった事業はまだいくらもあり、合理化すなわち、ひとや設備の置き換えのために、無用の損失と難儀《なんぎ》とを忍ばずともすんだのであった。しかるに当業者が渋々《しぶしぶ》にやっと生産制限の必要を承認するまでには、よほどひさしいあいだ彼らはあるかぎりの方法をもって、なにとぞしてその現状を維持しようと骨折った。案内[102]のやや不明な外国への輸出が、さかんになってきた原因もそこにあったが、それよりも力をつくしたのは国内への普及であって、商業は非常な宣伝をもって、われわれの消費を勧説《かんせつ》したのであった。

捜《さが》して物を求めるような場合はもうなにものにもなくなった。たいていは百年以前の国際貿易と同じように、教えてもらって存在を知り、勧《すす》められてはじめて便利を解するような物品が、次々に増加してきたのであった。

勤倹貯蓄を告諭《こくゆ》した内閣は少なくないけれども、いかに不景気に同情する政党といえども、いまだ日本の産業のために、浪費《ろうひ》の急務を説法した例はない。ましてや地方には金銭の出入を、できれば抑制《よくせい》しようという気風はなおのこっている。しかるにかかわらず、事実やや溢《あふ》れんとした全国の過剰生産を、どうにかちかごろまで支持していたのは農村であった。農村のいわゆる購買力は、余裕さえあればいかなる製造業をでも扶助したのであった。

これには農の生産物が常に有用であって、与うれば必ず悦んで受けられていた習わしが類推《るいすい》せられたのかもしれず、また農民がとくに消費者の立場から、進んで求めるものの少なかったことも原因になっているようだが、それよりも大きな力はやはり近代の商業の発達であった。

日本の製造業の歴史においては、商人が加担したのは比較的後のことで、初期の資本は土地・材料の提供者もしくは旧武人の財産などを中堅としていたのであったが、ついでおおいに招き入れられた遠方の技術と機械が、彼らでなくてはこれを運びがたかったために、必然にいわゆる商売人の勢力が認められることとなり、したごうて企業の移動性が年とともにいちじるしくなってきた。

**102 案内**　実情。内情。

この新分子は会社を大きくし、かつて見たこともないひろい他郷との交通を開く上に、優秀なる伎倆《ぎりよう》をもっていたので、在来の経営者たちもその術を習い、少しずつ商人化せざるをえなかったのである。

製造業者という職業団がかりにもうできているにしても、それは主として商人の化してなったものであった。しかもいまもって多数の商業者のこれを兼ぬる者あるいはその資本をこちらに托している者があって、同時に生産の経営のうえに、いかなる株主よりも強い声をもっている。どれだけ精確なる国勢調査においても、商工業の分堺《ぶんかい》をあきらかにすることは、現在はまず不可能といってよかろう。

将来あるいは農業が独立している程度に、製造業が商と対峙《たいじ》することがあろうもしれぬが、それは歴史の予言しうるところでない。少なくとも今日は工業は商業によって統制せられている。

単に商業の後援を仰がなければ、製造の利益を保障しえぬという以上に、むしろ前者の方針によって指揮せられているのである。いまだ工場というまで成長せぬ個々の職人、家々の内職がこれに従属しているはもとより、外部の資本といえば漁業でも林業でも、大体この目途をもって投下せられておらぬものはないので、したごうてただ農業のみが、いまはまだ少なくとも作物品種の選定については、商に干渉せられないという以外に、いずれを向いても売買の利益が、日本の生産事業の主なる動力となっている。

消費者自身の註文は弱くとも、商人の好みだけは十分に実現せられている。

これが商業自身のためにも、必ずしも幸福な結果ばかりはもたらさなかったことは、事後に回顧してみるとおおよそはわかるのである。商人はもと今日のごとき偉大な発達をみなかったころには、ほとんど商品の種類ということには注意を払わぬひとたちであった。といおうよりも、むしろ故意に変化を構えて、[103]新しい利益を図るのを常としていた。

町々に常店《じょうみせ》[104]が立って業体《ぎょうてい》[105]がやや定まり、特殊の知識の伝習が職業を世襲させるようになっても、その取り扱う品の数は多く、なにか名物《めいぶつ》というような物ができるまでは、格別ひとつの品に固執しなかった。したごうて常に生産者の伴侶というわけにはいかず、しばしば思いきりよく部分的の転業をくりかえしていた。

それが新たなる時代の風潮を観察して、ある種の製品を取り扱ってみようという場合に、その選定が気軽でまた一方に偏しやすかったの[106]も、いつも全体の利益の多少から割りだした算盤《そろばん》[107]であって、生涯をひとつの物品の製出に費やそうという者には、こ

103 **故意に変化を構えて**　意図的に変化をくわだてて。ことさらに違いを用意して。　104 **常店**　一定の場所に店を構え、常にきまった商品を売る店。　105 **業体**　営業のありよう。

れは一向に心丈夫でない[108]指導者であった。ことにこのごろでは肩抜《かたぬ》け[109]・手払《てばら》い[110]というがごとき、もはやその品との縁を切ろうとするさいにおいて、かえってもっとも販売に熱心になるというような皮肉なる現象も少なからず、そうでなくとも生産費とは関係なく、もしくはこれを侵食する外《そと》の経費が、かなり高率に掛けられて、ようやくに拡張の目的が達せられることになっている。

小売商業が地方の転業者の第一の目標になっているのは、別にいくつかの原因がかぞえられるにしても、ひとつはこの過剰商品の処理のために、大きな口銭《こうせん》[111]が許与せられるからであった。小売の利潤《りじゅん》は片田舎のもっとも貧弱なる売上《うりあげ》において、なお一家を支《ささ》えることのできるものであるゆえに、それが都会の地でやや多量のものを売り捌《さば》く見込みある場合には、ずいぶん大きな力を宣伝のために、割《さ》くことも困難ではなくなった。

商業はなによりも興味の多い職業となっていた。

明治の末ごろからの新しい世相のひとつとして、町が一般に紅《あか》[112]くまた明るくなったというのもつまりは消費者の気づかなかった卸値《おろしね》の譲歩が、甘んじてその経費を負担していたのであった。最近問題となってきた百貨店の地方進出ぶり[113]のごときも、これを可能ならしめたる根本の理由は、やはりこの不自然なる販売組織にあったのである。

この種の商業闘争はたいていの場合において、製造業とその従属者の不運なる忍耐に帰着している。単なる産額報告の増加をもって、彼らの幸福の増進と解しうる場合はじっさいははなはだ少なく、損をして売るというは偽りだとしても、少なくとも苦痛は生産増加とともにかえって多くなっていることを、推測せしめる例がまれでない。消費者のほうには一種の町行き心理、買物《かいもの》と遊山《ゆさん》114とを似た楽しみにしている旧習が、

106 **その選定が気軽でまた一方に偏しやすかった**　柳田は『都市と農村』（一九二九）において、都市の発意と資本の力を借りて生みだされた鉄道の利便が山奥に達して、たちまち木材や薪炭が企業化したと同じように「近年のいわゆる換価作物の傾向をみるに、一方には工業原料のできるだけ粗なるもの、すなわち多くの加工利得を都市に収めうるものが指定せられ、他の一方には果実・花卉のごとく純然たる都市の消費に供するものが増大する。土地の利用法は自由になったというが、その実いちじるしく指導せられている」［全集4：二二一―二二頁］と述べる。107 **算盤**　損得の計算。転じて商売。108 **心丈夫でない**　安心して頼れない。心強くない。109 **肩抜け**　負担や責任から解放されて楽になること。110 **手払い**　所有しているものを全部出しつくすこと。111 **口銭**　売買のなかだちをした手数料。112 **町が一般に紅く**　かなりわかりづらい新世相の比喩だが、あるいは呉服店や百貨店にはじまり小売商店にも波及した「赤札売り出し」の特売企画の風景を指すものであろうか。破格の割引値をつけた商品に「赤札」を付して売り出した。明治末から大正にかけての新聞広告にも「赤札附大売出」「赤札大廉売」「紅札デー」等の文字を見かける。113 **最近問題となってきた百貨店の地方進出ぶり**『東京朝日新聞』一九三〇（昭和五）年五月六日の「百貨店を相手に白熱する対抗戦」の記事は、当時の百貨店のたいへんな躍進ぶりと小売業者組合の危機感をとりあげている。そこで三越・白木屋・高島屋・松屋・松坂屋・ほてい屋等の百貨店が、東京各所へ店舗を新設しようとする勢いであるとともに、仙台・青森などの地方都市への進出を計画していると伝えている。

いまでもまだ若干はのこっている以上、こういう売買を損とまで考える理由はないのだが、それでもおいおいに消費生活の整理[115]を計画する者が多くなって、直接生産者との取り引きの有利を認めはじめた。

町にこのごろはじまった公私設の市場《いちば》[116]のなかには、いたずらに従来の小売制を複雑にしただけのものもあるらしいが、産業組合の聯絡《れんらく》はだんだんに中間機関の省略しうるものであったことを実験せしめてきた。ことに農村の購買組合[117]が、最初に買い入れなければならぬ製造品の種目と数量とをきめてかかるということは、今後の工業に対する新たなるひとつの指導である。

ひとが単調生産業の重複と浪費に心づくことは、同時にその不用に帰したる労力と智慮と資本とを、転じて次の必要なる企業に応用する運動の端緒《たんしょ》でもあった。商業に重きをおきすぎたいままでの資本家は、すこぶるその永年の不用意を悔いなければならぬ立場におかれている。

**114 遊山**　遊びに出かけること。気晴らしの外出。**115 整理**　むだなものの処分。合理化。**116 町にこのごろはじまった公私設の市場**　『東京朝日新聞』一九三〇（昭和五）年三月三日は「立案を急ぐ公設市場法案／来議会に提出方針」の記事を載せ、内務省社会局が「日用品を安価に購入せしめんとする」ため市町村等が設置する公設市場の発達を促し、適正な取り締まりが可能となる法案の提出を報じている。**117 農村の購買組合**　『東京朝日新聞』一九三〇（昭和五）年八月五日の富山県大布施村の取材記事は、「購買組合の活躍」を論じて、その無駄の排除や農業技術の改善等の活動が、近くの都市の肥料商人を「ほとんど滅亡せしめるにいたり」、米および野菜などの生産物の共同販売は「中間商人の跳りょうを排除」することになった、と報じている。

# 第十一章　労力の配賦

## 一　出稼ぎ労力の統制

産業合理化や国産愛用の声[1]は最近しきりにおこったが、おおいなる発展をみた生産物の大部分の搬出については、いままでその生産者は、はなはだ干与《かんよ》するところが少なかった。

したがって物産の割拠《かっきょ》は資本戦を激成し、生産ははなはだ過多となり、労力の配賦《はいふ》

**1　国産愛用の声**　一九三〇（昭和五）年九月二七日に「国産愛用協会」の創立大会がおこなわれ、濱口首相・俵商工大臣の講演があった。『東京朝日新聞』の同年一一月九日の論説「国産奨励の正しい意味」は、これを踏まえて時局対策としての国産奨励と産業合理化の運動をとりあげており、「最近」とはこうした動きを指すと思われる。柳田は、同年五月二三日の「国産愛用の本旨」という論説において、国産愛用の標語のもとに、無差別に国内の品質よろしからざる模倣品製造者まで尻押ししてしまう誤りを指摘し、「国産愛用を実現せしむるには、ぜひとも愛用するに足るものを国産せしめるように努力しなければならぬのである」［全集28：二八三頁］と述べる。

もまたいまなお解決せられぬ悩みとなっている。それゆえ合理化はもちろん必ず企業の縮小を伴うべきであったが、しかし次になにをつくるべきかを考えることが先立たねばならぬのである。もしそれがなくしては、労力過剰がもたらす不幸は国民生活の絶えざる暗影《あんえい》とならねばならぬであろう。

わが国の労働者は昨日までは農民であり、また来年は農民としての仕事に従事するかもしれぬ者が多い。もしこの出稼ぎ労働者の配分[2]を解決せずして、農村人の都会入りを阻害《そがい》するならば、町と村とに住む労働者の競争はいよいよ激しくなるばかりで、わが国の労力配賦《はいふ》を順調にする道は、はなはだ困難となりはしまいか。いままでは労働組合も、この点について悩まなければならなかった。以前はいかなる状態の下にこれがどう動いていたかということを、出稼ぎという現象にもとづいて一応は歴史的に考えてみる価値もまた、ここに存するのである。

明治の農業は、土地を使われるだけおおいに使った。農村では休みをも廃し、労力はその広いはけ口に流れこんだが、その余《あま》りの労力とてもながい伝統のもとに、盲目的に考えてはおこなわれていなかったから、かえって自然に利用せられていた。少なくとも無理は少なかったわけである。

出稼ぎの動機は、村の動揺《どうよう》からおこったものではない。家の協同《きょうどう》維持のために、余《あま》った労力を有効に利用すべくおこなわれたものであった。

したがって出稼ぎの風《ふう》は山間や雪国《ゆきぐに》の、仕事をやりたくても充分にやりかねる地方にさかんにおこなわれたので、それが家の経営を維持してゆく普通の方法であり、それゆえにまた特殊の現象ではなかったのである。いわゆる冬場《ふゆば》奉公人と称せられた者はすなわちそれであった。

丹波百日《ひゃくにち》[3]といい、越後の酒男《さかおとこ》[4]といい、浅口杜氏《とじ》[5]といい、後にその伎倆が謳《うた》われて、今日では醸造者側《がわ》からも、出稼ぎ人自身の側からもぜひ必要な者であるにしても、もとはやはり同じ動機からおこってきている。そのほかに但馬《たじま》の豆腐師干物売り[6]、あるいは筏流《いかだなが》し[7]、茶売り、奈良・富山・滋賀・香川の売薬商人[8]、越後の毒消し売薬[9]、種々の行商人もまた多くはそれであった。椋鳥《むくどり》だの渡り鳥[10]という言葉はあまり良く感ぜら

**2 配分**　適切な割り当て。**3 丹波百日**　丹波の「百日稼ぎ」。秋から早春にかけて酒の仕込みのために雇われた出稼ぎを「百日男」と呼んだ。**4 酒男**　酒の醸造にたずさわる男。杜氏。**5 浅口杜氏**　岡山県の浅口郡（現在の浅口市）あたりの半農半漁の地域からの酒造稼ぎ。備中杜氏。**6 豆腐師干物売り**　「豆腐師」は豆腐を製造する職人だが、但馬地方で酒造とならんで有名だったのは、大阪の千早赤阪村あたりへの凍み豆腐づくりの出稼ぎである。杜氏と同じく、役割を分業する職階制の組織をもっていた。この出稼ぎ需要の消滅には、さまざまな条件が作用していただろうが、そのひとつに冷凍工業の発達がある。**7 筏流し**　木材を筏に組み、それを操って川を下ることを業とするひと。**8 売薬商人**　行商の「置き薬」売り。越中の富山が名高く、奈良県・滋賀県でも古くからの歴史があった。

れてはいないが、家との縁《えん》を切らずに出ては帰り、出ては帰りしたそのさまを、良くこの言葉はいいおおせているのである。

ことに小さい独立生産者が多くなって、以前のように日傭取《ひようとり》でも生活は保証されていたという時代ではなくなると、だれしも家の存続は希《こいねが》っていたから、いっそう出稼ぎに出かける必要は多くなったのであるが、いまだ中国地方の山間にはその方式がのこっているという大農《だいのう》[11]式農家においては、ことに大田植《おおたうえ》[12]や苅入《かりいれ》の季節にだけ入用な人《ひと》手《で》を常のうちから附近に備えておいた。

大農時代ではなくとも、わが国には田植えという非常に忙しい時期がある。農具の改良は進んでも、労力省略の機械は作業の一部にしか適用されない。田植えの人手は減ずることができないのである。[13]しかもこの時だけ遠方から臨時にひとを呼ぼうとすると、そこに種々な不安や困難が湧《わ》いてくる。ほかへ出ていく者が多くなると、田植えは困難となって、夜までも松明《たいまつ》[14]を灯《とぼ》してやるというほどの不自由を忍んでいるところもあった。それゆえにこの作業は家の力とともに、人びとを故郷につないだので、村を出てゆく多くの人びとを年一回の渡り鳥にしたのもまた道理《どうり》であった。しかも出稼ぎに出ないで済《す》むならば、平和な故郷に住んでいたいのは人情《にんじょう》である。したがって村には労力の需要があれば、それに応ずるひとはながく多く存在していたのであった。

けれども事態は、いつまでもそうはしておくわけにはゆかなかったのである。田植えにしても茶摘《つ》み・養蚕《ようさん》にしても、土地によってその季節が異なる。これがひとの動く機会をつくり、出稼ぎの道をも拓《ひら》いたのであって、はじめは附近からしだいにその道はできていった。

たとえば三重県や九州方面の茶摘み時期にはその季節的手伝いがさかんにおこなわれ、茶摘みの日がおのずから異なるところから、しだいに川下《かわしも》より川上へと気候を追

**9 越後の毒消し**　新潟県西蒲原郡巻町（現在の新潟市西蒲区）の角海浜（かくみはま）の寺での薬製造に起源をもつ「毒消丸」の行商。五月頃から一〇月頃までの女性の組織的な行商で、全盛期は明治末から昭和初期であったという。耕地の少ない故郷で農作業をおこなうよりずっと高い収入が得られた。　**10 渡り鳥**　定住しないで方々を渡りあるいて生活するひと。渡り稼ぎ。「椋鳥」については、第十章の注37を参照。　**11 大農**　広大な土地を所有し、大規模に行なわれる農業経営。豪農。　**12 大田植**　大規模な合同の田植え。田の神を祀り、田植え唄を歌いはやし、揃いの仕度で早乙女が作業するハレの行事。地域によって、大家の田植え、神田の田植え、田植え仕舞の日、田植え途中の神祭、家の大きな田の田植えなど、この語で指す実態や意味づけの分化がみられる。　**13 田植えの人手は減ずることができない**　明治期から精米機や田植機の発明が試みられていたが、精米の段階での機械化が着実に実現し改良を重ねていったのに対し、田植えの機械は実用化にはほど遠かった。農民発明家からいくつか特許が出願されているものの、本格的な開発と実用化が進むのは、柳田没後の一九六〇年代からであった。　**14 松明**　松の脂が多い部分、または竹や葦などを束ね、火を点じて照明に用いた。「焚（た）き松」あるいは「手火松（たひまつ）」からの変化という。

って茶山《ちゃやま》を渡って歩く風がさかんである。養蚕地方においても、この現象は随所にみられた。ことに藺《い》刈り[15]のごときは夏のはじめの一週間ばかりのあいだに好天気を見《み》はからって、疾風《はやて》のようにやってしまわねばならぬために、讃岐《さぬき》から岡山へは年々非常に多数のひとが手伝いに行く。

　そうしてこういう雰囲気のなかには共同で働くおもしろさや昂奮があり、少しはお祭のような楽しさもあったのである。いわば相互の結《ゆい》[16]の組織が手近《てぢか》な村々の手伝いに拡張し、それがしだいに遠国への出稼ぎの道を開いたといってもよろしい。

　けれども杜氏のように特別な技術を必要とする者が、毎年間断《かんだん》なく出稼ぎに出かけると、ついには需要に応じて遠地《えんち》にも行き、また家の協同維持というよりも、さらに進んだ職業となるのである。

　しかしこれはかなり不自由なものであった。杜氏《とうじ》にしろ筏《いかだ》人夫にしろ、北海道・樺《から》太《ふと》に往く漁夫《ぎょふ》にしろ、その仕事が定期的に継続せられると、その永続が保証されねば、はなはだ不安になるのである。じつは家の保全のための職であっても、ひとつの職業としてそれを求めようとするならば、そのところにその安全を強めるだけの組織が必要になるのである。親方制度はすなわち現在の自主的組合の、かわりを勤めたその組織であった。ことに出稼ぎ労働が杜氏のように農事作業と懸け隔《へだ》たり、家に帰っても役《やく》に立たぬ技術に手練《しゅれん》が積む[17]ようになると、この親方制度もいちだんと力を増したのである。

寄親《よりおや》[18]が仕事を支配した時代は相当にながかった。村のいちばん年長者であったおやじは、もと仮親《かりおや》[19]であったろうが、それが口入《くちいれ》業者の源《みなもと》であった。この寄親が三、四、五十人の出稼ぎ志望者を引きつれて、その労力配賦に寄与したことは、それがもう滅びてしまった今日から思えば大きな役目であったのである。そのなかには微弱なのもあったろうが、その発達したものはけっして乱雑なものではなく、はなはだ組織立っていたのであった。

この寄親が町に住むようになって、人入《ひとい》れ稼業[20]がおこり、村からそれを頼ってゆく

**15 藺刈り**　七月頃に水田に植えた藺草を刈り取ること。　**16 結**　地域社会内の家相互間でおこなわれる互助的で対等的な労力交換の慣行。田植え・草刈り・刈入れ等のさまざまな作業や家普請、屋根の葺き替えなどにおける協働であり、それぞれの手間・労働の互恵的な提供で成りたち、金銭や物での相殺を許さないところに特徴がある。　**17 手練が積む**　腕前があがる。熟練する。　**18 寄親**　制度の起源は中世の武家団の軍陣構成にまでさかのぼる。近世には、奉公人や職人の身柄保証人として就職先を紹介し、また解職後の生活の面倒をみた。移動する職人などでは、その伝統が明治後にも強くのこった。　**19 仮親**　成年・結婚・奉公・移住などの際に頼む、親がわりの役割。柳田は『族制語彙』(日本法理研究会、一九四三)の「親子なり」の章で、オヤカタドリ、カリオヤ、ケイヤクオヤ、ヤドオヤ、フナオヤ、ヨリオヤ、ワラジオヤなどさまざまな仮親をとりあげている。　**20 人入れ稼業**　雇人・職人・芸娼妓などの周旋。

者ばかりではなく、知らぬ者までもたやすくその恩恵《おんけい》に浴することができるようになった。すなわち家につながれていた多くの出稼ぎ労働者は、この親方制度によってしだいに独立して、適宜に配賦《はいふ》せられていたのであった。寄親のない出稼ぎはたとえば朝鮮人の土方《どかた》や作男[21]、支那人やロシア人の行商者のごとく心細い不安なものである。親方制のない今日、それにかわる有力なにものかができないならば異郷のひとのみではなく、われわれはその不安を喞《かこ》たねばならぬ[22]のである。

## 二　家の力と移住

現在およそ九十万の同胞《どうほう》がすくなくとも家に金を送ろう、なにかの足《た》しになろうという殊勝な心もちで外国へ出稼ぎに出かけている。内地でもさらに大多数の人びとが製糸工場への女工・男工、紡績工場への男女工を筆頭とし、僕婢《ぼくひ》[23]・小使《こづかい》[24]として大都市に流れこむ者、炭坑に稼ぎに行く者、機業地へ出かける者、酒造りに雇われる者、大工・木挽《こびき》[25]等の旅廻《たびまわ》り、土方・日傭い、または売薬その他の行商人として夥《おびただ》しく故郷を後に世間に出てゆく。しかも故郷では静かにのんきな生活をしているものも多かった。近江商人、伊勢商人などの出生地たる出稼ぎの代表地では、故郷はなにもしないで綺麗《きれい》な家にちんと暮らしている。

近世の海外出稼ぎには、これと同じものがいまだ少しあった。有名な紀州の潮岬《しおのみさき》村[26]、三尾《みお》村[27]なども、なにもしないでしごく[28]のんびりと暮らしていることは、近江の南北五箇庄《ごかしょう》村[29]などと似ていた。支那の広東《かんとん》辺の出稼ぎのさかんな地方とも同様に、出稼ぎ人が移住者となって、ついに帰郷する機会がなかったにしても、故郷はその送金をあてに暮らしていたのである。もっとも海外に雄飛《ゆうひ》する者のある時代の理想はここにあったのかもしれない。故郷は海外で奮闘《ふんとう》した人びとの安住の場所、墳墓《ふんぼ》の地であっ

**21 朝鮮人の……作男**　成城大学民俗学研究所所蔵の『明治大正史世相篇』初版書き入れ本には、この部分に「コレニモ不完全ナ寄親制アリ」という赤字の注が加えられている。　**22 喞たねばならぬ**　歎かねばならない。　**23 僕婢**　男と女の召使い。　**24 小使**　学校・会社・官庁などで雑用に従事するひと。　**25 木挽**　木材を大鋸（おが）で挽き、板に製材する職人。　**26 紀州の潮岬村**　潮岬のある和歌山県の串本町は、オーストラリアのアラフラ海の木曜島に出稼ぎにゆく人びとを毎年多く出したことで名高い。白蝶貝（真珠貝）を採取する潜水夫としての稼ぎであり、その貝殻はボタン等の材料となった。　**27 三尾村**　三尾村（現在の和歌山県日高郡美浜町三尾）は、明治中期からカナダのブリティッシュコロンビア州の「ステブストン」（スティーブストン）への出稼ぎ移民を多く出した。漁業・林業などに従事し、帰国した移民がカナダの暮らしや洋館建築などをもちかえり、「アメリカ村」とも呼ばれた。　**28 なにもしないでしごく**　前掲の『明治大正史世相篇』初版書き入れ本は、この語句に「カキカヘル」という指示をくわえている。　**29 南北五箇庄村**　南五個荘村と北五個荘村（現在の東近江市五個荘町）は、近江商人の発祥の地のひとつで、農業のかたわら商業に携わり、幕末から明治にかけて活躍した五個荘商人の故郷であった。

たゆえ、その汗《あせ》の結晶は故郷に送られたのであろうが、この風《ふう》はながく真の移住を阻《そ》害《がい》しがちであったことは想像しえられる。

移住はなるほど明治大正を通じての、いままでにはなかった大きな現象ではあった。移住は出稼ぎとまったく異なり、多くは一家が故郷を離れるので、人家の代《だい》がわりやその流離《りゅうり》30というひとつの刺戟が必ず伴うために、ひとはこれを不幸と考えたが、じつは多くの移住はまた、事実《じじつ》31出稼ぎの心もちでおこなわれたのである。もっとも旅などをしているあいだに、広い原野《げんや》を見た者は、ろくに耕す場所もない故郷の様《さま》と思いくらべて、それからここに移住しようという決心をつけ、妻子を伴うてきたものもあったかもしれぬが、それにしても一応は自分ひとりだけが瀬踏《せぶ》32みにやってきたであろう。

北海道は過去六十年間に偉大なる発展をとげた。それには当局の紹介奨励があり、貧困な農民や士族などの団体的な移動33や屯田《とんでん》兵34の制度がおおいに預って力があったであろうが、しかもなお一家が移住する前には、出稼ぎ同様の心もちでしばらくは行っていた者が多かったのである。もちろん後には郷党《きょうとう》の先人の実状をみて安堵《あんど》し、またそれを頼ってゆくひとも多くなった。

その発展はじつに既往移住者の努力の賜物であり、またこの方面の移住は日露戦争以後再び多くなって、大正以後さえもその人口増加率は東京府に次《つ》ぐ全国第二位の隆盛を極めたのであるが、しかしひとの入《い》れかわりも激しかった。北海道より内地方面ことに郷里に帰るひとも、青年から壮年者には少なくはなかったのである。人口がこんなに増加し、そのなかには落ち着いたひとも多かったろうが、帰郷し移住したひともまた少なくはなかった。

いわば北海道はわれわれの移住の練習地であったともいえるのである。

移住植民は出稼ぎと異なり、家を寂《さび》しくはするが、とにかくに解決であった。すなわち家の仕事に役《やく》立たなくても帰ってくるということは少ないのである。けれども女ならば婚姻が解決してくれたが、男はそうはゆかず、いつまでも家の力につながれている者も多かった。すなわち家に金を送り、年を取ると帰ってくる。た

**30 流離**　離村。流浪。　**31 事実**　本当に。じっさい。　**32 瀬踏み**　前もって確かめること。　**33 団体的な移動**　一八九二（明治二五）年に北海道庁は「団結移住に関する要領」を定めて、三〇戸の団体で移住し貸与した五ヘクタールの土地を三年で開拓すれば、土地を無償で取得できるという誘致政策を展開する。各府県庁も北海道移住を奨励した。これ以前から災害を契機とした北海道への団体移住も多く、一八八九（明治二二）年八月の「十津川大水害」の被災民二五〇〇名あまりが移住した新十津川村（現在の樺戸郡新十津川町）以外にも、濃尾大地震（一八九一）、北陸大水害（一八九五・九六）、明治四三年大水害（一九一〇）などでの例がある。　**34 屯田兵**　一八七四（明治七）年に、北海道の警備と開拓のために、志願兵として入植する制度が設けられ、翌年から実際の入地が始まった。一九〇四（明治三七）年に廃止。

いてい親のあった時代の故郷よりは、移住地は良くなかったから、移住とはならずになお結果が、出稼ぎということになってしまう者もあったのである。

もっとも出稼ぎのつもりで出ていっても、反対に移住となったものもあった。すなわちかの地で死んだ者、理由があって国に帰ってこられなくなった者、また近来は婚姻によって出先《でさき》に定住する者、あるいは出稼ぎの力が故郷の綱《つな》よりも強くなった結果、移住となる例《ためし》も少なくはなかったが、海外移住と称するものさえも、従来のものはちょっと行ってくるという出稼ぎ気分でなされたものが多かった。したがって故郷に錦《にしき》を着て[35]帰るつもりで出かけるのが普通であって、それゆえに真の植民《しょくみん》はおこなわれがたく、出稼ぎされた国は渋面《じゅうめん》する[36]のもじつは無理がなかったのである。

もっとも移住の中止もおこりやすかった。たとえば病気はそのひとつの原因であった。平安清浄な空気のなかに育《そだ》った若人《わこうど》が、刺戟多い都会や異郷の生活の裡《うち》に、病に侵されて帰郷する者[37]も少なくはなかったのである。そうしてこれらのひとはただちに家の煩累《はんるい》[38]となり、肉親であるがゆえにかえって、相互に不幸を痛感するような日がつづくことさえもあったが、多くのひとはこの前例にも躊躇《ちゅうちょ》するところなく、家のために故郷を後《あと》に立ち出でて、しかもなお家を忘れぬ出稼ぎ人となったのである。

## 三　女の労働

女性の労働も大きかった。もし女性が真剣に働かなかったら、米の耕作はむつかしいものであった。

美しい昼間持《ひるまもち》[39]は単なる儀式であったとしても、他の多数の早乙女《さおとめ》[40]だけは田植えのためにはなんとしても狩《か》り出されねばならなかった。田植えの名人《めいじん》は多く婦人であったが、彼らは歌の名手《めいしゅ》や美人と同様に尊敬せられていたのである。若い女性が工場に出

**35 錦を着て**　立身出世して。 **36 渋面する**　にがにがしく思う。 **37 病に侵されて帰郷する者**　病気と産業化とのつながりの解明にとりくんだものとして、一九一〇年代の石原修による結核の研究があり、長時間労働と不衛生な寄宿舎生活で罹患した出稼ぎ女工の還流が、帰郷した農村に感染を拡散したというメカニズムが明らかにされた。また紡績工場で働いた自らの体験と、女工の苛酷な労働生活の実態を描いた細井和喜蔵『女工哀史』（改造社）が刊行されたのは、一九二五（大正一四）年であった。内務省社会局による工場健康調査着手を伝える『東京朝日新聞』一九二六（大正一五）年九月五日の「病気で帰郷する女工の健康調査」という記事には、「帰郷女工の約七割は肺結核の疑い」があるなかで、農村の結核予防に貢献するものだと説く。 **38 煩累**　面倒。心配。 **39 昼間持**　田植えの日にとる昼飯などを田に運ぶ役。田主の家の娘が着飾ってつとめたりする。 **40 早乙女**　田植え働きの女。植女（うえめ）。

かけていって、村が寂《さび》れたという声の高いのも、ひとつにはこの以前の苦しくても楽しい田植えの様《さま》が、眼にちらつくからではなかったか。

一方に男の出稼ぎのさかんな島や海辺の村々では、婦人は多く故郷にのこり、その結果留守《るす》を守ってゆくために女消防隊[41]の組織さえもめずらしくないのであった。

女は男とともに正式に働いた。女性が労働にたずさわると家庭が壊《こわ》れはせぬかという心配はむしろ杞憂《きゆう》である。機《はた》の上手な八丈島[42]の女性の働きは単に男の仕事の補充ではなかったのである。海女《あま》の労働もすなわちそれであった。現代は独身でなければ勤まらぬようなもののみが、職業婦人の仕事となっている。しかも家庭育児の事務は繁雑なために、女性がたくさん独立した労働を有しているところでは、こうした余裕はなかったのである。しかも女工ができる以前、すでに出稼ぎを楽《らく》にするために、婚姻によってこれを移住に強めてゆく傾向は濃厚となっていた。すなわち山に入り船に乗るを業《わざ》とする者は女性を多く伴うていったのである。

女が働かないで養われているという思想は、ごく良い生活からきたのであって、普通は昔から女性が働くのは当り前で、それに干与《かんよ》しないということははなはだまれであった。またよし働かなくても、働こうとする心もちは女性の心の裡《うち》にあったにちがいない。

明治以後のそのもっとも大きな現象は女工の出現であったが、ただに女工のみではなかった。

前述した茶摘み女といい、その働きは目覚しいものがあった。女中[43]もおいおいにこの列《れつ》にくわわるようになってきたのであるが、女中はもと働かねばならぬという意味で、他家奉公をしたものではなかった。教育と有り附《あ》き[44]とがその目的であったのが、おいおいに自分の家を維持するために、働いて金をとるという風に女中はなったのである。

けれども多くは古風な雇傭《こよう》関係が保たれ、その生活は保障せられていて、少なくとも雇主の準家族員として待遇され、時には嫁入《よめいり》の支度《したく》までもしてもらうという風があった。今日でもある地方では旧盆[45]を境として、女中が出《で》がわる習慣[46]のあるところがあるそうである。

**41 女消防隊**　『読売新聞』一九二〇（大正九）年二月四日に「静岡に婦人消防隊」の記事がある。『東京朝日新聞』一九二四（大正一三）年九月一八日の「青鉛筆」には、「女消防隊の元祖は静岡県だが、今では十組三百三十三人の人員がいる」とある。静岡の例は、漁村の大火で留守居の女連ばかりで消防に努めたものという。他に、山形・甲府などの例が報じられている。**42 機の上手な八丈島**　草木染めの絹織物である「黄八丈」のこと。**43 女中**　旅館や一般の家に雇われて炊事・掃除などの用をする女性。住み込むことが多かった。お手伝いさん。**44 有り附き**　奉公して身の安定を得ること。食禄にありつくこと。

かかる女中、子守奉公は強くつながれていた。

そうして多くの場合村のいちばん楽しい時、すなわち節供や盆や正月を済《す》ましてから奉公に出たのであった。かかる若き女性はことに都市附近の農村には多かったのである。いわゆる欧洲大戦による好況時代には賃銀の多い女工を志願する者が多く、だいぶ減少したが、今日もなお女性の労力配賦のうえには、いくぶん古風な家のつながりを保存して重要な役割を演じているのである。

海女《あま》の働きは驚異であった。

磯《いそ》のできぬ、すなわち海にもぐって仕事のできぬ女は、はなはだしく軽蔑せられた。朝起きると洗濯や炊事をなし、それから田畑に出て昼《ひる》からは海に行って鮑《あわび》や海草類を採取し、夕《ゆうべ》には家に帰って家事・裁縫、子供の世話から、村の寄合《よりあい》や工事にいたるまで夫《おっと》を代表して出るという非常な働きに堪え、海に出ている夫を助け一家を支《ささ》えているのである。夫は始終海にいて世間がわからぬというので、婦人が村会《そんかい》に出席しているところさえもある。

いったいに海浜の女性は、非常に労働に従事した。男に負けぬ荒《あら》仕事をなしえた女が多かったのである。港や停車場の構内の貨物積み下しの労働者には、多くかかる女房連が参加している。女の沖仲仕《おきなかし》[47]も現在各地にはなはだ多く存在している。トラック[48]や車力《しゃりき》[49]などによって運送方法が変遷すると、彼らはそれにまで参加し、またこれに対抗しているのである。

またなかには一種の身仕度《みじたく》を整え、仲間の道徳をも有する職業婦人団として存在しているものも少なくない。ことに行商人は昔からどういうものか女性のほうが多かった。いわゆる販女《ひさめ》[50]といい、彼らは毎日七里八里と振り売って歩く。[51]女性は身体が弱いから、いたわってやらねばなどということは、これをみては通用しないのである。少なくとも働く者の仲間では、体質および智能の点でなんら差異は認められなかった。女性の労働はたとえいくら激しくても、彼女らはかくのごとく健《すこ》やかに仕事に堪えて

**45 旧盆**　太陰暦（旧暦）でおこなわれる盂蘭盆。旧暦での盆の七月一五日は、新暦においては八月一五日となる。一八七二（明治五）年の太陽暦への改暦で、この二つの盆が分かれたが、新暦で盆行事がおこなわれる地域は東京をはじめとする一部の地域で、全国的には旧盆の八月におこなわれているところが多い。**46 出がわる**　契約期間を終えて交替すること。いれかわる。**47 沖仲仕**　港湾が本格的に整備される以前、大きな船舶が接岸できる荷揚げ場が少なく、大部分は沖に停泊したまま、貨物は「艀（はしけ）」とよばれる小舟に積みかえて陸揚げされ、また積み込まれていた。こうした貨物の揚げ下ろしの作業に従事した労働者が、沖仲仕である。**48 トラック**　大きな荷台を備えた貨物自動車としてのトラックはすでに存在していたが、ここではむしろ線路・軌道の意味で、いわゆる「トロッコ」を指すものか。棚橋一郎・鈴木誠一『日用舶来語便覧』（光玉館、一九一二）に「トラック Track（英）荷物を運搬する列車、俗にトロッコと云う」とある。**49 車力**　大八車などをひいて荷物の運搬をする業者。**50 販女**　ひさぎめ。物売り・行商の女性。**51 振り売って歩く**　商品をかつぎ、その品物の名を呼び売りながら歩く。触売（ふれうり）。

きたのである。

男にしかできぬという荒仕事はそうあるものではなかった。しかもこれに反して女でなければできぬという仕事は多かったのである。

職業婦人[52]という名のおこったのはごく新しいことであり、したがって職業婦人そのものも新しいもののように思われる傾きがあるが、女性が働いたということはかくのごとくごく普通のことであったのである。

## 四　職業婦人の問題

女工の数は出稼ぎ労働者中、群《ぐん》を抜いてその最大多数をしめしている。わが国の産業がかつて女の仕事であった製糸・紡績の方面にのみ、異常な発展をとげたということはおもしろい歴史であった。わが国の工業は、いわば女の仕事の延長から発達したといっても過言はあるまい。

しかしそれにには残念ながら種々の不幸をも伴った。工女生活にもとづく性格変換が農村人をして失望させ、また工女その人も心なき不当な冷笑を受けた時代もあったが、しかもそれは相互の同情と理解とによって緩和せられていったが、もっと不幸なものは機械的産業労働がおよぼす肉体的影響であった。いままでの労働にはあんなにまで健全に堪えてきた女性の身体も、近代の労働にはやられたのである。新規な仕事は新規な影響を身体におよぼしたのであろう。婦人労働者の成育の不調和という問題はともかくとしても、多くの女工が呼吸器病[53]に侵されるという事実は、一時農村に大恐慌をおこさしたばかりではなく、今日もなおのこる憂慮すべき現象である。いったいに呼吸器病は都会人によりも、空気の良い平穏な農村に育ったひとにとりつきやすかった。なまじいに良い環境にあったものは、はなはだ健康ではあったが、しかし呼吸器病に対しての準備がしてなかったのであろう。

じじつ工場内の設備の改善がどれだけこの犠牲を減じえたかはいまだ確かではない。現在病気を土産《みやげ》にして帰る者が三割にも上《のぼ》るという地方があり、病苦に悩む若き女性らをいかにして救済すべきかという研究に取りかかった地方もある。けれどももしいまごろその研究をはじめたとすればはじめぬよりはもちろん良いが、じつはその遅きに失したことを、歎息せねばならぬのであった。

**52 職業婦人**　職業に就き働いている女性のことを指す、大正から昭和にかけての新語。服部嘉香・植原路郎『新らしい言葉の字引』（実業之日本社、一九一八）は「女事務員・看護婦・女タイピストなどをさしていう」と解説し、喜多壮一郎監修『モダン流行語辞典』（実業之日本社、一九三三）は「新時代世相の現象である」と評する。

**53 呼吸器病**　肺結核。本章の注37を参照。

女労働者の群れ

工女虐待[54]という悲しむべき声をも聞いたことがあった。

かかる犠牲があったにもかかわらず、しごく簡単にしかも欣然《きんぜん》として[55]家を救うべく、若き多数の女性が系統立ってこの出稼ぎ女工の募集に応じたということは、けっして突如としておこった現象ではなく、充分にその下染《したぞ》め[56]があったので、この風はわが国特有の寄宿舎制度をおこし、たとえば養蚕・茶摘みのような季節的の入れかわりを保存して、ある期間まで働かして返すという風をも生ぜしめ、この階級のみをいつまでもひとつの従属的のものとしたのであった。

現在の大多数の工場出稼ぎには、この点で弊害が多かった。

男の労働者のごとくこの仕事になりきって、ながくそこで地位を築《きず》いてゆくということができず、いつまでも有期的な、つまり出稼ぎであったのである。しかもながいあいだ親方もなく組合もなく、いわばその役《やく》をなしてきたものは工場経営者それ自身であった。したがって寄宿舎制度も工場に属した部屋《へや》[57]として発達したのである。もっとも最近女工保護組合[58]というものができて、その周旋《しゅうせん》業をやっているが、これは一種特別の親方制度であって、今日の自由的な組合とはほど遠いものである。それゆえに女工はいちばん労働者の大きな力となっている聯合《れんごう》には、加盟しにくくなっている。

その組合の一部たらんとしても、やがて国《くに》に帰るべき気もちであるならば、そこにはおのずから遠い隔《へだ》たりがあった。正月には正月を迎えに郷里に帰る。できうるならば農繁期にも手伝いに帰ろうとさえする者がある。近代産業の立場からみれば、いわば実《み》を結ばぬ空華《あだばな》も多かった。しかしこの風は家の独立を維持する、以前の習《なら》わしをそのまま受け継いだものであって、またそれゆえにこの多数の女工を生んだものといわねばならぬ。

女工のみならず産業の異常な発達は、日清戦争以後漸次《ぜんじ》、労働者ないし職業婦人の数を増加していった。女性の労働は金銭上の価値が少なかったために、資本主義は農村婦人の地位を低めたというが、すでに婦人労力の配置は以前にまして非常にひろまったのである。もとは女にもできるという仕事に従事し、それがしだいに女の新聞配達人[59]や牛乳配達人、床屋《とこや》あるいは最近においては女船長[60]さえも生み、女性の職業戦線

**54 工女虐待**　明治三〇年代の新聞には「工女虐待」を問題にする記事が散見する。**55 欣然として**　よろこんで快く。**56 下染め**　本染めをする前に、別な染料でおこなう下ごしらえの染め。転じて、あらかじめされていた準備。**57 部屋**　寝泊まりして暮らすための一区画。**58 女工保護組合**　『東京朝日新聞』一九二五（大正一四）年一〇月一〇日の雑報「地方色」に、新潟の話題として「中頸城郡では郡内から出稼ぎの女工五千名の保護組合を組織する」との記事がある。新潟県や富山県では「女工保護組合」の名称がもちいられたが、岐阜県・山梨県などでは「女工供給組合」として各町村単位で組織された。他にも「工女組合」「職工組合」等の名称がつかわれた。組合の構成員を女工とその父兄などの保護者とし、供給を仲介する募集人による女工集めの弊害を取り締まりつつ、企業主への安定供給を実現しようとする試みであった。

は非常に拡大して、じじつ最近では男の仕事を侵食するという傾向も顕著に感ぜられるようになり、したがってひとりで家を支えるために働いていた者が、いまは二人で働くといういわば二倍の人数をも必要とするようにさえなった。

男子の養蚕教師[61]を駆逐して女教師が進出するという類《たぐい》も少なくはなかった。そうしてそのなかにはしだいに女でなければできぬという仕事も発見され、また多くなったのである。すなわち教員や幼稚園の保母《ほぼ》や看護婦、産婆の方面には職業婦人は早くからおおいなる発展をとげていた。また最近には電話交換手[62]、女店員その他無数の職業婦人が活発に世に貢献するようになった。この傾向がもういっそう女性でなければできぬ仕事に、すなわち婦人の天職をつくしうるようになるならば、この世ははなはだ愉快なものとなるであろう。

若い女性の職業意識はいちだんと目覚めてきた。

専門学校生徒や女学校上級生が夏休みを利用して、なにか仕事をしてみようという気風もようやくさかんになってきた。学校が婚姻の便宜[63]をあたえ、ただ『女大学《おんなだいがく》』[64]式の良妻賢母を目的とした時代からみると、その間《かん》の移り変わりは少しずつではあったろうが、いまにいたればおおいなる変遷といわねばならぬ。

かくてあの苦しかったが、また楽しかった田植えの日の労働におけるがごとく、男女はともに世の仕事に当たり、愉快なる成果を挙げうる日も近き将来にあるであろう。

そうしてかつて国土に凋《しお》れた花は再び咲きかえり、ひとは喜び合うて健全なる国の建設にいそしむことができるようになる日も近いであろう。自主と協力の喜びがわれわれを訪るる時、われわれは必ずや幸福になるであろうと信ずるのである。

**59 女の新聞配達人**　一九二六（大正一五）年四月二四日の『東京朝日新聞』に「はかま姿で美しい新聞配達」の見出しのもとで、共立女子職業学校の女学生が朝に新聞配達をしたあと学校に通っていることが紹介されている。**60 女船長**　一八八五（明治一八）年創業の日本郵船が「一三二年の歴史の中で初の女性船長が誕生」と発表したのが、二〇一七（平成二九）年四月なので、この例が日本の事実を念頭にいわれているかどうかには疑問がある。あるいは『読売新聞』の一九一四（大正三）年六月二二日にドイツからの「女船長」の誕生の報道を踏まえたものかもしれない。記事によれば、オランダの海軍軍医の妻「ブランドニッツ」が航海術をみがき、大西洋航路の初めての女性船長となった、という。**61 養蚕教師**　養蚕の技法を巡回して実地に伝習するひと。柳田は「蚕業の一本山たる高山社」（一九〇七）で、「現在の講師は、みな前年の伝習生なり」［全集23：五四四頁］と述べ、教師としての授業員を全国に派遣しているなどの特質を論じている。**62 電話交換手**　電話機での通信通話において自動交換機が登場する以前、発信者の要望を聞き、回線のケーブルを受信者側のプラグに差し込んで接続する、手動での操作が必要であった。また固定電話間の公衆回線だけでなく、オフィス、官公庁等の代表電話にかかってきた通話を内線電話に接続する交換手もあった。**63 便宜**　好条件。**64『女大学』**　江戸時代に広く読まれた女子に対する修身教訓の書物で、「女訓書」の代表的存在。著者未詳だが、貝原益軒の『和俗童子訓』巻五「教女子法」の文言をもとに、後のひとが規範性を強めるかたちで編集し通俗化して出版したもの。父母、夫、舅姑に従順に仕え、身をつつしむ等の封建的道徳が強調されている。一八世紀初頭に成立し、挿絵や附録が加えられた数多くの異版がある。

## 五　親方制度の崩壊

出稼ぎはいままでただ乱雑な現象のようにみられていたが、じつはこれには系統もあり組織も立っていたのである。

親方は職人や農民にばかりではなく、すべて一般労働者にもあった。内から見れば寄子《よりこ》、外からいえば出稼ぎ人にも親方はあったのである。親方は寄親であり、村々の地親《じおや》[65]とおこりはやはり同じであった。寄子はこの親方によって生活を保証され、その労力は支配されていた。常に出稼ぎの道が定まっているあいだは、それは家に対する共同の営みであったが、その仕事にむら[66]ができてくるとはなはだ不安になった。

出稼ぎができない場合にはその労力はあまり、ことに郷里の労働に適せぬ仕事をいままでやりつづけていた者は、村の労力へも自分だけは編入されぬこととなって、それがしだいに孤独の漂泊者のごとき感を抱かしめるようになった。それが新たにまた親方制度の必要を大にしたのである。寄子は村から引きつれられて出てゆかずとも、町に寄親があれば、それを頼っていきさえすれば、職にありつくことはできた。

寄子には時代に応じてその盛衰があり、種類もしたがって多かった。たとえば髪結《かみゆい》職人、紺屋《こうや》職、麵類職、料理人、鮨《すし》職人、天ぷら職人、牛鳥断肉夫、菓子職、湯屋男、妓夫妓女《ぎゆうぎじょ》、馬夫《ばふ》、土こね[67]など、そのたくさんの種類は草間八十雄《やそお》氏の『水上労働者と寄子の生活』[68]という書物のなかに記されている。もっともそのなかでも合羽《かっぱ》[69]職や張物《はりもの》[70]職、醬油杜氏や米搗《こめつき》、粉挽《こなひき》などは時代がその職人を要求しなくなると、やがて衰微しまた滅んだが、そのかわりにボーイのごときものが寄子として生まれると、その親方もまたできたのである。

**65 地親**　土地所有者としての地主であり、地頭・田主・大屋・親方・親作などとも呼ばれた。その村の起こりの中心となる家であることも多く、本家／分家、大屋／名子のような生活共同・互助関係の中心を担っている。　**66 むら**　不ぞろい。統一のないこと。　**67 土こね**　壁土をこねる職人。左官。　**68 草間八十雄氏の『水上労働者と寄子の生活』**　この調査報告は、財団法人文明協会から一九二九（昭和四）年に刊行された。草間は、新聞記者をしたあと、東京市社会局において都市下層を構成する人びとの集団に潜入するかたちの調査を続けた異色の吏員で、多くの著作を残している。列記してある諸職名は、この本の「寄子」の部で挙げられているものだが、「牛鳥断肉夫」の語はあまり目にしない。草間の著書では「明治時代に新たにできた」寄子の一例として「料理人と称する者のなかにも、西洋料理人では、配膳通称ボーイ、牛鳥断肉夫のごときがそれであり」とあって、あるいは食肉解体・精肉の仕事を説明する意図で、草間が便宜的に名づけたものかもしれない。　**69 合羽**　キリシタン僧の長くてゆとりのある法衣をまねてつくられた防寒コート。名称はポルトガル語のcapaに由来する。雨具としても用いられ、木綿合羽のほか、庶民の間では桐油（とうゆ）紙を用いた桐油合羽がつかわれた。明治以降、防寒具がマントと呼ばれることで、もっぱら雨具を指すようになった。　**70 張物**　和服の布地を洗って糊を引き、板や伸子（しんし）で張りのばし、乾かす作業。洗い張り。

親方たる者は見知らぬひとを仁侠《じんきょう》[71]を根元とする寛容性からこれを款待《かんたい》し、またひとを見分ける力をも具備《ぐび》していなければならなかったのである。これらの親方は日傭組[72]や町火消《まちびけ》し[73]、あるいは香具師《こうぐし》[74]等の仲間にも存したが、ただある階級だけが強固なる団結と礼儀の正しさがあったと考えられるのは、それが目立った人びとであったからで、必ずしも一部の人のみの特殊な組織ではなく、また大都市特有のものでもなかった。地方にも周旋業者が部屋《へや》または親方と呼ばれている例は、今日もなおひろく存している。

もちろんこれは以前の職人がこの部屋に草鞋《わらじ》をぬぎ[75]、世話になったなごりである。それが今日の桂庵《けいあん》[76]式にまで変化した道筋は現在ならばよくわかっている。寄親が客のみを大切にして軽薄になると、自然[77]寄子に無責任になった。そうして今日の多くの弊害をも醸《かも》したのであるが、一方土方《どかた》、土工の仲間には大部屋格として羽振《はぶ》りを利《き》かす有名な何組彼組[78]が、血《ち》は分けずとも、腕《うで》の流れを汲んだ任侠《にんきょう》の誉《ほま》れ高き親分の統率の下におおいなる発展をとげたのであった。

今日もなおかかる由緒《ゆいしょ》深き団体は多く存している。

このほかにも多くの寄子職人は親分制度の廃《すた》れた今日においても、部屋に属する矜《きょう》持《じ》を保ち、その職人としての修行《しゅぎょう》に深い自信を懐いているのは、現在のごとき職人養成の衰微したさいにおいてはむしろはなはだ頼《たの》もしく思われるのである。しかし鮨《すし》の置き方さえもしらぬ奴が鮨屋をやると、憤激《ふんげき》する鮨職人らの声は悲しかった。新しい職業の勃興とともに新旧の入れかわりが、古いこの修行試験の方法を壊《こわ》してしまったのはやむをえなかったが、これがまたひいて親方制度の崩壊をもうながしたのである。

衣食住に関するあてていどの保護を親分から受けることはもちろんありがたいとはいうものの、親分の乾分《こぶん》に対する統制力が強く、手数料が他に比して多い上に、また手間賃《てまちん》渡し方などについて、一部のあいだに紛紜《ふんうん》をきたすような機運になると、新職業の自由を憧憬《しょうけい》する者がその羈絆《きはん》[79]をいとい、親分乾分の縁を切って、俗にいうこむか

**71 仁侠**　面目を立て、信義を重んずる生き方。にんきょう。 **72 日傭組**　横浜などの港湾で成立した人足部屋、あるいは日雇い労働者請負営業のことか。 **73 町火消し**　明治維新のあと、武家方の定火消や大名火消は廃されるが、町方に設けられた消防組織である町火消は東京府に移管されて「消防組」に改編される方針がたてられ、一八七二（明治五）年に実施された。 **74 香具師**　人の集まるところで、日用品や食品や薬などを並べ、巧みな話術や口上で売る大道商人。やし。社境内をしきったり、場所割りをしたりする、親分子分制度をもつ。 **75 草鞋をぬぎ**　まわり職人があるところに一時身を落ち着けて。 **76 桂庵**　口入れ屋。雇人の請宿。人宿。一七世紀に江戸木挽町に住んでいた医師大和慶安が、医業よりも男女の縁談のとりまとめに専心したことに由来し、縁談・奉公・訴訟などの仲立ちをするものを「けいあん」（慶庵・慶安とも書く）と呼ぶようになったという。 **77 自然**　おのずから。そのうち。 **78 何組彼組**　ここでイメージされているのは、土木請負事業の領域でめだつさまざまな「〇〇組」であろう。たとえば、飛島組（飛島建設）、小野組、熊谷組、川口組、清水組（清水建設）など。 **79 羈絆**　行動の束縛。つなぎとめ。

い[80]となり、自由行動に出ずる者が多くなったのは自然である。また仕事の種類が、以前のごとく変わらなかったなら、親方制度はいまだ崩壊しなかったかもしれぬが、この制度は時代の変遷に追いついていくほど手が廻らなかった。

かくして親方制度によらぬ自由な労働者の存在が刺戟して、この制度を崩壊したのであった。ことに傭主も中以下になると、この親方という顔役《かおやく》との交渉よりも、面倒の要らぬこむかいを歓迎して、これがしだいに寄子を減少していくとともに、親方の威力をも稀薄にしたのである。

しだいに顔役・親分が否認せられ、特殊ないわゆる神農《しんのう》団[81]などを除いては、しだいに衰微したのであったが、なお以前の大勢力の痕《あと》はいまも随所に窺《うかが》われるのである。そうしてこの口入業者の雇人《やといど》[82]なる引手《ひきて》[83]がいわゆるもぐり[84]という悪辣なる手段を恣《ほしいまま》にし、鬼《おに》周旋屋などという言葉が世上におこなわれるようになると、寄子の周囲にはいっそう暗い影が差してきた。

ことに荷扱い人夫[85]が稼ぎ高《だか》制度となり、炭坑の子方《こかた》人夫が請負制度全廃より直轄夫[86]となり、また一方請負制の鉱山労働者に日給制が施《し》かれて、十時間制度[87]などがおこなわれるようになっては、親方制度は存在してもなんらの意義もなくなったといって良いのである。また土木請負が入札《にゅうさつ》の方法を採るようになっては、いわゆる顔《かお》は無視せられて、かりに裏面の協定はあったにしても、親分はいままでのようにしているわけにはゆかなくなった。そうしていまは苦しまぎれのためでもあろうが、雇主よりもかえって悪いという有様の者も多くなった。たとえば監獄部屋[88]なる存在は親方制度の最悪なる場合であったろう。かくて親方制度が労力均分の役を勤める力を失って、弊害のみをのこすようになったのも無理がなかった。

一方に前々《まえまえ》から親方の要《い》らぬ自由な契約方法があった。

**80 こむかい**　面とむかいあうこと。さしむかい。直接交渉。**81 神農団**　「神農」は古代中国の伝説上の帝王で、医学と農業を司る神といわれ、漢方薬業者や医療従事者などから信仰された。物々交換の市場を開いたともいわれ、ここでは神農を自らの職業の守護神として崇敬する、香具師・てき屋業の団体の意味だろう。**82 雇人**　雇われて働く人。使用人。やとわれど。**83 引手**　案内、手引きする人。さそったり呼びかけたりする人。**84 もぐり**　法を犯し、ひそかに行なうこと。無免許・無許可でやること。**85 荷扱い人夫**　運送業労働者。**86 直轄夫**　直接雇用の労働者。**87 十時間制度**　労働者保護の観点から、一日の労働時間を一〇時間に制限すること。一九一一（明治四四）年成立の工場法では、一五歳未満の者と女子の労働時間は一日一二時間を超えてはならないと規定されていたが、一九二六（大正一五）年の改正で年齢を一六歳に、また時間を一一時間に規定しなおしている。**88 監獄部屋**　道路・鉄道の工事や鉱山労働などに従事する労働者を収容した宿舎。監獄のように、監視がきびしく待遇がひどかった。関東以北では飯場（はんば）ともよばれ、関西以西の炭坑などで納屋（なや）という制度が仕組みとしては重なる。タコ部屋。重大な社会問題とも認識され、一九二二（大正一一）年九月二日の『東京朝日新聞』は「問題の監獄部屋に取締法令が出る」と内務省警保局が取り締まりの保護法を検討していることを報じている。

すなわち人市《ひといち》[89]、男市・娘市などがそれで、現在でもなおおこなわれているところがあるが、しかしこれも外からなんとも知らぬ者がやってきて、しだいに悪漢の利用する機会を多くし、またそれが容易におこなわれたから、この風もしだいに減じてきている。

かくて親方制度もこの市も衰えてしまっては、なにがこれにかわってその役目を果たすべきか。出稼ぎの風がなくならぬかぎり、なにものかがその役目をなさねばならぬのである。

われわれは当然親方制度にかわるべき仕事を労働組合に期待しているが、同組合は階級闘争に多忙であって、容易にこのおおいなる仕事には手が廻らぬ様子であるが、わが国の労働問題の解決はこの出稼ぎ人の去就《きょしゅう》を度外視しては、なしうるはずがないのである。

職業紹介所にはこの統制はむつかしい。

組合には、それがなすべきこんな大きな任務がのこっていたのである。

## 六　海上出稼ぎ人の将来

県外出稼ぎがいつも出稼ぎされた土地の労働団体の力を弱め、あるいはこれを壊《こわ》すような結果になるのでは、国のために健全なる労力配賦は望みがたい。

今日の操業短縮や不景気の結果が、国に帰りうる者に帰農をうながしても、農村にこれを受け入れる働きがないならば、家の累《わずら》いが増すばかりである。ことにかかる失業者の帰郷はある地方においては県外労働者を駆逐するような結果になったというが、これはむしろ一種の混乱というべきで、駆逐せられた者は再び、またどこへか行かねばならぬ。したがって労働者はなるべく地元よりという声も各所におきるようになったが、地元の者だけを使用して、それで紛紜《ふんうん》がおこらぬならば、事態はかくのごとくなるはずはなかったのである。

もちろん故郷の人手《ひとで》が余ったから、ほかへ出たのであった。

府県が各地元だけで剰ったひとをみな利用しうるならば、大都市が農村労働者を受け付けぬという不平の声も聞かずに済《す》むであろう。ことに今日においては、各地を流れ渡る人びとや、東海道をあるいて帰ろうという失業者さえもなかなか少なくない状

89 **人市**　江戸時代後期から大正時代にかけ、一季・半季抱えの奉公人を求める雇主と仕事を求める者が集まって、雇用契約をむすぶ市がたった地方がある。主に秋田県横手・平鹿地方などでおこなわれた。豪農が農業労働者を求めたり、酒造業者が利用したりしたが、ある一定の地域の拡がりのなかでの出稼ぎ労働の調整という要素もある。奉公人市、若勢（わかぜ）市、男市、女市などの呼び方もある。

態になった。なにかいままでの親方にかわるべき組合を組織して、この移動しゆく大きな労働力を指導し統制してゆかねばならぬ必要があらわれたのである。単に臨時の事業をおこして、その方面にこの労力を振り向けても、それはやはり解決の延期におわるであろう。

組合さえもこの問題の解決の任に先立って、各地方の競争者に対し警戒線を張っている。これはこの労働移動が最近おこった現象として、昔から必要があって絶えず年々くりかえされてきたということを、考慮の裡《うち》におかなかったからではなかろうか。根本の問題は移住されるか、出稼ぎの状態に止まるかであるが、遠き将来はともかく現状においては、農業の労力は季節的に片寄《かたよ》った需要を必要としている。しかも家々にこれを平均する技術がいったん絶えたとすれば、いってはまたもどる一部の出稼ぎ労働者だけは急に止めることは不可能であろう。ことにもし今後とても地方的需要が変転常《つね》なきものであるならば、移住は家の安全を保障しうるほど、頼みにすることはできない。その結果として日本にはとくに百年前より寄親《よりおや》の制度が入用なわけであったのである。

わが国においては少なくとも現在は出稼ぎが必要であった。ましてや年々除隊兵《じょたいへい》を村に入れるということはすこぶる困難になった今日、この点からだけでも出稼ぎは欠くべからざる必須の生活手段であるにもかかわらず、しかもそれがむつかしくなり、その統制機関さえもすでに失われてしまったのである。これでは有為な落伍者さえも出るのはむしろ当然であった。けれどももはや国内に多くの出稼ぎ人を入るる余地なしとすれば、われわれは他にその道をぜひ必要とするのである。

しかも幸いなることにはこの道は広く開いていたと信ぜられる。それはなにかというと遠大な将来を有する漁業であった。いまだその改善は緒にさえついておらぬにかかわらず、水産はすでに世界に冠たる大産業であったのである。ことに遠洋漁業の出稼ぎ地はとうてい永住することのできぬ場所が多いゆえ、今後もその出稼ぎがもう終いになることはあるまいと思われるのははなはだ力強いことである。まして団体生活をなし、共同作業とその興味とを充分に経験してきた除隊兵というもっとも強壮な若人たちの労力を村に入るる余地は常になしという現状の時、この青年たちが親方抜きの仲間《なかま》の機関たる組合を組織して、洋海に遠征するならば、団体行動の共和制の実現は容易に可能となるであろう。

しだいに団体生活の自主的統制がなしうるようになった今日である。ことにはいままで海浜よりほど遠き農村の若人さえも、日傭いとして遠洋漁業に充分の腕をしめしてきているのである。この実験はすでに済んだ。ただこの団結が彼らの職業を自主たらしめ、その利用があまねくおこなわれていなかったために、しばしば蟹工船[90]や監獄部屋におけるがごとき、惨事がいまなお存続してきたのである。

遠洋漁業の過去は偉大であった。

したがってその将来もおおいに期待される。

そのはじめ小航海が発達してきて、ポッポ船[91]の使用がその補助の効果とともにさかんになり、それが勇敢なる漁夫の新天地打開に用いられて、遠洋漁業隆盛の口火《くちび》は切られたのである。もっともこの大発展は漁民を単なる資本家の雇人《やといど》に落とし、その県外進出は地元漁業者の利害と衝突し、種々の問題をも生んだ。漁場荒らし[92]、底曳網《そこびき》の問題はすなわちそれであって、県と県との入り交じりははなはだしくさかんになり、特別な技能を有する者は非常に遠くまで出かけてゆくようになった。

たとえば中部以西の各県の漁船が三陸より南部《なんぶ》沖へ遠洋漁業にゆく。ことに土佐人は釧路《くしろ》の沖まで魚群をねらいに出かけ、駿州焼津《やいづ》の漁夫は千島沖にまでも遠征する。和歌山の漁民は鹿児島その他九州方面に遠く行き、その他豊後《ぶんご》、長門《ながと》の漁民の遠征など、海上の生活は船が港に入らねば、われわれにはわからぬが、各地の漁場には全県から出稼ぎ人が入り交じって、ことに対馬《つしま》の周囲などでは五県七県の漁夫がその技《ぎ》を闘わしているのである。金華山以北の鰹《かつお》漁場においては、全国幾百の漁船がいわば一堂に会して、はなばなしい鰹《かつお》獲りの争覇《そうは》戦を演ずるようになった。

それゆえに地元各浜の漁師たちはいかにその釣魚の技の上手《うま》さをたたえられても、

他県の優秀船のなかにあってはとうてい敵《かな》わない。しだいに圧迫されて悲運を嘆ずるようになったのは、朝鮮の漁民も同様で、いわば不必要に戦っていたのであった。ついにある地方では県内漁民の負担を軽減するために、県外漁船よりも海面漁業税をと

**90　蟹工船**　北洋で漁獲した蟹を、その場で缶詰などに加工する工場設備を持った漁船。小林多喜二がその漁船工場での苛酷な労働環境と、団結して闘争にたちあがる労働者を描いた、『蟹工船』を発表したのは、一九二九（昭和四）年であった。このプロレタリア文学の代表作は、二〇〇八（平成二〇）年、派遣労働者の解雇「派遣切り」のもとで、若年労働者の苛酷な生活環境が社会問題として論じられていた時期に、文庫版が重版されるなどして読まれ、現代の社会状況と似ていると話題になった。

**91　ポッポ船**　焼玉船（ポンポン船）のこと。「焼玉」と呼ばれる鋳鉄製の球を燃焼の調整に利用した内燃機関は、その簡易さと廉価さによって、明治末期から小型漁船や渡船などに多く搭載された。焼玉エンジン搭載の小型動力船は、リズミカルな独特の爆音を立てて航行するところから、ポンポン船、ポッポ船と呼ばれた。

**92　漁場荒らし**　土地の漁民が法的・慣行的に漁業権をもつ漁場で、他の地域からの漁船が操業し損害をあたえること。『読売新聞』一九二三（大正一二）年六月七日の「沖の戦い／漁場荒らしの船が土地の漁夫を拉致す」の記事は、福島県相馬郡（現在の相馬市）沖の漁場に、宮城県から発動機船に乗った多数の漁民がやってきて操業することが重なるなか、相馬の漁夫一二〇名が宮城県の船に退場を迫って「大喧嘩」となったが「衆寡敵せず」、土地の漁民のほうが敗北して六名までが捕虜になったと報じている。網の漁法の技術革新もまた、こうした地域の対立を生みだした。その一例は、『東京朝日新聞』一九〇〇（明治三三）年四月二五日の記事「三重愛知の葛藤」にみられる。愛知の漁民による打たせ網（曳き網の一種）の利用によって、延縄（はえなわ）や手釣りを主としていた伊勢・志摩の漁民とのあいだに、深刻な対立が生じていることを記事にしている。

るべしという陳情も出たが、各県があたかもひとつひとつの産業国のごとく思われているのでは、その改善は容易ではないであろう。この水産業を一国の産業としてみるならば、改良ができぬということはないのである。

けれども遠洋漁業の範囲はますます拡大し、千葉の漁民のオホーツク海への鱈《たら》漁はすでに企てられ、台湾への発展は高雄《たかお》港を中心としての南支那海から南洋各地、委任統治の諸島における新漁場開拓がある。山口・長崎・佐賀の漁業者の朝鮮海への進出はすでに有名になったが、移住漁民等が同地の漁夫を悲境に陥れんとする矢先《やさき》に最近愛知・広島の漁業者の全羅南道への移住[93]が計画された。北洋への遠征はしばらくおき、ともかくも南海への遠洋漁業はしばしば永久の移住たる因縁ともなりかけているのである。

漁民のかかる移住は朝鮮のみではない。

近年においては台湾蘇澳《そおう》港の大改修とともに、この方面にも試みられ四国《しこく》から多くの漁民が出かけているが、その気候風土のおおいなる変化があったにかかわらず、最近は非常な好成績を挙げている。また北ボルネオのシアミル島には、大正の末年以来土佐の漁民が根拠地を据え、鰹・鮪の漁業に従事し、ボルネオ節《ぶし》[94]を内地の市場に送ってきた。蘭領アンボイナ島[95]方面には漁場として有望な地ありとて、鹿児島県から数百名の出稼ぎ人が送られた。

移住にしろ、出稼ぎにしろ、漁夫の天地はじつに広い。

以前からおおいなる漁民の進出をみたのは、樺太、カムチャツカへの遠征であった。この出稼ぎは春いって秋帰る季節的な移動であって、秋田などでは毎年八千人から一万人の人びとをこの遠洋漁業に送りだしている。この漁労出稼ぎ人は秋田のほか、北

**93 愛知・広島の漁業者の全羅南道への移住**　日露戦争前後から、釜山に活動拠点を置く朝鮮海水産組合は、日本の漁民の移住漁場の拠点構築を積極的に推進し、住宅（長屋）などを建設して日本各地から移住希望者を募集した。日本人の移住漁村は、とりわけ慶尚南道に多かった。村名は多く、地域の漁業団体や移住を主導した人物にちなんで付けられ、慶尚南道の美修洞の「広島村」、道南洞の「岡山村」、栗九味（昌原市馬山合浦区加浦洞）の「千葉村」などがあった。一九〇四（明治三七）年に開村した長承浦の「入佐村」は、当時水産組合の会長だった入佐清静の姓にちなんで名づけられた。しかし、現在の韓国には、当時の地名はのこっていない。なお、初版テクストは「全南道」であったが、あまり用いられていない語でもあり、「全羅南道」の誤植と判断して訂正した。**94 ボルネオ節**　ボルネオ産の鰹節。一九二七（昭和二）年から、シアミル島に本拠地を置くボルネオ水産公司（後にボルネオ水産株式会社）が、セレベス海で捕れた鰹を素材に、鰹節の現地製造を開始した。生産品はすべて日本内地に輸送された。『東京朝日新聞』一九三三（昭和八）年一〇月一七日に、この島を訪ねた取材記事があり、それによると「土佐漁師六十人職工二十二人、節削りの愛媛女が十一人、餌釣りの沖縄漁師が三十二人、雑役の支那人台湾人が二十人」が働いているとある。会社はやがてバンギ島やサンダカンに事業所を拡げていった。**95 蘭領アンボイナ島**　当時はオランダ統治下であった、現在のインドネシア東部のアンボン島。

海道、青森、富山、石川の諸県より主《おも》に送られ、いわゆる蟹工船などに働くのであるが、これらの人びとは出稼ぎ漁夫供給組合や出稼ぎ労務保護組合[96]の手を経《へ》て、日魯漁業[97]やロシアのアコ会社[98]に、この期間だけ身売《みう》りをするのである。このなかにはいまもなお親方が介在し、人頭に割《わ》り充《あ》ててよい鞘《さや》[99]を取り、したがって悪弊はこのあいだに醸《かも》されて、漁夫が手取《てど》りにする金額ははなはだ僅少であったが、これはあるいは供給事業の改善とともにいくぶん緩和せられたであろう。

しかし最近はいまだいろいろのいまわしい風聞が現に伝わっている。今ちょうど出稼ぎ問題を考究して良い多くの実例や問題が提供されうるが、幸か不幸か北洋の宝庫をめぐる漁業のなかには、かくのごとくその実験さえもわれわれに見せてくれているのである。

しかしなんといっても海上出稼ぎ人はひとつの船に共同生活をするゆえ、組織立っていたのは事実で、それゆえにはじめは地元との利害衝突があったが、その協定や出稼ぎ者なみにその家族の保護に関する改善が少なくとも考えられるようになり、その衝突もなくなった。しかしなお一歩進んで、北海漁業が明るく開拓せらるるならば、その出稼ぎ界はおおいなる天地を得るであろう。その出稼ぎの季節的であったことは、その拡大がただちに出稼ぎ機会をも非常に増加するゆえんのもので、この世界最大の漁場のひとつを健全なる自主的出稼ぎのために広く開くならば、農村の社会問題を解決するものと必ずやなるであろうと思う。

これはひとりわが国の労力配賦の状態を円滑にし、産業のおおいなる発展を期しうるのみならず、その自主的組合はいままで味わいえてきた共同作業の楽しさをも捨てずに、しかもこれを有効に利用して、外部の知識や機会をできるだけ摑《つか》み、または受け入れる機縁となるならば、国は平和なる働き人《びと》で満つるようになるであろう。

**96 出稼ぎ漁夫供給組合**　一九二六（昭和元）年ごろから北海道・秋田県・青森県などに始まり、やがて岩手県・宮城県・新潟県など各地に組織された。企業の多くはこれらの組合を介して、労働者を集めるようになった。組合は町村単位で組織され、首長などが組合長をつとめる場合もあった。**97 日魯漁業**　日露戦争後にサケ・マス漁の北洋漁業が拡大するなか、英国の商社から融資を受けて設備を整え、カムチャツカ半島でサケ・マスの缶詰を生産し輸出していた堤商会を基盤に、関連する漁業会社を合併して一九二一（大正一〇）年に成立した水産会社。昭和一〇年代には北洋でのサケ漁業を独占していく。柳田には論説委員として、一九二九（昭和四）年四月一三日の『東京朝日新聞』に書いた「日魯漁業の問題」［全集28：六二一―四頁］という社説がある。**98 ロシアのアコ会社**　カムチャツカ地域の工業化のために、資源開発・漁業生産・毛皮生産・物資供給・移住者政策などに関する強大な権限を与えられた、ソ連の国営企業体「カムチャツカ株式会社」のこと。一九二七年六月に発足し、略称をAKOという。日本人労働者も数多く雇用した。**99 鞘**　利ざや。マージン。

# 第十二章　貧と病

## 一　零落と貧苦

貧《ひん》に対するわれわれの態度の変わってきたことも、またひとつの時代相ということができるだろう。

これは富《とみ》をいたさんとする努力のごとく、わずかなる野心家にかぎられているものではなく、ほとんどあらゆる方面のいまだ富まざる者のあいだにただ程度の差をもってあまねくゆきわたっている気風であった。もっとも顕著なるは貧窮《ひんきゅう》を忍び能《あた》わざる[1]心、次にはこれと闘おうという勇猛心と、まずその根原[2]を突《つ》きとめようとする念慮《ねんりょ》[3]であったが、ともに国民進出の強い動力となっていて、けっしてその概念がまず与うるごとき、陰鬱《いんうつ》[4]なる印象のみをとどめてはいないのである。

**1 忍び能わざる**　我慢することができない。　**2 根原**　原因。発生の由来。　**3 念慮**　思い。　**4 陰鬱なる**　わずらわしく暗い。

しかも必要なる多くの事実のなかには、いまもまだ明確に心づかれておらぬものが多いのであった。

第一に真《しん》にほかから見て貧《まず》しいひとというるものは、以前のほうがはるかに多かったこと、それからその貧しさが今日とくらべものにならぬほど、ひどいものであったことは忘れられようとしている。記録文学[5]にのこり伝わっているのは、いわゆる清《せい》貧《ひん》[6]に安《やす》んじたという変わり者の生活が多いが、その他の普通のひととても、それをわれわれほどには気にしなかったのであった。世間がいちようにそうそうはなばなしい暮《く》らしをしていなかったからということもあるが、彼らもまたよほどその比較に冷淡であった。

これは絶望というほどの突きつめた推理からでもなく、修養《しゅうよう》の力からではなおなかったので、つまりはただ馴《な》れているという者が少なくなかった。それほどまたひさしいあいだ、家々の悪い生活はつづいていた。現在もその類はまだまったく絶えていない。これをなくさせようとした惨酷《ざんこく》[7]なひとつの原因が、このごろはしだいにおこなわれがたくなったからである。

貧苦の本式に忍びがたくなったのは、零落《れいらく》[8]ということからはじまっている。以前いまよりもずっとよい生活に育《そだ》ち、しかもこうすればさらに改良しうるという、ひとつの理想までもっていた者が、一朝《いっちょう》になにかわが家《や》かぎりの不幸なる原因のために、栄《さか》える多くの友人と離《はな》れて、制限だらけの生計を立てなければならぬ[9]ということは、ことに周囲が、それをなんとも思わぬ人たちである場合において、いやが上にも堪えられぬことであったろうと考えられる。

明治大正の世の中の変化は、そういう家々を数多くつくった。

士族はその全部が転業を強《し》いられた階級であったが、そのなかにはむろん若干の選択を誤った者がいた。全体にかつてそういう必要を予期せず、したごうてこれに対する考究をおこたっていた者は、境遇のもっとも自由であった家に多かったといえる。この貧苦はおそらくは猛烈を極めたものであった。

**5 記録文学**　事実の観察や聞き書きなどをもとに書かれた作品で、虚構（フィクション）である小説などの文学に対置されるノンフィクション。記録文学が文芸のジャンルとして打ち出され、明治二〇年代に始まる新聞記者たちの下層社会の探訪などを含みこむようになるのは戦後だが、喜多壮一郎監修『モダン用語辞典』（実業之日本社、一九三〇）の項目として立てられているので、新語としてはすでに登場していた。　**6 清貧**　おこないが私欲なく正しく、それゆえに貧しいこと。　**7 惨酷な**　むごくてひどい。　**8 零落**　おちぶれること。身分が下がり、あるいは生活状態が悪くなって、みじめになること。　**9 以前いまよりも……制限だらけの生計を立てなければならぬ**　ここで論じられている零落の忍びがたさは「相対的剥奪 relative deprivation」の概念に近い。それは生活水準などの外的で客観的な基準によって測られる貧困感ではなく、特定の他者や過去との比較にもとづく相対的で主観的な基準から生じる不満であり、貧困の実感である。

次には個々の職業のただひとつの強味《つよみ》であった技術が、不用無価値のものとなった例は、これほど急激にあらわれてこなかったかわりに、いつまでも地方の古い家を累《わずら》わしていた。これも結局は転業を必然のものとしたので、むしろやや早《はや》めにまた軽率《けいそつ》に、新しい仕事に移っていった者が、いまではその先見の明《めい》を誇ることになって、ためにいくぶんか無益な心の動揺をさえ青年にあたえたのであった。

農家はいずれかというと元《もと》の技術を、守っていて差しつかえのない職業であったにもかかわらず、外《そと》の機会の新たなるものを見かけて、出でてこれを捉《とら》えようとして失敗した者が少しあった。それがまたひとつの零落の原因を添えているのである。

職業の種類は絶えて滅びたものよりも、新たに生まれたもののほうが何十倍か多い。

ことに都門《ともん》[10]にはいかなる職業でも成り立ち、現にひとつ前の国勢調査においては、東京の職業種別は六千有余と注せられていたが、じつはその大多数もまた零落の職業、かろうじて貧苦を支える一時的便法というにすぎなかった。少しでも優《まさ》ったものを他に発見すれば、早速《さっそく》棄ててしまってよいようなものばかりで、家とはなんらの交渉のない職業であった。しかもいったん移ってこれに従事すると、もう以前の家業との縁は切れ、かりに救おうとする志のある者がおっても、その手段は直接の衣食補給よりほかにひとつもなかった。

孤立の貧窮[11]はすなわち常にこの順序をもってあらわれてきたのである。

ところが農村はそれ自体が職業の集団であって、たとえ孤立の力は弱くとも、相互救済の力はまだそなえていた。以前も家々の特別の事情によって、貧《ひん》に陥ろうとする危険はけっしてまれでなかった。そのなかのことに頻繁《ひんぱん》なものは家族の病気、主人の若死《わかじに》や立《た》ち退《の》き12によって、不意に労力の欠乏を告げることであった。水田は女や小児ばかりでは、とうていその耕作をつづけることができなかった。こういう災難の家にのこった者を苦しめたことは非常なものであるが、それはたいていの場合に個人の不幸をもっておわり、家を永久に貧苦に陥れずに済《す》んだものが少なくなかった。

近世の立志伝13が主として新家の創立《そうりつ》であったと反対に、多数非凡の人物の名をのこした事業は、前代にあってはこの復興《ふっこう》のための力闘《りきとう》であった。貧家の少年がその強健《きょうけん》なる体質と、熱烈《ねつれつ》の意思とを唯一の武器とし、一生を働き抜いてついに繁栄の礎石を築き上げたという話は、ひさしくつづいた家ならばたいていはひとつずつ、その記憶をもっている。文書は通例それまでは書きのこさぬが、こういうおおいなる発奮の背後には、以前時《とき》めいた時代のかずかずの思い出、先祖の遺法《いほう》14

10 **都門**　都会。　11 **孤立の貧窮**　家業から独立したがゆえの貧困。　12 **立ち退き**　その地位から退くこと。　13 **立志伝**　努力精進を重ねてその志を果たしたひとの一代記。　14 **先祖の遺法**　祖先がのこした教訓。

とそれを継がなかった悔恨、人情の変化、世間の評判などの、始終雑談《ぞうだん》[15]や繰言《くりごと》の形《かたち》をもって激励し、また訓戒したものの多かったことは想像しえられる。

　これが尋常の貧家《ひんか》には味わわずに済んだ苦痛でもあったが、同時にまたひとつの身分のようなものが固定して、いつまでも浮かび上れなかった悲しむべき事情にもなっている。彼らの多数とても、起原はまた遠い昔の零落《れいらく》であったのかもしれぬが、一度ある時期を過ぎ去ると、次の機会は得がたく、後には縁組その他の原因から、貧《ひん》をなんとも思わぬ仲間のほうに牽《ひ》かれていったらしいのである。

　貧乏にこの新旧の二種があらわれたということは、むろん明治よりはまたよほど前からであった。

　旧家《きゅうか》の零落は家業の解体、ことに農場をおいおいに分割しながら、そのいったんの格式だけは落とすまいとした無理な苦心がはじまりであったといってよい。このために出でて新たな目論見《もくろみ》にたずさわっても、じっとしていても、ともに衰えた。有為《うい》転《てん》変《ぺん》[16]は江戸期の後半から、すでにその例が年とともに多くなっていたのである。明治はむしろ次三男の躍進時代で自由な分家の方法は増加したのであったが、それでもなおこの趨勢《すうせい》を後へもどすにはいたらなかった。士族・町家《ちょうか》の敗退《はいたい》する者は新たにこれに交《ま》じって、一時地方はこの類《たぐい》の物語[17]をもって充ちていたこともあった。

　ところが結果から回顧してみると、これは有望なる貧窮《ひんきゅう》であったのである。

単に産《さん》衰えたる名門が、発奮によって名士を出したのみならず、その多くの実例は貧家にもまた機会あることを教えた。少なくとも貧《ひん》のひさしく安住すべきものでないことを、ひろく痛感せしめたる原因にはなっている。そうして再び世道《せどう》[18]が固定して、家運の起伏《きふく》がやや緩漫《かんまん》となり、一度衰えたら衰えたきりに、おわってしまいそうな心配がおきるとともに、社会はまたあらためておおいに苦悶しはじめたのである。

## 二　災厄の新種類

初期の貧窮の、いまよりははるかに猛烈《もうれつ》であったにもかかわらず、それが忍びやすかったまたひとつの理由は、簡単にいうならば同勢《どうぜい》[19]の多かったということである。以前衣食住のいちように悪かった時代から、ほんのわずかな者だけが便宜《べんぎ》を見つけては脱出し、次々に新たな幸福を味わっていたに反して、のこりの多数の者は改良の手段を知らず、もしくは制抑《せいよく》[20]せられて、その旧態をつづけていたあいだは、貧しいと

**15 雑談**　とりとめのない、よもやま話。ざつだん。**16 有為転変**　繁栄にせよ零落にせよ、さまざまな原因や条件によって常に移り変わり、とどまっていないこと。**17 この類の物語**　旧家などの零落の物語。**18 世道**　世の中のあるべき道徳と、それを担うひとの心。**19 同勢**　同じような仲間。連れだって行く人びと。**20 制抑**　抑制と同じ。

いうことが自分にも他人にも、じっさいはそう目に立たずに過ぎることができた。

生活の階段[21]がいまのように細別《さいべつ》せられるようになったのは、むろんあるていどまでの消費が自由になってから後であり、したごうて都市には貧困の者が数かぎりもなくいるようにみえたのであるが、たとえ表面にはその差等はあらわれておらずとも、貧が人間の家を覆《くつが》えす悪魔であることは、田舎とても変わりはなく、あるいはむしろ無邪気にその危難を覚《さと》らぬ者が多い結果、惨害はかえって町よりも大きかったともいえる。その状勢にはやく心づいて、予防と血路《けつろ》の切り開きに苦慮する者の多くなったということは、けっして不幸なる新現象とみるわけにゆかぬのである。

田舎で貧窮《ひんきゅう》のなさけないものだということを、ひとがもっとも適切に感じ知るのは、火事や風水害などの天災の場合であったが、それを自ら経験しなければならぬ者には、たいていはもう間《ま》に合わなかった。天災が不意に多くの窮民を出すことは事実であっても、予防はしきれぬのみならず、原因はもうひとつ奥に前からあったのである。

だから事変が過ぎてからの救恤《きゅうじゅつ》[22]は、通例は第二番目の不幸な者を扶助することとなり、それもわずかにその次におきる災害のさいに、もっとも多く悩むべきものをのこすという程度に止まっていた。天明・天保の両度の飢饉においては買おうと思っても売る米がどこにもないために、小判《こばん》の袋を背負うて餓死していた者があったという話も伝わっているが、それらはひとつ話というもので、普通の例でないゆえにひろく語られたのである。

普通にまず死ぬのは貧しい者ときまっていた。

こういう極度の欠乏が暴露《ばくろ》せぬ以前から、すでに栄養が悪くなっていて、働いて遠く求める力を失い、ながくはこの状態に堪えていることができぬのであった。新時代の交通機関[23]がほぼ完備してから後にも、いくつかの小規模な飢饉はところどころに出現した。ことに東北では明治三十五年と、その翌々年との二度の不作[24]の結果、意外に旧式なる飢渇《けかち》[25]が若干の農村を襲撃した。もっとも急速なる輸送の策が講ぜられたにかかわらず、それさえ間《ま》にあわずに死んでしまった者が多かったのである。

こういう大きな災害に生きのこった者に対しては、昔とても十分な救済があたえられていた。ことにこれを恢復《かいふく》しようとした郷党の努力には、戦時もおよばぬほどの熱

**21 階段**　等級。段階。**22 救恤**　救援。救済。**23 新時代の交通機関**　鉄道などの大量輸送手段。
**24 東北では……二度の不作**　一九〇二（明治三五）年の初夏からの異常低温は、北陸・東北・北海道に冷害による大凶作をひきおこした。とりわけ一九〇五（明治三八）年の凶作は、「天明・天保の飢饉」以来といわれる困窮をもたらした。『東京朝日新聞』一九〇三（明治三六）年三月一五日の記事「東奥の飢饉」は、前年秋の暴風雨は米の不作だけでなく「豆、麦、粟、稗等すべて稔らず、くわうるに海辺にありては漁業もまた十分ならず、その他各種の原因一時に輻輳してついにいわゆる東奥の飢饉なるものを現出」したと報じる。**25 飢渇**　飢えと渇き。飢饉。けかつ。

心なる協同があり、この困苦をともにした記念が、また新たに隣保の情誼《じょうぎ》を深めているのである。しかし眼前の危難に面《めん》したる瞬間だけは、人情もおのずから別であって、まず自分に属する者を安全にしようと謀《はか》る結果、分配はどうしても均等というわけにゆかなかった。飢饉は若干の貧しい者の命《いのち》を、亡《うしな》うべきものとして昔から怖れられたのであった。もちろんなんびともこれを期待した者はないけれども、これが偶然ながらも国中の人口を整理し、もっとも生活に適せざる若干の小家《こいえ》が減じたということのために後日の繁栄と食糧・労力の均衡とを得たという例は、古今相応に多いように想像せられるのである。

あるいはまた限地的の、一種慢性の凶作とも名づくべきものも前からあった。主として山村などの耕地がやや乏しくひとはしだいに多くなって出稼《でかせ》ぎの途《みち》がいまだ開けず、二、三の添拚《そえかせぎ》26のかつてあって衰えたという土地で、一村を挙《こぞ》って栄養のすこぶる振わず、したごうて気力の旺《さか》んでないという例も発見せられている。山でなくても壮丁検査の成績が一部落をかぎってとくに劣っていたり、もしくは女子ばかりのしきりに生まるる土地などがあるので、原因を食品その他の生活法の不自由に、たどっていかれるのは相応にあるらしいが、これらは状勢のかなりに突きつめてくるまで、通例はこれを考えてみようとする者がない。

それよりもさらに忘れられやすいのは、とくにある一家にかぎって襲《おそ》ってきたらしい飢饉であった。最初は単なる働き手《て》の欠乏などであっても、土地の利用が不完全で十分な生産をとげないと、自然に食う物が悪くなっていよいよ仕事が堪えがたくなり、漸次に各家族の天寿《てんじゅ》[27]を縮小していったという場合が、もとは絶家《ぜっけ》[28]のもっとも多い原因ではなかったかと思われる。

都市はもとよりのことであるが、村でも災難の相救済せらるべきものは定まっていて、こういう徐々の不幸は知っていても助ける途がなく、しかもたいていはこれまでの観測はしていなかった。貧窮の甘《あま》ない[29]安んずる能わざる[30]理由はここにあったのである。今日は一方に自衛《じえい》の術《すべ》が進み、あるいはやや性急にこの不安を除去しようとする者ができたけれども、他の一方には、またとくに貧しい者を劫《おびや》かす害敵[31]も増加し、しかも共同防貧の手段にいたっては、かえっていちじるしく以前あったものよりも劣っている。

家を復興しようという健気《けなげ》なる奮闘者のなかにも、往々にしてあまりにその競争者を恤《あわ》れまざる[32]者ができてきたのである。

**26 添挊**　家業に加えてはたらくこと。副業。「挊」は、家業にはげむの意。　**27 天寿**　寿命。　**28 絶家**　継ぐひとがなく家が絶えること。家の断絶。　**29 貧窮の甘ない**　貧窮をよしとして甘んじ。　**30 安んずる能わざる**　しかたがないと受け入れざるをえない。　**31 害敵**　害をなす敵。外敵。　**32 恤れまざる**　気の毒に思わない。慈悲の心をかけない。

## 三　多くの病を知る

貧乏の原因が全部、ある一期の家長の不道徳にあるように、考えようとしていた時代もあった。あるいは反対に、責任はことごとく他人にあるもののごとく、解している者もいまは多くなったが、いずれにしてみたところで当面の害を防ぐ努力だけは、これを外部に托《たく》して待っていることはできない。

なによりも困った話は、いったん陥った貧窮から抜けだす機会のおいおいに少なくなろうとしていることで、ことに今日の職業教育[33]をもって、まだ有効なる立身《りっしん》の手段と信じている人びとは、これが若干の余裕ある子弟のみに、独占せられていることを不本意に思っている。いまとなってはそう楽しみの多い機会でもないようだが、これももちろん均等の利益に供し、もしじっさいに有効なものであるならば、むしろより多くの必要ある人びとに、余分に利用ができるようにするが当然である。

しかし障碍《しょうがい》はそれよりもひとつ前に横《よこた》わっている。

全体に子供を大きくすることが、貧しい者には一年ましに大きな苦しみになろうとしているが、別《わ》けても丈夫なよく働きよく学ぶ若者をつくり上げることは、なかなか容易でない大事業になってきた。乳児の死亡率は以前から日本は高い国[34]であったが、それが原因かと思うものは、旧《ふる》いのがまだのこっているうちに、また新しいものはつけくわえられている。単に親々を悲しみ衰えさすためだけに、生まれてきたような子がはなはだ多い。そういう危険をようやくに通り越しても、なかなか簡単には大きくなってくれない。ほったらかしておいても子は育《そだ》つものと思っていた、自然の遊び場《ば》と群《む》れとがおいおいに少なくなり、親が見ていなければならぬ時が多くなったが、それでなおほかから来るいろいろの疾《やまい》を、少しでも防衛することができなかったのである。

われわれの公衆衛生の行政は、ついちかごろまではただ六種の伝染病と闘《たたか》ってばかりいた。[35]

これももとより非常におそろしい敵であって、ことに虎列剌《コレラ》はいくどとなく、戦争

**33 職業教育**　職業につくために必要な知識・技術などを習得させる教育。一九二〇年代、日本では「職業指導」という概念のもとで導入されるが、内容および手段について明確な指針があったわけではなく、「実業補習教育」「職業紹介」とも重なりつつの模索段階であった。一九二七（昭和二）年に文部省から「児童生徒ノ個性尊重及ビ職業指導ニ関スル件」という指針が出され、個人の適性にあわせた学校教育が強調されていく。

**34 乳児の死亡率は以前から日本は高い国**　『東京朝日新聞』一九一七（大正六）年三月一九日記事「育児法根本調査」は、「わが国における乳幼児の死亡率の高きことは世界中の第一位」で内外の専門家が注目しているが、内務省保健衛生調査会が、その低下をめざし栄養状態や養育法、母の職業状態などの調査に着手することを伝えている。

以上の損害を国にあたえている。固有の疾《やまい》の数もすでに多く、いまだそのひとつでも退治したというほどのものがないうえへ、新たに若干の新病を輸入したということは、島国としてはいっそう遺憾なことであった。伝染病のなかでは虎列刺《コレラ》とペストだけが、あらわれればすぐ撲滅するだけの手配《てはい》がついていて、まだ外敵としてこれを警戒すれば足るが、その他はどうやらもう土着《どちゃく》してしまったようである。

そうして国人の抵抗力だけが、依然として新地に種を播《ま》いた時のように弱いのである。外蕃《がいばん》[36]招来の時疫《じえき》[37]の類に対しては、とくに神仏の冥護《めいご》[38]を頼む以外に、これという方策もなかった時代も昔はあった。あるいはいまでもまだ個人の自信が足らぬのかもしらぬが、全体にわれわれの体質はこれに屈服しやすい。歴史のもっともひさしい天然痘だけは、十分に善那《ぜんな》[39]の偉勲《いくん》[40]を利用することができて、もはやあばたという言葉さえ不用になりかけたが、のこりの三つ四つは惨毒《さんどく》[41]がなお大きい。

ことに窒扶斯《チフス》が働きざかりの、丈夫な若者ばかりを連れていこうとするのは、なんと考えてもなさけないところであった。これが家々の家業の予定を狂《くる》わせ、貧乏の不安を深くしていることは、ほとんど衛生政策の一方に偏していることを、責めることもできないほどの切迫した状態である。

肺結核は以前楽な生活をする家の、一種の課役《かやく》のようにも考えられていたことがあった。少なくとも都市の生活のひとつの悪い方面として、避ければ避けられるように村のひとは思っていた。ところがもうそういう空頼《そらだの》み[42]は抱《いだ》かれぬようになっている。村から女工をほうぼうへ出しておくと、そのなかの一部は必ずこの病を帯《お》びてもどってくる。山間《やまあい》の澄《す》んだ空気に育《そだ》てられた者の肺が、ことに繊維の埃《ほこり》などに鋤《す》き耕され て、病の種《たね》を播きやすくなっているのか、あるいはまたこういう新たなる害敵に対して、なんの用意もない体育[43]と栄養であったのか、とにかくたいていは恢復せずに、忌わしい無形の形見《かたみ》だけをのこしていった。元来金《かね》のかかる病気として知られていたものが、貧しい家庭にまで入りこんだのはたいへんな事件であった。それもこれからお

**35 六種の伝染病**　一八八〇（明治一三）年、伝染病予防規則が策定され、コレラ・腸チフス・赤痢・ジフテリア・発疹チフス・天然痘が予防すべき伝染病として定められた。『東京朝日新聞』一八八七（明治二〇）年九月九日の「本年前半季六伝染病の数」の記事をはじめ、「六種伝染病」の推移は新聞でもしばしば注目している。明治初期の悪性流行病のなかには麻疹も入っていたが予防規則では除かれ、ペストの日本上陸は一八九六（明治二九）年の三月であったため、ここでは含まれていない。ペストは猩紅熱とともに、翌九七（明治三〇）年制定の伝染病予防法において、行政的な対応に入れられて八種となる。　**36 外蕃**　外国人。　**37 時疫**　流行病。　**38 冥護**　人知れずの加護。みょうご。
**39 善那**　種痘法を開発したエドワード・ジェンナー（Edward Jenner 一七四九～一八二三）のこと。『風俗画報』一一六号（一八九六）は「善那氏種痘発明百年紀念会」の記事において、一八九六（明治二九）年五月一四日に、上野公園内の旧博覧会跡第五号館で、種痘発明百年記念祭が挙行されたことを伝えている。
**40 偉勲**　すぐれた功績。　**41 惨毒**　むごい被害。　**42 空頼み**　あてにならない期待。
**43 体育**　体の教育。

おいに働こうとしている者を、わざと撰んで襲撃するような結果になっているのは、家々の復興事業のこのうえもない障碍であった。

貧は四百四病《しひゃくしびょう》[44]の一番につらいものということは、いまでもよくくりかえす古い諺《ことわざ》[45]であるが、貧《ひん》ゆえに誘《さそ》いおこす病の数が、こうしてだんだんに多くなり、また忍びがたいものになってきたのである。

以前も養生《ようじょう》ということはただ余裕のある者だけのすることのように考えられていたが、そういう語《ことば》はないだけで、人びとは常に無意識に自ら守っていた。たとえば流行《はやり》病《やまい》のさいには極端に交通を制限したり、ある種の病は神の警《いまし》めとして忌《い》み怖れたり、迷信といわれるいろいろの方法にも、少なくとも実験の基礎はあった。

じっさいはながい年月の選択が、抵抗力の強い者だけをのこしたのかもしれぬが、若い者が病に負けぬという自信もかなり強かった。そうして薬法はいうにおよばず、呪禁祈禱《じゅごんきとう》[46]の効果に対しても、いまよりははるかに強い信任を抱いていたのであった。しかしこれらの防禦《ぼうぎょ》術は、いずれも在来の知識の範囲内にかぎられたもので、かねて用意の足りなかった方面、ことに突如として外部から入ってきたものは、余分の不安を感ぜざるをえなかったのである。いままで耳にもしなかったいろいろの物々しい病名のために、急に人間が病に弱くなり、英気《えいき》を失い全快を遅くしたことは、たしかに統計の上にはあらわれない新しいひとつの損失であった。

もちろん新医学の功績は一方には非常に大きい。これほどたくさんの知らぬ病がつけくわえられたにかかわらず、救わるる者はかえってはるかに多くなった。ただわれわれの一生のあいだに、病に悩んでいる時間だけは長くなったのである。たとえば盲《めくら》は日本のありがたくもないひとつの名物《めいぶつ》であって、もとはいかなる部落にも一人か二人、目の見えぬ者がおらぬ処はないという実状であったのが、おいおい原因がわかってきてその不幸を遁《のが》れうる者が多く、いまでもその計数は減じていく一方であるが、それと同時に新たに心づかれたのは、最初から眼の力の弱い者が、じつは非常に多かったのだということである。町村によっては小学校生徒の半分近くまでが、トラホームに罹《かか》っている[47]ことの発見せられたものもあった。

それから青年の近眼《ちかめ》になりやすいこと、これは薄暗い灯明《ほあかり》[48]と細《こま》かな仕事と、二つの

**44 四百四病**　人間がかかる一切の病気。なぜ四百四なのかには諸説あるが、人間の体を構成する地・水・火・風の四元素のそれぞれの不調で百一の病がおこるので、あわせて全体は四百四であるとする説明が代表的である。**45 古い諺**　「四百四病より貧の苦しみ」「四百四病より貧ほどつらいものはなし」。**46 呪禁祈禱**　まじないをして災いをはらい、神仏に事を告げて祈ること。**47 小学校生徒の……罹っている**　『読売新聞』一九〇三（明治三六）年五月一〇日の「顆粒性結膜炎大流行」の記事には、「小学校生徒のごときは男女の別なくほとんど過半数、該病に罹りおれる現状」とある。この顆粒性結膜炎がトラホーム（トラコーマ）である。**48 灯明**　灯火のあかり。

似つかわしからぬものが落《お》ち合《あ》った、過渡期だけの現象だったかもしれず、あるいは以前からもこのとおりだったのかもしれぬが、とにかく最初は書物を見るというひとつの看板《かんばん》、もしくは青年の伊達《だて》[49]のごとくにも考えられたものが、末にはなくてはすまぬものになって、たちまち日本をめずらしい眼鏡《めがね》国にしてしまった。

鼻などは、もとは病気の宿《やど》になりそうにも思われなかったのが、ちょうどそのほうの専門医があらわれるころから、われわれのほうでも治療の必要を感じはじめた。いまになって思うと、昔から鼻を気にする民族ではあった。子供は大多数が青洟《あおばな》を垂《た》らし、洟《はな》の出るのは丈夫なしるしだとまでいう者があった。大きくなってからも鳴らしたりすすったり、もっとも行儀のよい者でも始終拭《ぬぐ》いまわしていた。こういう習癖がもし上古以来でないなら、なにか風土と生活ぶりとの、交渉があっただけは推測してよかったのだが、その点はまだなんびとも答えぬうちに、これと脳の病気、ことに頭のはたらきとに関係があるらしいこと[50]がまず心づかれ、せっかくの知識がまたひとつの新しい荷になったのである。

それからくらべると問題はいくぶんか快活であるが、歯が悪いということも急に近代に入って注意せられだした。これも悪くしまいという警戒はややはじまったというのみで、いまだ何故にという研究にまでは進んでおらず、ただ熱心にあらわれたる病弊と闘おうとするのみであった。記録はこういう事柄にはいつも不完全であるが、この夥《おびただ》しいわれわれの齲歯《むしば》というものは、どうも国初以来の一貫した特徴ではないように思われる。入歯師《いればし》はなくても歯の抜けた老人はあったろうが、これほど痛み苦しむものならそのほうの医術は、もう少し早く進んでいたはずである。

第二章にもすでに説いたように、食法の変化はこのごろになって急に烈しくなった。それと口中《こうちゅう》いっさいとの因果関係は、たいていの常識ならば想像だけはできる。したごうてその根本の社会的治療も、少しは考究せられてよいわけであるが、現在はむしろ当面の対策ばかりに、あるいは若干の興味を惹《ひ》かれているとさえいえる。金歯《きんば》51はすなわち金の指環に次ぎ、金縁《きんぶち》の近視眼鏡よりも以上に、この機会において若い男女を修飾しようとしていた。それができないほどの人たちにとっては、まったく内外からの責苦《せめく》といってよかった。

## 四　医者の不自由

医学がこの困った問題の解決のために、期待せられていたことは非常なものであっ

**49 伊達**　外見のかざり。**50 脳の病気……関係があるらしいこと**　『読売新聞』一九二二（大正一一）年九月二四日・二五日に掲載された「恐るべき健忘症になる鼻の病気蓄膿症」の記事は、鼻汁の病気が健忘症を引き起こすと論じている。**51 金歯**　第二章の注55を参照。

た。

古来の術芸《じゅつげい》52は大体に粗末にされがちであったが、これほど西洋の輸入に満幅《まんぷく》の信頼を払ったものもまれであった。それがまたこの学問の急に進歩した力でもあったのである。

しかしいずれの研究でもそうであるように、尖端《せんたん》はすでに驚くほど前のほうに突きだしていても、まだまだその恩沢が全体に浸潤《しんじゅん》するには早かったのである。名医のとくに優《すぐ》れた者も、前代にくらべると何倍にか増しているのだが、じっさいこのひとに治療してもらえる者は、縁《えん》のあるいたってわずかな者だけで、それも病気がもはや追い攘《はら》うことのできぬころに、なってみなければ頼みにはこなかった。ましてやただ罹《かか》るかもしれないというだけの不安の時代53には、極度の藪《やぶ》医者にも相談しに行くことはできなかったのである。

そうして多くの貧に悩む者の救済は、じつはこの時代がなによりも大切なのであった。

医事と生理に関する一とおりの知識だけは、素人《しろうと》にもあたえておくほうが便利だろうと考えられて、学校でも教えまたいろいろの通俗書が出た。少しくはや手廻《てまわ》しに健康の苦労をする者は、時を費やしてその知識を漁《あさ》り、もしくはいい加減な受け売りにも耳を傾けた。いわゆる衛生知識は一般によほど進んだようにみえる。しかしそのなかでもっとも多く読まれるのは、いよいよある病気になってからの手当《てあ》てもしくは簡単にひとりで治《なお》そうという秘法《ひほう》のごときもの、これは容易に御医者が来てくれず、また頼まずとも済むなら済ませたいという者に[54]、とくに人望が多いのもいたしかたがない。

その次から兆候によって何病であるかを知るような参考書、こちらはいずれかといえば弊害のほうが多かった。診断はその道の者すらが、迷ったり誤ったりしている。そうと思えば思われぬこともないという症状はいくらもある。それに身勝手《みがって》や取越苦労《とりこし》[55]がくわわれば、いわば参考書は見本帖《みほんちょう》のごときものになるわけである。以前の国手《こくしゅ》[56]のなかには糸をつないで、次の間《ま》から脈《みゃく》を引いたなどという話もあり、

**52 術芸**　技術と学芸。技芸。**53 時代**　期間。**54 御医者が来てくれず……済ませたいという者**　侍医・御典医とは異なる町医者が出てくるようになっても、農山村では草根木皮やまじないの民間療法にたより、そもそも医者に診てもらうこと自体を躊躇する心性があった。無医村が多いだけでなく、診療・往診には金もかかり時間も費やすため、ほぼ手遅れになるまで医者には頼らない態度が一般的だったからである。前段の「名医のとくに優れた者も……頼みにはこなかった」と対応する。柳田は一九三〇（昭和五）年七月二四日の『東京朝日新聞』に寄せた論説「実費診療事業」において「よくよく危篤大切の病人でもないかぎり、「医者の薬は飲まぬ分別」をする者が、すでに非常なる割合に達している」［全集28：三二六頁］と論ずる。**55 身勝手や取越苦労**　自分に都合のいい解釈やつまらない心配。**56 国手**　名医。

そうでなくても舌を見て意見を決するようなひとがあったというが、いまはこれとは正反対に、容体の陳述がたいへんな重々しい手続きになっており、なかには裁判官のように、これによってほぼ判断をしようとする者もある。そうしてその材料が三分の二は、家事衛生の書物を応用した自己流の観察なのである。医師のためにも、間接にはこれがひとつの混迷の種《たね》になっている。

しかも病人を少なくしようというほうの知識[57]には、それほど具体的なものが、多く供給せられていない。

原因の列挙せられているのも近い直接なものが主で、警戒にはなっても安心の力になるものが少なく、健康の保持法には時間が多く潰《つぶ》されて、結局養生階級にしか向かぬものがあり、なかには安静を保《たも》っての滋養《じよう》分を十分取れだのと、それのできない者にはかえって心細くなるような条件が少なくなかった。そのうえにこれまで想像してもみなかったいろいろの病苦が、新たにおこりうべき不幸のなかにかぞえられるようになって、ひとはいよいよ健康のわずかな変調を始終気にかけていなければならぬことになった。病気と無病とのちょうど中間のような、神経衰弱[58]というものがつきまとうている生活が多くなったこと、これが医学の進歩によって、まず第一次に教えられた事実であった。

さらにもうひとつの不安は病気の多くなったわりに、いまはまだ医療機関の完備していないということであった。

最近の医師の数は六万が少し欠けているくらいで、全国に割り当てると三百家庭にほぼ一人、このくらいあったらもうよかろうとの説もあるが、それは日本を平均した場合の話で、土地ごとにはけっして必要なだけゆきわたっておらぬ。都府からやや遠いさびしい県では、その平均からずっと下るのみか、それもできるだけ町がかった場処に集まって開業している。医者のない村が五十村も七十村もあるというのは事実である。もとは公医を任命して若干の給料を払ってまでいたけれども、それもなお良い[59]

**57 病人を少なくしようというほうの知識**　予防医療の知識。**58 神経衰弱**　一九世紀末から戦前にかけて、精神の不調症候を代表する病名として使われた。『読売新聞』では一八八七（明治二〇）年頃から、『東京朝日新聞』では一八九二（明治二五）年頃から薬の広告などを中心に、この語を見るが、一般に流布したのは明治三〇年代から昭和戦前にかけてであろうか。昭和三〇年代から「ノイローゼ」の語に置き換えられていく。**59 医者のない村が五十村も七十村もある**　いつの状態を念頭に置いた言及かは不詳だが、あるいは「各県において」というような地域の限定が、文脈上ついていると理解すべきであろうか。一九二三（大正一二）年七月三一日の『読売新聞』の内務省衛生局調査課の調査に関する記事「医者の無い町や村／日本全町村の約四分の一」によると、医者が一人もいない村が全国で「二千九百十二」もあり、全町村数の約四分の一にあたるという。これを四七都道府県の数で単純に割ると約六二村となるので、ここでの記述とほぼつりあう。ただし、この調査では全国の医師の数を約四万と数えており、文中の「最近の医師」数よりもかなり少ない。その七年後の一九三〇年近辺の数字か。

医者を僻村《へきそん》に誘うてくるには足りなかった。全体に技能の優劣によって、非常に収入のちがう職業であったから、だれしも機会を狙《ねら》ってひろいところに出たがり、末には都市とその周囲の地にばかり、無理な競争をするほどにその数が溢れるのである。

医師会の料金率の申し合わせということが、最近ではひとつの問題になりかかっている。[60]これも不当な競争者を抑えないと、下品になって信用を失うという理由であったが、現在はすでにその引き下げをもって、少しでも繁昌を図りたいと思う者が、仲間のうちにもだんだんに多くなってきた。そんなことをするよりは困る人だけに、無料ででも快く親切に投薬するほうがよいという反対説も強いが、じっさいは無料や割引の恩恵を仰ぐほども困らず、さりとていまのままでは高すぎて難渋《なんじゅう》という者が、もっとも多く病人を抱《かか》えて考えこんでいる。だからこれほど医者の多い大都市のなかですらも、種々なる買薬《かいぐすり》から祈禱《きとう》までがさかんにおこなわれ、死亡証の給付を医師の事務にしていることを不便に感ずる者さえできているのである。

実費診療所[61]や巡回診療班[62]が、活動しうる余地は十分にある。しかも医師会はそういうじっさいの競争者でもないものを、いままでは敵視してその発達を喜ばなかった。簡易保険局がその利益の保護から、加入者の健康の相談に乗ろうというのまで、自分らの業務を害するもののごとくに恐れ忌《い》んだ。寺の坊主が檀《だん》家《か》の凶事[63]を待っているという悪評は前からあったが、医師の団体もそれに近い冤罪《えんざい》すなわちわざと近所の者の健康のよくなることを、妨げているかのごとき邪推を受けようもしれぬ。

　ところが世間はそういう風聞とは別立《べつりつ》して、どしどしと手療治《てりょうじ》[64]をはじめている。医業類似[65]ということをただわずかばかり厳格に解すれば、すぐにも触れそうな薬のあたえ方がいたるところにおいておこなわれている。売薬の税などというのは高《たか》のしれた

**60 医師会の……問題になりかかっている**　一九三〇（昭和五）年七月八日の『東京朝日新聞』は「大阪の各病院が料金直下を断行」という記事で、医療の社会化の要請と「昨年来の諸物価の下落」とに鑑み、大阪をはじめ東京などの医師会が診察料・入院料・薬価の値下げを検討していることを伝える。
**61 実費診療所**　小官吏・事務員・巡査・教員・学生・職工・徒弟などの「中等貧民救助の目的」で、鈴木梅四郎・加藤時次郎によって一九一一（明治四四）年に設立された、最低限の診療費・薬価で医療を施す施設。同年八月一三日の『東京朝日新聞』は「実費診療所／九月一日開始の見込」を報じる。柳田が「実費診療事業」［全集28］の論説を同紙に寄せていることについては、本章の注54を参照。
**62 巡回診療班**　施薬救療を目的とした恩賜財団済生会は、一九一一（明治四四）年五月に発足するが、生活困窮者に対する医療支援として、各地に診療所を設けて貧困所帯に無料の特別診察券を配布したり、巡回診療班を編制して貧困者集住地区を回って診察・保健指導をおこなったりした。**63 凶事**　縁起の悪いできごと。不幸。**64 手療治**　医者にかからず、自分で治療すること。**65 医業類似**　『東京朝日新聞』は一九三〇（昭和五）年八月二二日記事で、「電気療法」「温熱療法」など医師でもないものがおこなう「医療類似行為」が激増し、広告を含めて害毒を流しつつあるので、内務省衛生局が全国的に統一した取り締まりの法令を制定することになった、と伝えている。

ものであったが、それが廃せられると取り扱いが便利になり、またその選択がいちだんと自由になった。地方古来の評判の売薬《ばいやく》には、だんだん片隅に引きこんでいくものが多いが、これにかわって出たものもたいていは似よったもので、ただ大規模生産と宣伝の力、いまひとつは今日の衛生常識とは反対に、むしろ秘伝《ひでん》の魅力というようなもので売っている。われわれの医学はせっかくこの程度に進んでも、じっさい大多数の国民の治療に任じているのは、彼の責任を負いえない技術ばかりである。

無薬治療法と健康増進術[66]の目まぐるしい進出も、またことごとく解説を新医学には求めていない。

しかも正統の学説ではそんなものが効《き》くはずはないと明言《めいげん》しているものに、現に効験あって随喜《ずいき》者[67]のはなはだ多いのがあるということは興味がある。これは単純に社会のおおいなる一層[68]が、医師と没交渉に病んでいるためばかりでなく、また新学の信じておこなった方法にも、おりおりの失敗があったからというだけでもなく、いまいちだんと微妙な各人の心の作用が、案外まだ力強く治病のうえに協同しているのだということを、推測せしめずば止まぬようである。

以前の日本人が病気にはかなり強かった理由、それがやや形をかえていまでもまだ認められるのは、むしろありがたいことといわなければならぬ。じっさい今日の貧苦の根柢《こんてい》には、いくぶんか早きに失した諦《あきら》め、もしくは過小なる自分の力の評価があった。それを訂正するだけでも、この経験は無用でなかったのである。

## 五　孤立貧と社会病

われわれの生活ぶりが思い思いになって、衣でも食住でもまたその生産でも、個人の考えしだいにまちまちに分かれるような時代が来ると、災害には共通のものがおおいと少なく、貧は孤立であり、したがってその防禦も独力でなければならぬように、傾いてくることはいたしかたがない。

それに共同の敵と目ざすべきものがあって、これを征服すれば一時《いちどき》に幸福になるように、経済のほうでは主張するひとが多くなったが、それへ進むまでには、まだわれわれの利害は糾合《きゅうごう》[69]せられていない。一方にせめて自分の家の一群だけは、まず済《す》くわれたいと希《こいねが》う者が多いとともに、他の一方から困苦《こんく》はわれ一人に集まっているかのごとく、考えて世を恨《うら》んでいる者も非常に多いのである。異郷他人の知識がいま少し精確《せいかく》

66 **無薬治療法と健康増進術**　どちらも一九二〇年代の新聞の広告などに散見する。67 **随喜者**　心からありがたがるひと。68 **おおいなる一層**　多数が属している、人びとの階層。69 **糾合**　ひとつに結集。

になり、しばしば実情の相似ている貧窮が、地をかえ時を前後して発現していることを学ぶのが、いまでは自己救済の第一着[70]の順序となっているかと思う。

これはひとり病苦の場合のみでもあるまいが、医術もいままでは少しく人間の不幸を個性化[71]しようとした形がある。

なるほど遺伝とか体質とかには隣人のあずかり知らぬものは多かろうが、それをそこまでもってきた力には、特発《とくはつ》[72]というものはほとんどひとつだってない。少なくとも日本人だから免れなかった惰性、ひとも気づかぬゆえについ巻《ま》きこまれた不注意、考えてしたことでもひとの真似《まね》、世の流行というものが眼に見えぬ原因になっている。いやな花柳病《かりゅうびょう》[73]が外国から渡ってきて、わずかなあいだに全国に拡がったなども、いわば人びとの談合の結果であった。

いちばん大きな例は寄生虫の問題だが、これもわれわれが念を入れて調査するまで、こうまで循環しまた牽聯《けんれん》している[74]ものとは思わず、したがってあるひとだけはていねいなる介抱によって、すぐにもひとり全快するもののように、考えて御医者を頼んでいたのであった。

ところがこれを原因から退治しようとすれば、そんな姑息《こそく》な手段は無視しなければならぬ。一部が免れたということはすこしでも危険の制限にはならぬのであった。そのかわりにはもし共同してこれを滅《めっ》しておけば、生まれない[75]子孫の健康までが、あるていどまでは保障せられることになるので、医者はすなわち個人の薬礼《やくれい》[76]よりも、ひろく社会の全体から、診察料をもらってよいことになるのである。

これと同時にまた日本人の特殊の長処、ある種の病に対する抵抗力なども、同じ観方から発見してこれをあてにすることができる。

たとえばモールスの明治初年の日記に、日本の夏はこれほど強い照《て》りであるのに、どうして日本人は頭の中ほどを月代《さかやき》[77]にし笠も被《かぶ》らずに歩《ある》きまわって、日射病に罹らずにおられるのかと驚歎している。[78]進んだ生理学はむろん説明しうるだろうが、これは

**70 第一着**　いろいろのことがあるなかで、いちばん先に手をつけるべきこと。**71 個性化**　個人化。**72 特発**　不明な原因によって、病気が突然に発生すること。**73 花柳病**　梅毒や淋病などの性病。花柳界で感染することの多い病気の意。**74 牽聯している**　つながっている。『読売新聞』一九二八（昭和三）年九月二二日記事「恐ろしい人体の寄生虫／東京市民の六、七割はその保持者」は、警視庁衛生部が東京府下の葛飾郡葛西村でおこなった調査について報じる。その寄生虫病の予防法にふれて、便所の改良、薬品消毒、生魚や肉の処理、野菜をよく洗い、漬物などにも注意すべきことを論じている。**75 生まれない**　未来の。**76 薬礼**　薬代、治療代。**77 月代**　男の額から頭の中央にかけて髪を剃ること。江戸時代には、武士だけでなく庶民にもおこなわれ、成人の印でもあった。**78 モールスの……驚歎している**　エドワード・モース（Edward Sylvester Morse　一八三八～一九二五）の一八七七（明治一〇）年の日光旅行の頃の日記で「日本人がこの焦げつくような太陽の下を、無帽で歩いて平気なのには実に驚く。もっとも折々、非常に縁の広い編んだ笠をかぶっている人もいるが……」［石川欣一訳『日本その日その日』上、科学知識普及会、一九二九：一二六頁］とある。

われわれの夏は彼の国とはちがって、空中に許多《あまた》の水分があり、しかも衣帯《いたい》がいたって緩《ゆるや》かで、放散代謝が自由であったからだと思われる。ところがこれだけの原因の相異についてはまだ考えおよばぬうちに、あたかも日射病《にっしゃびょう》もなお彼方《あちら》を真似てみたいかのごとく、競うて帽子をかぶり厚地《あつじ》の小倉服《こくらふく》79などを着せて、今日の兵士や青年団は、もうけっしてこの病から免疫はされていない。

家にも食物にもこれと似た失敗は多い。この種の思いちがいは病気以外の問題にもあるのだが、まずその当然に心づかせてくれたのは、研究ずきなる医学の力であった。勇気や信心のすでに衰えはてた闘病術を、やや復活させたのも群《む》れの力であった。もしくは群れにあって多くのひとのために、かわって考えてくれたひとの力といってもよい。

日本で毎年の自殺者は一万数千、このごろ東京だけでも一日に五人ずつ死んでいく。いちばん多い理由は病苦であるが、他の生活難というもののなかにも、たいていは健康が勘定のなかに入っている。強いて妻子のその意思もないものを同伴《どうはん》として、家をなくしてしまおうという考えのなかには、説くにも忍びざる孤立感がはたらいていたのである。生活の興味はこのひとたちにはもう切れていた。かりに引きとめられてしばらく生きたとしても、その力を集めて世の中は改良しえなかった。

やはり最初にはその不幸がこの世にあまねきものの一端であって、ひとつの新しい知識と方法とが、総括してこれを救いうるということを、覚らしめるのほかはなかったのである。

**79 小倉服** 丈夫な木綿布である小倉織で仕立てられた学生服や作業服。

# 第十三章　伴を慕う心

## 一　組合の自治と聯絡

団結は最初から共同の幸福がその目的であった。

明治維新の改革は旧く狭い階級集団に区画されていた。士農工商間の溝を埋めて、四民《しみん》平等を看板とする新国家制度へと地均《じなら》し[1]したのであるが、しかも国民は新しき社会への不安から、だれかに追随《ついずい》していく必要を感じたのと、ことには法令で社会制度がつくれるかのごとく誤認した政府の方針とによって、じつに多くの新しい団体を乱《らん》造《ぞう》したのであったが、一方には機会の偶然と能力のいちじるしい等差《とうさ》[2]が、個人経営の成功を目のあたりに見せつけたので、これら無数の諸団体は、自らの目的を亡失《ぼうしつ》して、とかく少数野心家の利用機関へと堕落《だらく》しがちになったのであった。

いったいこれら無数の団体の創設にさいして、直接間接に指導経営の衝《しょう》にあたった[3]

**1 地均し**　円滑に進めるための下工作。　**2 等差**　格差。

のは、新国家主義の尖端《せんたん》に立ち、新しく政府の官吏となった旧《ふる》い士族たちであったが、彼ら士族たちは、かつて藩《はん》という大きなひとつの組合以外に、その組合内で、さらに別個の団結をつくることを圧《お》さえられていたから、他の農工商等がかつて各自の階級内で、それぞれに営んでいた旧時代の自治組合[4]の消長《しょうちょう》[5]については深い理解を欠いていた。

元のままに踏襲して少しも差しつかえなく、また発展せしめねばならぬ多くのものまで、詮議《せんぎ》もなくこれを弊履《へいり》のごとくに[6]かなぐり捨《す》てたのみならず、そのかわりに創設せらるるものの事態に適合するか否かが、もっとも大切な問題であったにもかかわらず、それを関係者同志の研究のためにのこしておかなかった。そうして政府が差図《さしず》して細《こま》かに定規《じょうぎ》[7]までつくってやったということは、他面、組合の依頼心をいたずらに増長させることとなって、いやがうえにもかつて組合が具《そな》えていた共同団結の自治力を、薄弱にしてしまったのであった。

かくして無統制につくられた組合はだんだんに増加して、末にはひとつの農村内に十も十五もの別なものが、併存するというような奇観を呈したのであった。青年団や処女会、家婦会、小作人組合等は、まず宜《よろ》しいとしても、農事小組合のごときは問題ごとに新設されて、後には整理に困る数《すう》[8]にもなった[9]のであった。そのうえに農会[10]には県郡町村のそれぞれの階段があり、さらにもうひとつ婦人のためにも、そんな会をつくろうとする準備会さえもうけられている。[11]いったい農会は農会法[12]という政府の制度によって、組合意識すらももたなかった、散漫《さんまん》なる人びとを集めたものであるから、はじめからその組織に多くを期待しえぬの

**3 衝にあたった**　かなめとなる重要な役割を果たした。**4 旧時代の自治組合**　農における村の寄合、若衆組・娘組、あるいは工・商における株仲間や講、また鉱山における友子など。**5 消長**　盛衰。**6 弊履のごとくに**　まるで価値なきもののように。「弊履」は、やぶれた履物。**7 定規**　規準や手本となるもの。判断基準。**8 数**　なりゆき。情勢。**9 農事小組合のごときは……数にもなった**　村のなかに小組合が数多く生まれたことについて、一九三〇（昭和五）年九月二〇日の『東京朝日新聞』の「明るい里　暗い村」の記事の言及がある。それによると、茨城県の大子町には町農会のもとに二七の農事小組合があり、小さなもので組合員が六名か七名、大きなものでも三〇名以上にはならない規模で、そのいずれもが新しく、一九二七（昭和二）年以前に組織されたものはひとつもない、という。**10 農会**　産業組合とならぶ、戦前の主要農業団体のひとつで、地主と農民で組織された。農事の改良・発達を図る目的で設置され、町村を単位とし、郡・府県・中央の系統的な組織であった点が、柳田がいう「それぞれの階段」である。帝国農会は、一九一〇（明治四三）年の農会法の改正によって、中央機関として設置された。**11 婦人のためにも……準備会**　『東京朝日新聞』一九一五（大正四）年四月二五日の記事「婦人農会組成」は、千葉県の白浜村という漁村は従来男子が漁労、女子が田畑の耕作という慣習であったが、このたび農事改良の目的で「白浜村中央婦人農会」創立総会をひらき、付近の村にも同じような動きがあると伝えている。**12 農会法**　系統農会組織整備のための法律で、一八九一（明治二四）年頃から調査がおこなわれ法案が議会に提出されたが、解散のため不成立、一八九九（明治三二）年六月に、補助金規定を中心とした法として成立・公布された。

はいたしかたもなかったが、それがいつとなく地主の掌中《しょうちゅう》に帰したため、地主の心がけが良くなければどんなにも悪くなるという風《ふう》で、あるいは別個に同じような会が創設されんとしたり、またはそれを無用だという同情のない意見がおこってきたのにも、不思議はなかったのである。

じっさいひとりの頭《あたま》のなかには保ちきれぬほどの会数であった。

農民組合の構成とても、すでにはなはだ単純でないようであるが、これをほかにしても、自作農組合、大小農事改良組合から作業競技会[13]、その他台所改善講[14]、娯楽会、敬老会、雄弁会、道路共進会、共同理髪、共同浴場、全日本六尺聯盟[15]、消防組合等にいたるまで、問題として会ならざるものはない有様である。

ことにそのなかでも注意せらるるものは産業組合[16]である。

二十何億万円の巨額なる資金と、二万の組合と三百万の組合員数とは、じつに現代の一大偉観であるが過去三十年間において数字の上ではかくのごとく成功し、かつまた多忙に仕事もやってきたにもかかわらず、なお効果は予期せられしものの全部におよんでいない。すなわち救われねばならぬ人びとの自治の結合が成就してこそ、目的は達せられるのであるのに、その点の顧《かえり》みられなかった結果は、かえって比較的貧苦の危険の少ない者から、まず国家の保護を受けることになり、彼らは従順に行政庁の指導に服する代償として、機関を利用してこのとおり勢力を外《そと》に張ることを得たのであった。いわゆる公式脱税会社の悪評[17]は、若干の場合には適中していた。

保険も相互の組織をもって経営することを必要と認めたのであるが、法律はあまりにその条件を限定した。そうして細かに手続きを履《ふ》んで、政府の認可を受けたものでなければ、保険事業をなすことができないということに定められ、当時少しずつ発達の途《みち》にあった各種の共済事業は、いずれもこの条件に充《み》たぬ点があって、ことごとく

**13 作業競技会**　稲作競技会、製茶競技会、堆肥競技会、少年馬耕競技会など、さまざまなものが催された。**14 台所改善講**　一九二六（大正一五）年一月九日朝刊の『読売新聞』は「婦人講を拵えて農家のお台所改善」という記事で、島根県の熊野村大字矢谷の婦人会がつくった「台所改善講」によって、その地の家の台所が一戸残らず立派になったことを伝えている。**15 全日本六尺聯盟**　この「六尺」は雑貨品を売り歩く行商人のことか。**16 産業組合**　柳田国男の初めての単行本は、一九〇〇（明治三三）年に成立したばかりの産業組合法の精神と制度の実際とを、逐条的に敷衍した『産業組合』［全集1所収］もしくは『最新産業組合通解』（大日本実業学会、一九〇二）であった。この書物について谷沢永一は「思想書とハウツー書の結合」とその実学性を高く評価し、東畑精一は先駆的な「固有名詞が現れてこない歴史」であると論じた。柳田は「産業組合対社会」（一九一六）［全集25：一五三―一六六頁］、「産業組合の理想郷」（一九二九）［全集28：六八―七二頁］、「農村生活と産業組合」（一九三三）［全集29：八二―九三頁］など、後年にいたるまで産業組合に関心をもちつづけた。**17 公式脱税会社の悪評**　たとえば一九二六（大正一五）年六月二日の『読売新聞』は、産業組合の貯金ならびに貸付事業について「組合の受け入れに制限なきを利用し」脱税の目的で巨額の預金をする悪用の事例もあるとして、農務局長から厳重な注意があったことを伝えている。

解散を命ぜられたのはじつに惜しいことであった。

以前の協同のじっさいの利益を記憶している者は、かえって新制のただ旧きものをなんの詮議《せんぎ》もなく捨て去るのに不服であったが、統括時代の単一方針は、むしろ目ぼしい地方の有力者に新事業をあたえることに汲々としたため、特徴ある各種の組合の発展は阻止され、一方無数の新設組合への参加を強要される人びとは、ますます従来の自治心を喪失《そうしつ》していった[18]のであった。

しかしかように多くの弊害を内包しているとはいえ、共同団結による以外に、人の孤立貧《こりつひん》[19]には光明を得ることはできないのであった。

かくしていったん離れ離れになった人心に、最近ようやく、自治の新しい気運が向いてきて、いくたの失敗を重ねつつも、歩《ほ》一歩前進の兆《きざし》をしめしているのは、慶賀《けいが》すべき実状といってよかったのである。産業組合の内においても、消費組合[20]は新たにいちじるしく活躍しはじめた。さらにそこから出発して、共同炊事をおこなう組合さえもできようとしている。衣食住の整理には議論もあり、困難なる障碍もあるが、なんにしてもひとが単に生産の方法にのみならず、別に消費経済の考究から生活の改善が期せらるることを、真面目《まじめ》に留意するにいたったのは悦ばしい新事実であった。

労働組合もまたこの新しき団結のひとつで、しかも法令を待《ま》たずに、自発した生気のある協同事業であるが、その成り立ちが自然に近いだけに、関係者自身にも意識せられざりし歴史、これほど豊富な記録のなかにも書きとめられなかった若干の苦悶《くもん》があった。

　それは前々章にもすでに述べたように、移動していく大量の労働力の配賦《はいふ》問題である。非常にかけ離れた兼業にも転業にも、行くとして可《か》ならざるなきはわが国労働者のいちじるしい特徴であった。土方・黒鍬《くろくわ》[21]ないしはそれ以上の手錬《しゅれん》[22]を要する労働でも、農村人は容易に学んでこれに移《うつ》ることができた。農業の技術はますます専門の習養[23]を要して、他業よりこれに転ずることはほとんど不可能となった反対に、農業から他へ転ずることは実験上容易なのであった。

　現にいま働いている工場の人たちも、半分は村から出ている。新たなる候補者も後《うしろ》に控《ひか》えている。そういう競望《けいぼう》[24]をまったく杜絶《とぜつ》しようとすれば、それは単に都市と農村

18 **自治心を喪失していった**　柳田は本章注16で触れた最初の著作の本文の最後に、「自力進歩協同相助これ実に産業組合の大主眼なり」「全集1：一三二頁、傍点原文」との結論を掲げた。 19 **孤立貧**　おそらく柳田の造語で、第十二章第五節のタイトルにもあらわれる。その節での説明では「貧は孤立であり、したがってその防禦も独力でなければならぬように、傾いてくること」という、個人化し孤立した結果での貧困のこと。 20 **消費組合**　購買組合。物品、肥料・原料等の共同購入をおこなう。 21 **黒鍬**　石垣などを造る土工、石工などの労働者。 22 **手錬**　磨きあげたわざ。熟練。 23 **習養**　くりかえし練習して能力を得ること。 24 **競望**　争ってつよく希望すること。

との悲しい反目となるばかりでなく、府県各郡の労働者のあいだにも相互の救援を不能にする結果となるのであった。

この解決には無競争区域の開拓、すなわち海を仕事場とする者の増加に、多くの期待をもつのがよいこと、これも片端をすでに述べておいたが、海上労働が今日のような自治に遠い状態[25]では、われわれは同胞を安んじてこれに押《お》しやることはできない。早くこの職業を自主独立のものとして、過剰労力の難題に多少でも解決の鍵《かぎ》をあたえることを必要とする考えが強くなってきている。

いたずらに闘う組合はとかく率《ひき》いらるる組合になりやすかった。そうして組合員の個人の情合《じょうあい》は絶たれ、新たなる親分制度の弊害を歎息《たんそく》する結果になりやすかった。じつはいままでは、あまりに代表者や世話人《せわにん》に任《まか》せすぎていた。そうして少数の有力者の名利《めいり》[26]のために利用され、組合は常に正しい方向を失って、基本的な政争という両立せぬ世界へ漂《ただよ》うていた場合も多かった。

新たなる団結はすでにその弊害《へいがい》に心づいて、それから脱却すべく自分を整理しはじめているらしくみえる。

## 二　講から無尽業へ

馬鹿にせられていた古くからの団結《だんけつ》のなかには、名前はともかくもその心もちだけは、ただ忘れてしまうにはあまりに惜《お》しいものがあった。

ひとにつくってもらったのでないものが多かった。

歴史がもっとも古く、またひさしくつづいたものには講《こう》というのがあった。

講はもと信仰を中心とした仲間であった。現在、大工《だいく》や杣人《そまびと》[27]や木挽《こびき》や石工《いしく》等の団体と成っている太子講《たいしこう》などは、かつては他の職業にもひろくおこなわれていた痕跡がある。太子は聖徳太子の御事《おんこと》といまは考えられているが、じっさいは神の王子《おうじ》という意味で、冬至《とうじ》はすなわちその降誕会《こうたんえ》だとするクリスマスと同じような信仰があったらしい。後に種々《しゅじゅ》[28]な形に変わって、たとえば弘法大師《こうぼうだいし》を中心とするような団体[29]もおこっていたが、その共同の問題はやはり生活であり職業であった。

伊勢講[30]・三峯《みつみね》講[31]の類の宗教団が、諸国にたくさん存在したのも、いずれも共同の信仰が縁であって、おいおいに世事《せじ》[32]を談ずる団体となり、また生活を協同する機会とな

**25 今日のような自治に遠い状態**　第十一章で論じているような「蟹工船」「監獄部屋」の労働環境を指す。**26 名利**　名誉と利益。**27 杣人**　きこり。**28 種々な**　さまざまな。**29 弘法大師を中心とするような団体**　大師講。**30 伊勢講**　伊勢参宮のために結成した講組織。旅費を積み立て、籤（くじ）に当たった者が講仲間の代表として参詣し祓札を受けてくる。神宮に太太神楽（だいだいかぐら）を奉納するので太太講ともいう。**31 三峯講**　秩父の三峯神社に参拝することを目的に結成された講。

っている。

毎年あるいは三月に一度ずつぐらい普通順番に二人ずつの代表が選《えら》まれ、参詣をして還って世上の見聞をもの語りする。団体の代表ということは、すでにこの時にはじまっているのである。今日の汽車・汽船の旅行とちがい、この二人は峠《とうげ》を登り谷を廻《めぐ》って、故郷とその風《ふう》を異にした村や町を見学し、旅の苦労の味を嘗《な》めながら、新しい知識を担《にな》って故里に帰ってきた。講中《こうじゆう》[33]は絶えず世間に見学者を出し、新しい見聞を得ていたので、きまりきった土地の利害の話ばかりをしていたのではなかった。いわばひとつの研究団体であったのである。

けいやくという言葉が東北地方などで友を呼ぶ語に用いられている。もとは契約講《けいやくこう》の仲間という意味で、講中の者を呼びかける親しみを意味しているが、これはあたかもひとつの兵営生活をした者が、戦友《せんゆう》と呼びあうのと非常に似ていて、親しい愛情が含まれている。尊敬しておやじと呼んでいるところもある。漁夫などは互いにごてと呼びあうのも、御亭《ごてい》[34]だかなんだか知らぬが、もとは講中《こうじゆう》仲間の親しみをあらわす言葉にほかならぬのであった。

講が仲間の難儀《なんぎ》を救う一種の共済組合となってきたのは、また自然の推移であろう。そうしてその臨時的制度までが、しだいに常設のものとなったのも、またそういう必要の存在を推測せしめる。

頼母子《たのもし》[35]は、もあい[36]という地もあるが、もとは講であった。その永続を望んで無尽《むじん》講といい、あるいは万人《まんにん》講、牛馬講[37]といったのも信仰の語から出ている。無尽には最初から一致の目的があった。やはり起原は神社仏閣の祈願参拝の入費を得んとしたのかもしれぬが、それでなくともだれの家をたてようとか、だれが金やあるいは牛馬が入用だとかいう時に無尽がおこされた。一人のある希望を合力《こうりょく》するのが主であって、それで寄貸《よせかし》講などの名もはじまったのであった。

ひとつの郷党《きょうとう》では冠婚葬祭もまた一種の無尽であった。

**32 世事**　俗事。**33 講中**　講の仲間。**34 御亭**　御亭主の略。戸主、亭主。**35 頼母子**　鎌倉時代に成立し江戸時代に普及した、金銭の融通を目的とする民間の互助組織。親（発起人）を中心に一定の期日ごとに講の成員があらかじめ定めた額の掛け金を出し、所定の金額の取得者を抽籤や入れ札などで決め、全員が取得し終わるまで続ける。関西では頼母子、江戸では無尽の語がよく使われた。明治期以降の金融機関の整備にもかかわらず、各方面で存続した。**36 もあい**　もやい。もともとは「舫う」すなわち舟を綱でつなぐことに由来するか。協働を意味し、成果の平等な配分を特徴とする慣行。模合、催合とも書く。村共有の山野である「もやい山」（入会山）、道普請や祭礼奉仕などの「もやい仕事」など。そこから金などを出しあうという意味も生まれた。沖縄、奄美等では頼母子講を指す。**37 万人講、牛馬講**　万人講は、堂塔の建立修理の寄進をつのるために、「万人」すなわち多人数でつくる講中。牛馬講は、耕作用の牛馬を順番に購入するための講で、大日如来が牛の守護神と考えられていたため、大日講ともいう。

すなわち一度の救援をもっておわるべきものでなかったゆえに、おいおいに相互の法則が綿密にもうけられたまでである。ゆいという制度もいまは限局《げんきょく》せられているが、かつては共同作業の全般にもおよんでいた。ゆい[38]という語の意味もこれに近い。おそらく家が分解して個々の生計が小弱《しょうじゃく》になって後まで、なお談合《だんごう》をもって力のおよぶかぎり古くからの共同を保留したので、とくに新たに発明せられた方法ではなかったようである。

ところがその無尽がながく存続し、中心が金銭の取《と》り引《ひ》きに移っていくと、効力はいちばん直接的であったであろうが、無尽は新たなる利用の弊害《へいがい》をみるようになった。江戸も末期になると、金の欲しいひとばかりが集まってきて、これを借金のひとつの方法にした。入札無尽《いれふだ》[39]というものもおこってきた。入札の方法は、それ自身は新しいものでもなく、また不健全なものとばかりはいえなかった。選挙という言葉が新しいようにその思想も新しいものと思われているが、古くからこういう投票の組織はあったのである。[40]

村の制裁の氏名をあらわして発意しにくいものは、たいていは入札《いれふだ》の方法によって衆意《しゅうい》のあるところを知った。あるひとりの所業に善悪の批評のまちまちである場合、もしくは盗賊の嫌疑《けんぎ》のほぼ動かぬという際《さい》などに、強《し》いて証拠の穿鑿《せんさく》などをせずとも、多数の見るところが一致すればそれに従ったことは、以前の湯起請《ゆぎしょう》[41]や鉄火証文《てつかしょうもん》[42]などと性質の近いもので、じっさいまたしばしばそのかわりとして用いられていたのである。ただこれが頼母子《たのもし》に応用せられることになると、その性質はまるで変わってしまったのである。

すなわち衆議の向かうほうは示さずに、単独の強い意思のみが発露《はつろ》することになり、仲間の各員はただ自分たちの利益のために、もっとも思いきった割引《わりびき》[43]を承認する者に、第二回以後の集金を貸し付けることになり、わずかに余裕のある人びとが、村にいて高利の興味を解するように傾いてきたのが変遷である。そのあいだに立って周旋[44]の労《ろう》

**38 ゆい**　労力交換の慣行。農作業や屋根ふきなどを互いに手伝い合ってすること。**39 入札無尽**　頼母子で、二回目以後の取得者を決めるとき、各自の希望を取り金額を書かせ、いちばん安い金額を書いたものに決定すること。主として関西で行なわれた。**40 古くからこういう投票の組織はあった**　一七九四年に成立し、当時の地方制度について記した『地方凡例録』巻七に「関東名主病死か又は退役して、跡役を極めるを前々その村々の郷例に任せ、惣百姓入札にて高札の者に申し付るもあり」［『改正補訂地方凡例録』見山楼、一八七一：二二丁］とある。**41 湯起請**　中世におこなわれた神意による裁判の一種。罪の有無を見きわめるため、自身の無罪を主張する起請文を書いて焼きその灰を飲み、熱湯の入った釜のなかの石を拾わせて、やけどの有無で真偽を判定する。上代におこなわれた盟神探湯（くがだち）の遺風といわれている。実際には、非理を自覚する当事者は湯起請の場への召喚に応じないことが多かったという。**42 鉄火証文**　これも中世におこなわれた神判のひとつ。神前で誓いを立てて、真赤に熱した鉄棒を握らせ、火傷の程度などによって裁定した。火起請（ひぎしょう）。**43 割引**　掛け金における利息分のこと。**44 周旋**　事を処理し世話すること。

を取ることが、しだいに職業のひとつに認められ、末には無尽業[45]などという名目さえおこったのは、たしかに内容の新たなる追加であって、したごうてまた講というものの最初の目途《もくと》からは遠ざかっているのである。

ところがこの変遷のあまりにも徐々であったために、いまもってその差別を意識せぬ者があり、相変わらずこれを村《むら》共同の美風とみようとするが、それが無理であることだけは取り締まりの法文を見てもわかる。以前はむしろその法文よりも強力なる制裁が、共助《きょうじょ》制の根底を支持していたのである。いかなる仲《なか》のよい信用組合においても、感ずることのできぬような同志への義理、ひとりが他の総員を欺《あざむ》き裏ぎってはならぬ[46]という約束が、主催者の仲介《ちゅうかい》と知らぬ人びととの結合《けつごう》によって、だんだんに力薄くなろうとしているのである。

他のいくつかの団結もみな同じことであるが、各員は単に中心をなす二、三の人物とつながって、まれには師父《しふ》のごとき深い親しみを抱くような場合さえあっても、彼ら相互のあいだの交渉はいたって淡い。利害の相容《あいい》れぬもののあることに気づかなかったり、もしくは知ってもこれを露《あら》わにすることを避けたり、あるいは単独にこれに備えたりしている。

それゆえに組合もしばしば空名《くうめい》[47]となり、分裂の危険が常にあって、いつでもその次に来るより強い者を、祈念《きねん》していなければならぬのであった。

## 三　青年団と婦人会

新日本の将来をいちだんと明るくしたものは青年団[48]の発達であった。ことに最近頼《たの》もしく思われるのは、青年でない者の指導に対する条理ある拒絶であった。それも単なる理論でなく、逐次に自主的実践によって裏《うら》づけられようとしている。以前はこの自主力に対して、青年自身すらが疑問を抱いていたのであるが、存外容易にその疑問は解決されるにいたった。とはいえそれはいまだけっして完成したものではなく、なお多くの苦難が前途《ぜんと》に待ち受けているのであるが、いわゆる指導者中心主義が退いてから、とにかくに全団員の協力はいちじるしく進んできた。そうしてその統一と聯絡とは、いよいよ簡単な事業でないことが、彼らにもよくわかってきた

**45 無尽業**　営業無尽を規制する無尽業法は、一九一五（大正四）年に制定され、一九三一（昭和六）年に全面改定された。**46 力薄く**　力弱く。**47 空名**　実際の価値にそぐわない名だけのもの。
**48 青年団**　柳田は『東京朝日新聞』の無署名の論説で、青年団について何回か論じている。たとえば一九二五（大正一四）年六月三〇日の「青年団の将来」［全集26：四〇二―三頁］、一九二六（大正一五）年一二月五日の「青年団の現状について」［全集27：一九四―六頁］、一九三〇（昭和五）年二月九日の「選挙と青年団」［全集28：二三四―五頁］など。

のである。

問題は年とともにむつかしくなった。

いままでこの青年団が示してきた長所は、まず第一に働くことであった。道路改修に植林に、あるいは救難作業等に、その逞《たくま》しく朗《ほがら》かな労働ぶりをしめしたことであった。晴《はれ》の気もちで働く共同作業の愉快さは、団員にとってもまた健全なる興味であり刺戟でもあった。この齢《とし》、この境遇の者にかぎられた身体の剛健さが、自由に誇りまたは讃美せられるのも好機会であった。

こういう張りきった気もちは小学校へも感染し、一方にはまたすでに青年時代を通過した先輩たちをも動かして、少年団[49]・壮年団[50]の組織活躍が可能なるものとなりはじめた土地も多い。青年訓練所[51]もその指導の偏向については問題があったが、いちように共同労作の気風の涵養《かんよう》については、相応なる効果が認められる。労働の辛《つら》さを気もちのよい掛声《かけごえ》や拍子《ひょうし》で軽めるとはおもしろい国民性であると、前にもある西洋人は評したことがあるが[52]、それは少しずつじつは衰えかかっていたのを、新たに彼らによって復活したのである。

共同労働の愉快さはこうしたところにも発露しているのであった。

青年間における自治精神の発達は、ひいては従来の中央集権主義への反撥《はんぱつ》となってあらわれ、新事物に対する理解もおおいに進んで、従来のごとくいたずらに中央の好《こう》尚《しよう》を盲目的に受け入れるような態度は清算されんとしている。なんの目標もなく、演説を試みたり選手を出していたのは昔日《せきじつ》のことで、現在ではまず目標を確めて後に、その方法を問題とすべしといふ風に考えるようになった。

以前村々に若衆組《わかしゆうぐみ》があったのは、主として婚姻を目的としたものらしいということ

**49 少年団**　二〇世紀の初め、ボーイスカウト運動の国際的展開に触発され、日本の各地に明治末から大正初期にかけて、少年たちの健全な育成を目的に集団訓練をおこなう団体が形成された。『風俗画報』（第四七七号、一九一六）の「寒泳に飛びこむ少年団」の記事は山陰の少年団の寒中水泳を取材している。**50 壮年団**　一九二九（昭和四）年一二月に日本青年館の田澤義鋪などを中心に壮年団期成同盟会が設立され、青年団終了後の二十六〜四十歳ぐらいの青壮年を構成員とする市町村単位の同志的組織の結成を呼びかけた。農山漁村経済更生運動や選挙粛正運動の過程で壮年団は各地に結成された。**51 青年訓練所**　一九二六（大正一五）年四月の青年訓練所令にもとづいて、全国市町村に設立された一六歳から二〇歳までの勤労青年男子に、軍事教練、修身公民、職業の教育を行なった社会教育機関。その「指導の偏向」とは、指導員の半数近くが在郷軍人で、軍事に関わる教育が重視された点であろう。『読売新聞』一九三〇（昭和五）年一〇月五日の「よみうり直言」は「存在の理由を失った青年訓練所」のタイトルのもと、この教育機関は年々不振に向かいつつあり、そもそも「半強制的に設けられ自然発生的のものでなかったこと」を指摘している。**52 労働の辛さを……評したことがある**　この西洋人は第十二章の注78にも登場するエドワード・モースで、「日本の労働者は、働く時は唸ったり歌ったり」して「労働の辛さを、気持のよい音か拍子かで軽めるとは、面白い国民性である」［石川欣一訳『日本その日その日』下、科学知識普及会、一九二九：三三〇頁］と論じている。

はこれを述べたが、一部の階級のあいだにおこった婚姻制の変化は、たちまちに恋愛技術の衰微を来《きた》して、しだいにこの団体の存続意義は消滅し、その弊害のみがいたずらに同情なき人びとの痛罵《つうば》の的《まと》となっていた。

新しき青年団が生まれたのはちょうどそのさいのことで、最初は一村に二つの団体が併立し、かつ相反目したこともあったのであるが、その若衆組もついに新しき青年団へ融合していったのであった。したがって現在の青年団は以前の若衆組の伝統をも受け継いでいるわけであるが、こういう困難なる社会利害との抵触《ていしょく》問題には、さすがにまだ十分に手を下《くだ》しかねている。それというのもその準備として深く考究しなければならぬ職業補強、家の衰頽《すいたい》を防止する方策が、まだ十分の光明を見ぬためであろうと思う。

処女会《しょじょかい》[53]・女子青年団の進出[54]は、男子青年団の革新よりもまたずっと後《おく》れてはじまったが、こちらは将来の家庭の計画以上に、適切なる共通の問題はなかったゆえに、いち早く婚姻の改良ということに注意を払いだした。

儀式に華美を衒《てら》う必要はないという類の、反省的の決議をした例も多いけれども、たいていはもうすこし根本に入《はい》って、男子の配偶者とするに適せざる者を指摘し、酒《さけ》癖《ぐせ》と性病の懸念ある者とを排除すべきことを声言《せいげん》[55]している。

これが実行しがたくしてはじめから不満足の嫁入《よめいり》をする者がないか、もしくは警戒のために佳期《かき》を失することはないかという心配もあるが、はたしてただ附焼刃《つけやきば》の雷同附和でなかったならば、次には当然にいかなる種類の婚姻が、もっとも新時代の女性の希望すべきものなるかを、積極的に考究しようとすることになるであろうし、少なくともいかに多くの家々の貧苦が、拙劣なる縁定《えんさだ》めから来ているかということに、注意を払ってみる端緒にはなるので、効果はただ単に青年の行状《ぎょうじょう》を批判するに止《とど》まらぬことと思われる。

主婦会・母の会[56]の団結の目的は、最初からじつはややかぎられたものであった。それには比較的問題の少ないひとが集まり、なるべく自分たちの胸《むね》を痛める内状に、触れない部分において共同をしようという形があった。名士の講話を謹聴《きんちょう》しない場合

**53 処女会**　一九一〇年代から農村中心に組織されはじめた女子青年団体の、大正末ごろまでの一般的呼称。　**54 女子青年団の進出**　女子青年団の組織化については、一九二二（大正一一）年頃から文部省が計画を進めていたが、一九二六（大正一五）年一一月一一日の『東京朝日新聞』は、文相が地方長官あてに、女子青年団設置奨励の訓令を発したことを報じている。これを受けて柳田は同紙の一一月一四日に論説「女子青年団」［全集27：一八九―九一頁］を書き、形式ばかりの全国統一は「家庭の幸福とは寸分の交渉がないのみならず、さらに将来自然に発達すべきものの邪魔をして」、女性啓発の学問を遅らせるようなことがあってはならぬと批判している。全国組織として大日本女子聯合青年団が発団式をおこなったのは、一九二七（昭和二）年の七月であった。　**55 声言**　おおやけに主張。声明。

には、必ず少数会員のこれに劣らざる雄弁《ゆうべん》に、耳を傾けさせられてそれで閉会した。実行の伴うていた討究の主たるものは育児法、これだけはたしかにめいめいの自信を強めて、少なくとも不良児を天災と解するような、迷信だけはなくしようとしている。

婦人参政権の要不要の問題と関聯《かんれん》して、いつでも多数の主婦に考えられていたことは、はたして自分たちにわが家以外のことまで、調査講究してみる余裕があるだろうかということであった。古来の貞婦・烈女には、一身を家運の美しい犠牲とした者は多いが、家が幸いにして平和安寧《あんねい》であった場合には、その余った力を社会に施《ほどこ》すという機会はまことに少なかった。

今度は新たにそれができるか否かを試みようとするわけであるが、馴れぬ仕事であるために、まだ十分な自信がないらしいのである。しかもそれがたくさんな時を費やして、わざわざ学ばなければならぬほどの知識でなく、いずれの家庭においても大か小か、常に妻《つま》たり母たる者の考えずにはいられなかった問題が、じっさいは国と時代との通有の型《かた》であったことを、気づかない家が多かっただけである。

一人のよき考案が全体に応用しうるとともに、これが社会的の解決でなかったら、一家にも功を奏しない。そういう相関の理法[57]を覚らせてくれるものも、やはりまた団体生活のほかはないのであった。

ただ今日まではあまりによく説くひとと、あまりに黙々として拝聴《はいちょう》するひととが雑居していたために、知識の交換がともすれば制限せられて、時勢を談《だん》ずることは男子の独占のようになっていたのであるが、じっさいは彼らもまた各自の家刀自《いえとうじ》[58]から、教えられていたことが多かったのである。

しかも女の団体がいちだんと活躍することになったら、社会はあるいは今日よりもさらに平凡化するだろうという懸念だけはある。男の仲間においてもいわゆる大勢《たいせい》に敏《びん》で、[59]ひとの多数のすることが正しいのだろうと、速断するような者が非常に多い。それも各人がみな同じことを考えて、しばらく顔を見合わせてだまりこんでいるうちに、ある一人のでしゃばりの思いつき、もしくはかねて支度《したく》のある[60]若干名《めい》の巧《たく》らみが、そのまま全会一致になるようなことばかりである。女性はそういう内にも人《ひと》なみ[61]ということを重んじ、強《し》いて異を立つるを嫌う風が強い。

**56 主婦会・母の会**　いずれも日露戦争後の地方改良運動や民力涵養運動のなかで育成強化されていく。主婦会は戸主会との対でしばしばあらわれるが、本章冒頭にあらわれる「家婦会」や、後に全国レベルで制度化される「婦人会」と重なりあうものか。組織の規則標準等が示されて積極的な指導奨励がなされたわけではなさそうである。母の会は家庭教育を重視し学校教育への協力を旨とする婦人団体として、学校と家庭との連絡をはかるものであった。

**57 理法**　則としてしたがうべき道理。法則。

**58 家刀自**　家事をつかさどる主婦。いえとじ。

**59 大勢に敏で**　世の中の趨勢をみるのがすばやく。

**60 かねて支度のある**　あらかじめ計画していた。

**61 人なみ**　他人とおなじ。世間なみ。

右とか左とかの判断になれば迷わぬ者も、ひとつしかない案には批評をする力がなく、後には諦《あきら》めきって大勢に順応し、または御多分《ごたぶん》に洩れぬという主義で、最少限度の安心を得ようとしやすい。会の頭数《あたまかず》は常に勢力ではあるが、それにも流行をもって加入する者が少なくなかった。日本に会創立を技能とし職業とする者があらわれてきたのも、じっさいは団結心の弱いひとが多いからであった。多くの婦人団体はいつもその生活力の弱さをもって、直接に会というもののあてにならぬことを覚《さと》らしめ、さらにその改造の必要あることを、われわれに実験せしめただけの功績をもっている。

## 四　流行の種々な経験

附和雷同《ふわらいどう》は、普通は生活のもっとも無害なる部分からはじまっている。しかしいわゆる御附合《おつきあい》はもうすでにかなりの不便を忍《しの》ばせ、次に、御義理《おぎり》となるとそこに時としては苦しいほどの曲従《きょくじゅう》62があるが、そういう程度の共同生活をしてでも、なお孤立のさびしさと不安とから免れたいというところに、島国の仲のよい民族の特徴も窺《うかが》われるのである。

趣味《しゅみ》が日本では濃厚なる社会性を帯びているなどは、一種人類の自然史とも名づくべき部分であった。最初われわれの心もちが鳥などのごとくいちようであった時代には、流行が同時に各人の趣味でありえたかもしれないが、現代のごとくひとの気もちが異なり、修養《しゅうよう》がまちまちになっている時代には、ひとは流行それ自身を、趣味にもつにあらずんば、とうてい各自の趣味がこのようにまで一致することをえないはずである。そうでなければわれわれは趣味という語を解しそこなっているのである。

この事実は、わずかばかり以前の経過を考えてみればよくわかる。

村々の生産がいまださかんであった当時には、ひとは心静かにわが境遇の趣味というものを保持していた。すくなくとも現在のように国の南の端と北の端とが、一時に同じ流行に巻きこまれて悦ぶというような、不思議な現象はみなかったのである。

それが村の生産の大部分を商人資本に引きわたすと、たちまちいっさいの好《この》みが彼らの思わくに指定せられ、多くの農民美術[63]がただ若干の好事家《こうずか》に、捜《さが》しまわられるものとなってしまうのである。野暮《やぼ》とか無細工《ぶさいく》とかいう語を気にする者は、かえって農民のなかに多くなった。かつて趣味ゆたかだといわれた地方にも、都会からは田舎向

62　曲従　道理をまげてひとに従うこと。　63　農民美術　農民による工芸・美術品を制作する運動を指し、一九一九（大正八）年頃から画家の山本鼎の指導によって長野県上田地方で農家の冬の副業として始まったものなどが有名である。『太陽』第三一巻第一四号（一九二五）に掲載された山本鼎「農民美術の意義と発達とその産業的価値」が、当時の農民美術について論じている。

きという品が入ってくる。それが地方人の憤怒《ふんぬ》と反抗とを買うために、かえって都会化の奨励を容易にすることになったのである。

田舎向きというのは少し流行に遅れて、少し安くまた品《しな》が悪いというだけのことでもあった。生産がもし順当な経過を取っていたならば、そう多くの廃《すた》れ物[64]ができるはずはなかったが、事実はそうでなかったゆえに、いつでもやや鑑識力の浅薄かと思う田舎を、捜《さが》しまわって処分しなければならぬことになったのは、まことに残念なるまわり合《あわ》せであった。

まがい[65]という言葉が贋《にせ》という語にかわって、横行闊歩《かっぽ》しはじめたのは明治からであった。洋銀[66]というのは銀でない金属であったが、銀と名がつくために相応に売れた。新縮緬[67]という名は絹糸織でないものを、たくさんに買わしめる宣伝名であった。大正に入ってからはそういう品の多数が、必ず文化という二字を頭に置いた[68]のも一現象であった。

買物の興味を普遍ならしめるがために、都市はあらゆる力を傾けて地方と個人との趣味を塗《ぬ》り潰《つぶ》した。その大きな武器はまた、他でも多数のひとがこれを喜んでいるという風説《ふうせつ》[69]であった。

こういう点にかけては、もとはわれわれは気の毒なほど従順であった。

流行の変遷はかくのごとくして常に都会が指導した。地方はその事実を知るに遅《おく》れがちであった結果、いわばいつでも流行の尻《しり》ぬぐいばかりをさせられて、反動の憂目《うきめ》までも引きうける役にまわったのである。

これが自然に発生したにしても、なお悔恨の情は免れぬのであったが、事実は昔から蔭《かげ》にいて糸を操《あやつ》る者があり、それがまたやがて下火《したび》になることを予想してかかっていたのである。

明治以前の流行は必ずしも都市におこらず、また各郷土の趣味までには干渉しようとしなかったが、それでも約六十年目の伊勢のおかげ参《まい》り70などは、その発生地におい

**64 廃れ物**　流行遅れのもの。**65 まがい**　見わけられないほど似ているが、質の劣るにせもの。紛い、擬い。「まがう」の連用形の名詞化で、もともとの動詞の意味は、まざってわからなくなる、まちがえる。**66 洋銀**　銅・ニッケル・亜鉛からなる合金。銀白色の美しい光沢があり、銀の代用として装飾品や食器などに用いられた。**67 新縮緬**　絹・綿交織物のひとつ。たて糸に絹、よこ糸に綿を用いて縮緬のように織り、しぼ出しや糊抜きなどを施した。観光縮緬。『風俗画報』一一六号（一八九六）の「流行門」の「綿入縮緬の流行」に「足利物産の新縮緬または観光縮緬を瞞着に（ごまかして）着るもの多く」［：二四頁］との記述がある。**68 大正に入って……文化という二字を頭に置いた**　壁撚糸（かべよりいと）を使った文化御召（おめし）など。また文化包丁、文化鍋、文化住宅も、その一例であろう。**69 風説**　世間に広まったうわさ。**70 おかげ参り**　江戸時代、間欠的におこった伊勢神宮への集団参宮。おかげは「恩恵」で、約六〇年を周期として御陰年があらわれるとされた。主に都市および近郊農村を中心に起こり、参加者は商工業の奉公人や農村労働者が主体であったとみられる。

てはある種の機関《からくり》が巧まれたと伝えられる。近年のものは利欲《りよく》の動機が露骨だというのみで、この技術にはたしかに伝承があった。いまに公開せられるだろうが、現在はまだ秘伝《ひでん》のようになっている。

近年の西洋小鳥の流行[71]などは、最初きわめて目に立つ方法をもって、五度か七度法外な高値《たかね》の取引をしてみせるだけのことで、それから以上は世間で評判をつくり、わずかなあいだにありうべからざる相場ができ、かねて用意している者を儲けさせてくれる。そうして結局はもっとも実着《じっちゃく》な、もっともおくれて流行に参加した者のみが、損をして倒れることとなるのである。

小鳥が無代価になるころには、もういちど万年青《おもと》[72]をはやらせようと企てた者があったが、こちらはあまり成功しなかった。これは四十年ほど前にこれでひどい目にあった記憶がのこっていたからであろう。じっさい万年青の以前の流行はおそろしいほどのものであった。

それからひとつ前には兎《うさぎ》の流行[73]があった。これも珍種が跡々《あとあと》から出てくるようになっていて、仲買や売込商が一番に利得をした。そういう風説の原《もと》を知っている者だけが、汐時《しおどき》を見はからってさっと退くと、人造の景気などはたちまち消え去って、のこるはただ奸商《かんしょう》に対する憤慨の声ばかりであった。

豚《ぶた》の田舎に入ったおこりなども、日本ではまたこの流行であった。緋豚《ひぶた》[74]というのが生まれたら千両に買うという、農民はそれを楽しみにいくらでも仔を生ませた。緋豚の生まれぬうちに飼料の金がなくなって、夜陰《やいん》ひそかにひとの山林や、または離れ

**71 西洋小鳥の流行**　洋鶏、カナリヤ（金糸雀）、セキセイインコ、文鳥、錦静鳥、胡錦鳥など。一九二七（昭和二）年二月五日の『読売新聞』に「流行の小鳥とその飼いかた」の記事があり、そこに「家庭で小鳥を飼うことが、最近非常な流行となっています」とある。一八九〇年代の洋鶏の流行から、さまざまなブームがあった。**72 万年青**　江戸時代からは観賞用に栽培され、斑入りや縞や薄葉などさまざまに工夫され、その一部は利殖の対象となった。明治期にも栽培が流行、明治一〇年からの数年間をはじめなんどかのブームがくりかえされ、多くの園芸品種が生みだされた。**73 兎の流行**　東京を中心に起こった投機的なブームは、一八七一（明治四）年頃から始まり、七三（明治六）年あたりにピークを迎えるが、集会の禁止や税の導入などにより八〇（明治一三）年頃には衰退する。『読売新聞』一八八〇（明治一三）年七月二〇日の「兎流行の嘆息」は、「近頃もっとも憎むべきは流行の兎なり」と評す。**74 緋豚**　明治維新以後に各地に洋種の豚を飼うことが流行し、緋豚が高価になると農民に売りつける詐欺師もあらわれた、という。柳田の『孤猿随筆』の「松島の狐」（一九二六）に「明治の初年に飼兎の流行が廃れてのち、一時豚を飼うのがよいといって騒いだことがあった。この節の緬羊などよりは今すこし罪が深く、緋豚が生まれると一頭千両に売れるなどと欺いて、種を売りつけた商人があった」［全集10：一三五頁］とある。『山村語彙続編』（大日本山林会、一九三五）の「センビキ牛」の項にある、野猪を狩る土佐の猟師の千匹目をめぐる俗信にも緋豚への言及が出てきて、なんらかの関係をうかがわせる。明治初年にアメリカから輸入された「ラード豚」が、その毛色の赤く美しかったゆえに「緋豚」と呼ばれた、という記述が永田厚平『新シキ豚ノ飼方』（長隆舎、一九二三）にある。

島などに持っていって棄てた。

それから以後にも動物の流行には、いずれも少しずつこの宣伝が用いられたが、宣伝のみでは目的は達しえなかった。必ずこれに伴うて一方に呼応《こおう》する者、自分も利益を信じて友を勧める者が、たくさんに介在することを必要としたのである。甘んじてこの流行の奴僕《ぬぼく》となりつつも、自分はこれをもって新たに得た趣味のごとく、楽しみ喜ぶ者がなかったならば、かようなめずらしい世相は出現するわけがなかった。

無邪気でひとのいうことをよく理解する、幸福なる気質がわれわれを累《わずら》わしている。ひとの多数の加担するような事業に、損をあたえるような原因は潜《ひそ》んでおるまいという推測、もしくはいまいちだんと気軽に判断を他人に任せて、自分はこのいったんの群れの快楽に、われを忘れて遊ぼうという念慮は、社会の今日までになるあいだに、ぜひ通《とお》ってこなければならぬ必要な一過程であった。

日本は国がひとつになったということを案外に新しく意識した国であったゆえに、こういう共同生活の楽しみもまた弊害も、ともにいまごろになってから、念入りに味わってみなければならなかったのである。

## 五　運動と頭数

群れの行動の新たなる愉快は、市《いち》と祭の日を搗《つ》き交ぜたような点にあった。

以前も知らぬひとが多く家に集まれば、吉凶《きっきょう》にかかわらず小児などは昂奮したが、それがあるひとつの興味ある事実、もしくはもういちだんと真面目《まじめ》なる協同になると、自分のしたいと思うことをこれだけの多数が、ともどもに念じているという心づよさは、群れの大きさとその分子の複雑さとによって、比例以上にわれわれを嬉《うれ》しくしたのであった。

都市の魅惑の神秘なる力もこれにあった。

故郷の見馴れたひとの顔のなかでは、国が大きくかつ鞏固《きょうこ》になったということも、いわば単なる推理上の事実であるが、世間へ出てみればわれわれはすぐに実験する。喧嘩も一種の社会生活であるといったのは、害よりも経験のほうが大きいからであった。都府の文物の国家意識を強めたのも、おそらくはある政治家たちの古く意識して計画したことであった。

ところがそういう諸種の儼然《げんぜん》たる制度から独立して、国民は自身もまた進んでそういう機会を求めていた。祭礼や市《いち》の日のごときとくに必要のあるもののほかに、なにかのおりにはほとんど偶然のように、多人数が寄り合ってひとつの方向に目を集め、いわゆる[75]おもしろの光景をつくろうとしたのであった。

そのなかのことに乱雑でまた気まぐれなものは弥次馬《やじうま》の群《む》れであるが、これに近いものはそれ以外にもいろいろあった。西洋の人たちは早くから行列《ぎょうれつ》という楽しみがあった。日本にもそれは古くからあることだが、動く者はただ少しで、他の大部分は止まって見物《けんぶつ》となり、または後《あと》から順序もなく群れて跟《つ》いていくのであった。これを隊《たい》伍《ご》[76]に組むようになったのは、軍隊生活の影響かと思われる。学校がはやくその整理法を採用し、いまではたいへんな人の数が、こうして街上を動くようになった。憲法発布[77]以来のたびたびの国の悦びごとには、提灯《ちょうちん》や旗《はた》の行列が普通になり、その美々《びび》しさ[78]は団体行動の愛着をさえ生ぜしめている。

われわれは歴史としてながく伝わるような大事件を、常にこの方法をもって味わったのみならず、なおおいおいには自分たちの生活をも、できるならこういう形にして眺《なが》めてみようとした。

春秋の遊山《ゆさん》[79]は運動会と改まって[80]、非常に賑わしくまた活気のある、ことに少年たちの悦ぶものになった。酒や三味線《しゃみせん》という小人数《こにんずう》の楽しみは家に隠れて、跳《は》ねたり飛んだりの無邪気《むじゃき》な遊びが多くくわわった。運動という語《ご》はもとは出遊《しゅつゆう》[81]という意味にも使われていたから、これもそういうところから普及した名称かもしれぬ。とにかく最初はだれも彼も、この日ばかり出て競技にたずさわるようであったのが、晴《はれ》[82]という感じが強くなって、ほどなくその道の修行《しゅぎょう》がさかんになり、選手というものを用意するにいたった。

外国の多くの競技法には、不思議なほど日本人は早く上達した。

それで自然にこの団結が二つに分かれて、わずかの人数のその手腕をひとに示そうとする者と、じっと見物《けんぶつ》してただ感歎の声を放つ者とになったことは[83]、これまた他の多くの社会運動と似ているのであった。文部省がしきりに調査をしている農村娯楽[84]というもののなかにも、われわれの目前において、この変化を遂げたものが多かった。

**75 おもしろ**　第一章注61、また第七章注8に対応する本文などを参照。**76 隊伍**　隊列。秩序正しい行列。**77 憲法発布**　新しい憲法を公布すること。大日本帝国憲法は、一八八九（明治二二）年二月一一日に公布された。町のあちこちに奉祝門がつくられ、火をともした提灯を手に、夜間に列を組んで行進する提灯行列がおこなわれた。**78 美々しさ**　はなやかな美しさ。**79 遊山**　花見・紅葉狩・茸狩など山野に出かけて遊ぶこと。**80 運動会と改まって**　海軍兵学寮や外国人教師指導下での高等教育機関においてはじまった運動会は、明治二〇年代から三〇年代にかけて小学校にも広まっていく。小学校の場合、当初は郡市単位の連合運動会の形のものが中心で、川原・海岸などに出かけて大勢で遊ぶ遠足形式が多かったが、大正期に入ると運動場の整備も進み、そこで体操や競技をおこなう校庭運動会が主流となった。**81 出遊**　戸外に出て野山に遊ぶこと。他郷に遊ぶこと。**82 晴**　おおやけ。表向きの行事。**83 二つに分かれて……ただ感歎の声を放つ者とになったこと**　この議論は柳田が一九四一（昭和一六）年に東京帝国大学でおこなわれた教養特殊講義である『日本の祭』（一九四二）で講じた「祭から祭礼へ」の変化の理解と重なっている。柳田は、祭の重要な変わり目のひとつに、「見物と称する群の発生」すなわち「ただ審美的の立場から、この行事を観望する者のあらわれたこと」[全集13：三八二頁]にみる。

歌《うた》や踊《おどり》は、もとは衆人のともにするところで、かりに今年はくわわらぬも十年前にくわわったひと、もしくは五年後にはくわわるべきひとのみの群れであったのが、優秀な者があらわれて大きな喝采を博《はく》すると、それが惜しくて他[85]の多数は見物の地位に退《しりぞ》いてしまう。そうしてそれが職業になるならぬは別として、とにかくに特殊の技芸団は成り立ち、いままでの団体はあらためて選手を応援し、また支持する会と化するのである。

各地の学校に絶えずおこっている選手制度の存廃論[86]というのは、つまり団結がただ百分の一の天才を養成する機関と変じても、なおこれを体育奨励の方法といえるかどうかという問題に帰《き》するのであった。

ゴルフやスキーや今日の登山術のような、金と時間の多分にある者しか楽しめない体育にくらべると、こちらはたしかになんびとも参加している。ただその参加が自分たちの力瘤《ちからこぶ》を代表してもらうだけの関係では、なんとしても見物大衆をもって、運動の団体とはいうことができぬのであった。

## 六　弥次馬心理

これとほぼ同一種類の問題は競馬にもあった。

馬を国民が愛育しなければならぬ必要は、陸軍がもっとも深くこれを感じている。競馬[87]は軍隊には用もない騎乗《きじょう》法であるが、こうでもして見たらば、国民の馬事思想は

**84 文部省が……農村娯楽**　文部省が一九三〇（昭和五）年五月から六月にかけて実施した、全国の農村娯楽の調査を指す。報告書として翌年二月に『全国農村娯楽状況』（民衆娯楽調査資料第一輯、文部省社会教育局、一九三一）が刊行された。大正期から民衆娯楽を論じ、調査してきた権田保之助も、この事業に深くかかわった。**85 それが惜しくて**　それを大切にするあまり。**86 選手制度の存廃論**　選手制度とは、学校その他の団体が、各種のスポーツや競技での勝利や記録向上を目的に、優秀な技能の持ち主を集めて鍛錬する制度。身心修養の体育教育と、野球などの競技における卓越した選手育成は、理念が衝突しやすかった。一九〇〇年代以降、中等学校以上の学校に選手制度が広く定着していく。一九一一（明治四四）年九月九日の『東京朝日新聞』の「野球と其の害毒」の記事は「選手制度の改善」を論じ、当時その弊害が問題になっていたことをうかがわせる。同紙の一九二九（昭和四）年一二月二〇日の記事「選手制度の事情聴取」は、新潟・弘前・静岡・浦和の各高校で選手制度をめぐり紛擾・同盟休校事件が起こっていることを伝える。**87 競馬**　古代から競馬（くらべうま）、駒競（こまくらべ）の神事や、武士による馬術訓練の競技はあった。近代競馬は、資格をもつ騎手が馬に騎乗し一定の距離で先着を競う競技で、軍馬の生産・改良の意味で奨励された。日本では、横浜の在留外国人が元町で一八六二（文久二）年におこなったのが最初で、その後民営の共同競馬がさまざまあらわれ、馬券の発売などもなされた。無制限配当でギャンブル性が高く、弊害もまた問題となり、一時期は馬券（勝馬投票券）発売を禁止し、政府の補助金による運営も試みられた。一九二三（大正一二）年に競馬法が制定され、認可された公益法人の競馬団体が勝馬投票券を発売するかたちが、公営ギャンブルとして確立する。

さかんになろうかという想像で、日本でたった一種の公開賭博[88]を設立した。

多くの取り締まりをもうけてその弊害を防ぎ、またその場所の数をも制限したのであるが、もともと狭い手段だから、産馬組合[89]のかわりは勤まらない。馬でも育《そだ》てて職業にしようという者は、そういうところにいっている時間が乏しく、多くの鑑識家のここを修行場としているひとは、なんの意味かは知らぬが、穴《あな》[90]という言葉ばかりを問題にしている。悪い馬が下手《へた》な騎手に乗られて、たまたま勝つことにばかり大きな興味を抱いている。そうして地方の競馬場をつくってもらって、おおいに繁昌しようという念願だけは、いまでも燃えるように強烈になっているのである。しかもそういう多くの土地には、たいていは馬などは飼っていないのであった。

単に群衆の興味を、ひとつの点に集注させるためには、じっさいはこれほどの必要はないのであった。

馬の賭《かけ》は英国の紳士などの古い悪癖であって、日本はただよかろうと思って真似《まね》ただけであるが、競馬ということだけなら昔からあった。三月三日の雞合《とりあ》わせに対して、五月五日の馬競《うまくら》べは神事であった。角力《すもう》や射的《しやてき》ももとは同じと思われるが、単に自分の仲間の最優秀なものを選出してその技能をくらべさせ、その結果によって、神の恵《めぐみ》のいずれに厚いかを卜知《ぼくち》した方法であった。

馬は最初にはただ裸馬を走らせた例もある。それよりも各人の御術《ぎょじゅつ》[91]がくわわると効果が複雑になるので、京の賀茂《かも》などでは神人がこれに乗って走った。賭《かけ》はなくても、見物は一年の幸福をこれにかけていた。

闘牛・闘犬などのやや惨酷《ざんこく》な競技でも、制して止めないような地方にはひさしい慣習があったので、おもしろいということのおこりには、観衆の熱烈なる贔屓《ひいき》というものがあったのである。負ければただ屠《ほふ》られてしまうような哀れな選手でも、場《じょう》に臨むまでは主人のごとくかしずかれていた。牛馬は草食の獣であることを知りながら、これに卵《たまご》を飲ませたり蝮蛇《まむし》の肉を食わせたりして、勇《いさ》め励ましつつ牽《ひ》いてきた飼主も多かったのである。

勝った場合のおおいなる感謝は、いくどか涙の場面をすらも演じさせている。名誉《めいよ》という言葉はこういう時のために、かねてつくってあったように適切な語であった。力士・名士が、一村を代表すれば村のほまれ、府県を代表すれば府県のほまれだということは、この沿革から来ている。学校の選手はじっさいに学校の声名を代表していた。

**88 たった一種の公開賭博**　戦後になって、競輪、競艇、オートレースがくわわる。**89 産馬組合**　一九〇〇（明治三三）年に成立した産牛馬組合法による、馬の生産に従事する者の地区組合。**90 穴**　競馬、競輪などでの番狂わせの大勝負。大穴はそれによる大儲け。**91 御術**　馬をたくみにあつかう技術。

馬を愛するものの顔

ましてやそれが一国のなかから選り出されて、負けまいと思って外国にまでも出ていく時には突如その地位が一個の若々しい英雄となるのは、当然すぎるほどの結果であった。

贔屓《ひいき》[92]をもっているひとの生活は張り合いがあった。

第一にいままで名も知らなかった同志者が、前からも後からもあらわれてくる。そうして見ているうち、その数が群れになる。担《かつ》いでいるひとからは、純真なる感謝を受けるのみならず、恋や婚姻とはちがって嫉《ねた》みの累《わずら》いがなく、むしろ仲間のなかからも礼をいわれる。ゆえに、もし他になにもなければ捜《さが》してさえ、贔屓にすべきものを求めている。役者その他の芸人は、これを命《いのち》としていた。

後援会[93]というものは大きな政治家までが、少しは手を廻してもその成り立ちを念じていた。ひとがなにかの機会に結合してみようという心もちは、しばしば目的よりも先《さき》に発生していたのである。会や組合の無際限《むさいげん》に出現し、一つ纏《まと》まったらまた二つに割れようとする傾向なども、ようするにもと孤独のさびしさからであった。郷党を栄えしめもしくは貧苦を脱出するという類の切迫した必要が、多数の力でなければ成功せぬということを、ちょうどこういう団結心のさかんになったさいに、われわれが感じえたことはおおいなる好都合であった。

ただひとつの気がかりはこれも数あまたの催しひとつ、できてはまた割れる尋常の結合のごとく、高《たか》をくってかかる者[94]の少なくないことである。

会のできやすいことも日本は世界無類だが、それが潰《つぶ》れたり、命《いのち》のないものになったりすることも、また離婚や不幸なる婚姻の比ではないのである。現在はむしろ多くの無意味なる団結を抑制して、個人をいったんは自由なものにすること、それが有用なる組合を成立させ、また予定どおりの事業をなし遂げさせる手段といってもよいのである。単なる団結心だけならば、われわれはけっしてそれに不得手《ふえて》なる国民ではなかった。

**92　贔屓**　気に入った者を引き立て、目をかけて力添えすること。**93　後援会**　特定の個人や団体などの活動に対して、資金などを提供し援助する組織。政治的な活動に関して、一九二五（大正一四）年の普通選挙における選挙運動規制は、戸別訪問等の禁止、ビラやポスター等の制限、選挙運動費用の上限設定など、買収等の不正をなくすためを旗印に掲げたきびしいものであったが、こうした厳重な規制の原則は、一九五〇（昭和二五）年制定の公職選挙法にひきつがれた。一九五〇年代に、政治家の後援会が広く普及したことは、後援会が以前から合法的に事前運動をおこないえた組織であったことを暗示している。**94　高をくってかかる**　見くびる。あなどる。

# 第十四章　群を抜く力

## 一　英雄待望

群れに核心《かくしん》がなければ団結《だんけつ》はすなわち持続せぬということは、すでに蟻《あり》・蜂《はち》以来の経験[1]であって、人間の思索はとくにこの点に関して、大きな発明を添えてはいない。われわれはむしろ群れ行動の興味を濃厚ならしめんがために、強いて無用の英雄を招請《しょうせい》しようとした嫌いさえあった。大人物出でよというのはかつて政界の常套語であったが、これはいまいる連中がみな凡庸だという意味の反語であったかもしれぬ。しかし少なくとも凡庸だけでは仕事のできぬことを、はじめから諦《あきら》めていたことは同じで、すなわち丸太棒《まるたんぼう》であれ鸛鳥《こうのとり》であれ、なにか自分たちを統御[2]してくれるものを恋

**1 蟻・蜂以来の経験**　アリやハチは社会にたとえられるような群れを構成する生物で、女王という存在を中心にして、働き蟻や働き蜂が団結し役割を分担していることを指す。**2 統御**　全体をまとめおさめること。

しがっていた者は多いのである。

しかもその適任者が仲間のうちに、いままで埋《うず》もれていたということはあまり喜ばなかった。英雄はもう少し毛色の変わった馬に乗って、雲のかなたより出現してこなければならなかった。それが現実においてはむつかしい註文であったのである。

あらゆる学問芸術の方面においても、天才は常にこの形式をもって発見せられた。世上にこの己《おのれ》を空しゅうした[3]天才尊重がもしなかったら、群れの生活はこのように明るい未来を示すことはできなかったろう。かりに彼らの一生が酷使せられ、末路《まつろ》は寂寞《じゃくまく》たる[4]抜け殻《がら》のごときものになってしまおうとも、その事業はなお団体のなかに活きていくことができるわけである。しかしじっさいは、これは得やすからぬ遭遇であった。われわれの註文がすでに奇を好むに過ぎていた上に、修錬の必要もない生まれながらの英雄などというものが、いまはそうたくさんにおろう道理はないのである。

しかも一方には共同の興味は増加するばかりで、これを総括すべき[5]者の需要はますます多い。

ちょうど贋物《にせもの》のいくらでも出現して、澄《す》まして[6]担《かつ》がれているには似あわしい[7]時節であった。あるいは形勢[8]の自然の推移を信じて、知りつつろくでもない者を押し立てている場合もあった。文学の諸派には批評の術を利用しつつ[9]、誰かを偉《えら》くして中心をつくろうとするような企てもあるらしい。英雄自身の自惚《うぬぼれ》は別にして、これがただ単なる必要の一機関として、団体に迎えられる傾向はすでにみえているのである。

選手養成に関する競技界の新風習は、この問題の将来を暗示している。最初はどこでも通常の多くの青年のなかから、そのやや超凡《ちょうぼん》[10]なる成績によって、前途有望の者を見つけだして悦ぶのがもとで、次にはこれに対してできるだけの便宜をあたえ、あらゆる激励をもってまずその自尊心を成長せしめる。しかもその勝利がはなばなしくつづいているかぎりは、多数は甘んじて讃歎者の地位にへりくだり、少しでもその事業の妨げになることをせぬのみか、時には臣僕《しんぼく》のような敬愛の眼《まなこ》をもって、仰《あお》ぎみんとする者さえ多かったのである。

この事実はわが邦の英雄崇拝主義が、かなり国民性の深い底のほうまで、根をさしていることを語るもので、かりに相手が国技館[11]の力士らのごとく、単純無邪気でかつ後々《のちのち》のことを考えぬ者でないかぎりは、その地位はいくらでも利用しえられるように

**3 己を空しゅうした**　私情を捨て去った虚心の。**4 寂寞たる**　ものさびしくひっそりした。**5 総括すべき**　まとめあわせるような。全体を総合してまとまりをつける。**6 澄まして**　何くわぬ顔で。**7 似あわしい**　ふさわしい。似合ってみえる。**8 形勢**　変化していくものごとのなりゆき。情勢。**9 文学の諸派には批評の術を利用しつつ**　西洋の批評概念が受容されて文芸の諸作品が論じられるようになるのは、明治二〇年代前後であろう。坪内逍遙、森鷗外、内田魯庵、高山樗牛などの活動をつうじて、批評の語が定着していく。**10 超凡なる**　非凡な。凡人をはるかに抜きんでた。

できているのである。

近《ちか》ごろの団結の頻々《ひんぴん》たる不成功、組合内訌《ないこう》[12]の群れ行動を無意義にしていた原因は、その大部分はわれわれがまだこの新たなる選挙制度に、徹底しえなかった弱点から発している。過渡期の混乱時代は思いのほかながくつづくものであったのである。

角力《すもう》は最初から個々の地方を代表して、全国の統一を保《たも》ちにくいものであった。いまでも番付《ばんづけ》には生国を頭《かしら》に戴き、故郷の山川を名に名のって、割拠の昔の面影をとどめている。勧進相撲[13]の巡業は古くからの習いであったが、それは一種の挑戦であり、また多くは征服の企てであったゆえに、不思議の飛び入りがあって関取を負かして還したというような、昔話がよく伝わっている。有力なる諸国の国持大名《くにもちだいみょう》[14]が、多分の費用をかけて扶持《ふち》した[15]というのも、すなわちまた特殊の養成法であった。

時代が一変して[16]彼らの保護者は手を引いてしまい、四民は自由にその贔負《ひいき》を選むことになって、人気《にんき》の中心が大衆に移っていったのは、一時はこの競技の興隆の径路のようにみえたが、それでは部屋部屋《へやべや》の対立ということが無意味になった。第一に協会が困《こま》らなければならなかったのは、このたくさんの未成品の養成であった。個々の声援は気ままなもので、とうてい忍耐してあるひとりの完成までは待っていてくれぬ。そこで観覧料を唯一の資《し》源《げん》とするために、しばしば同じ部屋の者を東西に分離させたりして、少しでも見物《けんぶつ》の好奇心をそそろうとしたために、いつとなく後援者の団結は崩れてしまったのである。

**11 国技館**　大相撲興行の常設施設として、一九〇九（明治四二）年に両国回向院境内に竣工した。『東京朝日新聞』同年六月一日の記事は、「角觝（すもう）常設館の命名は開館委員会で議論百出」で、国技館の名称がなかなか決まらなかったともある。**12 内訌**　内紛。内輪もめ。「近ごろの」という言及に導かれて当時の新聞を調べると、一九二九（昭和四）年一二月二三日の『読売新聞』が「警告と内訌の激成に鑑みて」という副題を付して、東京の市電労働組合の「のし餅」をめぐる分裂のごたごたを取りあげている。これ以外にも、炭坑員、清元・落語家、女学校連合、人力車組合などの諸団体や労働評議会の内紛をはじめ、浜松の楽器争議、石川島の造船争議の失敗などを報じる記事が目だつ。**13 勧進相撲**　勧進はもともと、神社仏閣の建立・修繕、橋の架け替えなどへの寄付を意味し、それを勧めるために職業的な力士による相撲を境内などでおこなうことが勧進相撲であった。のちには本来の意味を離れ、祭礼と結びつき土地相撲を交えた営利的な興行や、相撲会所が統率する組織的で定期的な興行や巡業も指すようになった。**14 国持大名**　江戸時代において、一国以上を領有するほどに高い家格をもつ大名。加賀藩の前田家、長州藩の毛利家、薩摩藩の島津家など。**15 多分の費用をかけて扶持した**　戦国大名のなかには相撲に強い力自慢を家臣に取り立てたものもあり、江戸時代になると勧進相撲などで力量を示した者に対して、大名が扶持を与える「抱え」の力士も増えてくる。現役を退いたお抱え力士などが相撲浪人（年寄）として部屋をつくり、公許の興行を組織していく。本場所では同じ藩の抱え力士同士の取組はおこなわれず、抱えが違えば同部屋対戦もありえた。**16 時代が一変して**　明治維新で藩が廃されて。一八七二（明治五）年一二月二四日の『東京日日新聞』は「相撲の説」を掲げ、無用の長物となった力士を町の警備にあてて有用の端緒を開こう、と提言していたりする。

いわゆる八百長《やおちょう》[17]の疑惑が人気を悪くしたのは、つまりは選手が団体のひとつの機関であることを、忘れてしまった結果であった。

各学校の体育設備が、最初なんの目的でおこったか[18]を知っている者は、むしろいまごろ選手制度の存廃が、問題になることを訝《いぶか》しく思うくらいであるが、一方にはまたこの対抗運動[19]ほど、群れの興味を集注させ、団結の意識を鞏固《きょうこ》ならしめ、したがって各員にもっとも快活なる服従を受諾せしめる手段はなかったのである。

ただ多くの場合にはこの手段が、第二第三の目的[20]にも利用せられていた。それがいったんはこれを当初の状態に引きもどして、組合の本質[21]を省察し直《なお》そうとする者に、問題として把《とら》えらるることになったのである。

論理の欠点はこういう事業には普通であった。それに気がつくたびに以前の団結は多くは解体し、そうしてまた新たなる専横《せんおう》がかわってあらわれるのが、これまではっともありふれたる順序となっていた。

つまりは人間の独行[22]しえない心、ことに自分は尖端《せんたん》に立って烈《はげ》しく働くに適しないという自覚が、いつでも多くの協同事業を、ただ単純なる後援会のごときものにしてしまうのであった。現在の実状からいうと、ひとは結合の必要を感じているというよりも、むしろ大将のナポレオンのごとくなるもの[23]を、なつかしがっているとみるほうが当たっている。少なくとも群れの中心となることは愉快なことであり、また個人としての小さからぬ利益であった。これが毎回の総選挙にさいして、滑稽なる候補者の乱立する動機でもあった。

これは個人の教養がもういちだんと進んで、誰でも名指《なざ》されれば一役《いちやく》[24]は勤《つと》められるというまでにならぬかぎり、なお当分は遁《のが》れがたい弊風《へいふう》であった。ことに地方においては粗略《そりゃく》になっている他郷の知識が、少しずつくわわるに伴うて、遠くから眺めている者の優秀がまず認められ、仲間にそうすぐれたひとはあるはずはないという、一般的の不信用がだんだん強くなって、自治の気風はむしろやや衰えん

**17 八百長**　勝つ方負ける方を前もって決めておきながら、真剣勝負のように見せかけること。『読売新聞』一九〇一（明治三四）年一〇月四日の「相撲社会の名物男死す」の記事は、以前「呼出し」で本場所の土俵づくりを担当していた、八百長こと八百屋稼業の齋藤長吉が亡くなったことを伝えている。　**18 各学校の体育設備……目的でおこったか**　学校ではまず教室のある校舎が重視され、校庭が付属の運動場として整備されるのは俟からであった。体操が精神を快活剛毅にし規律ある協同の習慣を養う目的で、小学校教育に導入されるのは日清戦争後の明治三〇年代からであった。大正期になると、兵式体操は教練と改められた。　**19 対抗運動**　競技のこと。　**20 第二第三の目的**　たとえば、抜きんでた少数の選手を生みだすこと、あるいは人気のある競技者によって興行を営利的に成功させることなど。　**21 組合の本質**　ここでは群れにとっての核心である団結の意識を指す。　**22 独行**　自分の信ずるところにしたがって、他に頼らず実行すること。　**23 大将のナポレオンのごとくなるもの**　リーダーが独裁的につよく集団を率いていくこと。　**24 一役**　重要な役目。

としている。

以前はこれに反して内からでなければ、大人物は求める途《みち》がなかったのである。

もちろん門地《もんち》なり才分《さいぶん》なりの[25]、自然にそなわったものを発見した場合もあるが、なおそれから以後の養成も大きな力であった。たいていは衆望《しゅうぼう》[26]によって推されたという感激、それから多数が期待しているという意識が、急にそのひとの人格を大きくし、しばしば他の仲間の者のためしえざることを敢行《かんこう》させたということは、有名なる古来の義民《ぎみん》・烈士《れっし》[27]らが、もとは尋常農家の一戸主であったことを考えてもよくわかる。こういうひとたちの蹶起《けっき》は常にその家々の破滅《はめつ》であった。名誉・利得の誘惑はひとつもないばかりか、往々にして自分一個の計画も抱負もなく、単に団体のなさんと欲するものをなしたというだけに過ぎぬ者さえあったのである。

それを見つけて育《そだ》てていくだけの忍耐がなく、いそうなものだと周囲ばかり見まわすようになって、おいおいに鸛鳥《こうのとり》の王様が天降《あまくだ》るようになってきた。それにも似せものが数多くなると、団結は彼らの商品[28]に化してしまって、自分たちの共同の計画は名ばかりとなり、もしくは頭数《あたまかず》の取り引きの機械のように考えられるのであった。

## 二　選手の養成

教育はむやみに細《こま》かく、ひとの才能に差等をもうけようとしていた。そうしてなにするかは未定であったが、とにかく、偉《えら》い者になれ[29]という教訓は、家庭でも学校でもくり返されているのである。

ひとを事務員にするような課目ばかり多かった[30]にもかかわらず、一方にはなんでもない人びとの進出した実例が相応に多いので、誰しもこれを教育の力と解せざるをえなかった[31]のである。最初から凡庸の部に編入せられた者はむしろ気楽であった。やや卓越した者が日本では非常に迷うたのであった。しかし結局は似たる境遇の者が歩《あゆ》んだ途《みち》に、忍んで追随した者にときどきはよい運《うん》が微笑《ほほえ》んでいる。

あまりに自信が強く激励の痛切であった[32]青年だけが、まず奮闘《ふんとう》の生活に入らなければならなかったのである。ちょうど、英雄運動の可能なる時代が、彼らの前に展開したということは、国のためにもけっして幸福ではなかった。団結《だんけつ》の必要は新たに増加したとはいいながら、その中心の力をほかに求めるということは、じつは最初からそ

**25 門地なり才分なり**　家柄なり資質なり。**26 衆望**　多くの人たちからの信頼と期待。**27 義民・烈士**　義民は領主の悪政に抵抗して一揆を指導し刑死した者、烈士は信念を貫きとおした人物。**28 商品**　取り引きのための売り物。売り渡せる財。**29 偉い者になれ**　立身出世せよ。**30 ひとを事務員……多かった**　実業の教育が欠けていた。**31 解せざるをえなかった**　理解することができるとしないわけにはいかなかった。**32 激励の痛切であった**　激励を身にしみて強く感じた。

う容易なことでなかったからである。すなわち多くの特長ある人物は、あらかじめ同志のあいだに養成せられようという用意なしに、突如として来《きた》って自ら薦《すす》めたのであった。

人物月旦《げったん》[33]のしきりに集会の話題となったことも、明治文化のひとつの徴象《ちょうしょう》[34]であったといえる。

これは必ずしも従来の伝記式史学の影響とのみはいえなかった。彼[35]は人間の活躍のもうおわってから後に、微細にその考課を問おうとするの[36]であったに反して、これ[37]はいわゆる未成品が興味を惹《ひ》いたので、なかにはあまりにも早めに頼まれて書いてやるという類《たぐい》もあった。名士と名のつく者が少しばかり多くなりすぎた。彼らの前途は予言のために累《わずら》わされがちであったが、たいていは若干のこれを推す者との因縁から、じっさいの必要はなくとも団結しなければならなかった。

会が無意味になってせっかくの入用に臨んで、真面目《まじめ》な加担者を得がたくなったのも、原因はまことに余儀《よぎ》ないものがあったのである。しかも創立者とか専務の理事とかいう者と、会との関係はあまりに深すぎた。それを別れると彼らは衰えたのみならず、彼らが去っていけば会もまた潰《つぶ》れる場合が多かった。財産でもあるとたいていは彼らが疑われ、これを非難もなく管理していくことが、後にはほとんど唯一の会務となってしまう。そうしてこれを次の理事者に任《まか》せることを乗っ取られたなどという者さえあった。

かような微弱なる生活力しかもたぬものが、普通に会と呼ばれる習わしであったゆえに、なにかいまいちだんと耳に立った名称をもって新たな団結を差別する必要はあったが、その組織方法と指導精神とを、外間《がいかん》[38]の智能に仰ぐかぎりは、同盟といおうが、はた聯盟《れんめい》と名のろうが、ひとが大きな要素になることは免れえない。祈念はただ[39]そのひとが自分のためでなく、一時の機関として必要なあいだだけ、働いて次の中心を養っておいてくれたことであったけれども、これが思うとおりにいかなかった例は多かった。じっさいは同じ程度の能力と声望とをもつ者が、多いほど団結は頼もしいはずであるが、とかくそういう場合には地位の簒奪《さんだつ》がおこりやすく、これに対する常住《じょうじゅう》[40]の警戒と防衛とが内部の生活を多事ならしめる[41]傾向がある。

理論[42]は通例大同小異という程度の、一致をもってはじまっている。末の末までも符《ふ》節《せつ》を合《がっ》する[43]ように、同じだということは期せられるものでない。それを仔細《しさい》に比較し

**33 人物月旦**　人物を論評すること。**34 徴象**　特徴。**35 彼**　伝記。**36 考課を問おう**　成績や達成を調べて評価しよう。**37 これ**　月旦評。人物批評。**38 外間の**　当事者以外の人びとの。仲間以外の。**39 祈念はただ**　願うのはただ。**40 常住の**　日常の。ふだんからの。**41 多事ならしめる**　すべきことを増やし忙しくする。**42 理論**　物事の筋道や道理について論じること。**43 末の末までも符節を合する**　細部までまったく一致する。符節は、割符（わりふ）。

てみようとするのが、すでに分裂の止む能わざることを、想像した人びとの行動であった。かりになにかの方法をもって一時の破綻《はたん》を防ぐことをえたとしても、もうこの状態にあってはじっさいの成績は挙がらないのであった。

選手制度の流行はたしかに群れの結合力を強めたが、同時にいくぶんか、われわれの英雄を小粒《こつぶ》にした形[44]がある。

国でも事を外部と構《かま》えているあいだ[45]は、自然に内輪《うちわ》の小さな論争を中止して、まず眼前の主たる不安を脱却《だっきゃく》する気になるが、それと同様に共同の敵手の発見[46]は、このいつでもよい問題を延期せしめ、我慢のできる程度の人物を押し立てるために、各自の批評を抑制することになるのである。

意外な天才をそのいまだ完成せざる前に発見したり、これに余分の自由を付与して伸びるかぎりの能力を発揮せしめようとするのも、たいていはこの機会である。われわれの郷土愛の成長には、しばしば圧迫の苦しい記憶が附随《ふずい》している。ひとの犠牲の尊さが感じられるのは、個々の自然の力だけでは競争に勝ちうる見込みの立たぬ場合であって、ちょうど家貧しゅうて孝子あらわる[47]という諺《ことわざ》のとおりであった。

そのかわりには団結そのものの孤立は、なんとしても忍《し》ばなければならなかった。あるいはできるだけこの互いの相頼《あいたよ》るの念を鞏固《きょうこ》にし、またながく持続させるために、わざと必要もない強敵をのこしておくようなこともあった。強いて周囲の利害の抵触するものだけを問題にして、ほかに対する不信用を大きく説く[48]ような場合もないではなかった。ことに自ら推薦する頭領たちの雄弁《ゆうべん》は、通例はもっともこの点に力を傾けようとするのであった。

地方の小さな要求の、国の政治を累《わずら》わすようになったおこりは、たいていは仲に立って一部の関係者に親切をつくそうとする者が、同時に彼らの割拠[49]を便《べん》とするからであった。この結果は団結は単に一区域の急務として認められるのみで、ほかに対してはかえって相反撥するの力となり、たまたま問題の大きな協同によって、はじめて解決しうるようなものがあると、それだけは全然彼らの力のおよばぬものになってしまうのである。

国を一団《いちだん》[50]としなければならぬような大きな聯合《れんごう》には、政府はできるかぎり公平なる援助の手を伸べようとするのであるが、現在はまだそのなかから、自然の中心をつく

**44 小粒にした**　度量やスケールにおいて小さいものにした。**45 事を外部と構えている**　外国との争いごとを起こしている。あるいは、それに備えている。**46 敵手**　対等の競争をすることのできる相手。好敵手。**47 家貧しゅうて孝子あらわる**　貧しい家には孝行な子が出て家を助ける。中国明代の箴言集『明心宝鑑』の「家貧しくして孝子顕れ、世乱れて忠臣を識る」に拠る。**48 大きく説く**　強調する。**49 割拠**　それぞれの地方を領有し、その利害にたてこもって勢力を張ること。**50 一団**　ひとつの集まり。まとまった塊。

りだすまでの支度が整《ととの》うておらぬ。

非常に興味の深い群れの行動であるだけに、これを指揮する地位を競望《けいぼう》する者[51]が、必ず際限もなくあらわれてきて、衆議《しゅうぎ》の向かうところによって決を採ろうとすれば、聯合《れんごう》そのものが分裂する結果になるのであった。

それゆえにいまははなはだしく無理な技巧を用いて、かろうじて一致の外形を保たしめんとしている[52]のであるが、こういうものにはかりに名ばかりの決議をすることができても、それはただ将来なにかこれ以外の方法によって、別にその希望を実現させる必要があることを、公認せしめたにすぎなかったのである。せっかく地方でたくさんの犠牲を払って、養成してきた選手が小《ちい》さすぎたということを、経験して還るのがせめてもの収穫であった。

しかも一方にははたして理想どおりの大英雄が出現したにしても、これに現在の社会病を治療する[53]だけの、十分なる威力を付与することができるかどうかということも問題になっている。英雄はすでに神[54]からは遠いものになってしまった。彼らがわれわれの無邪気な信用を博《はく》する[55]手段は少なく、評論せられる機会ばかりが、年とともに多くなってきているのである。

## 三　親分割拠

親分の素質は必ずしも非常に低下してはいない。

彼らの人心を収攬《しゅうらん》する手段はいまも昔のごとく、このうえもなく辛抱強いものであった。仮親《かりおや》・烏《え》帽子《ぼし》親《おや》[56]などの習慣こそはなくなったけれども、ひとが自分の生《う》みの親

**51 競望する**　われがちに争い望む。**52 無理な技巧を……保たしめんとしている**　「無理な技巧」がなにを指すのかは不明だが、あるいは多数決という議決法かもしれない。柳田がそれを不十分な決め方だと理解していることは、『時代ト農政』に収められた「農業経済と村是」（一九〇九）で「国民の二分の一プラス一人の説はすなわち多数説でありますけれども、われわれは他の二分の一マイナス一人の利益を顧みぬというわけには行かぬのみならず、仮に万人が万人ながら同一希望をもちましても、国家の生命は永遠でありますからは、予めいまだ生まれて来ぬ数千億万人の利益をも考えねばなりませぬ」［全集2：二五六頁］がゆえに、理事者はまさに公平誠実に導かねばならないと論じていることからもわかる。**53 社会病を治療する**　社会問題を解決する。**54 神**　ここにおける神は、キリスト教などの宗教における創造主（God）とは異なり、柳田が「人を神に祀る風習」（一九二六）で論じた、この世で活躍した人物を「その死後一定の期間を過ぎ、もしくは一定の条件のもとに、おおよそ従来の方式に遵うて一社の神にいわい、祭り拝みかつ祈る」［全集27：一六三頁］ような対象を指す。**55 博する**　獲得する。**56 仮親・烏帽子親**　第八章の注58や、第十一章の注19を参照。烏帽子親は、元服（成人）のときの仮親。

以外に、誰かに引きたててもらわなければならぬ必要だけは、かえって封建時代よりも大きくなっている。したごうて親分の腕《うで》を揮《ふる》うべき場合も、またけっして少なくはなっていないのである。

もっとも主要なものは職業の指導であるが、これは現在のように新たに発見しなければならぬひとが多くなれば、彼の力をまつことはいよいよ切《せつ》でなければならぬ。これ以外にも縁談《えんだん》の口ききや寄寓者の世話、借金の整理などは以前よりも多く、頼まれば喧嘩の仲裁《ちゅうさい》なども彼らがした。[57]

たいていは気質・性癖もしくは一種の惰性《だせい》[58]のごときもので、強いて報償を予期してこれにたずさわる者のないのであるが、それがまたかなりのおおいなる力となってもどってくるのが、古くからの法則になっていた。世が改まっても日本ではこれだけは変わらない。あるいは時代の必要がいくぶんかこれを強めているかもしれぬ。少なくとも他の方面ではすでに衰えているために、この関係ばかりが目に立つようになった。

恩義《おんぎ》という言葉が、この無形の報償《ほうしょう》を意味している。

それを忘れることは借金を返さぬ以上に、悪い行為と認められている。恩義には定まった形とてもないが、まず第一にはいうことを聴くという要件があった。動機の善悪は問題のほかにおいて、[59]必要があるならば親分を助けなければならぬ。普通は幸いにそういうことが要求せられぬが、場合によっては悪事でも庇護《ひご》[60]すべきことがある。

少なくとも永遠の雌服《しふく》[61]だけは、当然のこととして認められていたのである。だからたくさんのひとを世話しえた者は英雄であった。

もし一方の首領となってみる気があるならば、彼らの大部分の担いでくれることだけは、予算のなかに入れて[62]おいてよかったのである。

ところが、じっさいにおいては親分のその地位を利用する者が、だんだんに少なくなろうとしている。むしろその力を、新たなる恩義のために役立てようとするほうに傾いてきた。これには親分がたいていは年を取って、いまさら新規の計画にたずさわるだけの気力をなくしているという原因もあったろうし、最初からそういう創造性はなくて、ひとの世話以外の活躍には向かぬということもあったろうが、それよりも大きな理由は、この転換はじつは簡易の事業ではなかった。

あるかぎりの恩義を巧妙に統括してみたところが、なお有力なるひとつの団結を完成するに足らなかった。第一に困難なのは子分たちの一致であった。それが相互の聯《れん》絡《らく》を保つためには、また新たなる労働を必要とした。それが煩《わずら》わしいために多くの親

**57 寄寓者**　他人の家に一時的に身を寄せる者。書生、客人など。**58 惰性**　これまでの習慣。**59 問題のほかにおいて**　問わず。**60 庇護すべき**　かばいまもらなければならない。**61 雌服**　そのひとの言うことを聞き、従うこと。雌伏。**62 予算のなかに入れて**　期待し予定して。

分は断念している。つまりは事業のほうが、法外に面倒になったのである。親分の力は必ずしも以前よりも衰えているわけでないのである。

野心ある小英雄の候補者らが、この術[63]を試みた者はみな失敗している。少なくとも成功をみる以前に中止している。動機の最初からやや露骨《ろこつ》なのが軽蔑せられたほかに、目的のある者にはこれはややまだるい[64]手段でもあった。金でこういう長いあいだの因縁を買い取ろうとした者のあったのも不思議でない。そうでなければ自分もひとりの依頼者となって、この先輩のもっている恩義を、片端だけでも利用しようとしたのである。

それがはたして可能であるか否かは、ちかごろ何回かの総選挙[65]がこれを実験したのである。あの選挙区ならなんの某《なにがし》を抱《だ》きこむとおおよそ何百票だけは得られるということは、顔《かお》で投票を集められるような親分が、そこにいることを意味していた。あるいは輸入候補[66]と称して若干の金を持っていけば、ひとには関係なしに当選が期せられるという類の、やや融通《ゆうずう》の利《き》きすぎた取り引きもまれにはあったが、たいていは金に換価しえない人情を横取りしようというので、地盤《じばん》はすなわちその新たなる贈答品の容器《いれもの》の名であった。個々の投票の売買ばかりを戒めても、まだまだ選挙が自由におこなわれているものと、推断することのできない理由は、こういう大小のいくつとなき選挙群[67]が、単に一個の中心人物の気まぐれにしたがって右にも左にも動かしえたからであった。

これが今日よりもういちだんと弊害の多いものになろうとも、なおおそらくは撲滅することはできないであろう。

顔役《かおやく》[68]は多数の常の心なき者が、いまでも必要として大切に守《も》り立《た》てている者である。彼らの任侠《にんきょう》[69]は頻々とひとを救《すく》ったのみならず、そのいくぶんか並《なみ》よりも発達した常識

**63 この術**　新たなる恩義をつくりだし、子分たちの新しい一致を生みだすこと。あるいは、新たなる労働を開発すること。**64 まだるい**　はがゆい。手ぬるい。**65 ちかごろ何回かの総選挙**　初版刊行の六年前、一九二五（大正一四）年に普通選挙法が成立し、そのもとで最初におこなわれた総選挙が一九二八（昭和三）年二月の第一六回帝国議会議員選挙であった。この書物が書かれている間に、もう一回、一九三〇（昭和五）年二月に第一七回総選挙がおこなわれている。**66 輸入候補**　一九〇七（明治四〇）年四月六日の『東京朝日新聞』は、甲府市長選挙において「候補者を土着人から出すと、他より輸入するとの二派を生じ」と説明し「輸入候補者」の語を使っている。同紙の一九一七（大正六）年二月二七日の「選挙界の新傾向」の記事は、従来の選挙は候補者の人格や経歴を見ず、ひたすら財力の豊富と金銭の散布で当落が決まっていたが、この頃は成金排斥の風が吹き「その土地のために終始親切に尽くすべき人物を歓迎する気運」が高まっていると報じた。同様の論理で「輸入候補者」も歓迎されないようだと伝えている。**67 大小のいくつとなき選挙群**　帝国議会（衆議院）だけでなく、市町村の議会のレベルでの選挙もあった。**68 顔役**　その土地や業界で名望があり、影響力をもつ有力者。**69 任侠**　弱きを助け強きをくじく人情と、信義を重んじる気性。第十一章の注71の「仁侠」とも同じ。

は、暗々裡《あんあんり》に周囲の生活の基準ともなっている。ひとり恩義《おんぎ》の拘束を受けている者だけでなく、平生からその力を知って尊重している者は、迷うて決しかねる問題のあるたびに、いつもその向背《こうはい》[70]をもって参考としようとしている。ことに世間《せけん》なみと御多分《ごたぶん》に洩《も》れぬということを、安全の途《みち》のごとく信じている者には、あたかも魚鳥《ぎょちょう》の群《む》れが先《さき》に行く者に率いられるごとく、自然に一団となって動かずにはいられなかった。

だから普通選挙が選挙人の数を激増し、自由な親分圏外の人びとに投票させてみても、わずかな工場地帯の別箇の統制を受けるもの[71]のほかは、結果は大体において、以前と異なるところがなかった。つまりわれわれは散漫なる孤独[72]において、まだ自分の貧苦の問題をすらも、討究してみる力をもっていなかったのである。もしくは多勢の同境遇の人びとと、いかなる方法でも結合しなければ、解決は無意義だということだけを知って、しかもその方法に非常なる価値の差等があることまでは心づかなかったのである。

ただし最近の恩義はおおいに、この親分を教育するほうにはたらこうとしている。せっかく自分たちと同じ生活を経験し、同じ感覚の普通よりも鋭敏なものをもっているひとを、単に無定見のために遠慮させて、いたずらにその力をよその野心家に委譲せしめることは、惜しいものだと考える者が多くなったのである。じっさい親分の賢《かしこ》くなるということは虎《とら》に翼《つばさ》[73]であった。彼らが時務《じむ》[74]を知り人心を理解するようになれば、団結は容易の業であるのみならず、それが空名《くうめい》におわるような虞《おそれ》もないのであった。

しかもこれにはまたいくつかの障碍《しょうがい》がのこっている。第一には彼を担《かつ》ごうとする者のなかに、さらにいままで以上の個人利益を予期し、もしくは各自の計画に利用しようとする者があって、むしろそのあまりに聡明でなく、ときどきはおだてに乗り自惚《うぬぼれ》を抱き、もしくは無用の負《ま》けぬ気を出して、いわゆる井《せい》底《てい》の蛙《かわず》の孤立をつづけてくれることを、内々希望する傾きがなお強いゆえに、思うようには親分を養成して、時代に相応した活躍をさせることができぬのである。義気《ぎき》は依然として、いまも対個人の道徳としか解せられない。協力は時として私欲の保護にまで応用せられる。

壮士《そうし》[75]という名称が日本におこなわれはじめてから、もう四十年を少し越えている。

**70 向背**　従うこととそむくこと。転じて、ものごとの状況や成り行き。　**71 工場地帯の別箇の統制を受けるもの**　労働組合。　**72 散漫なる孤独**　いささか自由すぎる連想だが、この独特な印象をあたえる表現に、私は大衆社会における人間を論じたリースマン（David Riesman　一九〇九～二〇〇二）の『孤独な群衆』（みすず書房、一九六四）の洞察とひびきあうものを感じる。　**73 虎に翼**　すでにひとをおそれ従わせる力をもつ者に、さらなる勢いをそえること。　**74 時務**　その時その時で必要となる大切な仕事。

彼らは一人として生死を度外《どがい》において、国と正義のために働くことを揚言《ようげん》せぬ者はなかったのであるが、そのじっさいの用途は別なものであった。親分が分立しているために見解はみなちがっている。末には数ばかりむやみに多くなって、彼らどうしは常に闘っていた。聯合の非常な大きな力であることは認められていても、多数は自分の保護の必要から、わざといつまでも国内に敵をのこしておかなければならなかった。大きな英雄はじっさいは入用がなく、微細な天才ばかりに際限もなく好機会があった。しかも供給はそれよりもはるかに超過して、ひとは失望のあいだに半生を老却《ろうきゃく》しなければ[76]ならなかった。そうして異郷のいまだ相知ることの疎《そ》[77]であることをむしろ便利とするような場合ばかり多いのである。

## 四　落選者の行方

はなやかなる英雄児の生活の半面には、いつも薄暗い孤独がつきまとうていた。むしろ世のさかりに突如として死んでしまえばよいが、不幸にして長命するならば、その末路《まつろ》はたいていはみじめであった。ことに流行のいまのように短かい時代には、栄誉はただわずかに酷使[78]を償《つぐな》うに足るばかりであって、のこりの生涯には、なんびとも責任を分かつ者がなく、単にかわって出た者の声望を眺め暮らすのみであった。忘れられまいとすれば起《た》って争い、そうして打《う》ち負《ま》かされなければならなかったのである。

日本はまさに神童を尊重する国であった。

これが出現には群衆の驚喜があり、いったんはこれを児文殊《ちごもんじゅ》[79]の地位にまで、祭り上げなければ承知をしなかった。通例はただ一種の早熟現象であるゆえに、二十歳《はたち》に過ぐればただのひと[80]になるのが当り前であるが、本人にはそれだけの準備をする機会がなく、たいていは世途《せいと》[81]に迷うてむしろ常人の常の成長を、羨まなければならぬ場合が多かった。角力《すもう》その他の力業《ちからわざ》で名を揚げた者も、小町《こまち》・西施《せいし》[82]と同じく若《わか》い時がさかりであって、それからのこりの半生が飽きるほど長かったのである。

そういう経験は昔から積み重ねられていた。

**75 壮士**　自由民権時代に演説会で弁士に声援を送ったり、他党の演説会を妨碍したり、省庁に押しかけたりの政治青年。少壮の志士の意味で、一八八三（明治一六）年ころから使われた。**76 老却しなければ**　老いていかねば。**77 疎**　まばら。おろそか。**78 酷使**　限度をこえて自分を働かせたこと。**79 児文殊**　子どもの姿をした文殊菩薩。才知に優れて敬うべき神童の意。**80 二十歳に過ぐればただのひと**　神童もまた長ずるにしたがって凡庸になるという意味の俚言で、「十で神童、十五で才子、二十歳過ぎれば只のひと」のフレーズで知られている。**81 世途**　世わたり。世の中。**82 小町・西施**　小野小町は平安時代の歌人で美女の代名詞、西施は中国の春秋時代の越の国の美女。

誰しもかぎりある得意の期間だけに、命《いのち》の力を集注しようとする者はない。そこで現在の地位を利用して、それぞれ身の私《わたくし》を講じよう[83]という気になるのである。英雄の私心《ししん》は存外にけちなものであった。それが、すこしでも随喜者《ずいきしゃ》[84]の目につくと、たちまちにして次の競望の乗ずるところとなった。交替がおこなわれがたければ分裂は必ずおこった。多くの親分方《おやぶんがた》はこの浅ましさをいとうて、最初から事業を団結化することに勇敢でなかったのである。

それよりもいまいちだんと心細かったのは、数多い落選選手の境遇であった。彼らの計画には最初から誤謬があったのであろうが、それには気づかぬゆえに十分なる用意をしている。選挙はそのなかでもことに欺《あざむ》かれやすい[85]ものであったが、他の多くの協同事業にも、必ず若干の失望者をつくることになっている。亡者《もうじゃ》[86]というやや惨酷《ざんこく》な言葉があまりにも適切にこれに当たっていた。かねてそのような意図もなく、または必勝の目算がなかったならば、再び心安く従属者の地位に復しうるのであるが、それはまず一部のこれを担《かつ》いだ者が承知をしない。

もっとも大きな不幸は時《とき》を失った者[87]の、あらためて凡庸の道を踏みえないことであった。それには、人びとの修養や気質もあって、概して統率の伎倆《ぎりょう》があると認められた者は、ほかには融通のきかぬようにできている。

そうして明治の教育はなんの目途もなしに、ただこういう人物をたくさんに産出していたのである。志を得ない者[88]は元の土地には止《とど》まっていなかった。甲の団結において失敗すれば乙においてさらに試みようとする。都市で蹉跌《さてつ》[89]をすれば農村に還って、小規模の牛耳《ぎゅうじ》を握《にぎ》ろう[90]と企てる。これがわずかの歳月に人物を全国に分布せしめて、それぞれ土地に適した新事業を創設させた、ありがたい結果をも生んでいるのではあるが、同時にまた利害の紛乱《ふんらん》の煩《わずら》わしい原因にもなっている。

成功《せいこう》という明治の新熟語[91]は、無心なる多数少年の夢の代《しろ》[92]を供給してきたが、じっさいはむしろこれらの失意者の、それから後《のち》の経験を語るものであった。落選選手の忍耐はそうながくは持続しえなかった。なかには一生を亡者《もうじゃ》の生活におわったものもあ

83 **身の私を講じよう**　自分だけの利益をはかり都合よく進めよう。84 **随喜者**　仏教の法華経における「一念随喜」からきた、仏を一心に敬い、その教えに帰依するひと。ここでは、英雄を崇拝する人びとのこと。85 **欺かれやすい**　期待や推測のとおりになりにくい。86 **亡者**　命が絶えてなお成仏せず、執着に迷っているもの。87 **時を失った**　時運にのれず、権勢を失った。88 **志を得ない**　目指していた地位や職業につけない。89 **蹉跌**　失敗。つまずき。90 **牛耳を握ろう**　仲間に指図する首領になろう。「牛耳る」は牛耳の動詞化で明治の新語。91 **成功という明治の新熟語**　成功はもと「じょうごう」と読み、朝廷の大礼や造営などの際に私財を献じて、その功によって叙位・任官されることだった。売官・売位の現実から離れ、事業の完成や目的の達成を強調する語として「せいこう」と読む新語が使われた。明治の立身出世とむすびつき、富や社会的地位を得ることを意味した。92 **夢の代**　将来実現したいと思っている事柄の材料。未来への希望の素材。

ろうが、たいていは転じて反動[93]の趣味に生きようと努《つと》めたのである。この第二種の立身方法には、やや自由すぎるほどの選択があり、大体に性急でまた少し粗暴なものが多かった。しかもなおこれをもって一生の職業とするまでの決心はなかったゆえに、責任を負わない一時的の計画が、いくらともなくこの連中によって案出せられている。もちろんその多くはただ企てにおわったが、なかには当人自身も意外なほどの、成功者としたものもある。

　会社製造業とも名づくべき漠然たる生活の新たに流行[94]したのにはこうした原因があった。近代の政治は無益の失費ばかり非常に多いのを特徴しているのであるが、これがその入用の一部分を支《ささ》えていたのは、偶然の手柄と認めてもよかろう。しかもじっさいの効果の挙がったのが少ないから、結局は無益に蓄蔵せられていた資本を、単に世上に放散せしめるだけの、名義を供したに止まるものも多かったのである。

　以前も天才の時を失い、もしくは突き落とされて苦悶した者はまれでなかったが、いたって少数の平賀源内《ひらがげんない》[95]式人物を除くほかは、こういう径路に向かって脱出することはできなかった。たいていは世を背《そむ》いたと称して蔭《かげ》の社会に入《はい》り、もしくは強《し》いて奇行を衒《てら》うて[96]、第二次の高名を求《もと》めようとしたが、それも多くの場合にはただいくぶんか埋没《まいぼつ》を遅《おそ》くするくらいの、はかない効果しか得られなかったのであった。ところが現代においてはそういう者までが成功した。

少なくとも彼らの社会評論というものはかなりの重みをもって傾聴《けいちょう》せられている。これが時勢をただ一方への偏倚《へんき》から牽制し、もしくは省察と討究とによって、無益の熱狂《ねっきょう》に陥らしめなかった功績は小さくないが、ただその批評は一般に消極的で、いつでも群れ行動の力を悲観しようとする弊《へい》は免れなかった。

過ぎた江戸時代のひとつの遺物《いぶつ》として、いまでも多くのひとが興味をもつ落首《らくしゅ》文学[97]は、わずかにその形を変《か》えて市民のあいだにおこなわれている。

**93 反動**　反対の方向への動き。ゆりかえし。**94 会社製造業……新たに流行**　明治二〇年代には会社設立のひとつの流行があり、『読売新聞』一八八七（明治二〇）年三月二七日の「会社の流行」の記事は、京都での織物会社設立で株主を募集したところ、申し込めなかった群衆が事務所門前で騒いだことを伝える。『東京朝日新聞』一八八八（明治二一）年一一月二三日「会社設立の注意」は、「新聞紙上一日として会社組織の広告を見ざるはなく、株といえば菜大根の株にても人の気受けよき勢いにて」と冷やかし、そのなかには危うい「山師会社」や中途瓦解の紛議もあるので定款規則等を十分に吟味せよと説く。**95 平賀源内**　江戸中期の本草学者で、蘭学・国学をまなび、博覧会の前身ともいえる物産会を開催し、石綿の火浣布・温度計・金唐革・エレキテルなどを製作し、西洋画の技法を伝え、戯作や狂文、浄瑠璃などにも才をみせた。秩父その他での鉱山開発や荒川通船の計画は、事業として成功をみず「山師」の悪名を馳せた。友人の杉田玄白が「非常の人、非常の事を好み、行いこれ非常」と評したように、源内式とは異才・大才として名をあげたの意か。**96 衒うて**　ひけらかして。吹聴して。**97 落首文学**　時局を諷刺し権力者をあざ笑いあてこする、制作者不明の戯れ歌や戯文。狂歌、落書など。

たとえば政治家があまりにも金銭を愛しもしくは資本ある者がこれと結托《けったく》して、常にその私欲を遂げようとする事実などは、それが法廷の問題として論ぜられる以前、すでにひさしいあいだの風聞《ふうぶん》として世にひろまり、しかもそういう行為も格別の奇怪でなく、むしろ隠密の裡《うち》にその取り引きをまっとうして、痕跡を後《あと》にとどめなかったのはえらいというような不当な評判までを平気で流布させている。社会には裏面があり、人生は道理ばかりでもいかぬなどということを、さもさも格言のように説いている者さえあるのである。

この種の顚倒《てんとう》した道義観念の存在を認め、しかも絶望もせずまた闘争もせずに、自分は自分だけで活きていこうというような、気楽《きらく》な考え方が都市人のうちにはあったが、これにもいわゆる英雄運動の失敗者たちが、往々にしてその憤懣《ふんまん》の吐き口を求めていたのである。

全体浮世《うきよ》を茶《ちゃ》にする[98]ということは、謀叛《むほん》よりも有害なものであったが、妙にこれだけには同情者があり、また多数の模倣者もあって、昔から失意の人びとのよい隠れ処《が》となっている。これが東洋固有の反動趣味であったか、あるいはまたとくに言論の自由でなかった時代に、ひとをこのような竹林《ちくりん》[99]のなかに追いこんだことが、ながく惰性《だせい》となって世にのこっているのかは知らず、とにかくにもとはその動機の哀れむべくまた悲しむべきものがあるために、ひとはその放縦《ほうじゅう》を咎《とが》めぬのみか、これを高尚なる遊戯のごとくにも解したのであった。

しかし現在はその弊がすでにあらわれている。なんら取り処のない凡庸の輩《ともがら》までが、ただ善悪の批判を超脱して、欺《あざむ》いて[100]活《い》きうべくんば活《い》きようと心がけている。強《し》いて他人の幸不幸の上にまで、思《おも》いを労する[101]ことの無益なることを説いている。無事に自分ばかりの一生をおわることができるならば、国の未来は論ずるにもおよばぬというような、個人享楽の人生観に親《した》しんでいる。そういう一種の主義者はもう多きにすぎ、しかもじっさいは彼らの予期したとおりに、無難には活《い》きおおせなくなっているのである。

個々の失脚者の自慰[102]方法という以上に、弊害はひろく感染している。つまりわれわれの団体生活は、もはやこれより多くの無頼《ぶらい》の徒を世の中へ送り出さぬように、なんとかその選手を養成する方法を、改革しなければならぬことになっているのである。それはひとり落選選手の不幸を救うためだけでなく、彼らが苦《くる》しまぎれに世に流す害悪のいくつかを、除くということも必要になってきたのである。

**98 茶にする**　ばかにする。茶化す。　**99 竹林**　俗世間を離れてひっそりと暮らす静かな場所の意。俗塵を避けて清談を楽しんだ竹林七賢の故事から。　**100 欺いて**　ごまかして。　**101 思いを労する**　こころを砕く。　**102 自慰**　自分で自分をなぐさめて安心する。

ひとを悪事に興味をもたせようとしたのも、またわれわれの失敗であったということがいえる。

# 五　悪党の衰運

人間の智能労力のこれほどおおいなる浪費を、戒《いま》しめまた整理することができなかったというのは、考えてみれば文化の恥かしい汚点である。ことに今日の司法警察の力はおりおりは犯罪の技術に追《お》い越《こ》されるような形があった。せっかく刑法は悪業を杜絶《とぜつ》するだけ峻厳《しゅんげん》にできていても、発覚と捕縛との割合が低ければ、奴《やつ》らは計算のうえからも、なおこの商売を引き合うものとするかもしれぬ。つまりは防衛と事後の退治ばかりでは、まだこの問題を処理するわけにいかぬのである。

根本においては、このような浅ましいことをしなければ、ほかに自分を活かしていく道がないような、人生観をなくするのが主題であるが、それには現在のごとく英雄欲の旺盛で、しかもその欲を抑《おさ》えまたは充《みた》すの手段において欠けている世相を、なんとか改めてみることが自然の順序である。

もっとも最初から詐欺・盗賊が好きだという者もあろう。あるいは病的にひとを害するということの、悪事であることを感じえない者もあろうが、他の多くの場合にはこんな所業《しょぎょう》にも成功の興味があって、だんだんにその悪癖を増長していくのである。

江戸には火事を景気《けいき》と解するような悪い習わしがあったように、貴人・富豪の盗難にも冷淡な者が多かった。河竹黙阿弥《かわたけもくあみ》の白浪《しらなみ》もの[103]ばかりが、とくに盗賊の生活を理解したわけでもなかった。鼠小僧[104]の石碑には香花《こうげ》が絶えず、夜陰《やいん》にその角《かど》を欠《か》きにいく者が多いので困った。彼が年少で捕えられて刑に就いたときには、たくさんの町人《まちびと》は沿道にこれを見物し、それから以後の講談も義賊らしく語らぬと受けなかった。

単にそれだけではなく黒岩涙香[105]以来、市民が耽読《たんどく》する探偵小説というものは、主として智慧競べが興味のもとであった。もちろんこんな読物《よみもの》から技術を研究したり、または悪事を思いつく者もあるまいが、とにかくに悪人にも英雄児があり、悪に徹底するのも一律の痛快事であるような考えだけは、正直な素人《しろうと》がいまもなおこれを抱いて

**103 河竹黙阿弥の白浪もの**　河竹黙阿弥（一八一六～一八九三）は歌舞伎狂言の台本作者。盗賊を主人公にした「白浪もの」は、掛詞（かけことば）を駆使した華麗な七五調の科白（せりふ）の「黙阿弥調」で知られた。　**104 鼠小僧**　江戸後期の盗賊で、本名は次郎吉といわれている。鼠のように敏捷でどこから侵入するかわからず、おもに大名屋敷に忍び込み盗みを働いた。義賊との評判が高く、芝居・講談・小説などで数多く取り上げられた。墓は回向院にあり、墓石の角を削って勝負や金儲けのお守りにする風習がいつからか生まれている。　**105 黒岩涙香**　黒岩涙香（一八六二～一九二〇）は、新聞記者・翻訳者・作家。『鉄仮面』（扶桑堂、一八九三）や『巌窟王』（扶桑堂、一九〇五～六）など、原作の粗筋を借りて独自の文体で書かれた翻案小説が広く読まれた。

いるのである。悪人がその宿業《しゅくごう》から解脱《げだつ》する機会は、はなはだ乏しかったといわなければならぬ。

個々の悪者《わるもの》の厳罰という方法だけでは、とてもその犯罪を根絶《ねだや》しする見込みはない。それをまた諦《あきら》めているような今日の防禦《ぼうぎょ》策でもあった。

この点に関しては、世人はまず誤解している。石川五右衛門の辞世の歌[106]というのも、ひとがいつでも泥棒になれるということを、予言したもののように説明せられているが、これはなによりも悲しむべき悲観であった。彼はただ盗賊の技術というものが、じつは古くからの伝授であって、公然と門札《もんさつ》を掲げて開業こそはしていないが、先生もあれば弟子《でし》もあり、単にそのひとりの検挙せられたものを、あらためてみた[107]ところで仕方《しかた》がないということを、やや皮肉に暗示しただけであったらしいのである。

『杜騙新書《とへんしんしょ》』[108]という支那の杜騙《かたり》[109]のおもしろそうな話の集を、訓点[110]を付して覆刻したのは、江戸末期の廃頽文学の時代であった。多少の漢学ある青年は、ちかごろの探偵ものののようにこれを愛読したが、当時の悪漢どもにはこれは少しむつかしすぎた。よほどの篤学《とくがく》[111]でないとこれを参考にすることのできぬ芸であった。それにもかかわらずその話のただひとつでも、さすがは支那だと驚くようなものはなかった。

またそのころには三都の有閑階級の筆記した、世上の聞書《ききがき》という類のもの[112]が多くあって、そのなかにも詐偽や窃盗のいろいろの実話がみえているが、それと今日のいわゆる三面記事《さんめんきじ》[113]とは、おかしいほどによく似ている。かりに前者には誇張があり、またはまるまるのつくりごともあるにしても、少なくともすでに百年も前から、ひとが世《せ》間話《けんばなし》をしてつとに知っている手段が、いまでも応用せられて、やられる者だけが新しいのである。

悪の技術には明白に伝統があった。そうして世の進むとともに不必要になり、また

**106 石川五右衛門の辞世の歌**　石川五右衛門は安土桃山時代の伝説的な盗賊。生没年も伝記も不詳だが、子ともども釜煎り（釜ゆで）という未聞の極刑に処せられたことで、歌舞伎『楼門（さんもん）五三桐』など数多くの創作が生みだされた。辞世の歌として流布しているのは、「石川や浜の真砂は尽くるとも世に盗人の種は尽きまじ」である。**107 あらためて**　吟味して。改善して。**108 『杜騙新書』**　中国の明朝末期に出版された詐欺事件を題材とする短編小説集。柳田は『杜騙新書』の明治時代の翻刻にふれて「出版者は申しわけばかりに、世渡りの用心のためなどといったろうが、自分たちの夜を徹して読みふけった動機は、むしろ悪に働く人間の智慧が、楠正茂・孔明その他のわずかな例外を除けば、到底正直善行の方面においては見ることのできぬような、複雑にしてかつ変化に富んだものであったからではなかったか」［全集19：六〇九頁］と述べている。**109 杜騙**　ひとをだますこと。**110 訓点**　漢文を訓読するための手がかりとして書き入れる、ヲコト点、返り点、音訓（仮名点）などの総称。**111 篤学**　学問に励み熱心に努めたひと。**112 有閑階級の……類のもの**　これがいかなる筆記と対応するのか、具体的には特定しにくいが、たとえば斎藤月岑の『武江年表』や須藤由蔵の『藤岡屋日記』などの記録が、随筆として残されていることを指すか。**113 三面記事**　社会のさまざまな事件、雑多な話題を扱った報道記事。新聞が四頁の構成だったとき、三頁目が社会面であったことから。

衰微すべきものと定まっていたのである。[114] 掏摸《すり》などはたしかに本拠を突かれて、すでにその修錬が覚束《おぼつか》なくなっている。このうえはただ天分のあり、発達の見込みある選手を、あの仲間へ渡さぬようにすればよいわけである。

　これでも最初はわれわれの生存に、少々は必要のあった時代もあるのである。敵が遠くに退《の》き、また消滅してしまえば、これを利用する気にはならぬはずであるが、世間をおもしろからず思う者ができると、好んで模倣をするのみか時には自分でも発明する。日《ひ》陰者《かげもの》ばかりの団結さえ企てられる。被害者の境遇に同情することが少なくて、かえってその技術の成功を讃歎する者があらわれるのである。出《で》来心《きごころ》の悪事というものほどなさけない現象はない。いわゆる醜《しゅう》を千歳《せんざい》[115]にのこそうという決心、悪人でもよいから著名《ちょめい》になりたいという気《き》もちに、普通の素人《しろうと》が変わっていくまでには、じつはどれだけの苦悶があったかしれないのである。それゆえにせっかく滅びかかっている犯罪社会に活気をあたえるのみならず、新たに友人のあいだに犠牲者を見つけることになる。都市の居住者の十分に相知らぬ隣暮《となりぐ》らしが、そういう機会を生じやすいことも事実だが、害を受ける者はむしろ田舎者《いなかもの》のほうに多い。

　村は昔からこの点だけは安心してよかった。そうした警戒のために苦労をせずともよいのが、この団結のひとつの長処でもあった。ひとを信じうることが村の生活を悠長にさせていた。

ところが今日はとくにその隙間《すきま》を狙《ねら》って、悪者の新しいのが侵入を開始してきた。仲間を欺こうという者が村の中にも住むことになった。うそは村落の徒然《とぜん》[116]を慰めるために、欠くべからざる一種のユーモアであった[117]のが、現在はこれを私欲に応用するために、ことごとく深酷《しんこく》[118]となりまた精妙になりすぎた。うっかり前途の有望な人間を、養成することもできなくなった。早く一同がもう少し賢くなって、ひとりの顔役や人

**114 悪の技術には……定まっていたのである**　柳田は雑誌『文藝春秋』に載せた「不幸なる芸術」（一九二七）という論考において、「人生の悪の芸術」の変わり目について論じ、「法令が設けた悪の階段には、不当に智慧のある者のみを贔屓する姿があるために、かえって術乏しき者をして無法な闘争をなさしめる」［全集19：六一四頁］きらいがあると観察している。「悪は現代に入ってさらに一段の衰微を重ね、節制もなければ限度も知らず、時代との調和などは夢にも考えたことはなく、毒と皿との差別をさえ知らぬ者に、稀には悪事の必要不必要を判別させようとしたのだから」困るのであって、「兵は兇器なりと称しつつ兵法を講じた人の態度に習い、あるいはあらためてこの伝世の技芸を研究し、悲しむべき混乱と零落とを防ぐべきではあるまいか」［：六一〇頁］と論じている。

**115 醜を千歳に**　恥ずべきことを長く後々の世に。

**116 徒然**　退屈。手持ちぶさた。

**117 うそは……ユーモアであった**　ウソという主題について、『不幸なる芸術』に収められた「ウソと子供」（一九二八）では、イツワリとウソの明瞭な違いを人びとは理解しており、自分勝手なウソをつくアザムクの欺瞞とは異なり、笑いを衆とともにするためのつくりごとであったことを論ずる。また「ウソと文学との関係」（一九三二）でも「多くの村の弥次郎たちのウソは、騙してさて何をしようという、底のたくらみというものがなかった」［全集19：六二九—三〇頁］と弁じている。

**118 深酷**　きわめてむごいこと。深刻。

選挙の日
議員になつて頂く人は
でお国を背負つて立
私共は一生懸命

一等むつかしい宿題

望家を、担がずとも済むように努めることのほかはなくなった。

ただしその将来ははっきりと見えている。必要はただこの混乱の過渡期を、できるだけ速かにまた無難に、通り越して進むにかぎるのである。

# 第十五章　生活改善の目標

歴史は多くの場合において悔恨の書であった。彼際《かのさい》[1]ああいうことをしなかったら、こうも困《こま》らずにいられたろうという理由が発見せられ、それがもう完結して後《あと》の祭[2]となっているのであった。しかるに明治大正の後世に誇ってもよいことは、これほどたくさんの煩雑《はんざつ》なる問題を提供しておきながら、まだひとつでも取りかえしのつかぬ程度にまで、突きつめてしまわずにのこしてあった点である。

われわれが自由にこれを論評して、訂正のできる余地の十分にあることである。性急なる愛国者はこれをも堕落《だらく》[3]というだろうが、じっさいは忙しくてそうそうは考えていられないものが多かった。

**1 彼際**　あのとき。　**2 後の祭**　手おくれ。時機おくれ。　**3 堕落**　零落。不健全。

しかもそのあいだにも国は少しでよくなってくる。単なる現代人の身《み》贔負《びいき》ではなしに、わずかに二十年前とくらべても、前に想像もしなかったことがいまは当然となっていることが多い。ぜひとも復古《ふっこ》を望むかと問われると、即座にもちろんと答えることは、いかなる保守派にも少し困難になってきている。

つまりは無差別にただ新しいものを、片端から讃歎《さんたん》してはいけないというだけである。そんなことくらいはだれだって知っている。

いままでの無益ないろいろの努力、馬鹿げた流行についてはもう相応に考えてみた。今度はひとつやや楽しみなほうから、時代の傾向を観望《かんぼう》して、この一巻の書の結末をつけてみよう。

第一には国が学問を育《そだ》ててきた態度、これが一年ましに実着《じっちゃく》[4]なものとなろうとしている。

最初、勉強をするのは偉《えら》いひとになるため、家に立派な分家《ぶんけ》のできる慶事として、近隣から祝賀を寄せられていた。それが存外に大きな収益にもならぬので、手軽に出世をした者から軽蔑せられるような時代もあった。目的がじつは世を益する側《がわ》にあるということがわかって、急に尊信《そんしん》のくわわった[5]のも反動に近かった。世界大戦が国際の交通を壊したころに、いままで粗略にしていた、研究者の陰《かげ》の事業に対し、どんな声援でもしなければならぬ[6]といいだしたのが、なにか一種の罪滅ぼしのようにもみえた。補助の資財はわずかなものであっても、これで多くの学者をして公然と労苦せしめることになったのは大きいことであった。

ただその理解が商工業に縁の深いもの、自然科学のことに一部のものにかぎられて、[7]社会科学はなお少々は気味の悪い、別に奨励まではするにおよばぬもののように考えられた[8]期間はややひさしかったが、これも東洋思想の闡明《せんめい》[9]などというほうから、歴史ならまずよかろうと賛成する者ができてきた。少なくとも日本人がたくさんのまさに知るべきものを、知らずに済ませてきたことだけは俗衆にもわかり、次にはその知識

**4 実着な**　落ちついて確実な。着実な。　**5 尊信のくわわった**　尊敬して仰ぎみるようになった。

**6 研究者の……しなければならぬ**　ここでいう事業への「声援」「補助の資財」は、文部省が一九一八（大正七）年に科学奨励金を創設し、大学および高等専門学校の教授を対象とした自然科学の研究六五件に対して一四万五〇〇〇円の補助金を交付したことを指すのだろう。『東京朝日新聞』同年四月二八日の「直轄学校の熱心なる教授に研究費」の記事が、その計画を報じている。以後、毎年約一五万円が補助されるが、『読売新聞』一九二五（大正一四）年六月四日の「近く廃止される科学研究奨励の補助」の記事は、財政緊縮で奨励金が六万円に減らされ、廃止が検討されていると伝えた。日本学術振興会が財団法人として設立されたのは、この本の初版刊行後の一九三二（昭和七）年で、そこで整備されていく研究費補助事業は、やがて一九五一（昭和二六）年に始まる科学研究費補助金の制度へと曲折を経つつ、つながっていく。　**7 自然科学のことに一部のものにかぎられて**　科学奨励金が人文科学の研究にも交付されるようになるのは、一九二九（昭和四）年度以降である。

がまだまだわれわれの社会をいくらでも明るくする余地のあることが認められた。

一人ひとりのすることは小さくとも、いまに集まったらなにかになるということを感じて、一般に精確なる科学の成長に、おおいなる期待をつなげるようになった。あるいはその成績の待遠しさもどかしさを、忍びえない者も多いので、これまで職業教育の役目だけを果して、安心していた大学が刺戟せられることになった。

第二にはこれと関聯してわれわれの文化事業が、助けを外国に仰ごうとする考えの薄くなったこと、もしくはそういう必要のなくなったことが、お互いの責任感のいつのまにか大人《おとな》になっていたことを語っている。

四十年前には政府の御雇い外国人[10]が二百名、別に民間には五百名の嘱託が、多分の給金を取ってきて働いていた。汽船を動かしても船頭は外国人、鉱山を掘っても指図役は外国人で、そのほうが結局は安くつくなどと、気楽なことをいう実業家も多かった。彼らはもちろん日本のために考え、国情《こくじょう》に適した考案を立てようとはしたが、われわれも知らなかった点まで心づくものは少ない。だいたい自分の生まれた国でならこうするというようなことばかりをわれわれに伝授すると、こちらは忠実に国情のほうをそれに調和せしめようとした。男女がともに踊れば対等条約[11]が結べるものと、思ったというなどはその一例であった。

それから引きつづいて御雇い外人を不用にするために、無数の留学生を外国に派遣[12]

した。学問の信用を洋行還《がえ》りの肩書に託していた時代は、ずいぶんとながくつづいたのであった。ちょうど千年以前の留学生廃止[13]と同様に、行くにはおよばぬということをまず感じはじめたのは、留学生自身たちであったゆえに、こんな惰性を打ちきることがむつかしかったが、こちらにいるほうが研究しやすく、また外国から期待せられ

**8　社会科学は……のように考えられた**　社会科学は、戦前においてはマルクス主義の思潮や社会主義の運動と混同して理解され、危険思想として対応された。『読売新聞』の一九二四（大正一三）年一二月一三日の「社会研究を叱られた学生が文相に釈明」の記事は、「全国二十五高等学校中、社会科学研究会が組織されていないのはわずか二校」という情況のなか、「このほど五高の研究会が文部大臣の名をもって解散を命じられ、また一一日には東大内の催しである軍事教育反対講演会が突如解散を命ぜられた」ことを報じている。**9　闡明**　明瞭でなかった道理や意義をはっきりとあらわすこと。

**10　御雇い外国人**　明治初年から大正にかけて、欧米の技術・制度・文化を輸入するために、政府、地方官庁、諸学校などで雇った外国人のこと。『御雇外国人一覧』（中外堂、一八七二）は、イギリス人一一九名、フランス人五〇名をはじめ、さまざまな国からの御雇い外国人の計二一四名を載せている。

**11　男女がともに踊れば対等条約が結べる**　一八八三（明治一六）年に落成した、欧米風の社交施設・鹿鳴館を中心に展開した外交政策を皮肉ったものだろう。当時の日本外交の課題は、治外法権の撤廃を含めた不平等条約の改正であった。**12　留学生を外国に派遣**　御雇い外国人に代わる日本人教員の養成のため、大量の留学生を玉石混淆のまま派遣した実験的な政策段階を経て、一八七五（明治八）年には「貸費留学生」の制度ができ、一八八二（明治一五）年の「官費海外留学生」、一八九二（明治二五）年の「文部省外国留学生」、一九二〇（大正九）年の「文部省在外研究員」へと継承されていく。

**13　千年以前の留学生廃止**　八九四年の遣唐使の廃止。

ることが多くなって、やむをえず国の学問は独立した。そうして他の国語をもってひとのすでに説いたことを、通訳するだけでは学問と認められぬようになった。新たな発見をしようとすれば、問題を自分の周囲に求めるほうが便《びん》である。[14] それゆえに自然に日本の自然と社会とを、対象とする研究がさかんになってきたのであった。

著述はわが邦では、非常におおいなる実業《じつぎょう》であった。最初なんでもめずらしくまたなんでも知ろうとした時代には、全部の語学者がみな著述業であった。こんなものがと思われる雑書までも、飜訳せられて世の中にひろまっている。われわれの読書欲はこれによって開拓せられ急にその需要に応ずるだけの出版が、飜訳を抜きにすると間《ま》にあわぬことになった。

いわゆる印刷文化のためには、これは幸福なる機会であったといってよい。この結果としてだんだんにあらわれたものは、ひとつには編纂という事業、すなわち内外のすでに備わった材料を綴り合わせて、ひとつの本らしき形にまとめること、もしくは切れ切れの短かい文章を集めて、一冊の堂々たる書籍をつくること、もっと粗末なのは別人の大きな仕事から、一部分の要点を抜きだして本にすること、[15] こういうものまでが著述のなかにかぞえられたのは、以前飜訳という著述がすでに認められた例があるからであった。

次に文芸の書籍が数多く世に出たのも、やはりまたこの読書欲の空隙と、書籍商業の余力が大きかったからである。これは一方には国人の思想文章は、過去の数百年が、望みえなかった進歩を、わずかの歳月のあいだになし遂げているのである。

この二種《いろ》の印刷物の増加が、現代の文庫を豊富にした力はおそろしいほどであった。それに飜訳もまたそのややわがままな選択と、宣伝の乱闘とを引きおこし、いくぶんか書物を菓子《かし》・果物《くだもの》のごとく、退屈しのぎの用にする弊風を招いたが、書を読む人びとの眼界をひろくした力は、はるかに在来の飜訳事業に超え、しかも類を制限したというのみで、依然として読書界には歓迎せられている。

ひとが一生の全部の閑暇をつくしても、なお昔のようにあるかぎりの書を見るという望みはなくなった。選択はすなわち必然のものになったのである。

ちょうど宗教が五種七種も競い進んで、自然にわれわれを信仰の比較研究に導くように、よほど無我夢中の者でもないかぎりは、退いて本はなんのために世に存し、何故にこれを読まねばならぬのかの問題を、一応は考えてみなければならぬ時世にはな

**14 便である**　都合がいい。**15 内外のすでに備わった材料……本にすること**　博文館が創業時に出したのが、主要な雑誌の重要な論説を集めた『日本大家論集』で、のちの明治を代表する雑誌王国の基盤をつくった。

ったのである。いわゆる円本[16]の洪水に、もしなんらかの功績があるとすれば、それは簡単に本を安い商品としたことではなく、いままで総括的にただ尊信していた態度を改めて、もういちだんと内容の用不用を究めるようにしてくれたことであろう。われわれの読書法のひとつの革命、それが間接には将来の学問の、有力なる指導となろうとしているのである。

文芸の新たなる遠路に関しては、別にこれを説くひとがあるからここ[17]には述べない。しかし少なくとも読者のすでに予想し、もしくは漠然とでもすでに考えていたことを、もういちど彼とともに見たり考えたりしようとするような、著述が最初に不用になっていくことだけは誰にでも察せられる。以前はそういう世話焼きも必要と認められ、ことに講演などはそんなものばかり喜んで聴いたのであるが、今日は、それはもう仲間の仕事になっている。

われわれがほかから待っているのは新しい事実、もしくははじめての経験になる感想であって、しかもできるならば自分たちの疑惑に、少しでも解釈をあたえるようなものを望んでいる。じっさいこのように多量の未知を抱えこんで、いままで同じ言葉の人真似にばかり、時を費やしていたことが悔いられているのである。

読書欲は当然に知識欲と化せざるをえない。

多くの日本の生活事実が、このごろようやくのことで互いに知られるようになり、それに伴うて省みてみなかった自分たちの問題が、新たに疑惑の種となっていることは、これも見のがしえない最近の一傾向である。[18]わが邦はひさしい歴史の因縁《いんねん》[19]から、非常に変化の多い天然と社会とを、ひとつの版《はん》図《と》[20]のなかに包括しておって、単なる一部面の普通というものから、他を類推する危険の、ことに大きな国である。地方は互いに他郷を諒解《りょうかい》するとともに、もっとも明確に自分たちの生活を知り、かつこれを他に説き示す必要をもっている。それができなかったら大きな団結はむつかしいのである。政府がこのごろになって郷土研究[21]という語を新たにとなえ、必ず地方の有識者にこ

**16 円本**　定価が一冊一円均一の予約形式の全集・双（叢）書本。そのさきがけは一九二六（大正一五）年刊行の『現代日本文学全集』〔全六三巻、改造社〕である。その成功に刺激された各社は、次々と同様の出版物を企画し、市場に送り出した。**17 別にこれを説くひとがあるから**　この『明治大正史』の企画のなかに、土岐善麿編の『芸術篇』があるから、の意であろう。**18 日本の生活事実が…最近の一傾向**　柳田は「食物と心臓」（一九三二）において「昭和六年の回顧は、われわれの学問のうえにも永く爽快なる印象をのこそうとしている。なによりもありがたいのは、気まぐれにしてまた断片的なる今までの採集をもって満足せず、新たに系統立った観察と記録とを試みんとする計画が、全国の各地に期せずしてあらわれてきたことである」〔全集10：三六七頁〕と述べているが、そのとき念頭にあったのは、文部省が力を入れていた郷土教育であり、その文脈での諸調査であろう。**19 因縁**　定められた運命。**20 版図**　領十。

れを考えさせ、また教育のうえにも利用させようとするのは、深意はまだわからぬが少なくともこの機運には触れている。そうして最近までの国家教育主義の、ひさしいあいだ省みようとしない点でもあった。これを生活改善[22]の新方針の端緒とみることは、われわれにとっては根拠なき楽観ではないのである。

教育の実際化[23]という語が、いまごろになってようやくとなえられるというのも、まだ間《ま》にあったのだから、馬鹿馬鹿しいと思ってはいけない。

　家で生計の盛衰をもっとも心にかけ、子孫の愛育のために全力を挙げていた者が、いままではほとんど発言権をもたず、たとえ実際化せぬ教育をあたえられても、だまってただ喜んでいなければならなかった時代が、ながきに失したことは残念であった[24]が、とにかく、現在では母も祖母も、どうしてくれるのですと訊《き》くことができるようになった。しかも今日までは、ただめいめいの家の都合《つごう》だけにもとづいて、喜んだり憂えたりしたのが女性であったが、彼らの知識はいつとなく増加して、これにはもういちだんと根本的の要求が、社会と共通にあったのだということがわかってきた。

　生活改善の諸案というものには、世間見ずのひとりよがりも多かった。

　それを実行しうる家の数も少なく、貧にあえいでいる大多数の同胞とは、涙のこぼれるほど没交渉な苦労をしていたひともあった。しかし、少なくともいまの生活は改善すべきもの、それも、個人の思い思いの工夫《くふう》でなく、同じ憂《うれ》い[25]を抱く、多くの者が団結して、はじめて世の中に益があるということを、認めたこと自身が改善であった。

**21 郷土研究**　一九三一（昭和六）年九月に出された『郷土科学講座』（四海書房）の内容見本の「発刊の言葉」は、郷土研究や郷土教育という語について、ひさしく使われてきたが、今日まであまり重んじられていなかったところ「最近にいたって驚くべき機運を作って各地に宣伝せられるようになり、文部当局においても本年度からは各師範学校の郷土室施設補助費を倍加してますますその奨励を計ることになった」［全集28：六四七—九頁］と証言している。**22 生活改善**　文部省は国民生活の合理化と生活水準の向上にとりくむ運動を推進するため、一九二〇（大正九）年に半官半民の生活改善同盟会を発足させた。『東京朝日新聞』同年一月一五日記事は、二五日に東京女子高等師範学校でおこなわれる発会式の予定を報じている。同時代の賀川豊彦や奥むめおらの消費組合運動、あるいは台所改善運動、さらには経済学者の森本厚吉が展開した文化生活運動なども民間の生活改善の試みであった。これらは明治四〇年代に内務省が推進した地方改良運動の取り組みとも無関係ではなかった。**23 教育の実際化**　第九章の注123参照。一九二七（昭和二）年当時、首相であった田中義一は教育の「地方分権」の方針を掲げ、その方法として「教育の地方化、実際化」（『東京朝日新聞』同年五月一七日記事）を主唱した。**24 家で生計の盛衰を……残念であった**　ここで柳田は女性たち自らの生活改善を主題化している。『婦人公論』に連載した「女性生活史」（一九四一）という問答の「家を治める道、たべもの着ものから家庭の幸福、親に仕え子を育てるというような女の勤めについて、日頃の迷いを晴らす」知識を民俗学は重視していないのではないかという質問に対し、それは「迷惑な誤解」だと応じ、「多数の日本女性が共通して、抱いているような疑問」が重要で「もし答えられなかったらわれわれも一緒になって、もっと努力」［全集30：三七六頁］し考えるのが学問だと述べる。**25 憂いなげき**。心配。

なかには見得坊《みえぼう》[26]の口ばかりのようなひとが、出すぎて憎らしいこともおりおりはあろうが、社会を女性の問題とした功労だけは認めてよい。

男はじっさいにみなあせっている。微細な人情の変化までに気づかぬほど情が荒《すさ》び、もしくは、わざとそんなことは大まかに論じようとしている。

政治の直接にわれわれの家庭と交渉する部分を、婦人の団体の考察に任せるはよいことである。ひとつの大きな利益は必ず教育のうえにあらわれてくる。

子供が父よりももっと幸福に活《い》きんことは、父とてもけっしてこれを望まぬことはあるまいが、母ほど痛切にこれを感じてはいない。貧しい生計の者はなおさらのこと、豊《ゆた》かに暮らす者でもこの感は免れぬ。家の煩累《はんるい》がやや忍びがたくなるたびに、せめてわが子らには同じ苦しみはさせたくないと思わずにおられぬのは、母であった。大は婚姻のひとに語られぬ悩みから、小は飲食の朝夕《あさゆうべ》の苦労まで、過ぎて還らぬ悔《くや》みというものはこのひとたちにはひとつもなかった。

かりに自分はもうどうすることも成らぬとしても、それは同時にまた次に来る者の経験であって、かわって彼らのために利用する望みはあった。

以前は祈願信念のただひとつの力にしか頼《たよ》れなかったのであるが、現在は教育がまだいくつかの機会を供与する。はたして心身の発育がよく一生の艱難《かんなん》に堪えるだけでなく、さらによく疑いまたよく判断して、いったん是《ぜ》と信ずればこれを実行するだけの、個人の力というものを養うことができるかどうか。しかりたしかに、とこの問に答うる者がない以上、いつまで経《た》っても親々はその苦闘を中止せぬであろう。

現代の教育は自らもこの欠点を意識して、別に成人教育[27]なるものに補充を必要としたり、もしくは公民教育の追加を試みようとしているのは、すなわちまた今日の小学校が、児童をひととするのに必ずしも万全でないことを、ひろく世の父母《ちちはは》とともに憂《うれ》いている兆候である。

改革は期して待つべきである。

いちばん大きな誤解は人間の痴愚軽慮《ちぐけいりょ》、それに原因をもつ闘諍《とうじょう》[28]と窮苦《きゅうく》[29]とが、個々の偶然であって防止のできぬもののごとく、考えられていることではないかと思う。そ

**26 見得坊**　自分をよく見せようとする目立ちがり。見栄っぱり。**27 成人教育**　学校教育に対し、社会教育をいう。柳田は『婦人公論大学』の内容見本に「成人教育の好機関」（一九三一）という推薦文を寄せ、自分は女性文化向上に年来関心を寄せ努力もしてきたが、一向に効果がみられないのは「有り体にいえば婦人の成人教育の機関ともいうべき婦人雑誌が低級で愚劣で悪趣味なのである」[全集28：三六八頁]と批判し、女性の思想生活と実際生活の向上に資するよき指導機関の出現への期待を論ずる。また「官界の成人教育」（一九二四）というひねったタイトルの論説では、新たに設置される「思想取締警察」をとりあげ、「貧弱なる旧式の教科書」や「独断的の定義や術語」を棄て、また「在来の教習場に重きを置かず、直接社会に立ち入って」[全集26：一九四―五頁]学ぼうとすることが重要だと説く。**28 闘諍**　いさかい。相手を倒そうと互いに争うこと。**29 窮苦**　貧困。窮乏。

れは前代以来のいまだ立証せられざる当て推量であった。

われわれの考えてみたいくつかの世相は、ひとを不幸にする原因の社会にあることを教えた。すなわちわれわれは公民として病みかつ貧しいのであった。

# 解説

佐藤健二

## 一　『明治大正史』の一冊として

　この書物は世に『明治大正史世相篇』の名で流布しているが、巻数表記の「4」「Ⅳ」や「第四巻」の表示のないタイトルは正確にいうと、いつのまにか生まれた通称である。もともと柳田の単独の著作として構想され、選ばれた名ではなかった。そうした事情は、「じつはこういうふうな書物を一度は書いてみたい」と以前から願い、「多少の準備をしているような気もち」〔一三頁〕でいたのだが、という柳田自身の自序の冒頭のフレーズに、微妙なかたちでにじみでている。

「わが朝日新聞によって計画せられる」〔同頁〕との辞は、一九三〇（昭和五）年一〇月から一九三一（昭和六）年三月まで、朝日新聞社が毎月一冊ずつ刊行した『明治大正史』全六冊の企画を指す。その第四巻が『世相篇』であった。他の篇を手がけた『言論篇』の美土路昌一《みどろますいち》（一八八六〜一九七三）、『外交篇』の永井萬助（一八七九〜一

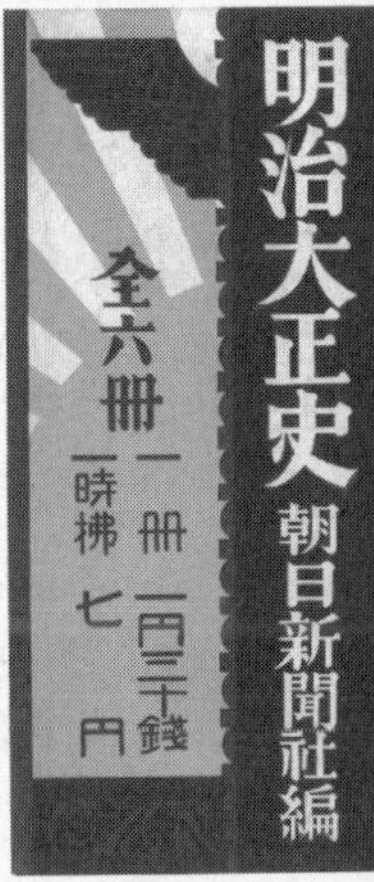

『明治大正史』内容見本表紙

九五五)、『経済篇』の牧野《まきの》輝智《てるとし》(一八七九~一九四一)、『芸術篇』の土岐《とき》善《ぜん》麿《まろ》(一八八五~一九八〇)、『政治篇』の野村秀雄(一八八八~一九六四)は、いずれも当時の朝日新聞社の部長級である。一八七五(明治八)年生まれの柳田国男からみると五歳から一〇歳ばかり年下なのだが、すでに新聞の論説を担当し、あるいは紙面等の編集を任されていた幹部ばかりであった。一九二九(昭和四)年に柳田が『都市と農村』を刊行した「朝日常識講座」や、その続編「第二朝日常識講座」と同じく、この叢書もまた朝日新聞社の教養文化事業であった。

しかし六冊のシリーズ本のうち、この書物だけが作品として評価され世にのこったのはなぜか。

それは、著者が学究としてとりわけ著名だったからではない。本全体が、他とは明らかに質的に異なる個性的なひとつの構えを有し、文章の密度や個性、洞察の鋭さにおいて、卓抜の一冊だったからである。柳田独自の「世相解説」の思いをふまえた、実験的な歴史記述であり、この二年前にあたる一九二九（昭和四）年の「聟入考」が、「史学対民俗学の一課題」という挑戦的な副題をかかげたのと同じ新学問提案の気概で、取りくまれたものではないだろうか。『明治大正史』は「現代史」という意味だったかと思うが、そもそも「世相篇」という巻の設定自体、柳田の創案であったに違いない。

他の五冊は、共同制作の印象がつよい。朝日新聞の文化欄の記者たちが、ほとんど原稿を組織的に分担し、用意したと思われる。柳田の担当巻にしても、当初はそうした編者の監修の枠組みで進行していたのだろう。桜田勝徳が「始めからこれを自ら執筆するつもりではなかったとしか思えない」［桜田勝徳「解説」『明治大正史世相篇』下、講談社学術文庫、一九七六：二二一頁］と書いたのはそれゆえであり、「中道の書いた原稿に手を加えることにより責を果たそうというつもりであったにちがいない」［同前：二二二頁］と推測している。じっさい、資料の収集において桜田勝徳と中道等が深くかかわり、橋浦泰雄が一部分の下書きをする（鶴見太郎『橋浦泰雄伝』晶文社、二〇〇〇）など、柳田の他の単行本では類例が必ずしも多くない、他者との協働を包含している。

とはいうものの、この書物は結局のところ、そうした監修本にはならなかった。もちろん、中道等による下書き原稿の存在は確認されず、じっさいにどう書かれたのかの検証はなされていない。それゆえ推測にとどまるけれども、修正や書き換えの煩雑さにくわえて、文章の体裁や議論の流れの不十分さにも耐えられず、最終的には「書き下ろし」に近いかたちを選ぶことになったのではないかと思われる。

文章以外にも、写真の頁をひとかたまりの「口絵」として冒頭に配さず、一頁ごとを独立させて裏白の一枚を本文中に大きくはさむやり方など、柳田のこだわりがつよく反映されている。「新仕事着の着こなし」は組写真《くみ》、「思いおもいの交通」は合成写真であることも含め、写真もまたテクストとして、選ばれたイメージの表象につかわれている。「鳥影の映写幕」などという余韻ゆたかなキャプションも、柳田自身が工夫したものであろう。

巻頭の「第二の故郷」は、当時としては最新技術の航空写真である。取材活動などに飛行機を使いはじめた昭和初年の大新聞社の力、別ないいかたを選ぶなら、新聞という確立しつつあった新しいメディア企業の活躍を象徴するものであろう。朝日新聞社は、一九二三(大正一二)年に『アサヒグラフ』を創刊し、グラフ雑誌の隆盛をリードしていくのだが、世相篇の写真の使い方は、その新しさの延長線上にある。

## 二　世相篇という一冊の意義

あらためて簡潔に、この書物のどこに評価すべき特質があるのかを整理しておこう。柳田の著作史のなかで、『明治大正史世相篇』は、いくつかの意味で中間的な集約に位置づけられる。

＊

第一に、柳田の学問の方法と方法論の整備のプロセスにおいて、である。

柳田の研究方法論は、『郷土誌論』（一九二二）に集約される「菅沼可児彦」名で発表された一九一〇年代の諸論考を皮切りに、一時期『郷土研究十講』と改題された『青年と学問』（一九二八）の講演原稿集成や、一九三二年の神宮皇学館での「郷土史研究の方法」の講義を経て、『民間伝承論』（一九三四）と『郷土生活の研究法』（一九三五）にまとめられていく。『明治大正史世相篇』は、その途上における実験として、重要な意味をもった。

いかなる実験か。柳田はここで、新しい歴史記述の方法を検討している。『郷土誌論』の方法としてかかげた「固有名詞の詮議に重きをおかぬこと」［全集3：一二二頁］を受けて、本書では「在来の伝記式歴史に不満である結果、故意に固有名詞をひとつでも掲げまいとした」［二〇頁］という方法意識が語られる。それは既存の歴史記述の批判である、と同時に、じつは「昔話」のかたちでの、あるいは

| | | | |
|---|---|---|---|
| 1 | 眼に映ずる世相 | 衣、視覚と聴覚 | |
| 2 | 食物の個人自由 | 食、嗅覚と味覚 | 日常生活と感覚 |
| 3 | 家と住心地 | 住、触覚 | |
| 4 | 風光推移 | 自然とのコミュニケーション | |
| 5 | 故郷異郷 | 村のなかに生まれた緊張 | 社会の鳥瞰 |
| 6 | 新交通と文化輸送者 | 交通の変容 | |
| 7 | 酒 | 交流、宴、交際儀礼 | |
| 8 | 恋愛技術の消長 | 婚姻・夫婦・性（ヨコ関係） | 人間間の現象 |
| 9 | 家永続の願い | 先祖・親子・他界（タテ関係） | |
| 10 | 生産と商業 | 職業の発生 | |
| 11 | 労力の配賦 | 労働問題 | 産業化 |
| 12 | 貧と病 | 社会問題 | |
| 13 | 伴を慕う心 | 集団形成 | |
| 14 | 群を抜く力 | 英雄と代表 | 社会の動態 |
| 15 | 生活改善の目標 | 教育と知識の改善 | |

「新語」や「ことわざ」の工夫の、人びとの日常における歴史語りへの接近であったとも解しうる。

　もちろん「昔話」の理解それ自体も、若き日の柳田自身の「自然主義」や「写生」や「事実」の主張もおさえたうえで、現代的な新たな意味に変えておくべきだろう。

『文章世界』（第三巻第五号、一九〇八）に載った「読者より見たる自然派小説」［全集23：五七二―五頁］において、いわゆる自然主義の小説でおもしろいのは、人物事象などの事実の取りあつかい方における「超然性」であって「その人物事象の中へまきこまれてしまわずに、ちょっと離れて見ている態度」こそが貴重な本質だと述べる。そして、ピエル・ロティ（Pierre Loti 一八五〇〜一九二三）の『氷島の漁夫《アイスランド・フィッシャーマン》』（岩波文庫、一九七八）を例にあげて、あたかも神のようにとはいえないけれども、主人公・妻・息子という三人それぞれの「同時に起こった三個処の事実を一列に見ているような態度」で書き、それが読者の眼にも、ともに映るように試みているのがおもしろい、と論じている。

つまり固有名詞の個別性の慎重なる排除は、事実それ自体を冷静にとらえる「距離化」の試みであると同時に、自然派小説の描写に学んだ「普遍化」「共有化」の技法でもあったのである。

この世相篇の目次も、歴史書としてはまことに個性的である。

右表に整理したような三章ごとの大きな主題のまとまりを暗示し、その連続性とともに人間と社会とをとらえる大きな構えを感じさせる。普通名詞の普遍性において、あるいは動詞のダイナミックな関係性において、また形容詞の色あざやかな実感において語るという戦略的な問題提起を、当時の史学がうまく受けとめられたかどうかは疑問である。

＊

第二に、この書き下ろしは、柳田国男の他の多くの著作・論考との関係においても、すなわち論述の内容においても中間的な集約であった。さまざまな主題がそこに流れこみ、いくつもの着想がそこからあふれだして、のちの論考でひびきあうかのように展開されている。

たとえば世相篇から八年後にまとめられた『木綿以前の事』の自序は、「自分自分の疑惑から出発する研究」こそが「自国の学問」［全集9：四二八頁］であるという主張を掲げ、自分ひとりの疑惑について「すこしも手前勝手とは考えおらぬのみか、むしろ手前にはなんの用もないことを、ひとだけに説いて聴かせようとする職業を軽蔑している」［：同頁］とまで述べているが、その趣意は、歴史は他人の家の事蹟を説くものではないという本書の議論［三〇頁］と重なっている。

あるいは世相篇の第一三章の「伴を慕う心」や、第一〇章から第一二章の産業化論が、『最新産業組合通解』（一九〇二）や『時代ト農政』（一九一〇）から論じてきた産業組合への思いを引き継いでいることは、だれもが容易に気づくだろう。また、『豆の葉と太陽』［全集12］という一冊のなかで考えると、「武蔵野の昔」（一九二〇）での考察を入れこんで第四章「風光推移」のテーマが展開する一方で、その主題は「風景の成長」（一九三三）や「旅人の為に」（一九三四）のような後の時代の講演にしっかりとつながっている。第七章で論じた「酒」が『改造』［第二一巻第二号］に寄せられた「酒の飲みようの変遷（原題「民俗と酒」）」（一九三九）で敷衍され、『文学』［第三巻第一〇号］の「民謡覚書（二）」（一九三五）の酒宴歌の考察や、『東京朝日新聞』（一九三八年五月一六・一七日）の「酒田節」に展開しているなど、この一冊にあつめてまとめられ、やがて拡がり充実していった主題は、縦横にいくらでも挙げることができる。

柳田自身も、初版の刊行直前の胡桃沢勘内あての絵はがき（一九三〇年一二月三一日）で、この二ヵ月間たいへんな目にあっていた一冊を大晦日に手ばなしたが、その内容はちょうど松本の彰風会（松本女子師範学校同窓会）でおこなった「昔風と当世風」〔全集9：四四五―五七頁〕の話を「長くしたようなもの」〔定本別巻四：五三七頁〕だと書いていて、柳田自身がこれまで話してきたこととのつながりを意識していた。「女性史学」の自覚的な主張などは、いわば日常生活史の主題化という意味で、農政学・社会経済史から社会史への転換を象徴するものであったが、その自覚もまた、この『明治大正史世相篇』の実験とひびきあっていると私は考えている。本書第一章の注4でも、その一部を紹介しているが、実践女学校での一九三四（昭和九）年の講演をもとにした「女性史学（原題「女性と歴史」）」（一九三六）の次のような一節は、ある意味でこの一冊がいどんだ歴史記述の本質を代弁している。

「政治上のいつでも大きな問題は、結局は貧乏物語に帰着する。貧の原因は複雑をきわめていて、その根本の法則というものを、突きつめたところにもっていこうとする人もすでに多い。それは仮に疑いのないことだとしても、なおそのたったひとつの原因を除き去ることによって、貧を絶滅することができるとは思えないわけは、これを取りまいて今はまだ茫漠たる未知の歴史があるからである。」[「女性史学」全集9：六一〇頁]

のちに『不幸なる芸術』[全集19]に収められる「涕泣史談」(一九四〇)のような卓抜で意外な歴史の新たな構想は、おそらく世相篇の実験なしには生まれなかったのではないだろうか。

＊

第三に、この「茫漠たる未知」をいかにして歴史の対象として浮かびあがらせるか、という方法的な課題への取り組みもまた、『明治大正史世相篇』の実験が試みた、中間的ながらあざやかな成果である。

柳田の「自序」が説く、新聞という資料に対する評価は、両義的である。柳田は移り変わる世の中を映しだすという目的に専念してきた新聞を素材にすれば、「ひとつのプレパラートをひとつの鏡から、一時に覗くような共同の認識が得られる」[一六頁]にちがいないと考えた。その一方で、新聞には記録せられていない有力な事実が多いことにも気づいた、と述べている。そしてつまりは、新聞以外の「現に読者も知り自分も知っているという事実を、ただ漠然と援用するのほかはなかった」［一八頁］と告白する。

しかし、この「現に読者も知り自分も知っているという事実」とは、たんなる常識、だれもが知っていて当然と思っている知識や経験を意味していない。その点で、「漠然と援用するのほかはなかった」という柳田の弁明には、じつはある種の屈折が含まれている。それは、いわば自分たちもまた忘れて思い出しにくくなっていた事実を積極的に活用しようとするものであった。

具体的な例をひとつあげてみよう。

第二章「食物の個人自由」の香り＝嗅覚の論のなかに、カマドの火が分裂し、家でそれぞれの小鍋立《こなべだて》の自由が浸透したあとも「村の香はまだひさしくひとつ」であった、という共同性の洞察がある。具体的には、節の祝日などでは、酒がふるまわれ鮓桶がならぶ時間までが、どの家もほぼ同じであったために、祭礼の気分が自然に「村の内にただよいあふれた」［九八頁］のだ、と述べている。そして、次のような一節をくわえている。

「この感覚は地方によって、むろん少しずつの差異があったろうと思うが、それをくらべて見るおりはまことに少なかった。しかも各人にとってはあまりにも顕著でありまた普通でもあったゆえに、たんになになにの香とその物の名を指すばかりで、とくに五色のごとき総称をもうけずにいるうちに、時代は少しずつその内容をかえ、かつ混乱をもってその印象をかすかならしめた。」[九八—九頁 傍点引用者]

この祭の日の統一された「村の香」は、だれにも明確で、だれもが経験し、だれもが具体的には知っているものでありながら、かんたんに指させるものでも、たとえて活用できるものでもなかった。その豊かな全体を色彩の場合の「五色」や「錦」のように概括して、指ししめすことばがつくられなかったからである。そのために、いつしか漠然とした昔のできごとになってしまい、その内実を思いだせない、かすかな気分に分解してしまったのだと論じている。

引用文のなかの傍点を打ったところが、自序にいう「現に読者も知り自分も知っているという事実」に対応する。つまり、顕著で普通な事実であっても、みんなが自覚できているわけではない。引き比べて語りあうことがないからである。そうした、感覚の自然のなかに埋もれている事実に光をあてることこそ、世相篇の冒険の実質でもあった。

それは、変わり目を感じとることであり、変動を思いえがくことであり、いま現在のありようが、歴史の選択であったことを明らかにすることであった。

「鮓」という語をあげて、「古い言葉だからこれこそは固有であろうと思っていると、もう知らぬ間に内容のほうがちがってしまって、なまじいに元の名を相続したばかりに、かえって前に存したものを忘れさせている」［一二〇頁］ことの指摘も、まさにそうした事実のひとつであり、それに添って「決して明治以前から、いまの通りのものを食っていたのではない」［一一七—八頁］という洞察が述べられる。同じように、「昔ながらの天然ではなかった」［二三四頁］こと、「日本固有の古い習俗ではなかった」［三六四頁］こと、「すなわちいまの飯の固有でないこと」［一一三頁］など、常識をくつがえす変化がいたるところで指摘されていることに、読者は気づくだろう。そうした埋もれてしまった歴史をさかのぼって浮かびあがらせることこそ、新聞に依存せずに、だれもが思いあたる証拠のみを使ったという弁明の意味である。

そのまなざしは、いまだ自覚せられていない「未知」、すなわちわれわれが忘れてしまった感覚をも見すえている。世相篇には、まだ自覚せられていない「喪失」を論じているところがいくつもある。

「けっきょく文明人のある者は、この点［引用者注：鼻の感覚のこと］だけでは前よりもおろかになったといえるので、静かに考えてゆくと、これと類を同じゅうする

喪失は、まだほかにも多くありそうである。」［九四頁傍点引用者、以下同じ］

「そういう行きがかりは一切断ち切って出てきたつもりで、なにかまだ欠けて補わなければならぬものがあるような感じ、それが近世の新築計画者の悩みであった。」［二二二頁］

「われわれの環境に対する喜悦満足は、名もなにもない空漠たるひとつの気もちとなり、それがこのごろのようにいくつかの欠けたものを生じて、はじめてあれはなんだったと尋ねなければならぬようになった」［二五八頁］

そうした日常の変動のなかをしずかに進む喪失の、忘れがたき感覚を顧慮することもまた、政策にかかわるものの責任ではないのかと、あえて柳田はいいたかったのかもしれない。

であればこそ、時の権力がつくりだした法規範の「統一の犠牲」についても、世相篇は見落としていない。たとえば「酒」の章において、「酔うのを主眼とする古風からいうと」清酒は酒の部には入らず、昔のままの粗末な濁酒をつくらざるをえなかった事実を指さしたあと、「それを今日の酒造税法が無視したために、憫れむべき多数の犯人をつくらねばならなかった」［三六六頁］と論じたのも、その一例だろう。あるいは、日英通商航海条約のような対等条約がむすばれる頃になって、有力者たちが「権妻」（内縁の妻）の存在を表から見えないように「別宅」に囲いこんだことを指して、「悪い風習だったが、ずるい男はこれを模倣した。そうしてなんのためにこんなことをしているのかはわからなかったのである」［四一四頁］と評し、さまざまな「内縁」を論じた背景には、「われわれの婚姻様式は、おそらくはあまりに整理せられすぎたのである」［四二四頁］という法制度への批判があった。さらに、目立ちはじめた親子心中の背後にひそむ「聴くも無惨なる必要」［四六六頁］をめぐる痛切な言及も、その犠牲を村や家の制度的な変動が生みだしたものとしてとらえなおす、同様のまなざしを内包している。

## 三　注釈・校訂の方針について

最後に、この新訂版が願ったことについて、かんたんに触れておきたい。

『明治大正史世相篇』が名著であることは、益田勝実（「解説」『明治大正史世相篇』平凡社東洋文庫、一九六七）、鶴見和子（「社会変動論としての『明治大正史世相篇』」神島二郎・伊藤幹治編『シンポジウム柳田國男』日本放送出版協会、一九七三）、守屋毅（「『世相篇』の柳田国男」朝日新聞、一九七四年七月三一日)、桜田勝徳(「解説」七〇九頁参照)、色川大吉(『柳田國男 常民文化論』講談社、一九七八)、見田宗介(「解説」『新編柳田國男集 第四巻』筑摩書房、一九七八)、加藤秀俊(「同時代を読む」『明治大正史 世相篇』中公クラシックス、二〇〇一)らの評価に明らかで、私自身も小論(「作品としての『明治大正史世相篇』」『歴史社会学の作法』岩波書店、二〇〇一など)をまとめている。テクストにしても、初版の朝日新聞社版のほか、定本版、東洋文庫版、中央公論社版、講談社学術文庫版、新編版など、数多くが復刻されている。

にもかかわらず、なぜ注釈・校訂をくわえた文庫本をいまあらためて刊行するのか。

あれはいつだったか。日本生活学会の川添登先生がまだお元気だった頃、柳田の『明治大正史世相篇』が話題になった。ある大学の演習で川添先生が取りあげたら、学生が文章を理解する以前に、ことばの意味や漢字の読み方、事物の名称がわからず、つまずくところが多くて音を上げたという話で、現代だからこそていねいな注釈が必要だということだった。

ずいぶんとあとになって、社会学の大先達でもある加藤秀俊先生に、いまの読者には難解かもしれませんねと申しあげたことがあった。加藤先生は、中公クラシックス版での再版を手がけ、その解説で、この書物は「現代日本を代表する名著」であるとともに、読みつがれる「古典」[:二六頁]であると評価されていた。加藤先生は笑いながら、昔だって四書五経をみんなわからないままに読んで学んで、でもさまざまな気づきを得ていたんだから、甘やかしちゃいかん、という趣旨のことを述べられた。なるほど、そのとき「わからない」と感じたとしても投げ出さなければ、いつか気づく瞬間があるという教えはまことに正しい。

それでもなお、小さな手がかりがあったほうが、親切だと考えたのはなによりも、私自身がよくわからないところを、あまり調べもせずに読みとばしていたことを意識したからである。あらためて議論の組み立てを確かめつつ、どんな注や解釈を加えられるのか。それを考えつつ読むのは意味があるなと空想していたところに、縁のある編集者からお誘いがあったのが、昨年の四月だっただろうか。

＊

もちろん、委細をつくした柳田の文章に、注釈をくわえるなど無粋で、なににせよ向こう見ずである。間違った敷衍のこわさも、こうした蛮勇を躊躇させるにやぶさかでない。「注」とはもともと水を「そそぐ」ことであり、固くてむずかしい本文の意味をやわらかくやさしくすることだという解説を聞いたが、私はそうした校注によって耕地を開墾した経験にとぼしい。

旺文社文庫の『雪国の春』（一九七五）や『日本の祭』（一九七五）のように、難解な語や書名・人名を中心に語義を説明する辞典代わりの便宜は認められやすいし、比較的安全な範囲だろう。ただ、いま読もうとする人びとに必要なのは、もうすこし踏みこんで寄りそった状況説明や文脈解説のように思った。

岩本通弥氏の研究グループが本格的な注釈を先駆的に試みたことは聞いていたので、その成果も勉強させてもらった（http://www.yanagitakunio.jpn.org）。しかしながら、まだ第一章しかネットで公開されておらず、全体の印象では、解釈が民俗をめぐる注釈者自身の論や説の探究に深入りしすぎている。一部の注釈など、論者の思いのほうが先に走りだして、本文に戻れないほどに遠征してしまっているように感じた。その気分には深く同情するものの、読みすすもうとするものをかえって惑わせかねない。

この文庫版の注では、いずれも私自身が理解するうえですこし立ち止まったり、つまずいたり、ちょっとわかりにくいかもしれないと思った語彙や事実について、本文にそっていいかえたり解説したりするとどうなるかを考えた。語注や釈注が、まるっきりの勘違いにまで本意を踏みはずしていないことを願う。

勝手に改行を増やしたのも、複雑な構造での文の曲折を、すこしだけでも見とおしよく整理したかっただけで、ふりがなの自由な追加とあわせて、「私注」のもうひとつの形態であるとご理解いただければありがたい。

ひとつだけ注釈を試みるにあたって時代のメリットだと感じたのは、新聞データベースが一部の全国紙だけだが、活用できたことである。私が学びはじめた時代には、考えられない便利であった。もちろん、探索できずに残された記事や事例も多いが、「自序」のやや冷淡な評言にもかかわらず、柳田が新聞から「無限の暗示」［一八頁］を受けていたことは明らかである。

柳田の他の著作への言及や関連づけも、思いついたわずかな範囲にとどまってしまった。そうした不徹底・不詮索は、これまで挑まれたことのない検証の最初の試みとしてご海容いただきたい。次世代の研究者による、さらなる探索と充実とを期待している。

索引に対して柳田の思い入れが深いことは、『読書空間の近代』（弘文堂、一九八七）で私自身も論じているので、この復刻新訂でも省略せずに活かした。初版の索引項目はほぼすべて収めいれるとともに、この機会に「常民」「常人」「実験」「われわれ」など柳田研究でも注目されてきた語をくわえ、あらたに「資本」「都市」「農村」「解放」「自由」等々の項目を補充することで充実させている。

よい機会をあたえてくれたKADOKAWAの伊集院元郁さんに感謝する。初版のふりがなの再現などでは、桐谷詩絵音さんの力を借りた。苅部直さん、山口輝臣さん、鈴木淳さん、森謙二さん、鄭仁善さん、小池淳一さん、真鍋昌賢さんのご教示もありがたかった。こうしてできあがった一冊を、川添登先生や見田宗介先生に差し上げられないことは、私ひとりの小さな無念である。

＊

校注の作業のひとつひとつが、いわば自らの無知をたどる勤行であった。あまり使ったことがない語の意味を辞書等で確かめ、例に引いている事象の実際をさぐろうとしているうちに、柳田国男が論じようとした筋道が、より明確化していくような感じがしたのは、霊験だろうか。そのおもしろさを、断片的ながら読者に伝えられたらと思う。ささやかなものであれ、後生からの注の介添えがあることで、この一九三〇年代の名著がすこしでも親しみやすくなることこそ、この文庫本の本願である。

（東京大学副学長・特任教授、社会学・文化資源学）

# 索　引

## あ



## い

## う

く



け

さ

し

す



せ

## そ

## ち



## つ



## て

## と

な

ひ

へ



ほ

め



も



や

ゆ



よ



ら



り

# 明《めい》治《じ》大《たい》正《しょう》史《し》 世《せ》相《そう》篇《へん》


柳《やなぎ》田《た》国《くに》男《お》　佐《さ》藤《とう》健《けん》二《じ》＝校注

令和５年 10月25日　初版発行

発行者●山下直久

発行●株式会社KADOKAWA
〒102-8177　東京都千代田区富士見2-13-3
電話　0570-002-301（ナビダイヤル）

角川文庫 23869

印刷所●株式会社暁印刷
製本所●本間製本株式会社

表紙画●和田三造





●お問い合わせ
https://www.kadokawa.co.jp/（「お問い合わせ」へお進みください）
※内容によっては、お答えできない場合があります。
※サポートは日本国内のみとさせていただきます。
※Japanese text only




ISBN 978-4-04-400720-1　C0139

◇◇◇

# 角川文庫発刊に際して

角川源義

第二次世界大戦の敗北は、軍事力の敗北であった以上に、私たちの若い文化力の敗退であった。私たちの文化が戦争に対して如何に無力であり、単なるあだ花に過ぎなかったかを、私たちは身を以て体験し痛感した。西洋近代文化の摂取にとって、明治以後八十年の歳月は決して短かすぎたとは言えない。にもかかわらず、近代文化の伝統を確立し、自由な批判と柔軟な良識に富む文化層として自らを形成することに私たちは失敗して来た。そしてこれは、各層への文化の普及滲透を任務とする出版人の責任でもあった。

一九四五年以来、私たちは再び振出しに戻り、第一歩から踏み出すことを余儀なくされた。これは大きな不幸ではあるが、反面、これまでの混沌・未熟・歪曲の中にあった我が国の文化に秩序と確たる基礎を齎らすためには絶好の機会でもある。角川書店は、このような祖国の文化的危機にあたり、微力をも顧みず再建の礎石たるべき抱負と決意とをもって出発したが、ここに創立以来の念願を果すべく角川文庫を発刊する。これまで刊行されたあらゆる全集叢書文庫類の長所と短所とを検討し、古今東西の不朽の典籍を、良心的編集のもとに、廉価に、そして書架にふさわしい美本として、多くのひとびとに提供しようとする。しかし私たちは徒らに百科全書的な知識のジレッタントを作ることを目的とせず、あくまで祖国の文化に秩序と再建への道を示し、この文庫を角川書店の栄ある事業として、今後永久に継続発展せしめ、学芸と教養との殿堂として大成せんことを期したい。多くの読書子の愛情ある忠言と支持とによって、この希望と抱負とを完遂せしめられんことを願う。

一九四九年五月三日

## 角川ソフィア文庫ベストセラー

新版 遠野物語
付・遠野物語拾遺
柳田国男

雪女や河童の話、正月行事や狼たちの生態——。遠野郷（岩手県）には、怪異や伝説、古くからの習俗が、なぜかたくさん眠っていた。日本の原風景を描く日本民俗学の金字塔。年譜・索引・地図付き。

雪国の春
柳田国男が歩いた東北
柳田国男

名作『遠野物語』を刊行した一〇年後、柳田は二ヶ月をかけて東北を訪ね歩いた。その旅行記「豆手帖から」をはじめ、「雪国の春」「東北文学の研究」など、日本民俗学の視点から東北を深く考察した文化論。

新訂 妖怪談義
柳田国男
校注／小松和彦

柳田国男が、日本の各地を渡り歩き見聞した怪異伝承を集め、編纂した妖怪入門書。現代の妖怪研究の第一人者が最新の研究成果を活かし、引用文の原典に当たり、詳細な注と解説を入れた決定版。

一目小僧その他
柳田国男

日本全国に広く伝承されている「一目小僧」「橋姫」「物言う魚」「ダイダラ坊」などの伝説を蒐集・整理し、丹念に分析。それぞれの由来と歴史、人々の信仰を辿り、日本人の精神構造を読み解く論考集。

山の人生
柳田国男

山で暮らす人々に起こった悲劇や不条理、山の神の嫁入りや神隠しなどの怪奇談、「天狗」や「山男」にまつわる人々の宗教生活などを、実地をもって精細に例証し、透徹した視点で綴る柳田民俗学の代表作。

# 角川ソフィア文庫ベストセラー

## 先祖の話　柳田国男

人は死ねば子孫の供養や祀りをうけて祖霊へと昇華し、山々から家の繁栄を見守り、盆や正月にのみ交流する――膨大な民俗伝承の研究をもとに、古くから日本人に通底している霊魂観や死生観を見いだす。

## 海南小記　柳田国男

大正9年、柳田は九州から沖縄諸島を巡り歩く。日本民俗学における沖縄の重要性、日本文化論における南島研究の意義をはじめて明らかにし、最晩年の名著『海上の道』へと続く思索の端緒となった紀行文。

## 火の昔　柳田国男

かつて人々は火をどのように使い暮らしてきたのか。火にまつわる道具や風習を集め、日本人の生活史をたどる。暮らしから明かりが消えていく戦時下、火の文化の背景にある先人の苦心と知恵を見直した意欲作。

## 妹の力　柳田国男

かつて女性は神秘の力を持つとされ、祭祀を取り仕切っていた。預言者となった妻、鬼になった妹――女性たちに託されていたものとは何か。全国の民間伝承や神話を検証し、その役割と日本人固有の心理を探る。

## 桃太郎の誕生　柳田国男

「おじいさんは山へ木をきりに、おばあさんは川に洗濯へ――」。誰もが一度は聞いた桃太郎の話。そこには神話時代の謎が秘められていた。昔話の構造や分布などを科学的に分析し、日本民族固有の信仰を見出す。

# 角川ソフィア文庫ベストセラー

## 古代研究Ⅱ 民俗学篇2　折口信夫

折口民俗学を代表する「信太妻の話」「翁の発生」など11篇を収録。折口が何より重視したフィールドワークの成果、そして国文学と芸能研究融合の萌芽が随所に息づく。新かなで読みやすいシリーズ第二弾。

## 古代研究Ⅲ 民俗学篇3　折口信夫

「鬼の話」「はちまきの話」「ごろつきの話」という折口学のアウトラインを概観できる三篇から始まる第三巻。柳田民俗学と一線を画す論も興味深い。天皇の即位儀礼に関する画期的論考「大嘗祭の本義」所収。

## 古代研究Ⅳ 民俗学篇4　折口信夫

霊魂、そして神について考察した「霊魂の話」や「河童の話」、折口古代学の核心に迫る「古代人の思考の基礎」など十三篇を収録。「折口学」の論理的根拠と手法について自ら分析・批判した追い書きも掲載。

## 古代研究Ⅴ 国文学篇1　折口信夫

決まった時期に来臨するまれびと〈神〉の言葉、「呪言」に国文学の発生をみた折口は、「民俗学的国文学研究」として国文学研究史上に新たな道を切り開いた。その核とも言える論文「国文学の発生」四篇を収録。

## 古代研究Ⅵ 国文学篇2　折口信夫

〈発生とその展開〉に関する、和歌史を主題とした具体論。「女房文学から隠者文学へ」「万葉びとの生活」など13篇を収録。貴重な全巻総索引付き最終巻。解説・折口信夫研究／長谷川政春、新版解説／安藤礼二

# 角川ソフィア文庫ベストセラー

日本文学の発生 序説　折口信夫

古代人が諺や枕詞、呪詞に顕した神意と神への信頼を折口は「生命の指標（らいふ・いんできす）」と名づけ、詩歌や物語の変遷を辿りながら、古来脈打つ日本文学の精神を追究する。生涯書き改め続けた貴重な論考。

死者の書　折口信夫

「した　した　した」水の音と共に闇の中で目覚めた死者・大津皇子と、藤原南家豊成の娘・郎女の神秘的な交感を描く折口の代表的小説。詳細かつ徹底的な注釈と、『山越阿弥陀図』をカラー口絵で収録する決定版！

悲劇文学の発生・まぼろしの豪族和邇氏　角川源義

処女作「悲劇文学の発生」をはじめ、語りと伝承者、悲劇文学の流通を論じる4篇を収録。伝承を語り伝え運搬する者の謎にせまる、国文学者・角川源義の原点をさぐる珠玉の論考集。解説・三浦佑之

男色の景色　丹尾安典

日本の文化、芸術、思想の歴史をひもとくと、隠された男色の水脈が浮かび上がる。三島、川端、井伏から、夢二、乱歩、熊楠まで。男倡や若契、衆道、稚児愛好といった視点からその豊かさを読みとく。

アイヌ童話集　金田一京助・荒木田家寿

様々な説話を集めた「よもやま昔話」。正直爺と意地悪爺の滑稽譚「パナンペ・ペナンペ昔話」。英雄オキクルミの活躍を描く「オキクルミの昔話」。アイヌ文学の魅力がぎゅっと詰まった心温まる16編の童話集。

# 角川ソフィア文庫ベストセラー

## 日本俗信辞典　動物編　鈴木棠三

「ネコが顔を洗うと雨がふる」「ナマズが騒ぐと地震が起きる」「ネズミがいなくなると火事になる」――。日本全国に伝わる動物の俗信を、「猫」「狐」「蜻蛉」「蛇」などの項目ごとに整理した画期的な辞典。

## 日本俗信辞典　植物編　鈴木棠三

「ナスの夢を見るとよいことがある」「ミョウガを食べると物忘れをする」「モモを食って川へ行くと河童に引かれる」ほか、日本全国に伝わる植物に関する俗信を徹底収集。項目ごとに整理した唯一無二の書。

## 日本俗信辞典　衣裳編　常光　徹

「夜オムツを干すと子が夜泣きする」ほか。衣類を中心に裁縫道具、化粧道具、装身具、履物、被り物、寝具など身近な道具に関する民間の言い伝えを収集。「動物編」「植物編」につづく第3弾！

## 生理用品の社会史　田中ひかる

太古は植物、貴族は絹、脱脂綿、タンポン、ビクトリヤ……生理用品の史料を研究し、歴史をひもとく。さらに日本の生理用品史に大きな革命をもたらしたアンネナプキンの誕生、そして現在に至るまでを描く。

## イラストで見る昭和の消えた仕事図鑑　澤宮　優　イラスト／平野恵理子

活弁士が紙芝居屋へ転身、貸本屋はいまのコンビニくらいあった……激動の時代を支え、高度経済成長と合理化の末に消えていった数々の仕事の記録。収入、料金、業務内容まで。全114種イラスト付きで紹介！